우리나라가 보이는
제2차 세계대전

우리나라가 보이는 제2차 세계대전

발행일	2019년 5월 22일		
지은이	박형식		
펴낸이	손형국		
펴낸곳	(주)북랩		
편집인	선일영	편집	오경진, 강대건, 최승헌, 최예은, 김경무
디자인	이현수, 김민하, 한수희, 김윤주, 허지혜	제작	박기성, 황동현, 구성우, 장홍석
마케팅	김회란, 박진관, 조하라		
출판등록	2004. 12. 1(제2012-000051호)		
주소	서울시 금천구 가산디지털 1로 168, 우림라이온스밸리 B동 B113, 114호		
홈페이지	www.book.co.kr		
전화번호	(02)2026-5777	팩스	(02)2026-5747

ISBN   979-11-6299-687-4 03900 (종이책)   979-11-6299-688-1 05900 (전자책)

이 도서의 국립중앙도서관 출판예정도서목록(CIP)은 서지정보유통지원시스템 홈페이지(http://seoji.nl.go.kr)와
국가자료공동목록시스템(http://www.nl.go.kr/kolisnet)에서 이용하실 수 있습니다.
(CIP제어번호: CIP2019019329)

한국 근현대사를 뒤흔든 전 세계 격동의 흐름

우리나라가 보이는
제2차 세계대전

박형식
지음

북랩 book Lab

목차

Part 4. 냉전 시대와 6·25 전쟁 그리고 남겨진 이야기

처음부터 내겐 이 책을 쓰고 싶거나 써야 할 이유는 없었다. 역사와 문학에 관심은 있었지만, 누구나 인정할 만한 전문가도 아니었고 그것을 생활 속에서 무한히 확장할 수 있는 분야라고 생각하지도 않았다. 그저 기존의 제2차 세계대전 관련 책을 독파하는 데 들어갔던 시간을 만족감으로 바꿔 가는 독자로서만 남아도 충분하였다. 하지만 언제부터인가 나는 누가 확인하지도 않는데 제2차 세계대전의 주요 연보를 수첩에 옮겨 적으며 그 순서가 맞는지 확인하고 있었다. 물론, 그 정도만 해서는 끝없이 복잡했던 제2차 세계대전의 상황 모두를 대략적이라도 알 수는 없었다. 마치 그 정도의 노력 정도로는 제2차 세계대전을 정복할 수 없다는 것을 경고하거나 조롱하는 것 같았다. 하지만 얼마나 크고 복잡한 퍼즐이 앞에 있는 줄도 모르고, 나는 감히 도전의 버튼을 누르고야 말았다. 다만, 도전이라고 해봐야 제2차 세계대전을 정독하겠다는 것일 뿐, 그것을 책으로 엮는다는 생각은 전혀 하지 않았다. 그렇지만 처음부터 도전은 내 예상대로 아름답고 실현 가능한 시나리오로 자연스럽게 연결되지 않았다. 제2차 세계대전은 단순히 기간뿐만 아니라 영향을 주었던 이전의 전쟁과 참전한 나라 그리고 영향을 받은 여러 사건까지 그 양이 너무 방대했다. 또한, 대전 전과 후로 살펴봐야 할 세계사는 단순하게만 보아도 더없이 방대해서 마침내 나는 이 모두를 내가 이해한 언어로 옮겨 적을 수 없다는 결론을 내리게 되었다. 더구나 손쉽게 지면을 벗어나는 사건과 전쟁 때문에 여러 가지 내용이 뒤얽히면서 내가 손으로 직접 적어놓은 것조차 믿을 수 없는 상황에 몰리고 말았다. 그러는 사이에 대전 연도표 사이를 비집고 들어서는 여러 사건이 꼬리에 꼬리를 물고 연결되는 것을 경험하게 되었다. 지금껏 손에 잡히는 역사 관련 책을 읽으면서 느낀 점이라고 하면, 단편적이었던 전쟁과 역사의 기록들은 그냥 단행본 한 권 정도만 읽어도 충분할 정도로 다음 독서로 확장되지 않고 마무리되는 느낌이 강했다. 하지만 제2차 세계대전은 그렇지 않았다. 그 전 단계의 원인이 지금의 이유가 되었고 지금의 이유가 다른 결과를 낳듯이, 모든 사건과 인물이 거미줄처럼 복잡하게 얽혀 있음을 알게 되었다.

또한, 각 사건의 결과에 따른 각국의 입장과 영향은 매우 상이한 것으로 그것들을 때론 책에서 다루지 않은 것까지 상상해 봐야 할 정도로 처음부터 험난한 과정에 부딪힐 수밖에 없었다. 전쟁은 역시 한 나라가 하는 것이 아니라서 독일과 같은 주요 교전국의 움직임에 따라 다른 여러 나라는 민감하게 반응하였고 때론 사소한 영향으로도 세계사는 요동쳤다. 너무 장황한 나머지 중간을 빼먹거나 지엽적인 상황만 간과해도 금세 제2차 세계대전은 샛길로 빠지기 일쑤였다. 그럴 때마다 내가 겪은 시행착오를 다시 겪지 않도록 지루한 정독을 또다시 시작해야 했다. 그러자 언제부터인가 참전국들과 그 관련 인물들이 보이기 시작했고, 발단이 되었던 제1차 세계대전이 서서히 그 모습을 드러냈다. 그러면서 사건에도 경중이 있듯이 제2차 세계대전을 숲으로 본다면 관련 전투와 사건 등을 나무와 가지로 구분할 수 있게 되면서, 조금씩 가지치기할 수 있는 능력이 생기기 시작하였다. 그러던 어느 날, 나는 책을 써야겠다고 다짐하게 되었다. 마치 작가가 된 듯이 주변에 그 소식을 떠벌리지는 않았지만, 다짐을 결심처럼 확인하기 위해서 아내에게 앞으로의 계획을 스스로를 격려하며 다그치기 위한 도구로 사용하려고 서둘러 말했던 것으로 기억한다. 물론, 그때 아내도 그 말을 곧이곧대로 믿지는 않았을 것이다. 어쩌면 책이라는 것이 쓰기는 쉬워도 책임이라는 것은 무한하기 때문에 도전을 쉽게 말할 수 있는 것이 아니기 때문이었다. 내가 이것을 전공으로 한 교수라도 된다면 자신의 연구 실적을 쌓기 위해 연구 보고서를 의무적으로 제출하거나 출판사에 연줄이 닿아 쉽게 책을 낼 수 있었겠지만, 나는 그런 형편도 아니었다.

그러면서 나는 처음부터 '과연 이 책을 낼 수 있을까?' 하는 모든 의문을 나 스스로에게 질문처럼 매일 던져야 했다. 그리고 내린 결론은 의외로 간단했다. 출판은 어렵지만, 그 간극을 내 노력으로 충당할 수 있다는 것을 알게 되었다. 그러자 지금까지의 모든 작업이 출판을 목적으로 하지 않는다면, 오랫동안의 수고로움은 무위로 돌아갈 것이며 다시 학습자로만 남게 될 터였다. 나는 이것에 대해서 언제부터인가 강한 거부감을 느끼기 시작하였다. 다시 나는 어느 날 멋진 포부를 열어나가듯 책 목록부터 적어나가기 시작했고 하루가 멀다 하고 책과 인터넷에서 관련 내용들을 틈틈이 찾아보기 시작하였다. 그리고는 의문점이 하나둘 생겼다. 그것은 내가 이 책의 제목으로 암시했던 이유와 겹치는 부분이기도 했다. 첫 번째 의문은 기존의 제2차 세계대전의 책들은 너무 전쟁 당사자들의 입장에만 치우쳐 있고, 정작 독자인 우리들이 궁금해하지 않을 날짜별 전쟁 상황을 지나칠 정도로 세세하게 기록하고 있다는 점이었다. 가령, 노르망디 상륙 작전의 첫날 실적을 세세하리만치 적어놓아 꽤 지면을 차지한다든지, 상륙 작전 성공 이후 무너지기 시작한 독일 제국 앞에 패전이 뻔한 상황에서도 전쟁 관련 기술을 빼곡하게 날짜별로 적어놓는 것 등이 그것이었다. 그들에게는 자신들의 위대한 노력과 실적을 기록해야 한다는 당위성이 있었는지 모르지만, 우리에게는 본방송으로 전에 보았던 드라마를 다시 보는 것처럼 정말 지루하기 짝이 없는 노릇이었다. 또한 기존의 관련 서적들도 유독 유럽 쪽만 많이 다루거나 태평양 전쟁은 비교적 소홀히 한 점 등은, 온전하게 제2차 세계대전에 대한 지식을 얻는 데도 큰 불편함을 주었던 것은 사실이었다. 물론, 엄청난 분량의 책 모두를 읽어낸다면 내 나름의 역사적 견해를 가질 수도 있겠지만, 그것 모두를 알아가기도 전에 처음 가졌던 집중력이 떨어지고 지친다는 것을 알게 되었다. 그러자 '왜 이런 것까지 알아야 하지?' 하는 의문이 더욱 커지게 되었다. 그리고 그 이유를 바로 알게 되었다. 기존의 책들은 대부분 외국인이 저자였고 우리나라 작가들이 쓴 몇 권의 책도 외국 서적을 번역하거나 요약한 정도에 그치고 있었던 것이다. 왜냐하면, 그 책의 논리로 이야기하자면 적어도 제2차 세계대전은 그들의 나라에서 일어난 그들의 이야기였기 때문이었다.

어느덧 내 안에서 질문과 의문점이 더욱 커지기 시작하였다. 그렇다면 우리나라는? 우리나라야말로 제2차 세계대전의 당사자인 일본 곁에 있었던 나라로 그 피바람을 그대로 받았던 나라가 아니던가. 그런데 제2차 세계대전 관련 어느 서적을 뒤져보아도 우리나라와 제2차 세계대전을 같이 기술하는 책은 어디에도 없었다. 물론, 우리나라는 제2차 세계대전 승전국도 아니고 패전국도 아니었으며 그냥 식민지일 뿐이니 자세하게 기술할 내용도 없고 가치도 없었을 것이다. 하지만 과연 그럴까? 우리나라는 그 당시 일제의 일부로, 보기에 따라서는 참전국의 하나로 볼 수 있었다. 그것을 증명하듯 우리나라 백성 누구도 일제의 징병과 징용 등으로부터 자유로운 적이 없었고, 또한 우리 근현대사의 중요한 일들인 일제 강점기와 광복 그리고 6·25 전쟁 중에서 그 어느 것 하나 제2차 세계대전과 관련되지 않은 일이 없었다. 일찍이 안중근이 일본의 심문 앞에서도 "본인은 범죄자가 아니라 대한의군 참모중장으로서 적장을 포살한 것이니, 육전 포로에 관한 만국 공법에 의해 전쟁 포로로서 대우해줄 것"을 요구한 것은 우리나라와 일본은 엄연히 전시 상황이었음을 말하는 것이다. 실제로 우리와 일본 제국주의는 전쟁 상대국이 아니었던가. 다만 일본이 우리의 군대를 해산하는 바람에 정규군과의 교전만 없었을 뿐, 태극기를 앞세운 독립군과 이루어졌던 여러 차례의 교전이 이를 증명한다고 할 수 있다. 그리고 뒤늦은 감이 없지 않지만, 대한민국 임시 정부가 일본에 대해서 선전포고(1941년 12월 10일)를 함으로써, 우리는 당당하게 제2차 세계대전 참전국으로서의 역할을 수행해야만 했던 것이다. 그런 의미에서 '제2차 세계대전'이라고 명명된 이 전쟁은 사실상 우리 이야기로 좁혀 보면 '우리나라의 독립 전쟁사'라고 일컬어도 무방할 것이다.

거창하지는 않지만 나는 이 대목에서 내 도전은 우연이 아닌 필연으로 접어들고 있음을 직감해야 했다. 그리고 지금도 한반도를 사이에 두고 모여든 강대국들은 제2차 세계대전 전처럼, 한반도 주변에서 여러 가지 갈등과 문제들을 하루가 멀다 하고 만들어 내는 실정이다. 끊임없이 이야기가 만들어지고 재생되어도 아직 할 이야기가 남아있는 이 한반도에 사는 우리들은, 어쩌면 우리들을 둘러싸고 있는 나라들과 쉼 없이 소통하며 살아야 하는 오지랖이 넓은 운명을 타고났다고 할 수 있다. 뉴스를 접하거나 세계사의 어느 단면을 들여다봐도 늘 시사적인 문제의 중심을 차지하는 한반도와 그 주변의 동아시아는, 지정학적인 중요성만큼이나 세계의 이슈를 계속해서 만들어낼 수 있을 정도다. 이는 이 땅 자체가 가진 스토리가 그만큼 풍부하다는 것을 증명한다고 할 수 있다. 세계의 이목이 마치 한반도와 동아시아만 집중된 것처럼, 최근에도 세계적인 뉴스들을 계속해서 내보낼 수 있을 정도의 저력과 중요성을 발휘하고 있다. 다만, 한반도가 품어야 할 동아시아에 지금까지 변화무쌍한 정치적인 충돌과 갈등이 발생했고, 앞으로도 발생할 수 있는 지역이라는 의미로 보도되는 뉴스의 대부분이 마냥 긍정적이라고 할 수는 없을 것이다. 이념적인 대립과 갈등, 군사적인 충돌과 휴전, 정치적인 선택과 편 가름, 군사적인 성장과 위협, 늘 상존하는 물리적인 충돌의 가능성과 외교적인 웃음만큼이나 가식적인 평화의 제스처, 경제 발전 성과에 따른 경쟁과 차별, 주변 국들과의 오랜 역사적 문제와 대립, 외교적 선택과 분쟁, 이데올로기라는 거대 담론의 소비와 그 해체, 국가와 민족의 분열과 공동 번영, 새로운 세계 질서의 적응과 발전, 상대국들의 의견을 좀처럼 반영하지 않는 일방적인 의사 표현과 좀처럼 해결되지 않는 부수적인 갈등들 그리고 하루가 멀다 하고 동아시아로 귀결되는 세계의 눈초리 등, 이처럼 우리의 역사는 우리의 근현대사를 가로지르는 여러 가지 역사적 장면을 뚜렷하게 이것이라고 지칭할 수 없을 정도로 여러 가지 갈등과 혼란으로 점철되어 있는 실정이다. 그런 이유로 우리의 근현대사는 베일에 가려진 듯 보는 이에 따라 여러 가지 의문을 품게 되는 것처럼, 단순하게만 보아도 우리의 근현대사는 단순히 우리들 스스로가 만들어낸 이야기로만 채워지지 않았다는 것을 알게 되었다. 나아가 우리들만의 힘으로 써지지 않은, 우리들로부터 비롯되지 않은 우리의 근현대사는 어쩌면 온전히 우리들의 것이 아닐 수도 있다는 불길한 결론에 이르게 되었다. 그렇다고 이를 나 몰라라 하고 우리들의 이야기가 아니라고 배척할 수도 없는 우리들이기에, 그야말로 징그럽게도 우리는 서로를 닮아 더 큰 우리가 되어 겹겹이 둘러싸기 시작했다는 것을 느낄 수 있었다.

그래서 나는 서방 자유 진영으로부터 한반도는 극동이라는 세상의 끝에 있어 지리만큼이나 관심도 먼 것처럼 느껴질 수 있지만, 정작 세계의 중심에서 한 번도 벗어난 적이 없었던 것이 한반도였다고 확언하고 싶었다. 이 대목에서 실언이라고 질타하시거나 나를 극단적인 국수주의라고 폄하해도 좋을 것이다. 그렇지만 우리의 굴곡진 근현대사도 한때는 그들의 영향권 아래에 존재하였고, 역시 세계 전쟁이 만들어 놓은 이데올로기의 논쟁 속에서 한반도는 한시라도 자유로운 적이 없었다. 그래서 우리들이 우리를 제대로 들여다보려면 현재와 그 전의 역사, 즉 제2차 세계대전의 흐름을 알고 있어야 그 원인과 이유 그리고 배경을 알 수 있게 된다는 장황한 결론에 이르게 되었다. 적어도 내게 있어서 제2차 세계대전은 그들이 써낸 책에서만 존재하는 그들만의 전쟁이 아니라, 물론 식민지라는 수동적인 입장에 있었던 것은 분명하지만 조국의 운명이 걸린 우리의 독립 전쟁이었다. 좀 더 과장하면 대전 전후의 맥락을 살펴보지 않은 우리나라의 역사는 존재할 수 없는 일이고, 그것을 알거나 극복하지 않는다면 우리의 당면한 현실을 해결하지 못하고 미래조차 예측할 수 없다는 것을 말하고 싶었다. 그래서 나는 그들이 말하고 싶은 것보다는 대한민국 국민으로서 내가 궁금한 범위 내에서 제2차 세계대전을 조사해 봐야겠다는 생각에 이르게 되었다.

우선, 나는 그것을 실천하기 위해 그들이 유독 관심을 기울였던 독립적인 전투와 관련된 자세한 기술은 최대한 자제하고, 주요 흐름을 읽어낼 수 있는 전쟁 장면을 선별하여 큰 줄기만은 놓치지 않도록 노력하였다. 한편으로, 기존의 제2차 세계대전 책들이 우리들이 별로 궁금하지도 않은 날짜별 전쟁 상황을 너무 장황하게 기술하여, 책의 분량만 쓸데없이 늘려놓아 일반인들이 쉽게 접근할 수 없었던 점을 늘 경계하였다. 그러면서도 제2차 세계대전의 전체적인 맥락을 놓쳐서는 안 된다는 생각으로, 주요 전투와 사건을 곳곳에 자연스럽게 심어 놓으려고 노력했다. 또한 다른 책들과 다르게 제2차 세계대전이 시작되기까지의 준비 과정에 많은 지면을 할애하였다. 그것은 그만큼 가치가 있다고 생각했기 때문이다. 그리고 전쟁이 끝난 후의 6·25 전쟁은 처음에는 간단하게 기술하려고 했으나, 우리의 일이자 관심사라 나도 모르게 관련 내용이 계획보다 많이 늘어나게 되었다. 그 이유라고 한다면 내가 이 책을 쓰게 된 가장 중요한 이유였던 '우리나라'가 관련될 수 있는 대목이라면, 하나의 목차를 따로 만들어 사실을 토대로 정작 세계열강들이라면 관심도 없었을 내용까지도 들어갈 수 있도록 노력했기 때문이다. 때론 너무 감정을 이입한 나머지 진실이 감정 앞에서 왜곡될 수도 있다는 것을 깨우치기도 했다. 그래서 책을 쓰기도 전에 지은 책 제목도 '우리나라가 보이는 제2차 세계대전'이다.

한편, 내가 궁금한 내용을 알기 위해서 시작한 책이라는 의미로 '우리가 모두 궁금해하는 제2차 세계대전'으로 할까도 생각했지만, 우리나라를 제외하고는 제목을 지을 수가 없었다. 물론, 나는 우리나라를 앞세운 이유로 역사의 단계를 제2차 세계대전으로 마무리하지 않았고 우리나라의 비극의 현장인 6·25 전쟁까지 확장하고 싶었다. 그들의 말처럼 그들만의 전쟁이라고 알려진 제2차 세계대전만

담는다면 굳이 내가 이 글을 써야 할 필요성을 찾기 어려웠기 때문이었다. 첨언한다면, 독자들 중 제2차 세계대전에 대한 전반적인 내용을 알고 싶으신 분이 계신다면 굳이 이 책을 권하고 싶지는 않다. 이 책은 그분들을 대상으로 쓰려고 하지 않았고 내가 그런 책을 쓰지 않더라도 이미 기존의 많은 책에서 그런 내용을 충실하게 잘 전달하고 있기 때문이다. 다시 강조해서 말한다면, 내가 말하고 싶은 것은 이런 것이다. 지금까지 우리가 익히 알고 있는 제2차 세계대전은 그들이 그들의 땅에서 그들과 벌인 그들만의 전쟁이었다. 그래서일까? 기존의 제2차 세계대전 관련 책들을 들여다봐도 그것은 사실로 드러났고 읽는 데도 전혀 불편함이 없었다. 하지만 불편함이 없다는 것은 우리들의 근본적인 아쉬움까지 해결하지 못했고, 더 나아가 우리나라의 식민지 역사까지 좀처럼 확장하지 못하는 내용 때문에 더 큰 불편함과 개운치 않은 답답함을 느껴야 했다는 이야기와 일맥상통한다. 다만, 일반화의 오류를 벗어나기 위해, 이 대목에서는 적어도 나는 그랬다고 하는 것이 바른 표현일 것이다. 나는 책 속에서 제2차 세계대전이라는 남들의 얘기를, 남들의 입을 빌려, 남들이 하고 싶은 이야기가 아닌 우리의 얘기를, 우리의 입을 빌려, 우리가 하고 싶고 듣고 싶은 이야기가 되도록 노력하였다. 그런 노력이 이 책에 고스란히 담겼으면 했고 최대한 장황하지 않고 읽고 싶은 이야기만 엮으려고 노력했다. 물론 그런데도 제2차 세계대전의 특성상 많은 내용을 책 속에 담을 수밖에 없었음을 미리 말해야 하겠다.

　처음에도 밝혔듯이 누가 시키지 않아도 내가 손으로 썼던 메모로는 부족하여 내가 알고 싶고 읽고 싶은 내용을 책으로 엮었다. 앞으로도 나뿐만 아니라 나 같은 학습자나 심지어 내 자녀가 궁금한 것을 찾노라면 이 책을 먼저 펼칠 수 있도록 하겠노라고 생각하고 집필하였다. 그리고 고해성사라도 해야 한다면, 전공자도 아니고 뛰어난 글솜씨를 가지지도 못한 자가 이런 책을 쓰는 것 자체가 내겐 엄청난 도전이었음을 고백해야겠다. 나름 한 단어, 한 문장을 수없이 고쳐나가며 고심했던 시간이었고, 내가 이해한 언어와 문장으로 더 나은 표현이 없을까 고민했던 기간이었다. 그리고 나 스스로가 이 책을 엮으면서 말이 아닌 오직 글로만 내 생각을 옮겨 적을 수 있다는 것에 차츰 자신감을 얻게 되었다. 그러면서 내가 책 속에서 더욱 성장하고 있음을 깨닫게 되었고 그런 과정에서 나는 나 스스로에게 처음부터 가졌던 의구심과 부끄러움이 많이 사라지는 것을 알게 되었다. 이제 부끄러움을 뒤로하고 그간의 노력을 책으로 엮으면서, 이제 내가 처음부터 가지지 못한 것들에 대한 치밀함, 즉 배움이 부족하고 게을러 내가 미처 알지 못하는 내용은 싣지 못했다는 죄송스러움과 제목으로 구현하고자 했던 것을 고스란히 책 속에 담아내지 못했다는 불성실함을 지적받을 차례가 되었다. 지독한 성장기를 겪고 있는 사춘기의 심정으로 처음이자 마지막이 될 수 있을 본인이 엮은 책을 이렇게 세상에 내어놓는다. 다만, 이 책을 읽는다면 내 부족한 공부 덕에 읽는 이는 관련 분야에 대한 지식의 갈증으로 더 공부하고 싶은 의욕을 불러올 수 있다고 확신한다. 그것으로 부족한 글을 읽어 주시는 분들에게 감사함과 함께 나 스스로 위안으로 삼고자 한다.

이제 겁 없이 시작되었던 대장정을 마무리 지을 때가 되었다. 새로운 도전에 기꺼이 동행해 주신 ㈜북랩 출판사와 늘 든든하게 내가 눈치 보지 않고 끝까지 책을 완성할 수 있도록 믿어준 아내 장기선과 딸 신비, 아들 시훤에게도 고맙다는 말을 전하고 싶다.

2019년 4월 11일
글쓴이 박형식

Part

1

제2차 세계대전으로
가는 길

제2차 세계대전으로 가는 길

가. 만주 사변과 난징 대학살

한반도가 일본의 수중에 떨어진 날, 일본은 다른 서방 제국주의 국가들과 경쟁하며 무력해질 대로 물러 터진 중국과 이미 주인이 있었던 동남아시아를 차지하기 위해 여러 경로를 통한 진출을 계획하고 있었다. 한반도는 어느새 일본군의 만주와 동남아시아 진출을 위한 전초기지가 되어, 군량과 병력 그리고 군비를 마지막으로 충당할 수 있는 일본 제국 대륙 진출의 출발선이 되어 있었다. 하지만 제국주의 국가 중에서도 신생국에 속하는 일본에 있어, 여러 유망한 지역과 거점 등은 다른 강력한 제국주의 국가들이 이미 나눠 가졌기 때문에 한반도 외에 일본군이 진출할 수 있는 지역은 그리 많지 않았다. 하지만 일본은 이에 실망하지 않고 늦게 일어난 만큼 다른 제국주의 국가들의 틈과 균열을 포착하여, 새로운 식민지 시장이 열릴 때 그 시기를 놓치지 않으려고 만반의 준비를 갖추고 있었다. 일본은 제1차 세계대전으로 누렸던 호황을 이어가기 위해 다른 제국주의 국가들이 유럽에서 일어난 전쟁의 후유증을 극복하고 재정비하는 데 대부분의 시간을 허비하는 동안, 어느 때보다 더욱 치밀하게 대륙 진출을 통한 일본 제국의 원대한 꿈을 이룰 수 있도록 일본군의 내실과 군사적인 위용을 갖추기 위해 정부와 전 국민(식민지 조선 포함)이 분주한 1920년대를 보내야 했다. 그로써 1920년대는 아직은 설익은 제국주의 흉내를 내는 아시아 국가의 하나로 폄하되던 일본이 어엿한 그들의 경쟁자로 부상하는 시기가 되었다.

이제 일본군이 처음의 어색함을 뒤로하고 너무도 당당하게 제국주의 군대가 가겨야 할 위압감을 조금씩 갖춰가기 시작하면서, 주변국인 중국은 물론 러시아와 미국 또한 일본의 움직임을 예전과 다르게 더욱 주시할 수밖에 없는 상황으로 변하고 있었다. 하지만 상황이 그렇더라도 조선[1]을 차지한 것 외에는 뚜렷한 제국주의 행보를 보이지 않는 일본에게 큰 경계심을 가진 나라는 생각보다 그리 많지 않았다. 왜냐하면 중국은 이미 다른 나라들에 의해 사분오열되고 있었고 필리핀에 대한 미국의 독보적인 권익과 인도차이나(현 베트남 지역)에서의 프랑스 그리고 인도의 영국 등 이미 아시아의 주요 나라들은 다른 제국주의 국가들의 차지가 되어 있었기 때문이었다. 이에 동아시아에 이미 완성된 식민지 지도에 불만을 품고 일본이 주도하여 이를 다시 그려 넣으려고 한다면, 기존 제국주의 국가들과의 충돌은 불가피해 보였다. 그렇다고 후발주자인 일본 입장에서는 마음만 앞선다고 한순간에 모든 것을 엎을 수는 없는 노릇이어서, 기존 제국주의 국가들과의 연대와 연합을 통한 경계와 압박은 어느 때보다 절실해 보였다.

특히, 일본은 한반도에 대한 차별화된 권리와 대륙 진출의 명분을 얻기 위해 영국과의 연대(영일 동맹)[2]에 심혈을 기울이고 있었는데, 영국 또한 중국에서의 우위와 극동에서의 러시아를 경계할 수 있는 나라로 일본을 주목하자, 서로의 이익이 맞아떨어지는 선에서 서로의 국익을 극대화하기 위한 연대가 자연스럽게 완성되고 있었다. 그리고 그 혜택은 일본에게 또 다른 대륙 진출을 위한 자극제가 되었다. 그런 와중에 유럽에서 제1차 세계대전이 점차 격화되고 제국주의 국가들 간의 빈틈이 생기자, 그 균열을 비집고 들어가 일본이 차지했던 곳은 하필 독일의

---

1) 조선, 대한제국, 한국 등 우리나라를 지칭하는 국호는 특정 시기를 가르는 기준이라기보다는 우리나라를 통칭하는 것으로 봐야 할 것이다. 일단, 이 글에서는 고종의 대한제국 선포 이후를 기준으로 하여 특정한 단체나 조직을 제외하고는 되도록 조선을 한국으로 표기하도록 했으나, 일제 강점기 시절의 한반도는 조선이라고 명명해도 무리가 없다고 여겼다. 또한 비슷한 이유로 대한민국이라는 국호가 대한민국 임시 정부에 의해 1919년부터 사용되었기 때문에, 그 이후는 대부분 한국이라는 국호를 사용해야 하나 이승만의 대한민국과 구분하기 위해 조선이라고 명명하기도 했다. 때론 조선총독부처럼 조선이라는 어감 때문에라도 식민지 조선이라는 용어를 사용하기도 했다. 통상적으로, 국제적으로 인정받을 수 있는 한국은 해방 이후의 한반도를 말하거나 이승만의 대한민국 정부 수립 이후를 말하는 것으로 봐야 할 것이다. 다만, 본 책에서는 특정한 국호 사용이 애매할 때는 한반도라는 지역을 한정하는 용어를 사용하였고, 때에 따라 시대를 구분하는 명확한 기준이 불명확할 때는 엄격한 시대 구분에 얽매이지 않고 우리나라를 지칭하는 모든 용어를 사용하였다.

2) 1902년 영국과 일본이 러시아를 공동의 적으로 하여 러시아의 동진(東進)을 방어하고 동시에 동아시아의 이권을 함께 분할하려고 체결한 조약. 1902년 1월 30일 런던에서 영일 동맹을 체결하였다.

세력권에 있었던 남양군도와 산둥반도(칭다오)였다. 이처럼 제1차 세계대전이 끝나기가 무섭게 독일이 차지하고 있던 지역들을 일본이 차지하게 된 데에는 처음부터 영일 동맹의 영향이 컸던 것이 부인할 수 없는 사실이었다. 사실, 일본이 제1차 세계대전에 참전하게 되면서 했던 것이라고 해 봐야 영국 상선을 호위하거나 고작 독일령 식민지들로 진출하는 정도에 불과했지만, 참전 명분으로 내건 "영일 동맹으로 독일과 싸우는 동맹국(영국)을 돕는다."는 억지스러운 이유는, 당사자인 영국은 물론이고 미국도 일본의 이런 기회주의적인 모습을 달가워할 리 없게 만들기에 충분했다.

과정이야 어떻든 일본이 숨 가쁘게 돌아가는 유럽의 상황을 이용하여 마치 불난 집을 터는 도둑처럼 야금야금 독일의 식민지를 차지할 수 있었던 것은, 영일 동맹으로 얻은 참전의 당위성과 영국을 도와 승전국의 지위를 가질 수 있었던 명분 때문이었다. 이처럼 애초 조약을 맺은 의도와는 다르게 마치 영국이 일본의 제국주의 진출 행보에 날개를 달아준 것처럼 보이는 것은 어느 정도 부인할 수 없는 사실이지만, 양국의 관계를 사실에 근거하여 들여다보면 일본이 강대국인 영국을 교묘하게 이용했다고 하는 것이 맞는 표현이라고 보인다. 아무튼, 영국이 일본의 한반도 점령과 대륙 진출을 위한 제국주의 전쟁에 끼어들게 하는 데 일조를 한 것만은 분명하다. 조약을 맺을 당시의 영국으로서도 러시아의 아시아 진출을 견제할 수 있는 썩 괜찮은 아시아의 우방 정도로 곁에 두어도 손해 볼 것이 없다고 생각했던 일본이 어느새 힘을 키워 태평양 전쟁을 일으키고 자신에게 등을 돌릴 줄은 그때는 꿈에도 생각하지 못했을 것이다. 하지만 일본 제국은 다분히 어부지리로 얻은 것 정도로는 성에 안 찼는지, 때가 되었다고 생각하고 대륙 진출의 교두보인 만주에서의 독보적인 권리를 차지하기 위해 엉뚱한 일을 벌이기 시작했다.

일제의 야심이 본격적으로 드러나기 시작한 만주 사변은 처음부터 일본의 정규군이 동원된 정당한 교전으로 일어난 사건이 아니었고, 일본이 가진 대륙 진출의 뒤틀린 야심을 만족시켜 주기 위한 방법이었다. 일본 관동군은 군을 동원한 범죄 모의를 준비하고 있었다. 만주 사변의 발단이 되었다고 언급되는 1931년 9월 18일에 벌어진 류탸오후 사건(柳条沟 事件, 류조구 사건)은 일본 관동군이 처음부터 만주 사변을 일으키기 위해 용의주도하게 꾸민 자작극으로 시작되었다. 일본이 파렴치함은 달콤한 결과 뒤에 감추고 수단과 방법을 가리지 않고 사실을 조작하면서, 충분히 받을 수 있는 혐의는 문서 위조와 조직적 발뺌으로 일관성 있게 버틴 이유는 다음과 같다. 우선적으로는 정당한 방법으로는 다른 제국주의 국가들을 꺾을 수 없다는 분석이 한 몫 하였을 것이고, 다음으로는 제국주의 국가들과의 국제 관계에서는 결과만 중요할 뿐, 과정은 크게 문제시될 것이 없다는 근시안적인 자체 결론 때문이었다. 그래서 없는 사건도 만들어내고 심지어는 사실과 진실을 왜곡하거나, 때론 상관의 명령 없이 실행되어 조작된 사건이라도 전쟁에서 승리하는 데 공헌할 수 있다면 일본 군부가 별로 개의치 않으면서, 일본군은 처음과 다르게 어느덧 승리에 눈이 먼 괴물처럼 과장되고 억지스러운 모습으로 변해 있었다. 오직 문제가 되는 것은 사실을 왜곡할 때 일본 지도부가 발 빠르게 모르쇠로 일관할 수 있는 완벽한 증거 조작을 부관들이 깔끔하게 처리하지 못한 경우로만 한정되었다. 이처럼 사건 조작을 아무런 죄의식조차 갖지 않고 행한 일제의 모습을 통해 알 수 있는 점은, 청일 전쟁과 러일 전쟁의 잇따른 승리로 승자의 달콤한 지위를 맘껏 누려 본 일본이 전쟁에서 승리만 가져올 수 있다면, 어떤 시도와 방법을 불문하고 얼마든지 모든 것을 조작할 수 있다는 것이었다.

일본은 먼저 만주를 장악한 후, 그 여세를 몰아 중국 본토를 침공하려는 계획을 오래전부터 꾸미고 있었다. 러일 전쟁의 승리로 일본은 이미 러시아로부터 뤼순(여순), 다롄(대련) 그리고 남만주의 철도 운영권을 이양받은 상태였다. 한반도 외에는 이렇다 할 식민지가 없었던 일제가 본격적으로 식민지 확장을 위한 교두보로 삼고 싶어 했던 지역이 바로 만주였다. 당시 일본군의 만주 진출은 일본의 모든 역량을 이곳에만 쏟아 부어야 하는, 정말이지 나라의 국운이 걸린 국책 사업이었다. 어떤 학자 중에서는 제2차 세계대전의 시작을 이 일본군의 만주 진출부터라고 하는 이들도 있는데, 그만큼 일본군의 대륙 진출을 위한 움직임이 대단히 위협적이었기 때문이다. 당시 중국 동북부의 군벌이었던 장쉐량이 주둔하고 있던 펑톈(현재의 선양)은 만주의 정치, 경제, 문화의 중심지였다. 그래서 일본군에게는 이곳을 장악하는 것이 만주 장악을 위한 최우선 과제였다. 또한, 류탸오후는 선양 부근이고 동북군의 본부와 가까웠기 때문에, 일본 관동군은 중국 측에 이 사건에 대한 책임을 전가하는 것이 용이해 보였다. 마침내, 이곳에서 사건이 벌어진 것이다.

　이 사건을 꾸민 총책은 관동군 소속 장교들이었는데, 이것은 어디까지나 내각에도 비밀로 하고 그들끼리 꾸민 음모였다. 철도가 폭파된 후에는 중국 동북군 군복을 입은 중국인 시체 3구를 현장에 방치하여, 이는 철도 폭파가 중국인의 소행이라는 증거로 삼으려는 의도를 충분히 보여 주었다. 폭파 후 관동군은 동북군 사령부를 향해 사격했고 동북군은 일본군의 확전 의도에 말려들지 않기 위해 제대로 된 대응조차 하지 못하고 철수를 결정하기에 이르렀다. 결국 이 지역이 일본군에 의해 손쉽게 점령되면서 사건은 마무리되었다.

　이 사건은 그 후 일본의 전면적인 만주 침략(만주 사변)으로 전개되었는데 병력의 규모는 20만여 명에 달했지만, 무장과 훈련도가 부족한 동북군이 불과 1~3만여 명의 일본군에 패퇴하여 일본군이 만주 전역을 지배하게 되는 결과를 낳았다. 이 사건뿐만 아니라 만주 사변도 본국의 훈령 없이 관동군이 독자적으로 실행한 작전이었고, 계속되는 성공에 자신감을 얻은 일본 군부는 정부 통제를 벗어난 독단적이고도 모험적인 행동을 계속할 수 있었다. 언제부터인가 상황이 바뀌어 일본 정부가 일본 군부에 끌려가기에 급급한 모습이 일상이 되었고, 정부 각료들조차 힘을 쓰지 못하고 천황(天皇)이 군부에게 더욱 권한을 실어주는 것에 부응하듯 군부의 잇따른 과감한 승부수가 성과를 내기 시작하였다. 결국, 이는 도조 히데키처럼 군 지휘관이 이제는 정부의 주요 요직을 겸하게 되면서부터 급기야는 중일 전쟁, 더 나아가서는 태평양 전쟁이라는 돌이킬 수 없는 전쟁의 광풍에 일본이 휩쓸리게 되는 근본적인 이유가 되었다.

　우리나라의 명성황후 시해 사건인 을미사변과 위의 류탸오후 사건에서 보듯 일본군은 어느새 일본군 진출이라는 목적을 위해서라면 어떤 사건이나 분쟁이든 자신들에게 유리하도록 조작과 음모를 일삼는 범죄 집단으로 변해 있었다. 자신들의 조작으로 일어난 사건에 대해 그동안 모르쇠로 일관하며 회피하려던 모습은 지금까지도 자국민들에게 영향을 주어, 주변 나라들의 의견에도 아랑곳하지 않고 그들을 배려하지 않는 무책임성으로 연결되었다. 특히 몰염치한 일제의 잔재와 같은 이러한 모습은 전후 전 일본 지도자와 국민에게도 영향을 줘 증거물과 증언 등 물증이 명백한 데도 자신의 전쟁 과오를 쉽게 인정하지 않는 후안무치한 국가로 주변 나라들에게 비치게 되었다. 물론, 베트남 전쟁 시기 미국에 의해 조작된 통킹만 사건에서도 알 수 있듯이, 국가의 존망이 달린 전쟁을 앞두고 조작이라는 것은 일본만의 새삼스러운 행동이 아니라는 주장도 있다. 그러나 비록 미국은 스스로가 진실을 밝히는 데 시간이 필요하기는 했지만, 자신의 과오를 인정하고 진실을 밝히려는 진지한 모습을 보이는 데 반해, 지금의 일본은 큰 대조를 이룬다고 할 수 있다. 시대가 바뀌어도 변함없는 일본의 안하무인의 태도는 일본에게 과연 국제적으로 책임 있는 역할을 기대할 수 있는가에 대한 의문을 품게 되는 근거가 될 수 있다고 생각된다.

만주 사변을 일으켜 중국 북동부를 장악한 일본군은, 1932년 3월 1일 청조의 마지막 황제 선통제 푸이를 집정에 앉히고는 일명 '만주국'이라는 일본 괴뢰 정부를 세우게 된다. 만주국은 1945년 8월 관동군이 괴멸될 때까지 일본 관동군 사령부의 꼭두각시 노릇을 톡톡히 하게 된다. 이와 더불어 만주국의 출현은 만주를 주 근거지로 삼았던 우리나라 독립군의 활동을 제한하거나 위축시키는 등 큰 영향을 주게 되는데, 1919년 상하이에서 시작된 대한민국 임시 정부도 일본군의 중국 동부 지역 진출에 따라 난징에서 광저우 등으로 청사를 옮겨 다니며 힘겹게 광복 운동을 전개해야 했다. 실제로, 신흥무관학교 출신들로 이루어진 홍범도의 대한의용군과, 김좌진의 북로군정서 등 1920년대 만주 등에서 활발하게 독립운동을 전개하던 우리나라의 독립군 활동은 1931년 일제의 만주 침략 이후 큰 어려움을 겪게 된다. 특히, 한국 독립군(총사령관 지청천)은 1933년 이후 중국 관내로 이동하여 산악 지대를 중심으로 항일 무장 투쟁을 계속할 수밖에 없었고, 동북 항일 연군은 아예 만주를 떠나 소련 영내로 이동하기도 하였다.

위의 류타오후 사건에서 보듯 이미 관동군은 일본 정부의 지시를 받지 않는 독자적인 군대가 되어 있었다. 정부의 모든 결정 권한을 무력화시키는 관동군의 형태는 일본이 군국주의를 가속하는 계기가 되었고, 앞에서 언급했듯 도조 히데키 같은 일본 육군 지휘자가 정부의 요직을 겸직하면서부터 일본 내각은 사실상 무용지물이 되어버렸다. 배운 것이 군대와 전쟁뿐인 인물이 정부 요직을 차지하니 자신의 입지를 다지기 위해 전쟁을 일으키며 위기감을 고조하는 것은 당연한 것이었다. 내각을 대신하여 더욱 강한 일본 제국을 만들겠다고 펼친 정책이라고 해

봐야 더 많은 식민지 쟁탈 전쟁에 겁 없이 뛰어드는 것과 주변국과의 협상 없는 일방적인 외교뿐이었으니, 정치적인 감각이 없는 군인이 다스리는 일본 제국의 앞날은 타협 없이 겁박하는 전쟁 일변도의 병영 국가로 나아가는 길 밖에는 도무지 아무런 미래도 보이지 않았다. 만약 미국이라는 강력한 나라가 일본 제국에게 제동을 걸어주지 않았더라면, 일본은 아마도 지금까지도 식민지를 움켜쥐고 주변 나라를 호령하는 제국주의 국가로 남았을 것이다. 이것은 과거 고구려의 연개소문이 전쟁을 핑계로 권력을 장악하려고 대막리지라는 최고관직을 만들게 되면서 지나치게 한 사람에게 권력이 집중되고 이로 인해 고구려가 멸망하게 되었다는 측면에서, 동서고금을 막론하고 행정과 군사권의 분권을 통한 견제와 균형이 나라의 번영과 발전에 직접적으로 연관된다는 것을 알 수 있게 한다.

이후 일본은 더 나아가 본격적인 대륙 진출을 꾀하게 되면서, 국제연맹(제1차 세계대전 후에 설립된 국제평화기구로서 국제연합의 전신)을 비롯한 다른 강대국들의 반기를 무마시켜야 하는 과제를 떠안게 되었다. 독립국가에서 하루아침에 식민지가 되어버린 우리 입장에서는 이해할 수 없는 일이었지만, 식민지 쟁탈 전쟁도 그냥 무작정 차지하는 것이 아닌, 그들만이 가진 최소한의 룰이라는 것이 있었던 것이다. 즉, 아무리 제국주의 시대라고 해도 열강들 간의 합의 없이 다른 나라를 침범하고 영유하는 것은 국제연맹의 간섭을 통해 극도로 자제되었다. 그러니 일본이 만주를 무력으로 점거하자 국제연맹은 당연히 반발할 수밖에 없었고, 이와 같은 비판을 예상하고 있었던 일본은 만주를 한 번에 일본령으로 접수하지 않고 만주국이라는 괴뢰 정부를 세워 국제연맹의 반기를 누그러뜨리려고 했으나, 그 속을 뻔히 알고 있는 제국주의 국가들의 연합인 국제연맹이 이를 받아 줄 리 만무하였다. 그러자 일본은 이에 굴하지 않고 1935년에 전격적으로 국제연맹을 탈퇴함으로써 만주 점령에 대한 확고한 의지를 천명하게 된다. 이는 일본 제국을 통제할 수 있는 최소한의 국제적인 장치마저 무력화시키는 일본의 독자적인 행보였고, 이때부터 고삐가 풀리기 시작한 일본의 식민지 쟁탈 전략은 제국주의 국가들 간의 기본적인 규정조차 준수하지 않게 되면서 서방 국가들에게 큰 고민을 안겨 주기 시작하였다.

일본은 비록 당장은 국제연맹을 통한 간섭은 피할 수 있었지만, 견제와 국제적인 고립만큼은 벗어날 수 없었다. 더구나 앞선 워싱턴 해군 군축 조약은 일본 주력함의 보유율을 미국의 6할로 제한하고 있었다.[3] 이에 일본은 제재를 피하고 경쟁국들과의 수적 열세를 극복할 방법으로, 거함거포주의(巨艦巨砲主義)에 대한 신뢰를 기반으로 한 기형적인 거함을 연이어 만들기에 이른다. 사실상 거함 시대를 열었다고 평가받는 영국의 드레드노트나 독일의 비스마르크를 훨씬 능가하는 야마토(大和)와 무사시(武蔵)라는, 그 당시 세계 최대 전함이 일본으로부터 나오게 된 이유는 위와 같은 역사적 배경을 근거로 하고 있다. 평소 자국의 해군력을 세계 3위 수준으로 묶어두려는 조약을 못마땅하게 여겼던 일본은 비슷한 조약을 강요하는 1937년의 런던 해군 군축 조약을 거부하며 군비 확충에 더욱 열을 올리게 된다. 한편으로는 미국과 유럽의 배들이 파나마와 수에즈 운하의 통과를 염두에 두고 만드는 것에 비해, 일본은 비록 작은 섬나라지만 드넓은 태평양을 앞마당에 두고 있는 일본으로서는 그런 제한 점이 처음부터 없었던 것도 영향을 주었을 것이다. 후의 일이지만, 경쟁국 전함과의 결전을 염두에 두고 만들어진 두 거함은 항공모함 대전으로 태평양 전쟁의 양상이 바뀌면서 위용에 비해 효용 가치가 떨어지기 시작하였고, 결국 특별한 활약 없이도 숨길 수 없는 존재감으로 인해 미 항공기 어뢰 등의 공격에 의해 침몰하고 말았다. 당시 일본의 국력으로서는 감당하기 쉽지 않았을 거함 건조 등에 필요한 재원을 조달하기 위해, 일본은 식민지 조선의 가가호호마다 무쇠솥까지 징발하는 등 혹독한 식민지 수탈 정책을 고수하였지만, 무한 경쟁의 제국주의 식민지 쟁탈 전쟁에서 섬나라의 한계를 여실히 드러내고 말았다.

1931년 만주 사변 이후 중·일 두 나라 사이에서는 간헐적으로 교전이 있었으나, 국제연맹 탈퇴 후 국가적인 전면전은 1937년 중일 전쟁으로 본격화되기 시작하였다. 결국, 1937년 7월 7일, 루거우차오(蘆溝橋, 노구교) 사건이라는 또 다른 조작을 빌미로 일본은 어느덧 자신의 장기이자 스타일이 된 선전포고 없는 전쟁을 또다시 일으키게 된다. 당시 일본군은 근대화된 산업력에 바탕을 둔 잘 훈련된 30만

---

3) 1922년 워싱턴 해군 군축조약에서는 미국과 영국, 일본, 프랑스와 이탈리아의 보유함은 총배수량 비율을 기준으로 10:6:3.5로 결정했다.

명 이상의 정규군과 일본군 장교가 지휘하는 만주국 출신 만주인 및 내몽골인들로 구성된 부대 최소 15만 명, 그리고 약 200만 명에 가까운 예비군과 당대 세계 3위로 평가받고 있던 강력한 해군력과 육해군 항공대를 보유하고 있었을 정도로, 이제 감히 다른 제국주의 열강들과 붙어도 쉽게 뒤처지지 않는 전력을 갖추고 있었다. 이에 일본 군부가 가졌을 자신감과 뿌듯함은 전쟁이라도 일으키지 않으면 자랑할 길이 없어, 더 이상 일본군을 그냥 한반도를 포함한 국내에만 붙들어두지 못하는 지경에 이르고야 말았다. 이처럼 단기간 내에 일본군이 이런 엄청난 군사적 성장을 이뤄냈던 것은, 러일 전쟁과 만주 사변으로 고무된 일본 내각과 군부가 일본 산업의 대부분을 군사력 향상에 쏟아부은 결과라고 할 수 있다.

한편, 일본의 중국에 대한 무력 침략이 본격화되자 상하이와 베이징을 중심으로 전에 없는 강력한 항일 운동이 일어나기 시작하였다. 이를 빌미로 국민당과의 싸움에서 수세에 몰려있던 중국 공산당은 국민당에게 내전을 중지하고 항일 공동투쟁에 나서자고 제안했고, 마침내 1936년 시안 사변의 결과로 1937년에 제2차 국공 합작을 이뤄내게 된다. 국공 합작으로 국민당과 공산당의 내전이 종식되어 국민당군은 수적으로는 400만 명이 넘는 것으로 추산되는 엄청난 병력을 보유하게 되나, 현대식 무기로 제대로 된 무장을 갖춘 부대는 약 10만 명인 장제스(蔣介石)의 직속 부대뿐이었다. 나머지는 지방 군벌들 세력이 주축이었는데, 이들 대부분은 부패하고 무능했으며 변변한 장비조차 갖추지 못했다. 더구나 외부로부터의 원조라는 극단적인 방식으로 보급 문제를 해결하고 있었던 국민당군은 예전의 청나라 군대처럼 외세를 막아줄 해군도 없었을 뿐만 아니라 항공력 역시 거의 전무한 상태였다. 더구나 국공 합작 당시 국민당군에 의해 괴멸 직전에 있던 공산당군(홍군)도 사정은 비슷해서 군대라기보다는 게릴라전에 적합한 소규모의 군사 조직을 갖고 있는 것이 전부였다.

전쟁 초기 파죽지세로 승승장구하던 일본군 수뇌부들은 "2~3개월 정도면 중국 대륙 전역을 점령해 전쟁을 끝낼 수 있을 것이다."라고 호언장담했지만, 1937년 8월에 상하이에 상륙해 공략을 시작하자마자 예상과 다르게 상하이에서 중국군의 격렬한 저항을 맞이하게 된다. 상하이 전투에서 극심한 피해를 입고 전쟁이 장기화되자, 일본군은 자신들의 대륙 진출을 늦추거나 좌절시킨 상대에 대한 무조건적인 적개심에 무고한 양민들까지도 잔인하게 죽이기 시작하였다. 마치 앞으로 황군의 앞을 가로막은 이들은 민간인과 군대를 막론하고 이러한 꼴을 당할 것이라고 예고하는 듯, 그야말로 전시라는 비상사태를 생각해도 상식의 틀 안에서 이해할 수 없는 상황들이 매일매일 벌어졌다. 이때부터 일본군은 가는 곳마다 태우고, 빼앗고, 죽이는 이른바 '삼광작전(三光作戰)'을 개시하면서 중국 대륙에서의 교전은 어느덧 일반인에 대한 무시무시한 살육전으로 변질되거나 일상화되어 갔다. 1937년 12월, 상하이 교두보를 겨우 벗어난 일본군은 중화민국의 수도 난징으로 향하게 된다.

'목 베기 시합'의 두 주역. 1937년 12월 14일 일본 『도쿄니치니치신문』에 보도된 두 일본군 장교 노다 쓰요시와 무카이 도시아키의 중국 민간인 목 베기 시합을 중계하는 지면. 일본은 자신이 저지른 난징 대학살을 일본 국내 신문을 통해 자국에 소개하고 있는 것이다. 인간의 목숨을 걸고 대결을 펼치며 잔인함의 극치를 보여 준 일본군과 그 내용을 아무렇지도 않은 듯 보도하는 일본 국내 신문의 태연함에, 우리는 전쟁 이전에 인간에 대한 예의 없음에 할 말을 잃게 된다. 전쟁과 학살을 구분하지 못하는 일본군의 모습에서 일본이 그 당시 전쟁에 임하면서 가졌을 기본적인 마음가짐을 짐작할 수 있다.

일본군이 난징으로 진격할 즈음, 중국 국민당은 수도 난징을 포기하고 충칭으로 임시 천도한다고 발표한다. 이어 12월 13일, 일본군은 난징성을 점령하고 성 안으로 진격하기 시작했다. 당시 난징성을 방어하고 있던 국민당 군대는 약 15만 명이나 되었음에도 불구하고 제대로 저항해 보지도 못하고 처참하게 무너졌는데, 이는 일본군의 위용이 그만큼 대단했음을 증명하는 것이기도 하지만, 당시 국민당군의 흐트러진 군기와 지휘관들의 부패 및 무능함이 극에 달했다는 증거가 되기도 한다. 그렇게 국민당군은 제대로 된 전투도 치르지 못하고 혼란 속에서 백성들이 남아있는 난징성을 빠져나가기에 급급했다. 난징성이 함락되기 전날, 결사항전을 주장하던 국민당군 사령관은 자신의 휘하 부대와 난징성에 고립된 민간인들을 뒤로한 채, 양쯔강을 가장 먼저 건너서 도망치게 된다. 이 사실이 시민들에게 알려지자 피난을 떠나지 못한 채 남아있던 약 60만 명의 난징 시민들과 군인들은 공황 상태에 빠지게 되었고, 1937년 12월 13일부터 약 6주 동안 일본군은 중국 민간인들과 군인들을 상대로 무차별적인 살육, 방화, 강간 등을 자행하게 된다. 난징 대학살이 시작된 것이다. 일본군 입장에서는 처음에는 잔류한 군인들을 처단한다는 목적이 있었지만, 상당 부분 민간인 복장을 한 군인들을 선별한다는 것은 처음부터 불가능한 일이었을 것이다. 일본군은 시간이 소요되는 심문 과정이나 취조하는 과정을 생략하고 결국 쉬운 방법을 선택하게 된다. 전쟁과 무법천지를 구별하지 못하는 일본군의 만행은 복수심과 잔인함으로도 설명할 수 없는 인간성의 포기 선언에 가까웠다. 후에도 언급하겠지만, 이 사건과 연관하여 과거 6·25 전쟁 당시 이승만 정권이 어떻게 서울 시민들을 우롱하고 정작 자신들은 무사히 빠져나갔는지, 더구나 북한군의 남하를 늦춘다는 논리로 다리까지 끊어야 했던 장면을 떠올리게 되는 것은 어쩔 수 없는 기억 때문일 것이다. 그리고는 서울 시민들에게 어떠한 사과도 없이 오히려 인공 시절에 살아남았다는 죄를 뒤집어씌우는 가증스러운 논리는 정말 전쟁이 가져다준 비극 이외에도 위기 상황을 맞이한 정권이 일반인들에게 얼마나 가혹할 수 있는지를 알려주는 대표적인 사료라고 할 수 있다.

한편, 제2차 세계대전이 종전된 뒤, 1946년에 도쿄에서 열린 극동 국제 군사 재판에서는 난징 대학살의 피해자 규모를 15만 명 정도로 추산했다고 발표했다. 그리고 지난 2015년 난징 대학살은 중국에 의해 유네스코 세계 기록유산으로 등재되었는데, 난징 군사 법정의 자료에 따라 중국이 난징 대학살의 희생자를 30만 명으로 추정하면서, 일본은 당연히 이 숫자는 사실과 다르다며 중국 측에 등재 신청 취소를 요구하며 항의하게 된다. 이에 일본은 정부와 전문가의 명의로 중국의 난징 대학살 유네스코 등재를 반대하고 대규모 반대 서명운동을 벌이는 등 압력을 넣었지만, 유네스코 측은 결국 등재를 요구하는 중국의 손을 들어주게 된다. 여기에서 우리는 희생자의 수를 두고 벌이는 두 나라의 논쟁은 예외로 하더라도, 일본 군부에 의해 자행된 전쟁 범죄는 기록 유산으로 남겨 인류의 큰 교훈으로 삼아야 한다는 것을 알 수 있다. 특히, 일본은 지금까지 난징 대학살의 존재 자체를 부정하고 그 희생자 수를 격감시키기 위해 노력해 왔으나, 무라카미 하루키가 그의 작품 『기사단장 죽이기』에서 난징 대학살을 고발하며 위선으로 가득한 일본 사회에 큰 파장을 던지게 된다. 그로 인해 하루키는 하루아침에 일본 국내에서 매국노라는 비난까지 받아야 했다. 하지만 그는 의연하게 이렇게 말했을 뿐이다. "역사라는 것은 국가에 있어서 집합적인 기억이고 따라서 이를 과거의 일로 치부해 잊으려 하거나 바꾸려 하는 것은 상당히 잘못된 것이라고 생각한다."

1937년부터 1938년 사이에 일본군은 중국의 여러 도시에 무자비한 폭격을 가했고, 무방비에 가까웠던 중국의 주요 해안가 도시들은 일본군의 손쉬운 먹잇감으로 전락하였다. 그러나 일본군 수뇌부의 기대와 달리 전쟁 초기의 성과는 그리 만족스럽지 못했다. 이에 일본 군부는 중국 국민당의 장제스가 중화민국 내의 내분을 통합하기 전에 일본군이 장제스의 직속 부대를 분쇄하고 중국에서의 전쟁을 빨리 끝내기를 바랐으나, 어차피 세력에서 많이 밀리는 국민당군이 시간을 벌기 위해 결정적 전투를 회피하는 등 지구전 전략을 펼치자 일본군은 중국 내륙에서 장기전의 수렁에 빠지게 되었다.

나. 베르사유 조약 파기 선언 및 라인란트 진주(進駐)

제1차 세계대전의 패전국인 독일은 베르사유 조약에 의해 알자스와 로렌 지방(알자스와 로렌 지방은 원래 프랑스 땅으로 1871년 프로이센-프랑스 전쟁의 결과로 독일에 편입된 땅이었다)을 프랑스에 내주고 비스마르크 제국 당시의 영토 중 약 8분의 1을 상실하게 된다. 알자스-로렌지방은 프랑스의 작가 알퐁스 도데의 『마지막 수업』이라는 작품의 모태가 되었던 땅으로, 이때 다시 프랑스의 땅으로 복속되었다. 독일은 패전국으로 당장 무장 해제를 당하는 것 외에도 기존의 징병 제도와 일반 참모 제도를 폐지하고, 육군을 10만 명 이상 유지하지 못하도록 하는 등 엄격한 규제를 받게 된다. 이는 누가 보아도 제1차 세계대전 전 유럽 최강이었던 독일 육군을 유럽 최약체로 만들어 놓는 징벌에 가까운 조약이었다. 제1차 세계대전 종전 당시 독일군이 300만 명 정도였던 것을 감안하면 이 조약에 대한 독일 국민과 군부의 반발은 당연한 것이었다. 나아가 유독 가스·전차·군용기·잠수함 보유 금지, 무기 제조 공장 폐쇄, 전쟁 물자 수출입 금지, 북해와 발틱해(발트해) 해안 요새 해체 등의 군사력 무력화 조치를 당하게 된다. 하지만 격렬한 독일 국내의 반대 여론에도 불구하고 비준이 강행되면서 조약은 효력을 발휘하기 시작하였고, 조약에 거론된 무기는 강제로 폐기되거나 연합군 측에 양도되어야 했다. 이에 반발해 독일 해군은 자국의 군함들을 자침시키며 굴욕적인 조약에 대한 비준에 항의하게 된다. 그뿐만 아니라 '전쟁을 도발한 범죄 행위'에 대해 책임을 지고 패전국 독일은 연합국 측이 입은 피해에 대해 엄청난 액수의 보상금을 지불하지 않으면 안 되었다. 배상금의 규모는 당시 독일 재정의 50%가 넘는 엄청난 금액이었다고 한다.

조약을 주도하다시피 했던 프랑스는 제1차 세계대전에서 독일과 함께 가장 피해를 많이 받은 나라 중의 하나로, 독일과 국경을 맞대고 있는 프랑스에는 하나의 목표가 있었다. 그것은 향후 일어날 수 있는 전쟁의 위협과 공포로부터 영원히 벗어나는 것이었다. 한마디로 독일과는 다시는 전쟁을 하고 싶지 않았던 것이다. 제1차 세계대전에 참전했던 프랑스는 자국 젊은이들의 희생으로 마치 한 세대가 사라진 것과 같은 심리적인 공황 상태를 겪어야 했고, 이로 인해 어떻게든 앞으로의 전쟁만은 막아야 한다는 생각만 강조하게 되었다. 그러다 보니 조약을 입안했던 프랑스는 주변국들의 반응 같은 것은 애초부터 고려하지 않았다. 그래서 프랑스의 입장에서는 앞으로 독일을 전쟁 불가능 국가로 만들 뿐만 아니라 더 나아가 스스로 자립하기도 힘들게 만드는 것이 최종 목표가 되었다. 이것은 어떻게 보면 패전국으로서 독일이 감당해야 할 당연한 굴욕이라고 생각할 수도 있지만, 피해만 따지면 독일 역시 프랑스 못지않게 많은 희생을 감당해야만 했다. 결국, 너무 일방적인 조약은 독일의 반발감만 불러올 것이라는 의견이 없던 것은 아니었지만, 대전의 최대 피해자라고 강조하는 프랑스의 눈치를 보지 않을 수 없는 연합군 관계자들은 결국 프랑스가 주도하는 조약에 동의할 수밖에 없었다. 조약의 문구가 다소 패전국들에게 불합리하게 보일 수 있다 하더라도 연합국들은 최종적으로는 독일을 포함한 패전국들이 다시 전쟁을 일으키지 못하는 것을 우선적으로 고려하였다. 패전국이 이른 시일 내에 국력을 회복하면 또다시 전 유럽에 전쟁의 그림자가 드리울 수 있다는 우려를 강조한 프랑스의 입장은 완강했고 변함이 없었다. 하지만, 정작 또 다른 전쟁을 막고자 했던 프랑스를 비롯한 연합군의 의도는 오히려 독일의 복수심을 키워 향후 전쟁을 부추기게 되는 원인이 되기도 했다.

다음은 군사적으로 독일을 속박하려 들었던 베르사유 조약의 주요 내용이다.

- 라인란트(Rhineland)는 영국과 프랑스의 군사적인 통제하에 비무장지대화 한다.
- 육군의 병력은 총 10만 명을 초과할 수 없고 징병제는 폐지한다.
- 해군은 병력이 총 15,000명을 초과할 수 없고 배수량 10,000t 이하 전함 6척, 배수량 6,000t 이하 순양함 6척, 배수량 800t 이하 구축함 6척, 배수량 200t 이하 어뢰정 12척만 보유할 수 있으며 잠수함은 금지된다.
- 각종 무기의 생산, 수입, 수출과 독가스의 생산과 보유는 금지된다.
- 전투기, 탱크, 장갑차량의 생산과 보유는 금지된다.
- 독일군의 모든 참모 조직과 직제는 폐지한다.

사실, 독일 국내에서는 독일이 제1차 세계대전 패전국 대접을 받는 것에 대해 비판적으로 바라보는 면이 다수 존재했다. 물론, 독일이 제1차 세계대전의 동맹국인 불가리아, 오스트리아, 오스만 튀르크의 잇따른 항복으로 연합군과 더 이상 전쟁을 혼자서 수행할 수 있는 능력이 바닥나기는 했지만, 독일은 엄연히 패전이 아닌 대등한 양측의 합의에 의한 휴전을 생각하고 있었다. 하지만 독일은 전쟁을 잘 마무리하려는 희망과 다르게 졸지에 패자가 되었고, 패전국이 감당해야 할 경제적 불이익과 수모까지 받아들여야 하는 어려운 사정에 빠지게 되었다. 독일의 입장에서는 연합국들에 의해 패전국의 지위를 강요받았다는 것이 더 정확한 표현으로 보였고, 반대로 프랑스는 독일에 비해 별다른 활약 없이도 승자의 지위를 강탈했다고 보는 것이 맞는 것처럼 보였다. 이러한 논리는 실제로 서부 전선에서 일어난 대부분의 전투가 프랑스와 벨기에 땅에서 치러졌다는 것이 이를 증명한다. 제1차 세계대전 당시 가장 격렬했던 전투라고 일컬어지는 솜 전투와 마른강 전투 그리고 베르됭 전투 역시 프랑스 땅에서 치러진 전투였고, 1915년에 본격적으로 독가스가 대규모로 사용된 이프르 전투와 1917년에 일어난 전투 중에서 가장 치열했던 파스샹달 전투는 벨기에 땅에서 일어난 전투였다.

제1차 세계대전 시기에는 철조망과 참호를 깊게 파고 방어전으로 일관하는 적진을 돌파할 수 있는 뾰족한 수단이 없었다. 그래서 독일은 신무기 개발에 착수하게 되고 최종적으로 선택한 것이 독가스였다. 그렇게 독일군은 이프르 전투(Battle of Ypres)에서 염소가스를 살포하며 전장에서 본격적으로 독가스를 사용하더니, 전쟁이 절정에 치달았던 1918년에는 양 진영 모두 전체 포탄의 3분의 1이 독가스로 채워질 정도로 서로를 향한 무차별적인 공격이 지속되었다. 제1차 세계대전은 기계화 사단이 보편화되기 전의 전쟁으로 토굴 같은 참호 외에는 보병들을 보호해 줄 것이 아무것도 없어, 맨몸으로 적의 포탄과 총알을 막아야 하는 일반 보병들이 전선에서 느끼는 공포는 상상을 초월하였다. 하지만 전쟁은 시작은 쉬워도 멈추기는 어려운 법이다. 전쟁을 그만둔다는 것은 자신이 잘못되었다는 것을 인정하는 것이 되므로 누구도 먼저 자신의 잘못을 인정하려고 들지 않았다. 그렇게 한 번 모습을 드러낸 인간의 광기는 좀처럼 사그라지지 않았다. 때론 그런 광기는 무기를 발달시켜 더 많은 인류를 고통 속에 몰아넣는 데도 한몫했다. 그러나 역시 그런 광기가 아니었다면 지금의 인류가 과학이 가져다주는 혜택의 상당 부분을 누릴 수 없다고 볼 때, 인간의 광기는 동전의 양면이라 아니할 수 없다. 사진은 제1차 세계대전 당시 독가스에 시신경이 손상된 영국군의 모습.

결국, 독일과 프랑스가 각각 패자와 승자가 되었던 기준은 순전히 두 나라의 직접적인 교전 결과에 따른 요인이 아니라, 얼마나 똑똑하고 믿을만한 동맹국들을 갖고 있느냐에 따라 갈리게 되었다. 대전 중 독일의 영국 해상 봉쇄 작전의 하나인 무제한 잠수함 작전이 원인이 되어, 1917년 4월 전격적인 미국의 유럽전선 참전은 상대적으로 빈약했던 독일군의 현실을 그대로 보여 주었고, 기존의 영불 연합군에 새롭게 가세한 미군의 풍부한 물자와 병력은 이미 만신창이가 된 독일이 감당해낼 수 있는 수준을 넘어서고 있었다. 미국의 물량 공세에 압도당한 독일이 받아들여야 했던 휴전 조약은 이에 대한 국내의 여러 가지 불만이 존재했음에도 불구하고 어쩔 수 없는 선택이 되고 말았다. 여기서 미국의 유럽 전선 참전의 직접적인 원인으로 대부분의 사람이 독일의 무제한 잠수함 작전을 그 첫 번째 이유로 꼽고 있지만, 미국 입장에서는 러시아의 혁명으로 연합군의 힘이 약해지는 것을 차마 지켜보고만 있을 수 없을 때, 공교롭게도 독일의 무제한 잠수함 작전으로 미국이 피해를 받자 참전으로 자연스럽게 연결되었다고 보는 것이 더 합당할 것으로 보인다.

제1차 세계대전이 끝났을 때 패전국에게 패전에 대한 책임과 배상금을 과도하게 묻는 것은 승전국의 권리이기는 했지만, 또 다른 반발과 부작용을 불러올 수 있다는 이유로 전쟁을 종결짓는 강화 회의를 시작하였을 때, 승전국의 일원이자 채권자가 되어 전후 새로운 국제 질서를 주창하였던 미국은 전쟁의 책임을 어느 일방에게만 묻는 강화 조약의 체결을 반대하였다고 한다. 하지만 서로의 입장과 주장이 상이한 만큼 제1차 세계대전의 끝맺음은 다음 시대의 평화를 열기에는 너무 부족한 가운데서 마무리 짓게 되었다. 이런 분위기를 반영하는 듯 베르사유 조약에 대해 미국 의회는 비준하지 않았고, 의회를 대변하며 필라델피아의 상원의원인 필랜더 녹스(Philander Chase Knox)는 "이 조약은 평화로 이끄는 것이 아니라, 방금 종결된 전쟁보다 더한 황폐한 전쟁으로 이끌 것이라고 확신한다."고 말하며 이 조약의 위험성을 경고했다. 또한 영국의 경제학자인 존 메이너드 케인스(John Maynard Keynes)는 전후에 일어날 수 있는 경제 상황을 언급하면서 "독일을 파산시켜선 안 된다. 독일을 빈곤케 하려 한다면 그 보복은 끔찍할 것이다."라고 말하였는데, 이런 말들은 끔찍하게도 몇 년 후에 그대로 현실로 나타나게 되었다.

결국, 미국의 윌슨 대통령은 일관되게 어느 한쪽에게만 불리한 강화 조약은 분명히 평화를 방해하는 씨앗이 될 것으로 보았던 반면에, 프로이센-프랑스 전쟁 이래 계속 수모를 당해 온 프랑스는 이번 회의가 그동안 독일에게 당한 것들을 제대로 갚을 기회로 알고 금번 조약 체결을 단단히 벼르고 있었다. 마치 우리나라와 일본의 관계와 마찬가지로 이웃 나라 독일로부터 받은 피해가 많은 만큼 할 얘기가 많았던 프랑스가 주도했던 조약에서 독일에 대한 철저한 복수극이 준비되고 있었던 것이다. 그런 이유로, 1919년 베르사유에서 열린 회의에 참석한 독일 대표단은 연합국 측이 제시한 일방적인 조약 내용에 경악할 수밖에 없었고, 독일 국내에서도 거센 항의가 일어나게 되었다. 이런 불평등한 조약에 대한 반발은 어찌 보면 당연한 일이라고 할 수 있었다.

하지만 아무런 권한 없이 패전국의 지위만 넘겨받은 독일의 바이마르 공화국[4]은 너무 힘이 없었다. 독일 국내의 불만과 프랑스가 완력으로 밀어붙인 불평등 조약에도 불구하고 독일은 패전의 막중한 책임감을 통감하고 조약에 결국 사인하

---

4) 제1차 세계대전 후인 1918년에 일어난 독일 혁명으로 1919년에 성립하여 1933년 히틀러의 나치스 정권 수립으로 소멸한 독일 공화국의 통칭.

게 된다. 하지만 휴전 조약에 조인해야 하는 상황은 어쩔 수 없다고 하더라도, 연합군(특히, 프랑스)에게만 유리하게 작성되어 독일 입장에서는 일방적이고 불평등한 모든 조약을 울며 겨자 먹기 식으로 그대로 받아들여야 한다는 것은 다른 문제였다. 단순한 휴전 조약만을 생각했던 독일 입장에서는 패전국의 책임이 유난히 강조된 베르사유 조약은 처음의 기대와는 완전히 상반된 마른하늘에 날벼락 같은 사건이었다. 당초 제1차 세계대전의 이른 종전을 설득할 수 있었던 윌슨의 14개조 평화원칙(1918년 1월)은 내용이 상당히 온건하여, 그 정도의 휴전 조건이라면 충분히 감당할 수 있다는 판단 아래 독일은 흔쾌히 전투를 중지했으나, 전쟁 당사국 간의 중재를 기대했던 미국의 역할이 영국과 프랑스의 예상보다 큰 반발로 생각보다 축소되면서, 독일이 처음에 그렸던 휴전과 조약들은 상당히 어긋나기 시작하였고 결국 실현되지 못했다.

이처럼 미국이 평화원칙 등으로 당사국 간의 너무 일방적이지 않은 조약을 맺기 위해 중재하는 등의 노력을 한 것은 인정하지만, 미국 또한 영국과 프랑스가 독일에게 감당하지 못할 만큼의 엄청난 배상금을 청구하도록 했던 원인으로부터 자유로울 수는 없었다. 영국과 프랑스를 비롯한 연합국들은 제1차 세계대전 당시 급박하게 돌아가는 유럽의 전쟁 상황에 따라 미국으로부터 엄청난 금액의 차관을 빌리게 되는데, 이때 쌓인 차관들로 인해 전쟁이 끝나기가 무섭게 영국과 프랑스는 채무자로 전락하게 되었다. 거기에 기본적인 전후 복구 비용까지 더해져 연합국들은 대전 후유증을 제대로 겪게 되었다고 할 수 있다. 그 규모는 영국이 약 42억 달러 그리고 프랑스가 약 68억 달러로, 그 액수는 당시로서는 천문학적인 수준이라고 할 수 있었다. 반면에 미국은 영국과 프랑스의 채무 지불 조건을 완화해 달라는 요구마저 끝내 거절하며, 다른 나라들이 전쟁 후유증에서 벗어나지 못할 때 전쟁에 따른 호황을 홀로 제대로 누릴 수 있게 된다. 하지만 세계 경제라는 것은 혼자만 잘산다고 다 해결되는 것이 아니고 서로 영향을 받게 마련이다. 다른 나라의 경제적 어려움은 결국 미국에게 영향을 줘 미국에서 시작된 세계 경제 대공황의 한 원인이 되었다. 또한 미국의 빚 독촉을 피할 수 없었던 영국과 프랑스는 그 책임을 또 다른 당사국인 독일에 떠넘길 수밖에 없었고, 식민지도 잃고 국내 경제마저 붕괴된 독일은 그 압박을 견디지 못하고 40%가 넘는 최악의 실업

률을 기록하며 국가 붕괴의 위기 상황으로까지 치닫게 된다. 이렇게 최악의 위기에 몰리게 된 독일에게 어쩌면 또 다른 전쟁이 아니고서는 이 상황을 극복할 방법은 없었다고 할 수 있고, 결과적으로 미국의 지나친 욕심으로부터 시작된 유럽의 경제 불균형에 따른 불안감은 제2차 세계대전을 촉발하는 근본적인 원인이 되었다고 할 수 있다.

결국, 조약의 전방위적인 압박을 견딜 수 없었던 독일은 그야말로 파국을 향해 달려가고 있었고, 그 불만들은 베르사유 조약에 대한 독일 국내의 반대 여론에도 불구하고 조약을 넙죽 받아든 당시 독일 바이마르 공화국 정부에게로 자연스럽게 향하기 시작하였다. 또한 불평등 조약을 강요한 연합국들에 대한 불만의 씨앗은 독일 경제가 더욱 어려워질수록 정치 불안을 조장하는 세력들에 의해 점점 자라나기 시작하였다. 그리고 이런 분위기를 잘 이용하여 그간 쌓여있던 독일 국민의 불만들을 호소력 짙은 연설로 위로해 주고 반대 의견을 정치적인 구호로 선동하는 등, 독일 국내의 어지러운 정치 상황을 자신의 정치적 입지를 다지는 데 교묘하게 이용한 정치가가 나타나는데, 그가 바로 히틀러였다. 사실 근본도 없었던 나치당(Nazis)이 여러 번의 해체 위기에도 불구하고 불과 10년도 안 되는 기간 안에 독일 제1당이 된 데에는, 전후 독일과 독일 국민의 비정상적인 상태에 따른 위기 상황 인식이 히틀러와 같은 선동가를 선택하게 하는 비극을 맞이하게 되었다고 할 수 있다. 독일 국민이 이처럼 별다른 정치적 이력조차 찾을 수 없는 오스트리아 출신의 히틀러에 몰입할 수밖에 없었던 이유는, 그만큼 독일이 전후에 겪어야 했던 암울한 현실은 그야말로 희망이라고는 찾을 수 없는 절망적인 상황으로, 보통의 상식을 가진 지도자로는 극복할 수 없다는 결론을 얻었기 때문으로 보인다.

그렇게 한없이 탐욕스러웠던 제국주의 간의 진흙탕 싸움이었던 제1차 세계대전의 승전국들은, 예상한 대로 더 많은 식민지의 획득 및 유지를 통해 제국주의의 팽창과 번영을 이어가게 되고, 패전국들은 그나마 갖고 있던 식민지마저 빼앗기게 되면서 제국주의 열강들의 경쟁에서 제외되는 치욕과 수모를 겪어야 했다. 승자가 모든 것을 독식하는 현실 분위기 속에서 패전국들이 갖게 될 불만들은 분명 존재했지만, 그런 의견을 귀담아들어 줄 승전국은 하나도 없었다. 냉혹한 제국주의 경쟁에서 물러난다는 것은 단순하게 그동안 애지중지 지켜냈던 식민지를 잃는 것으로 끝나는 게 아니라, 궁극적으로 국가의 재기 불가능한 몰락을 의미하는 것으로 향후에는 국가 존망에까지 영향을 줄 정도로 심각한 군사적·경제적 압박을 동반하고 있었다. 결국, 제국주의의 싸움에서 진 패전국들은 와신상담하며 자신의 처지를 비관하면서 미래에 혹시 있을지 모를 명예 회복의 기회를 속절없이 오매불망 기다려야 하는 초라한 신세로 전락하고 말았다. 그런 이유로 적어도 프랑스와의 전쟁에서는 패배하지 않았다는 자존심을 갖고 있었던 독일의 불만이 프랑스에 대한 복수심으로 연결되는 것은 당연한 수순이었다. 독일에 치욕스러운 패전 조약을 안긴 프랑스에 대한 근본적인 경쟁심과 불만은 서유럽에서 오랜 기간을 두고 경쟁한 독일에게는 숙명 같은 일이었다. 마찬가지로 프랑스 또한 오랫동안 독일과의 경쟁이 부담스러울 수밖에 없었을 것이고, 이쯤에서 독일과의 대결을 종결하고 상대적인 우위를 점한 상황에서 현 상태가 지속되기를 바랐던 것이다. 결과적으로, 승패에 따라 분명하게 갈라진 이러한 불평등과 승자 독식이라는 당연한 제국주의의 논리만 유난히 강조된 나머지, 패자에 대한 아량과 배려가 전무했던 조약은 승전국들이 주도하는 평화에 대한 기대와는 다르게 새로운 전쟁의 씨앗을 조금씩 자라게 하는 원인이 되었다.

실제로, 이런 징벌적인 성격을 다분히 포함하고 있는 베르사유 조약은 독일을 패전의 나락으로 떨어뜨려 더 이상 주변국과 국력을 견주는 것이 불가능하도록 하는 소기의 성과는 충분히 달성했지만, 독일 국민에게는 베르사유 조약을 강요했던 세력에 대한 원망이 되어 보복의 감정을 불러일으켰고 언젠가 자신들이 치른 엄청난 배상과 치욕을 갚아 주겠다는 복수심을 품게 했다. 하지만 그런 억한 감정이 있다고 해서 강제적인 조약과 주변국들의 엄격한 감시를 요리조리 피해가며 강력한 독일군을 재건한다는 것은 불가능에 가까운 일이었다.

우선, 독일은 유럽 최강 육군의 명성을 이어가기 위해 10만 명으로 묶인 독일군 규모의 대부분을 최대한 장교들로 구성하도록 노력했다. 다만, 독일의 이런 군 재건 움직임은 당장의 복수에 동원할 수 있는 수단으로써 염두에 둔 것은 아니었다. 단지, 독일인으로서의 효율성의 문제를 군대에도 최대한 적용한 것이라고 할 수 있는데, 평상시에는 장교 위주로 군을 운영함으로써 비용의 문제를 해결함과 동시에 전시에는 숙련된 장교들을 통해 군을 재편성한다는 원대한 계획으로 연결될 수 있었다. 이는 실제로 1935년 3월 16일에 독일 국민과 군부의 환호 속에 진행되었던 히틀러의 베르사유 조약 파기 선언과 재무장 선언 후 폴란드를 침공(1939년)할 때까지의 4년이라는 짧은 기간 동안, 10만여 명에 불과했던 독일군이 300만여 명의 군대로 늘어나게 되는 경이적인 성과로 나타나게 되었다. 대략 1942년의 독일군 전력을 절정으로 본다면 불과 7년이라는 짧은 기간 만에, 독일군은 질적으로나 양적으로도 세계 최강이라고 자부할 수 있을 정도의 군사력을 갖추게 되는데, 이것을 기적이라고 하지 않으면 기적이라는 말은 『성경』에서나 쓰이는 말로 영영 성스러운 혐의를 벗지 못할 것이다. 이런 기적과 같은 일 때문에 대전 초반 나치 독일의 움직임을 면밀히 조사했던 연합군들조차 독일군의 전력을 제대로 파악하지 못해 우왕좌왕하는 전술적 패배를 겪게 되었다.

또한 베르사유 조약은 독일군의 전력을 기초부터 무너뜨리기 위해 공군부대와 U보트를 보유하는 것을 엄격하게 제한했는데, 독일은 군용 비행기 대신 군용으로 전용 가능한 항공기 등을 제작하는 방법으로 이를 교묘하게 피해가며 공군을 키워낸다. 하지만 애초부터 이런 허약한 토대에서 배출된 공군 전력은 전쟁이 길어질수록 한계를 드러내게 되고, 전쟁이 종반으로 치닫는 1944년 즈음에는 독일군에서 공군 전력을 거의 제외하다시피 하는 참혹한 결과를 초래하게 된다. 이처럼 독일 공군의 몰락은 완벽한 독일의 패전으로 연결되는 당연한 결과로 이어지게 되었다. 어쩌면 프랑스의 바람대로 베르사유 조약은 큰 효과를 발휘하여 독일이 프랑스의 눈치를 보며 조약을 잘 지킬 때까지 독일은 공군을 키워내는 데에 큰 어려움을 겪게 될 수밖에 없었고, 태생부터 한계가 분명했던 독일 공군의 짧은 재건 역사 때문에 독일은 전쟁 내내 공군 운용에서 큰 어려움을 겪게 된다. 아무튼, 이렇게 독일군이 침체기를 겪는 동안에도 재건할 수 있는 밑거름을 은밀하게 준비해 준 인물이 있는데, 대표적인 인물이 한스 폰 젝트(Hans von Seeckt) 참모총장이었다. 베르사유 조약을 요리조리 피해가며 독일의 미래를 위해 헌신했던 그의 노력은 공교롭게도 히틀러가 총통이 될 즈음에 결실을 보게 된다. 젝트는 제2차 세계대전이 일어나기 전에 사망했지만, 전쟁을 실제로 지휘하였던 독일 군부의 어떤 장군들보다 독일 역사에 큰 영향을 끼친 인물이라고 할 수 있다. 다만 은밀하게 추진된 그의 업적 대부분이 드러내지 않고 수면 아래에서 조용히 이룬 것이 많아 두드러지지 않을 뿐이었다.

결국, 패전국에게 일방적으로 가혹하기만 했던 베르사유 조약은 패전국 국민들의 반발심을 불러올 수도 있다는 반성이 일게 되면서, 이를 반영하여 제2차 세계대전 후 맺은 조약은 각국에 맡겨져 베르사유 조약 같은 징벌성 항목들이 들어가지 않도록 권장되었다고 한다. 제1차 세계대전 후 독일인의 심리를 잘 이용한 히틀러는 독일을 파괴하려는 의도가 역력한 프랑스를 비롯한 연합국들과 이 조약을 승인한 당시의 바이마르 공화국 정부를 싸잡아 비판하면서, 독일 국민의 불만을 잘 녹여낸 연설을 통해 전후 독일의 최강 지도자로 우뚝 설 수 있었다.

연합국에 대한 히틀러의 첫 번째 반격은 베르사유 조약의 파기 선언(1935년)으로 나타나게 되었으며, 재군비 선언과 함께 원래는 독일 땅이었지만 프랑스와 독일 사이의 비무장지대로 남아있던 라인란트 지방에 독일군이 진입(1936년)함으로써 영국과 프랑스에 의해 주도되는 유럽 패권에 재도전하는 것으로 공식화되었다. 후일담이지만, 히틀러는 라인란트 진입 당시 독일군은 재무장을 선언한 지 얼마 되지 않아 프랑스군에 맞설 형편이 되지 않는다고 판단하고 있었다고 한다. 그래서 히틀러는 라인란트 진입에 대한 프랑스의 반발을 의식해 프랑스군의 강력한 대응에는 맞서지 말고 물러설 것을 지시했다고 한다. 그 당시만 하더라도 히틀러의 도발 속에도 프랑스의 반발에 대한 신중함이 꽤 자리를 차지하고 있었다고 볼 수 있다. 하지만 크게 반발할 것으로 예상했던 프랑스가 조약 파기가 현실화된 시점에서도 크게 반발하지 않고 오히려 독일과의 충돌을 우려해 어떠한 군사적인 행동도 취하지 않게 되자, 이미 자국민들이 거주하고 있는 라인란트에 진출한 독일군이 스스로 물러설 리는 만무하였다. 이처럼 프랑스와 마찬가지로 독일군도 그 당시 상대방과 맞서는 것에 확신이 없었던 것으로 볼 때, 라인란트 지역의 독일군 무단 침입에 대한 영국과 프랑스의 무심할 정도의 무대응은 향후 히틀러의 행보에 자신감과 확신을 주는 시발점이 되었다고 할 수 있다. 영국과 프랑스 입장에서는 히틀러의 군사 팽창이 자국을 직접 위협하지만 않는다면, 조약 파기와 더불어 그 외의 권익을 얻는 것 정도는 눈감아 줄 수 있다는 소극적인 생각을 품고 있었다. 하지만 이어 열린 뮌헨 협정에서 영국과 프랑스가 마치 약속이라도 한 것처럼 보여 줬던 무력함은 그들의 기대와는 다르게 오히려 제2차 세계대전 발발 시기를 앞당기는 결과를 초래하고 말았다. 뮌헨 협정은 체코의 주데텐란트 영토 분쟁에 관련된 협정으로, 독일은 체코슬로바키아에서 독일인 다수 거주 지역인 주데텐란트의 할양을 요구하였고 이에 양국 간 군사적 긴장이 커지자, 또 다른 세계대전의 발발을 피하고자 했던 영국과 프랑스는 히틀러의 요구대로 독일이 주데텐란트를 합병하도록 승인하였다.

다. 제2차 세계대전 예행연습, 스페인 내전

20세기 초 스페인은 왕정의 무능과 정치적 부패 등으로 정세가 매우 혼란스러웠다. 1923년, 마침내 리베라 장군이 사회가 혼란하다는 이유로 쿠데타를 일으켰지만, 세계 대공황의 여파로 스페인 경제가 어려워진 데다 리베라가 갖가지 실정을 거듭하게 되자 결국, 리베라는 총리직에서 물러나게 되고 알폰소 13세는 분노한 국민들을 달래기 위해 총선 실시를 약속하기에 이른다. 이어 1931년 치러진 스페인 총선에서 공화파는 대승을 거두게 되고, 마침내 알폰소 13세가 퇴위하면서 스페인은 공화국 체제로 전환된다. 하지만 이 선거를 통해 마누엘 아사냐가 이끄는 공화주의적 좌파 정권이 출범했으나 기존의 기득권층인 지주들과 가톨릭교회, 군이 중심이 된 보수파는 이들을 공개적으로 반대하고 있었다. 더구나 가톨릭교회와의 갈등까지 겹치면서 공화파는 위기를 맞게 되고, 결국 우파들은 좌익을 밀어내고 정권을 교체하게 된다. 하지만 우파 정권은 군대를 동원해 무리하게 노조운동을 탄압하면서 지지도가 떨어지기 시작했다. 설상가상으로 정치 스캔들이 겹치면서 지지가 바닥으로 치닫게 되자 1936년경에 정권은 코르테스(스페인의 의회)를 해산하고 총선을 실시하기로 결정한다.

하지만 1936년 2월에 실시된 총선거에서 스페인에 인민전선 내각의 좌파 정권이 다시 등장하자, 우파들은 공공연히 스페인에서 러시아처럼 공산주의 혁명이 일어날 것이라고 떠벌리게 된다. 사실 좌파 역시 총선 패배 시 공공연하게 '인민 전쟁을 통한 정권 탈환'을 해야 한다고 주장할 정도였으므로 어느 쪽이 정권을 잡았어도 내전 발발 가능성은 높았다고 할 수 있었다. 이 점을 잘 아는 좌파 정권은 만약의 경우를 대비해서 쿠데타를 일으킬 위험이 있는 우파 성향의 장군들을 스페인 본토에서 멀리 추방했는데, 이 중 프란시스코 프랑코가 추방된 곳이 카나리아 제도였다. 그러나 프랑코파 군인들이 이미 영국의 도움으로 비행기를 구해 놓고 독일을 통해 병사들을 운송할 수송기와 함선들을 확보하였기 때문에, 쿠데타 발발 직후 프랑코와 당시 스페인군에서 그나마 제대로 된 정예병들이었던 아프리카 군단이 신속하게 스페인 본토로 건너올 수 있었다. 결과적으로 성공으로 끝난 이 본토 상륙 작전은 전쟁의 국면을 좌우하는 중요한 분기점이 되었다. 또한 공화국 정부군은 작전상 실수로 '실패로 끝났을 쿠데타'가 스페인 전체의 '내전'이라는 새로운 양상을 띠게 되었다.

스페인 내전은 초기 단계부터 유럽과 온 세계의 주목을 받았다. 인민전선의 좌파 정권을 지지했던 소련과 멕시코가 공화국 정부군을, 독일과 이탈리아가 반란군을 지원했다. 소련의 확장을 경계하고 있었던 영국과 프랑스는 불간섭 정책을 취하게 된다. 이는 스페인 내전이 국제전으로 확대되었음을 의미하는 것이었다. 공화국 정부군 측에서는 작가인 헤밍웨이와 조지 오웰 등이 참여한 4만여 명에 달하는 국제여단의 활약으로 스페인 내전이 세계적인 관심을 불러일으키기도 했다. 내전 내내 정규군으로 이루어진 반란군 쪽이 절대적인 우세를 보인 가운데, 1939년 3월 28일 마침내 마드리드가 함락되고 결국 프랑코의 반란군이 승리하게 된다. 2년 9개월 동안 스페인을 보수와 혁신으로 양분한 스페인 내전에서 약 30~60만 명으로 추산되는 사람들이 사망했으며, 약 25~50만 명의 공화국 정부군과 민간인들이 프랑스로 망명할 정도로 스페인 내전이 스페인과 유럽에 준 영향은 지대하다고 할 수 있다.

한편, 스페인 내전에 참가했던 영국 작가 조지 오웰이 "스페인의 역사는 1936년에 멈추고 말았다."라고 말할 정도로 스페인 내전은 수많은 희생자를 내고 스페인 민주주의의 싹을 짓밟아버렸다. 이는 이탈리아와 독일에서의 파시즘, 즉 전체군국주의가 전 세계를 요동치게 만드는 큰 동기 부여가 된 무대가 되었다. 후의 일이지만 히틀러는 스페인 내전으로 자신에게 신세를 진 프랑코를 제2차 세계대전 당시 우방으로 끌어들이려고 백방으로 노력하였지만, 프랑코는 영리하게도 전쟁 수행에 필요한 모든 무기와 경비를 독일이 부담해 달라는 조건을 걸어 참전을 끝까지 고사했다고 한다. 그 덕분에 스페인은 제2차 세계대전의 참화를 피하게 된 유럽의 몇 안 되는 나라 중 하나가 될 수 있었다.

스페인 내전 내내 프랑코를 군사적으로 지지하며 승리하도록 도와준 독일은 스페인 내전을 자국 무기의 테스트장으로 활용할 수 있었고, 그와 더불어 독일군에게는 부족한 실전 경험을 채울 수 있었던 소중한 기회가 되었다. 결과적으로 독일은 스페인 내전 참전을 통해 '전격전'이라는 새로운 전쟁으로 나가는 데 필요한 큰 아이디어를 얻게 된다. 독일도 스페인 내전에 관여하면서 약간의 희생과 소모가 발생했지만 지지했던 정권을 승리로 이끌게 되는 승자의 경험을 하게 되고, 이렇게 제2차 세계대전 시작 전에 얻은 소중한 경험은 고스란히 대전 초기 파죽지세의 승리로 연결되었다.

프란시스코 프랑코(Francisco Franco, 1892~1975년)와 히틀러.

또한, 1937년 4월 26일, 스페인 내전 당시 인민 전선(공화군)의 세력권에 있던 바스크 지방의 소도시 게르니카가 나치 공군인 콘도르 군단 폭격 부대의 폭격을 받는 사건이 일어났는데, 이 사건은 도시 인구의 3분의 1에 달하는 1,654명의 사망자와 889명의 부상자가 발생했던 참사로 기록되었다. 이 폭격 사건의 주된 목적은 어처구니없게도 독일의 폭탄과 전투기의 성능 실험 및 다리의 파괴였다고 하는데, 더구나 게르니카는 군사 전략적으로 중요한 도시도 아니었고 반란을 성공으로 이끄는 데 도움이 되는 적의 중심 거점도 아니었다. 운 나쁘게도 그날은 게르니카의 장날이라 사망 희생자 중 대다수가 여자와 어린아이였다고 한다. 이 비극에 분노한 피카소가 대작 〈게르니카〉를 그리게 되는데, 작품 속에 등장하는 인물 중 유독 여성이 많이 등장하는 것은 이런 배경 때문이라고 한다. 그는 이 작품에서 게르니카라는 작은 마을의 비극을 통해 나치의 잔혹성과 전쟁이라는 폭력이 가져다주는 비인간성을 고발하고자 했다. 스페인 내전은 반란군의 승리로 막을 내리게 되지만, 피카소는 스페인의 자유가 회복되기 전까지 파리 만국 박람회에 출품한 이 작품을 스페인으로 돌려보내지 않겠다고 했고, 결국 이 작품은 프랑코와 피카소 모두가 숨진 뒤인 1981년에야 스페인으로 돌아갔다고 한다.

라. 악마들의 야합, 독소 불가침 조약

독소 불가침 조약은 제2차 세계대전에서 가장 주목해야 할 장면이라고 할 수 있다. 그리고 이어지는 독일의 소련 침공은 제2차 세계대전의 큰 전환점이 되었다. 독일과 소련의 결합은 마치 제1차 세계대전 전 제국주의의 팽창을 위해 자신들의 이익에 부합되는 국가들과 서로 동맹을 맺었던 장면들을 떠오르게 하는 것으로, 독일과 소련은 자신들의 표면적인 욕구를 채우기 위해 서로에 대한 불만과 불편을 잠시 접어두기로 한 것으로 보인다. 우군을 많이 가지면 돌아오는 이익은 줄어들지만 승리에 대한 기대는 커지듯이, 독일과 소련은 각각 패전과 내전으로 인해 다른 제국주의 국가들보다 한참 뒤진 식민지 개척 및 영토 확장의 욕심을 채우고자 서로를 필요로 하게 되었다. 하지만 제국주의 간의 맹약이라도 자신의 이익이 보장되지 않는다고 생각되면 가차 없이 파기되듯이, 독일과 소련의 불편한 동거는 시작부터 결말이 뻔히 보이는 악마들의 야합이었다.

1939년 8월 23일 독소 불가침 조약 서명 장면. 뒤에서 환하게 웃는 스탈린의 모습이 인상적이다.

독소 불가침 조약은 1939년 8월 23일 모스크바에서 독일 외상 리벤트로프와 소련 인민위원회 의장 겸 외무 인민위원 몰로토프에 의해 맺어진 조약이다. 사실, 제2차 세계대전이 시작되기 전 국제적인 긴장 관계가 첨예화되는 가운데, 아직 어느 쪽 노선을 지지하는지 밝히지 않은 소련을 향해 서방 국가들의 치열한 외교전이 벌어지기도 했다. 공산주의의 확산에 대한 경계심을 갖고 있었던 영국과 프랑스였지만 그것보다 더 급히 독일의 팽창을 우려하는 의미에서 소련과의 군사 동맹에는 긍정적인 시각을 갖고 있었던 것이 사실이었고, 히틀러는 서부 유럽과 동부 유럽에서의 모든 전쟁을 치르는 것에 부담이 있어 소련과의 접촉을 비밀리에 시도하고 있었다. 소련 또한 이웃 나라인 독일의 성장은 바다 멀리 있는 영국보다는 큰 영향을 받게 되기에 독일과의 동맹을 우선적으로 검토하고 있었다. 마침내, 독소 불가침 조약이 체결되었을 때, 영국과 프랑스가 받았을 충격은 말로 표현하지 않아도 대단했을 것으로 생각된다. 이제 영국과 프랑스는 히틀러뿐만 아니라 스탈린도 상대해야 하는 이중고를 겪어야 했고, 독소전이 개시되기 전까지 소련은 독일의 충직한 우방으로 남아 히틀러가 프랑스를 치는 동안 독일의 동쪽 국경선에 대한 걱정을 충분히 덜어주었다.

또한, 이 조약은 영국, 프랑스 등의 연합국 측뿐만 아니라 같은 추축국(樞軸國, Axis Powers)인 일본에도 큰 충격을 주게 된다. 그에 앞선 1936년에 일본은 극동에서의 소련을 경계하기 위해 독일과의 방공 협정을 체결했는데, 그 협정이 유효한 것을 알고 있는 독일이 일본과 어떤 상의도 하지 않고 일본의 잠재적인 적인 소련과 불가침 조약을 맺은 것이다. 결국, 두 나라(독일과 소련) 외에는 아무도 예측하지 못한 독소 불가침 조약의 충격으로, 1939년 일본 내각은 8월에 "변화무쌍하고 기괴한 국제 정세에 대응할 수 없다."며 총사직하게 된다. 이때 동맹국 독일로부터 받은 충격과 배신감이 남아있었기 때문일까. 독소 공방전 당시 독일의 요구대로 극동에서 일본이 소련의 배후를 공격해 주었으면 하는 바람은 끝내 이루어지지 않았다.

그 충격이 어느 정도 정리되었을 즈음인 1941년 4월 13일 일본은 소련과 양국의 영토 보존과 상호 존중을 약속하는 일소 중립 조약을 체결하게 된다. 이 조약으로 소련은 일본과의 중립을 통해 유럽 전선에 더 신경을 쓸 수 있게 되었고 일본은 자신이 원하는 자원인 석유와 고무가 많은 동남아시아에 더 집중할 수 있게 되었다. 그와 함께 그동안 소련이 독자적으로 중국에 원조했던 무기 지원이 중단되면서 일본은 향후 중국과의 대결에서 간접적인 도움을 받게 된다. 일본은 특히 1939년경에 할힌골(노몬한) 전투에서 패전한 이후로 소련과의 충돌을 자제해 왔는데, 군사력이 강한 소련을 이겨도 얼어붙은 시베리아 땅 외에는 얻을 것이 없다는 판단을 하고 있었던 일본이 소련과 서둘러 중립 조약을 맺은 것으로 보인다. 한편으로는 독일과 소련의 불가침 조약이 유효한 상태에서 일본이 소련과 충돌을 일으킬 이유가 없기도 했지만, 최종적으로는 독일에게 받은 배신감과 모멸감의 충격이 소련에 대한 경계심을 풀었다고 볼 수 있다. 결국, 이 일소 중립 조약은 독소 공방전 당시 소련이 일본군과의 충돌을 대비해 시베리아 사단을 극동에 상주시키지 않고 오직 유럽 전선에서 독일과의 대결에 집중하게 하는 데 큰 역할을 하게 된다. 만약 독소전 당시 독일의 외교적 요구대로 극동에서 일본군이 소련군과의 새로운 전선을 형성해 주었더라면, 동쪽 시베리아 사단을 어느 정도 붙잡아두는 역할을 일본군이 충분히 해 주었을 것이고 독소전의 양상은 사뭇 달라졌을 것이라는 게 전문가들의 분석이다.

또한 일소 중립 조약은 한반도와 만주에 대한 일본의 점유를 더 이상 제재할 수 있는 인근의 나라가 없다는 것을 의미하는 것으로, 일본이 만주 및 동남아시아를 집중적으로 공략하는 데 큰 도움을 주었다. 더불어 이 조약은 일본 입장에서는 극동에서 일어날 수 있는 소련군과의 불미스러운 충돌을 일거에 사라지게 만들었고, 한반도와 만주에 대한 일본의 권한을 최대한으로 보장해 주었다. 이처럼 소련의 대일본 선전포고(1945년 8월 8일)가 선언되기 전까지 이 조약은 두 나라에 의해 충실하게 지켜졌으며 서로의 전쟁 수행에 큰 도움이 되었다. 이런 의미에서 일본이 만약 한반도와 만주를 국경선으로 확정하여 식민지 확장 정책을 멈추고 미국을 먼저 침략하지 않았더라면 우리나라는 영원히 일본의 식민지로 전락할 수도 있었을 것이다. 하지만 천만다행으로 일본의 제국주의는 이 정도에 만족하지 않았다. 소련이 챙겨준 절호의 기회를 일본은 자신들의 과욕으로 무산시키며 패전의 불명예를 떠안게 되었고, 우리는 광복이라는 새로운 세상을 볼 기회를 가질 수 있었다.

한편, 연합국 측도 이 독소 불가침 조약을 전혀 예측하지 못한 분위기였다. 독일을 경계하려면 공산주의와도 손을 잡을 수 있다고 강조했던 영국의 처칠(Winston Churchill)은 놀람을 넘어 경악에 가까운 반응을 보이게 된다. 연합군 측은 이 조약을 '악마들의 야합'이라며 조롱한다. 하지만 바로 침착함을 되찾은 처칠은 독소 불가침 조약이 유효한 상황에서도 평소의 소견대로, 독일을 꺾기 위해서는 소련을 우방으로 삼아야 한다는 의견을 굽히지 않는다. 심지어 소련이 독일과 함께 폴란드를 침공하고 핀란드와 전쟁을 하고 있을 때도 처칠은 소련을 두둔하는 발언을 하게 되는데, "소련군이 폴란드에 주둔 중인 것은 나치의 위협에 맞서, 소련의 안보를 지키기 위해 매우 필요한 조치이다."라며 소련을 끝까지 옹호하는 주장을 하게 된다. 더구나 1940년의 1년 동안 소련이 핀란드를 침공한 '겨울 전쟁' 때에도 그는 평소 핀란드의 대의를 지지하고 있다고 언급했었음에도 불구하고 소련에 대한 외교적 희망을 꺾지 않았다. 다만, 처칠은 잠시나마 소련은 독일의 동맹국으로서 소련의 유전이 독일의 전쟁 수행에 도움을 주고 있는 것을 알기에 코카서스의 바쿠 소련 유전에 대한 폭격을 검토하기도 했지만, 이것도 어디까지나 소련을 직접 공격하기보다는 독일로의 소련산 원유 수송을 방해하기 위한 것이었다고 둘러대기만 할 정도로, 처칠의 스탈린에 대한 짝사랑은 변함이 없었다. 아무튼, 영국은 이 작전을 포기했다. 그러나 처칠은 소련은 결국 독일과 같은 길을 가지 못할 것이고 소련이 있어야 히틀러를 양쪽에서 압박할 수 있다는 신념하에, 영국은 소련과 큰 뜻을 함께할 준비가 되어 있음을 보여 주려고 끝까지 노력하게 된다. 처칠이 이렇게 독소 불가침 조약이 유효한 상황에서도 소련을 우방으로 끌어들이려는 목소리를 일관성 있게 낸 것은, 어쩌면 소련과 손을 잡지 않는다면 영국이 홀로 맞서야 하는 유럽 전선에서 승리를 보장받을 수 없다는 절박함이 작용했기 때문으로 보인다. 결국 소련을 끌어들이려는 처칠의 노력은 결실을 맺어, 독일이 소련을 침공하기 무섭게 영국은 바로 소련에 동맹을 요청했다. 적의 적은 친구가 될 수 있기 때문이었다.

한편, 독소 불가침 조약의 당사자인 히틀러는 총통이 되기 전에 권력을 잡기 위해 독일 내 공산주의 세력들과 엄청난 세력 전쟁을 치러야 했는데, 히틀러가 수감 생활을 했던 원인인 '뮌헨 맥주홀 폭동 사건'도 이 공산당과의 싸움에서 우위를 점하고자 하는 히틀러의 조바심에서 일어난 일이었다. 그리고 총통이 된 히틀러는 예상한 대로 독일 내 공산주의의 씨를 말려버릴 정도로 엄청난 정치적 보복을 단행하게 된다. 이처럼 히틀러는 알려진 대로 유대인 경멸과 마찬가지로 공산주의라면 치를 떨 정도의 대표적인 공산당 혐오주의자 중 한 명이었는데, 그런 히틀러가 전략적으로 공산주의의 대부인 소련과 손을 잡는 아이러니한 일이 벌어진 것이다. 정말이지, 권력을 장악하고 유지하기 위해서는 평소 자신의 소신과 전혀 다른 세력과도 같이할 수 있다는 것이 곧 정치와 외교라는 것을 확인시켜 준 순간이었다. 여기서 히틀러와 스탈린이 하는 정치는 적어도 자신의 이념과 원칙을 실현하기 위한 성스러운 실천이 아니었다. 이 장면에서만큼은 정치는 자신의 이념과 원칙을 실현하기 위한 공작 및 공모라는 것을 가감 없이 보여 주고 있었다.

지리적 특성상 동과 서 양쪽 모두에서 전쟁을 치를 수 없었던 독일이 이제 동쪽에 대한 걱정을 어느 정도 거둘 수 있게 되자, 유럽에서의 전쟁은 이제 피할 수 없는 현실이 되었다. 서로 입을 맞춘 독일과 소련의 유럽 쟁탈전은 오직 히틀러와 스탈린의 결정만 남게 되었다. 이 조약에서 두 나라가 무엇을 의결했는지 구체적으로 알 수 없었던 세계 여러 나라 지도자들은 향후 두 나라의 행보를 한동안 지켜보는 수밖에 없었다. 이 조약의 첫 희생물은 조약을 체결한 지 한 달도 채 되지 않은 9월 1일 양국의 이웃 나라 폴란드였다.

마. 최후통첩, 헐 노트

아메리카 합중국과 일본 간의 협정의 기초 개요는 일본 제국의 진주만 공격과 미국의 대일 선전포고 이전에 미국 정부가 일본 제국에게 문서로 전달하게 된다. 이 문서를 약칭으로 헐 노트(Hull note)라고 부른다. 이 문서는 1941년 11월 26일, 미국 국무장관 코델 헐(Cordell Hull)이 일본의 주미대사 노무라 기치사부로와 미일 교섭 대사였던 구루스 사부로에게 전달하였으며, 사실상의 대일 최후통첩의 성격을 띠고 있었다. 주요 내용은 인도차이나반도에서 일본군의 전면 철수, 중국 대륙에서 모든 이권 철회 및 3국(독일, 이탈리아, 일본) 동맹 파기, 국민당 장제스 정부 외 왕자오밍(汪精衛)의 중국 내 일본 괴뢰 정권 등을 인정하지 않을 것 등이 포함되어 있었다.

그 경과를 살펴보면, 미국 정부는 일본에 의한 중국 침략(중일 전쟁)을 반대하였고 장제스의 중국 국민당 정부를 원조하고 있었다. 1941년 7월 일본군은 신사협정을 파기하고 프랑스가 독일과의 전쟁에서 패하자 자원 확보 등을 명분으로 프랑스령 인도차이나반도 남부를 점령하였으며, 일본 폭격기가 영국령 말라야를 공격할 수 있도록 캄보디아와 사이공으로 기지를 옮기게 된다. 그 결과, 미국 정부는 일본에 대하여 미국 내 일본 자산을 동결하고 대일 철강, 석유 등에 대한 수출금지를 내용으로 한 무역 제재를 부과하였다. 당시 일본은 석유 수입의 90% 정도를 미국에 의존하고 있었는데 일본으로서는 큰 부담이 될 수밖에 없었다. 이처럼 일본의 프랑스령 인도차이나반도 진출에 대한 미국의 예상을 넘는 반발에 대해 일본은 크게 당황하게 된다. 일본 입장에서는 적어도 인도차이나 점령은 미국의 이익과는 상관이 없는 일로, 미국이 이 일로 반발하지 않을 것이라는 안일한 생각을 하고 있었던 것이다. 하지만 일본의 동아시아에 대한 독보적인 군사 작전을 더 이상 두고 볼 수 없다고 생각한 미국은, 일본의 인도차이나반도 진출을 기점으로 그간의 인내심이 한계에 달하게 된 것이라고 보인다.

이에 1941년 11월 5일이 되자, 일본 정부는 어전회의에서 대미 교섭의 최후 시한을 11월 25일로 하고 그때까지 협상이 이루어지지 않으면, 12월 초에 미국 및 영국에 대하여 개전한다는 방침을 정하게 된다. 이에 주미대사 노무라 기치사부로는 미국 정부에 제안을 하게 된다. 그 제안은 만약 미국 정부가 네덜란드령 동인도에서 일본의 자원 획득의 지원, 일본에 대한 충분한 석유의 제공, 동남아시아에서의 군사 배치의 중지(인도차이나 북부의 일본의 보강 제외), 중국 국민당에 대한 원조를 중지한다면 인도차이나 남부에서 일본군을 철수하겠다는 내용이었다. 미국 정부는 이 같은 제안에 대해 민간인에 대한 연료 공급을 포함한 반대 제안으로 고려하고 있었다. 그러나 루스벨트(Franklin Roosevelt)는 일본군의 인도차이나에서의 작전 계획을 보고받고, 일본이 협상에 진지하게 임하고 있지 않다고 확신하였다. 그는 국무장관 코델 헐에게 반대 제안을 제시하도록 지시하였다.

1941년 11월 26일 일본 정부에 전해진 헐 노트의 주요 내용을 살펴보면 다음과 같다.

2. 두 나라는 프랑스령 인도차이나에 대해 프랑스의 영토 주권을 존중. 인도차이나와의 무역이나 통상에서 있어서 차별적 대우를 하지 않을 것.
3. 중화민국 및 인도차이나에서 일본군 및 경찰력의 전면 철수.
4. 두 나라는 장제스 정부 외에는 군사적·정치적·경제적 지원을 하지 않을 것.
9. 미일 두 나라가 제3국과 체결해 놓은 협정들이 이 합의의 참뜻과 태평양의 평화 유지를 침해하게 해석되지 않도록 미일 양국이 노력할 것.

결국, 1941년 11월 26일 일본 정부는 미국 정부로부터 선전포고를 받게 된다. 적어도 일본은 그렇게 생각했다. 헐 노트를 선전포고와 다름없다고 판단한 것은 어쩌면 일본 입장으로서는 전쟁을 벌일 구실을 찾고 있었는데, 그것을 미국의 탓으로 돌릴 수 있는 이유를 찾은 것인지도 모른다. 또한 일본이 무모해 보이는 미국과의 전쟁을 서두르게 된 데에는 일본 국내의 사정이 영향을 주었는데, 원래는 도조 히데키보다 황족 출신 현역 군인인 히가시쿠니노미야 나루히코가 총리를 맡는 것이 유력했으나, 미국과 전쟁을 벌이게 되면 황족에게 그 책임이 지워지는 것이 두렵고 일사불란함이 요구되는 전시 지휘계통의 수월함을 위해 당시 육군 대신이자 대표적인 강경파인 도조 히데키가 총리직을 맡게 되었다고 한다. 결과적으로, 군 출신인 도조 히데키가 행정부마저 장악하면서 미국과의 협상보다는 전쟁이라는 악수를 선택하게 되었다. 그리고 전쟁이 미국의 우세로 꽤 기울어진 1944년이 되자 도조 히데키는 갈수록 악화되는 전황을 지휘계통의 일원화를 통해 극복하겠다는 의지를 보이며, 기존의 행정 수반인 총리대신과 육군 대신 외에 참모총장까지 3직을 장악하게 되면서 일본 제국의 운명은 졸지에 도조라는 개인에게 맡겨진 풍전등화와 같은 신세로 전락하고 말았다. 하지만 비상 상황에 맞게 비정상적인 방법을 선택하더라도 상황이 갑자기 일본 쪽으로 나아질 리는 만무하였을 것이다.

오랜 고심 끝에 제안받은 헐 노트를 살펴본 일본 수뇌부는 자신들이 받아들이기 힘든 조건을 미국이 제시했다는 결론을 내리게 되고, 마찬가지로 미국 역시 일본이 이를 받아들이리라 생각하지는 않았다. 그렇게 협상은 예상대로 결렬되고 만다. 그렇다면 남은 것은 전쟁이었고 언제 전쟁을 시작할지 그 시기에 관련된 문제만 남게 되었다. 하지만 미국은 고민이 하나 있었다. 당시 미국 내 모든 산업 시설을 군수 물자 생산 시설로 바꾸고 전시 총동원 체제를 위한 본격적인 공장 가동을 위해서는 충분한 시간이 필요했던 것이다. 일본은 미국의 의도를 파악하고 미국에게 시간을 주지 않기 위해, 헐 노트가 전달된 지 얼마 지나지 않은 1941년 12월 7일 일본군을 통해 미국 하와이의 진주만을 기습하게 된다. 태평양 전쟁이 본격적으로 시작된 것이다. 일본은 그 전의 모든 전쟁에서 그러했듯이 기습 후 선전포고를 하는 비열한 전쟁 방식을 똑같이 사용한다. 갑작스러운 일본의 공격에 당황한 기색이 역력한 미국은 제2차 세계대전의 시작을 자신의 땅에서 시작할 것이라고는 상상조차 하지 못하고 있었다. 한마디로 일방적으로 미국이 당한 것이었다. 일본의 암호를 해독하고 있다고 자신했던 미국조차 예상하지 못한 전격적인 기습이었다.

도조 히데키(東條英機, 1884~1948년)와 야마모토 이소로쿠(山本 五十六, 1884~1943년).

　진주만 기습을 주도했던 일본 제국 해군 연합 함대 사령장관인 야마모토 이소로쿠는 미국 유학 및 주미 일본 대사관에서 해군 무관으로 근무하던 시절에 미국의 산업 생산력과 기술력, 경제력을 직접 확인한 인물이었다. 그는 미국의 경제력과 잠재력을 정확하게 파악하고 있어 일본은 미국과의 전쟁에서 승리할 수 없다는 확신을 갖고 있었다. 그 때문에 야마모토는 미국과 전쟁을 주장하는 도조 히데키를 필두로 한 육군 강경파에 맞서 전쟁을 일관되게 반대하였다. 당시 고노에 수상이 승리 가능성을 물어오자 "100% 진다."고 딱 잘라 말했을 정도로 야마모토는 이 전쟁에 대해서 처음부터 회의적인 시각을 갖고 있었다. 그리고 그는 더 나아가 태평양 전쟁이 만약 일어난다면 미국과의 전쟁에서 일본이 승세를 유지할 수 있는 것은 6개월에서 길어봤자 1년이라고 주장했는데, 이런 주장을 통해 알 수 있듯이 야마모토는 그 당시 잇따른 전쟁의 승리로 한껏 고무되어 있던 일본군 지휘부 중에서도 비교적 객관적인 안목을 가진 인물 중의 한 명으로 평가받고 있었다. 사실상, 그의 의견대로 태평양 전쟁의 양상이 진행된 것으로 보아 야마모토가 얼마나 이 전쟁을 얼마나 조심스럽게 바라보고 있었고 외롭게 일본 진영에서 전쟁 회의론을 펼쳤을 지를 짐작할 수 있다. 야마모토는 줄곧 자신과 해군 사관학교 동기생인 해군 대신에게도 대본영 회의 때 전쟁에 반대하는 의견을 내야 한다고 강력하게 주장했다고 한다.

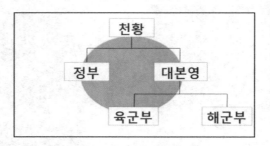

대본영은 전시 중 또는 사변 중에 설치된 일본 제국 육군 및 해군의 최고 통수 기관으로 총리대신조차 간섭하지 못하는 강력한 군 통수권이 있었다.

일본 군부에서 외롭게 전쟁 반대론을 펼친 이유 때문이었을까, 야마모토는 육군 강경파로부터 제2차 세계대전 내내 위험인물로 취급받게 되는데, 해군 장관이 되어야 할 시점에 연합 함대 사령장관으로 취임한 것도 연합 함대 사령관직에 있으면서 육군 강경파들의 위협을 피하기 위해서였다고 한다. 그럼에도 불구하고 미국과의 전쟁이 결정되고 천황까지 이를 승인하자, 야마모토는 이왕 전쟁을 할 것이면 진주만의 미국 태평양 함대를 선제 기습 공격해야 한다고 주장하며, 연합 함대를 이끌고 평소 자신이 갖고 있던 소신과 다른 과감한 결정을 실행에 옮기게 된다. 야마모토는 전쟁 전에는 어떻게든 전쟁을 막고자 했지만, 전쟁이 막상 결정되자 태도를 바꾸어 충성스러운 일본군의 자세로 돌아와 한 번의 전투와 전쟁의 승리를 얻기 위해 전력을 다하게 된다. 이를 통해 우리는 야마모토가 그 당시 일본군 지휘관들과는 다른 범상치 않은 면모를 갖고 있다는 것을 짐작할 수 있다.

헐 노트는 태평양 전쟁이 본격화되기 전, 미일 양국의 물러설 수 없는 치열한 외교전의 결과물이었다. 협상 결렬은 결국 전쟁으로 이어졌고 오랜 전쟁은 미국이 우세를 가져오는 분위기에서도 금방 끝나지 않았다. 그런데 필자는 헐 노트에 언급된 조항 중에서 제3항을 말하지 않을 수 없다. 미국은 공식적인 외교 문서에 일본군이 중국과 인도차이나에서 전면 철수해야 한다고만 언급하였을 뿐, 한반도에서 철수해야 한다는 언급은 하지 않은 것을 볼 수 있다. 그렇다면 한국은 무엇이란 말인가. 오래전에 국권이 피탈되었던 한국은 이미 일본의 일부로 미국의 안

중에도 없단 말인가. 아니면 이미 일본이 한국을 합당한 방법(적어도 미국을 비롯한 제국주의 국가들은 일본의 한국 점령은 어느 정도 정당하고 합법적인 절차에 따른 것으로 보고 있었다)으로 병합하여 이미 우리나라와 일본은 한 개의 나라로 인정을 해 줬단 말인가. 그것도 아니면 우리나라는 일본 제국주의에 정당하게 편입된 식민지로 그 정도는 일본의 몫으로 언제든 인정해 줄 수 있다는 것이었을까. 물론, 미국이나 영국 등 다른 연합국들도 당시에는 거의 1~2개 이상의 식민지를 거느리는 것은 당연하다고 생각했으니, 한국만큼은 미국이 전에 맺은 태프트-가쓰라 밀약이 유효하는 한 쿨하게 일본이 그동안 식민지 건설에 노력한 대가의 하나로 인정해 줄 수 있었을 것이다. 그렇다면 그 당시 한국은 미국의 외교 라인에서 협상의 카드로도 쓰이지 않을 만큼이나 버린 카드라고 할 수 있을까. 우리 입장에서는 기가 막히게도 일본이 이미 실효적으로 지배하고 있는 한국에 대한 일본의 권한을 (미일 외교문서에서 한국을 어디에도 언급하지 않음으로써) 미국이 공식 외교문서를 통해 확실하게 보증해 주고 있는 것이다. 국권피탈[5]이라는 것이 그저 문서상으로만 존재하는 것이 아닌 실제였다는 사실에서, 과거 식민지 조국의 엄연한 현실을 다른 나라 외교 문서에서 새삼 목격하게 되니 식민지 백성의 후손으로서 슬픔을 넘어서 괜히 서글프기까지 하다. 위 사실은 만약 일본이 미국의 외교 문서에 서명하고 수락했더라면, 우리나라는 영영 일본의 속국이 되어 지금까지도 식민지 국가의 상태를 벗어나지 못했다는 것을 공식적으로 증명하고 있는 것이다.

그렇다면, 일본은 다른 선택을 할 수 없었을까. 일본이 그럴 리는 없겠지만 만약 일본 대본영이 미국과의 전쟁은 승산이 없다는 것을 자각하고 미국의 요구를 흔쾌히 받아들여 중국과 인도차이나에서 철수했다면 어떻게 되었을까. 또는 일본이 미국을 선택하지 않고 한창 독일에 밀리고 있는 소련의 배후를 공격했더라면 어떻게 되었을까. 상상하기도 싫지만, 일본은 최선의 선택으로 최상의 결과를 가져왔을 것이다. 그래서 전쟁 종반 핵폭탄을 뒤집어쓰지 않았을 것이고 더욱이 패전국으로도 남지 않았을 것이다. 오히려 승전국의 일원으로 종전 후 동아시아

---

5) 기존의 한일합병이라는 용어는 일본이 사용했던 것으로, 그 용어에는 일본의 강제성이 드러나지 않고 대한제국과 일제가 동등한 자격으로 합병하였다는 뜻이므로 올바른 역사 용어가 아니라 지양되어야 한다.

에서 소련이 누리는 모든 권한을 고스란히 일본이 차지했을 것이다. 아울러 소련은 지구상에서 사라졌을 것이고 드넓은 소련 땅은 일본과 독일(또는 미국)에 의해 분할 점령되었을 것이다. 그것은 우리에게도 불운한 시나리오로써, 한국의 일본화는 급속도로 진행되었을 것이고 두 나라의 이질감은 어느 정도 사라졌을지도 모를 것이다. 위 내용은 상상만 해도 끔찍한 역사적인 가설이나, 이 또한 하나의 선택에서 파급될 수 있는 가정들로 한번 결정한 외교적 판단은 돌이킬 수 없는 결과를 초래한다는 점에서, 나라 간의 외교와 입장 정리는 전시일수록 더욱더 신중을 기해야 할 정도의 엄중한 역사적 책임이 잇따른다고 할 수 있다.

열강들의 치열한 외교전의 산물인 헐 노트를 뒤늦게 열심히 들여다보고 있자니, 우리에겐 전부였지만 당시에는 어느 누구에게도 주목받지 못했던 한국이라는 식민지 국가는 단지 열강들의 철저한 손익 계산에 따른 외교전에 으레 하나둘씩 오가는 하나의 협상 카드에 불과했다는 것을 깨닫게 된다. 엄격하게 말하면 우리나라는 그 당시 협상 카드로도 사용되지 않을 만큼, 연합국에게는 국익에 큰 이익을 창출해 줄 만큼의 먹잇감은 아니었던 것으로 보인다. 그러니 일본 제국이 그 당시 맘먹고 우리나라를 통째로 가져간다고 해도 불가능한 일은 아니었다. 헐 노트를 통해 알 수 있듯이 우리나라가 열강들의 경쟁 틈바구니 안에서 존중과 배려받지 못했다는 아픈 현실은, 한때 약소국이었던 한국 백성들과 그 후손에게 큰 교훈을 남겨준다. 다름 아니라 나라의 평화와 안전은 외부 세력에 의해 그냥 거저 주어지는 것이 아니라 자신의 희생과 노력이 뒤따라야 지켜낼 수 있다는 평범한 진리이다.

제2차 세계대전으로 가는 여러 나라

가. 전쟁으로 치닫다 - 독일

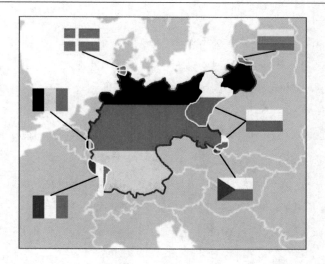

제1차 세계대전이 끝나고 난 뒤 분할된 독일 영토. 독일 일부가 폴란드 영토로 속하게 되면서 독일령 동프로이센(혹은 동프러시아, 프러시아는 프로이센의 영국식 발음. 이하 동프로이센) 땅은 폴란드에 의해 본토와 분리되는 운명을 맞이하게 되었다. 이제 동프로이센 땅은 이렇게 섬처럼 남게 되었다. 연합국들의 독일 분할은 의도적인 독일 힘 빼기 전략의 하나로 독일이 더 이상 전쟁을 일으키지 못하도록 견제하는 데 있었다. 독일은 패전으로 인구의 15%와 영토의 10%를 잃게 되었다. 거기에 막대한 배상금까지 더하여 승전국들은 독일을 회복 불능의 나락으로 떨어뜨리고 있었다.

제1차 세계대전이 막바지로 치닫기 시작한 1918년 독일에서는, 그해 11월 수병 폭동으로 촉발된 독일 혁명으로 빌헬름 2세가 물러나면서 제정이 붕괴된다. 오스트리아, 오스만 튀르크 등 제1차 세계대전 당시 독일의 동맹국들이 잇따라 항복하면서 마침내 독일은 11월 11일 휴전 조약에 조인하게 된다. 이후 1919년 독일은 바이마르 헌법을 제정하여 공화국임을 선포한다. 하지만 바이마르 공화국(1919~1934년)은 출범 초기부터 터진 좌우익의 대립과 1929년 세계 대공황 등의 문제로 내우외환에 시달릴 수밖에 없었다. 엎친 데 덮친 격으로 대규모 실업 사태는 좀처럼 해결책을 찾을 수 없었고 끝없는 불황과 장기화로 이어졌다. 여기에 더해 베르사유 조약에 의거하여 종전 300만 명에 이르던 군대를 10만 명으로 유지해야 하는 고충까지 따르게 되자 더 이상 군대에 머무를 수 없게 된 직업 군인들이 하루아침에 대거 실업자로 전락하여 거리로 쏟아져 나와야 했는데, 그런 이유로 그마저도 일자리에 없는 형국에 거리에는 퇴역 군인들이 미처 군복도 벗지 않은 채 구직활동에 나서야 하는 어려운 상황이 계속되었다. 또한, 독일은 패전으로 아프리카 식민지(탄자니아, 토고, 카메룬 등)는 프랑스와 영국의 분할 통치를 받아야 했고 중국의 산둥반도 그리고 태평양에 있던 여러 섬(남양군도) 등은 일본에게 귀속되어 그나마 있던 식민지마저 잃어야 했다. 거기에 막대한 전쟁 배상 책임으로 인해 독일 경제는 끝을 모르고 추락을 거듭해야 했다.

위와 같이 전쟁에 패한 독일이 자신이 갖고 있던 해외 식민지를 빼앗기게 되고 승전국들이 아무렇지도 않은 듯 식민지를 승계하는 것을 보면서, 제1차 세계대전의 속성 및 원인을 짐작할 수 있게 된다. 풀어서 얘기하면 제1차 세계대전은 가진 자는 더 많은 것을 가지려고 하고 덜 가진 자는 가진 자의 것을 빼앗으려고 했던, 더도 덜도 아닌 제국주의 국가 간의 식민지 쟁탈 전쟁이었다. 그러니 히틀러에 대한 평가를 뒤로하더라도, 후에 실력과 기력을 회복한 독일이 온순하게 제1차 세계대전의 승전국들이 만들어 놓은 세계 질서에 순응하여 전쟁을 일으키지 않으리라는 것은 큰 오해이자 승전국들만의 착각이라고 할 수 있었다.

한편, 해가 갈수록 독일 국민의 생활이 어려워지고 나라의 경제 여건이 나아질 기미가 안 보이자, 당연히 그 조약을 넙죽 받아들인 바이마르 공화국 정부에 대한 비판이 독일 국내에서 강하게 일기 시작하였다. 바이마르 정부가 이런 비난을 의식했는지 자구책이라고 내놓은 정책 또한 독일을 더욱 나락으로 떨어지게 할 뿐이었다. 바이마르 공화국은 전쟁 배상금을 지불하라는 프랑스의 압력을 무력화시키고 반발하는 방법으로 공화국 초반에 통화 발행을 남발하는 실정을 거듭했으나, 오히려 극심한 초인플레이션으로 독일 스스로가 오랜 파탄의 길로 빠져들게 되었다. 그런데도 바이마르 정부가 지속적인 통화 발행을 멈추지 않은 것은 경제 기반이 붕괴하여 통화 발행 외에는 배상금을 갚기에 필요한 정부의 재원 조달 수단이 없기 때문이었다. 민간에서는 정부의 지속적인 통화 발행으로 화폐 수요는 감소하고 한층 높아진 물가 상승으로 경제 상황은 추락을 거듭하고 있었다. 그러나 이런 상황에서도 정부는 경기 침체와 세수 감소를 우려해 통화량을 더 늘리게 되는 악순환을 되풀이하게 된다. 그 당시 땔감을 사기 위해 나무 장작을 돈으로 사는 것보다 지폐를 태우는 것이 나았을 정도로 독일 화폐는 이미 종이보다 못한 가치를 갖고 있었다. 이제는 어느 누가 독일 지도자가 되어도 이를 단기간 내에 해결하기란 불가능한 일처럼 보였다. 독일은 전후 독일의 어려운 사정을 전혀 반영하지 않은 연합국들이 강요한 일방적인 조약들에 이런 식으로라도 보복해야 한다는 입장이었지만, 그로 인한 국민의 불편과 경제 파탄은 어느 곳에서도 해결의 실마리를 찾지 못하는 진퇴양난의 모습으로 나타나고 있었다. 더구나 프랑스는 배상금 지불에 대한 바이마르 공화국의 의지가 없음을 확인하고는, 당시 독일 최대의 공업 지대이자 베르사유 조약에 의해 비무장지대로 묶여있었던 루르(Ruhr) 공업 지역을 점령함으로써 독일인들에게 프랑스에 대한 적개심에 불을 지피는 계기가 되기도 했다. 결국 이는 후에 라인란트 지역의 재무장이라는 히틀러의 도박을 감행하게 하는 이유가 되었다.

독일의 이런 어려운 경제 사정은 좀처럼 회복될 기미조차 보이지 않았고, 독일 국민들의 바이마르 공화국과 프랑스를 비롯한 연합국들에 대한 불만으로 독일 국내에서는 사회적인 불안까지 높아지고 있었다. 어쩌면 그 당시 독일뿐만 아니라 유럽 전반에 걸친 이런 불안한 사회심리는 독재자가 정권을 잡을 수 있는 분위기를 제공하고 있었다고 할 수 있다. 때론 강력한 권력은 사회 혼란을 빠르게 종식시킬 수 있는 구실이 되기도 했지만, 그러한 핑계로 너무 한쪽으로만 집중된 권력은 곧 독재로 자연스럽게 연결될 수 있었다. 아무튼, 이때 등장한 히틀러는 이런 독일인의 정서를 역이용하는 법을 알고 있었고, 교묘하게 그동안 쌓여있던 독일 국민의 불만과 경제 파탄의 책임을 조약을 종용했던 연합국들과 대외적으로도 무력하기 이를 데 없는 바이마르 공화국에게 향하도록 하면서 정치적인 공감대를 형성할 수 있었다. 그리고 더 나아가 그들의 일상적인 분노를 유대인들에 대한 핍박과 폭력 등으로 충분히 배출하도록 부추겼다. 또한 독일 민족은 세계 문명을 창조한 가장 위대한 아리안족이라고 강조하면서, 패전에 대한 상실감으로 패배감과 무력감에 빠져있던 독일 국민에게 자신감을 넘어서는 우월감을 갖도록 강조하였다. 이처럼 히틀러는 제1차 세계대전 패배의 수모와 베르사유 조약으로 인한 독일 경제의 파탄 책임 모두를 프랑스를 비롯한 유럽 국가와 유대인에게 전가하는 등 고도의 정치적인 술수를 구사하였다.

물론, 이런 황당한 논리가 처음부터 독일 국민에게 먹혀들 리는 없었다. 그러나 패전의 후유증과 1929년의 세계 경제 대공황의 여파로 독일 경제는 더욱더 회복 불능의 경제적 위험 수위를 넘나들고 있었고 독일의 경제 파탄으로 인한 국민의 절망이 하늘을 찌르게 되는 비정상적인 상황이 계속되자, 더욱 수위를 높여가는 히틀러의 논리, 즉 "우리의 제1차 세계대전 패배와 계속된 위기는 프랑스를 비롯한 주변국들이 우리에게 과도한 전쟁 배상 책임을 씌운 탓이 제일 크며, 국내적으로는 혼란만 일으키는 공산주의자와 기성 정치인 그리고 유대인들 탓"이라는 극단적인 생각들이 점차 설득력을 얻어가기 시작하였다. 그야말로 독일의 혼란스러운 정치 상황에서 처음에는 황당한 괴변처럼 들리던 이야기가 변함없이 일관성을 가진 히틀러의 극단적인 논리와 함께하면서, 끝없이 불안하기만 했던 독일 국민의 마음속에 조금씩 확신처럼 자리 잡기 시작한 것이라고 할 수 있다. 반대로 이야기하면 주변국들이 독일에게 강요한 패전의 책임이 반감되어, 지금처럼 혼란스러운 독일 국내 사정이 아니었다면 비약적인 논리만을 일삼는 히틀러와 나치당의 괴변을 귀담아 들어줄 독일 국민은 없었다는 이야기이다.

마침내, 히틀러는 1933년에 수상에 오르고 1934년에는 수상과 대통령직을 겸하게 되는 절대 권력의 '총통'이 된다. 여기서 눈여겨볼 점은 히틀러가 쿠데타나 국가 전복 등의 비정상적인 권력 쟁취 과정이 아닌 정상적인 국민 투표로 정권을 차지했다는 점이다. 한동안 독일 국민은 히틀러와 나치당에 대해 90%를 훌쩍 넘길 정도의 압도적인 지지를 보내주었고, 독일이 전쟁을 개시해 전쟁이 절정기에 도달할 때에도 대다수의 독일 국민은 히틀러에 대한 믿음과 지지를 철회하지 않았다. 이는 그만큼 주변국들로부터 정치적·경제적 압박을 이겨낼 수 없었던 전후 독일이 지도자 히틀러가 주도하는 국가 재건 사업에 거는 기대가 남달랐음을 방증한다. 거짓말처럼 히틀러가 지도자가 된 후 독일 경제가 조금씩 되살아나면서 강한 독일을 만들 수 있다는 히틀러의 연설이 허투루 들리지 않았던 것이다.

한편, 제1차 세계대전이 끝나가도 제국주의 시대는 저물지 않았고 오히려 더욱 확대되는 분위기로 바뀌고 있었다. 이에 대표적인 제국주의 국가였던 영국과 프랑스는 자국의 경제를 당시 세계 여러 곳에 심어놓았던 식민지 착취에 의존할 수 있게 되면서, 여러 비상 경제 상황에서도 위기를 헤쳐나갈 수 있는 여러 가지 방법을 강구할 수 있었다. 반면에, 독일은 그나마 갖고 있던 식민지마저 제1차 세계 대전에서의 패전으로 경쟁국들에게 빼앗기면서, 더 이상 외부의 경제적 성장을 기대할 수 있는 처지에 서 있지 못했다. 이제 겨우 패전의 구렁텅이에서 벗어나 독일이 제정신을 차렸을 때는 영국, 프랑스는 이미 자신들만의 블록 경제를 형성하고 있어, 독일이 좀 더 원활하고 안정적인 판매 시장과 원료의 수입처를 찾으려면 다른 나라가 가진 식민지를 빼앗는 수밖에는 뾰족한 방안이 없어 보였다.

그런 의미에서 히틀러가 총통이 되었을 때 독일이 처한 국내외의 경제 환경은 그리 녹록한 편은 아니었다. 1932년 독일 내 실업자의 수는 40%를 넘을 정도로 경제는 이미 극심한 인플레의 후유증에서 벗어나지 못하고 있었고, 대내외적인 경제 혼란은 좀처럼 반전의 기회를 찾지 못하고 있었다. 이렇게 암울한 상황을 물려받은 히틀러가 그의 말처럼 위대한 아리아인들의 국가를 만들 수 있을 것인지에 대한 검증에 독일 국민이 많은 시간을 줄 수 있을 정도로 바닥을 드러낸 경제처럼 인내심이 크지 않았던 반면에, 히틀러에게 몰표를 주었던 국민의 기대는 어느 때보다 높을 수밖에 없었다.

라인란트
진주 (1936)

주데텐란트
(1938)

오스트리아 (1938)

체코슬로바키아
(1939)

팽창하는 독일 제3 제국.

실로 부담되는 시기에 지도자로서의 위치를 지키며 국민에게 경제 회복에 대한 희망을 주어야 하는 히틀러는 거짓말처럼 그 기대에 부응하듯, 우선 기간산업, 공공사업 및 재무장을 위한 군수 산업에 전력을 쏟으면서 실업 사태를 해결하고 망가진 경제를 조금씩 회복시키기 시작했다. 히틀러는 국내적으로는 가장 시급한 문제인 실업 문제 해소를 위해 전력을 다했고, 국외적으로는 독일 국민이 증오하던 베르사유 조약에 대한 일방적인 파기 선언을 선포함으로써 명실상부하게 독일 국민이 그동안 간절히 원했던, 주변국들의 눈치를 보지 않는 강력한 지도자의 위상과 면모를 보이기 시작했다. 주변국들의 반응이야 어떻든 늘 훼방만 일삼던 프랑스의 눈치를 더 이상 보지 않아도 된다는 것에 독일 국민은 히틀러에게서 희망을 보았고 그에 걸맞게 아낌없는 환호와 지지를 보내주었다.

히틀러는 자신의 말을 실천하듯 패전의 의무만을 강요했던 주변국을 더 이상 의식하지 않는 강한 독일을 만들기 위해, 1935년 베르사유 조약 파기 선언과 함께 그동안 조약으로 묶여 있던 징병제를 재도입하기에 이른다. 하지만 브레이크가 고장 난 것 같은 히틀러의 강경 외교 정책에 대해 더없이 당혹스러워했을 영국과 프랑스는 괜한 분란을 일으키지 않으려는 듯 미온적인 태도로만 일관하였고,

이에 용기를 얻은 히틀러는 1936년 비무장지대로 남아 있던 라인란트를 점령하고 1938년에는 주데텐란트 지방과 오스트리아, 체코슬로바키아(1939년) 등을 병탄하면서 독일은 신속하게 재무장의 길로 들어서게 된다.

나. 승자의 나라 - 미국

온 유럽을 폐허로 만들어 놓은 제1차 세계대전이었지만, 그 전쟁으로 큰 혜택을 누리게 된 나라가 둘 있었다. 그 두 나라는 바로 미국과 일본이었다. 특히, 미국은 유럽의 전쟁 기간 동안 유럽에 막대한 양의 군수 물자를 수출할 수 있었고, 전 유럽이 폐허가 된 뒤에도 복구에 필요한 수요로 인해 막대한 이익을 챙길 수 있었다. 즉, 미국은 그야말로 유럽의 전쟁 특수 덕분에 비약적인 발전을 이룰 수 있었고 미국의 세기를 앞당길 수 있는 경제적인 발판을 마련하게 된다. 그 후 꾸준하게 성장하던 미국의 경제는 1927년에 이르러 최대의 호황을 누리게 된다. 하지만 이런 번영에도 불구하고 미국 경제는 구조적으로 심각한 문제점들을 드러내기 시작했다. 전체적으로 소득도 늘어나고 저축도 증가했으나 식민지가 적어 내수 시장에 의존해야 했던 미국은 정작 노동자가 대부분인 대다수 국민의 구매력이 늘지 않으면서, 공장 창고에 소비되지 못한 물건들이 쌓이기 시작했다. 더구나 유럽이 제1차 세계대전에서 회복하는 시간이 더딘 것과 비교하여 상대적으로 너무 빠른 미국의 경제 성장은 외형적으로도 심각한 불균형을 불러오고 있었다. 미국 내의 경기 과열과 유럽의 불안정한 시장 상황은 미국의 공급 과잉이 수요를 창출하면서 다시 재생산에 필요한 기술을 확보할 수 있는 시간을 벌어주는 데 역부족일 수밖에 없었다.

미국은 영국과 같은 제국주의 국가들과 다르게 비교적 식민지에 대한 경제적 의존성이 적은 국가 중의 하나인데, 미국은 식민지 정복과 같은 인위적이고 비용이 많이 소요되는 방법보다 무역을 통해 얻는 이익을 확보하는 데 관심을 기울이고 있었다. 그 이유로는 식민지 몇 개를 합친 것보다 많은 미국 국내 시장의 규모와 광활한 영토가 주는 여러 가지 이점을 언급할 수 있다. 미국은 이미 다른 유럽 국가들의 사정과 다르게 자국에서 생산되는 물건을 소비해 줄 해외 시장을 굳이 찾을 필요가 없을 정도로, 충분히 넓은 국내 소비 시장을 거느리고 있었다. 더구나 드넓은 영토에서 나오는 농업과 원료 채취 산업은 자국 기업가들로 하여금 해외의 원료 공급 문제에 관심을 기울이지 않도록 하는 데 영향을 주었다. 이는 영국이 빈약한 국내 소비 시장 규모와 기초적인 자원 부족을 메우기 위해, 무역보다는 관리에 따른 어려움이 뒤따르기 마련인 정복을 통한 식민지 건설에 더욱 심혈을 기울일 수밖에 없었던 것과 큰 대조를 이룬다고 할 수 있다. 이처럼 식민지 정복 사업은 개척과 점유에 필요한 군대와 인력을 지속해서 투입해야 하는, 그 자체로 거대한 산업이었다. 물론 오랜 식민지 정복 사업으로 영국 본토보다 수십 배 넓은 식민지에서 얻어지는 이익으로 인해 대영제국은 한때 해가 지지 않는 나라라는 영광스러운 시대를 이어갈 수 있었지만, 미국에게는 그나마 갖고 있었던 식민지 필리핀에서 심심치 않게 발생하는 독립 투쟁으로 식민지 정복 사업은 식민지를 유지하는 것만으로도 큰 비용을 요구하는 부담스러운 정책인 것만은 분명해 보였다. 결과적으로, 식민지를 많이 가진 대다수 유럽 국가보다 필리핀 외에는 이렇다 할 식민지를 많이 갖고 있지 않았던 미국은 미국 내 노동자들의 소비가 아직 성숙되지 못한 환경 속에서, 공장에 쌓인 물건을 소비시킬 수 있는 시장이 현저하게 부족한 것이 큰 문제점으로 지적되기 시작하였다.

더구나 초기 자본주의 사회는 설립 자본가에게만 자본과 이익이 집중되면서 노동자에게 부를 나눠주지 않아 성장이 정체될 수밖에 없었고, 미국 상류층이 쌓아 놓은 자금은 투자처를 찾지 못해 증권 등 투기 시장으로만 몰려들기 시작했다. 여유 자금이 과도하게 증권으로 몰려들면서 주가가 기업체의 실질 가치 이상으로 높아지는 이른바 주식 시장의 거품 현상이 나타났지만, 주가가 계속해서 상승하면서 더 많은 돈이 증권 시장으로 몰리는 악순환이 반복되었고, 누구나 투자에만 열을 올릴 뿐 현 경제 상황에 따른 문제를 경고하고 예측할 수 있는 경제 전문가는 없었다. 문제는 더욱 심각해서 증권에 몰려든 자금이 기업의 투자로 전환되지 않으면서 증권 시장에 몰려든 자금들이 증권 시장만 부풀려 놓았을 뿐, 정작 투자를 통한 이익을 창출하지 못하면서 통제 불능 상태에 빠지기 시작하였다. 자유방임주의를 근거로 하는 '보이지 않는 손'은 결국 미국에서 일어나는 일들을 해결하지 못했다. 이런 분위기는 수정자본주의라는 새로운 자본주의 사상이 자리 잡게 하는데 영향을 주게 된다. 결국, 증권 시장이 과열되면서 주가 폭락이 심각하게 우려되는 상황이 벌어졌지만, 마땅한 투자처가 없었던 유동 자금은 증권 투자 열기 속에 매몰되어 1929년이 다 되어 가도록 그 열기가 조금도 수그러들지 않았다.

이런 우려는 드디어 1929년 10월 뉴욕 증권 거래소에서 주가가 폭락하는 '파탄 (the Crash)'으로 이어졌다. 주식 가격의 폭락으로 기업들은 엄청난 자산 손실을 보며 은행에서 빌린 돈을 갚지 못해 파산하는 기업들이 속출하기 시작했다. 기업들의 연쇄 파산으로 경제 전체가 붕괴하는 대공황이 시작된 것이다. 공황의 직접적인 원인으로는 그동안 경제 성장의 모순이 누적되어 온 데 있었다고 할 수 있는데, 소비가 따라가지 못할 만큼 늘어난 과잉 생산 그리고 생산을 따라갈 만한 유효 수요의 부족이 대공황의 구조적이고 본질적인 이유였다. 이런 여파로 1932년 봄의 미국 내 실업률은 35%를 기록했다고 한다. 더 충격적인 것은 자본주의는 그 자체의 모순 때문에 결국 몰락하고 사회주의가 도래할 것이라고 주장한 카를 마르크스의 이론이 거짓말처럼 맞아 들어가자, 자본주의를 신봉했던 국가들은 한때나마 꽤나 술렁거리기도 했다. 하지만 자본주의는 보기 좋게 살아남았고 사회 현상보다는 인간 자체에 대한 탐구가 부족했던 공산주의가 몰락하자, 카를 마르크스에 대한 평가는 어느새 그를 사상가나 혁명가에서 철학자로 받아들이는 분위기로 바뀌고 있었다. 지금에야 당연한 이야기지만, 공동생산과 공동분배를 궁극적인 목표로 삼았던 공산주의는 인간의 기본적인 소유욕을 억제하여 한시적으로 사회적 불평등을 해소하는 것처럼 보였지만, 공동의 결과를 함께 나누면서 근로 의욕마저 꺾어놓아 오랜 저성장의 그늘을 피해갈 수는 없었다. 그런 의미에서 생물학자 에드워드 윌슨이 마르크스주의에 대해 내린 평가는 단순하고 명쾌하기만 하다. "이론은 훌륭한데 종(種)이 틀렸다."

아무튼, 공황의 충격은 눈부신 경제 성장으로 최고의 풍요를 누리던 미국인들에게는 고통스러운 일일 수밖에 없었다. 대공황은 1929년부터 1933년까지 장기적인 경제 침체로 이어졌고 그 후에도 쉽게 극복될 기미를 보이지 않았다. 그때까지만 해도 경제 이론가들은 자본주의 경제가 그 속성상 때때로 침체를 경험하지만, 시일이 지나면 시장의 기능에 의해 자동으로 경제가 복원된다고 믿고 있었다. 하지만 대공황의 경험은 이런 자유주의 경제 이론을 뿌리부터 뒤흔들어 놓았다. 공황을 극복하기 위해 정부가 어떤 식으로든 시장에 개입해야 한다는 케인스를 비롯한 수정 자본주의 경제학자들의 주장이 강한 설득력을 얻기 시작하였다. 대공황은 결국 '뉴딜 정책'으로 상징되는 정부의 강력한 개입 정책에 의해서만 극복될 수 있었으며, 이후로 정부의 시장 개입은 자본주의 경제의 거역할 수 없는 원리로 확고히 자리 잡게 된다. 하지만 모든 것이 잘 해결될 것 같던 뉴딜 정책도 1935년에 이르자 한계를 드러내기 시작했다. 유효 수요 창출이라는 명목으로 통화가 과잉 공급되어 이는 곧 인플레로 이어졌고, 인플레를 억제하기 위해 이번에는 다시 긴축 예산이 편성되고 정부의 정책이 금융 긴축 쪽으로 돌아서야 했다. 이로써 겨우 회복기에 들어선 경기가 곧바로 붕괴하여 1937년에 또다시 공황이 발생하게 되었다.

이를 극복하기 위해 루스벨트 행정부는 정부의 지출 정책을 항구적 재정 정책으로 정립할 필요성에 직면하게 되었다. 고용 촉진 사업과 공공사업 확대, 신농업 촉진법 시행 등을 통해 정부 지출을 늘리면서 동시에 노사 대립의 격화를 막기 위해 공정노동기준법이 마련되었다. 이처럼 1937년의 공황 극복을 위해 루스벨트가 1938년부터 1939년까지 실시한 일련의 경제 정책을 '후기 뉴딜'이라고 부른다. 하지만 이런 방법만으로 미국 경제를 끌어올리는 데는 한계가 분명하였고, 결국 미국을 대공황으로부터 구한 구원 투수는 바로 제2차 세계대전이었다. 제1차 세계대전으로 최대 호황을 누렸던 미국이 다시 전쟁의 덕을 볼 차례가 된 것이다. 미국의 위기 때마다 어김없이 나타나서 그들을 구원해 준 고마운 전쟁은 이처럼 미국과 떼려야 뗄 수 없는 관계가 되어버렸고, 미국이 전쟁으로 다른 나라들의 위기를 틈타 거대 자본을 형성했다는 데 두 차례의 세계대전은 그 이유를 충분히 설명해 주고 있다. 이처럼 미국이 본격적으로 전쟁에 뛰어든 1941년부터 눈에 띄게 회복 기미를 보이기 시작한 미국의 경제는 유럽의 전시 수요와 전후 복구에 따른 비용까지 더해져 더욱 성장을 가속화할 수 있었다. 그러나 국제 정세가 악화되고 급기야 제2차 세계대전이 벌어지면서 미국 경제는 급속히 전시 경제 체제로 전환되어야 했지만, 미국 내 평화가 오래 지속되었고 유럽의 전쟁을 체감하지 못하는 현실에서 모든 산업 시설이 군수 물자를 쏟아내게 하기 위해서는 예상보다 많은 시간이 필요한 것이 사실이었다.

미국은 전쟁 초기 유럽의 전쟁에 직접 참여하지는 않았으나 전쟁에 어떻게든 관여해야겠다는 의견에 동의하여, 1941년 의회는 무기대여법(Lend-Lease Act)을 통과시켜 전쟁 물자의 대외 원조에 적극적으로 참여할 수 있었다. 결과론이지만, 전쟁 초반 독일과 일본에 의해 고전하던 연합군은 미국의 무기대여법이 전환점이 되어 전쟁 물자 면에서 우위를 점하게 되고 결국 승리를 쟁취하게 된다. 특히 미국의 무기대여법의 혜택은 소련이 가장 많이 받았는데, 독일은 월등한 무기 성능과 전략으로 초반 기세를 이어갈 수 있었지만, 미국이 뒤에서 소련에게 무한정으로 공급해 주는 전차를 비롯한 기갑차량과 영국과 미국제 항공기, 군용 지프와 트럭, 야포 및 박격포, 기관총, 포탄, 야전용 전화기, 기관차, 화차와 객차 그리고 심지어는 전투화까지 무한정 공급해 주자, 가뜩이나 국내 산업 기반이 약한 독일은 상대국의 전쟁 물자 공급 능력을 감당하지 못하고 패전의 길로 들어설 수밖에 없었다. 특히, 미국이 소련에 제공한 전투화는 소련 장병들이 신고도 남을 정도였다고 하니, 독일과 비교되는 연합국들에 대한 미국의 더없이 풍족했을 물자 지원은 결국 전쟁의 대미를 승리로 장식할 수 있는 원동력이 되었다고 할 수 있다. 이런 의미에서 제2차 세계대전은 작게는 미국의 전쟁이라고 할 수 있는데, 그 이유는 소련 또한 미국의 전폭적인 지원이 없었더라면 독소전 초반에 가공할 만한 전력을 보유하고 있던 독일군을 쉽게 극복하지 못했을 것이다. 하지만 소련은 독일군의 전차 앞에 속절없이 사라지는 전쟁 물자 부족만 미국에 하소연하였을 뿐, 전후에도 미국의 공을 어떤 경로로도 언급하지 않았다. 더 나아가 소련은 몰염치하게도 스스로 쟁취한 승리의 요인은 모두 스탈린의 탁월한 지도력과 인민들의 조국에 대한 헌신 덕분이라고 대대적으로 선전하기에 바쁘기만 했다.

한편, 무기대여법의 혜택은 소련이 가장 덕을 보았지만 제공받은 물자는 영국이 소련의 3배 이상 되었다고 하는데, 이는 노르망디 상륙 작전과 항공전에 필요한 물자들이 영국에 집중된 이유 때문일 것으로 보인다. 그와 비교하여 중국 국민당에게는 소련의 10분의 1 정도의 전쟁 물자가 공급되었는데, 이것은 유럽의 전선이 급하기도 했지만, 유럽만큼 중국 본토전은 미국에게 주목을 받지 못했다는 이유 때문이라고 생각된다. 물론, 무기대여법으로 미국은 손해만 본 것은 아니었다. 당시 대공황의 원인으로 지적된 잉여 생산품을 모조리 처분할 수 있게 되어 대공황을 벗어날 수 있었고, 미국은 전후 제1차 세계대전 때와 마찬가지로 최대의 호황을 누리게 된다. 비록 원래보다 10분의 1의 가격에 대여할 정도로 헐값에 무기를 넘기긴 했지만 그것도 엄연한 대가가 달린 만큼, 무기대여법으로 인해 미국은 전후 연합국 모두를 채무자로 만들어버리고 또한 최장 50년에 걸쳐 상환하도록 하면서 향후 경제 주도권을 확실하게 틀어쥘 수 있었다.

마치 유럽에서 일어난 제2차 세계대전을 강 건너 불처럼 방관하던 미국은 그나마 무기대여법 등으로 그동안의 고립주의를 탈피하고자 노력하게 된다. 아직은 미국 내 반전 분위기가 주류를 형성하고 있었지만, 루스벨트는 꾸준히 국민을 대상으로 설득하는 일을 마다하지 않았다. 그래도 미국의 입장은 어디까지나 유럽에서 벌어지는 전쟁에 굳이 자국의 군대를 동원해야 하는 직접적인 참전만은 피하고 싶었던 것이 솔직한 심정이었다. 무엇보다도 유럽의 전쟁에 참전하기 위해 군인으로 참전해야 하는 미국인 모두를 이해시키고 설득하기에는 명분이 부족했다. 이런 미국 국민의 일반적인 참전 반대 분위기는 루스벨트가 1940년 10월 30일 밝힌 대선 후보 연설 내용을 통해서도 알 수 있다.

> "이 나라의 어머님과 아버님, 여러분의 자제는 외국의 전쟁에 파견되지 않으리라는 것을 나는 여러분에게 다시 한번 약속합니다. 이 약속은 이전에도 말한 적이 있고, 이후에도 몇 번이든지 거듭 말할 것입니다. 여러분의 자제들은 오직 막강한 군대가 되기 위하여 훈련을 받을 것이고, 막강한 군대가 존재한다면 전쟁의 위협은 이 나라의 해안에서 물러갈 것입니다. 우리가 군비를 준비하는 목적은 오로지 방어에만 그칠 것입니다."

대통령이 되기 전의 루스벨트의 연설은, 오로지 유럽에서의 전쟁 참전에 대한 결정은 미국의 필요에 의한 것이라고 하는 당시 대다수 미국인의 참전 반대라는 합리적인 생각을 대변하고 있었다. 그런 루스벨트가 무기대여법으로 한 차례 전쟁을 치르기 위한 준비 과정을 거친 후, 미국의 기대와는 다르게 1941년 12월 7일 느닷없는 일본의 진주만 기습으로 인해 전쟁은 피할 수 없는 미국의 현실이 되고 말았다. 이제 전쟁에 참전하느냐 마느냐로 국내에서 소모적인 논쟁을 벌일 필요가 없어진 것이다. 전쟁은 이제 바다 건너 유럽에서 벌어진 미국과 별개의 사건이 아니고, 자기 앞마당에서 벌어진 피할 수 없는 미국의 현실이 되어버렸다. 일본의 진주만 공습으로 앞당겨진 미국의 갑작스러운 참전은 의회 상정을 통한 대국민 설득과 단합이라는 지루하고 소모적인 여론 수렴 과정을 획기적으로 단축할 수 있게 해 주었고, 독일 군대에 철저하게 유린당한 서유럽은 오랫동안 기다린 미국의 참전으로 대반전의 기회를 가질 수 있다는 것에 전폭적으로 환영하는 분위기였다. 그런 점에서 일본에 의해 시작된 태평양 전쟁은 추축국들의 패망을 재촉하는 촉매제가 되고 말았다. 바야흐로, 미국의 전쟁 개입으로 당시 미국인들이 자주 언급했던 '20세기가 미국의 세기가 될 수 있느냐?'의 문제는 전적으로 이 한 번의 전쟁 결과에 달리게 되었다. 미국은 이제 그가 탄생시킨 원칙을 위해 피를 흘려야 했다.

다. 대동아공영권 - 일본

일본은 1868년 메이지 유신으로 인해 700년 동안 내려오던 막부 체제가 사라지고 근대 국가로의 움직임이 본격적으로 만들어지기 시작하였다. 경제적으로는 자본주의가 성립하였고 정치적으로는 입헌정치가 개시되었으며, 사회·문화적으로는 근대화가 추진되었다. 미국에 의해 강제로 조약(1853년 미일 화친 조약)을 맺으면서 서구 여러 나라의 발전을 직접 목격한 일본으로서는 근대화의 고삐를 더 이상 늦출 수는 없다는 것을 직감하였다. 이 조약은 일본 입장에서는 일방적인 불평등 조약이었는데, 이 조약에 의해 일본은 미국인에 대한 치외법권을 인정하고 최혜국 대우(일본이 만약 다른 나라와 통상을 하면서 미국에는 부여하지 않은 권리와 이익을 준다면 이와 똑같은 권리와 이익을 미국에도 주어야 한다는 원리)를 해 줘야 하는 등 다양한 권리를 강대국 미국에 양보해야 했다. 아니나 다를까, 일본은 그때 배운 것들을 그대로 우리나라에 적용하여 모든 면에서 흡사한 강화도 조약(1876년)을 체결하며 본격적인 일본 제국주의의 야심을 드러내기 시작했다.

급진적인 근대화와 서양 따라잡기에 대한 반대급부로 일본은 자신들 고유의 문화를 희생시켜야 하는 부담이 있었지만, 일본은 과감하게 새로운 나라를 건국한다는 마음으로 정부가 중심이 되어 여러 가지 시도를 추진하게 된다. 물론 이러한 시도들도 어디까지나 발전된 서구 열강들의 국가 시스템을 그대로 답습하는 것으로, 국가가 주도적으로 추진한 일본 근대화의 목표는 분명하였다. 비록 일본은 지리적으로는 아시아에 있지만, 궁극적인 목표는 서구적인 산업 시설과 제도를 받아들여 완전히 서구화된 나라를 건설하는 것이었다. 당시 중국과 조선은 자국의 전통과 역사를 그대로 보존하며 근대화를 이루겠다는 절충안을 갖고 있는 것처럼 보였지만, 그 절충안을 잘 들여다보면 자국 근대화의 성숙함이 다져질 때까지 개방을 절대 서두르지 않겠다는 것이었다. 그러나 결국 자국의 근대화가 다른 나라들의 성장을 따라가지 못하고 지지부진하기만 하여 중국은 중국대로, 조선은 조선대로 성장이 정체되었고, 정작 기존의 것도 지키지 못하는 내분과 홍역을 그대로 앓아야만 했다. 그에 비해 당시 일본은 일본적인 전통과 문화를 과감하게 희생시키는 과히 혁명적인 과업을 추진하고 있었다. 이것은 일본이 지형적으로만 봐도 한자 문화권에 속한 중국의 영향권 아래에 있었던 것을 인정하면서도, 조선이 중국에 종속된 역사적 굴레를 벗어나지 못했던 것에 비해 섬나라인 일본에게 중국은 또 다른 해양 세력의 하나일 뿐, 바다를 통해 들어오는 것들에 충분히 개방적이었던 일본이 역시 바다를 통해 아시아의 틀을 먼저 깨트리게 되는 이유가 되었다고 생각한다.

일본의 이런 개방 정책은 서양 문화라고 하면 괜한 반발감에 이를 배척하는 것을 정책의 기조로 삼았던 우리나라로서는 상상도 할 수 없는 일이었고, 이때부터 벌어지기 시작한 일본의 근대화는 불과 몇십 년 만에 일본이 우리나라를 무력으로 지배하고 여러 강대국과 태평양 전쟁까지도 치를 수 있었던 원동력이 되었다. 그것도 개인이나 단체가 아닌 국가가 나서서 근대화를 추진한 성과라 더욱 뚜렷할 수밖에 없었는데, 얼마 시간이 지나지 않았는데도 불구하고 일본은 이웃 나라인 중국과 조선을 압도하는 경쟁력을 갖춘 일본 제국주의의 모습을 갖출 수 있었다. 일본이 추진했던 정책은 한마디로 '탈아시아론'이라고 언급할 수 있는데, 이는 일본은 아시아를 벗어나 서양 제국주의 국가들과 진퇴를 같이하겠다는 의지를 표명한 것이라고 할 수 있다. 무엇보다 일본이 이렇게 탈아시아에 집착할 수밖에 없었던 이유는, 아시아의 틀을 가지고서는 당시의 세계적인 분위기인 문명국으로서 대접해 주지 않는 시선을 바꿀 수는 없었기 때문에, 스스로 문명국 흉내라도 내며 일본이 빠르게 문명국의 대열에 들어가기를 바랐던 절박함이 들어가 있다고 생각된다. 결과적으로 일본의 그런 바람이 이루어진 것일까, 일본은 서양 따라잡기를 표방하며 전 세계를 지배하려는 야욕으로, 그들이 선망하는 서양의 제국주의 국가들과의 경쟁을 한동안 이어갈 수 있었다.

같은 아시아라는 지역적인 한계와 중국의 한자 문화권의 영향으로 중화사상에 얽매일 것 같은 일본이 이처럼 우리나라와 다른 행보를 보인 데는 우리 문화와 엄격하게 차별되는 점이 존재하는 것이 그 이유라고 할 수 있는데, 그중에서도 우리나라와 차별되는 천황이라는 신분과 제도는 우리와 극명하게 차이를 보이는 점이다. 천황의 존재 여부가 일본이 국가적인 세계관을 다르게 형성하는 데 큰 영향을 주었다고 할 수 있다.

우선 천황에 대해서 우리와 중국은 일본 국왕이나 왜왕처럼 상대적으로 격하된 용어로 변용하여 사용했던 반면에, 일본이 스스로 생각하는 천황은 중국의 천자와 비슷하거나 더 위의 개념으로 하늘 신, 즉 살아있는 신을 지칭한다고 할 수 있다. 우리나라가 국왕을 중국의 황제로부터 책봉 받고 매년 조공을 통해 중국의 속국이라는 것을 스스로 인정받으려 했던 반면에, 일본 천황은 적어도 중국의 천자와 같은 개념으로 중국 청나라 건국 이후 막부와 조공 및 책봉 관계를 맺지 않았다. 그 때문에 비록 일본은 왜나라로 오랑캐라는 인식이 강하기는 했지만, 중국과 대등한 관계로서 국교를 맺을 수 있었다. 실제로, 1871년에 맺은 청일 수호 조규는 '일본 제국 천황'과 '청조 황제'가 동등한 위치에서 맺은 조약으로, 두 나라 간의 관계는 우리나라가 청나라에 예속된 것 같은 속국의 개념은 애초부터 보이지 않았다고 할 수 있다. 뒤늦게나마 고종이 스스로를 황제라고 칭하면서 대한제국을 선포하고 우리나라가 더 이상 청나라에 예속된 나라가 아닌 대한제국이라는 독립된 국가의 정체성을 드러내고 나서야, 명목상으로라도 한중일은 동등한 지위를 가진 국제적인 관계로 발전할 수 있었다.

이처럼 언뜻 보기에도 일본이 중국의 비위를 거스르면서까지 천황이라는 용어 사용을 고수한 것은, 책봉 등으로 중국 황제의 눈치를 보지 않을 수 없었던 우리나라 처지에서 볼 때는 도발적인 것일 수도 있지만, 어디까지나 일본의 천황은 중국의 황제와 대립적인 개념이 아닌 독립적인 개념으로서 천황을 통해 일본은 일찍이 자국이 어느 나라에도 예속되지 않는 독립국임을 선포한 것으로 봐야 할 것이다. 이처럼 일본에 이런 천황이라는 존재가 자연스럽게 인정될 수 있었던 것은 고대로부터 중국의 영향권에서 가장 먼 동양 국가이자, 외부와 단절된 섬나라로서의 전통이 끊이지 않고 살아남은 결과로 보인다.

사실, 우리나라 또한 일본의 왕을 천황이라고 일컫는 것에 약간의 거부감이 있는 것은 사실이지만, 역사적으로도 김구(金九)와 신채호(申采浩)가 저술 속에서 천황이라는 단어를 사용했고 일본과 전쟁 중이었던 중국 국민당 정부와 심지어는 난징 대학살을 연구하는 중국 학자들조차 천황이라는 단어를 사용하는 것으로 보아, 천황은 우리 국립국어원에서의 정의처럼 '일본에서, 그 왕을 이르는 말'로 고유명사처럼 취급되어야 한다고 보인다. 현대에도 우리나라는 노무현 대통령 시절 독도 분쟁으로 인해 천황 표기를 일왕으로 전환하여 사용하고자 했으나 지속되지 않았고, 그 이후로도 우리나라는 천황과 일왕을 혼재하여 사용하는 등 이에 대해 명쾌한 결론을 얻지 못하던 중, 공식적인 자리나 외교적인 문서에는 되도록 천황을 사용하는 것이 관례처럼 된 실정이다.

천황은 일본의 근대화 과정에서도 이미 큰 역할을 하고 있었다. 천황은 메이지 유신 당시 아직은 강력한 군사 조직을 갖고 있는 막부를 무너뜨리기 위해 막부를 '조정(천황의 정부)의 적'이라 선언하며 사무라이의 충성을 천황에게 결집할 수 있었는데, 이처럼 '천황제도'는 개혁의 과정에서 있을 수 있는 충돌로 인한 불필요한 유혈을 막고 국가의 역량을 한 곳으로 집중할 수 있는 원동력이 되어 주었다. 이것은 마치 영국의 명예혁명을 떠올리게 하는데, 영국이 다른 왕정 유럽 국가들보다 입헌군주제를 빨리 도입함으로써 권력 다툼으로 일어날 수 있는 국력 소모를 사전에 차단하고, 시민과 의회가 주도하는 근대국가 제도를 앞당겨서 후에 일어난 산업혁명 등으로 유럽과 세계에 진출하게 되는 밑거름이 되어주었듯이, 일본은 천황을 정점으로 정치 체계를 정비하면서 불필요한 권력 충돌을 사전에 제거하고 국력을 한 곳에 집중함으로써, 동아시아의 새로운 강자로 우뚝 설 계기를 마련할 수 있었다. 다만, 영국의 입헌군주제가 의회와 시민을 중심으로 한 시민사회를 구축함으로써 근대국가 건설의 본보기가 되어주었다면, 일본은 상징적인 천황을 대신하여 시민이 주인공이 되지 못하고 군부가 그 권력을 물려받음으로써 왜곡된 군국주의로 군과 전쟁을 통한 국가 이익의 극대화에만 몰입한 결과, 짧은 시간 내에 이룩한 근대화마저도 오히려 패망을 앞당기는 끔찍한 결과를 초래한 점이 다르다고 할 수 있다.

이처럼 서로 의견이 상충하는 상황이나 태평양 전쟁 개시나 항복 선언과 같이 나라의 운명을 책임질 큰 결정을 내려야 할 때, 일본은 혼란을 최소화하는 데 있어 천황을 구심점으로 결집할 수 있는 내부의 힘을 가질 수 있었다. 정치적 혼란을 최소화하고 이른 시일 내에 천황 중심의 정치 체계를 정착시킨 일본은 정치 구조 속의 잡음을 획기적으로 제거함으로써, 다른 동아시아 경쟁국인 조선과 청나라를 누르고 빠르고 집약화된 근대화에 큰 성공을 거둘 수 있었다. 그야말로 일본 천황은 국민 통합의 상징적인 존재로, 일본인이라면 누구도 천황의 의견을 거스른다는 것은 과거와 지금을 막론하고 있을 수 없는 일이었다. 천황은 일본이라는 국가의 정체성과 역사 그리고 미래를 가늠해 볼 수 있는, 살아있는 일본의 정신적 지주라고 할 수 있다.

그런 이유로 일본은 고종의 장례식 날에 맞춰 일어난 3·1 운동에 대해 두려움을 느꼈다. 일본에게 천황이 중요하듯 조선(한국)이라는 나라에 국왕이 상징적으로 존재하는 한 또다시 이런 일이 일어날 수 있다는 위기감을 먼저 인지하고, 영친왕(고종의 일곱째 아들) 사례에서 보듯 대한제국 황실과 일본 왕족과의 정략결혼을 통해 대한제국 황족의 혈통을 희석시키거나 오랜 일본 생활과 일본식 교육을 통해 일본 문화에 익숙하게 함으로써, 조선(한국) 백성들이 혹시나 있을지 모를 황실에 대한 조그마한 희망조차 품지 못하도록 노력하게 된다. 실제로 이러한 일본의 대한제국 황실 왜곡 작업은 큰 효과를 발휘하여 대한제국 황실의 정통성은 일제에 의해 크게 훼손되었고, 그 혈통조차 의심받게 만드는 데 성공하게 되면서 백성들의 황실에 대한 믿음을 거두게 하는 데 크게 일조하게 된다. 그렇게 백성들의 신망을 잃은 대한제국 황실의 상징적인 존재감은 대한민국 임시 정부조차 이념과 지역으로 분리된 정치 집단을 민족적인 상위 개념으로 묶을 수 있는 상징적인 존재로 사용하지 않을 만큼, 오랜 일본화 정책으로 인해 백성들과 마음속으로부터 멀어진 대한제국 황실은 결국 하나의 역사적인 흔적으로만 남게 되었다. 어느새 양국으로부터 천덕꾸러기 신세로 변한 대한제국 황손들의 위상은 종전 후에도 이어졌는데, 당시 이승만 정권의 계속되는 천대와 백성들의 외면으로, 누가 봐도 왜색이 뚜렷한 마지막 황세손 이구(고종의 손자)가 후사 없이 사망하면서, 이성계로부터 시작된 조선(대한제국) 황실의 가계도는 일본의 의도대로 허무하게 끝나고 말았다.

이처럼 일제의 대한제국 황실에 대한 의도적인 훼손에서도 볼 수 있듯이, 태평양 전쟁 패전 협상 당시에도 일본 대본영이 천황이라는 존재에 대해서만큼은 양보하지 않았던 것은, 비록 조국은 패망했을지라도 조국을 다시 일으켜 세우는 데 필수적인 국민들의 마음을 하나로 묶을 수 있는 천황이라는 존재가 주는 상징성과 장점을 익히 알고 있기 때문이었다. 그런 연유로 천황이라는 존재에 대해서는 미국에게 협상의 여지조차 주지 않았던 것으로 보인다. 물론, 천황 제도가 국론 분열 과정에서 나올 수 있는 내부 균열과 혼란을 막고 그로 인한 국력 낭비를 최소화하여 국가 효율성과 경쟁력을 상승하게 하고 일본이 다른 나라보다 근대화를 압축적으로 이룰 수 있게 한 경쟁적인 제도라는 것은 분명하다. 그렇지만 천황을 정점으로 한 지휘 체계는 마치 군사 조직처럼 상명하복이 확실하여 전쟁 시에는 일사불란함을 장점으로 큰 역할을 할 수 있다는 것을 인정하면서도, 천황을 등에 업은 군부처럼 경직된 지휘 체계는 적절한 견제 없이 한 조직에만 너무 권력이 집중될 수 있어, 한 번 어긋나기 시작한 결정은 일이 완전히 어그러질 때까지 거둬들일 수 없다는 결정적 한계 또한 갖게 된다고 할 수 있다. 아무튼, 그간의 일본 모든 역사가 증명하듯 천황을 정권의 정체성으로 삼았던 것처럼, 메이지유신 세력도 군림하되 지배하지 않는 천황이라는 명분을 앞세워 효율적이고 신속한 권력 장악을 완성해 나갈 수 있었다.

한편, 메이지 유신 시절 철저하게 서양을 따라잡고자 했던 일본은 1871년에

100여 명 정도의 국비 유학생을 미국과 유럽으로 보낼 정도의 정성으로, 발전된 서양의 학문과 기술을 배우고 그것을 그대로 일본에 적용할 수 있도록 노력하였다. 이처럼 일본은 개화 이후 짧은 기간 동안, 그야말로 서양 열강의 발전된 시스템을 얼마나 빨리 일본에 적용할 수 있는지를 경쟁하듯이 밀어붙이고 있었다. 오랫동안 일본은 중국과 조선의 영향력 아래에서 전근대적인 정치 시스템만을 고집하고 있었으나, 미국의 발전되고 막강한 국가 시스템을 경험한 충격으로 기존의 시스템을 과감하게 버리고 유신(維新, 새로움)을 찾는 도박과 같은 도전을 선택하게 된다. 하지만 국가가 나서서 추진한다고 해도 이런 도전이 쉽게 성공할 수는 없는 법이다. 이런 수고로움에는 늘 희생이 따르기 마련인데, 특히 짧은 시간 내에 근대화를 이루려는 과정에는 필연적으로 예전의 전통을 배격하고 과오를 묻어버리며 자신을 채찍질해 가야 하는 고된 작업이 기다리고 있었다. 그렇게 일본은 서양 열강들이 수 세기를 통해 이룬 근대화 단계를 몇십 년 안에 이루겠다는 강한 의지로, 처음에는 서양 흉내라도 내고 싶은 절박한 심정으로, 이후에는 조국 근대화와 미래의 운명을 건 위대한 도전을 간절한 마음으로 추진하고 있었다.

사카모토 료마(坂本龍馬, 1836~1867년).

메이지 유신의 과정에서 빼놓을 수 없는 인물이 한 명 있다. 사카모토 료마가 그 주인공인데, 그를 빼놓고는 메이지 유신을 다 설명할 수 없을 정도로 그가 일본 근현대사에서 차지하는 비중은 실로 막대하다고 하겠다. 그는 그가 이룬 성과로 인해 지금까지도 모든 일본인의 존경을 받는 인물 중 한 명으로, 일본 내에서

1천 년 역사상 가장 중요한 인물 1위에 뽑히기도 했다. 그는 일찍이 기존의 막부 체제로는 일본이 근대국가로 나아가는 것은 어렵다고 보고, 그 당시에도 계속해서 대립각을 세웠던 세력들 하나하나를 설득해 나가야 하는 어려운 과정을 군이 피해가지 않고 정면 돌파를 통해 성공함으로써, 종국에는 막부로부터 권력을 천황에게 돌려놓게 한 역사적인 대업을 성공시킨 인물로도 유명하다. 그는 비록 33살의 짧은 인생을 살다 갔지만, 메이지 유신이라는 중앙 집권적인 근대국가로 나아갈 수 있었던 발단이 된 대정봉환(大政奉還, 1867년에 막부가 천황에게 국가 통치권을 돌려준 사건)을 성사시킨 장본인으로, 사카모토 료마 스스로도 어쩔 수 없이 한 쪽의 희생이 따르기 마련인 정치적 변환기의 과정에서 반발 세력의 습격을 받아 암살되었다.

또한 일본은 서양 열강 국가 중 전근대적인 일본의 군사 시스템을 완전히 바꿔줄 군사 바이블을 찾아 나섰다. 일본이 우선적으로 고려한 것은 나폴레옹과 프랑스의 군사 제도였다. 그 이유는 간단했는데, 나폴레옹이 전 유럽을 석권했던 역사적 사실이 많이 참고가 될 수밖에 없었다고 한다. 이에 일본 내각에서도 자연스럽게 프랑스의 육군 시스템을 하루빨리 받아들여, 세계열강들과 어깨를 나란히 할 수 있는 일본군을 양성해야 한다는 의견이 일본 내에서 다수를 차지했다. 그런데 변수가 하나 생기게 된다. 프로이센-프랑스 전쟁(1870~1871년)에서 프랑스가 독일에 패하게 되자, 일본은 입장을 하루아침에 바꿔 자국 육군을 육성하기 위해 독일식 군사 시스템을 전격적으로 도입하게 된다. 이렇게 마련된 일본 내 독일 유학파 육군 지도자들의 존재는 자연스럽게 일본 육군을 친독파로 연결되도록 하였고, 나중에 독일과 외교를 맺는 데도 큰 거부감이 없었던 이유가 되었다. 한편, 전통적으로 해군이 약한 독일을 통해 해군의 기틀을 세울 수 없었던 일본 해군은 해군 강국인 영국을 모태로 하게 되는데, 이렇게 바다와 육지만큼이나 다른 해군과 육군의 태생적 한계로 제2차 세계대전 내내 일본 육군과 해군 사이의 불협화음은 일사불란함이 요구되는 전쟁터에서 오히려 방해되는 요인으로 작용하기도 했다.

서양의 선진 자본주의가 제국주의로 이행되어 세계 곳곳에서 식민지 건설에 혈안이 되어있을 때, 그 서양의 제도를 그대로 본받고자 했던 일본은 오랫동안 공을 들인 끝에 드디어 근대적인 제국주의 군대 조직을 어느 정도 완성할 수 있었다. 그리고 이 군대를 이끌고 처음으로 국외에서 전투를 벌인 것은 공교롭게도 우리나라 땅에서 벌어진 청일 전쟁이었다. 일본이 메이지 유신 이후 청일 전쟁까지 불과 30년도 안 되는 기간 동안 자국의 군대를 근대적 시스템을 갖춘 군대로 변모시켰다는 것에 우리나라와 청나라는 놀라움을 감추지 못했다. 잃어버린 30년 동안 우리나라는 쇄국이라는 명분에만 함몰되어 청나라의 혼란스러운 상황을 그대로 답습했던 반면에, 일본은 체계적인 개혁을 통해 자국을 일신하면서 동아시아의 최강자로 나설 수 있는 기틀을 마련할 수 있었다.

일본은 청일 전쟁으로 청나라 군대를 조선에서 몰아내고 조선 내에서 일본의 영향력을 강화하기 위해 일본군을 파견하게 된다. 또한, 일본은 청나라와 전쟁을 치름으로써 그동안 심혈을 기울인 자국의 군대를 시험하기 위해, 열강들의 식민지 쟁탈전에 당당하게 도전장을 내밀게 된다. 결국, 1895년 4월 일본의 승리로 청일 전쟁이 끝나게 되고, 시모노세키 조약에 의거하여 일본은 청나라로부터 랴오둥(요동)반도와 타이완 그리고 엄청난 규모의 전쟁 배상금(2억 냥, 청나라 1년 예산의 2.5배)을 받아내게 된다. 후에 일본이 삼국간섭으로 랴오둥반도를 돌려주게 되면서 받은 보상 금액까지 포함하면 배상금은 3억 6,000만 엔으로 늘어나게 되는데, 이는 당해 일본 예산의 네 배에 조금 못 미치는 엄청난 금액이었다고 한다.

청일 전쟁의 결과로 일본은 중국 시장에서 당당히 열강들의 대열에 합류하는 쾌거를 달성하게 된다. 중국에서 일본은 다른 서강 열강들과 같은 권익을 부여받게 되며, 더불어 일본이 전쟁을 통해 조선에 대한 우월적인 권한을 얻게 되자 조선을 포함한 동아시아에서 일본의 영향력은 더욱 커질 수밖에 없었다. 더구나 청일 전쟁의 승리로 전쟁을 통해 국가적인 이득을 취하는 방법을 알게 되자, 일본은 제국주의 건설에 필요한 강한 군대를 양성하기 위해 사단을 증설하고 국가 주도의 전비 확충에 온 힘을 기울이게 된다. 이것은 일본이 앞으로 나아가야 할 방향을 결정한 것으로 청일 전쟁으로 얻은 배상금의 반 이상을 다시 군비에 투입한 것에서 보듯, 이는 일본이 극단적인 군국주의를 내세우며 주변 열강들과 대결을 피하지 않고 계속해서 싸워나가겠다는 의지를 보여 준 것이라고 할 수 있다. 일본은 전쟁의 승리에 따른 전리품의 획득은 모든 산업을 일으키고 무역을 통해 이익을 얻는 방법보다 더 큰 국익으로 돌아올 수 있다는 점을 학습하게 되었다. 그리고 그 군대를 지도할 장교 양성에도 힘을 더욱 쏟을 수 있는 명분도 얻게 해 주면서 일본의 제국주의 노선을 유지하고 한반도를 통한 대륙 진출을 더욱 재촉하게 만들었다.

한편, 청나라는 청일 전쟁의 패배로 자국의 영토까지 내어줄 정도로 엄청난 피해를 받는데, 더욱더 뼈아픈 것은 천 년 이상 이어왔던 한반도에 대한 영향력을 한 번의 전쟁 패배로 잃었다는 것이다. 어떻게 보면 청일 전쟁의 결과로 맺은 시모노세키 조약의 제1조에서 보듯, 조선의 중국에 대한 속국으로서의 오랜 지위를 지우고 독립국으로서의 자존감을 되찾아준 것은 일본이었다고 할 수 있다. 이를 증명하듯 제1조는 이렇게 시작된다. "청은 조선이 완전무결한 자주독립국임을 확인한다." 하지만, 일본이 조선이 독립국임을 지나칠 정도로 강조한 것은 우선적으로는 오랜 중국으로부터의 영향력을 떼어내려는 것이 첫 번째 이유라고 할 수 있는데, 이는 조선이 가진 권리를 독립국 간의 조약처럼 꾸며 최대한 실리를 얻어내겠다는 일본의 숨은 음모가 담긴 내용이라고 할 수 있다. 사실, 일본은 청일 전쟁이 일어나기 전에 조선으로 진출을 꾀하면서 여러 가지 고민을 했다고 한다. 오랜 중국의 영향력으로 중국 쪽으로 기울어진 조선의 정치를 개혁하여 한 번에 일본으로 끌어들이기 위해 벌인 갑신정변이 청의 개입으로 실패한 후 일본의 고민은 더욱더 깊어질 수밖에 없었다. 일본은 섬나라의 특성상 해양 세력으로 조선이라는 대륙 진출로를 얻지 못한다면 일본의 대륙 진출은 영영 꿈으로만 그칠 수 있는 것으로, 적어도 일본에게 있어서 한반도 점령은 영원히 포기할 수 없는 불변의 목표였던 것이다. 갑신정변 실패 후 일본이 조선을 유럽의 벨기에처럼 중립국으로 만들려고 했던 생각도, 어쩌면 주변국들과의 경쟁이 아직 성숙되지 않은 환경에서 다른 서양 제국주의 국가들이 조선을 차지하는 것을 막아 보겠다는 억지스러운 심산이었을 것이다. 그렇게 청일 전쟁은 일본의 오랜 고민을 단번에 해결해 주었다. 아직은 강력한 러시아가 남아있기는 했지만, 이는 일본이 동아시아의 강력한 패권자로 등극하는 데 큰 힘이 되어주었다. 한편, 오랜 사대주의에 매몰된 나머지 중국의 영향력 아래에서 안심하고 있었던 속국 조선은 세계사의 흐름과 중국의 몰락을 전혀 예견하지 못하는 전근대적인 사고만 머물러 있다가, 하루아침에 중국이 삭제된 정신적인 공황 상태에서 새로운 동아시아 질서에 적응하지 못하고 일제의 식민지로 전락하는 얄궂은 운명을 맞이할 수밖에 없었다.

조선에 대한 영향력을 두고 벌인 청일 전쟁에서 청나라 군대가 조선에서 물러나자, 조선 내에서 일본과 러시아 사이의 긴장감과 갈등은 더욱 커질 수밖에 없었다. 러시아는 우리나라의 동해처럼 얼지 않는 바다와 항구가 우선적으로 필요했다는 점에서 만주 진출 못지않게 한반도 역시 포기할 수 없는 입장이었다. 일본 역시 러시아가 조선을 차지하고 동해에 러시아 군항까지 만들어 낸다면 자신의 앞마당까지 러시아 군함이 진출할 수 있게 되는 것으로, 일본 입장에서는 러시아의 한반도 진출은 생각조차 할 수 없을 정도의 끔찍한 상황이었다. 이처럼 청나라 군대가 한반도에서 물러난 현실에서 일본과 러시아의 희망이 일치하는 조선에 대한 식민 지배 독점권을 행사하려는 양국의 충돌은 불가피해 보였다.

하지만 일본 입장에서는 서양의 군사 대국인 러시아와의 전쟁에 이기기 위해서는 청일 전쟁을 준비했던 과정과는 차원이 다른 많은 준비가 필요해 보였다. 결국, 우선적으로 일본은 러시아의 남하를 견제할 수 있는 동아시아 세력으로 일본을 선택한 영국과의 긴밀한 협조를 통해 러시아를 압박하도록 하면서, 러시아가 우발적으로 일본을 도발하는 행동을 영국의 힘을 빌려서 사전에 제어할 수 있도록 하였다. 영국 또한 러시아를 견제하기 위한 동맹으로 일본을 선택한 것은 중국은 이미 힘이 없는 것이 확인되었고, 러시아를 막아줄 동아시아 세력으로 일본만 한 나라가 없었기 때문이었다. 양국 간의 이익에 상응하여 맺은 영일 동맹이 초반에는 어느 정도 효과를 발휘하게 되면서, 러시아는 일본을 마치 영국의 대리인처럼 여기고 조심스럽게 접근하기 시작하였다. 한편으로, 영국과 비슷한 생각으로 미국은 일본을 지지하게 되는데, 이는 러시아의 아시아 침략을 저지하고 만주가 러시아에 넘어가지 않고 일본이 만주를 국제적인 무역지대로 만들려고 생각하고 있다는 것이 단순하게 봐서도 미국의 국익에도 도움이 된다는 현실적인 이유 때문이라고 보인다. 물론, 후의 일이지만 그것은 순전히 일본이 세계 여론과 국제연맹 등의 압박을 피하기 위한 기회주의적인 발언으로, 러일 전쟁에 동원된 막대한 군자금과 약 8만 4천 명(청일 전쟁까지 포함한다면 일본군은 두 번의 전쟁에서 약 10만 명의 일본군이 희생된다)이라는 일본군이 희생하게 되는데, 전쟁이 일어나기 전과 다르게 일본 국내 여론도 전쟁 비용을 회수하고 희생에 대한 보상을 받으려면 만주에 대한 국제적인 우위 정도는 챙겨야 하지 않겠냐는 현실적인 생각을 하게 된다. 결국, 일본의 이런 야심은 국제연맹 탈퇴(1933년)라는 강수까지 두면서까지 일본의 만주에 대한 점령 의지로 피력됨으로써, 일본이 점령한 만주의 국제적 개방에 대한 생각은 예상했던 대로 흐지부지되고 만다.

한편, 일본이 영일 동맹 등을 통해 러시아와 동아시아에서의 긴장 관계를 견지하고 있을 때 러시아 역시 손 놓고 가만히 있지만은 않았다. 러시아는 프랑스와 독일의 지원 하에 일본과의 대치 상황을 이어가게 되는데, 프랑스는 순전히 러시아의 만주 진출을 기대하고 투자한 금액의 회수를 위해 러시아의 승리를 지원하고 있었고, 독일은 러시아가 더욱 극동에 매진하게 함으로써 상대적으로 유럽에서의 영향력이 줄어들 수 있다는 바람으로 러시아를 지원하면서, 러일 전쟁은 시작도 하기 전에 이미 국제전의 양상을 띠기 시작하였다. 물론 모든 전쟁이 그러하듯 그냥 무작정 전쟁을 일으키지는 않는다. 러일 전쟁이 일어나기 전, 전쟁 당사국들은 더욱 신중할 수밖에 없었다. 그런 면에서 우선 외교적으로 해결해 보려는 노력으로 러시아와 일본을 통해 서로의 의중을 파악하기 위한 의견을 교환하는 선에서 조율에 들어가기도 하였다. 청일 전쟁을 통해 한반도에 대한 '우세한 이익'을 확보한 일본은 러시아의 만주에 대한 세력권을 인정하는 범위 내에서 일명 '한만교환론(韓滿交換論)', 즉 서로의 세력 범위를 한반도와 만주로 확정 짓자는 사전 의견 교환 과정이 엄연히 존재했으나, 러시아 함선의 한국 동해를 통한 자유로운 항해 요구와 함께 일관되게 일본의 군사력을 자신들보다 아래로 보는 무시하는 태도, 그 와중에도 계속 바뀌는 세력 구도 그리고 만주가 완전히 러시아로 넘어갔을 때의 여러 가지 상황을 고려하게 되자, 일본 정부의 의견은 서서히 개전 쪽으로 기울어지게 되었다.

청일 전쟁 이후 모든 국력을 쏟아부으며 군사력 증강에 열을 올리고 영국과의 공조를 통해 러시아를 압박할 수 있다는 것에 자신감을 얻은 일본은, 마침내 러시아에 대한 자국 군사력의 열세를 인정하고 이를 만회하고자 선전포고 없는 선제공격을 결행하며 한 박자 빠르게 전쟁을 개시하게 된다. 이후의 전쟁에서도 일본은 기습 후 선전포고라는 일정한 전쟁 패턴을 유지하게 되는데, 일본은 이때도 자국의 군대를 압도하는 러시아를 제압하기 위해 선전포고도 없이 적 함대를 기습하며 러일 전쟁을 일으키게 된다. 마침내, 1904년 2월 8일, 일본 해군이 뤼순항에 있는 러시아 함대를 기습 공격함으로써 전쟁이 시작된다. 이에 극동 원정을 명령받은 러시아 발틱함대가 이를 응징하기 위해 자동으로 나서게 되지만, 영일 동맹으로 유럽과 청나라에서의 러시아의 팽창을 경계했던 영국의 방해로 러시아 발틱함대는 정작 이집트의 수에즈 운하를 통과하지 못하고 북대서양에서 남아프리카를 돌아가야 하는 약 3만 7,000㎞ 거리의 항해를 하게 된다. 거리가 거리인만큼 러시아 발틱함대가 일본 근해로 이동하는 데는 약 9개월이나 걸렸다고 한다. 다만, 여기에는 다른 의견이 존재하는 것이 사실이다. 근거는 러시아 전함이 영국의 방해로 남아프리카의 희망봉을 돌아간 것이 아니고, 기본적으로 러시아 전함의 규격이 수에즈 운하를 통과하지 못할 정도로 컸다는 사실이다. 여기에 대한 추가적인 근거로 비교적 작았던 러시아 전함들은 수에즈 운하를 통과하였던 점이 이를 증명한다고 할 수 있다.

아무튼, 오랜 원정의 결과, 전쟁을 치르기도 전에 이미 지쳐 버린 러시아 함대는 정작 도착해서는 일본 근해에서 잘 준비된 채로 기다리고 있던 일본 해군에 의해 힘도 써보지 못하고 대패하게 된다. 38척 중 19척이 격침되고 7척이 나포되는 등 발틱함대는 그야말로 우리나라 인근 바다에서 일본군에게 궤멸되고 만다. 먼 거리를 오랫동안 돌아 도착한 후 벌어진 전쟁의 결과로는 너무도 허무했다. 이로써 일본은 러일 전쟁에서 예상외로 손쉬운 승리를 거두게 되는데, 이 전쟁에 굳이 의미를 부여한다면 러일 전쟁 승리는 동양인이 서양인과 치른 전쟁에서의 첫 번째 승리 기록이라고 한다. 또한 러일 전쟁의 주 무대가 주로 중국의 뤼순, 다롄 등 만주 지역에서 벌어졌다는 것을 통해, 한반도의 일본군 전초기지화는 청일 전쟁 이후 어느 정도 완성되었다는 것을 알 수 있다.

그때까지 동양의 작은 나라에 불과했던 일본은 러일 전쟁의 승리를 통해 세계 열강과의 식민지 쟁탈 경쟁에서 어깨를 나란히 할 수 있는 당당한 제국주의 국가의 일원으로 무대에 화려하게 등장하게 된다. 이후 미국의 중재로 포츠머스 조약을 통해 한반도에 대한 독점적이고도 '탁월한 이익'을 확보한 일본은 한국의 식민지화를 공식화하게 되는데, 어쩌면 1910년에 이완용을 앞세운 '한일병합조약'은 요식행위였을 뿐 러일 전쟁이 끝난 뒤 한국은 이미 일본의 식민지로 결정되었다는 것이 맞는 말이라고 보인다. 시모노세키 조약에서 그렇게 조선이 독립국임을 강조하며 조선에 대한 다른 강대국들의 진출을 견제하려고 무던히 애쓰던 일본의 생각들은 어느새 포츠머스 조약에서는 조선은 독립국이라는 내용은 완전히 삭제되고, 한반도에 대한 일본의 '정치·군사 및 경제적인 탁월한 이익의 보장'이라는 문구들만 남게 되었다.

한반도와 만주에서 러시아 세력을 축출하는 데 성공한 일본은 발 빠르게 제2차 영일 동맹을 체결하여(1905년 8월 12일) 일본의 한반도 지배를 외교적으로 보장받게 된다. 그 내용은 영국은 일본이 한국에서 가지는 정치적·경제적·군사적 이익을 보장하며, 일본은 영국의 인도 지배 및 국경 지역에서의 이익을 옹호하는 조치를 취할 것 등이었다. 결국 영일 동맹은 제국주의 열강 간의 상호 협조와 동의를 보장받아 자신의 이익을 보장받고 약소국의 침략을 정당화하는 국제 조약인 셈이었다. 제국주의 국가 간의 암약을 알 리가 없었던 우리나라는 아무런 통보도 없이 하루아침에 국권을 빼앗기게 된다. 그 당시 우리 백성들은 국권을 빼앗긴 것에 기가 막힐 정도로 울분을 토했지만, 약소국 한국의 국권 상실은 어느 곳에도 하소연할 수 없었고, 그나마 도움을 구하러 찾아간 나라들도 일본과 같은 제국주의 국가들로 우리들의 의견을 귀담아 들어줄 국가 지도자는 세상 어디에도 없었다.

도고 헤이하치로 제독(1848~1934년)은 러일 전쟁에 나타난 장군의 성과를 이순신에 빗댄 영국 기자들에게 "자신을 전쟁의 신이자 바다의 신이신 이순신 제독에게 비유하는 것은 신에 대한 모독이다."라고 언급하면서 식민지 조선의 장군인 이순신에 대한 평소의 존경심을 표현한 일화로 유명하다.

애초부터 일본과 러시아의 국력 차이가 존재했음에도 불구하고, 러시아는 러일 전쟁이 일어나기 전 '피의 일요일 사건(1905년 1월 9일)' 등으로 당시 국내 정세가 극도로 불안했다. 그런 이유로 사실 일본과의 전면전을 위해 극동으로 모든 전력을 쏟을 수 없는 형편이었다. 러일 전쟁 당시 일본 해군 제독인 도고 헤이하치로의 활약으로 러시아의 발틱함대가 괴멸되자 러시아는 자연스럽게 극동에서의 제해권을 일본에 빼앗기게 되었고, 전쟁에서 약 7만 명에 가까운 사상자까지 발생하자 러시아는 더 이상 전쟁을 할 수 없음을 선언하고 화평 회의를 포츠머스에서 맺을 수밖에 없었다. 일본도 막상 전쟁으로 큰 피해를 보았지만, 만주 지역의 철도에 관한 권익과 사할린 남부를 러시아로부터 양도받는 등 또다시 전쟁을 통해 막대한 이익을 취하게 된다. 그리고 무엇보다 일본은 이번 전쟁을 통해 한반도에서의 절대적인 지배권을 보장받게 된다. 이렇게 두 번의 큰 전쟁에서의 승리로 주변의 경쟁자를 말끔하게 정리한 일본은 1905년 을사조약과 1910년 국권피탈로 한국(대한제국)의 주권을 완전하고 당당하게 빼앗아간다. 이제 한국에 대한 제국주의 일본의 본격적인 식민 지배를 막아줄 나라는 더 이상 없었고, 전쟁을 승리로 이끈 일본의 거침없는 제국주의 행보는 더 이상 다른 주변국들을 의식하지 않을 만큼 경쟁국들을 압도하기 시작하였다. 한국의 국권피탈은 우리 입장에서는 참으로 억울하고 통탄할 노릇이지만, 일본 입장에서는 두 번의 큰 전쟁을 치르기 위해 일본군의 희생과 막대한 전쟁 물자를 소모한 대가로 얻은 당연한 결과물이었고 승리를 얻기 위해 모든 국력을 쏟은 결과에 대한 당당한 보상이었다.

한반도를 두고 벌어진 두 번의 전쟁에서 압도적인 승리를 거둔 일본은 각각 엄청난 전리품을 챙기게 된다. 연이은 전쟁의 승리와 그 달콤한 열매 덕분이었을까, 안타깝게도 두 번의 큰 승리에 고무된 일본 군부는 무게가 더해진 발언권을 얻게 되며 전쟁은 곧 이익이라는 국가적인 맹신을 국민에게 강요하기에 이르게 된다. 승리의 이익이 국익으로 자연스럽게 연결되면서 이런 승전의 분위기는 전 국민을 계도하는 데도 쓰이게 되는데, 이런 승리를 계속 이어가고 조국의 번영에 이바지하기 위해 일본 국민은 어린 시절부터 국가를 위한 희생과 조건 없는 충성을 강요받게 된다. 또한 개인보다는 전체주의적 사고만을 강조하는 분위기에서 태평양 전쟁 후반기에 기형적으로 탄생한 가미카제 특공대의 출연은 어쩌면 사실보다 부풀려진 승전보가 저지른 불운한 역사의 결과물이라고 할 수 있다. 아무래도 이성적인 고려보다는 즉흥적이고 감정적인 판단이 우선될 수밖에 없는 군 출신들이 나라의 요직을 차지하게 되면서, 일본 제국주의의 앞날은 미국의 원자 폭탄이 떨어질 때까지 브레이크 없는 폭주 기관차에 올라탄 위태로운 운명의 국가처럼 앞으로만 나아가게 되었다. 불운하게도 그 당시 일본 제국주의에는 제국주의의 팽창을 위한 가속 페달만 있을 뿐, 제국주의의 앞날을 염려하고 소통할 수 있는 제동 장치는 없는 듯 보였다. 그리고 그 폭주 기관차를 멈출 수 있는 브레이크가 자신보다는 미국이라는 나라의 손에 쥐어져 있다는 것을 깨달았을 때는, 군부가 이미 일본이라는 나라를 상당 부분 구제 불능의 국가로 만들어 놓은 후였다.

이처럼 군부의 정치 장악의 배경에는 일본 초기 제국주의 시절의 청일 전쟁과 러일 전쟁의 승리가 큰 영향을 주었을 것이며, 어쩌다 문관 출신들이 나라의 운명을 걱정하며 전선이 확대되는 것에 대해 조심스럽게 낸 의견조차 비겁자와 배신자로 폄하되기 일쑤였고, 태평양 전쟁이 더욱 확전될수록 그들의 일본 정부에서의 위치는 점점 더 바닥으로 떨어질 수밖에 없었다. 종전이 가까워진 시점에서 그들은 관료라고 할 수 없을 정도로 군부의 결정을 수행하는 하수인 정도로 전락하게 되었고, 일본에 자리 잡은 천황 중심의 제국주의는 어느새 개인보다는 전체를 우선으로 하는 절대 군국주의를 맹신하는 집단으로만 나아가고 있었다. 그렇다고 군부가 장악한 일본 내각이 고민이 없었던 것은 아니었다. 패배는 곧 패망이될 수 있다는 강박관념은 패색이 짙은 전투 상황에서도 일본군에게 왜곡된 정신력만을 강조하며 패배를 모르는 황군이 되도록 강요하였고, 일본 내각에서의 권위를 잃지 않기 위해서 좀처럼 패전 기록을 공유하거나 내색하지 않으면서 오히려 패전이 거듭되고 패전을 앞당기는 악순환을 거듭해서 경험해야 했다. 일본 군부의 왜곡된 국가주의와 강요된 애국주의는 전쟁터로 내몰린 국민을 전쟁의 희생자로 만들어 놓았고, 처음부터 황군은 절대 패배하지 않는다는 잘못된 군부 신앙을 강요받은 일본군은 최후의 순간에도 항복보다는 자결과 결사 항전을 외치는 기묘한 군대로 변모하게 만들었다.

그런 일본군의 모습을 그대로 보여주는 일화가 있는데, 그것은 오노다 히로오(小野田寛郎, 1922~2014년)라는 일본군 소위가 제2차 세계대전이 끝난 지 29년이나 지난 1974년 필리핀의 루방섬에서 살아남아, 일본이 패망했는지도 모른 채 그 기간 동안 투항하지 말라는 상관의 명령을 지키고 있었던 일이다. 계속된 투항 권유에도 섬에 남아있으려는 의지가 강했던 그는 결국 그의 옛 직속 상관이 나타나 전투 행위 중지 명령서를 읽은 다음에야 비로소 투항을 결심할 수 있었다. 마치 거짓말 같은 이 일화는 패배는 있어도 항복은 있을 수 없다는 당시 황군의 모습을 그대로 보여준 소름 끼치는 사건으로 보인다. 그가 52세의 나이로 일본으로 돌아올 때 일본 국내 언론에서는 마지막 황군이 온다고 흥분을 감추지 못하는 듯했지만, 한 개인의 온전한 삶을 송두리째 앗아간 군국주의의 그늘은 늘 개인적인 희생 따위는 대수롭지 않은 일처럼 취급되기 마련이었다.

국가의 모든 시스템이 극단적인 군국주의로 치우치게 되면서, 일본 국민은 군인으로서 전쟁에 참여하는 것만이 국익에 기여할 기회를 얻는 것이라는 착각을 하게 되었다. 사실, 상대국으로 만난 청과 러시아는 당시의 국내의 여러 사정으로 인해 일본과의 전면전에서 제대로 맞붙을 수 없는 형편이었지만 두 번의 승전은 곧 일본 스스로 자신의 실력을 과신하게 되는 계기가 되고 말았다. 이처럼 거부할 수 없는 전쟁 승리의 달콤함은 일본으로 하여금 전쟁에 따른 부수적인 이권을 얻기 위해서 또다시 전쟁을 일으켜야 하는 전쟁 범죄 국가로 전락하게 했다. 물론, 이런 과신이라도 전투에서는 용맹과 일시적인 사기 상승으로 나타나 초반에는 상대방을 압도할 수 있는 전력 상승 요인이 될 수 있지만, 전쟁이라는 큰 틀에서 각 부대원의 정신력과 용기만을 강조하는 전략은 지략 부재와 오판으로 연결되기 쉬워 결국 일본이 태평양 전쟁의 패전국이 되는 원인이 되었다.

한편, 러일 전쟁 후 일본의 한반도 점령이 공식화되고 곧이어 제국주의 국가들의 쟁탈전인 제1차 세계대전이 개시되자, 영국과 동맹을 맺은 일본은 독일이 아시아에서 갖고 있던 권익을 조금씩 빼앗아 가기 시작했다. 일본은 자신의 주특기인 남들이 방심한 틈을 이용하여 트루크섬과 사이판섬 등 독일의 점령 아래 있던 남방 요충지의 섬들을 별다른 피해 없이 잇달아 점령해 나갔다. 이 장면은 마치 제2차 세계대전 개전 초기에 독일에 의해 프랑스가 점령당하자, 일본이 슬그머니 프랑스령 인도차이나로 군대를 보내 무혈 입성하는 행태와 비슷하다고 할 수 있다. 그리고 제1차 세계대전이 유럽을 폐허로 만들어 놓고 마무리되어 가자, 일본은 베르사유 조약에 따라 독일의 식민지였던 적도 이북의 섬들을 이어받게 되는 행운을 누리게 되며, 역시 독일이 갖고 있던 중국 산둥성의 권익 등을 새로이 손에 넣게 된다. 일본 제국주의의 얌체 같은 행보를 두고 제1차 세계대전의 숨은 수혜자가 일본이라고 하는 것은 이 사례를 두고 하는 말일 것이다.

이렇게 군대를 동원하여 다른 제국주의 국가들과 힘들게 전쟁을 벌이지 않고 그 제국주의 국가가 본국에서 벌어진 전쟁으로 힘을 잃고 있을 때, 틈새시장을 잘 노려 재미를 본 일본의 식민지 개척 행보는 제2차 세계대전이 끝날 때까지 멈추지 않았다. 메이지 유신 이후 단기간 내에 일본이 이런 성과를 낸 것 또한 일본군을 잘 양성해 놓은 결과라고 생각한 일본 군부에 의해, 또 다른 이익을 찾기 위한 일본 군국주의의 위험한 도전은 더욱 박차를 가하게 된다. 물론, 제1차 세계대전으로 얻은 일본의 막대한 이익은 제1차 세계대전 참전에 따른 승전국으로서의 정당한 권리인 것만은 분명해 보였다. 그 이익의 대부분은 비록 힘을 잃어가는 독일에게서 모든 권한을 빼앗은 측면은 존재했지만, 일본이 독일의 무제한 잠수함 작전으로 연합군 상선까지도 위협에 노출된 상황에서 연합군의 요청에 따라 위험을 무릅쓰고 지중해까지 가서 호위하는 역할을 훌륭하게 감당해 줬기 때문에, 제1차 세계대전 후 전후 처리를 위한 파리 강화 회의에서 이에 대한 찬반에 따른 열띤 토론이 있었던 것은 분명했다. 그러나 "그전까지 독일이 차지하고 있었던 산둥의 권익은 일본의 것이 된다."라고 밝힌 조약을 근거로 일본은 산둥반도 점령을 공식화하게 된다.

제1차 세계대전 후 세계 여론은 열강들의 식민지 쟁탈전이 비화되어 전쟁이 더욱 확대되었다고 보고, 그 우려를 조금이라도 누그러뜨리기 위해 전쟁 당사자들은 현재 점유하고 있는 식민지 외에 더 많은 식민지를 얻으려는 국가는 다른 열강들의 간섭과 통제를 받아야 한다는 의견이 일치하는 선에서, 열강들은 국제연맹을 탄생시켜 최소한의 국제적인 협의체의 필요성을 통감하게 된다. 이와 같은 맥락으로 윌슨의 '민족자결주의'는 더 이상의 식민지 국가가 발생하려는 것을 제한해 보고자 하는 측면에서는 비슷한 배경을 갖고 있다고 할 수 있지만, 그것은 어디까지나 벨기에, 루마니아, 세르비아 등 유럽의 몇몇 나라에만 기존의 강대국들이 그들 나라를 점령하지 못하도록 제재를 가한 것일 뿐, '이 선언은 권리를 가진 정부의 정당한 요구'를 무시하지 않는다는 윌슨의 발언을 통해, 이미 다른 열강들의 권한이 분명한 우리나라를 비롯한 아시아 식민지 국가들에 이 선언은 해당되지는 않는다고 분명하게 말하고 있다고 할 수 있다. 하지만 분명한 것은 윌슨의 '민족자결주의'가 우리나라의 3·1 운동에 직접적인 영향을 준 것처럼, 윌슨의 선언은 아시아 식민지 국가들에게 허황된 독립의 꿈을 주게 되었다며 다른 열강들로부터 호된 질타를 받게 되었다는 사실이다. 이에 제1차 세계대전 후 세계적인 평화 분위기에 고무된 우리나라도 파리 강화 회의에 여운형의 주도로 김규식을 파견하여 우리나라 독립의 정당성과 일제의 폭압적인 식민지 통치 상황을 세계에 알리려고 했으나, 파리 강화 회의에서는 애초부터 패전국들의 식민지를 어떻게 처리할 것인가를 문제로 삼았을 뿐 일본과 같이 승전국의 지위를 누리고 있던 국가 소유의 식민지에 대해서는 거론조차 되지 않았다. 이는 마치 대기업 총수(제국주의)들의 회의에 노점상(식민지 조선) 대표가 가서 노점상의 권익에 관해서 설명하고 설득하려는 모양새와 비슷하다고 할 수 있다. 비록 김규식의 파리 강화 회의 참가는 의욕적으로 추진된 것에 비해 당장 소득은 없었지만, 우리나라는 조직적인 독립운동의 필요성과 독립운동을 이끌어 갈 대표적인 정치 기구의 필요성을 절감하며 향후 우리나라가 대한민국 임시 정부를 만드는 등 체계적인 독립운동을 추진하는 데 큰 영향을 주게 된다.

한편, 제1차 세계대전 중에 일본은 다양한 무기 수출로 인해 호황을 누릴 수 있었지만, 막상 전쟁이 끝나자 전쟁을 통해 유지되던 일본 경제는 순식간에 쪼그라들기 시작하였다. 더구나 1923년 9월 1일 발생한 관동 대지진으로 일본은 다시 한번 큰 타격을 받게 된다. 좋지 않은 경제 여건은 제일 먼저 군사비 팽창에 제동을 걸기 시작하였다. 이를 타개하기 위해 일본 대본영은 고민을 거듭해서 마침내 내린 결론은, 더 많은 식민지를 얻기 위한 중국 대륙 진출 결정이었다. 뒤늦게 세계열강들의 식민지 쟁탈 전쟁에 뛰어든 일본은 다른 열강들에 뒤처지지 않으려고 남다른 노력을 하게 되는데, 때론 이 노력이 너무 지나쳐 일본 군부의 조급하고 강박적인 몸부림이 전쟁 내내 상대국에 대한 무모하고 무자비한 모습으로 비치기도 했다. 그 예로 중국 진출의 교두보인 만주에 진출하기 위해 일본 군부는 장쮀린 폭살 사건, 류타오후 사건을 조작하고 난징 대학살이라는 엄청난 전쟁 범죄를 저지르게 되는데, 승리를 위해서는 모든 수단과 방법을 동원하는 것을 최종적으로 제지하지 않았던 천황을 전후에도 단죄하지 않은 결과, 일본인의 억지스럽고 냉혹한 모습은 전후에도 이를 반성하지 않는 몰염치함을 주변국들이 인정해 주는 꼴이 되고 말았다. 일본의 이런 뻔뻔하기까지 한 모습은 전쟁 중에 일어난 과오를 수시로 반성하고 피해를 줬던 이웃 나라들에게 정도가 지나치다고 느낄 만큼 틈만 나면 사죄하는 독일과는 큰 대조를 이룬다고 할 수 있다.

그리고 전쟁의 어두운 면이라고 할 수 있는 제1차 세계대전의 패전국 독일의 피폐해진 여러 상황을 목격하면서, 일본 지도부는 기왕 전쟁을 일으킨다면 무조건 승리해야 한다는 교훈을 얻게 된다. 이런 생각은 전쟁의 과정이야 어떻든 전쟁의 결과만 중요하게 생각하게 하는 일본 군부의 왜곡된 전쟁 인식을 낳도록 하였다. 그래서 선전포고 없는 선제공격과 자신에게 불리한 정보를 거리낌 없이 조작, 날조하는 일 등은 일본군이 전쟁 수행 기간 내내 일으키는 일상적인 현상이 되었다. 이런 전쟁 패배에 대한 큰 두려움은 패망이 가까워진 제2차 세계대전 말기에도 본토 사수를 끝까지 고수하며 마지막까지 저항하려는 일본의 모습으로 나타나는데, 이는 전쟁의 패배는 곧 조국의 패망이라는 인식을 일본 군부 지도부 모두가 공유하고 있었기 때문이라고 할 수 있다. 제2차 세계대전 개전 후 일본군의 흥망성쇠 하는 모습을 보면, 적에 대한 이해 부족과 자신에 대한 과신이 바탕이 된 무모한 작전 수행에도 개전 초기에는 파죽지세의 승리로 연결될 수 있지만, 전쟁이 길어질수록 점차 소모되는 군사력을 뒷받침해 주지 못하고 금세 바닥을 드러낸 국력은 결국 긴 전쟁에서 패배로 연결된다는 것을 알 수 있었다. 군사력은 국력이라는 진실 앞에 적나라하게 드러난 섬나라 일본 본연의 모습은, 전쟁이 진행될수록 서서히 몰락의 길을 걸을 수밖에 없다는 것을 깨닫게 해 주었다.

한반도와 만주에 이어 프랑스령 인도차이나반도에 대한 일본군의 성공적인 진출로 인해, 극동의 작은 나라에서 심각한 우려를 자아내는 후발 제국주의의 선두 주자가 된 일본은 동아시아에서 미국마저 몰아낸다면, 일본이 가질 수 있는 이익은 자신들이 말한 대동아공영권의 범위를 확정 지을 수 있다는 오판을 내리기에 이른다. 하지만 그 오판의 결말은 참혹하고 끔찍해서, 제2차 세계대전 종전 후 일본이 청일 전쟁 이후 세계를 상대로 겁박하며 얻은 모든 이권과 땅을 원래 위치대로 되돌려 놓는 당연한 결과로 이어지게 된다. 일본의 입장에서는 태평양 전쟁의 패배는 그야말로 오랫동안 일본 국민 수천만 명이 피와 땀으로 이뤄놓은 모든 수고로움이 한순간에 물거품으로 변하는 고통스러운 장면이었을 것이다. 결국, 일본은 태평양 전쟁 패전으로 정녕 보고 싶지 않았고 피하고 싶었던 비참한 패전의 종말을 결국 보게 된다. 되돌릴 수 없는 패배는 그동안 팽창된 일본 제국의 영토를 축소하여 메이지 유신 당시의 일본 국토로 되돌아가는 것을 의미하는 것으로, 일본은 그제야 그동안 주변국들에 일방적으로 강요했던 극도의 패배감과 굴욕감이 자신에게 고스란히 되돌아오고 있다는 것을 제대로 느꼈을 것이다. 그야말로 전쟁을 시작할 당시에는 아무도 예상하지 못했던 경악스러운 패전의 말로라고 할 수 있다. 한마디로 청일 전쟁 이후의 근대 일본사가 전면적으로 부정되었다고 할 수 있다. 그러나 그 덕분에 우리나라는 해방을 맞이하게 되고 그동안 일제에 의해 철저하게 유린당했던 민족적 자긍심과 역사를 회복할 기회를 가지게 된다.

라. 대륙 쟁탈전 - 중국

중국은 아편 전쟁(1842년) 패전 이후 계속되는 서양 문명과의 충돌 과정에서 속절없이 패배를 거듭해서 경험할 수밖에 없었다. 이것은 과거 유목민들이 세운 청나라가 그동안 육상에서의 화려했던 정복 활동에 비해서 해상에서의 허약함이 그대로 드러난 결과일 것이고, 바다라는 국경선을 막지 못하면서 불거진 청나라의 외세 침략사는 청나라가 가진 열악한 환경들을 확인시켜 주는 계기가 되어 주었다. 이것은 대항해시대를 맞이하여 산업혁명으로 군 근대화를 완성해 가고 있었던 서양 세력에 맞서 당시 아시아 국가를 대표했던 중국의 국력은 더 이상 상대가 되지 못한다는 것을 의미하는 것이었다. 그 후 청나라 말기 중국은 유럽 강국들의 압박과 태평천국의 난 등으로 매우 혼란한 시기를 보내야 했다. 아편 전쟁 패배 후 자구책으로 양무운동과 변법자강운동이 일어났지만, 개혁을 기치로 내걸었던 세력들은 모두 서태후 등의 수구파에게 패배하고 말았다. 이후에도 청조의 무기력함은 더욱 심화되었지만, 서태후가 사망하고 3살의 푸이가 청나라의 마지막 황제로 등극한 후에도 중국의 혼란은 여전하였다. 이런 시대를 배경으로 여러 군소 정치 모임 중 청조 타도 및 공화국 수립을 목표로 한 쑨원(孫文, 1866~1925년) 등의 혁명운동이 활발해진 것도 이즈음이었다.

이런 분위기에 힘입어 1911년 10월 우창에서 일어난 신해혁명은 순식간에 전국에 파급되어 1개월 이내에 거의 모든 성에서 호응하기에 이르렀고, 혁명 세력은 1912년 1월 1일 쑨원을 임시 대총통으로 하는 난징 정부를 수립하고, 쑨원의 삼민주의(三民主義)를 지도 이념으로 한 중화민국을 발족하게 된다. 다급해진 청조는 북양 군벌 위안스카이(袁世凱, 1859~1916년)에게 혁명군을 진압해 달라고 전권을 맡기려 했으나 영국의 중재로 화평을 추진하게 된다. 이후 위안스카이는 청나라 황제를 퇴위시키는 조건으로 쑨원으로부터 대총통의 지위를 이양 받게 됨으로써, 청 왕조는 멸망하고 푸이는 중국의 마지막 황제로 남게 된다.

차이어(蔡鍔, 1882~1916년).

하지만 되레 황제가 되려는 야심을 품은 위안스카이가 1916년에 스스로. 황제라 칭하자 반 위안스카이 운동이 일어나게 되고, 이 혼란은 1916년 6월 6일 위안스카이가 급사하고 나서야 일단락된다. 이때 위안스카이의 악행을 선두에 나서서 응징했던 대표적인 인물이 차이어이다. 차이어는 위안스카이와 대립할 당시 비록 몸은 후두염으로 악화된 상황이었지만 기왕 죽을 목숨을 중국의 공화제를 위해 바치겠다며 헌신하게 된다. 위안스카이는 결국 차이어를 비롯한 세력들과 대치하던 중 사망한다. 위안스카이는 야심만 있었을 뿐, 공화국을 세우겠다는 일념으로 똘똘 뭉친 반 위안스카이 세력들에 의해 정작 황제로서 할 수 있는 것은 아무것도 없었다. 차이어는 위안스카이가 급사한 해에 34살이라는 이른 나이에 사망하게 되지만, 죽음을 앞두고 있어 위안스카이를 제거하고 설령 공화국 체제가 설립된다고 해도 정작 자신은 아무것도 가질 수 없다는 것을 알면서도 헌신했던 그의 희생정신을 기리기 위해, 그는 중화민국 최초의 국장(國葬)의 주인공이 될 수 있었다.

이번 칭제 사건은 위안스카이의 급사로 마무리되었지만, 서태후의 전횡에서 볼 수 있듯이, 이제 더 이상 백성들은 무소불위의 권한을 가진 황제 자리로 인해 국정이 농락되고 민의에 반하는 정치가 계속되는 것을 그냥 바라만 보고 있지는 않았다. 사실 백성들은 청조가 무너진 만큼 이번이야말로 쑨원의 삼민주의를 실현할 수 있는 의회와 공화국이 중국에서 탄생하기를 어느 때보다 고대하고 있었다.

이때 느닷없이 위안스카이가 권력을 틀어쥐고 자신을 황제라 칭하는 상황은 백성들의 원성을 사기에 충분하였고, 이 사건은 어떻게 보면 중국 역사에서 정권이 바뀔 때마다 일어날 수 있는 군소 군벌들의 싸움으로 이해할 수 있는 부분이 다분했지만 시대는 그것조차 용인하지 않았다. 이때 누군가 나서서 당시 최대 군벌이었던 위안스카이와 맞서는 것은 어려운 일이었지만, 일을 다행히 마무리 짓는다고 해도 내전의 후유증처럼 많은 어려움과 희생이 따르는 엄청난 혼란을 예고한 대사건인 것만은 사실이었다. 황제의 권한이 막강한 중국에서 비록 진짜 황제는 아니어도 황제의 권한을 가진 자를 무력으로 끌어내린다는 것은 목숨을 내어놓아야 하는 엄청난 도전이기 때문이었다. 하지만 다행히 위안스카이가 급사하면서 큰 고민은 사라지게 되었지만, 이제 남은 개혁 세력들이 집중해야 할 것은 위안스카이의 칭제 사건에서 볼 수 있듯이 모든 정치권력이 한 곳으로 집중되는 황제 제도에 대한 전면적인 개편은 불가피한 상황이었다. 그런 와중에도 누군가 권력에 눈이 어두워 누군가의 부추김으로 내전이라도 일어날까 봐 서로를 극도로 경계하는 긴장된 분위기는 계속될 수밖에 없었다. 이처럼 칭제 사건은 단순한 해프닝이 아닌, 중국이라는 거대한 땅과 많은 사람의 운명이 걸린 중차대한 일이었다.

한편, 중국 언론을 통해 보도되었듯이 위안스카이가 칭제했던 사건과 견줄 만한 일이 최근에 일어나 새삼 위안스카이라는 사라진 인물이 주목받는 일이 일어났다. 2018년 3월 11일 시진핑 중국 국가 주석의 장기 독재를 가능하게 하는 개헌안이 전국 인민 대표 대회에서 압도적인 표 차로 통과하자, 중국 안팎에서 이를 우려하는 여러 가지 목소리가 나왔다. 그중 주석 자리에서 오래도록 머물고자 하는 시진핑의 정치적 야욕을 위안스카이의 칭제 사건과 견주며, 장기 태세로 접어든 시진핑 시대를 경계하는 의미로 예전의 위안스카이를 들고 나온 것이다. 이것은 다른 면에서는 참으로 바람직한 모습으로 비춰질 수 있는데, 중국과 같이 '일국일당(一國一黨)', 즉 국가보다 당이 더 위에 있는 형편에서 당의 주석인 시진핑을 언론을 통해 비판한다는 것은 예전보다 나아진 언론 보도 환경을 반영한 것이라고 할 수 있기 때문이다. 아무튼, 위안스카이를 빗댄 현시점의 시진핑 권력 독점은 당 외에는 견제 세력이 없는 중국의 상황에서, 시진핑이 가진 권한이 예전의 황제와 비교해도 모자라지 않다는 것을 의미한다고 할 것이다. 그래서 거대한 중국을 오랫동안 통치할 시진핑을 두고 '시황제'라고 말하는 언론들은 모두 시진핑이 가진 권력이 예전의 황제만큼 크다는 것을 의미하기도 하지만, 다른 한편으로는 모든 권력을 황제처럼 휘두를 수 있는 시진핑이 과연 중국을 민주적이고 평화롭게 잘 운영할 수 있을 것인가에 대한 염려와 우려를 표현한 것으로 보인다. 이는 황제와 같은 권력이 한 사람에게 집중되면서 과거 마오쩌둥의 대약진운동과 현대판 분서갱유라고 일컬어지는 문화대혁명 실패 사례에서 보듯, 시진핑을 옹위하는 홍위병들이 또 다른 불행의 씨앗을 낳으리라는 것은 어느 정도 예측 가능한 시나리오라고 할 수 있다.

사실, 현재 공산당 일국일당 체제를 고수하는 중국 상황에서 시 주석을 비판하는 것은 쉬운 일이 아닐 것이다. 언론까지 샅샅이 통제하는 중국 당국에 의해 정부와 지도자를 비판하는 내용은 삭제되거나 차단되는 일이 일상이 되고 있지만, 심심치 않게 시진핑의 독재에 관해 비판하는 양심 있는 목소리는 여전한 것이 사실이다. 주석에게 모든 권한이 집중된 중국의 주석 체제에서 정부 비판은 자신의 신변을 위협할 수 있는 위험한 시도로, 때론 자살로 위장되어 사라지거나 수감되었다가 국외로 영원히 추방되는 일까지도 각오해야 하는 모험적인 행동이라고 할 수 있다. 한 예로 중국의 인권운동가이며 노벨 평화상 수상자인 류샤오보(劉曉波, 1955~2017년)는 천안문 사태(1989년) 처리에 대한 중국 정부의 모습을 비판하며 중국의 민주화를 위해 헌신하여 서방 국가들에 의해 노벨 평화상을 받는 영예를 누리게 되지만, 정작 본인은 중국 정부로부터 위험한 인물로 취급되어 수상은커녕 감옥에서(가석방 상태에서 간암 치료 중) 쓸쓸하게 삶을 마감해야 했다. 특히, 투옥 2년 만에 류샤오보에게 노벨 평화상이 주어진 것은 중국의 민주화 탄압에 대한 국제적인 항의와 경고가 숨어있는 것이었음은 말할 나위도 없지만, 중국 당국은 시종일관 내정 간섭이라는 이유로 수상을 거부하고 그를 억류하는 일을 끝내 철회하지 않았다. 독재 정권의 한계인 인권의 그늘은 중국이 미국과 같은 세계적인 리더가 되기 위한 굴기(崛起, 우뚝 일어서다)에 있어 아킬레스건일 수밖에 없을 것이다. 이는 익히 독재 정권에서 민주화를 위해 목숨까지 바쳐야 했던 우리의 과거를 떠올리기에 충분한 사건들이라고 할 수 있다.

류샤오보 사건에서 보듯 중국은 자국의 인권 상황과 민주화 현실에 대해서 끊임없이 비판하는 서양 국가들에 대해 모르쇠로 일관하는 형편이다. 중국의 이와 같은 경직된 모습은 굳이 중화사상을 거론하지 않더라도, 우리 입장에서는 중국은 아직도 자신들이 세계의 중심이고 주변 국가들은 조공을 바치는 정도로 생각하고 있는 것은 아닌가 하는 착각마저 들게 한다. 중국은 자국을 향한 여러 가지 부정적인 여론에도 불구하고, 미국을 제외한 아시아의 여러 나라와 심지어는 유럽의 여러 선진국이 중국을 어떻게 생각하고 있는지를 크게 신경을 쓰지 않는 것으로 보인다. 류샤오보를 감금하고 천안문 사태와 같이 중국에서 일어난 민주화 투쟁을 무자비하게 진압하는 과정에서도 악화된 국제 여론을 크게 신경 쓰지 않는 의연함까지 보여 주는 중국의 모습은, 마치 자신들은 설명만 할 뿐 절대 설득당하지 않는다는 모습, 예전에 주변국들을 다스렸던 상국의 입장을 지금까지도 견지하고 있는 것처럼 보인다. 최근의 사드(THAAD, 고고도 미사일 방어 체계) 문제에서 볼 수 있듯이, 마치 예전에 조공을 바쳤던 나라 정도로 생각했던 남한이 감히 자신들을 감시할 수 있는 무기를 들여와 자신들을 위협할 수 있다는 것에, 연일 언론과 외교부 성명을 통해 불편한 점을 드러내고 급기야 일명 한한령(限韓令, 중국 내 한류 금지령)이라는 무역 보복을 거리낌 없이 행하는 것을 볼 수 있다. 어찌 보면 이처럼 사드 배치에 대해 중국의 입장을 고려하고 설득하기 위한 우리의 외교적인 노력은 무위로 끝나고, 오직 자신들만이 해결책을 가진 것처럼 보이는 일방적인 외교 방식은, 마치 우리의 조상들이 오랫동안 중국을 상국으로 모셨던 그 시대로 돌아간 것이 아닌가 할 정도의 착각을 불러일으키기에 충분한 것이었다.

또한 엄연히 대만이라는 독립 국가가 있는데도 불구하고, 하나의 중국이라는 자신들의 생각을 주변국들에게도 강요하는 중국의 버릇은 지금도 여전하다. 우리나라도 한때 그에 굴복해 갑작스럽게 대만과 단교해야 했던 과거가 있어 그에 대한 죄책감에서는 자유로울 수 없지만, 지금도 대만과 외교 관계를 유지하는 국가들에 대한 무역 보복과 여행 금지 조치를 정부가 나서서 거리낌 없이 추진하는 중국은 다른 나라의 입장과 의견들은 애초부터 관심이 없다는 듯, 중국 공산당식의 일방적인 외교만을 강요하는 나라라고 할 수 있다. 중국이 우리나라를 조공을 바치는 속국 정도로만 여기는 조선 시대 사고방식, 즉 우리가 스스로 세웠던 왕들에 관해 책봉이라는 형태로 어떻게든 개입했던 중국의 우리나라를 향한 하대가 제자리를 찾아가려면, 지나간 오랜 세월만큼이나 양국 사이에는 쉬운 일이 아니라는 것을 느낄 수 있었다. 아무튼, 한중간의 외교적인 교섭 과정에서 일어날 수 있는 의전들을 비롯한 부수적인 일들이 중국이 미국에 대하는 것과는 다르다는 것을 알게 되면서, 중국이 공식적으로 말하지는 않더라도 중국이 한국을 대하는 모습은 예전의 우리 조상들이 황제에게 머리를 조아렸던 모습을 중국 정치인들이 떠올리고 있는 것은 아닌지 하는 의문까지 드는 것은 지나친 비약만은 아닐 것이다.

물론, 국가 간의 관계에서도 약소국 입장에서는 만만한 것이 하나도 없는 것이 세상이 돌아가는 원리이기는 하다. 그런 면에서 우리나라를 미국과 같은 국가로 인정해 달라고 하는 것 또한 외교적인 무리수에 가까운 일일 것이다. 하지만 최근 남중국해 영유권 분쟁에서 보듯 작금의 중국의 외교를 살펴보면, 강한 자에게 무한히 약하고 약자들에게 강자가 베풀 수 있는 관용보다는 강자가 누릴 수 있는 권세를 강조하는 나라가 중국이라고 생각된다. 하지만 우리나라라고 해서 이런 생각들에서 자유로운 것은 아니다. 오랫동안 아시아의 강자였던 중국에게 사대를 건국의 기본 기조로 삼았던 조선은 사대를 마치 강자에게 적응하는 약자들의 바람직한 자세라는 생각을 오랫동안 계승하고 있었는지는 모르지만, 강자에 굴복하고 약자들에 군림하는 오랜 약자의 생존방식을 그대로 지니고 있었다. 그래서 지금까지도 적어도 유독 우리에게만은 중국이 고압적인 자세를 유지하는 것에 관해 중국을 비난하기에 앞서 우리 스스로가 이런 환경을 만들어주지 않았나 하는 반성이 필요하다고 생각된다.

이런 중국을 상징하는 말이 하나 있는데, 그것은 바로 '화이질서(華夷秩序)'이다. 이 말을 굳이 해석하면 '문명의 중심인 중국이 주변 지역에 덕을 미치고 그 감화의 정도에 따라 형성되는 속인적(屬人的) 질서'라고 할 수 있다. 이것은 서양에서 언급하는 '팍스 로마나(Pax Romana)'와 비슷한 개념으로 '로마 제국 안에서의 평화', 즉 중국이 중심이 되어 다스리는 세상 안에서 중국이 만들어낸 질서에 의해 돌아가는 문명은 중국만이 규정하고 결정한다는 논리이다. 조선을 비롯한 웬만한 동아시아의 여러 나라를 조공 관계로 묶어 두었던 것도 다 이런 논리가 작용했다고 할 수 있다. 물론, 조선도 중국의 중재하는 세상 안에서의 평화를 간절히 바랐는지는 모르지만, 로마가 무너졌듯 중국이 서서히 무너지고 있을 때도, 자신들과 다른 문화는 다르다는 이유로 오랑캐의 문화로 폄하하는 데 거리낌이 없었던 근거 없는 문화 우월주의가 팽배한 곳이 중국이라는 나라였다. 때론 비판 없이 상대적인 우월감만 존재하는 중화사상은 다른 문화를 탐구하고 관심을 두는 기회조차 박탈하면서, 중화사상에 얽힌 국가와 민족들을 같은 운명체로 묶어 놓는 종신 계약처럼 국가 간의 독립적인 관계를 처음부터 왜곡시켜놓는 족쇄가 될 수 있었다.

그와 관련하여, 중화사상과 사대주의가 만들어 놓은 우리 시대의 보이지 않는 생각의 장벽들은 아직도 우리들의 생각을 쥐고 흔들 정도로 많은 부분을 차지하고 있다고 할 수 있다. 흔히 선진국을 평가하는 척도 중 장애인과 같이 그 사회의 약자들을 얼마나 배려하고 있냐가 그 사회의 성숙도에 대한 중요한 고려 대상이 된다고 했을 때, 경제 성장과 별개로 우리나라가 과연 선진국이 될 조건들을 충족할 만큼의 사회적 합의가 이루어지고 있는지 묻는다면, 아직은 건강하지 못한 우리 사회의 모습에 조금이라도 의문을 갖고 있는 이라면 이 물음에 선뜻 긍정적인 대답을 하지는 못할 것이다. 의미를 더욱 확대하는 것이 허락된다면, 아직 선진화된 사회의식을 가지지 못한 우리나라는 사대주의에 억눌린 강자들에 논리에서 아직은 자유롭지 않은 약자들의 문화를 가지고 있음을 은연중에 엿볼 수 있게 된다. 뒤에서는 부자들을 욕하면서도 그들을 마음속 깊은 곳에서는 흠모하는 사회적 정서는 약자들에 대한 업신여김과 조롱으로 연결된다는 점에서, 오랫동안 강자를 숭배하는 사대주의라는 과정에서 제한되고 억압된 공격성은 유독 약자들을 통해 해소하는 방법을 찾기 마련이었다. 자기를 낮추고 상대를 올리는 겸손이라는 미덕이 아닌, 약자의 위치를 고수함으로써 강자로부터 양해를 받아내겠다는, 접근부터 다소 굴욕적인 사대주의는 그와 같은 논리로 자기가 강자에게 했던 굴욕적인 예의를 약자들에게도 강요하게 마련인 것이다. 그런 경직된 분위기와 암묵적인 강요 속에서 우리들은 우리 자신도 모르게 약자들에 대한 배려보다는 경멸과 공격성을 보여 주게 되는데, 때론 자신을 향해 기대 이상으로 조아리지 않는 약자들에게 향하는 일정한 보복과 혐오는 보기에도 정도가 지나칠 수준을 넘나들기도 했다. 때론 우리가 미처 알지 못했던 공격성은 동남아 노동자들과 사회적 약자인 낮은 계층의 자국민에게서 보이기도 하며, 그런 생각이 지나쳐 지난 LA 폭동(1992년) 때처럼 흑인들의 공격이 유독 한인 타운의 상점들에 집중된 것도 우리들이 그들(약자)에게 평소 어떻게 대했는가를 돌아보면 그 답이 나온다고 생각된다. 그들과 소통하려는 노력보다는 그들을 향한 경멸의 시선들을 거두지 않았던 한인들의 모습에, 흑인들은 오히려 당당하게도 그들이 느꼈던 좌절감과 모멸감을 폭력으로 갚아줘도 된다고 생각할 정도였다. 그만큼 그들이 한인들에게서 받았을 경멸적인 시선들은 같은 약자라고 생각했던 그들 입장에서는 감당할 수 없는 모습이었을 것이다.

이처럼 자신이 혹여 가진 권세를 그들이 아직 갖지 못했다고 해서 꾸준하게 그들을 훈계하며 함부로 다룰 수 있다는 위험한 생각들을 가진 배경에는, 어김없이 우리의 생각을 좀먹는 사대주의가 자리 잡고 있다고 생각된다. 우리나라의 주류를 이루고 있던 사대주의는 언젠가는 강자들에 억눌렸던 공격성을 드러내기 마련으로, 갑자기 강자들에게 위축되는 마음과 약자들에게 대하는 우리들의 업신여김으로 인해 우리는 스스로에게 한 번 놀라고, 약자들에게만 선별적으로 더없이 강해지는 비겁함에 또다시 경악하게 된다. 그것도 습관처럼 물러지면 약자들의 딱한 처지는 오직 그들만의 문제요, 그들만의 탓인 것으로 돌리며, 우리는 우리에게 숨은 비굴함과 비겁함을 끝내 드러내 비판하지 못하고 감추는 데만 급급해지는 것이다. 우리의 무력함과 비겁함을 감추고 사대주의라는 그늘 속에 숨으려고 했던 우리들을 돌아보고 우리들의 정신까지도 좀먹고 있는 정신적 사대를 탈피하여, 그동안 우리를 수식하고 지칭하던 사상적 흔적들을 걷어내고 스스로의 정당성을 찾아가야 할 때라고 생각된다.

또한 중국은 자국 내 비판 여론을 잠재우기 위하여 지금도 SNS(Social Network Services)의 사용을 통제하거나 특정 표현이나 문구를 제한적으로 허용하고 있다. 나날이 발전하는 경제 발전 속도에 비해 아직 성숙하지 못한 이러한 중국 당국의 민주 소통 방식은 많은 개선점이 요구되고 있는 게 현실이다. 한편으로, 그런 와중에 중국은 얼마 전 중국으로 반환된 홍콩을 통치하면서 현지 홍콩인들과 많은 충돌을 일으키고 있다. 이런 입장은 아무래도 일국일당 체제를 유지하는 중국 공산당 입장에서는, 영국을 비롯한 자유 민주주의 진영으로 많이 기운 홍콩의 민심에 맞는 정치 체제를 정착시키는 데는 많은 시간과 노력이 필요할 것으로 보인다. 천안문 사태에서 보듯 중국이 홍콩을 비롯해 서구의 자유주의 사상에 많이 노출된 생각들이 중국으로 들어와 자국민들이 자국의 민주화 현실을 깨닫고 민심이 동요하는 것에 극히 예민해질 수밖에 없는 것을 부정할 수 없다면, 북한에게 대표적인 자본주의 국가인 미국과 남한의 거센 자유 민주주의 사상을 막아주는 정치적·심리적 방파제 역할을 기대하는 것은 어쩌면 당연한 일이라고 생각된다. 확언한다면, 어쩌면 우리의 통일에 제일 걸림돌이 될 요인은 중국이라고 해도 과언이 아닐 것이다.

다시 본론으로 돌아오면, 갑작스러운 위안스카이 사후 쑨원의 국민당은 새로운 중국 건설을 위해 매진하게 된다. 1924년 제1차 국공 합작을 계기로 국민혁명군은 모든 힘을 군벌 타도에 집중할 수 있게 되었고 국민은 열렬한 지지를 보냈으나, 1925년 쑨원의 갑작스러운 사망으로 정치 주도권을 잡기 위한 새로운 국면이 전개되기 시작하였다. 쑨원은 모든 반 군벌 세력을 끌어들여 중국 혁명의 완수라는 대과제에 합류시킬 수 있었던 유일한 인물이었기 때문에, 아직 성숙하지 못한 중국 내 정치적 혼란이 예견되는 상황이었다. 대통합의 대명사였던 쑨원이 사라지자 국민당 내의 반공 세력들은 먼저 공산당을 배제하려는 움직임을 드러내기 시작했고, 당연히 국공 합작이 붕괴하면서 투철한 반공 투사인 장제스가 국민당의 실권을 거머쥐게 된다. 이에 1927년 제1차 국공 합작이 깨진 후 공산당을 송두리째 뿌리 뽑기 위해 대대적인 무력 탄압을 계속했던 장제스 정부와 이에 대항하여 생존과 공산 혁명을 이루려는 공산당 간의 생사를 건 전쟁이 지속되었다. 중국 본토가 새로운 국공 내전에 휩싸이게 된 것이다. 제1차 국공 합작이 깨진 후 궤멸 위기에 빠진 공산당은 새로운 활로를 모색해야 했고, 무기와 병력 등 모든 면에서 국민당에 밀린 공산당의 홍군은 게릴라전을 비롯한 유격 전술로 맞서며 오랜 내전을 예고하고 있었다.

이어 일본군에 의해 1931년에 만주 사변이 발생하자, 장제스는 아직 공산당과의 내전이 마무리되지 않은 시점에서 일본과 전쟁을 시작하는 것을 주저하게 된다. 하지만 중국 국민은 우리들끼리의 내전보다는 일본과의 싸움을 먼저 하라는 당연한 요구를 많이 하게 된다. 장제스와 국민당 정부가 주저하는 사이, 일본은 만주를 더 효율적으로 장악하기 위해 푸이를 앞세워 만주국이라는 친일 괴뢰 정권을 수립하게 된다.

1933년에는 만주 사변으로 공산당에 대한 공세를 주춤하고 있었던 장제스는 "먼저 국내의 적을 일소한 다음 일본의 침략을 막는다."라고 천명하며 일본군과의 대결에 앞서 공산당과의 일전에 돌입하게 된다. 모든 물량을 총동원한 국민당군의 공격에 홍군은 대패하게 되고 대장정이라는 길고도 험난한 행군을 시작해야 했다. 그 당시 홍군 간부들의 지도력을 비판한 마오쩌둥(毛澤東)이 무너져 가는 공산당의 주도권을 잡게 된다. 총 길이가 1만 2,500km에 이르는 대장정은 1935년 10월 홍군이 섬서성 연안에 자리를 잡을 때까지 국민당군의 추격전과 홍군의 게릴라전이 거듭 반복하며 계속되었다. 마침내 대장정을 끝냈을 때 남은 홍군 부대가 8,000여 명에 불과했다고 하니, 대장정에 얼마나 많은 고난과 희생이 존재했는지 알 수 있다. 그러니 1936년의 시안 사변이 아니었다면 장제스가 얼마 남지 않은 공산당의 잔존 세력들을 없애 버리는 것은 시간문제였을 것이다. 이렇게 남은 홍군 세력은 대장정 이전의 군사력에서 약 10분의 1 정도로 줄어든 것으로, 1949년 공산당이 끝내 중국에서 장제스와 국민당 일파들을 대만으로 몰아내고 중화인민공화국을 수립할 때, 국민당에 쫓기다 겨우 살아남은 거룩한 희생의 대장정은 공산당 자체에서는 어떤 미사여구로도 표현할 수 없는 신화 같은 역사로 남을 수 있었다.

1936년이 되자, 더 이상 물러설 곳이 없는 공산당은 국민당 정부에 대해 국공 간의 대립을 중단하고 항일 투쟁에 일치하여 나서자는 제안을 한다. 그러나 장제스는 이른바 '안내양외(安內攘外, 국내의 적을 일소한 다음, 외국의 침략을 막는다)' 정책을 고집하면서 연안에 있는 홍군을 일소하기 위해 모든 병력과 화기를 집중했다. 심지어 장제스는 외국 기자에게 "중국(국민당)에 있어서 일본은 피부병이고 공산당은 심장병이다."라고 말할 정도로, 어느 때보다 자신과 국민당의 제1 목표는 일본보다는 공산당이라는 것을 확실하게 밝히고 있었다.

하지만 내전을 중지하고 항일 투쟁에 나서라는 국민적 요구와 시안 사변의 영향으로 1937년에 제2차 국공 합작이 성립된다. 그동안 쫓겨만 다니던 홍군은 국민혁명군 제8로군에 공식적으로 편입되어 정상적인 보급을 받게 되면서, 그동안 쫓기면서 잃어버렸던 공산당 세력을 회복할 소중한 기회를 얻게 되었고 중국 내전의 최후의 승자가 되기 위한 힘과 실력을 키울 수 있게 된다. 반면, 국민당의 입장에서는 자신의 강력한 적을 자신의 울타리 안에서 성장하도록 기다려 주는 형태가 되었다. 이는 마치 호랑이 새끼를 키웠는데 결국 어른으로 성장한 호랑이에게 잡아먹히는 꼴이 되었다고 할 수 있다. 하지만 뒤늦게 대만으로 물러나 땅을 치고 후회한들 역사는 변하지 않는다. 어쩌면 시안 사변은 우발적인 사건이 아니라, 중국 국민이 일본군과 싸움을 기피하는 것처럼 보였던 장제스의 생각에 끝까지 반대하였고, 그런 국민의 생각들을 미처 읽지 못했던 장제스의 한계가 드러난 결과라고 생각된다. 시안 사변은 중국 근대사에서 가장 중요한 사건으로 국공 내전의 중대한 변곡점이 되었다. 결국, 이 사변을 계기로 국민당은 일본 패망 후 중국의 실권을 공산당에게 빼앗기고 대만으로 쫓겨나는 처량한 신세가 된다. 나중에 다시 자세하게 이야기하겠지만, 이 사변은 단순한 사건에 그치지 않았고 중국과 북한의 공산화 그리고 6·25 사변 시 중공군 참전 등 우리나라 분단의 역사에까지 지대한 영향을 끼치게 된다. 장제스가 중국을 장악하지 못하고 공산당이 권력을 잡는 데 영향을 준 이 시안 사변은 동아시아의 역사뿐만 아니라 근현대 세계 역사에서도 가장 큰 사건으로 거론될 수 있지만, 현실은 그렇지 못해 우리나라를 비롯한 세계사에서 그 중요성만큼 주목받지 못하고 있는 점이 이상할 정도이다. 하지만 현 중국 공산당이 이 사건을 주목하고 주모자인 장쉐량의 동상을 세워 지금까지도 칭송하는 사례에서 볼 수 있듯이, 지금의 중국에 가장 큰 영향을 끼쳤던 대사건인 것만은 분명한 사실이라고 할 수 있다. 좀 더 과장해서 말한다면, 언제고 각종 핵 도발을 남발할 수 있는 북한과 북한 독재 정권을 감싸기에만 급급한 중국 그리고 러시아를 대표하는 사회주의 진영과 북한의 핵과 인권에 대한 제제를 강조하는 자본주의 진영의 대립, 더 나아가 중국과 미국의 무역 전쟁을 불사하는 대립 또한 이 시안 사변에서 불씨가 피어났다고 해도 과언이 아닐 것이다.

이후, 1937년 중일 전쟁에 이은 난징 대학살로 이어지는 일본의 침략 야욕에 중국 국민의 일본 제국주의에 대한 분노는 극에 달하게 된다. 일본군은 중국 본토 전쟁과 더불어 미국과의 태평양 전쟁이 본격적으로 개시됨에 따라, 소수의 일본군 점령군으로는 내륙으로 들어갈수록 부챗살처럼 퍼지는 넓은 전선이 존재하는 중국을 효율적으로 점령하는 데 어려움을 드러내면서, 중국 내에서 교착 상태에 빠지게 된다. 한편, 일본군이 중국 내에서 교착 상태에 빠지게 된 원인으로

1937년 8월부터 11월까지 상하이에서 양군을 포함하여 100만여 명이 붙은 전투를 빼놓을 수 없는데, 이 전투에서 중국군은 일본군을 상대로 큰 피해를 주었고 일본군은 예상을 뛰어넘는 큰 피해에 중일 전쟁 초반의 기세가 한풀 꺾이게 된다. 그 배후에는 독일에서 파견된 주중 군사고문관인 팔켄하우젠(Falkenhausen)의 역할이 컸다고 하는데, 일본 또한 이를 나중에 확인하고는 독일과의 동맹을 거론하며 철수를 요청했다고 한다. 이에 독일 정부 또한 일본의 요구를 받아들여 중국에 파견된 독일군 군사고문관들의 본국 송환을 결정하게 된다. 아마 그때 일본의 요구가 없었더라면 독일 군사고문관들의 역할은 다분히 대 일본전의 활약으로만 끝나지 않았을 것이고, 그 전력은 고스란히 국공 내전에서도 발휘되어 국민당군이 홍군에게 허무하게 무너지는 결과로 이어지지는 않았을 것이라는 생각마저 들 정도로, 당시 독일 군사고문관들의 역할은 컸다고 할 수 있다.

섬나라인 일본의 특성상 지구전에 취약하다는 것을 간파한 장제스의 다분히 의도적인 지연 작전은 빠른 시일 내에 승부를 내고 싶어 하는 일본군의 조급한 마음만 축내게 된다. 뚜렷한 성과 없이 시간만 보내는 사이, 일본은 아직 마무리되지 않은 중국 대륙 전쟁을 뒤로하고 또 다른 곳에 눈을 돌리게 된다. 하지만 중국의 상황이 일단락되지 않은 상태에서 일본군의 진출은 상당 부분 위험이 따르는 도전일 수밖에 없었다. 한편, 중국 내의 공산당과 국민당의 대결은 태평양 전쟁이 장기화되면서 소강상태를 이어가게 되지만, 일본의 항복으로 태평양 전쟁이 종료되기 무섭게 공산당과 국민당의 소극적인 평화 회담은 결렬되고 내전이라는 본격적인 전쟁에 돌입하게 된다.

마. 소비에트 연방의 탄생 - 러시아

1895년 청일 전쟁의 승리로 기세를 올린 일본은 주변 제국주의 열강들로부터 조금씩 견제를 받기 시작했다. 그 시작은 역시 만주 진출을 노리고 있던 러시아가 프랑스·독일과 손잡고 시작한 삼국간섭으로, 일본은 청나라에서 얻은 랴오둥 반도를 다시 내놓으며 절치부심 다음 기회를 엿보고 있었다. 일본과 같이 러시아 도 만주와 조선에서의 세력 확장에 고민하던 중, 1896년 2월 11일 고종의 아관파천 후 압록강·두만강 유역의 벌목권 등 많은 이권을 얻게 되고 조선의 요청으로 러시아 군사·재정 고문단까지도 파견하면서 조선에 대한 영향력을 상당 부분 행사할 수 있게 되었다. 이에 만주까지 진출한 러시아는 만주와 조선을 차지하려는 일본과 세력 확장에 따른 진출 방향이 일치하면서 한반도를 주변으로 크고 작은 충돌이 예상되고 있었다. 마침내, 1904년 1월 26일, 일본 해군이 랴오둥반도의 뤼순항에 정박해 있던 러시아 함대를 기습 공격하면서 러일 전쟁이 시작되었고, 초반부터 러시아군을 몰아붙인 일본은 1905년 멀리에서 도착한 러시아 발틱함대를 궤멸시키면서 사실상 러일 전쟁은 종전을 맞게 된다. 예상을 벗어나 동양의 신흥 강국 일본의 승리로 끝난 러일 전쟁은 러시아 제국의 허약함을 그대로 드러낸 사건이라고 할 수 있었다. 그 당시 세계의 여론을 비롯한 다른 제국주의 나라들은 러시아가 일본에게 질 것이라고는 꿈에도 생각하지 않았던 것이다.

하지만 사실을 들여다보면, 러일 전쟁에서 러시아가 동양의 작은 나라인 일본에 패한 다른 요인으로는 러시아 국내 사정을 들 수 있다. 그 당시 이곳저곳에서 터져 나오는 노동자들의 파업을 넘어서는 혁명의 분위기는 러시아가 일본과의 전쟁에 몰입할 수 없었던 주요 원인이 되었다. 1904년 즈음부터 발발하기 시작한 러시아 노동자들의 파업은 1905년으로 넘어가자 더 많은 노동자가 파업에 참여하였고 결국 이런 불길한 분위기는 1905년 1월 9일 일요일, '피의 일요일' 사건으로 이어지게 된다. 이 사건을 계기로 차르에 대한 믿음을 잃은 노동자들과 대중의 차르에 대한 분노를 넘어선 정부를 향한 불만의 목소리는 더욱 커질 수밖에 없었는데, 이런 분위기에 편승하여 러시아 국내에서는 1905년 1월 한 달 동안에만 44만여 명의 노동자가 파업에 참여할 정도로 걷잡을 수 없는 소요의 분위기는 전국적으로 퍼져나갔다. 어쩌면 이런 상황에서 벌어진 러일 전쟁은 러시아에게 더욱 큰 고민을 안겨주었을 것이고, 이런 러시아 국내의 복잡하고 어지러운 사정이 러일 전쟁의 패배로 이어진 것은 어찌 보면 당연한 결과라고 할 수 있었다. 결국 러시아는 좀처럼 해결될 것 같지 않은 국내 문제들 때문에 올곧이 일본과의 전쟁에 몰입할 수 없었고, 더 이상 나아질 것이 없는 전쟁을 서둘러 마무리 지어야 했다.

이런 급박한 국내외 정세 속에서 압박을 받은 차르 정부는 마침내 '굴복'을 선택하게 되고, 러일 전쟁이 끝나기가 무섭게 1905년 10월 차르인 니콜라이 2세는 입법권을 가진 국회의 개설을 약속하는 선언에 서명하게 된다. 이때 결성된 '노동자 대표 소비에트'는 시간이 흐르면서 혁명운동을 대표하는 정치 기구로 변해갔다. 그리고 1914년에 시작된 제1차 세계대전에서 500만 명이 넘는 러시아 병사가 죽거나 다치자 국민의 반전 감정은 차르 정부에 대한 반발로 이어지게 된다. 그 결과, 1917년 러시아의 2월, 10월 혁명으로 러시아에 소비에트(프롤레타리아, 무산계급 또는 노동계급) 연합의 소련 정권이 들어서게 되고, 니콜라이 2세가 퇴위하면서 로마노프 왕조(1613년부터 1917년까지 러시아를 지배한 왕조)와 제정 러시아는 마침내 종말을 고하게 된다.

1917년경 러시아 대중 집회에서 연설하는 볼셰비키 혁명의 설계자 레닌(Lenin, 1870~1924년).

이듬해 전쟁을 계속할 힘이 없어져 버린 러시아 임시 정권은 독일과 제1차 세계대전 평화 조약을 맺으며 전쟁에서 조기에 퇴장(1918년 3월)하고 싶어 했다. 그러나 시작은 자기 마음대로 할 수 있지만 끝내는 것은 자기 스스로 결정할 수 없는 것이 전쟁이 가진 복잡한 속성이라, 러시아의 의지대로 고분고분 전쟁터에서 빠져나올 수는 없는 노릇이었다. 다시 말하면, 적절한 보상과 전략이 따르지 않는 출구 전략이 없는 한, 모두가 만족할 만한 전쟁의 마무리는 있을 수 없다. 그렇게 러시아는 독일 제국과 굴욕적인 조약과 더불어 자국령이었던 라트비아와 에스토니아까지 할양할 정도로, 당시 러시아의 국내 정치 상황은 최악을 향해 달리고 있었다고 해도 과언이 아니었다. 러시아가 제1차 세계대전이 끝나지 않았는데도 불구하고 독일과의 굴욕적인 조약도 마다하지 않고 도망치듯 급하게 빠져나가야 했던 근본적인 이유는, 사실은 내전이 시작될 것 같은 불길한 조짐 때문이었다. 결과적으로, 당장은 손해일 것 같은 조약으로 러시아는 큰 손해를 본 것 같았지만, 혁명 세력은 트로츠키에 의해 급하게 추진된 이 조약을 매듭짓자마자 혁명군이 러시아 내전에 더욱 집중할 수 있게 되면서 결국 내전에서 승리하게 되고 러시아 혁명은 완성이라는 큰 보상으로 돌아오게 된다. 물론, 러시아가 제1차 세계대전에서 조기에 퇴장했던 원인에는 상대국인 독일이 교묘하게 러시아 내부의 문제를 군사적으로 이용했던 면이 있는데, 귀국 전까지 망명지(스위스)에 머물러 있어야 했던 레닌은 자신이 귀국하면 대 독전을 수행하는 러시아 정부를 약화시킬 것이라는 판단 아래 독일 정부의 주선으로 귀국할 수 있었다. 결과적으로 독일의 선택은 러시아의 이른 종전 선언으로 상당 부분 효과를 발휘할 수 있었다.

독일도 러시아의 빠른 종전 선언이 반가울 수밖에 없었다. 동서로 나누어진 전선은 아무래도 독일 제국으로서는 큰 부담일 수밖에 없었는데, 러시아의 제안에 스스로 영토까지 떼어주는 조약이라면 독일이 이를 마다할 이유는 없었던 것이다. 하지만 이렇게 얻은 금쪽같은 땅을 독일이 제대로 다스려보기도 전에 패전하게 되면서, 강대국들의 힘을 떨어뜨리려는 의도가 강했던 윌슨의 '민족자결주의'에 의해 두 나라는 독립국으로 돌아가게 된다. 그리고 이마저도 소련이 제2차 세계대전을 시작하기가 무섭게 두 나라를 소비에트 연합에 편입시키면서 결국 소련은 제1차 세계대전으로 잃은 것들을 대부분 되찾아오게 된다.

한편, 대대적인 10월 혁명 이후에 볼셰비키(다수파라는 뜻)가 페트로그라드(현 상트페테르부르크)를 장악하자, 옛 러시아 제국 영토를 둘러싸고 여러 당파와 교전 세력이 러시아 내전을 벌이게 된다. 이는 볼셰비키 혁명군에 속하는 붉은 군대와 반혁명군을 상징하는 백군 간의 러시아 내전을 의미하는 것이었다. 백색 군대는 미국, 영국 등의 자본주의 국가로부터 무기와 돈을 지원받는 러시아 자본가 군대이자, 느슨한 반 볼셰비키 연합체인 하얀 군대를 상징하고 있었다. 흔히, 혁명군이 붉은색을, 백군이 흰색을 상징으로 사용하면서 러시아 내전을 적백 내전이라고도 부르기도 한다. 가끔 적백 내전은 일시적으로 좌익 친혁명 세력들이 반혁명 세력과 싸우기 위해 붉은 군대와 개별 전투에서 연합하기도 했다. 여기에 외부 세력인 자본주의와 제국주의 진영이 볼셰비키 정부를 제거하여 차르가 지배하는 러시아의 제정을 복원하여, 러시아를 궁극적으로는 자본주의 나라로 만들어 공산주의 정부가 늘어나는 것을 막고자 하였다. 이들 나라는 한 가지 목표가 있었는데, 러시아를 차르 같은 황제가 다스리던 원래의 모습으로 되돌려놓아 같은 제국주의로서 얻을 수 있는 이익을 공유하기 위한 참전이었다. 그러나 이것은 붉은 군대가 백군을 '외세의 꼭두각시'라고 선전할 수 있는 빌미를 제공해 주었고, 외세를 등에 업었다고 비난받은 백군은 러시아인들의 조금씩 지지를 잃게 되고 결국 적백 내전에서 패하게 된다.

결국, 러시아 내전 또는 적백 내전(1917~1922년)의 결과 레닌의 볼셰비키가 승리하여 정권을 얻게 된다. 소비에트 연합, 즉 소련이 탄생하게 된 것이다. 하지만 오랜 적백 내전을 지휘하고 소련이 탄생하도록 자신의 모든 것을 쏟아부은 것 때문인지, 1924년에 레닌은 갑작스럽게 병사하게 된다. 그의 죽음으로 당시 당 서기장이었던 스탈린이 정권을 잡으면서, 혁명과 오랜 내전의 결과로 얻어진 공산주의 이념의 정치적인 실천에 앞서 숙청과 정치 보복의 피비린내 나는 독재 정치가 시작된다.

바. 해가 지지 않는 나라 - 영국

제1차 세계대전으로 군사적인 피해를 입긴 했지만 대부분 전투가 유럽 원정에서 이루어졌다는 이유로 영국은 다른 유럽 나라에 비해서 큰 피해를 입지는 않았다. 그와 함께 영국은 제1차 세계대전에서의 승리로 많은 것을 얻은 나라 중 하나인데, 우선 독일로부터는 아프리카 식민지를 가져왔고 역시 같은 패전국인 오스만에게선 아랍 지역에 대한 절대적인 권한을 획득할 수 있었다. 그리고 영국 내 산업 시설도 오래전 시작된 산업혁명으로 낙후되었다는 비판에도 불구하고 제1차 세계대전을 잘 치르며 여전히 쓸모 있음을 증명하는 등 대영제국의 저력은 아직 여전하다는 것을 보여줄 수 있었다. 하지만 석탄 중심의 산업 구조에서 석유 중심의 산업 구조로 바뀌면서 발생한 비용은 전후 영국에 큰 부담이 되었다.

제1차 세계대전이 대부분 서유럽 땅에서만 치러져 전후 다른 유럽 국가들에 비해 국토 재건에 대한 비용을 줄일 수 있어 또 다른 전성기를 구가할 것 같던 영국에게도 큰 고민이 하나 있었는데, 그것은 전후에 더욱 비대해진 식민지 경영의 문제였다. 1920년 무렵부터 시작된 영국의 인도 식민 통치에 대한 간디의 비협력운동은 영국에게는 큰 짐이 되었고, 그와 더불어 아랍 지역에서의 민족주의 움직임은 이스라엘 문제와 겹쳐 영국에게 국제적인 고민거리를 안겨 주고 있었다. 그리고 제1차 세계대전 중반부터 시작된 아일랜드 공화국의 독립 움직임은 1919년부터 본격화되었는데, 영국은 이에 1921년까지 아일랜드 공화국과 유혈이 낭자한 독립 전쟁을 치르게 된다. 결국, 2년간의 독립 전쟁 후 아일랜드는 영국으로부터 자치권을 얻게 되고, 그 후에 치러진 아일랜드 내전을 통해 북아일랜드를 제외한 아일랜드 지역은 그들의 바람대로 대영제국으로부터 독립국이 되어 떨어져 나갔다. 아일랜드가 대영제국에서 분리 독립되었다는 사실은 결국, 영국이 전쟁 중 동원할 수 있는 병력과 자원의 축소로 연결될 수밖에 없었다. 또한, 그만큼 기존의 영국이 가진 국력을 조금씩 떨어뜨리게 되는 직접적인 원인이 되었다. 그리고 실제로 제2차 세계대전 당시 호주와 캐나다 등 영연방 국가들이 영국에 국가적인 지원을 아낌없이 했던 것에 비해, 아일랜드는 대전 내내 중립국임을 선포하며 전쟁 개입 여지를 사전에 차단하였고, 이에 반발한 자발적인 의용군 1만 명 외에는 영국과의 어떤 공식적인 공조도 참여하지 않았다.

한편, 1930년대의 세계 대공황은 영국에도 영향을 주게 되는데, 영국은 전 세계적으로 식민지를 많이 갖고 있어 미국에 비해 영향력은 적었으나 언제 터질지 모르는 시한폭탄과 같은 국내 상황이 계속되고 있었다. 이런 대내외적인 여러 가지 사정과 섬나라라는 지리적 특수성으로 인해 영국은 대전 발발 전 나치 독일의 팽창에 따른 유럽 대륙에서의 전쟁 움직임에 대해, 국제적인 기대를 외면하고 처음부터 방임주의로 일관하였다고 유럽의 다른 나라로부터 직접적인 비판을 받은 것은 사실이었다. 그러나 그 진실을 들여다보면 영국은 자국의 여러 어려운 상황으로 인해 대륙의 정세에 신경 쓸 여력이 없었다고 하는 것이 맞는 표현이라 할 수 있다. 하지만 급박하게 돌아가는 유럽의 상황에 수수방관만 할 수는 없는 법이었다. 그리고 전쟁을 적극적으로 막는 역할은 하지 않고 독일 달래기로 유화 정책만 일관하다가 낭패를 본 체임벌린 총리가 사임하기가 무섭게, 유럽에서의 영국의 역할을 강조하는 처칠이 수상으로 취임하게 된다. 처칠의 수상 취임 하나만으로 영국은 더 이상 유럽에서 벌어지는 상황을 좌시하지 않겠다는 의욕을 보여 준 것이라고 할 수 있다. 사실 총리 취임 당시 처칠에 대한 국내외적인 평가는 그리 좋지 못했다. 멀리는 제1차 세계대전 당시 해군 장관이었던 처칠의 주도로 진행된 갈리폴리 전투 실패로 25만여 명에 달하는 연합군 사상자가 발생하여 영국을 궁지로 몰기도 하였고, 제2차 세계대전 초 노르웨이 전선에서도 역시 해군 장관으로서 독일군을 제지하지 못했다는 책임 또한 처칠이 져야 했기 때문이다. 하지만 급박한 유럽의 상황을 극복할 수 있는 위기관리 능력을 갖춘 총리로 처칠을 선택하는 것은 영국으로서는 그리 어려운 일은 아니었던 것으로 보인다.

독일군의 예상과 다른 선전으로 인해 서유럽의 맹주 역할을 하던 프랑스가 너무 쉽게 무너지자, 세계 곳곳에서는 홀로 남은 영국에게 유럽의 파수꾼 역할을 기대하는 목소리가 점점 커지기 시작했다. 영국 내에서는 유럽 최강 육군을 가졌다고 평가받았던 프랑스를 며칠 만에 꺾은 독일과 무턱대고 전쟁을 벌이지 말고, 히틀러와 대대적인 협상에 나서야 하지 않겠냐는 의견이 있었던 것은 사실이었지만, 처칠은 처음부터 끝까지 나치 독일과 싸우겠다는 의견을 영국의 국론으로 끝내 관철시키며, 영국 국민에게 전쟁의 승리를 위한 인내와 함께, 전쟁 선언으로 인해 앞으로 발생할 엄청난 고난을 감내해 달라고 당부하게 된다. 그럼에도 불구하고 히틀러와의 협상은 세계의 영국에 대한 평판을 부정적으로 만들고 협상 과정에서 독일이 영국에게 굴욕감을 줄 수 있겠지만, 일시적이나마 평화를 보장받을 수 있다는 점에서 전쟁 위기에 몰린 영국 입장에서는 쉽게 버릴 수 있는 카드가 아니었다. 더구나 최강 프랑스군을 단번에 꺾은 유럽 최강 독일군을 상대해야 하는 부담감은 영국이 먼저 협상에 나서야 한다는 의견에 동조하는 세력을 더욱 늘어나게 하고 있었다. 반면에 독일과의 전쟁 선언은 국민들의 일방적인 희생과 불확실한 미래를 보여 주지만, 어느 세력에게도 굴하지 않는 대영제국의 위용을 드러낼 수 있다는 점에서, 처칠은 어느 것도 최선이 될 수 없는 두 가지 선택지 앞에서 결정을 마무리 짓기 전에 기약 없는 장고를 거듭할 수밖에 없었다.

영국의 고민처럼 다가올 제2차 세계대전은 향후 누가 세계의 패권을 쥐게 될 것이며 잃게 될 것인가를 가늠할 수 있는 냉혹한 무대가 될 것이었다. 지금까지 비록 서유럽과 바다를 두고 떨어져 있는 영국이지만, 서유럽의 강자가 되기 위한 여러 가지 도전을 영국은 마다하지 않았다는 것을 역사를 통해 증명할 수 있었다. 어쩌면 유럽과 세계의 판도를 가늠할 수 있는 여러 가지 도전을 극복해낸 역사가 지금의 대영제국이라는 명성을 얻는 데 큰 도움을 주었다는 것은 부정할 수 없는 사실이다. 또한, 섬나라의 특성상 해양을 통한 영국의 세계 진출은 영어라는 언어의 수출만큼이나 전 세계의 문화와 경제에 크나큰 영향을 주었다고 할 수 있다. 그리고 최근의 브렉시트(Brexit) 사태처럼 과거 처칠의 "We are with Europe but not of it(우리는 유럽과 함께하지만, 거기에 속하지는 않는다)."는 말처럼 유럽의 상황에 따라 가변적이고 선택적인 고립주의를 택했던 영국이 이제 다시 중요한 선택의 기로에 서게 된 것이다. 하지만 세상엔 변하지 않는 것도 없으며 영원한 것도 없다는 것을 증명하듯, 영국의 좀처럼 수그러들지 않을 것 같은 영광의 세기도 서서히 사라질 위기가 다가오고 있었다. 그 시기와 때를 같이하여 영국의 명성을 이어받고자 하는 한 나라가 서서히 등장하고 있었는데, 그 나라는 공교롭게도 영국으로부터 독립을 쟁취해 낸 미국이었다. 이에 제2차 세계대전은 미국이 영국을 대신해 자유 민주주의 진영의 진정한 리더가 될 수 있는 힘과 역량을 가졌는지에 대한 냉정한 평가를 내리는 자리가 될 것이다. 그것이 시기상조거나 어렵다면 대영제국이 해가 지지 않는 나라라는 명성에 걸맞게, 아직은 그 역할을 충분히 해낼 수 있다는 것에 대한 재평가가 이루어질 것이다. 20세기가 '미국의 세기'가 될지, 아니면 '영국의 영광스러운 세기'가 당분간 더 지속될지, 그것을 확인할 수 있는 시간이 점점 다가오고 있었다.

사. 마지노선이 있으니까 - 프랑스

독일과 지독한 참호전을 치른 프랑스는 누구보다도 제1차 세계대전으로 인한 후유증이 컸던 나라였다. 특히, 접경 지역 국토의 황폐화도 문제였지만, 무엇보다 인적 피해가 컸는데 1914년을 기준으로 20~30세 사이 프랑스 남성 중 무려 70%가 죽거나 다치는 악몽을 겪어야 했다. 한 세대가 사라진 것 같은 전쟁의 어두운 그림자는 프랑스에게 한 가지 교훈을 주고 있었다. 즉, 프랑스는 어떻게든 이런 소모적인 전쟁은 다시는 일어나지 않아야 한다는 입장을 견지하게 된다. 그런 프랑스의 의중은 대전 후에 체결된 베르사유 조약에서도 볼 수 있는데, 조약 내에는 패전국인 독일의 사정으로는 도저히 감당할 수 없는 엄청난 배상금과 독일 육해군의 재무장에 대한 엄격한 제한과 감시 조항이 들어가 있음을 확인할 수 있다. 이런 항목들은 다른 나라의 만류에도 불구하고 프랑스가 유독 강조하여 조약 안에 들어가도록 했다고 하는데, 이는 처음부터 종전을 마무리 짓고 새로운 세계 질서를 만들어가는 조약이라기보다 다분히 독일에 대한 징벌적인 성격을 가진 일방적인 조약이었다. 여기에는 독일의 전쟁 재발 능력을 원천적으로 봉쇄함으로써 프랑스 국민이 더 이상 전쟁에 대한 공포에 시달리지 않으려는 절박함이 먼저 고려되었음을 알 수 있다. 하지만 의도와 다르게 이 조약은 독일이 배상금은커녕 패전의 혼란과 경제적 궁핍으로 인해 존립 자체가 불가능하도록 몰아세우는 데 일조했고, 그에 앞장선 프랑스에 대한 독일 국민의 원한을 대대적으로 키우는 기폭제가 되었다.

프랑스는 제1차 세계대전 직후 전쟁으로 황폐해진 국토를 복구하고 기반이 무너진 경제를 복원하기 위해 매우 어려운 시기를 지내야 했으나, 1929년 세계 대공황으로 어려움을 겪기 전까지 프랑스는 물질적으로 비교적 풍요와 번영의 시기를 누릴 수 있었다. 하지만 세계 도처에서 시작된 공황은 어김없이 프랑스에도 영향을 주어, 국내의 여러 은행이 도산하고 한꺼번에 대량의 실업자가 발생하는 위기의 시기를 보내야 했다. 당시 프랑스의 경제 상황은 식민지 제국에서 얻은 부에 상당 부분 의존하고 있었으나, 글로벌 경제 위기에 직면해서 근본적인 대책이 되지는 못했다. 프랑스의 경제 파탄은 세계 주요 국가들보다 뒤늦게 찾아왔으나 그 여파는 매우 오래 지속되었다고 할 수 있다. 공황의 영향으로 1930~1935년에 걸쳐 프랑스의 국민 소득은 30% 정도 감소했고, 이에 따라 가계 소비도 그 비율만큼 하락하는 이중고를 겪어야 했다. 이런 경제 위기와 불만들은 우익과 좌익의 정치 대립을 불러왔으며 노사분규와 오래된 불황 등으로 인한 사회 불안은 오랫동안 지속되었다.

하지만 이웃 국가인 독일의 재무장 선언(1935년)에 프랑스가 가만히 있을 수는 없었다. 지옥의 참호전으로 일관되었던 제1차 세계대전은 프랑스에게 강력한 방어막 구축을 위한 아이디어를 제공했는데, 이런 구상을 처음 제안한 인물은 프랑스군 총사령관 조프르였고 국방장관인 안드레 마지노에 의해 구체화되었다. 견고한 참호에 대한 환상에 사로잡혀 있던 프랑스 정부는 1927년부터 프랑스와 독일의 접경 지역에 엄청난 규모의 '마지노선'을 건설하기 시작했다. 설계대로 건설된 마지노선이라면 이곳으로 적군이 달려드는 것은 자살 행위로 만들어버릴 정도였다. 프랑스는 한동안 마지노선 건설에 모든 공을 들이며 대부분의 국방 예산을 이곳에 쏟아 부었는데, 그 당시 화폐 기준으로는 160억 프랑이라는 엄청난 자금이 마지노선 건설에 투입되었다고 한다. 하지만 마지노선만 건설되면 만사형통일 것 같았던 프랑스가 미처 생각하지 못한 일들이 하나둘 드러나기 시작하였다. 그것은 정부의 국방 예산이 마지노선 건설에 먼저 투입하면서 발생하는 부작용으로, 그 당시에는 프랑스 정부 관계자나 국민 누구도 예상하지 못했던 사실이었다. 프랑스군이 당시 유럽 최강의 군대라는 평가를 받던 것과 다르게, 육군과 공군의 군 장비 현대화 작업이 마지노선에 건설 이후로 지원 순위가 자연스럽게 밀리게 되면서, 정작 마지노선을 지킬 프랑스군은 노후화된 장비를 교체할 기회를 매번 놓칠 수밖에 없었다. 또한 '마지노가 있으니까.'라는 심리적 안정은 오히려 방심으로 연결되어 전 국토를 일순간에 독일에 내어주는 참담한 결과로 이어지게 된다.

더구나 원래 마지노 예정선의 중간이라 할 수 있는 룩셈부르크에서 마지노선은 중단될 수밖에 없었는데, 이런 생각은 제1차 세계대전 당시에 같은 편이었던 프랑스와 벨기에 사이의 국경에 굳이 요새를 구축할 필요가 있을까 하는 현실적인 생각이 반영된 것이었지만, 무엇보다 가장 큰 이유는 바로 런던 조약과 비용 때문이었다. 런던 조약은 1893년 유럽의 열강들이 벨기에의 중립을 선언하게 된 조약이었는데, 그 내용은 누구라도 벨기에를 침략하는 나라에 대해서는 모든 열강이 그 침략자를 응징한다는 약속이었다. 따라서 프랑스는 독일이 프랑스를 침략하기 전에 벨기에를 먼저 침략해 영국과 프랑스를 동시에 적으로 만드는 오판을 하지 않을 거라고 철석같이 믿고 있었던 것이다. 다음은 비용의 문제인데, 사실 당시는 프랑스의 정치적 혼란기에다가 대공황의 여파로 경제 상황도 좋지 않아, 모든 국경선을 촘촘하게 마지노선으로 채우는 데 필요한 자금을 제때 공급한다는 것은 정부로서도 쉽지 않은 일이었을 것이다. 결국 프랑스와 벨기에 국경 사이에는 진지 같은 허술한 방어선만 구축하는 것으로 결정 나게 되고, 그 후 독일군은 허술한 프랑스와 벨기에 국경선으로 우회하며 수년간 공들인 마지노선을 한순간에 무용지물로 만들어버리며 프랑스군을 일거에 제압해 버리고 만다. 여기에는 그토록 프랑스가 자랑해 마지않았던 마지노선을 벨기에 국경까지 연장하지 않은 패착과 안일함이 원인으로 작용했음은 굳이 다시 말하지 않아도 알 것이다.

　프랑스는 제1차 세계대전 동안 독일과 고된 참호전을 치른 학습 효과로, 완공된 마지노선이 어떻게든 독일의 전쟁 의욕을 사전에 차단하여 평화 시에도 상당한 정도의 전쟁 억제력을 발휘할 것이라는 기대를 했으나, 그런 기대와 다르게 독일은 베르사유 조약을 파기하고 재무장을 선언하면서 주변국에 위협적인 움직임을 보여 주기 시작했다. 더구나 독일의 거듭된 도발에도 불구하고 영국과 프랑스가 크게 반발하지 않자, 독일은 시간이 갈수록 영국과 프랑스는 안중에도 없다는 듯 거침없이 주변국들을 잠식해 들어가기 시작했다. 유럽의 하늘에 전쟁의 먹구름이 다시 드리워지기 시작한 것이다. 한편으로 영국과 프랑스는 독일의 팽창을 우려하고 경계하면서도, 행여나 우발적인 충돌이 전쟁으로 연결될 수 있다는 노파심에 웬만한 적의 도발은 눈감아주는 것이 일상화되면서, 이제는 오히려 영국과 프랑스가 독일의 눈치를 봐야 하는 상황으로 역전되고 말았다. 하지만 그동안 조약으로 압박해 왔던 독일의 불편한 신경을 건드리지 않으려는 영국과 프랑스의 소극적인 외교 전략이 오히려 유럽에서 독일과의 전쟁 가능성을 높여주는 근거가 되리라고는 그 당시로서는 아무도 예측하지 못했다.

참호전은 전쟁에 대한 혐오와 함께 차마 인간적이라고 말할 수 없는 모든 경험을 겪을 수 있는 곳이었지만, 상관의 돌격 명령에 따라 불을 뿜는 기관총 앞으로 무조건 달려야 하는 죽음의 공포는 다른 사소한(참호 생활의 불편한) 것들을 쉽게 잊도록 해 주었다.

이제는 최후의 방어선이라는 이미지와 함께 무력함과 무용지물의 대명사로 남게 된 프랑스의 마지노선은, 그에 대응하고자 독일이 고안했던 지그프리트선 그리고 연합군의 프랑스 상륙을 해안에서 저지하려고 했던 독일의 서부장벽들처럼, 본격적으로 시작된 제2차 세계대전의 양상에서는 그리 맞지 않는 방어 전략이라는 것이 밝혀졌다. 이는 마치 제1차 세계대전의 참호전을 연상시키는 방어 시설이었다. 그동안 공들인 정성과 자금을 비웃음거리로 만들어버릴 정도로, 방어 시설은 단순하게 우회되거나 허약한 한 곳이 뚫려버리게 되면 거대한 방어선도 한꺼번에 무너지고 한순간에 무용지물이 되는 허무한 결과로 연결되었다. 독일과의 전면전을 피하기 위한 프랑스의 오랜 고민의 결과인 마지노선은 엄청난 비용과 몇 해를 두고 전 국민이 달라붙다시피 해서 만든 기대와 수고로움을 뒤로하고, 한 독일 장교 만슈타인(Manstein)이 입안한 작전 하나로 인해 하루아침에 마지노선에 걸었던 희망은 깊은 절망으로 바뀌고 말았다.

아. 로마 제국의 부활 - 이탈리아

  필자는 제2차 세계대전 관련 서적들을 탐독하다 도대체 왜 이탈리아군은 저렇게 약할까 하는 의문을 거둘 수가 없었다. 누구나 알고 있듯이 이탈리아를 상징하는 고대 도시 국가 로마는 원래 군사력이 강한 나라였다. 한때 제13대 트라야누스(Traianus, 재위 98~117년) 황제 시절의 로마 제국은 북아프리카와 영국 남부 그리고 유럽 대부분을 아우르는 최대의 영토를 가지고 있었고, 뒤를 이은 하드리아누스 황제 때는 오히려 너무 넓어진 영토로 인해 더 이상의 정복 사업을 그만두고 국경 수비를 강화하기에 이르기도 하였다. 지금도 영국에 일부 남아있는 하드리아누스 성벽은 이제 제국의 확장보다는 방어에 치중하기 시작한 시절을 상징하는 건축물이라고 할 수 있다. 그 시절 로마 제국의 강력한 군대는 가는 곳마다 '그리스-로마 문화'를 전파해 서유럽 문화권의 기초가 형성되는 틀을 제공하였고, 영국의 처칠 수상 또한 "영국의 역사는 카이사르가 도버 해협을 건너면서부터 시작되었다."고 말할 정도로 영국과 유럽 역사에 끼친 로마 제국의 영향력은 가히 엄청나다고 할 수 있다. 현재 유럽 문화의 토대는 누가 뭐래도 그리스라고 단언할 수 있지만 전 유럽을 석권한 로마 제국이 아니었다면 그것은 그리스의 지방 문화로만 남아있었을 것이다. 이렇게 로마 제국이 전 유럽을 석권할 정도의 강력함을 유지할 수 있었던 데에는 로마군의 존재를 빼놓을 수 없는데, 로마는 한때 로마를 강력하게 위협하던 카르타고를 비롯한 주변국들을 차례로 제압하면서 한동안 경쟁자 없는 제국을 완성할 수 있었다. 조직적인 군 편제 속의 강력한 군대 규율과 애국심 그리고 뛰어난 군사 장비와 시스템을 갖춘 로마군은 한때 유럽 내 적수가 없을 정도로 강력함을 유지할 수 있었다.

  하지만 로마 제국은 누구도 누려본 적이 없는 광대한 땅을 소유하게 되면서 갈리아를 비롯한 여러 곳을 관리하는 데 따르는 여러 가지 어려움에 부딪히게 된다. 도전은 때론 로마를 위협할 정도로 조직화되면서 로마군에도 전에 없던 변화가 찾아온다. 이에 수차례 집정관을 역임했던 마리우스(C. Marius B.C. 156~86년)는 그때까지 스스로 무장할 수 있는 유산 계급에만 허용했던 군대를 시민권을 가지면 재산과 관계없이 모든 지망자를 군대에 보낼 수 있는 형식으로 개혁하기에 이른다. 그로 인하여 빈자들이 모두 군대로 몰렸는데, 이들은 빨리 고향으로 되돌아가는 것이 목적이 아니라 되도록 오랫동안 군대에 남아서 급여와 의식주 문제를 해결하는 것이 목적일 수밖에 없었다. 이렇게 로마 군대는 강력한 로마 시민으로만 구성되던 징병제에서 용병제와 모병제로 전환되기에 이른다. 모병제로의 전환은 로마 제국 전체에 걸쳐 영향을 주게 되는데, 이미 시민권을 획득한 로마 시민들은 군에서 복무하고 돌아오면 자신의 터전이 황폐화되어 있던 어려움을 해결하기 위해 더 이상 군대에 복무하지 않고, 용병에게 국방을 맡기고 자신들은 생업에만 종사할 기회를 갖게 되었다.

하지만 로마 제국 방어의 대부분을 속주민 등의 용병에게만 점점 더 의지하게 되면서 로마 시민군은 점차 자생력을 조금씩 잃어가고 있었다. 대대로 군인 집안의 전통이 로마 제국에서 사라지면서 본토 출신 중 탁월한 장군이 나오지 않게 되고, 급기야 모든 군대 조직의 상부까지도 이민족 출신들이 차지하게 되는 부작용이 속출하기 시작하였다. 서로마 제국이 무너지고 중세 이탈리아가 베네치아, 피렌체 등 도시 국가로 전환되면서도 국방의 문제만큼은 다른 타민족이나 용병에게 의지하는 이런 전통은 쉽게 바뀌지 않았다. 우리가 볼 때는 왜 자국의 국방을 다른 민족에게 맡길까 하고 의아하게 생각할 수 있지만, 그들의 조상인 로마의 용병제 전환에서 볼 수 있듯이, 자신들은 상업이나 무역 등 자신이 재능을 보이는 분야에서 최선을 다해 돈을 벌고 그 돈으로 용병을 구해 그들에게 우리 대신 싸우도록 하면, 우리들의 희생은 최소화할 수 있다는 다소 이해할 수 없는 논리는 오랫동안 이탈리아반도의 지도층 태반이 가지고 있던 일반적인 생각이었다. 또한, 그 논리에는 군대의 힘이 강해지면 자국 내에서 쿠데타가 일어난 가능성이 높고 전시 상황이 아닌데도 상시 군대를 유지한다는 것은 엄청난 낭비라는 생각들이 포함되어 있었다. 언뜻 들으면 합리적인 것처럼 들릴지 모르지만 그들의 논리를 그대로 적용하면, 자주국방의 기반이 무너진 상태에서 조국의 운명을 거머쥔 용병은 언제든 자기들보다 돈을 더 주는 곳의 사주라도 받으면 바로 자신들의 조국을 몰락시킬 수도 있다는 것인데, 왜 이탈리아 본토의 도시 국가들은 왜 이렇게 위험한 도박과 같은 상황을 계속 유지하고 있었을까 하는 의문이 계속 남는 것은 어쩔 수 없는 사실이다. 자주국방을 신앙처럼 믿는 우리로서는 이탈리아의 여러 도시 국가가 일찍이 국방을 용병에게 맡겼다는 사실이 쉽게 납득이 가지 않는 것은 분명해 보인다. 아무튼 당장 징병제가 용병제로 전환된다고 하더라도 로마 제국은 직접적인 영향력을 받지는 않았다. 로마에는 또 다른 힘이 있었기 때문이다. 그것이 바로 로마 시민권이다. 그 당시 용병으로 복무했던 속주민들이 용병 복무 후 얻을 수 있는 로마 시민권은 1등 국가의 국민이 되는 것으로 상당한 동기 부여가 되었고, 그들에게 다른 선택의 여지는 보이지 않았다. 그런 상황을 잘 보여 주는 것이 기원전 216년 한니발 전투라고 일컬어지는 2차 포에니 전쟁이다.

2차 포에니 전쟁 당시, 로마에 대한 복수심으로 알프스를 넘는 엄청난 도전을 선택한 한니발의 병력은 알프스를 넘으면서 병력이 반으로 줄어들어 2만 6천 명 정도가 되었다. 반면 동맹국들을 포함한 로마의 병력은 75만 명이 있었지만, 여기서 명장 한니발은 로마가 도시 국가들의 연맹이란 점을 주목했다고 한다. 일찍이 알렉산더 대왕이 3만 6천 명의 병력으로 100만 명의 페르시아를 정복한 방법을 사용한 것이다. 결과적으로 알렉산더 대왕이 벌인 두 번의 압도적인 전투는 페르시아의 연합을 와해시켰고 오히려 알렉산더의 편에 서게 되어 페르시아를 멸망시키게 된다. 한니발도 마찬가지 전략을 취했다고 하는데, 갈리아인이 먼저 로마에 반기를 들어 병력을 모으게 되고 결국 트래비아 전투에서 대승을 거둔다. 이에 로마는 약 8만 명의 정예병을 투입하여 총력전을 취하나 칸나에 전투에서 전멸에 가까운 피해를 입는다. 한니발은 로마군 포로는 모두 죽이고 동맹국 포로들은 풀어주는 방식으로 어떻게든 연맹을 와해시키려고 하였다. 즉, 한니발의 적은 로마뿐이며 다른 동맹국들에게는 자유를 약속하는 것으로 한니발은 페르시아가 그랬던 것처럼 동맹국들이 이탈하여 로마가 무너질 것을 기대했다. 하지만 로마는 우리가 알고 있듯이 멸망하지 않았고, 오히려 카르타고가 멸망했다. 그 이유는 로마의 시민권에 있었다. 로마는 노예들이 10년간 일하면 자유를 주었고 복속국에도 시민권을 부여했다. 즉, 로마의 동맹국들에게 있어 로마는 그들의 조국이었고 이미 그들은 로마의 일부였던 것이다. 이후 지중해를 장악한 로마에 의해 지원을 받을 수 없었던 카르타고군은 패배할 수밖에 없었다. 이후 로마는 지중해에 카르타고라는 강력한 적이 사라진 상태에서 대제국으로 성장하게 되었고, 똑같은 다민족으로 이루어져 있었던 로마와 페르시아는 국가가 와해될 만한 큰 전투에서 패했지만, 로마만 살아남았다. 누구나 로마인으로서 자랑스럽게 여기도록 그들의 일부로 흡수한 로마의 시민권 제도는 로마가 강대국으로 성장하는 데 있어 그들의 원동력이었다고 할 수 있다.

하지만 용병에게 로마 시민권이라는 강력한 특권을 부여할 수 있었던 로마에도 균열이 생기기 시작하였다. 바로 212년에 카라칼라(Caracalla, 재위 211~217년)가 만든 '카라칼라 칙령(안토니누스 칙령)'이 그것이다. 그 칙령의 주된 내용은 바로 "모든 속주민에게 로마 시민권을 부여한다."는 내용이었다. 카라칼라는 로마에 찾아온 재정 위기를 해결하기 위해 오직 로마 시민만이 세금을 내기 때문에, 로마 시민들에게 부여되던 간접세를 2배로 올리는 등 세수 확대를 통해 재정 문제를 해결하려는 속셈으로 속주민들의 로마 시민권 자동 획득을 결정한 것이다. 하지만 로마 시민권은 얼마 지나지 않아 희소성이 떨어지고 그 가치마저 추락하게 되면서 기대했던 재정 확충마저 제대로 이루어지지 않게 되고, 로마 제국은 큰 위기를 맞이하게 된다. 당연히 제일 충격을 받은 곳은 로마군이었는데, 더 이상 속주민들이 로마 시민권을 획득하기 위해 25년간 로마 군단에 복무할 이유가 없어졌던 것이다. 그렇게 얻은 시민권은 자녀에게 세습되기 때문에 군단 생활이 힘들어도 참고 견딜 수 있는 충분한 동기 부여가 되었지만 이젠 모든 노력이 필요 없게 되었다. 부랴부랴 카라칼라가 시해되고 뒤를 이어 마크리누스 황제가 즉위하자, 원로원은 이를 발 빠르게 폐기 처분하지만 모든 속주민이 이미 로마 시민화된 상태였기 때문에 이를 되돌리기에는 역부족이었다. 이후 로마 제국은 조금씩 국방 경비가 와해되기 시작하면서 급기야 410년에는 800년 동안 한 번도 외국 군대의 침공을 받은 적이 없었던 진정한 제국의 수도 로마가 함락되고, 엄청난 약탈에 노출되면서 제국은 서서히 몰락의 길을 걷게 된다. 그뿐만 아니라 로마 제국에 속해 있던 브리튼섬에는 색슨족이 침입하여 로마 제국을 갉아먹기 시작하였고, 갈리아 지방에는 프랑크족과 부르군트족이 침입하였으며 에스파냐는 수에비족·반달족 등에게 점령당하는 등 로마 제국의 강력한 군사력이 사라진 상태에서 광대한 제국의 영토는 급격하게 이탈리아반도로 대폭 축소되는 형세가 가속화되었다. 이후에도 수도 로마는 수차례 약탈의 수모를 겪어야 했고 이를 견디기 무섭게 결국 이민족 용병 대장인 게르만인 오도아케르에 의해 서로마 제국은 멸망하게 된다.

지금까지 장황하게 열거한 내용은 사실 제2차 세계대전과 관련이 적은 로마 시대의 이야기다. 그러나 현대로 넘어올수록 이탈리아의 군사력이 대폭 쪼그라든 이유를 찾을 수 없었던 필자는 조금은 비약이 심하긴 하지만 고대 로마에서부터 그 이유를 찾아보려고 했고, 이탈리아군의 군사력이 약화된 부분에서 상당히 수긍할 만한 내용이 있다고 생각해서 비교적 오래 서술할 수밖에 없었다. 한마디로, 로마 제국 이후로 도시국가 형태로 나눠진 이탈리아는 스스로 나라를 지킨다는 목적이 사라지면서 군사적인 열세가 어느덧 나라 전체의 전통이 되어 있었고, 나중에 무솔리니가 강한 군사력을 강조하며 군국주의를 내세웠지만, 기반조차 무너진 나라의 군대라는 것은 독일과 비교한다면 병정놀이 수준의 한심한 수준으로 전락하고 말았다.

이야기를 제1차 세계대전 당시로 돌리면 이탈리아는 처음에는 오스트리아·독일과 삼국동맹을 형성하는 것 같더니, 정작 유럽에 전운이 감도니 삼국동맹 조약의 특정 조항으로 명기된 분쟁 발발 시 상호 협의의 의무를 오스트리아 측이 이행하지 않은 데에 불만을 품고, 아무런 협의 없이 하루아침에 중립을 선언하기에 이른다. 물론, 그 당시 이탈리아는 하찮은 군사력에도 불구하고 독일에 선전포고 (1916년 8월)하는 등 영국과의 연합을 통해 연합군의 일원으로서 나름 제 역할을 충실히 해 왔다고 생각했는지 모르지만, 결국 이탈리아가 선택한 어정쩡한 위치가 문제였다. 즉, 처음에는 독일과 함께 추축국 군대의 일원이었다는 것과 군대 자체의 미미한 존재감 그리고 연합 작전 중 연합군과의 불협화음에 의해 이탈리아는 미영 연합군으로부터 눈 밖에 나며 괘씸죄까지 받아야 했다. 그리고 종전 후에는 승전국인데도 정작 영국과 프랑스와 같이 승전국의 권한을 부여받지 못한 것에 대한 이탈리아 국내의 국제사회를 향한 불만과, 국내 사회 계층 간의 대립은 이탈리아 사회를 더욱 혼란스럽게 만들고 있었다.

이런 사회적 혼란을 틈타 무솔리니는 파시스트당을 앞세운 강력한 전체주의적인 사고로 사분오열되는 국론을 하나로 모아야 한다고 강조하며, 당시 이탈리아가 총파업으로 분열되는 원인을 반대파에게 돌리는 등 더욱 강력해진 파시스트 운동을 전개하기 시작하였다. 그리고는 현 상황을 타파하고 사회 안녕의 수호자라는 명분으로 이미 군대식 조직을 갖춘 무솔리니의 파시스트당은 '로마 진군'이라고 명명했지만 사실상 쿠데타에 가까운 행동으로 인해 이탈리아를 더욱더 혼란 속에 몰아넣는 등 벼랑 끝 전략을 일삼더니, 1922년에는 결국 왕으로부터 무솔리니가 주도하는 단독정부 약속을 받아내기에 이른다. 결국, 정부 수립의 권한을 단독으로 부여받은 무솔리니는 반대파들을 조금씩 정부 조직에서 몰아내더니 어느덧 독재의 토대를 마련하며 경쟁자 없는 권력을 쟁취하게 된다. 정부 수립 때부터 군국주의를 내세운 무솔리니가 에티오피아 침략(1936년)을 통해 군사 대국으로의 성장을 대외적으로 표방하자, 영국 등은 이탈리아 내 파시스트의 성장에 경계심을 갖고 적대적인 태도를 보이게 되고 이탈리아는 국제관계에서 고립된다. 무솔리니는 이런 상황을 타개하고자 스페인 내전을 계기로 더욱 가까워진 나치와 국제적인 협력을 통해 고립을 탈출하고자 노력했지만, 독일군처럼 기갑 부대도 제대로 갖추지 못하고 무기라고 해 봐야 제1차 세계대전에서 썼던 것이 대부분인 낙후된 이탈리아군 전력을 가지고는 사실상 자국의 방어마저도 어려운 지경이었다. 하지만 무솔리니는 앞뒤도 돌아보지 못하고 호기스럽게도 영국과 프랑스에 선전포고(1940년 6월)하며, 얼토당토않게 과거 로마 제국의 영광을 되찾겠다는 허무맹랑한 꿈을 국민들에게 심어주기에 이른다.

자. 잃어버린 시간 - 우리나라

멀리는 조선에 귀화한 벨테브레 박연과 청나라의 선진 문물을 조선에 적용하고 싶어 했던 소현세자 그리고 조선 후기 수차례에 걸친 외세의 통섭 요구와 실사구시의 학문적 접근 실학사상 등 우리나라는 무수히 많은 사례와 기회를 통해 우리의 의식을 근대화할 수 있는 시기를 좀 더 빨리 맞이할 수 있었다. 다만, 당시 우리의 기득권층이 개혁에 민감한 세력들이라고 할 수는 없어, 위의 사례들보다 더한 기회가 찾아온다고 해도 조선은 건국과도 맞먹을 정도의 변화는 절대 선택하지 않았을 것이다. 그렇다 하더라도 조선 후기 세계의 여러 나라가 근대화의 홍역을 치르고 있을 때 정말로 조선의 왕과 지도층들도 마음만 먹으면 주변 국가들과 견줄 수 있을 정도의 근대화된 제도와 군사 시스템을 갖출 수 있었으리라는 필자의 믿음은 변함이 없다. 우리는 이미 부정하고 있지만 조선에게는 더없이 좋은 기회들이 속속 찾아오고 있었다. 하지만 정조 때 조선은 잠시 마지막 황금기를 구가하는가 싶더니, 정조 사후 계속되는 세도정치와 민란 등으로 개혁적인 리더십은 조선에서 영영 종말을 고하게 된다. 일본이 자국의 전통마저 부정하고 정부 주도의 근대화에 박차를 가하고 있을 때, 그렇게 뚜렷한 개혁 정책도 마련하지 못한 채 기존의 유교 틀 안에 우리를 가두어두려는 우리의 정치적 역량은 조금의 발전 가능성도 없이 답보 상태를 면치 못하고 있었다. 더욱더 안타까운 것은 중국의 전통 유교 사상보다 더 전통적인 유교적 사상에 빠져있던 조선 사회에서 혁명에 가까운 변화를 기대하는 것은 애초부터 불가능에 가까운 일이었다는 점이다. 그 때문에 조선에서 개혁과 변화를 이야기하는 것은 정부의 정책에 반기를 둔 역적으로 몰릴 정도로, 개혁과 개방을 철저하게 부정하는 것 같은 조선 지도층의 일관된 정책은 그 편협함에도 불구하고 나름의 논리성까지 갖추고 있었다. 지금이야 쇄국이라는 이미지로 비난받을 수 있는 그 당시의 정책들은 너무 성급한 결정이 아니었나 하면서 조언할 수 있겠지만, 그 당시 조선 사회에서 흥선대원군의 쇄국 정책은 비단 대원군만의 편협한 생각이 빚은 과오는 아닐 것이며 또한 그것을 정당한 논리로 비난할 수 있는 지도층은 거의 없었다는 것이 그 당시 조선이 처한 안타까운 현실이었다.

조선이 그동안 국제 관계에서 뚜렷한 변화의 움직임을 보이지 않은 것과 비슷하게, 국내 정치 상황은 생존을 우선순위로 생각하며 몰입해야 했던 정쟁(당쟁)[6]에 의해 여러 차례의 사화가 정가를 휘몰아쳤다. 그리고 그것을 정치 세력의 견제와 자신의 왕권을 보존하는 수단으로 사용했던 숙종은 한편으로는 어느 쪽으로

---

6) 당쟁이라는 용어는 전통적으로 쓰인 용어는 아니며, 한국의 정치적 전통을 왜곡하고 그 폐단을 과장하여 민족의 역량을 부정하고 독립에 대한 희망을 말살하려는 일본 식민주의 사학자에 의해 일반화되었다고 알려져 있다. 그래서 본 책에서는 왜곡된 이미지가 상당 부분 존재하는 '당쟁'이라는 용어보다는 정치적인 논쟁이라는 의미를 가진 '정쟁'을 사용하고자 했다. 다만, 때에 따라서는 정치적인 대립이 아닌 배척의 이미지가 강한 '당쟁'이라는 표현도 사용하였다.

도 치우치지 않는 중도의 표본을 보여 주는 듯했지만, 실은 그 어디에도 중심이 없는 아슬아슬한 정치 철학과 정적에 대한 숙청을 치세 기간 동안 밥 먹듯이 해온 무능하고 무책임한 정치를 펼쳤다. 그 덕분에 사대부들의 온전했던 정신은 나라를 위한 것보다 당장 상대방을 쓰러뜨리는 데에 의미 없이 사용되면서, 오히려 왕에 의해 부추겨진 정쟁은 상대편이 죽어야 끝나는 끝없는 당쟁(발전이 없는 무의미한 논쟁이라는 의미로)으로 비화되고 말았다. 때론 관료사회를 권력 투쟁의 장으로 이끄는 중도 정책을 무슨 비책인 양 조선 왕실은 유지를 받들 듯 대대로 이어 나가, 고종 때까지도 친위 세력을 양성하는 과정에서 정치 세력들 간의 경쟁을 마치 왕권 안정을 보장하는 계책처럼 맹신하는 오류를 범하고 말았다. 그 결과는 당연하게도 내부 결집력 실종으로 인한 국제적인 경쟁력 부족과 협상력 부재라는 우려할 만한 현실로 나타나게 되었다.

건설적인 논쟁을 통해 국력을 신장시키는 데 앞장서야 했을 관료들은 서로의 허점만을 찾아 나섰던 소모적인 당쟁을 통해 권력 분산과 더 나아가 권장할 만한 세력 균형을 유지할 수 있다고 생각했다. 그러나 그것들이 당장은 신하들로부터 권력을 빼앗아 모든 권력이 왕에게 집중될 수 있도록 한 정책을 통해 조선 왕실은 정치 견제라는 소득을 챙길 수는 있었지만, 그 방법이 국제 외교 분야에서도 먹힌다는 착각만으로 밀어붙인 결과는 예상을 보기 좋게 빗나가기 일쑤였다. 청일 전쟁과 러일 전쟁에서 보듯이 조선(대한제국)의 중립과 강대국 간의 세력 균형을 통해 중재자로서의 권한을 가질 수 있다고 생각했던 것은, 때론 양국의 이권이 충돌하는 장면에서는 균형과 조정의 주도권을 쥘 수 있는 약소국 조선만의 외교술로 더할 나위 없이 좋은 정책이라는 평가를 받을 수 있었다. 하지만 일본이 이를 두고 '형세 방관주의'라고 비판할 정도로 양국의 요구를 지연시킴으로써 조선의 이익을 극대화하려는 노력은 결과적으로 양국의 갈등을 부추기고 대결을 조장함으로써 전쟁을 앞당기는 결과를 초래하였는데, 결국 한반도에서 우위를 점하려는 그들의 각축전으로 인해 조선은 단 한 번도 기를 펴지 못하는 불편한 시기를 보내야 했다. 실제로 전쟁이 일어나기 전 양국의 주장이 팽팽한 가운데에서 양국의 개입 없이 조선이 다른 나라와 외교적인 관계를 자주적으로 맺을 수 없었다는 것은, 예전 조선의 왕들이 신하들 간의 경쟁을 조장함으로써 억지로 균형을 유지할 수 있다고 믿었던 대한제국의 외줄 타기식 중립 외교는 불가피한 선택이라는 의견이 있음에도 불구하고, 국제적으로는 실패한 정책이라는 보는 것이 타당하다고 여겨진다.

조선의 의존적이고 정체된 분위기는 마치 예전의 예송논쟁이 연장되는 것으로도 볼 수 있다. 이는 아무런 실익도 없는 논쟁만을 일삼는 것으로 조선의 얼마 남지 않은 정치적 역량조차도 소모적인 정쟁의 소용돌이 속에만 빠져들게 하는 정치적 전략의 우매함을 의미하는 것이었다. 정쟁이 자발적이든, 혹은 자신의 안위만을 걱정하는 어리석은 왕에 의해 조장되었든, 큰 뜻을 품고 입신하여 자신이 생각한 정치를 맘껏 펼치려고 전면에라도 나서게 되면 오히려 정적들의 표적이 되어 우선적으로 제거되는 일상이 반복되면서, 오로지 자신이 살아남기 위해 정적을 모해해야 했던 살얼음판 같은 정치판에서 어느새 수장은 사상과 정신세계의 우두머리가 아니라 정적을 쓰러뜨리는 데 탁월한 재능을 보이는 지략가들로 대체되고 있었다.

어느덧 조선의 지도층에는 존경받는 스승이 사라지고 있었고, 정치는 바른 소리와 사상을 의논하는 논객들의 자리가 아니라 남의 단점을 들추어내고 곡해하는 단순히 살아남는 것에만 급급한 난장판이 되어 있었다. 무엇보다도 나라와 백성을 우선적으로 생각해 자신의 직책에 맞는 일을 제대로 하려는 모습조차 대립하는 세력들의 입장에서는 실력을 키워 모종의 기회를 노리는 위협적인 모습으로 비쳐져, 공세의 단초를 제공하게 되고 결과적으로 자신과 붕당, 더 나아가 조선의 근간을 무너뜨리는 참담한 현실을 반복해야만 했다. 조선 시대 내내 지속되었던 수많은 사화와 환국은 정통성보다는 시류를 타고 집권한 세력에 의해 반대 세력이 숙청되는 대립 상황이 계속되었는데, 문제는 그것이 당대의 대립과 갈등으로 끝나지 않았고 숙청된 제자들과 후손들에 의해 또 다른 정치적 보복이 결행되는 비극의 악순환으로 점철되었다는 점이다. 또한 숙종과 같이 그것을 왕권 강화의 기회로 삼아 신하들을 옥죈 결과 비록 신하들은 운신의 폭이 줄어들고 왕의 발언은 생사를 결정할 정도의 권위를 얻게 되었지만, 결과적으로 식견 있는 사대부들이 입조하는 시기를 저울질하거나 아예 꺼리기까지 하게 되었다. 그러면서 백성들의 말을 빌리면 조종에는 간신배와 모략꾼들만 남았다고 비아냥거릴 정도로 어느새 정론이 사라진 조선 정치의 황폐화는 당연한 귀결이라고 할 수 있었다. 결국, 정쟁에서 숙청된 세력은 귀양 등으로 지방에 은거하며 다시 화려하게 정계에 복귀해 자신이 받은 굴욕을 갚아줄 날만을 손꼽아 기다렸고, 정쟁에서 살아남은 세력들은 오랜 소모전을 치르면서 더욱 정신적으로도 빈약해지고 쇠약해져, 이미 만신창이가 된 그들로 구성된 조선의 조정은 향후 조선이 어디로 향해야 할지 모르는 난파선 같은 상황에 처하게 될 수밖에 없었다.

오랜 소모전인 정쟁과 그에 따른 정치적 공백에 의한 당연한 결과로, 우리나라는 안타깝게도 자주국가의 면모를 당당하게 펼치지 못하고 세계열강들의 식민지 쟁탈전에서 주요 먹잇감으로 전락하게 되었다. 필자는 여기에서 아무런 대책 없이 척화만을 고집했던 구한말 우리 정치 지도층의 혼란과 분열, 그리고 세계 흐름을 따라가지 못하고 결국 일제에게 우리나라를 통째로 내어주게 된 주요 원인으로 양반들의 자기희생적인 개혁의 부재와 명분과 사대만을 강조했던 중화사상을 우선적으로 거론하고 싶다

우선, 우리나라의 주류와 개혁 세력이 되어야 할 양반은 조선 건국의 중심 세력으로 존중받아 세금과 군역을 면제받고, 나라에 세운 공으로 받은 땅을 세습할 수 있는 권한 등 다양한 혜택을 누릴 수 있는 특권 계층으로 인정받았다. 하지만 조선을 건국한 이후로 나라의 의무는 다하지 않고 권리만을 누리는 계층이 많아진다는 것은 그 사회와 나라가 건강하지 못하는 것을 증명하는 꼴이 되었다. 더구나 조선의 역사에서도 제도의 개혁과 변화가 유독 기득권층인 양반들의 반대에 부딪혀 개혁이 좌초되고 변화가 좌절된 사례를 수없이 발견할 수 있을 정도로, 조선 사회에서 변화는 곧 지도층에게 불이익으로 돌아올 수 있다는 불안감에 변화보다는 전통과 보전이라는 것에 더욱 우선순위를 두었던 지도층이 지배하던 나라가 곧 조선이었다. 그 대표적인 사례로, 우리나라의 특권층인 양반들의 계속된 반대에 의해 포(옷감)를 신분이 아닌 가구 단위로 걷게 하는 '호포제'가 조선 후기 흥선 대원군 때에서야 실시되었다는 점은, 당시 기득권층인 양반의 저항과 그에 따른 백성들의 고충이 어떠했을지 짐작하고도 남을 사건이라고 할 수 있다. 또한 조선보다 오래전부터 신분 제도를 유지하고 있던 중국에서조차 북송(960~1126년)시대부터 과거 시험에 응시할 수 있는 자격을 제한하지 않고 과거급제를 통해

누구에게나 신분 상승의 기회를 주려고 노력했다는 사실은 우리나라에 많은 시사점을 주고 있었음에도 불구하고, 말로는 중국 중심의 사대를 논하고 중국의 모든 것을 닮으려는 조선 시대의 양반들이라도 중국의 사례를 들어 나라의 국력을 상승시킬 수 있는 좋은 제도에 대한 논의는 거론조차 하지 않았던 것이다. 더구나 이런 개혁적인 내용을 제안한다는 것은 기존 신분 제도의 근간을 흔들 수 있는 시도로 취급되어, 시대에 반하고 더 나아가 역모로까지 몰릴 수 있어 지도층은 이런 내용에 대한 언급을 터부시하고 있었다.

그런 의미로 지금까지도 사회 개혁을 주도했다고 인정받고 있는 여러 실학자의 주장과 논리가 그 당위성을 갖고 있음에도 불구하고, 나라를 근본적으로 개혁하지 못했던 이유도 이와 맥락을 같이한다고 할 수 있다. 여기서 주목할 것은, 선진 문물의 수용과 토지 개혁 그리고 상공업 장려 정책 등 다양한 분야에서 나라의 발전과 개혁을 주장한 실학자들이 많았음에도, 유독 신분 제도의 철폐와 양반이 가진 기득권에 대한 반성과 개선에 대해서는 누구도 언급하지 않았다는 사실이다. 조선 후기 우리나라가 가졌던 여러 가지 문제점과 개선 사항을 찾아 사회와 나라를 개혁하려는 학자들의 움직임은 당연히 칭찬받고 연구되어야 하지만, 정작 실학자들 본인의 신분인 양반들의 자기희생적인 제도 마련을 위한 근본적인 사회 개혁에 대해서는 누구도 연구하지 않았고 그런 언급조차도 매우 제한적이었다는 사실은, 조선이 가진 신분 제도와 그에 따른 문제점을 개선하지 않겠다는 의지를 천명한 것이라고 볼 수밖에 없다. 그들은 나라가 가진 여러 문제점을 지적하고 다방면으로 사회 개혁을 추진하고자 하면서도, 유독 양반인 자신들이 변화하고 희생해야 하는 신분 제도 변화를 통한 사회 개혁에는 애초부터 관심이 없었던 것이다. 당시 주변국들보다 눈에 띄게 정체된 조선 사회에서 실학은 그 무엇보다 신분 제도 개혁을 통한 사회 개혁을 꿈꿔야 했으나 그런 생각은 실제의 움직임으로는 나타나지 않았다. 그런 의미에서 실학을 포함한 모든 개혁의 동력은 양반들의 동조와 방관에 의해 처음부터 제지되는 형편이었다. 물론, 실생활에 필요한 학문 도입을 통해 사회를 바꿔나가고자 했던 그들에게 무엇보다 더 중요한 것은 정작 자신들을 개혁의 대상으로 봐야 한다는 생각들이었지만, 모든 양반이 기득권으로 자리 잡은 조선 사회에서 이것이 실현된다는 것은 어쩌면 불가능에 가까운 일이라고 할 수 있었다. 어디까지나 그들이 강조하는 개혁과 실천이라는 것도 양반이 주인인 사회의 연장선에서만 의미가 있는 것들이 대부분이었다. 왜냐하면 조선은 양반, 즉 사대부들이 만든 나라이고, 그런 의미에서 이 사회에서 양반과 신분 제도를 부정한다는 것은 조선이라는 나라의 정체성을 부정하는 것이기 때문이었다.

조선의 경직된 사상을 증명하기라도 하듯이, 조선 후기 대표적인 실학자 중의 한 사람인 정약용조차 기존의 신분 질서를 어지럽히는 것을 경계하는 글들을 자신의 저서에 남기게 되는데, 정약용은 1731년(영조 7년) 노비종모법[노비 소생의 신분과 역(役) 및 주인을 결정하는 데 모계를 따르게 한 법, 양인의 감소를 막고자 한 제도]을 실시한 이래 노비가 감소하자 이를 비판하며 오히려 그 이전의 악습인 일천즉천(부모 중 한 사람이 노비면 그 자식도 노비) 방식으로 돌아갈 것을 주장하기에 이른다.

> "신해년(1731년) 이후 출생한 모든 사노(私奴)의 양처(良妻, 양인 신분의 처) 소생은 모두 어미를 따라 양인이 되게 하니, 이때부터 위는 약해지고 아래가 강해져서 기강이 무너지고 민심이 흩어져 통솔할 수 없게 되었다. …그러므로 노비법을 복구하지 않으면 어지럽게 망하는 것(亂亡)을 구할 수 없을 것이다."[『목민심서』, '변등(辨等)']

이처럼 조선 시대 양반들이 신분 제도는 개혁의 대상이 아니라 사회의 안정을 위해 고안된 제도라고 당연한 것으로 받아들였던 모습은 자신들이 밤낮으로 공부하는 성리학의 중심인 공자의 생각과도 배치되는 것이었다. 이런 생각은 "천하에 나면서부터 귀한 자는 없다(天下無生而貴者)."(『예기』)라는 공자 유학의 본령에 정면으로 위배되는 것이었고, 명나라와 청나라에서 이미 진행되던 신분제 폐지의 흐름에 역행하는 조선의 신분 제도는, 수구 세력들이 어떻게 하면 피지배 세력을 공식적이고 더욱 안정적으로 지배할 수 있을 것인가를 고민하게 하는 영구불변의 제도로 남게 되었다. 그래서 실학자들을 기존의 모순된 제도를 개혁하려던 '혁명가'가 아닌 '진실의 은폐자' 집단이라고 폄하하는 것은 이를 근거로 말하는 것이라고 할 수 있다. 이런 조선 양반들의 행태는 조선 시대 전 기간을 걸쳐 지식과 권력을 독점하려고 했던 양반들의 기본적인 생각을 대변하는 것이었고, 그와 맥락을 같이하여 조선 전기 지식을 평민들과 나누지 않기 위해 훈민정음 창제까지 극구 반대했던 최만리 등 기득권층의 반발은 당연한 것으로 이해할 수 있었다. 이는 그 당시 권력층인 양반들이 가진 사회 질서와 신분 제도에 대한 기본적인 생각을 대변해 준다고 할 수 있다.

　더 나아가 중국의 경우 명나라 때부터 명문화되어 과거 급제자 본인에게만 주어지고 세습되지 않는 면세 특권과 노비 소유 등의 권한은 양반들을 비롯한 지도층에게만 제한적으로 허용되고 있었고, 청나라 때인 1750년대에는 법적으로 노비 소유가 금지되었던 것과 비교하여, 조선에서는 노비 소유가 아무런 업적도 남기지 못했고 과거에도 급제하지 못한 양반 모두에게 주어지는 특권이자 권한이었다는 것을 통해 조선 사회가 얼마나 양반에게는 관대했고 반면에 상민들과 노비에게는 얼마나 가혹했는지를 알 수 있다. 또한, 조선 후기로 갈수록 의무는 다하지 않고 권리만을 누리는 양반들의 수가 증가하면서 세금 징수와 공평성 문제 등으로 조선 사회에는 여러 가지 문제점이 발생하게 되는데, 그런데도 양반들을 비롯한 지도층들은 자신의 문제를 발 벗고 나서서 해결하려는 노력은 하지 않고 오히려 그런 움직임을 보이는 자들을 능멸하고 유배 보내는 등 지금의 표현을 빌리면 '적폐 중의 적폐' 역할을 자임하고 나섰던 것이다.

　어찌 나라가 기 한 번 펴지 못하고 국운이 쇠하는 것을 끝까지 무기력하기만 한 왕가와 일제를 비롯한 외세들 탓으로만 돌릴 수 있단 말인가. 결국, 우리는 여기서 나라의 흥망은 외세에 의한 것이 아니라 내부의 문제에 의해 좌우된다는 오래된 진리를 다시 한번 되새기게 된다. 백성이 건강하고 나라가 강성하려면 권리를 누리는 지도층은 적고 의무를 다하는 백성들이 많아야 하는 것은 동서고금을 불문하고 불변의 진리이다. 하지만 조선은 면세와 병역 면제 등을 통해 다양한 권세를 누리면서도 정작 나라를 부강하게 하려는 노력보다는 자신과 가문의 번영만을 바랐던 양반들의 민낯으로 인해 나라를 근본부터 조금씩 좀먹고 있었던 것이다. 노비가 상민이 되는 것을 탐탁지 않게 여겼던 대부분의 양반은 노비 소유와 세습을 정당한 것으로 여겼고, 노비가 상민이 되어 세금과 병역을 부과할 수 있는 상민들이 늘어나는 것은 곧 나라가 부강해지는 지름길이라는 생각보다는 당장 자신들의 재산(노비)이 줄어들 수 있다는 근시안적인 생각에 사로잡혀 있었다. 결국, 대부분의 양반이 이 제도(노비종모법, 신분제 폐지, 호포제 등)를 원천적으로 막고 있었던 것이다. 그러니 나라의 사정이 그러한데, 어느 누가 나선들 나라가 일제에 통째로 먹히는 것을 막을 수 있단 말인가.

정약용은 한술 더 떠 이런 말을 한다. "나는 나라의 모든 백성이 통틀어 양반이 될까 걱정한다. 다 귀하면 성공하지 못하고 이롭지 못하다."[『여유당전서』, '발고정림생원론(跋顧亭林生員論)'] 이런 주장을 통해 그 당시 양반들이 얼마나 신분 제도 개혁에 대해서 보수적이었나를 짐작할 수 있다고 생각된다.[7] 이에 조선이 유명무실해진 신분 제도를 공식적으로 폐지하고 여러 가지 구시대적인 제도 개혁을 통해 조국 근대화에 적극적으로 나서려고 했던 때는, 시기가 너무나도 늦은 19세기 후반(갑오개혁, 1894년)이었다.

조선 시대 지도층들이 실학을 통해 사회의 여러 분야를 연구하여 나라를 부강하게 만들고 개혁하려던 모습에서 실학은 긍정적인 학문이라고 칭송받을 수 있지만, 정작 양반인 자기 스스로를 개혁하지 못했다는 비판 앞에서는 조선의 현실을 외면한 허울뿐인 학문이라고 외면 받을 수 있을 것이다. 물론, 모든 실학자의 정신과 노력을 폄하할 수는 없다 하더라도, 당시 실학자들 대부분이 나라의 중심 세력이었으나 사회가 그들의 바람대로 개혁되지 못했고 나라를 부강하게 만들지 못했다는 현실을 받아들인다면, 그들의 노력이 미미했거나 시기가 너무 늦어 우리나라를 개혁하기엔 역부족이었다는 비판은 면하지 못할 것이다. 오히려 제대로 된 개혁과 개선을 외친 것은 양반들이 아닌 농민을 비롯한 평민들이었으니, 그들에게 처음부터 주어지지 않은 권력의 부재로 인해 큰 혼란과 희생이 따라야 했던 개혁들이 그냥 사회 운동으로만 그쳤던 것이 아쉬울 뿐이다.

결국, 실학은 말만 실학이었을 뿐 실학자들은 개혁보다는 양반들이 중심이 된 세상을 좀 더 연장하고 누리고 싶어 했던, 학문을 통한 사회 개혁 운동의 하나였다고 생각된다. 애초부터 양반들이 자기 스스로를 개혁의 대상으로 여기지 못했고 암울한 당시 사회 현실을 제대로 반영하지 않았던 실학은 제한적인 성공을 거두었다는 평가에도 불구하고, 결국 백성들이 원하는 세상은 오지 않았다. 실학처

---

7) 황태연 저, 『한국 근대화의 정치사상』, 청계, 2018.

럼 자기희생과 반성 없는 사회 개혁은 다수의 민중과는 동떨어진 단순한 사회 운동의 하나일 뿐이었다. 외세에 의해 철저하게 능욕당할 즈음에 정작 실학이 조국을 구원하기 위해 할 수 있는 것은 아무것도 없었다는 사실에서 볼 수 있듯이, 사실상 조선 후기 역사에서 많이 강조하고 있는 실학이라는 학문이 추구하는 정신 속에는 처음부터 시대를 이끌어갈 개혁의 동력을 갖고 있지 못했다는 것을 알 수 있다. 사회 변화의 주역이 될 수 있었으나 안정과 전통만을 고수했던 양반들은 기어이 백성들의 바람과 변화의 기대를 실학이라는 학문 속에조차 반영하지 않으면서, 이제 백성들이 나서지 않는다면 이 조선이라는 사회는 더 이상 기대할 것이 없다는 분위기로 서서히 바뀌고 있었다.

그와 함께 그런 경직된 신분 제도가 가져다준 양반들의 수구적인 모습 외에 조선 사회가 오랫동안 정체된 원인으로 또 언급할 수 있는 것은 중화사상이다. 중국이 세계의 중심이고 중국 이외의 나라는 오랑캐라는 중국 중심의 세계관, 즉 중화사상은 이미 그 당사자인 중국을 서서히 무너뜨리고 있었는데도 불구하고, 조선은 이런 시대착오적인 세계관에서 벗어나지 못하고 마치 이것이 유학의 정수인 것처럼 대대로 정성을 다해 섬겨왔던 것이다. 단순히 생각뿐만 아니라 뼛속까지도 사대주의로 꽉 찬 조선의 지도층은, 이를 사회를 움직이는 근본이자 전통인 양 잘 보존하고 계승하는 것에만 오랫동안 온 힘을 기울이고 있었다고 할 수 있다. 더 나아가 조선의 지도층인 사대부들은 우리들의 모습조차 중국의 시각에서 부정하는 왜곡된 역사의 수레바퀴를 지속하는 우를 범하기도 하였다.

물론, 그런 사대주의와 중화사상이 도움이 되던 때도 있었다. 바로 임진왜란과 같은 국난 극복에 있어 사대주의는 명분과 의리를 강조하는 사대부들의 주장에 반박 불가능한 논리적 근거가 충분히 되어 주었다. 그런 이유로 사대주의와 중화사상은 그 당시의 시각에서는 그리 무책임한 사상만은 아니었던 것으로 보이기도 했다. 하지만 세상의 움직임에 민감하게 반응했던 광해군을 배은망덕한 기회주의자로 몰아세우는 명분은 유연하지 못했고, 그것을 비판하는 중심에는 항상 경직된 사대주의로 꽉 찬 중화사상이 자리 잡고 있었다. 조선 후기의 척화사상도 당시 흥선대원군만이 가진 왜곡된 시각이 아닐 것이며 중국 이외의 것은 오랑캐로 치부했던 그 당시의 주요 지도층들의 대체적인 생각이었을 것이다. 결과적으로,

그런 편협한 생각들은 결국 조선을 깨어나지 못하게 했고 위아래 할 것 없이 조선의 근간을 조금씩 무너뜨리고 있었다고 할 수 있다. 청나라인 중국조차도 그런 중화사상을 지켜내지 못하고 자신의 앞마당을 오랑캐라고 업신여겼던 열강들의 전쟁터로 만들어 놓고 말았으니, 조선은 뒤늦게라도 중화사상이 틀렸다는 것을 인정하고 사상적인 개혁을 이루어야 했으나 당시 조선 지도층은 그럴 능력도 없었고 그것을 깨우쳐줄 지도자도 스승도 없었다. 더 나아가 청나라가 열강들의 손아귀에 넘어가고 강화도 조약을 시작으로 조선이 일제의 식민지가 되는 것이 초읽기에 들어간 현실에서도, 양반들은 혼란을 부추기는 개혁보다는 오랫동안 자신을 지켜주었던 유교 사상의 근원인 중화사상과 함께 장렬한 최후만을 선택하고 있었다.

한편, 우리나라의 침탈 역사 중 임오군란(1882년)으로 촉발된 외국 군대의 첫 국내 진입 사례는 오랫동안 누적되어 온 지도층의 무능과 중화사상을 신앙처럼 따르던 양반들의 정치력 부재를 보여 주는 단적인 예라고 하겠다. 조선 조정의 무능함은 동학농민운동(1894년)을 즈음해서 극에 달하게 되는데, 지방 수령들의 백성들에 대한 갖은 수탈과 학정을 이기지 못해 발생한 농민운동을 관군이 제압하지 못하자, 이를 진압한다는 명분으로 정부는 천연덕스럽게도 외국 군대인 청군에게 파병을 요청한다. 이것은 이즈음에도 중국인 청나라에 군사적·정치적으로 상당 부분 의존했던 우리 지도층의 사대주의가 남긴 그림자라고 볼 수 있다. 그러자 한반도 진출의 기회를 노리고 있던 일본은 자국민을 보호한다는 명분과 청일 사이에 맺은 톈진 조약에 의해 일본군도 자동으로 국내에 진입하게 되는데, 그렇게 되면서 누구도 예상하지 못했던 상황이 우리의 땅에서 벌어지게 된다. 두 외국 군대가 버젓이 우리의 영토 안에서 우리의 내정 때문에 충돌하게 되는 웃지 못할 국정 공백 사태가 발생하게 된 것이다. 오로지 자국의 백성을 처단하기 위해 외국 군대의 국내 진입을 허용하는, 이미 나라의 치안과 자립을 포기한 왕이 앉아 있던 곳이 그 당시 조선의 거짓말 같은 현실이었다. 그나마 우민한 왕과 신하에게는 자랑할 만한 깨어있는 백성들이 있었으니, 백성들이 오히려 나라의 미래를 걱정해 외국 군대의 국내 진출을 우려한 나머지 개혁이 실패할 수도 있다는 비관적인 생각에도 불구하고 '전주 화약'을 맺고는 자진 해산의 대가로 외국 군대가 물러나도록 권고하게 된다. 결국, 동학농민운동에서 보여 준 정부의 어설픈 대처는 백성들을 분노하게 했고, 더 이상 이 무능한 정부에게 자신들을 이끌어갈 지도력을 기대한다는 것은 의미가 없다는 것을 깨닫게 해 주었다. 이 사건은 무능한 정부와 대비되는 의로운 백성을 부각시키게 만들었다. 또한, 조선 후기가 될수록 빈번해지는 민란에 정부는 소통보다는 신경질적인 대응만을 고수하며, 이런 시위운동을 왕권과 지도층에 대한 심각한 도전으로 규정하여 후의 독립 협회나 만민공동회에도 비슷한 반응을 보이게 된다. 정치적인 의도를 가진 모임이나 집회가 잦아진다는 것은 정부의 무력함과 정치적 공백을 경고한다는 것을 끝내 깨닫지 못하고, 정부는 이 같은 사회 개혁 모임을 외부 세력을 끌어들이더라도 원천적으로 봉쇄하거나 극도로 경계하는 모습만 지속해서 보여 주고 있었다. 이와 같이 자신들이 아니면 안 된다는 수구적인 자세는 다른 대안세력들을 포용하지 못하고 다분히 그들을 정권을 위협하는 불온한 세력으로만 규정하면서 자발적인 개혁으로부터 멀찌감치 물러선 결과, 국내 문제를 해결하기 위해 또다시 외국 군대를 끌어들이는 실정을 거듭해야 했다.

그리고 여기서 짚고 넘어가야 할 것이 하나 더 있다. 과연 동학농민운동을 일으킨 전봉준을 비롯한 주도 세력이 정부의 의견대로 폭도였고 국가 전복을 기도하려는 세력이었는가 하는 점이다. 동학농민운동의 주도 세력은 1894년 3월 20일 무장에서 약 400자로 된 포고문을 발표하면서 시작되었는데, 유교적인 사회 질서만 가득한 '무장포고문(茂長布告文)' 어디에도 그들을 폭도라고 단정 지을 만한 문구도 없을뿐더러 근대적인 용어인 '반봉건'이나 '반외세' 같은 표현도 찾아보기 어렵다. 이들은 어디까지나 유교적 언어로 자신들의 주장을 펼쳤고, 자신들의 행위를 정당화했다. 더구나 그들의 주장이라는 것도 왕정 타도와 같은 과격한 모습을 띨 것이라는 당초 조선 지도층의 우려와 다르게, 국왕을 대신할 권위나 정치 철학을 갖지 못한 대부분의 농민은 국왕을 정점으로 체제를 전복하는 것이 아니라 일신하자는 대체로 온건한 쪽이었다. 하지만 그들에게도 타도의 대상이 있었는데, 권력의 핵심부를 장악하고 부정부패를 일삼던 왕비 민씨 일가였다. 처음에는 백성들의 억울한 사정을 들어주기 위해 일어났던 운동은 어느새 사회 개혁의 움직임을 보이고 때론 군대처럼 조직적인 움직임을 보여 주었던 것이 사실이지만, 언제부터인가 관군과의 싸움에 일본과 청나라까지 개입하는 복잡한 상황이 전개되자, 백성들은 무지하게도 이만하면 우리들의 의견은 충분히 전달되었으니 '무장포고문' 속의 표현을 빌리면 "너무 순진하게도 어질고 효성스러우며 자애롭고 총명하며 슬기로운 우리 임금님을 우리의 의견을 잘 들은 정직한 신하가 보좌한다면 요순시대의 치세가 올 것"이라며, 다시 소작농으로 돌아가게 된다.

1895년 2월 27일 서울의 일본 영사관에서 취조를 받고 법무아문(조선 말기 법무 행정을 맡아보던 관청)으로 이송되기 직전 일본 작가에 의해 촬영된 것으로 알려진 전봉준의 사진. 당시 전봉준은 전투 중 발에 중상을 입어 가마를 탔던 것으로 알려졌다. 사진 오른쪽 하단의 '동학 수괴 전봉준'이 눈에 들어온다. 전봉준이 당시 우리나라 관청이 아닌 일본 영사관에서 취조를 받았다는 사실에서 조선이 처한 상황을 짐작할 수 있다.

정말 정부는 외국 군대인 청나라 군대와 일본군이 자신의 요구를 다 들어주고 아무런 조건 없이 순순히 물러나리라고 생각했던 것일까. 아니면 외국 군대를 아예 자국의 군대처럼 운용하려고 했던 것일까. 우려는 현실이 되어 고종의 요청에 응해 조선에 당당하게 들어온 청군과 제멋대로 들어온 일본군은 순순히 물러나지 않을 기세였다. 이젠 고이 물러가지 않는 외국 군대를 상대로 정부 대신 죽창이라도 들어야 했던 백성들이 하나둘 희생되어야 할 차례였다. 드디어 자신의 본심을 드러낸 청나라와 일본군이 조선의 앞마당을 빌려 조선을 둘러싸고 양국의 피치 못할 전쟁을 벌이게 된다. 청일 전쟁이 시작된 것이다. 전쟁은 처음부터 일본군의 우세 속에 진행되었고, 서양식 군대 편제로 일사불란함을 유지하고 있는 일본군에게 비록 장비 면에서는 뒤지지 않더라도 그때까지도 전근대적인 군사 시스템을 고수하고 있던 청나라 군대는 상대가 되지 못했다. 더구나 서태후의 무능력함과 군대 내의 각종 부패와 비리는 청군이 더 이상 일본군과 대결하는 것조차 의미가 없을 정도로 참패를 거듭해야 하는 이유가 되었다.

결국, 일본의 총력전으로 기세가 꺾인 청군의 일방적인 패배의 결과로 일본은 기세등등하게도 청일 전쟁을 승리로 이끌게 된다. 일본은 승전의 대가로 받은 거액의 배상금으로 청일 전쟁으로 소모한 국력을 금세 회복하게 된다. 그리고 본격적으로 일본 제국은 조선을 차지하려는 움직임을 실행에 옮기게 되는데, 조선에 대한 내정간섭을 일삼던 일본은 조선 내 친일세력을 제거하려는 명성황후를 먼저 시해하는 만행을 저지른다. 임오군란 때 외국 군대를 국내로 끌어들여 조선의 자주권에 치명적인 악영향을 끼쳤던 장본인인 명성황후에 대한 평가는 뒤로하더라도, 명색이 나라의 국모인데 일본 시정잡배들이 궁에 들어와서 일을 벌였음은 그만큼 조선의 위세가 끝 모를 추락을 거듭하고 있다는 것을 증명하는 것이었다. 물론, 궁에 난입한 그들이 비록 낭인(浪人)으로 잔인함이나 그 사건 처리 과정이 극악무도하고 용의주도했음은 그들의 신분을 통해 이해되는 면이 없지 않으나, 정작 배후에서 그들을 조종한 일본 정부는 자신에게 여간 껄끄럽지 않았을 명성황후를 이렇게라도 제거함으로써 직접적인 책임으로부터도 벗어날 수 있었던 점은, 우리를 처음부터 우롱하고 농락하려는 혐의가 다분했던 처사라고 아니할 수 없다. 어쩌면 외국 군대를 끌어들인 본인이 자신의 명을 스스로 단축했다고 해도 틀린 말은 아니라고 할 수 있으나, 동학운동을 진압하는 과정에서 외국 군대에 죽어간 백성들의 원혼을 생각한다면, 명성황후를 비롯한 조선 지도층들의 잘못된 선택은 이제 막 꺼져가는 조선의 명운을 더욱 앞당기는 결과를 초래하였다고 할 수 있다. 조선의 운명이 사실상 결정된 갑오왜란(1894년)과 2차 동학농민운동의 실패는 외국 군대를 국내로 끌어들인 과정의 당연한 귀결이었고 명성황후가 시해된 을미사변(1895년)으로 신변에 위협을 느낀 고종은 러시아 공사관으로 피신하는 아관파천(1896년)을 하게 된다. 이에 친일 내각은 실각하고 조선은 러시아의 보호 속에서 자주권이 훼손되고 내정간섭을 받게 되며, 내각은 빠르게 친 러시아 파가 장악하게 된다. 이에 일본 주도의 조선 식민지화 계획에 차질을 가져오게 되자, 청나라를 보기 좋게 이겨낸 일본은 다음 상대는 러시아가 될 수 있다고 생각하게 된다. 왕이 궁을 오래 비워서는 안 된다는 여러 신하의 의견을 거부할 수 없었던 고종은 환궁 후 대한제국을 선포(1897년)하며 전제군주 국가로의 체제를 구축하려고 노력했으나 대내외적인 혼란은 계속될 수밖에 없었다.

아관파천을 계기로 조선에서 러시아의 영향력이 커지는 것을 경계한 일본은 러시아와의 일전을 위한 준비에 들어가게 된다. 이에 나라를 상징한다는 의미 외에는 아무것도 할 수 없었던 대한제국 정부는 1904년 1월 23일 국외 중립을 선언하나 이를 존중하는 나라는 세계 어디에도 없었다. 이제 대한제국의 풍전등화 같은 운명은 온전히 두 나라의 전쟁의 결과에 달리게 된 것이다. 1904년 2월 8일 인천항에 정박한 러시아 군함을 선제공격하는 것을 시작으로 러일 전쟁이 시작된다. 그리고 일본은 대한제국을 그들의 세력권 안에 넣으려고 공수동맹을 전제로 하는 한일의정서(1904년 2월 23일)를 체결하는데, 이 의정서를 통해 일본은 한국을 우군으로 확보하여 전쟁을 유리하게 이끌도록 하며 대한제국의 영토를 전략적으로 자유롭게 사용할 수 있게 되었다. 이때 일본은 독도를 무단으로 점령하며 군사용 망루까지 설치하게 된다.

결국 오랜 준비를 통해 러시아의 발틱함대를 괴멸시키며 보기 좋게 러일 전쟁을 승리로 이끈 일본은, 미국의 묵인과 영국의 양해 그리고 러시아와의 강화 조약으로 대한제국의 외교권을 강탈하며 한반도 침략을 본격화하게 된다. 이때 극동에서의 러시아의 팽창을 경계하던 미국과 영국은 일본에 막대한 자금을 지원하며 일본의 승리를 돕게 된다. 어쩌면 후의 태평양 전쟁으로 미국이 곤욕을 치르게 된 것은 어떤 의미에서는 러일 전쟁 때 미국이 일방적으로 일본을 도와준 덕분이라고 할 수 있는데, 당시 루스벨트 대통령이 앞장서 앤드루 카네기의 철강 회사, 제이피 모건 등 미 대기업을 통해 일본의 전쟁 비용 약 7억 엔(현재 14조 원 상당)을 조달했다는 사실은 '강철왕' 카네기의 편지 등을 통해 확인할 수 있다.[8] 어쩌면 이 사실을 근거로 주장한다면, 후에 미일 사이에 벌어진 태평양 전쟁은 미국이 일본의 힘을 키워주면서 시작된 일로써 미국 입장에서는 자업자득인 측면이 다수 존재한다고 할 수 있다.

이에 고종은 외교권을 박탈당한 을사조약(1905년)의 무효를 선언하며 부당함을 알리려 헤이그 만국평화회의에 특사(1907년)를 파견하나, 일본과 말을 맞춘 미국과 영국이 외교권도 없는 한국 특사들의 얘기에 귀 기울여 들어 줄 리는 만무하였다. 한반도를 차지하기 위해 어느 때보다 용의주도했던 일본은 사전에 태프트-가쓰라 밀약(1905년 7월, 미국과 일본이 필리핀과 대한제국에 대한 서로의 지배를 인정한 협약)과 제2차 영일 동맹(영국은 일본의 한국에 대한 지도 감독과 통제 및 보호권을 인정한다)으로 열강들의 협조와 동의를 얻어 한국에 대한 지배권을 보증 및 약속받게 된다. 다만, 일본이 대한제국을 차지하기 위해 펼쳤던 다각적인 외교의 이면에는 일본의 직접적인 이득과 함께 미국과 영국의 요구에 의한 것도 있다는 것을 알고 있어야 한다. 미국의 러일 전쟁 당시 일본에 대한 지원에서 보듯이 미국은 일본을 동아시아의 믿음직한 우방으로 생각했으며 영국이 일본에게 기대하고 있는 것과 비슷하게 동아시아에서 러시아의 팽창을 견제해 줄 나라로 일본을 선택했던 것이다. 지금은 우리의 강력한 우방 역할을 자인하는 미국이지만, 그 당시 미국은 일본의 한반도 점령 의도를 견제하고 한반도를 중립 지역으로 묶어 달라고 요구했던 우리의 요구를 묵살하는 것에서 더 나아가 앞장서기까지 했던, 일본 못지않게 우리의 독립을 방해했던 나라 중의 하나였다. 미국은 밀약이 협정되기가 무섭게 일본의 대한제국 병합을 공식화하며 주한 미국 공사를 철수함으로써, 사실상 대한제국을 주권 국가로 인정하지 않음을 암시하게 된다. 일본이 이렇게 한반도에서 주변국들을 아랑곳하지 않고 우리의 주권을 빼앗아가는 데도 큰 어려움이 없었던 것은, 일본의 밀약 뒤에 숨은 미국과 영국의 호응과 동의가 있었다는 것에 우리는 전율할 수밖에 없다.

---

8) Carole Cameron Shaw 저, 『The Foreign Destruction of Korean Independence(외세에 의한 한국 독립의 파괴)』, 서울대학교출판부, 2007.

더 나아가 미국이 밀약을 통해 일본을 끝까지 지원했던 사례를 통해 미국은 자신들의 동맹이라고 생각했던 국가들은 미국의 이익에 반하지 않는 한 끝까지 지원한다는 사실을 알 수 있다. 러시아를 견제하려는 목적으로 일본을 어떤 식으로든 지원했던 미국과 영국은 얼마 안 가 일본으로부터 뒤통수를 맞게 되는데, 이것은 마치 이란-이라크 전쟁 당시 중동의 대표적인 반미 국가인 이란을 견제하려고 이라크에 비공식 후원자를 자처하였던 미국이 결국에는 이라크의 쿠웨이트 침공으로 인한 걸프전을 통해 사담 후세인을 축출해야 했던 장면을 떠올리게 한다. 이는 러일 전쟁 당시 미국이 일본을 전폭적으로 지원하였지만, 오히려 그것이 일본의 성장을 도와준 결과로 돌아와 다시 태평양 전쟁으로 이어졌던 장면과 닮아도 너무 닮았다고 할 수 있다.

한편, 헤이그 특사 파견을 뒤늦게 알게 된 일본은 그 책임을 물어 고종을 퇴위시키고(1907년 7월 20일) 자기 입맛대로 순종을 등극시키는가 싶더니, 7월 31일에는 군대 해산령을 내려 대한제국을 철저하게 무력화시키게 된다. 결국, 1910년 8월 22일 대한제국은 강제적으로 '한일병합조약'을 체결하게 되고, 대한제국은 일본의 공식적인 식민지로 전락함으로써 대한제국은 역사 속으로 사라지게 된다. 식민지 한국에 대한 통치권을 위임받은 조선총독부는 한국에 대한 수탈을 공식화하기 위해 시행한 토지 조사 사업으로 토지의 소유권을 빼앗고, 징병과 징용으로 한국인들을 태평양 전쟁에 강제로 동원하게 된다. 일제 강점기 말년에는 민족 말살 정책으로 일본어만 쓰도록 하며 창씨개명을 강요하는 등 36년간 지속된 기약도 없고 암울하기만 한 시절의 고난은 영원할 것처럼 우리 역사에서 계속되고 있었다.

오랜 식민지 생활은 백성들의 독립 의지를 꺾어 놓았고 식민지 정부의 일이라도 이권을 얻을 기회가 있다면 외면하지 않고 달려드는 백성들은 점점 늘어나고 있었다. 오랜 일제 강점기는 우리 백성들조차 무엇이 민족을 위한 일이고 무엇이 일본 제국주의에 이바지하는 것인지 구별할 수 없도록 하였고, 실제로 분간도 되지 않을 정도로 일제 식민지 생활은 어느덧 우리의 일상으로 자리 잡게 되었다. 식민지 백성들의 일본화는 저항조차 무의미할 정도로 오히려 자연스러운 일이 되어 있었다. 더 나아가 일본어 사용 능력이 좋다거나 일본적인 것에 익숙해진다는 것은 더 좋은 일자리를 얻을 기회가 많아지는 것을 의미하였으며, 그런 이유로 친일파로 손가락질당하고 낙인찍혀도 개의치 않고 일제에 협조하는 무리는 점점 늘어날 수밖에 없었다. 독립운동과 친일이라는 두 갈래 길에서 철저하게 일제에 의해 백성들은 서로 반목할 수밖에 없었고, 대한민국 임시 정부 또한 타국에서 미미하게나마 대일 투쟁을 전개해 나가려고 했으나 백성들에게 독립의 희망을 제시할 정도의 가시적인 성과는 없었다고 보는 것이 맞는 형국이었다. 식민지 조선은 백성들의 꿈과 희망을 대변해 주지 못한 채 오래도록 지도력의 부재와 숙명과 같은 식민지 현실 속에서, 독립에 대한 구심점을 잃은 백성들은 일제가 일으킨 태평양 전쟁의 큰 소용돌이 속에서, 우리 민족의 문제를 주체적으로 결정할 수 없는 조연이 되어 멀찌감치 물러나 있어야 했다.

한반도는 언제부터인가 일제의 군량 배급처와 위안부 그리고 징용 노동자들의 공급처로 변질되며 죄 없는 백성들만 일제의 요구에 의해 이리저리 끌려 다니는 처량한 신세로 전락하고 말았다. 그러니 태평양 전쟁 당시 세계 최강국인 미국과도 대적할 정도로 생각보다 강한 군사력을 보유한 일본을, 변변한 군대 조직조차 갖고 있지 않았던 대한민국 임시 정부와 식민지 조선의 백성들이 꺾는다는 것은 애초부터 불가능에 가까운 일로만 보였다. 그 당시 조금의 상식만 갖고 있어도 일제의 한반도 지배가 영원하리라는 것은 당연한 이치였다. 그런 논리에 압도된 몇몇 식민지 백성들의 자발적인 친일 활동은 그런 시대 배경에서 나온 거부할 수 없는 안타까운 현실이었다. 그런데도 독립을 외쳤던 우리 독립투사들의 투혼은 누구이 존경받을 만한 위대한 업적이라고 할 수 있다. 물론, 대한민국 임시 정부가 일본에 선전포고를 선언하는 등 대일본 투쟁을 본격화하면서 일제 강점기를 통틀어 모든 희망이 아예 없었던 것은 아니지만, 굶주림을 면하고 싶다는 작은 희망조차 사치인 것처럼 느껴지는 백성들에게 독립과 광복이라는 큰 희망은 언감생심 (焉敢生心)이었고 누구도 상상조차 하지 못하는 현실 사이에서 불운한 시간은 지속되고 있었다.

3

주요 인물 탐구

가. 아! 장쉐량

장쉐량(張學良, 1898~2001년)과 장제스(蔣介石, 1887~1975년).

　장쉐량은 사실 우리나라에 잘 알려진 인물은 아니다. 그리고 이 글을 읽는 분 중 몇몇 분은 왜 장쉐량이라는 인물을 여기에 넣고 꽤 많은 분량을 할애했는지 의아해하는 분들도 있을 것이다. 또한 중국 현대사의 주인공이었던 장제스와 마오쩌둥을 제쳐두고 장쉐량을 선택했는지도 궁금해할 것이다. 그럼 이제부터 그 궁금증을 풀어가 보도록 하자. 장쉐량은 중국 베이징 및 동북 지역을 거점으로 하는 군벌이었던 장쭤린(張作霖)의 장남으로, 중국에는 엉뚱하게도 그를 항일 투사로서 기리는 동상이 세워져 있을 정도로 중국 근현대사에서 중요한 인물 중의 한 사람이다. 그간의 장쉐량에 대한 평가가 어떠하든 그를 조금 과장되게 표현하면, 그는 우리나라를 비롯한 동아시아 모든 나라에 직간접적으로 영향을 준 중국 근현대사의 중요한 인물이라고 할 수 있다. 물론, 우리나라로서는 그리 환영할 만한 인물은 아니다.

20세기 초 중국은 청나라가 무너지면서 본격적으로 군벌의 시대를 맞이한다. 이 군벌의 시대를 정리한 것은 장제스가 이끄는 국민당 정부였는데, 청나라 말기의 정치 공백과 군벌에 의해 분열된 중국을 하나로 통일한다는 명분을 내건 북벌은 양쯔강 이남을 평정한 다음 베이징을 차지하고 있던 장쭤린을 몰아낸다. 이로써 장제스는 군벌 시대를 마무리 짓고 전국을 청천백일기(전 대만의 국기) 아래 통일하게 된다.

그때 황구툰 사건(皇姑屯 事件, 황고둔 사건, 1928년 6월 4일)이라는 장쭤린 폭살 사건이 일어난다. 일본 언론들은 이 사건의 배후를 장쭤린의 잠재적인 적인 중국 국민당의 소행으로 보도했지만, 이후 조사에서 한 일본군 장교에 의해 추진된 관동군의 계략으로 밝혀지게 된다. 하지만 그 당시만 하더라도 관동군의 관여 사실은 소문으로만 무성했기 때문에 그 진상은 확실히 규명되지 못하였고, 이로 인해 일본 제국은 이를 공식적으로 인정하지 않았다. 당시 장쭤린은 중국 국민당과 공산당 사이의 대립을 완충해 주는 역할을 하고 있었는데, 관동군 입장에서는 만주를 장악하는 데 더 이상 쓸모가 없다고 판단하여 국민당과 장쭤린의 갈등을 이용해 교묘하게 그를 제거한 것으로 보인다. 하지만 관동군의 단독 작전은 일본 제국에 알리지 않은 일방적인 행위였으므로 일본 내각은 꽤 분노했다고 한다.

이후 사건 처리 과정에서 내려진 가벼운 처분이 발단이 된 일본 관동군과 군부의 독단적인 행보는 일본 내각을 더욱 무력하게 만들기 일쑤였고, 더 나아가 일본 군부의 태평양 전쟁 초기까지 이어지는 연이은 승전은 군부가 내각마저도 장악하게 하는 데 큰 영향을 끼치게 된다. 황구툰 사건으로 자신의 아버지인 장쭤린의 갑작스럽고 석연찮은 죽음을 받아들여야 했던 장쉐량은 자연스럽게 동북 세력의 실권을 계승하게 되었다. 이를 통해 그가 사건의 배후로 지목된 일본에 어느 정도 적개심을 가졌으리라는 것은 쉽게 짐작할 수 있는 사실이다. 하지만 그 당시만 하더라도 그 사건의 배후에는 일본 관동군이 있을 것이라는 짐작만 할 수 있을 뿐, 일본군의 정황으로 추정할 수 있는 증거들이 없는 형편이어서 대놓고 일본을 적대시할 수는 없었다. 하지만 장쉐량은 아버지를 해하고 자신마저 제거할 수 있는 대상으로서 일본 관동군을 끝까지 주목하고 경계하게 된다. 그 후 장쉐량은 공식적으로 장제스 지지를 선언하고 국민혁명군 부사령관으로 일본에 대항하여 난징 국민당 정부에 의한 중국 통일에 힘을 보태게 된다. 그리고 장제스의 휘하로 들어간 장쉐량이 조금씩 홍군과의 싸움에 임하는 적극적인 자세와 다르게 일본 군과의 싸움에는 소극적인 장제스의 지시에 조금씩 불만을 가졌는데, 이 또한 아버지의 사망 사고와 무관하다고 할 수 없을 것이다. 하지만 장제스는 일본군과의 전쟁은 다소 지연시키거나 피하면서도 유독 공산당만은 공격 1순위로 두는 것에 변함이 없었다. 이는 당시 일반적인 중국 인민들의 생각과는 전혀 다른 것이었는데, 이런 장제스의 생각과 행동에 장쉐량과 그의 부하들은 불만을 가질 수밖에 없었을 것이다.

장제스와 전쟁을 보는 기본적인 생각이 다른 이유 때문일까, 장쉐량은 한동안 홍군을 몰기만 할 뿐 내전에서 특별한 전과를 내지 못하였다. 그 무엇보다도 장제스의 계속되는 독촉에도 특별한 전과 없이 답보 상태를 보이는 데는, 적(일본군)을 앞에 두고 동족(홍군)과 싸워야 하는 것에 대한 장쉐량의 깊은 회의 —사실 공산당과의 사전 협의의 결과인지, 장쭤린 사망에 따른 일본에 대한 기본적인 원한 때문인지 알 수 없다— 가 반영되었다고도 할 수 있다. 좀처럼 회복 기미를 보이지 않는 전선 때문이었을까, 장제스는 장쉐량의 군사적 능력을 지적하였고, 더 나아가 장쉐량이 홍군과 더 이상 싸울 의지마저 없는 것으로 판단한 장제스는 장쉐량의 군대가 공산당 소탕에는 더 이상 이용 가치가 없다고 생각하여 보급마저 중단시키며 장쉐량을 막다른 길로 내몰게 된다.

이때 이런 장쉐량의 사정을 알고 있던 홍군은 저우언라이(周恩來)를 장쉐량에게 보내 정치 공작을 진행하게 된다. 당시 두 사람이 나눈 대화는 알려진 것이 없으나, 저우언라이가 장쉐량을 포섭하기 위해 말했던 것은 대충 이런 내용이리라 짐작된다. "국민당군은 중국인은 공격하면서 일본인을 공격하지 않는다.", "중국인은 중국인을 대상으로 공격하지 않는다.", "동족끼리의 싸움은 우리의 힘을 깎아내리는 것으로 일본에만 이로우니, 내전을 멈추고 함께 일본에 맞서자." 등이 그것이다. 장쉐량 또한 당장 자신의 군대로 홍군을 물리치는 것은 이미 불가능한 일이었고, 내심 일본에 대한 저항 의식과 함께 같은 동족끼리 벌여야 하는 내전에 대해 불만과 의구심을 가졌던 그의 귀에 저우언라이의 제안은 분명 솔깃했을 것이다. 다만, 장쉐량 본인이 쓴 『시안 사변 참회록』에서는 공산당과의 사전 모의는 없었다고 밝히고 있으나, 장쉐량은 이후 정황상 공산당과 비밀 협정을 맺었을 것으로 보이는, 즉 홍군에 이득이 될 만한 행동을 회동 이후부터 대놓고 하게 된다. 또한, 장쉐량은 더 나아가 오직 자신의 판단으로 홍군을 향한 작전을 중지하고 싸움까지 중단하기에 이른다. 하지만 이것만으로도 장쉐량은 이미 상관의 명을 어기고 독단적인 행동에 들어갔다고 판단할 수 있는 것이어서, 보고된 정황만으로도 장제스가 즉결 심판으로 장쉐량을 처단해도 아무런 문제가 되지 않는 상황이었다.

그리고 운명적인 해인 1936년이 되었다. 당시에도 국내를 먼저 안정시킨 다음 국외의 사건을 도모한다는 정책을 취하여 항일 투쟁에 소극적이던 장제스는 스스로 소문(장쉐량이 공산당과 손을 잡았다)의 진상을 파악하고 홍군에 대한 작전을 독촉하기 위하여 장쉐량 군이 포진하고 있던 시안에 들어와 있었다. 마침내, 1936년 12월 12일 장쉐량은 사전 모의를 통해 자신들의 휘하를 동원하여, 마치 민중의 요구를 반영한 듯 자신의 상관인 장제스를 체포하고 내전의 정지와 항일 투쟁 정치범 석방 등을 요구하는 시안 사변을 일으키게 된다. 너무 갑작스럽게 일어난 일이라 장제스조차 적절히 방어할 수 없는 환경에서 진행된 이 사건은 방심한 장제스의 허를 찌르는 행동이어서 더욱더 뼈아팠다. 장쉐량의 하극상의 쿠데타를 비판하기 전에, 사전에 장쉐량의 상태를 보고를 통해 인지하고 있었다면 더욱 신중해야 했을 주변의 정황들을 스스로 챙기지 못한 장제스에게 우선적으로 책임이 지워졌다.

그렇게 장제스는 부하에게 감금당할 정도의 허술함과 군 조직을 제대로 단속하지 못한다는 비난을 뒤집어쓰고 대륙을 영영 잃어버릴 수 있는 사건 전말의 일방적인 희생자가 되었다. 전혀 예상하지 못한 장쉐량의 반역과 억류 조치에 장제스는 이 상태로는 어느 것도 할 수 없음을 알게 되자, 결국 25일 장쉐량의 요구(내전 중지)를 어쩔 수 없이 받아들이게 된다. 감금에서 풀려난 장제스는 난징으로 돌아오게 되고 공산당 저우언라이와 협상을 벌여 공산당을 공식적으로 인정하는 등 국민당과 공산당은 공동으로 항일 투쟁에 나서기로 합의한다. 장제스는 풀려나면서 "8년간 들인 공(공산당 토벌 작전)이 불과 2주일 만에 무너져 버리고 말았다."라며 치를 떨었다고 하니, 이 사단을 일으킨 장쉐량에 대한 분노는 쉽게 풀리지 않을 것으로 보였다. 이로 인해 장제스의 고백처럼 국민당군은 고사 직전까지 몰아갔던 홍군과의 힘겨운 싸움을 처음부터 다시 시작해야 했으며, 오랫동안 우위를 점한 가운데 지속되었던 공산당과의 오랜 싸움의 전과가 한순간에 물거품이 되는 것도 모자라, 이제는 동등한 위치에서 내전을 준비해야 하는 어려운 입장에 처하게 되었다.

어찌 되었든 이로써 국민당과 공산당 사이에 2번째 국공 합작이 이루어져 항일 민족 통일 전선이 결성된다. 국공 합작은 단순하게 국민당과 공산당이 내전을 중지하고 일본에 같이 대응한다는 의미만 있는 것이 아니었다. 특히 공산당에게는 누구보다 큰 혜택이 있었는데, 내전이 공식적으로 중지된다는 것은 공산당에게 더 이상 대장정을 할 필요가 없어졌다는 것과 게릴라전을 수행하기 위해 산속을 전전하며 숨지 않아도 되었고, 더 나아가 너무도 당당하게 국민당 소속 8로군이 되어 정규군에 준하는 제대로 된 보급과 안전을 보장받을 수 있다는 것을 의미했다. 이것 모두가 장쉐량에 의해 하루아침에 이루어졌다고 하니 얼마나 공산당 당직자와 군이 감격해마지않았을지는 짐작하고도 남을 것이다. 오랜 투쟁으로 다져진 정치력에 군사적인 여유까지 생기자 홍군은 등에 날개가 돋친 듯 날마다 늘어나는 지원자를 정규군으로 맞이하며 세를 불릴 수 있게 되었고, 이는 언젠가 벌어질 국공 내전이 새로운 국면으로 진입하고 있음을 알리는 신호가 되었다.

우리는 여기에서 장쉐량과 시안 사변의 잘잘못을 논하기 전에 누가 이 사변을 통해 가장 큰 이득을 얻었는가를 살펴보아야 한다. 이를 보면 공산당과는 어떠한 사상적 일치감도 없었던 장쉐량이 얼마나 교묘하게 공산당에 이용당했는지를 짐작할 수 있게 된다. 그리고 정작 본인은 어리석게도 사변 후 장제스에게 제 발로 걸어 들어와 시안 사변 전에 맡았던 직책을 빼앗기고 평생 감금당하는 불운을 겪게 된다. 나중에 장쉐량은 『시안 사변 참회록』에서 "시안 사변은 참으로 가슴 아픈 일이었다. 그러나 나는 사변의 사전 모의에서 공산당과 협의한 일은 없다. 이

제 새삼 그 경솔함을 스스로 후회한들 무슨 소용이 있으랴! 내가 상관을 오도하고 친구를 해치고 부하를 괴롭힘이 이보다 더할 수 있었으랴! 가만히 앉아서 이득을 본 것은 오직 공산당뿐이었다."라며 통회하는 것 같은 말을 쏟아내지만, 이미 때는 많이 늦었다. 그렇게 중국과 동북아 역사를 한순간에 뒤집어 놓은 시안 사변은, 장제스의 한순간의 방심과 그 중심이 된 장쉐량이라는 인물의 불안한 신분 상태 그리고 공산당의 치밀하고 조직적인 정치 공작으로 인해 벌어진 사건으로 이해될 수 있을 것이다.

억류된 장제스로부터 내전 정지·일치 항일을 약속받은 장쉐량은 시안 사변을 일으킨 것은 나라를 위한 결정일 뿐, 자신의 영달을 위한 결정이 아니라는 것을 증명하기 위해 휘하들의 만류에도 불구하고 무장을 해제하고 장제스에게 스스로 죄를 묻게 된다. 이에 장제스는 반역죄에 하극상의 죄를 더해 장쉐량을 10년의 금고형에 처하게 된다. 장쉐량의 행동은 전시에서는 일어날 수 없는 하극상의 범죄일 뿐만 아니라, 당시 국민당의 적인 공산당과의 비밀 협정을 맺는 등 분명 장쉐량의 죄는 즉결 심판이나 사형에 처해져도 할 말이 없는 중대 범죄 행위였다. 그 뒤 공산당과의 내전에서 패배한 국민당 정부가 대만으로 옮겨갈 때 장쉐량은 같이 끌려가 대만에서 연금 생활을 이어가게 되고, 그렇게 영원할 것 같던 연금 생활은 1990년 6월 1일 장쉐량의 93세 생일이 되어서야 풀려날 수 있었다. 이후 1993년 12월 15일에는 고령임을 감안해 44년 만에 대만을 떠나 미국으로 가도록 허용하였고 1995년부터 동생이 거주하는 하와이에서 살다가 2001년 10월 104세로 장쉐량은 파란만장했던 삶을 마감하게 된다. 여기에서 우리는 아무런 권한도 없는 장쉐량을 75년에 장제스가 사망했음에도 불구하고 중화민국(대만)에서 40년 동안이나 연금했던 것에서, 장쉐량에 대해 장제스와 대만 국민당 세력의 원한이 얼마나 깊은지를 알 수 있다. 그 반면에 연금 상태를 연장하면서도 장쉐량을 반역죄로 끝내 사형하지 않은 것은 아마도 장제스가 자신의 관대함을 강조하려는 정치적인 의도가 있지 않을까 하는 짐작만 할 뿐이다.

시안 사변에 대한 장제스의 분노에도 불구하고 장쉐량 본인은 노년에 남긴 육성 회고록에서 그 전에 언급한 내용과 상반되게 "군인으로서는 죽어 마땅한 죄를 지었으나, 이 일에 대해서는 양심에 있어서 떳떳하다. 1936년으로 다시 돌아간다면 나는 주저하지 않고 다시 시안 사변을 일으킬 것이다."라고 하여 이 사건에 대해서는 후회하지 않는다고 말한다. 이 육성 회고록은 장쉐량이 아직 연금 상태였던 1990년대 초에 녹음된 것이며 본인이 컬럼비아 대학에 기증했다고 한다. 이 대목에서 우리는 왜 중국과 공산당이 장쉐량을 영웅으로 치켜세우는지를 알 수 있게 된다. 자신의 정치적 선택에 대해 지금도 떳떳하고 당당함을 가졌다는 것은 지금의 중국을 세운 공산당 또한 중국을 이끌 만한 정당성을 갖췄다는 표현으로 이해되기 때문이다. 또한 장쉐량은 회고록에서 장제스가 중국을 통일할 인물이라고 생각했기에 시안 사변을 일으키고도 풀어 주었으며 지금도 그 생각은 변함이 없다고 말했다고 한다.

하지만 우리는 이미 장쉐량이 쓴 『시안 사변 참회록』의 내용을 알고 있기에 회고록의 내용에 대해서 더한 의구심을 갖게 된다. 장쉐량이 말한 내용의 진위를 따져보기 전에, 이런 상이한 고백이 가능했던 것은 그 글이 써지거나 말했을 당시의 상황을 먼저 이해해야 할 것으로 보인다. 우선, 이렇게 다른 글이 나온 배경에는 여러 가지 의견이 있을 수 있겠지만, 장쉐량이 『시안 사변 참회록』을 쓸 당시(1959년)는 대만에서 그의 연금 상태가 10년 이상 지속된 상황이었다. 이에 장쉐량은 자신의 생사여탈권을 쥔 장제스에게 일신의 안녕을 위해 무릎이라도 꿇고 구걸해야 했으므로 자신의 과거 행동을 적극적으로 비판하며 후회하는 참회록을 쓸 수밖에 없었을 것이다. 장쉐량이 20만 자가 넘는 글을 동원하여 시안 사변의 잘못을 후회하고 고백한 이유는 단 한 가지였다. 자신의 어리석은 선택을 용서해 주고 불운한 연금 생활을 풀어달라는 것이었다. 하지만 이런 장쉐량의 고백과 한탄에도 불구하고 연금 생활은 좀처럼 변경되지 않았고, 장제스의 생존 기간뿐만 아니라 그의 사후에도 그의 연금은 쉽게 풀리지 않았다. 그게 사무쳤던 것일까, 장쉐량은 그 전의 참회록에서 언제 그랬냐는 듯 고령이 된 후 고백처럼 내뱉은 회고록에서는 『시안 사변 참회록』은 마치 그 당시 장제스의 강요로 쓴 것이라고 말하기라도 하는 것처럼 전혀 다른 얘기를 쏟아내고 있는 것이다. 이것은 고령이 된 후 장쉐량이 시안 사변을 부정한다는 것은 연금 생활 외에는 아무것도 한 것이 없는 자신의 삶을 부정하는 것이기에, 그는 시안 사변에 정당성을 부여하며 자기 삶의 마지막을 적극적으로 변호하고 있는 것으로 보인다. 하지만 무엇을 이야기한들

이미 중국이 공산화되었고 그 영향으로 남북마저 분단된 현실에서 무슨 의미가 있겠는가. 다만 우리는 이 자리에서 진실을 판별하고 분석하기보다는, 무엇이 장쉐량의 진심이었는지는 시안 사변을 주목하고 연구하는 자들 각자의 몫으로 남겨야 할 것으로 생각된다.

나. 네가 나를 키웠다 - 히틀러

무솔리니(Benito Mussolini, 1883~1945년)와 히틀러(Adolf Hitler, 1889~1945년).

오스트리아 출신인 히틀러는 불우한 가정환경으로 인해 미술학도로서의 꿈이 일찍 좌절되면서 아무런 희망 없이 청년 시절을 무료하게 보내게 된다. 그리고 그가 25세가 되는 1914년이 되자, 그의 인생에 첫 번째 기회가 찾아온다. 제1차 세계대전이 발발한 것이다. 그는 오스트리아 국적이라 징병에서 제외될 수 있음에도 불구하고 스스로 독일 국적을 취득하고 자원입대를 결정한다. 물론, 그 과정에는 히틀러가 총통이 된 후 그의 군 시절 이야기를 각색하거나 신격화하는 과정에서 다른 논란거리가 등장하는 것이 사실이지만, 분명한 사실은 그의 입대가 늘 아웃사이더의 생활에 익숙했던 히틀러가 비로소 소속감과 애국심으로 위장된 자긍심을 갖는 계기가 되어 주었다는 사실이다. 어쩌면 군대가 주는 안정감과 만족감은 그 당시 다른 독일 병사들과 비교할 수 없을 정도로 히틀러에게 더할 나위 없는 흥분과 충족감을 주었을 것이다. 이는 히틀러 인생에서 중요한 부분을 차지하는 것으로 군대와 같은 집단주의가 주는 일치감과 획일성은 그의 사고 전체를 지배하기 시작하는 계기가 되었다.

그리고 그에게 인생의 두 번째 기회가 찾아온다. 히틀러는 자신의 임무를 수행하던 중 참관하게 된 독일 국가 사회주의 노동당, 즉 '나치'의 입당 제의를 받게 되는데, 처음에는 아무런 영향력 없는 정치 단체에 몸담아서 얻을 것이 무엇이 있을까 하는 고민이 없었던 것은 아니었지만, 곧 운명처럼 입당을 결정하고 군에서 제대하게 된다. 처음 히틀러가 나치당에 입당할 때만 해도 나치당의 멤버들은 하나같이 비현실적인 사회 낙오자들뿐이었다고 한다. 실질적인 창설자였던 안톤 드렉슬러(Anton Drexler)조차 하층민에 해당하는 열쇠 제조공이어서 31세의 퇴역 군인인 히틀러가 이 단체의 실질적인 지도자로 부상하는 데는 그리 오랜 시간이 걸리지 않았다.

이후 나치당의 실질적인 지도자가 된 히틀러는 마치 물 만난 물고기처럼 오직 나치당 활동과 연설을 통해 자신의 분노를 해소하고 꿈을 실현하고자 동분서주하게 된다. 그리고 언제부터인가 히틀러는 나치당을 넘어선 탁월한 대중 연설가로 인정받으면서 조금씩 자신의 추종자들을 만들어 가기 시작한다. 대중을 대상으로 했던 연설의 주 내용은 게르만 민족의 우월성과 일방적으로 체결된 베르사유 조약에 대한 비판 그리고 그 당시 유행했던 반유대주의 사상이었다. 하지만 이런 연설을 한다고 해도 그 당시 독일의 혼란한 정치 상황을 계기로 우후죽순처럼 늘어난 여러 정치 단체의 선동가들과 비교하여 히틀러가 특별한 재능을 갖고 있다고 보기는 힘들어 보였다. 먼저 베르사유 조약에 대한 비판은 제1차 세계대전 패전 후 독일 경제가 좀처럼 회복할 기미를 보이지 않자, 그 원인을 외부에서 찾던 중 베르사유 조약에 대한 근본적인 회의를 갖게 되면서 시작된 것이었다. 그러나 사실 조약에 대한 비판은 그 당시 독일 국민의 생각을 대변한 것이어서 히틀러만의 정치 구호도 아니었다. 또한 반유대주의는 편협한 인종주의자였던 히틀러에 의해 조장된 것은 더더욱 아니었으며 당시 유럽에 퍼져있던 일반적인 정서라고 해도 과언이 아니었다. 심지어 『돈키호테』의 저자 세르반테스(Cervantes, 1547~1616년)가 살던 시대의 스페인에서도 자국인들과 끊임없이 반목하는 유대인에 관한 차별이 존재했을 정도로, 동서고금을 막론하고 유럽 어느 지역에 국한하지 않고 유대인이 거주하는 어느 곳이든 현지인들의 시기와 차별로 인한 잦은 마찰음은, 그들을 언제나 그 지역과 국가의 천덕꾸러기 신세로 만들어 놓기에 충분하였다.

근대에는 프랑스에서 일어난 '드레퓌스 재판 사건'은 대표적인 유럽의 반유대주의 정서를 보여 주는 사건으로, 이 간첩 사건을 두고 좌우로 나누어진 프랑스 정치계는 에밀 졸라가 '나는 고발한다'를 쓰면서 더욱 확대되었는데, 8년이라는 긴 시간을 끈 이 사건은 마침내 1906년 최고 법원이 드레퓌스의 무죄를 선언함으로써 마무리된다. 이 간첩 사건을 두고 겉으로는 프랑스의 좌우파가 대립하는 것처럼 보였지만 그 근저에는 유대인 차별과 같은 종교적 이견을 가진 세력에 대한 프랑스 내의 오랜 편견이 자리 잡고 있다고 할 수 있다. 이 사건을 계기로 프랑스 내에서는 정치에 종교가 끼어들지 못하도록 하는 종교의 세속주의, 즉 라이시테(laïcité)적 세계관이 자리 잡게 되는 것처럼, 이교도의 문화와 전통만을 고수하는 프랑스계 유대인뿐만 아니라 유럽에 거주하는 모든 유대인은 오랜 거주 기간에도 불구하고 그 나라에 온전하게 섞이지 않는 물과 기름처럼 현지인들로부터의 외면과 배척을 받기에 충분했다.

특히나 독일처럼 제1차 세계대전 이후 민족적인 개념이 더욱 강조되는 문화적 토대에서는 반유대주의 정서는 일상화된 문화 폭력처럼 그리 대단한 것이 아니었는데, 그런 일상화되고 세속화된 독일인의 반유대주의 정서는 굳이 히틀러가 강조하지 않아도 당시 대부분의 독일 국민이 어느 정도 반유대주의의 신봉자라고 할 수 있었다. 그러나 그에 더해 히틀러는 교묘하게 독일 내부에 대한 불평과 불만들을 유대인들을 대상으로 한 분노와 차별로 엮어내었고, 제1차 세계대전 이후 더욱더 퍽퍽해진 현지 상황에 대해 기꺼이 이를 정치적인 희생양으로 삼도록 하는 데 설득력을 얻어가고 있었다. 더 나아가 제1차 세계대전 이후 어려워진 독일 경제 상황을 그 당시 독일 자본(당시 독일 내 민간 은행, 증권시장, 백화점, 신문사 등의 반 이상이 유대 자본으로 움직이고 있었다)을 대부분 갖고 있었던 유대인과 베르사유 조약을 강요했던 주변국들의 탓으로 돌리며, 혹시나 있을 내부에 쌓인 불만들을 외부로만 향하도록 하는 등 정치적인 방향성을 적절하게 조절하는 데 주로 이용하였다. 이처럼 독일 내 만연한 반유대주의 정서를 현실 정치에 실현하는 등 전쟁 내내 독일 정부에 의해 주도된 유대인 학대와 학살은, 일상화된 폭력에 과도하게 노출된 독일인들의 도덕적 불감증과 결합하여 돌이킬 수 없는 결과를 초래하였다.

이것은 마치 1923년 일본의 관동 대지진 당시 지진으로 인한 민심을 수습하기 위해 일본 내각이 계엄령을 선포해야 했던 장면을 떠오르게 하는데, 당시 일본 내각은 계엄령 선포를 위한 위기의식 조성을 위해 한국(조선)인들이 폭동을 일으킨다는 유언비어를 조직적으로 유포시켜 성난 민심을 잠재우고 피해로 인한 공격성을 한인에게 향하도록 함으로써 한인들에 대한 차별과 학살을 방조하게 한 혐의를 받고 있다. 그렇게 일본 땅의 한국인들처럼 아무런 보호도 받을 수 없는 처지에 몰린 유대인들은 기본적인 인권 보호라는 조그마한 방어막조차 사라진 독일의 세력 범위 내에서, 조직적이고도 치밀하게 이뤄진 유대인 멸종이라는 이념에 광분하고 매몰된 나치당과 이래저래 성난 독일 국민의 첫 번째 공격 대상이 될 수밖에 없었다.

1921년이 되자 히틀러는 스스로 초안을 만들어 완성한 당규에 의해 나치당의 '당수'가 된다. 초기의 무식한 시골 건달들로 구성된 나치당은 어느새 루돌프 헤스, 알프레드 로젠베르크, 에른스트 룀(Ernst Röhm), 헤르만 괴링(Hermann Göring) 같은 엘리트 등을 포섭하는 데 성공하여 독일 내의 어엿한 정치 세력으로 성장해 있었다. 특히, 나치 친위대(Schutzstaffel, SS)의 기반이 되었던 룀이 이끄는 돌격대의 충성스러운 폭력 정치와 제1차 세계대전 전투기의 에이스이자 지방 귀족 출신인 헤르만 괴링의 입당과 재산 헌납은, 당시 고만고만했던 정치 단체들을 물리치고 나치당이 주목할 만한 정치 세력으로 서서히 부상하는 데 큰 힘이 되어 주었다. 여기서 시작된 히틀러와 괴링과의 인연은 제2차 세계대전 개전 후에도 변함이 없었고, 히틀러는 공군 사령관인 괴링이 작전에서 몇 차례 실책을 저지르는데도 불구하고 유독 괴링한테는 직접 문책하지 않고 끝까지 큰 신뢰를 보내며 오랜 관계를 유지하게 된다.

히틀러는 평소 과장된 표현과 과도한 제스처로 만들어진 연설로 굴욕적인 베르사유 조약의 체결을 한 당시의 바이마르 정부를 비판하며, 자신의 지도자로서의 소신과 자질을 선전하는 데 여념이 없었다. 또한, 그는 패배감에 빠져 있던 독일 국민에게 독일이 가진 잠재력과 독일 경제의 회복 가능성을 끝없이 설득해 나갔다. 특히 프랑스가 중심이 되어 부과한 과중한 전쟁 배상금이 독일 경제를 도탄에 빠트렸다고 강조하며, 조약 불복종 운동을 통해 주변국들에 눈치를 보지 않는 당당한 조국의 미래상을 제시하여 독일 국민이 열광하도록 만들었다. 더 나아가 전쟁 패배로 주눅 들어있던 독일 국민에게 아리안족의 우월성을 강조하여 국민들의 사기를 드높이는 것과 동시에, 주변의 열등한 민족들로 구성된 국가들을 독일이 침략하고 지배하는 것은 당연한 논리라는 왜곡된 생각들을 국민에게 아무런 제약 없이 전달하면서 전쟁을 일으키는 것에 대한 거부감을 감소시키는 부작용도 함께 낳게 되었다. 이처럼 히틀러는 정치 선동가답게 독일 국민의 쌓인 분노와 절망을 이용하는 방법을 잘 알고 있었다.

히틀러의 탁월한 대중 선동 실력은 자신과 당의 세를 키워 가는 데 큰 디딤돌이 되어 주었지만, 오스트리아 출신인 히틀러가 가진 한계처럼 나치당이 단번에 독일 내에서 독보적인 위치를 차지할 수는 없는 노릇이었다. 히틀러는 나치당을 어느 수준 이상으로 올려놓는 것이 어렵다는 생각이 들자, 그의 정치적 입지에 대한 불안감 뒤에 감춰져 있던 조급증이 조금씩 드러나기 시작했으며 결국 안절부절못하고 위기감마저 느끼게 되었다. 또한 독일 내 사회주의 공산당 등과 같은 다른 정치 세력과 견주어 나치당이 월등하다고 인정될 수 있는 부분이 적다고 판단한 히틀러는 정치적인 경쟁을 이겨내기 위해 엉뚱한 방법을 선택하게 된다. 선거 전까지 압도적인 지지를 받을 수 없다면 스스로 만들겠다는 생각으로 히틀러는 1923년 11월 8일 '뮌헨 맥주홀 폭동 사건'이라는 쿠데타를 꾀하게 된다. 하지만 어설픈 '국가 전복 기도'는 실패로 끝나버리고 16명의 돌격대원이 죽는 것으로 간단하게 진압되고 말았다. 도망가다 이틀 뒤에 체포된 히틀러는 국가 반역 혐의로 재판을 받게 되는데, 아이러니하게도 이 시도가 그의 정치적 입지를 더욱더 강화해 주는 결과를 불러오게 된다. 이 사건은 그에게 찾아온 인생의 세 번째 기회가 되었다. 재판 과정에서도 그는 죄인 신분이라는 것이 무색하게 타고난 웅변 솜씨로 독일 국민을 도탄에 빠트린 정부를 성토하고 조국 독일과 민중에 대한 자신의 애정과 열정을 피력하게 되는데, 구구절절 옳은 말과 시종일관 당당한 모습을 잃지 않는 히틀러의 모습에서, 적어도 그 자리에 있던 독일인들은 어려워진 독일을 구할 애국자이자 영웅의 모습을 기대하는 헛된 망상을 갖게 된다. 더 나아가 그의 쿠데타 시도마저 구국을 위한 영웅적인 행동으로 미화되기 시작하였다. 히틀러의 시종일관 당당한 태도 때문일까, 그는 재판에서 5년 형을 선고받지만 이미 정치적 거물이 되어 전속 비서까지 거느렸다고 알려진 호화스러운 수감 생활은 그마저도 9개월로 그치고 말았다. 또한, 얼마 되지 않은 수감 생활에서 펴낸 『나의 투쟁』은 편협한 애국주의자가 쓴 장황한 논리들의 나열임에도 불구하고, 그 후 나치당원들의 행동 강령이자 앞으로 나치 독일이 나아갈 방향에 대한 바이블인 동시에 논리적 근거가 되어 주었다.

히틀러는 짧지만 알찼던 수감 생활을 통해 쿠데타라는 불법적인 과정으로는 권력을 얻을 수 없다는 교훈을 얻게 된다. 그리고 시간이 걸리더라도 대중적인 인물을 포섭하고 공식적인 선거를 통해 차근차근 자신의 입지를 넓혀가기 위해 노력해야 한다는 필요성을 절감하게 된다. 그리고 이후 치러진 1932년 총선거에서 드디어 히틀러의 나치당은 제1당으로 부상하게 되고, 1933년 1월 히틀러는 힌덴부르크 대통령에 의해 수상으로 임명된다. 그 후, 공교롭게도 1934년 8월 2일 87세의 고령인 힌덴부르크 대통령이 세상을 떠나자, 그는 수상이자 대통령의 권한을 모두 쥔 무소불위의 권력인 '총통'으로 취임하게 된다. 더구나 독일 국민이 1934년의 국민 투표에서 약 88%의 지지율로 히틀러를 신임하고 전폭적으로 지지하면서 패전국 독일을 살려낼 수 있는 마지막 희망의 불씨로 히틀러를 후회 없이 선택하게 된다. 하지만 선거라는 정당한 권력 취득 과정으로 독일의 명실상부한 독재자가 된 것까지는 순조로웠지만, 언제까지고 바닥을 헤매고 있는 독일의 경제 상황이 히틀러에게 준 과제는 그리 녹록지 않았다. 끝을 모르고 내리막길로 치닫고 있는 독일 경제와 독일을 더욱 압박하고 있는 주변 환경 등, 당시 만만치 않았던 독일 국내외의 문제들을 직면하면서 히틀러는 어떻게 하면 효율적으로 독일 국민을 설득할 수 있는지 그의 지도자로서의 자질을 본격적으로 검증받게 되었다.

이젠 히틀러 연설의 주된 레퍼토리가 된 조약 불복종 선언은 베르사유 조약 체결을 밀어붙인 프랑스와 연합국을 싸잡아 비판하면서 내부 결속을 다지는 이중효과를 거두게 되고, 더불어 그는 그간의 산적한 독일 내 불만의 원인을 교묘하게 외부로 돌리는 정치적 선택의 탁월함을 선보일 수 있었다. 더구나 국민의 압도적인 지지 덕분일까, 히틀러의 베르사유 조약 불복종 선언과 재무장 등은 더욱 힘을 받기 시작하였고 주변국들은 독일의 발 빠른 군국주의적 움직임에 상당한 위협을 받기 시작하였다. 이처럼 히틀러의 선동적이고 호소력 짙은 연설은 그것을 듣는 누구든지 히틀러는 당당하고 뚜렷한 국가관을 가진 지도자가 가져야 할 정치적 논리를 갖고 있다고 착각하게 만드는 마력을 갖고 있었다. 총통이 된 후에도 좀처럼 제 상태를 회복하지 못한 독일의 경제 사정 속에서도 더욱 부각된 히틀러의 연설 내용은 전쟁 후의 지독한 경제적 어려움을 조금이라도 겪은 독일 국민이라면 자신들이 진정으로 듣고 싶고 말하고 싶은 것을 그가 대변해 준다고 느낄 정도로, 그의 연설은 대리만족에 가까운 카타르시스의 역할을 충분히 하고도 남았다. 또한 패전이 가져다 둔 치욕감과 경제 회복에 대한 기대가 무너지면서 무력감에 빠져있던 당시 독일 국민이 몰표에 가까운 지지율을 통해 히틀러를 총통으로 만들어 준 것에서 볼 수 있듯이, 총통이 된 히틀러라는 존재는 이미 독일 국민에게 독일이 가진 국가적 자긍심을 회복해 줄 것이라는 기대와 희망을 안겨줄 정도의 강력함을 보여 주고 있었다. 그에 더해 언론까지 나서서 히틀러의 영웅 만들기에 몰입한 결과 히틀러의 독재 행보는 탄력을 받게 되고 그의 치세는 비교적 이른 시일 내에 더욱 견고해질 수 있었다. 그러나 독일 내에서 히틀러라는 존재가 더욱 부각될수록, 독일은 지도자 한 개인에 의해 존망이 좌우되는 불안한 운명을 피할 수 없게 되었다. 동전의 양면과 같은 패전국 독일의 얄궂은 운명은 그렇게 조심스럽게 오랜 불황의 탈출구를 스스로 열어젖히려고 몸부림치고 있었다.

여기서 히틀러가 비교적 빠른 시간 내에 최고 권력의 위치인 총통의 자리까지 올라가게 되는 데 있어 빼놓을 수 없는 인물이 있는데, 그 인물은 바로 히틀러의 가장 유력한 스승이라고 일컬어지는 무솔리니다. 무솔리니가 권력을 얻기 위한 과정에서 사용했던 여러 방법은 히틀러와 많이 겹치는데, 이것을 단순히 우연으로 돌리기엔 이미 자신의 정치적인 스승인 무솔리니에 히틀러는 상당 부분 많이 심취해 있었던 것으로 보인다. 두 사람 다 대중 연설이라기보다 선동에 가까웠던 군중 집회로 대중을 현혹하였고, 군대식 복장과 조직을 갖춘 당원을 동원해 화려한 휘장과 정치적인 퍼포먼스로 대중을 눈멀게 했으며, 잠들어 있는 욕망을 깨우기 위해 과거 로마제국의 영광과 아리아인의 우수성을 유난히 강조해야 했다. 또한, 공산주의에 대한 무조건적인 반발감에 쿠데타를 기도했던 정치적인 도박 외에 정부(情婦)와 함께 최후를 맞이하는 소름 끼치는 장면까지도 빼다 박은 듯 닮아 있어 히틀러는 무솔리니로부터 정치 훈수를 제대로 받았다고 할 정도로 다수의 유사점을 쉽게 발견할 수 있다. 굳이 다른 점을 찾는다면 독일군과 이탈리아군의 근본적이고도 뛰어넘을 수 없는 군사력 차이라고 할 수 있는데, 어쩌면 무솔리니가 창시한 파시즘의 꿈은 카이사르(Caesar)조차 갈리아 원정 시절 정복에 애를 먹었던 게르만 민족, 즉 막강한 독일군을 휘하에 둔 히틀러에 의해 어느 정도 실현되었다고 해도 과언이 아닐 것이다.

한편, 시간이 갈수록 정치 행사인지 군 관련 행사인지조차 모호해진 나치당의 정치 선동 대회에서 히틀러와 나치당 선동자들은 대중 연설 때마다 국민을 현혹시킬 만한 하켄크로이츠 무늬 휘장들을 무대 위아래에 넘치도록 걸어놓았고, 검은색 제복으로 한껏 멋을 낸 돌격대와 친위대원들의 절제된 동작은 대중을 압도하기 시작했다. 화려함을 넘어서 위압감까지 느끼게 하는 웅장한 무대 장식은 무대가 펼쳐질 때마다 더욱 발전하여 현재의 웬만한 퍼포먼스를 능가할 정도였고, 끝없이 펼쳐진 나치 깃발들은 그곳에 있는 사람들이 나치당의 분위기에 한껏 심취하도록 만들기에 충분하였다. 다채롭고 잘 준비된 무대를 경험한 독일 국민은 그동안 연합국들의 조약 강요로 희망 없이 살아왔던 세월을 보상해 줄 구세주로 히틀러를 점찍어 두게 되고, 그런 환호에 보답이라도 하듯 히틀러는 신들린 듯한 연설 실력을 맘껏 뽐낼 수 있었다.

이처럼 대중을 압도하고 현혹했던 나치의 대중 연설 무대와 함께했던 나치의 군대식 제복 등은 나치에 대한 환상을 심어주는 데 한몫했다고 할 수 있는데, 꽤나 인상적이었던 검은색 계열의 히틀러 친위대 제식 복장과 처음으로 얼룩무늬 위장 군복을 사용한 무장 SS 친위부대의 군복은 그 당시로서는 기존의 군복에 대한 일반적인 관념을 깨뜨리는 혁명에 가까운 디자인이라고 할 수 있었다. 그런 디자인이 가능하도록 한 독일의 패션 기업인 휴고 보스사(社)는 제2차 세계대전이 한참 지난 2011년 9월 21일, 사사(社史)인『바이마르 공화국과 제3 제국[9] 시절(1924~1945년)의 의류 기업사』를 발간하면서 "당시 우리의 행위로 인해 고통을 받은 모든 이에게 진심으로 사죄의 말씀을 전한다."는 공식 사과문을 발표했다. 휴고 보스의 창업자인 휴고 페르디난드 보스(Hugo Ferdinand Boss)는 당시 열렬한 나치당원으로 그 당시 침략 전쟁에 앞장섰던 독일군의 군복을 필두로 해서 나치 친위대처럼 각종 전범 행위를 벌인 여러 조직의 유니폼을 만들어 공급했다고 한다. 이 때문에 그는 나치당 부역 혐의로 기소돼 10만 마르크의 벌금형과 선거권을 박탈당하는 처벌을 받기도 했다. 나치가 출범할 때부터 시작된 인연으로 나치가 가는 곳마다 군복이라기보다는 화려한 제복을 먼저 떠오르게 했던 휴고 보스사의 선별된 디자인은, 나치가 해왔던 악행과 함께 그 책임에서 영원히 면제되기는 어려울 것으로 보인다.

---

9) 제3 제국은 히틀러가 권력을 장악한 시기의 독일 제국(1934~1945년)을 일컫는 용어로써 1933년 정권을 장악한 나치 독일이 1934년 대통령 힌덴부르크의 사망을 계기로 사용하기 시작했다. 나치 독일은 962~1806년의 신성 로마 제국을 제1 제국, 1871~1918년의 독일 제국을 제2 제국, 1934~1945년의 나치스 지배 체제를 제3 제국이라 일컬었다.

대중을 압도하는 나치의 군중 집회 장면과 제복의 화려함은 어린 독일 청소년들에게 독일 군대에 대해 동경을 주기에 충분하였다. 어쩌면 이것이 휴고 보스사가 독일군 제복 제작에 온갖 정성을 쏟아부은 근본적인 이유라고 할 수 있다. 독일군 군복의 화려함에 끌린 나머지 대부분의 독일 사람들이 히틀러와 나치에 대한 환상까지 품었던 점은, 기본적인 사람들의 심리를 잘 이용했던 나치에게 그 원인이 있다고 할 수 있으나, 어쩌면 독일인들 또한 그 화려함 뒤에 감춰진 비정함과 전쟁이 가져다주는 비극은 잠시 모른 척하고 싶었던 것인지도 모른다. 특히, 히틀러유겐트(Hitlerjugend, 나치당의 청소년 조직)에 속한 청소년들은 자신들이 나치로부터 이용당하는지도 모른 채 어릴 때부터 무조건적인 충성을 강요받아야 했다. 그들은 성인이 되어서는 자연스럽게 히틀러의 무장 친위대(Waffen-SS)에 들어가 나치 독일이 전 유럽에서 악명을 떨치게 하는 데 큰 역할을 하게 된다.

위와 같이 잘 디자인된 무대와 복장으로 국민들을 현혹하여 얻은 폭발력 강한 대중적 인기는 나치당이 독일 국민 위에 군림하도록 만들어주는 배경이 되었다. 이런 압도적인 지지를 기반으로 마침내 독일 내 제1당이 된 나치당은 공산당을 비롯해 사사건건 자신들과 반대 각을 세웠던 세력들을 몰아내고 나치당 일인 천하의 독재 체제를 만들어나갔다. 그렇게 히틀러는 무엇보다도 정치적인 안정이 없다면 자신이 어렵게 잡은 정권을 오래도록 유지하기 어렵다는 판단 하에 이를 해결하기 위해 골몰할 수밖에 없었는데, 이때 반나치 세력들을 치안 유지라는 명목으로 숙청하고 제거하는 데 따르는 여러 가지 아이디어를 제공하는 이가 나타난다. 그가 바로 히틀러의 무장 친위대 총수 하인리히 힘러(Heinrich Himmler, 1929~1945년)였다. 그는 제2차 세계대전 내내 친위대 하위 조직으로 만들어 놓은 정치 경찰, 즉 게슈타포(Gestapo)를 총 지휘 감독하며 전 유럽에서 악명을 떨치게 된다. 한편, 게슈타포는 독일 패전 시까지 연합군의 스파이 색출, 유대인 추적, 반체제 인사 숙청 등 히틀러의 통치를 원활하게 하는 데 일조하는 행동 대장의 역할을 떠맡으면서 악랄한 정치 조직으로 거듭나게 된다. 하지만 "절대 독재는 절대로 부패한다."는 격언처럼 건강하지 못한 정치 철학을 가진 나치 독일이 세운 독일 제3제국은 처음부터 불안정한 정치 토대 위에서 위태롭게 서 있어야 했다.

거짓말처럼 나치당의 한바탕 정치적인 보복과 숙청이 휩쓸고 지나가자 표면적으로 독일은 정치적인 안정을 찾게 된다. 비록 다소간의 비능률성과 마찰이 불가피한 의회 정치를 독일 정부가 땅속에 묻어버린 대가로 얻은 값비싼 안정이었지만, 히틀러는 외교계·경제계·군부 요인들의 협력을 얻어 가시적이고 그럴듯한 성공을 거두게 된다. 우선, 아우토반 같은 고속도로의 건설과 같은 공공사업을 진행시키며 실업 사태의 해결을 통해 경제의 재건과 번영을 이룰 발판을 마련하게 된다. 또한 베르사유 조약을 파기하고 재군비를 선언하며 단시간 내에 독일군을 유럽에서 손꼽히는 최강의 군대로 만들어놓는 발판을 마련한다. 재군비 선언은 주변국들의 우려와 상반되게, 패전국이라는 멍에와 함께 예상을 훨씬 뛰어넘은 전쟁 배상금으로 독일 경제를 도탄에 빠뜨렸던 여러 사정 때문에, 오랫동안 실의에 잠겨 있었던 독일 국민들의 열광적인 지지를 얻게 된다. 오랜 사회 혼란과 패전, 경제적 궁핍에 어지간히 시달렸을 독일 국민은 표면적으로는 이러한 '나치 일당 체제 안에서의 평화'를 진심으로 환영하고 만족하는 듯했다. 모든 행정 조직 또한 군대식 조직을 방불케 하는 나치 독일 시스템이 국가에 적용되었지만, 이 또한 일사불란한 독일인들의 습성과 맞는 것이어서 별다른 거부감을 주지는 않았다.

또한 히틀러는 『나의 투쟁』에서 줄곧 주장해 왔던 반유대주의를 노골화하게 되는데, 1934년의 '직업공무원법'으로 모든 공직과 군대에서 유대계 혈통을 배제하는 것과 동시에 1935년의 '뉘른베르크 인종법'에서는 독일계 유대인을 2등 시민으로 강등시키는 법을 실현하게 된다. 이 법안은 오직 인종만으로 신분을 나누는 왜곡된 인종차별법으로, 이를 통해 우리는 이 법안을 주도한 지도자 히틀러와 그것을 방관하고 묵인했던 독일 국민의 왜곡되고 어두운 면을 볼 수 있게 된다. 하지만 이것은 홀로코스트로 명명되는 유대인들이 겪은 시련의 예고편에 불과한 것으로, 결과적으로 이 법은 나치 독일이 인류사에 끼친 악영향에 배경이 되어 준 악법이 되었다. 이와 함께 독일 국내에서만큼은 유대인 핍박이 정당성을 얻기 시작하면서, 그동안 유대인들이 차지하고 있던 경제 이권들을 조금씩 강제로 빼앗아오는 조치는 당장은 독일 정부의 자본 운영에 도움을 주었다.

히틀러의 재군비 선언 이후 1939년 제2차 세계대전 개전까지의 짧은 기간 동안에 독일군은 당시 유럽 육군 최강국인 프랑스를 단시간 내에 무너뜨릴 정도의 군사력을 보유하게 되는데, 이는 일당 독재 정치의 단일화로 인한 빠른 의사결정과 독일 국민의 근면 성실함만으로는 설명이 부족한 기적과 같은 일이었다. 물론, 이를 위해 앞에서도 언급했듯이 한스 폰 젝트 참모총장 같은 인물의 남모를 희생이 있기는 했지만, 역설적이게도 베르사유 조약을 통해 이를 극복하기 위해 그동안 패전국으로서의 독일이 감내해야 했던 패전의 멍에와 고통이 얼마나 사무쳤는지를 짐작할 수 있을 뿐이다. 하지만 자기도 모르게 히틀러의 전쟁 광풍에 휩쓸려 들어가기 시작한 독일 국민에게는, 한 치 앞의 선과 악도 구분하지 못하게 만드는 세계 대결 구도 속에서 히틀러 시대가 드리우는 그늘이 아직 보이지는 않았다. 독일 국민은 그 당시만 해도 히틀러로 인해 전 세계를 휘몰아치는 전쟁의 소용돌이에 독일인 스스로가 제 발로 걸어 들어갈 것이라고는 상상도 하지 못했을 것이다. 우리나라의 손기정이 가슴에 일장기를 달고 마라톤 금메달을 딴 1936년의 베를린 올림픽마저도 올림픽의 숭고한 정신인 세계 평화에 이바지한다는 목적이 퇴색하였고, 오로지 나치 독일의 체제 과시 및 정치적인 선전의 도구로 전락하게 되는 운명을 맞이하게 된다.

그렇게 독일의 권력을 움켜쥐게 된 독재자 히틀러는 자신과 여러모로 많이 닮은 스탈린과 함께 전 유럽을 공포의 구렁텅이에 빠지게 했던 제2차 세계대전을 일으키게 되고, 종전 시까지 왜곡된 국가관으로 시종일관 파괴와 병적인 유대인 학살 등 시대의 광기로 살아가다가, 1945년 4월 베를린의 지하호에서 울려 퍼진 한 발의 총성과 함께 일어난 화재로 파란만장했던 생애를 마감하게 된다. 당시 그의 나이 56세, 집권 11년을 맞이하던 해였다.

다. 김일성의 롤 모델 - 스탈린

김일성(金日成, 1912~1994년)과 스탈린(Joseph Stalin, 1879~1953년).

혁명을 완수하고 적백내전을 잘 마무리한 레닌 사후 빠르게 권력을 잡아 나가기 시작해 마침내 소련의 전무후무한 일인자가 된 스탈린은 레닌의 우려대로 독재자의 본심을 드러내며 하나하나 자기 생각대로 나라의 조직을 개조해 나가기 시작했다. 스탈린의 집권 초기에는 특히 소련의 중공업 육성에 힘을 기울이게 되는데, 1928년 시작한 '제1차 경제 개혁 5개년 계획'은 소련을 농업 국가에서 중공업 위주 국가로 탈바꿈시키기 위한 대장정의 첫발이었지만, 단기간에 소련의 경제 규모를 키우고 군사력을 확충하려면 농업의 막대한 희생은 불가피한 일이었다. 그렇게 스탈린의 경제 정책 외의 모든 경제 정책은 중지될 수밖에 없었고, '부농'으로 지목된 농민은 계급투쟁의 대상이 되어 재산을 빼앗기고 강제 수용소에 보내지기도 하였다. 아무튼, 이렇게 농업에서 빼앗은 부와 인력은 공업에 고스란히 투입되어 소련이 농업 국가의 이미지를 벗는 데 큰 역할을 할 수 있었다. 결과적으로, 1, 2차에 걸친 5개년 경제 개혁은 특히 중공업 분야에서의 성과가 두드러져서 독소전 당시 막강 독일군을 저지할 수 있는 군수 물자를 공급할 수 있는 기반이 되어준 것은 사실이었지만, 스탈린의 밀어붙이기식의 경제 정책은 농촌 사회의 급격한 변화와 희생을 강요하여 1930년 초반에는 남부 소련과 우크라이나에 찾아온 기근으로 수십만 명의 아사자가 발생하기도 하였다. 하지만 일찍이 레닌이 지어준 이름인 '강철 인간'의 스탈린은 이런 사정은 아랑곳하지 않고 오히려 곡물 수출량을 늘려서 우수한 기계와 기술을 사들이는 등 공업화를 완성하도록 명령하기만 했다. 이런 스탈린의 불도저식 경제 정책은 마치 공산당의 거부할 수 없는 정책처럼 지금의 북한에도 소위 '영웅'이라는 칭호로 북한 인민들을 다그치는 전위적인 당근으로 사용된다. 그러나 이는 인민들의 기본적인 생활수준의 향상과는 관계없는 체제 유지에 필요한 당의 목표량을 채우지 못한 인민에게는 '자아비판'을 강요하며 생활 속에서 혹독하게 정치적인 재무장을 강요하는 제도로 아직도 남아있다고 할 수 있다.

이후 경제적인 성장과 더불어 정치적인 긴장감이 해소되자 스탈린은 자신의 독재 체제를 공고히 하기 위한 대숙청을 진행하게 된다. 여기에는 지금까지의 정치적 라이벌과 협력 세력들 그리고 붉은 군대의 고위 장교들, 소수 민족 사회주의자들이 대대적으로 포함되었으며 독재에 협력하지 않는 일반 국민까지도 예외로 두지 않았다. 이렇게 1933년부터 1938년 사이에 스탈린에 의해 숙청된 사람의 수는 수백만 명 이상이라고 추정되는데, 이처럼 스탈린의 치세 기간 중 중단 없이 진행된 대숙청에 소련의 전 인민 중 관련되지 않은 사람을 찾을 수 없을 정도로 대숙청의 범위는 광범위했고, 그때그때 스탈린의 기분에 따라 처리된다는 인상마저 지울 수 없었던 숙청 과정은 기본적으로 비인간적이고 무자비할 수밖에 없었다. 이런 스탈린의 무자비한 숙청 때문에 독소전 당시, 개전 초기에는 소련에는 유능한 장교들이 사라져 소련이 전쟁 내내 고전을 면치 못했던 이유 중 하나가 되었고, 우크라이나 등 소련의 폭압 정치에 진절머리가 난 위성 국가들이 한때 나치 독일에 협조했던 장면은 당시 스탈린의 정책에 반발할 수밖에 없는 억압된 분위기를 그대로 보여 준다고 할 수 있다.

이런 학살의 중심에는 사실상 스탈린의 비밀경찰이나 다름없는 내무인민위원회(NKVD)가 있었는데, KGB의 전신인 이 위원회는 발족 초기부터 전 국민을 감시하고 수사하며 처형하는 일을 담당하고 있었다. 권력의 홍위병을 마다하지 않은 내무인민위원회가 있기에, 스탈린의 정치는 혹독한 숙청 과정에도 불구하고 보복과 권력에 대한 저항 징후 없이 독재 권력을 지속할 수 있었다. 내무인민위원회는 독일의 게슈타포와 같은 정치적인 권력을 의미하는 것으로 독재를 지속시킬 수 있는 내부 단속에 필수적인 비밀 조직이라고 할 수 있었다. 이는 흡사 북한 인민들의 일거수일투족을 감시하는 지금의 북한 당국의 모습과 매우 닮아있다. 북한은 소련의 제도에서 힌트를 얻어 발전시킨 '연좌제'에서 인민들의 정치적 책임의 범위를 자기 자신뿐만 아니라 친족과 조직까지도 연결하는 등 전 인민들을 감시하기 위한 도구 이상으로, 김씨 왕조 치세를 지속시키기 위한 악법을 지금까지도 버젓이 사용하는 실정이다. 더 나아가 북한의 '5호담당제'는 그물 구조 같은 상호 감시 체제를 실현한 구조로 전 인민을 옭아매는 효과가 있었는지, 북한 정권은 독재 권력 본연의 강압적인 분위기에도 불구하고, 정부 수립 후 지금까지 단 한 번의 공식적인 정부 전복 기도도 없이 비교적 안정된 권력 상태를 유지할 수 있었다. 물론, 우리라고 해서 비상식의 대표적인 논리인 연좌제에서 자유로웠던 것은 아니었다. 역사적으로는 과거 1894년 갑오개혁으로 완전히 폐지되었지만, 광복 후에도 사상 검증 차원에서 이러한 과정이 유야무야 적용되었다. 물론 그렇다고 해서 북한처럼 악랄하게 친족들에게까지 여죄를 묻지는 않았고 사상범의 가족 또는 친족임이 신원 조회에서 밝혀지면 고급 공무원으로 임명하지 않거나, 해외 여행이나 출장 등을 제한하는 것과 같은 조치가 대부분이었다. 하지만 이런 연좌제라도 근대법에 맞지 않는 것은 당연해서, 제5공화국 출범과 함께 헌법에는 연좌제로 인하여 불이익을 받지 않도록 하는 금지 규정이 들어가도록 했다고 한다.

후의 일이지만 무자비한 숙청과 공포정치로 독재를 확립하고, 이제는 독일과의 전쟁에서 이겨 위대한 승리자와 영도자라는 후광까지 얻은 스탈린은 황제를 넘어서 신의 반열에 오르게 되는데, 스탈린이 살아 있을 때까지 계속된 그를 향한 일방적인 찬양 일색의 문화는 스탈린 시대가 저물도록 계속되었다고 한다. 그것을 증명하듯 서슬 퍼런 사회주의의 검열이 소련의 분위기를 억누르던 시절, 쇼스타코비치의 교향곡 제9번은 사회주의 리얼리즘에 역행한다는 이유로 '타락한 부르주아의 형식주의에의 추종'이라는 누명을 써야 할 정도였다. 이처럼 사회 전반에 걸친 사회주의 검열은 소련 사회를 지나치게 경직하게 만드는 데 일조하기도 했다. 결국, 바닥에 바짝 엎드려 시키는 것만 하는 사람들과 독재자의 동거는 불

보듯 뻔한 정치 후퇴와 경제의 제자리걸음으로 답보 상태를 면치 못하게 되면서, 전후 소련은 한동안 정체기를 맞이할 수밖에 없었다. 이는 언뜻 보아도 북한의 김일성 체제에서 흔히 볼 수 있었던 초기 공산주의 국가의 일상화된 모습이라고 할 수 있는데, 스탈린의 영향을 그대로 받아들였기 때문일까, 김일성은 자신의 우상인 스탈린을 철저하게 연구하고 발전시켜 북한식 주체사상의 유일신 지도자로 추앙받게 된다.

아마도 김일성 스스로가 스탈린을 자신의 롤 모델이라고 언급하지는 않았으나 그가 죽기까지의 행보를 보면 얼마나 스탈린을 흠모하고 따르려고 했는지 알 수 있다. 우선, 1953년 6·25 전쟁이 휴전으로 마무리되자, 김일성은 전후 복구 건설 명령과 함께 스탈린의 농업 집단화와 개인 상공업의 공산주의화 등 사회주의 개혁을 본격화하게 된다. 3차 당 대회(1953년 4월 23일)를 전후해서는 권력 내에 잠재해 왔던 각 계파 간 대립과 갈등이 한층 표면화되자, 김일성 중심의 실권파는 '반종파 투쟁'을 전당적으로 전개하여 반대파를 모두 숙청하게 된다. 특히, 최창익이 이끄는 연안파의 주도적 인물들이 김일성의 권위에 도전하여, 집단적 지도 체제를 수립할 것과 김일성 개인에 대한 개인숭배와 중공업에 치중된 경제 개혁을 비판하자, 김일성은 연안파를 권력에서 축출하고 김일성 중심의 권력을 공고히 하게 된다. 이것은 스탈린이 자신의 권력을 유지하기 위해 정적을 제거하는 모습과 흡사하며, 스탈린이 그러했듯 김일성이 중심이 된 숙청 작업이 성공적으로 마무리되자, 1961년 9월에 개최된 4차 당 대회에서는 김일성을 정점으로 하는 당의 유일한 지도 체제가 확립된다. 이처럼 스탈린의 추악한 정권 장악 음모는 김일성 독재 체제 수립의 필수적인 반대파를 제거하는 과정에서 그대로 재현되었다고 할 수 있다.

한편, 잘 만들어진 김일성의 롤 모델 스탈린이 준 가르침 중에서 김일성이 유일하게 답습하지 않은 것이 있으니, 그것은 바로 자기 자식에게 권력을 나눠주는 부자 세습이다. 이는 손자인 김정은을 통해 삼대 세습으로 완성되었고 이런 부자 세습의 비논리적인 정치 행태는 같은 공산권 국가인 중국에도 비판을 받을 정도로 정상적인 것이 아니었다. 유물론적인 공산주의 이론을 신앙처럼 믿고 있는 공산권 국가에서 사실 권력을 소유하고 세습하는 것은 있을 수 없는 일이나, 정작 초기 공산주의 사회의 모습을 비교적 잘 보존하고 있다는 지금 북한의 모습은 공산주의뿐만 아니라 어떠한 이념으로도 설명할 수 없다는 데에 문제가 있다고 할 수 있다. 그래서 북한의 삼대에 걸친 부자 세습은 사회주의와 공산주의의 탈을 쓴 엄연한 독재일 뿐이라고 말할 수 있는 것이다. 처음부터 독재만을 지향하면서도 그 허울만큼은 사회주의를 내세우는 북한 정부의 양면성은, 인민들을 사회주의 혁명이라는 명분으로 다독이고 다그치지만, 그 속내는 결국 수령은 완전무결하다는 주체사상의 우상 숭배를 통한 부자 세습과 독재 권력 완성에 있다고 할 수 있겠다.

이유야 어찌 되었든 스탈린의 아들이 스탈린의 하늘과 같았던 권력을 물려받지 못하면서 소련에서는 스탈린 사후 스탈린 우상화에 대한 철저한 검증이 시작되었다. 이렇게 시작된 스탈린 시대의 비리와 범죄들에 대한 폭로와 비판은 소련의 정치 변화를 예고하는 것이었으며, 자연스럽게 스탈린 숙청 정치에서 희생되었던 사람들이 하나둘씩 복권되기 시작했다. 그렇게 영원할 것 같은 스탈린에 대한 우상화 작업은 스탈린의 사망으로 인해 중단되었고, 오히려 스탈린과 관련된 모든 것이 파헤쳐지고 배제되기 시작했다. 이러한 소련의 낯선 풍경을 김일성이 목격하지 않았을 리 없고, 그것을 참고하여 김일성은 부자 세습 외에는 이 권력과 개인숭배를 영구히 지속시킬 방법이 없다는 것을 깨달았는지도 모른다. 정말이지 김일성에 대한 일방적인 찬양은 중국의 마오쩌둥도 하지 않은 정말 왕조시대에서나 나올 만한 일인데, 어쩌면 고대 왕조 시대조차도 이런 노골적인 개인 우상 숭배를 국가가 나서서 조직적으로 하지는 않았을 것이다. 그래서 김일성에 의해 부정한 방법으로 세습된 북한의 정권은 전 인민을 기만하고 민족을 우롱하는 공작 정치의 하나일 뿐이라고 말할 수 있는 것이다. 지금까지도 지속되는 북한의 고립된 정치구조는 절대로 부패할 수밖에 없는 막다른 길을 걷고 있으나, 정작 그 피해를 고스란히 받아내고 있는 인민들의 인내심이 어디까지 버틸 수 있을지는 지켜봐야 할 일이다.

스탈린의 사후 정치적인 몰락과는 별개로, '제2차 세계대전 당시 스탈린만큼이나 추축국과 연합국을 왔다 갔다 하면서 스릴 있고 입체적인 역할을 담당했던 인물이 과연 있었을까?' 하는 질문 또한 던져 볼 수 있다. 스탈린은 처음에는 히틀러와 같이 추축국 편에 서서 정작 제2차 세계대전을 시작한 장본인이었고, 전쟁 중에도 히틀러와의 약속(독소 불가침 조약)을 철저하게 준수하며, 철저하게 추축국의 입장에서 히틀러와 이익을 나눠 갖기 위해 폴란드를 침략하며 서방 연합국들의 공분을 사기도 했던 인물이었다. 그러다 스탈린의 소련은 히틀러의 소련 침공으로 거짓말처럼 어느덧 연합국들과 운명을 같이하더니, 결국 제2차 세계대전의 승전국이 되는 등 변화무쌍한 선택을 전쟁 내내 보여 주었다. 더 나아가 전쟁 중 발휘되었던 스탈린의 용의주도함은 전후에 더욱 빛을 발하게 되고, 전쟁으로 인해 소련이 가장 큰 피해를 입었음을 내세워 동유럽과 극동에서의 소련의 지분과 함께 상당한 대가를 요구하게 된다. 그래서 처칠이 '철의 장막'이라고 표현한 새롭게 확장된 소련 제국의 영향권 아래에는 독일이 점령하고 있었던 동유럽의 대부분과 동부 독일, 그리고 북한과 몽골까지 포함될 수 있었다.

　전쟁 전보다 눈에 띄게 확장된 소련 국경과 전쟁 전에는 없었던 소련 우방들의 엄청난 세력에 고무된 탓일까, 스탈린은 소련의 전쟁 후 내려진 평가에서 위대한 승리자라는 전무후무한 위상을 갖게 되고, 앞서 전우들이었던 서방 국가들과는 자본주의의 확산과 팽창을 경계하는 사회주의 진영의 대부로서 냉전을 자신의 지휘 아래서 본격적으로 시작하게 된다. 더 나아가 스탈린은 스스로를 사회주의 진영의 총사령관으로 격상시키며 자본주의 진영과 맞서는 지도자 위의 지도자라는 명성까지 얻게 된다. 결과가 더없이 좋았던 이유일까, 소련에 제2차 세계대전 승전국의 지위를 안겨주었던 스탈린은 전쟁 전에는 히틀러조차 무시했던 유럽의 별볼 일 없는 변방의 농업 국가에 그쳤던 소련을, 그의 지배 하에서 역사상 최대의 영토와 영향력을 발휘하는 강력한 국가로 거듭나게 한다. 더 나아가 항간의 비판들과는 별개로 스탈린은 소련을 주변국들과 세계를 군림하고 옥박지를 수 있는 미국과 견줄 수 있을 정도의 초강대국으로 우뚝 솟아나게 하였다.

　그렇게 영원할 것 같은 스탈린 시대는 공교롭게도 한국 전쟁이 막바지로 치닫고 있던 1953년 3월 1일에 끝나게 된다. 스탈린은 모스크바 근교의 별장에서 잠을 자다가 뇌졸중으로 쓰러졌고 결국 4일 후 숨을 거두게 된다. 그리고 스탈린 생전에 어떤 이유인지 모르지만 6·25 전쟁의 종전을 스탈린은 그다지 찬성하지 않았다고 하는데, 그것이 억측만은 아닌 듯 그가 사라지자 의미 없는 고지 전투만 거듭하던 6·25 전쟁은 서둘러 휴전을 맺게 되고, 승자와 패자도 없는 상처와 폐허만 남은 전쟁으로 마무리된다. 물론, 스탈린이 6·25 전쟁의 종전을 찬성하지 않았던 이유로는 여러 가지를 말할 수 있겠지만, 가장 근거 있는 이유로는 소련은 앞으로도 공산주의의 맹주 역할을 해야 하기에 향후 경쟁자가 될 수 있는 중국과 미국의 힘을 한반도에서 미리 빼놓자는 것이 첫 번째 이유일 수 있다. 또한, 그와 함께 미국이 한반도에 모든 정신을 팔고 있는 사이에 소련이 동유럽을 정비할 시간을 벌기 위해서라는 것이 정설로 보인다. 하지만 엄밀히 말하자면 스탈린의 입장에서는 지금 당장 자신에게 아무런 피해가 없는 6·25 전쟁을 그만둘 이유나 계속할 이유는 특별하게 없었던 것으로 보인다. 6·25 전쟁이 종전을 맞았던 해인 1953년에는 이미 전쟁이 시작될 즈음으로 전선이 물러난 상황이라서, 이제 소련과 중국이 미국의 자유 진영과 국경을 맞댈 까닭도 사라졌기 때문에 정치적인 선택에 있어 한결 여유가 있던 시점이었다. 무엇보다도 소련과 중국의 입장에서는 미국과 같은 자본주의 진영과 국경을 접하면 겪을 수 있는 안보의 위험을 보완해 줄 완충 지대만 필요했을 것이고, 그렇게 선택된 것이 지금의 북한이었던 것이다. 당시 중공군도 같은 생각으로 막바지 선전으로 미군을 남쪽으로 밀어냈으면, 더 이상 미국을 막판까지 몰아가며 더 많은 희생을 치를 필요가 없었던 것으로 보인다. 소련 또한 모스크바가 유럽에 있듯이 모든 결정의 중심은 유럽이 최우선이었고 동아시아는 모든 전력을 쏟아야 할 만큼의 큰 비중을 차지하는 곳도 아니었다. 이유야 어떻든 스탈린이 죽게 되자, 휴전의 큰 걸림돌이라도 사라진 듯 휴전은 세부 사항을 합의하는 수준으로 급속하게 진행되었다. 어쩌면 6·25 전쟁의 시작 또한 김일성의 계속되는 전쟁 허락 요청을 더 이상 거부하지 못한 스탈린에 의해 일어났듯이(스탈린은 계속 한반도의 전쟁을 거부하다가 1950년 4월에 마침내 허락하게 된다), 스탈린은 죽어서도 어떻게든 종전에 관여하며 전쟁의 시작과 끝을 책임지게 되었다.

Part

2

제2차 세계대전의
개전과 진행

제2차 세계대전의 개전과 진행

가. 아! 폴란드

18세기 이후 폴란드는 주변 강대국으로부터 끝없는 침략을 받아야 했고, 계속되는 침략 국가들의 영토 분할 요구에 순순히 응할 수밖에 없었던 아픈 역사를 가진 나라이다. 혹자 중에는 주변 강대국들 때문에 하루아침에 독립 국가에서 식민지로 전락한 우리나라의 처지가 폴란드와 비슷하다고 하는 이도 있을 것이다. 언뜻 보면 강대국들에 의해 꾸준히 침략을 받은 역사는 비슷하지만, 우리나라가 1910년 국권 피탈에 의해 나라를 통째로 빼앗겨 36년 정도 일제 강점기를 거친 것에 비하면, 폴란드는 1772년경부터 시작된 분할이 1918년 독일의 제1차 세계대전 패전으로 인해 독립하게 될 때까지 주변 강대국들과 투쟁한 역사는 우리나라보다 더 길다고 할 수 있다. 그리고 제1차 세계대전 이후 한때나마 독일의 패전과 소련의 공산혁명, 오스트리아-헝가리 제국의 분열에 힘입어 주변국이었던 우크라이나, 리투아니아까지 진출하는 군사 강국의 면모를 뽐내기도 했던 것으로 보아, 우리나라가 그 당시 주변국들에 무력으로 적절하게 대응하지 못했던 것에 비하면 폴란드는 적어도 우리나라보다 군사적으로 우월했던 것으로 보인다.

또한 우리가 익히 알고 있는 퀴리 부인의 학창시절 러시아 장학관에 얽힌 일화는, 러시아의 바르샤바 분할 점령 시기(19세기 후반)의 이야기이다. 우리나라가 일제 강점기 시절에 그러했듯이, 이 시기의 폴란드 국민은 러시아어를 사용해야 살아남을 수 있었다고 한다. 이런 일화조차 먼 나라의 이야기처럼 읽히지 않는 것은 왠지 우리나라의 역사와 무관하지 않은 폴란드의 처지가 떠오르기 때문일 것이다. 일방적으로 금지된 폴란드어와 살아남기 위해 러시아어를 익혀야 했던 퀴리 부인이 소녀 시절에 겪어야 했던 일화는 당시 조국의 암울했던 현실을 그대로 보여 준다고 할 수 있다.

1918년 폴란드는 오랜 분할의 역사를 뒤로하고 독일이 제1차 세계대전에서 항복하자 드디어 독립을 이루게 된다. 다른 나라에 의해 강제적으로 점령되었던 오랜 기간에도 불구하고 독립에 대한 열망이 컸다는 것은, 주변국들과 차별화된 배경을 가진 폴란드 문화와 국민들이 가진 끈질긴 국민성에서 비롯되었다고 할 수 있다. 하지만 또다시 주변 강대국과의 대결은 피할 수 없는 현실이 되고 말았다. 폴란드는 벼랑 끝에서 지푸라기라도 잡는 심정으로 독일, 소련과 각각 불가침 조약을 맺는 등 여러 가지 방법으로 전쟁을 막아보려고 애를 썼으나, 전쟁의 분위기가 후끈 달아오르기 시작한 1939년 폴란드는 제2차 세계대전의 첫 희생물이 되고 만다.

1939년 8월 23일 독일과 소련이 맺은 독소 불가침 조약의 핵심은 폴란드와 주변국들의 분할 점령이었고 그것을 실행에 옮긴 9월 1일 독일의 폴란드 침공에 세계는 경악하게 된다. 폴란드도 당시 100만 명이 넘는 군대를 보유할 정도로 만만치 않았지만, 최신식의 장비와 전술로 속도전을 앞세운 독일 기계화 사단의 전격전에 상대가 되지 못했다. 지금까지도 회자되는 창으로 무장한 폴란드 기병대와 독일 전차 부대와의 크로얀티 전투는 사실은 이를 왜곡하여 보도한 이탈리아 기자의 솜씨라는 설이 있지만, 오보이든 의도적인 보도 내용이든 폴란드군에 대한 직접적인 폄하가 다수 포함된 것은 사실이라고 할 수 있다. 하지만 사실을 들여다보면 상당 부분 이해할 수 있는 정황들이 있다. 하나의 가능성은 실제 전투에 등장하는 독일의 전차는 실제 전차가 아니라 나무로 덧씌운 기만전술로 만들어낸 가짜 전차라서 기병대가 돌격했을 수도 있다는 것인데, 독일은 실제로 베르사유 조약에 따라 전차를 보유할 수 없어서 가짜 전차로 훈련을 하거나 진짜 전차를 가짜처럼 위장하는 일이 많아서 주변국이었던 폴란드가 그걸 몰랐을 리 없다는 것이다. 그렇다면 독일 전차를 가짜로 오인한 폴란드 기병대 지휘관의 정보 수집 부실과 실수였다고 결론지을 수 있을 것이다. 다른 가능성으로는 폴란드 입장에서는 독일군이 베르사유 조약을 성실하게 준수해서 전차를 보유하고 있지 않아

보병 전력을 제압하기 위해 기병대를 동원했다는 등 여러 가지 이야기가 있지만, 그것의 진위를 따지기 전에 이 기사가 알려주는 사실은 기계화된 독일군에 비해 전근대적인 기병대가 군의 중심이었던 폴란드군의 낙후된 현실을 그대로 보여 주는 단적인 예라고 할 수 있다.

실제로 기병대는 제2차 세계대전 종전 시까지도 독일을 비롯한 여러 나라에서 운영되었으나 기관총이 일상화된 전투 양상에서는 더 이상 전략적으로 우위를 가져오는 전력이 되지 못했다. 그러나 이러한 현실에서 폴란드 기병대만 부각된 이유는, 다분히 승자였던 독일군의 전과를 찬양하고 폴란드군을 우스꽝스럽고 낙후된 군대로 표현하고 악용하려는 의도가 담겨있다고 할 수 있다. 즉, 독일의 폴란드 점령은 독일이 아니었어도 폴란드의 현재 군사력으로는 어차피 다른 나라에 점령될 수밖에 없는 것이고, 그래서 설령 독일이 선점했다고 해도 이는 언제든 벌어질 수 있는 어쩔 수 없는 현실이라는 논리이다. 하지만, 사실을 이야기한다면 보도 내용처럼 폴란드군은 전근대적인 군 시스템만을 갖고 있었던 것은 아니었다. 당시 폴란드군은 보도된 것과는 다르게 TKS/TK-3 탱켓(Tankette, 얇은 장갑을 덧대고 소형 주포를 갖춘 경량형 전차)을 꽤 보유하고 있었을 정도로 지속적인 현대화 과정을 거치는 중이었다. 더 나아가 폴란드에서 제작한 7TP 전차의 경우, 독일의 1, 2호 전차보다 성능이 좋아 전쟁 내내 만성적인 물자 부족을 겪었던 독일군이 이를 노획하여 상당 기간 사용했을 정도였다.

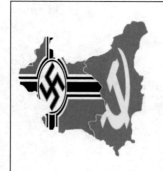

독일과 소련에 의해 나눠진 폴란드(1939년). 이것은 마치 미국과 소련에 의해 남북으로 나눠진 우리나라의 모습과 비슷하다. 국경선을 직접 맞대기 껄끄러울 때 다른 나라를 둘로 나눠서 서로의 심리적 완충 장치를 만드는 것은 그리 어려운 일도 아니었다. 이렇게 소련이 가져간 폴란드 땅은 제2차 세계대전이 끝나고도 소비에트 연방의 땅으로 남았다.

폴란드 기병대. 폴란드 기병대는 전차를 보고 달려든 구닥다리 군대라고 왜곡되어서 선전되었지만, 독일군에게는 어느 정도 타격을 입혔던 폴란드군의 정예부대였다. 사진 속에서는 창을 들고 있는 것이 강조되어 창기병이라고 말하고 있지만, 사진을 자세히 들여다보면 엄연히 뒤에 소총을 메고 있는 기병들을 확인할 수 있다. 이를 통해 말은 이동의 수단일 뿐 그들의 주력 무기가 창이 아니었음을 알 수 있다.

9월 3일 독일군의 폴란드 침공 소식을 들은 영국과 프랑스가 뒤늦게 대독 선전 포고를 하나, 그것은 말뿐인 요식 행위에 지나지 않은 것으로 폴란드를 지원하려는 어떤 군사적인 움직임도 보여 주지 않았다. 그리고 독일이 폴란드를 침공한 지 꽤 시간이 지난 9월 17일에야 독소 불가침 조약에서 약속받았던 자기 몫을 뒤늦게라도 챙기려고, 소련이 독일에 의해 점령된 폴란드 서쪽을 제외한 동쪽을 서둘러 점령한다. 드디어 독일과 소련은 폴란드 안에서 국경을 접하게 되며 조약으로 이어진 국가 간의 우의를 다지게 된다. 폴란드에서 만난 두 나라는 그 시커먼 속을 애써 감추며 겉으로는 웃고 있었지만, 그 좋아 보였던 만남은 오래 갈 수 없었다.

폴란드 동부와 연이어 리투아니아, 라트비아, 에스토니아를 차례로 접수한 소련의 다음 목표는 핀란드였다. 오랫동안 러시아로부터 간섭과 지배를 받았던 핀란드는 소련이 혁명 등으로 혼란한 정국으로 인해 1917년 12월 31일에서야 소련으로부터 독립국으로 승인받은 나라였는데, 독립 이후 줄곧 중립국을 표방하던 핀란드에 전쟁의 그림자가 미치게 된 것은 폴란드전이 마무리된 1939년 11월 30일이 었다. 폴란드와 마찬가지로 군의 현대화 시기를 놓쳐 제1차 세계대전 수준의 장비를 보유한 핀란드군은 전차를 한 대도 갖고 있지 않을 정도로 군 상황이 매우 열악하였다. 그나마 핀란드가 내세울 만한 것은 오랜 기간 동안 러시아에 저항했던 시민의식과 전 국토를 얼음과 눈으로 덮어버리는 겨울의 추위가 전부였다. 소련과 핀란드의 전쟁은 겨울에 이뤄져 '겨울 전쟁'이라고도 명명하는데, 이 전쟁은 1940년 3월 13일 소련에 핀란드가 항복하면서 핀란드 영토의 15%를 소련에 할양하는 조건으로 마무리된다. 작은 나라의 핀란드군은 전쟁이 자국에서 벌어지는 만큼 지역적인 유리함을 잘 이용하여 소련군에 개전 초반 막대한 타격을 입히는 등 처음에는 선전하였지만, 소련군이 초반의 피해 상황을 만회하고자 물량 공세로 나오는 바람에 결국 핀란드는 항복을 피할 수가 없게 되었다. 그리고 겨울 전쟁이 끝난 지 1년이 지나 마침내 독일이 독소 불가침 조약을 무효화하며 소련을 침공하자, 핀란드는 소련으로부터 받은 피해를 보상받기 위한 대소 전쟁에 독일 측의 일원으로 당당하게 참여하게 된다. 비록 핀란드가 독일과 추축국의 일원으로 제2차 세계대전에 참전하게 되지만, 위의 같은 여러 가지 사정으로 인해 다행히 핀란드는 종전 후 독일과 같은 전쟁 범죄 국가로 취급받지는 않았다.

한편, 소련이 폴란드를 점령하면서 잊을 수 없는 비극적인 사건이 벌어진다. 이는 카틴숲 학살 사건(Katyn Forest Massacre)으로, 제2차 세계대전 중에 소련이 자행한 폴란드인 대량 학살 사건을 말한다. 이 사건이 일어난 원인으로는 소련과 오랜 독립 투쟁 역사를 가진 폴란드가 소련에 다시는 대항할 수 없도록 이번 기회에 폴란드 내 엘리트 세력들을 처형하고자 했던 역사적인 배경을 갖고 있다. 이 사건의 전말은 스탈린의 지시를 받은 비밀경찰에 의해서 약 2만 명이 넘는 폴란드 지식인과 장교들이 처형되었던 사건이다. 1943년 독일 점령군에 의해 밝혀진 이 사건을 두고 처칠과 루스벨트도 소련의 소행이라고 믿지 않았을 정도로, 아니 어쩌면 그들은 이를 알고도 모른 척해주었는지 모른다. 그들에게 오직 관심은 독일이라는 공동의 적을 무너뜨리는 것이고 무엇보다 나치와 관련된 전쟁범죄를 찾아내서 그들을 쓰러트려야 하는 이유를 찾는 것뿐이었다. 그러니 이렇게라도 눈감아 줌으로써 소련의 협조와 분발을 촉구할 수 있었던 것은 서로에게 큰 이익으로 돌아왔던 셈이다. 소련은 전후에도 꽤 오랫동안 이 학살은 독일군의 소행이라고 발뺌만 하다가 1989년이 되어서야 소련 당국이 자국의 비밀경찰이 학살에 개입하였음을 처음으로 인정하게 된다. 하지만 러시아는 구소련이 자행한 만행임을 인정하면서도 공소 시효가 지난 사안이라 관련자 처벌은 물론 국가적으로 책임질 일은 아니라는 입장을 고수하고 있어, 지금까지도 이 사안과 관련하여 폴란드와 반목하고 있는 실정이다. 사실, 카틴숲 학살 사건은 일제의 난징 대학살과 나치의 유대인 학살에 버금가는 사건이었으나 소련이 승전국의 하나라는 이유만으로 역사에서 거의 드러나지 않았고, 이를 지시한 스탈린 또한 유대인들을 죽인 히틀러 부류들과 같은 취급을 받지는 않았다. 이제라도 직접적인 교전이 아닌 상황에서 이루어진 국가 주도의 학살 행위에 대한 역사적인 판단과 함께 책임 있는 해당 국가 지도자의 진정한 사과와 보상이 뒤따라야 한다고 생각된다.

이 사건과 관련하여, 2010년 4월 10일 레흐 카친스키(Lech Kaczynski, 1949~2010년) 폴란드 대통령 내외가 정부 요인들을 대동하고 러시아를 방문하던 중 비행기 추락 사고로 탑승자 전원이 사망하는 사건이 발생했다. 카친스키 대통령이 러시아를 방문하려던 것은 블라디미르 푸틴 러시아 총리가 앞서 양국 간 화해 분위기 조성을 위해 '카틴숲 학살 사건' 70주년 기념 추모식에 도널드 투스크 폴란드 총리를 처음 초청하였음에도, 그동안 러시아를 강력히 비판해 오던 카친스키 대통령은 초대하지 않은 데서 비롯되었다. 이에 카친스키 대통령은 희생자 가족들과 함께 개별적으로 추모 행사에 참여하기 위해 러시아로 가다가 변을 당한 것이다. 이 사건으로 인해 사고 당시 양국 간 비극적 과거사와 연관돼, 러시아에 대한 폴란드 국민의 정서가 급격히 악화될지도 모른다는 우려가 제기되기도 하였다. 이와 관련하여 뉴욕시 맨해튼과 붙어 있는 저지시티 부둣가에는 폴란드계 단체에 의해 '카틴 학살' 추모 동상이 세워져 있어 소련에 의해 학살된 폴란드 지식인들을 추모하고 있다.

우리는 여기에서 이미 어마어마한 땅덩어리를 가진 소련이 폴란드와 핀란드의 작은 땅을 빼앗으려고 광분하는 모습을 통해, 어느 것에도 절대로 만족하지 못하는 제국주의의 실체를 보게 된다. 한편으로, 나라별 국경선이 거의 확정된 현대 사회에서 전쟁을 통해 다른 나라의 영토를 빼앗는다는 것은 이제 거의 불가능하다고 볼 때, 당시 소련의 시도 때도 없는 끝없는 영토 확장 욕심은 주변국들에게 는 고통이었지만 후손들에게는 여러 가지 면에서 축복이라고 생각된다. 사견이지 만, 어쩌면 제2차 세계대전 즈음이 각국이 무력을 이용하여 자국의 영토를 확장 할 수 있는 인류 역사상 마지막 기회였는지도 모른다. 그리고 그 마지막 호사를 누리게 된 나라는 소련이었고 패전국인 독일은 반대로 제2차 세계대전 전부터 갖 고 있던 자국의 영토를 소련과 폴란드에 할양하며 자국의 영토가 줄어드는 것을 묵묵히 지켜봐야만 했다. 일본 또한 패전하면서 자신의 영토라고 착각했던 한반 도와 사할린, 대만 그리고 만주 등을 원래 주인에게 돌려줘야 했다.

개전 초반 독소 불가침 조약으로 제2차 세계대전을 추축국 입장에서 출발한 소 련은 예상치 못한 독일의 소련 침공으로 조약이 파기되자, 연합국들과 서둘러 동 맹을 맺어야 했다. 적의 적은 우군이라는 철저한 국제사회의 논리로 제2차 세계 대전 초반부터 이합집산을 통해 양 진영이 결정되기까지는 오랜 시간이 걸리지 않았다. 개전 초기 어느 진영을 선택하는 것보다 더 많은 식민지만 차지하고 싶었 던 소련의 야심은 나중에 연합국 승전국의 일원이 되어서도, 자신의 몫을 철저하 게 챙기는 것에 탁월한 능력을 선보이게 된다. 소련은 독일과 더불어 제2차 세계 대전을 시작한 전범 국가였지만, 어느새 방향을 바꾸어 종전 후에는 연합국의 지 위를 맘껏 누리게 되는 당당한 연합국의 일원이 되었다. 이런 이유로 소련의 일관 성을 잃은 처신은 국제적으로 비난받아야 마땅했지만, 그와 반대로 변화무쌍한 국제정세에 적응하려고 무던히 노력했던 외교술의 유연함은 충분히 칭찬받을 수 있는 일이라고 할 수 있다. 무엇보다 하루가 다르게 변화하는 전쟁 국면에서 어느 편이든 국익을 먼저 생각하는 것이 우선이라는 스탈린의 생각은, 결국 소련이 전 후 승전국의 지위를 누리게 되는 첫 번째 이유가 될 수 있었다. 그리고 대전 중의 소련의 역할은 연합국들에게 긍정적으로 받아들여져, 소련은 전후의 세계를 재편 하는 회의에서도 중요한 임무를 맡게 된다. 또한 소련이 전쟁 중 했던 처신들은 국익을 최우선으로 하는 외교술의 하나로 알려져 지금까지도 흔들림 없는 외교 의 정수가 되고 있다. 그 당시에도 이미 세계에서 가장 넓은 땅을 소유하고 있었 던 소련의 영토 획득 야욕은 제2차 세계대전 와중에도 변함이 없었고, 그 나라와 오랜 세월 국경선을 맞대고 있는 폴란드의 시련은 사실 어제오늘의 새삼스러운 일도 아니었다.

한편, 이와 관련하여 최근 폴란드는 새로운 선택을 앞두고 있다. 폴란드 정부는 도널드 트럼프 미 행정부에 20억 달러(한화 약 2조 1천 500억 원)의 비용을 부담하는 조건으로 미군 1개 기갑사단을 폴란드 땅에 영구 주둔하는 문제를 제의한 것이다. 물론, 이를 제일 불만스럽게 쳐다보는 나라는 이웃 나라 러시아일 것이다. 한때 구소련이 주도한 공산권 군사 동맹체인 '바르샤바 조약기구' 회원국이었던 폴란드에 미군 기지가 영구적으로 들어선다는 것을 러시아가 달갑게 받아들이지 않는 것은 어쩌면 당연할 일일 것이다. 하지만 폴란드 정부는 러시아의 옛 소연방에 대한 공세 때문에 자국 내 상주 미군 기지에 대한 절박한 필요성을 느껴, 러시아의 노골적인 반대에도 불구하고 기지 건설을 위한 인프라 건설비용을 대는 등 경제적 부담을 지겠다는 입장이라고 설명했다.

폴란드는 소련 붕괴 이후 분명하게 친서방 노선을 걷고 있으며 1999년에 나토(북대서양 조약기구)와 2004년에 유럽연합(EU)에 가입했다. 그리고 폴란드의 더욱 확연해진 입장은 최근 일어난 우크라이나 사태가 많은 영향을 주었다고 할 수 있다. 사건의 발단은 우크라이나 내전에 러시아가 개입하여 겉으로는 공식적인 주민 투표(2014년 3월)라는 형식을 통해 우크라이나 땅이었던 크림반도를 가져가기는 했지만, 폴란드 입장에서는 러시아의 반발을 무릅쓰고서라도 러시아를 어떻게든 경계해야 할 필요성을 느꼈을 것이다. 폴란드가 이를 심각하게 받아들인 이유는 러시아가 크림반도를 병합하는 과정에 있었다. 러시아는 줄곧 병합과정은 투표를 통해 얻은 공식적인 결과라고 주장하고 있지만, 당시 투표가 진행되기도 전에 자치 공화국 성격은 있어도 엄연히 우크라이나 영토였던 크림반도에 자국민을 보호한다는 명분으로 군대를 진입시켰다. 국익에 관해서라면 언제든 분쟁과 전쟁까지 일으킬 수 있다는 러시아의 이러한 태도는 국제적으로 비난받을 만한 행동이기 때문에, 폴란드를 비롯한 주변 국가들은 더 없이 공분했던 것이다. 만약 우크라이나가 사전에 이를 감지하여 미국과 UN 등에게 자국에 대한 러시아의 수상한 움직임을 제어해 달라고 의뢰하여 미군이 한발 앞서 주둔하였다면, 러시아가 그리 쉽게 크림반도로 러시아군을 진입시켜 군대가 주둔한 상태에서 투표를 진행하고 병합까지 가는 최악의 상황은 막을 수 있었을 것이다. 결국, 폴란드는 최근에 벌어진 크림반도 사태를 목격하면서 러시아가 언제 어떤 명분으로 자국에게 말도 안 되는 트집을 잡을 수 있다는 가능성을 열어두고, 엄청난 비용 지출과 비난을 감수해서라도 러시아의 억지에 가까운 군사적 접근을 사전에 막고자 하는 절박함이 있는 것이다. 그리고 러시아는 폴란드에 미군 기지가 들어서면 대응 조치가 뒤따를 것이라고 연일 성명을 쏟아내고 있는 형편이다. 폴란드의 친서방 정책에 러시아가 반발하는 것은 이해할 수 있지만, 주권을 가진 나라가 자국의 땅에 행하는 결정권까지 개입하는 러시아의 작금의 태도를 보면, 얼마나 폴란드가 과거 제정 러시아와 제2차 세계대전 당시 러시아로부터 침략을 수없이 받아왔고, 이후 구소련 당시 위성국가로서 러시아의 만만한 주변 국가였는지를 짐작할 수 있다. 우리도 최근 우리의 사드 배치 문제와 관련해 중국의 엄청난 반발을 경험한 터라, 강대국들의 노골적인 약소국 얕보기는 늘 경계해야할 우리의 생존권과도 같은 일이라는 생각을 지울 수가 없었다.

이와 더불어 우리나라에 주둔하는 주한미군의 존재는 다분히 우리나라의 안보 뿐만 아니라 동아시아에 대해 중국과 러시아의 세력을 견제할 수 있는 최소한의 보완 장치라는 생각이 들었다. 비록 최근에는 미국이 고압적인 자세로 안보 문제를 경제적인 이익과 결부하여 비즈니스처럼 다루는 것이 불만일 때도 있지만, 제국주의의 영광과 향수를 다시 느끼려고 하는 러시아의 팽창에 위협을 느낀 폴란드가 러시아와의 갈등을 감수하고서라도 미국이라는 우방을 막대한 예산을 편성하면서까지 끌어들이려는 이유는 어쩌면 단순하다. 이제는 지긋지긋한 러시아의 손아귀에서 항구적으로 벗어나고 싶은 것이다. 이를테면 폴란드가 러시아의 계속된 경고에도 불구하고 이에 아랑곳하지 않고 폴란드 내 미군기지 건설을 추진하는 이유의 대부분은, 그동안 러시아가 폴란드를 비롯한 주변 국가들에 해 왔던 것을 떠올려 본다면 그 절박함 또한 그리 어렵지 않게 이해할 수 있다고 생각된다.

어쩌면 이런 상황은 우크라이나와 폴란드만의 문제는 아닐 것이다. 날로 변하는 유럽의 상황에 맞는 나토 국가들의 군사적 연대는 더욱 그 필요성이 부각되고 있는데, 그런 반면에 오랜 평화로 인한 정신적 해이는 자칫 군사적 무장 해제로 연결되어 독일의 비롯한 나토 국가들의 국방비 예산이 날로 줄어드는 현실에, 미국은 미국의 나토 탈퇴를 거론하면서 으름장을 놓고 있는 상황이다. 그제야 문제를 인식한 나토 회원국들은 2024년까지 GDP 대비 국방비를 2%로 올리겠다고 약속하기에 이르렀지만, 비록 바르샤바 조약기구가 해체되어 그 위험이 상당 부분 줄어들었다고 하더라도 그 최전선을 감당해야 할 독일의 2019년 국방비 예산이 1.33%인 것을 감안한다면, 미국이 인내심을 발휘하여 그 상한선을 얼마로 할지는 미지수로 보인다. 북한이라는 실질적인 위협을 접하고 있는 우리나라를 제외한 대부분의 미국 우방국들이 징병제를 없애고 모병제를 선택한 현실에서, 언제까지나 자국의 국방을 미국에 의존하면서 만연해진 도덕적 불감증은, 크림반도 사태가 자국에서 다시 일어나지 말란 법이 없는 한 다시 한번 안보에 대한 경각심을 불러일으켜야 할 것으로 보인다.

나. 덩케르크 철수 작전

프랑스는 독일과 뺏고 뺏기는 제1차 세계대전의 지옥 같은 참호전을 치르면서, 어떻게 하면 자국의 영토를 상대방으로부터 효율적으로 방어할 수 있을까 하는 고민을 많이 할 수밖에 없었다. 그렇게 오랜 고민 끝에 내린 프랑스의 결론은 프랑스와 독일의 국경이 맞닿는 접경 지역에 '마지노선'을 설치하여 극단적인 방어 전술을 사용하는 것이었다. 그에 반해 독일은 프랑스가 공들인 마지노선을 무력화할 수 있는 공격 전술을 찾아내는 데 골몰할 수밖에 없었다. 어느 때부터인가 프랑스는 모든 국력을 마지노선에 쏟아부으면서, 이제 어느 정도는 느긋하게 독일의 동향을 천천히 살피는 입장으로 선회하기 시작하였다. 독일은 마지노선이 건립된 만큼 더 이상의 정면 돌파는 무모하다고 보고 이를 무용지물로 만들 수 있는 우회로를 찾아내는 데 많은 시간을 할애해야 했다.

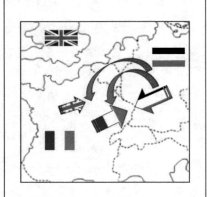

슐리펜(Schlieffenplan) 작전.　　　　지헬슈니트(Sichelschnitt, 낫질) 작전.

　독일이 프랑스 침공 계획을 세우면서 처음에 계획한 작전은 제1차 세계대전의 슐리펜 작전과 별반 차이가 없는 일명 '황색 작전'이었다. 하지만 이 작전은 많은 희생과 시간을 요구할 뿐만 아니라, 제1차 세계대전의 전술과 별반 차이가 나지 않는 전술로 이미 프랑스가 이에 대한 대비책을 충분히 강구하고 있을 것으로 예상되어, 히틀러는 최종 결정을 끝까지 주저하게 만들었다. 이때 만슈타인이 '지헬슈니트(낫질) 작전'을 제안하게 되는데, 이는 독일군의 핵심 기갑 군대가 기동력을 발휘해 벨기에의 아르덴 숲속을 돌파하여 프랑스의 중심으로 파고드는 기상천외한 작전이었다. 만약 이 작전이 성공한다면 프랑스는 그야말로 자신의 후방을 적의 주력 부대에게 내주는 치명적인 실수를 저지르고 마는 것이다. 다만, 이 작전의 핵심은 주력 부대인 A 집단군의 숲속 돌파와 함께 B, C 집단군의 기만전술이 통해야 하는 전격전으로 처음부터 많은 제한점이 따르고 있었다. 이 작전의 성공여부는 우선 독일의 기계화 사단이 거의 외길에 가까운 아르덴 숲길을 돌파하는 동안, 프랑스가 이를 알아채지 못하고 독일이 만들어놓은 덫에 얼마나 걸러드느냐에 달려 있었다. 또한, 이 작전은 어쩌면 적의 허점을 찌르려다가 아르덴 숲길이 적에 의해 간파되어 막혀버리면, 외길에서 오도 가도 못 하게 될 독일의 기계화사단이 종말을 고할지도 모를 위험한 작전이기도 했다. 물론 만슈타인 같은 참모의 작전 계획이 아무리 좋아도 총통인 히틀러가 책임지고 결정하지 않으면 아무

소용이 없는 것이었다. 히틀러는 비록 하사관 출신으로 주변 프로이센 출신의 귀족 장교들에 비해 출신 성분은 하찮았지만, 적어도 제2차 세계대전 초반의 판세를 보는 능력은 콧대 높은 독일 장성들도 감탄할 만큼의 탁월한 군사적 재능을 발휘하고 있었다. 물론, 후반으로 갈수록 히틀러의 번뜩이는 예지력도 얼마 못 가서 한계를 드러내고, 엎친 데 덮친 격으로 히틀러의 연이은 패착과 더불어 독소전의 실패는 독일 제3 제국을 회복 불능의 상태로 몰아가게 되지만, 적어도 대전 초기만큼은 히틀러가 선택한 모든 전술은 다른 독일 참모들조차 고개를 숙이게 할 정도로 '전격전의 완성'이라는 독일군의 새로운 승리 전략의 역사를 새롭게 써나가고 있었다. 허나 제2차 세계대전 전체를 보자면 스탈린이 군사 작전에서만큼은 군 지휘관들에게 모든 권한을 조금씩 돌려주었던 것에 비해, 어떻게든 모든 군사 작전이 히틀러 자신으로부터 말미암아야 한다는 아집을 버리지 못했음은 결국 한 번 틀어진 전쟁의 향방을 끝내 되돌리지 못하는 결과로 연결되었다.

1940년 5월 10일 독일의 선공에 아니나 다를까, 프랑스의 가믈랭(Gamelin) 연합군 총사령관은 독일의 의도를 전혀 파악하지 못한 채 독일군의 전술에 휘말려 벨기에 전선에 모든 전력을 투입하는 실수를 범하게 된다. 가믈랭 장군의 입장에서는 독일군의 기만전술에 스스로 말려들 것은 생각조차 하지 못하고, 어리석게도 이번에도 독일은 제1차 세계대전 때와 별반 다르지 않은 전술을 사용하고 있다고 판단하고 있었다. 다만, 누가 봐도 뻔한 전략적 판단을 다른 프랑스 참모들도 믿고 따랐던 것은 어떻게든 자국 영토에서 전쟁을 벌이지 않고, 벨기에에서 전쟁을 마무리 짓고 싶어 하는 이기적이고도 한결같은 마음이 반영된 결과였다. 프랑스 땅에서 전쟁이 벌어져 국민이 받게 될 고통을 최소화하고 자국 영토가 전쟁으로 황폐화되는 것을 막고자, 가믈랭과 그 참모들은 그들이 믿고 싶은 대로 벨기에에 진입한 독일군을 맞이하러 나갔던 것이다. 하지만 자신들의 앞에 나타나야 할 독일군이 느닷없이 후방에서 출몰하면서 작전은 처음부터 어긋나고 있었다. 그리고 자신들의 방어 전략이 실패했다고 판단되었을 때는, 이미 전세가 한쪽으로 완전히 기울어지고 있을 때였다. 이처럼 프랑스가 특별한 전술 개발 없이 오직 마지노선에만 매몰된 상황에서도 볼 수 있듯이, 수가 뻔히 보이는 전통적인 방어 전술은 결국 전략적 오판을 불러오게 되고 그 안일함은 되돌릴 수 없는 혹독한 대가를 요구하고 있었다.

초반에 승패가 결정된 독일의 프랑스 침공 작전이 어느 정도 성공을 거두게 되자, 남아있는 프랑스군 대부분은 전의를 상실하고 속절없이 모든 전선에서 무너지기 시작하였다. 그리고 프랑스와 연합 전선을 형성하던 영국군은 영국이 가진 병력과 장비를 모두 쏟아부은 상태에서, 덩케르크 해변이라는 막다른 골목에 몰리게 되는 건국 이래 최대의 위기를 맞이하게 된다. 독일군조차 너무 빠른 진격 속도에 놀라 히틀러에 의해 중지 명령이 떨어질 정도로 독일군의 '전격전'에 영프 연합군의 전력은 급속하게 와해되기 시작하였다. 히틀러의 진격 중지 명령이 오판인지, 아닌지 그 진위를 영영 알 길은 없지만, 독일의 재정비 시간으로 인해 초반에 파죽지세를 보이던 독일군의 진격이 소강상태를 보이자, 영국을 비롯한 연합군은 민간 선박까지 동원한 대규모 철수 작전을 벌이게 된다. 이는 일명 '다이나모(Dynamo) 작전'이라고 명명 지어진 덩케르크 철수 작전이었다. 이는 당장 적이 모든 방향에서 압박하는 현실에서 단기간 내에 적의 공격을 통제하며 30만 명이 넘는 병력을 온전하게 철수해야 하는 작전으로, 작전 중 얼마간의 희생은 어느 정도 감수해야 할 정도로 그 자체로 위험한 작전임이 틀림없었다. 비록 초반에는 갑작스러운 작전의 규모만큼이나 큰 혼란이 일어났지만, 후의 평가로는 연합군의 성공적인 철수 작전으로 평가될 만큼 잔존 병력이 괴멸되지 않고 비교적 잘 보존한 상태로 철수를 성공리에 마치게 된다. 비록 우선순위에서 밀린 군용 트럭을 비롯한 모든 군수 장비를 덩케르크 해안에 버려두고 몸만 빠져나와야 했지만, 위험을 감수한 덕분에 고스란히 보존될 수 있었던 영국군의 지상 병력은 향후 독일과의 서유럽 전쟁에서 연합군의 전력 상승에 큰 힘이 되어 주었다. 그에 비해 연합군이 철수할 수 있는 시간을 벌어준 히틀러의 진격 중지 명령은 두고두고 큰 이야깃거리가 되었다.

히틀러의 이해할 수 없는 진격 중지 명령을 두고, 어떤 이는 예상보다 너무 앞서간 전차 부대와 그것을 따라가지 못한 우마차를 이용한 병참 부대와의 거리 때문에 보급을 위해서 어쩔 수 없이 진격을 멈춰야 했다는 의견도 있는 반면에, 오히려 전차 부대가 전후방의 프랑스군에서 포위를 당한 꼴이 되어 재장전을 위한 시간이 필요했다고 주장하는 이도 있는 실정이다. 또 다른 의견으로는 영국과의 전쟁을 조심스러워 했던 히틀러에 의해 훗날 영국과의 강화 협상을 위해서는 영국군에게 큰 피해를 주는 것보다 영국으로 돌아갈 기회를 터주는 것이 더 효과적이었을 것이라는 분석을 하는 이도 있다. 그와 맥락을 같이하여 영국 또한 영국군의 주력이 아직 덩케르크 해안을 벗어나지 못한 형편에서, 처칠의 속마음은 그렇지 않더라도 독일과 어떤 협상이라도 시도하는 시늉이라도 보여야, 독일의 공격을 조금이라도 늦출 수 있어 그나마 많은 아군을 구출할 수 있는 시간을 벌 수 있다는 숨겨진 의도도 들어가 있다고 생각된다. 아무튼 인류 역사상 최초로 대규모 전차 부대만으로 단독 운영된 이번 작전은, 작전을 실행했던 독일로 보나 기상천외한 작전에 엄청난 전과를 선사한 프랑스 입장에서 보아도 어리둥절하기는 마찬가지였을 것이다. 왜냐하면 독일군은 처음으로 펼친 작전이 실패한다면 독일 전력의 대부분을 차지하고 있었던 전차 부대를 한순간에 잃었을 것이고, 프랑스 또한 독일군의 예측 불허의 작전과 엄청난 기동력 앞에 허둥지둥 그만 전선이 무너지면서, 그로 인한 전군의 전의 상실은 지도부도 손쓸 틈을 전혀 주지 않았기 때문이다. 하지만 모든 가능성을 살펴보더라도 당시 히틀러의 마음속으로 들어가 보지 않는 이상 그 온전한 진실은 아무도 모를 것이다.

더 이상 승패를 되돌릴 수 없다는 판단이 서자, 프랑스는 뜻밖에도 1940년 6월 10일 파리를 무방비 도시로 선포한다. 독일군이 프랑스 침공을 개시한 지 딱 한 달 만에 프랑스 전 지역이 독일 수중으로 떨어진 것이다. 어이없는 초기 대응 실패를 극복하지 못하고 나라를 통째로 내어 준 프랑스는 절망할 수밖에 없었고, 스스로 했던 예상조차 뛰어넘는 전쟁 성과에 고무된 독일군의 사기는 끝을 모르고 올라가고 있었다. 프랑스군의 무력하기 이를 데 없는 대응과 함께 파리의 무방비 도시 선언으로, 자국의 수도를 끝까지 저항하지 않고 파리를 나치 독일에게 넘겨준 것은 너무 비겁한 행동이라는 의견이 있는 것은 사실이다. 하지만 모든 비판을 감수하더라도 제2차 세계대전 내내 모든 유럽의 주요 도시가 잿더미가 된 것에 비해 파리가 온전한 모습을 유지할 수 있었던 것은, 고풍스러운 고도 파리를 폐허로 만들고 싶지 않은 프랑스 지도부의 빠른 결정이 한 몫 했다고 할 수 있다. 결과적으로, 프랑스의 이른 항복으로 프랑스는 독일과 6월 22일 휴전을 협정하며 프랑스 남부에는 비시 프랑스(Vichy France) 정부가 수립되고, 영국에 망명했던 국방차관 드골에 의해 자유 프랑스가 세워진다.

사진(좌): 아르덴숲을 통과하는 독일 기계화 사단. 독일 전격전의 전설은 어쩌면 이 작전
의 성공으로부터 많이 부풀려진 감이 없진 않지만, 서유럽의 맹주 프랑스를 단 6주 만에
녹다운시켰다는 점은 독일군 성공 신화의 한 획을 긋기에 충분했다.

사진(우): 1940년 6월 22일 프랑스의 항복 문서 서명 장면. 히틀러는 이 순간을 위한 이
벤트를 기획하는데, 제1차 세계대전 종전 시 자신들이 프랑스에 항복 서명을 하는 장소
로 쓰였던 그 객차를 그대로 가져와서 같은 장소(파리 북방의 콩피에뉴숲)에서 항복 문서를
받는 철저한 복수를 준비 하게 된다. 이후 히틀러의 지시에 의해 이 객차는 1940년 7월
경 독일 베를린으로 옮겨져 전시되었다가, 전쟁 후반기 독일의 패색이 짙어지자 또다시
이 객차가 이용되는 것을 원치 않았던 히틀러에 의해 파괴되었다.

아무튼, 독일은 제1차 세계대전 당시 4년이 넘도록 승리하지 못했던 프랑스를
단 6주 만에 정리하면서 연합군에게는 독일군에 대한 공포를 심어주기에 충분하
였고, 그와 함께 히틀러는 예측 불허의 천재성을 떨칠 수 있는 계기를 마련할 수
있었다. 더구나 당시 독일군의 수준은 역시 프랑스가 추진한 베르사유 조약에 의
해 200만 명 정도만 겨우 모을 수 있는 수준이었고, 무장 상태는 물론이거니와
탄약 비축량도 이미 폴란드전에서 소진한 상태로, 그마저도 예비 전력이라고 할
수 있는 예비군이 없는 상태로 영프 연합군에 비하면 독일군이 가진 이점은 전혀
없는 상태였다. 그에 반해 상대는 영국을 제외한 프랑스군만으로도 해외 주둔군

을 포함하면 350만 명에 예비군은 400만 명에 달하고 있었다. 그것을 조금이라도 알고 있는 독일군 장교라면 대 프랑스전을 겁 없이 추진하는 히틀러를 오히려 말려야 할 만큼 독일군의 사정은 그리 좋은 편은 아니었다. 그런 독일군의 사정을 프랑스와 영국이 몰랐을 리 없었겠지만 그런데도 단기간에 통째로 프랑스를 내어준 결과에, 연합군이 받았을 충격이라는 것은 과히 상상을 초월하는 정신적인 공황 상태와 같았을 것이다. 당연한 순서로 프랑스전 승리로 인해 독일 내 총통 히틀러에 대한 지지는 하늘 높은 줄 모르고 더욱 상승하였을 것이고, 그에 더해 제1차 세계대전의 치욕을 갚아주고 독일의 영광을 드높여 준 히틀러를 하늘이 패전국 독일을 구원하기 위해 보내준 영도자처럼 떠받들며 독일 국민은 더더욱 열광할 수밖에 없었다. 그동안 프랑스로 인해 쌓였던 오랜 원한을 히틀러가 비교적 단기간에 제대로 갚아주었다고 생각했을 때, 독일 국민이 그때까지 히틀러에 대해 갖고 있었던 믿음이 단순한 신뢰를 넘어선 신격화로 치닫는다고 해도 아무도 반대할 사람이 없을 정도로, 독일은 한동안 히틀러에 대한 모든 비판은 농담으로도 하지 않았다.

서유럽 육군 최강국으로 불리던 프랑스의 허무한 패배와 너무 이른 항복은 전 세계에 엄청난 충격을 주었다. 이에 비해 제1차 세계대전으로 폐허가 된 조국을 다시 일으켜 세우고 베르사유 조약으로 재무장을 맘껏 할 수 없었던 악조건을 넘어선 독일 제국의 재부상은 무엇으로도 설명할 수 없는 경외와 함께 주변 국가들에는 두려움을 넘어선 공포감을 심어 주기에 충분했다. 평소 프랑스에 대한 철저한 복수극을 언급했던 히틀러는 그것을 연설 속의 선동적인 말로만 그쳤던 것이 아니라, 그것을 다분히 행동으로 옮기고 더구나 짧은 시간 내에 프랑스의 항복을 받아내면서, 감탄만 하기에는 부족할 독일 제국의 위용을 단번에 세상에 떨칠 수 있게 되었다. 그리고 독일은 베르사유 조약 못지않은 항복 조건을 프랑스 대표에게 요구하면서 처절한 복수의 서막을 화려하게 준비하게 된다. 그 조약을 살펴보면, 첫째, 프랑스 영토의 절반은 독일이 직접 통치하며 나머지는 비시 프랑스가 관할한다. 이는 제1차 세계대전 패전 후 독일이 빼앗긴 영토를 훨씬 상회하는 것으로 프랑스에는 건국 이래 역사상 최고의 굴욕적인 순간으로 남게 된다. 둘째, 프랑스가 보호하는 반나치 망명자들을 독일로 전원 강제 송환하며, 셋째, 프랑스 함대는 독일·이탈리아군 감시 하에 무장 해제를 해야 한다 등이었다.

한편, 위와 같은 항복 조건에서 같은 연합군인 영국에게 신경이 쓰이는 부분이 하나 있었다. 바로 세 번째로 언급한 내용 때문이었다. 이미 강한 육군을 보유하고 있는 독일이 프랑스의 함대까지 성공적으로 접수한다면 독일군의 영국 침공 가능성은 더욱 현실화될 수도 있다는 판단이 서게 되자, 영국은 그 우려를 씻기 위해 생각한 대로 바로 선공에 나서게 된다. 영국은 아직 건재한 프랑스 해군이 독일에 이용되는 것을 우려해 알제리 메르셀-케비르 기지에 있던 비시 프랑스 휘하의 프랑스 해군을 직접 공격하게 되는데, 얼마 전까지만 우방이라 생각했던 영국 해군의 공격은 정말 예상하지 못했던 사건으로, 이로 인해 영국은 비시 프랑스와 드골 양쪽으로부터 비난을 받게 된다. 전혀 예측하지 못했던 영국 해군의 갑작스러운 공격으로, 당시 페탱의 비시 프랑스가 관할하고 있는 프랑스 해군 소속 4척의 전함이 침몰하고 적지 않은 프랑스 해군(1,267명)이 죽자(1940년 7월 3일), 페탱은 즉각 영국과 단교를 선언하고 영국에 망명 중인 드골에게 사형을 선고하게 된다. 어제까지 연합군의 일원으로 독일을 향해 같이 싸우던 동맹이 하루아침에 원수지간이 된 것이다. 페탱과 드골은 오래전 프랑스 육사에서 스승과 제자로 맺어진 관계였으나 페탱은 드골과 이번 사건을 계기로 확실하게 등을 지게 된다. 하지만 제2차 세계대전이 끝난 후 프랑스에서 벌어진 재판에서는 상황이 역전되어, 드골은 자신에게 사형을 선고했던 페탱을 법정에 세우고 사형 선고를 받게 한다.

그 당시 영국으로 망명해 있던 드골은 페탱의 사형 선고 위협에도 불구하고 전혀 개의치 않고, 프랑스의 레지스탕스를 격려하며 자유 프랑스를 중심으로 대독항전을 계속하자고 호소하게 된다. 그러나 영국의 우려와 다르게 독일군은 해군력의 열세에도 불구하고 프랑스 해군을 이용할 기회를 놓치게 된다. 결정적으로 북유럽 노르웨이 점령 작전에서 큰 피해를 받은 독일의 해군력이 끝내 회복되지 못한 형편에서, 영국 본토 상륙 작전, 즉 '바다사자' 작전을 앞두고 있었던 독일이 왜 프랑스 함대를 이용하지 않았는지, 이에 대한 의구심은 종전 시까지도 해결할 수 없는 의문으로만 남았다. 결국, 영국 항공 공방전을 마무리하고 해안으로 상륙할 것이라는 바다사자 작전은 소련 침공과 맞물려 종전까지도 끝내 이루어지지 못했다.

덩케르크 철수 작전이 마무리되자 영국 입장에서는 프랑스에 파견했던 영국군 병력을 고스란히 보존해 영국으로 돌아오는 것까지는 좋았으나, 덩케르크에 전차 및 장갑차량 475대, 각종 차량 63,000여 대 등 대부분의 영국 중화기를 버려둔 채로 급하게 빠져나올 수밖에 없었다. 이후 전쟁에서 영국군은 미국의 원조가 있을 때까지 전쟁 물자 부족으로 여러 가지 어려움을 겪게 된다. 이런 영국의 상황이 너무 한탄스러웠는지, 처칠은 이렇게까지 말했다고 한다. "이제 우리는 박물관에서 무기를 가져와 싸워야 했다." 신속한 철수 작전으로 병력은 보존했지만 안타깝게도 영국은 자국 본토의 방어를 위한 육상 무기가 전무하였다. 아직 해군은 건재하다는 것만이 위안일 뿐 실제로 독일군 병력이 무사히 영국 해안가에 상륙했더라면, 영국은 이를 육지에서 충분히 막아 낼 수 없다는 것이 그 당시 영국이 처한 현실이자 고민이었다. 하지만 영국 해군의 분전과 천우신조로 앞의 노르웨이 해전에서 사실상 독일 해군이 대부분 붕괴되자, 독일 육군을 해안까지 데려다줄 해군 전력을 보전하지 못한 독일군은 영국을 정복할 수 있는 절호의 찬스를 놓치게 된다.

한편, 이런 영국 육군의 어려운 사정을 히틀러가 인지하고 무리하게 상륙을 시도했더라도, 워낙 강한 영국 해군에 의해 독일의 몇 남지 않은 상륙함마저 독일 육군 병력과 함께 저 깊은 도버해협 속으로 모두 사라졌으리라는 것은 부인할 수 없는 엄연한 사실이었다. 이처럼 영국과 독일의 해군 전력은 전쟁 초기부터 비교 불가능한 전력 차이를 보여 주고 있었는데, 처음부터 히틀러가 두려워한 것은 영국 육군이 아니고 영국 해군이었기 때문이었다. 아무튼, 덩케르크 철수 작전으로 모든 것을 잃은 영국군이 독일군과 견줄 수 있는 전력을 회복할 수 있었던 것은, 아무래도 1941년 3월에 제정된 미국의 '무기대여법' 덕분이라고 해야 할 것이다. 만슈타인의 뛰어난 전술에 맞물린 가믈랭 사령관의 오판으로 영국군의 모든 무기를 덩케르크 해안에 버려두고 와야 했던 상황에서, 미국의 지원은 영국에게는 가뭄의 단비 같은 존재였을 것이다. 처음부터 이런 악조건에서 전쟁을 치러야 했던 영국에게 미국이라는 존재는 최후의 보루이자 마지막 희망의 불씨였다는 사실은 좀처럼 부인할 수 없는 현실이 되었다. 실제로 영국은 대전 중 미국으로부터 무기 원조를 제일 많이 받은 나라였다. 이제 바다를 사이에 둔 영국과 독일의 새로운 전쟁이 막 시작되고 있었다.

다. 진주만 기습

1941년 12월 1일 일본에서는 진주만 기습을 결정하는 어전회의가 열렸다. 도조 히데키는 터무니없는 '헐 노트'의 내용에 더없이 흥분하지 않을 수 없었는데, 미국의 터무니없는 제안에 자극받아 불편해진 일본의 심경은 언제고 폭발할 것 같은 심상치 않은 분위기로 바뀌고 있었다.

일본의 입장은 어느 때보다 명확하여 이번에 미국의 요구를 그대로 들어준다면 앞으로는 영국과 미국의 모든 의견을 경청하고 고분고분하게 따라줘야 하는 굴욕적인 상황을 예상하지 않을 수 없었다. 이는 그동안 일본 육군이 이룬 모든 전과를 부정하는 것이기에 더더욱 받아들일 수 없었다. 그러나 그렇다고 해서 미국의 요구를 거부하고 전쟁에 돌입하는 것도 선뜻 동의하기 어려운 것이 사실이었다. 미국도 일본과 같은 생각으로, 작은 나라인 일본이 대국인 미국을 먼저 공격할 것이라고는 꿈에서도 생각지 않았기 때문에, 전쟁에 대한 우려보다는 일본과 협상을 통해 동아시아의 복잡한 상황을 미국의 국익에 도움이 되는 쪽으로 정리하려는 마음뿐이었다. 아무튼, 일본 입장에서는 '헐 노트'를 명백하게 자국의 국익을 훼손하고 침해하는 선전포고 정도로 받아들이는 분위기였지만, 이는 어디까지나 전쟁 개시 선언을 위한 최후통첩이라기보다 동아시아의 질서를 일본보다는 상위의 입장에서 어떻게든 자력으로 정리해 보려는 미국 내 외교적인 움직임으로 보면 타당하였다.

어떤 책에서 보면 자원 빈국인 일본이 더 많은 자원이 필요했기 때문에 진주만을 선제공격하고 미국령인 필리핀을 칠 수밖에 없었다고 말하고 있지만, 이는 일본과 미국의 외교적 노력을 무시하는 언급으로 일본을 앞뒤도 볼 줄 모르는 전쟁광으로 만들어놓는 우스꽝스러운 사견이 아닐 수 없다. 전쟁은 어디까지나 최종적이고 불가역적인 해결책일 뿐 아무리 군부가 당시 일본 정부를 좌지우지한다고 해도 당장의 이익을 위해 섣불리 전쟁을 벌일 정도로 일본이 그렇게 가벼운 나라는 아니었다. 무엇보다 일본은 러시아와 청나라와의 싸움과는 다르게 정말 신중하게 미국에 접근하고 있었다. 미국은 쉽게 꺾을 수 있는 존재가 아니라는 것을 일본도 충분히 인지하고 있었기 때문이었다. 그래서 전쟁은 최후의 선택으로 남겨둔 채 일본은 자신이 가진 외교력을 총동원하여 외교전에 승부수를 걸었던 것이었으나, 미국은 역시 일본이 마음대로 움직일 수 있는 호락호락한 나라가 아니었다. 그 당시 일본의 생각을 꿰뚫고 있었던 미국은 일본과의 외교전은 어쩌면 시간을 벌기 위한 수단일 뿐, 미국은 결코 일본이 원하는 것을 하나도 줄 수 없다는 것을 '헐 노트'를 통해 천명하고 있었던 것이다. 하지만 일본은 미국의 도를 넘는 제안에 마땅한 협상 카드 없이 코너에 몰릴 수밖에 없었다. 외교적 운신의 폭이 대폭 줄어들게 되었음에도 불구하고, 분명한 것은 일본은 아무리 미국의 제안이 위협적이라고 해도 그동안 중국 진출을 위해 노력하고 희생했던 모든 것을 조약 하나로 원래 위치로 되돌릴 수는 없었다는 사실이었다. 조약에 굴복해 중국과 인도차이나에서 물러나 달랑 한반도만 움켜쥐어서는 세계열강들과의 제국주의 싸움에서 우위를 점할 수는 없는 노릇이었다. 더 이상 미국의 속국도 아니고 눈치만 보게 된다면, 앞으로도 일본의 독자적인 결정은 매번 실행에 옮기지도 못하고 좌절해야 할 형편이었다. 무엇보다도 일본 천황과 육군 수뇌부들은 자신의 손발을 묶어 놓으려는 미국의 오만한 자세를 견딜 수 없었다. 더구나 미국이 제시하는 협상안은 일본 입장에서는 일방적인 손해만 강요하는 것으로 협상이라기보다는 굴욕적인 패전 조약에 가까웠다.

그동안 아무런 성과 없이 지지부진했던 외교 교섭은 '헐 노트'로 사실상 종결이 되었고, 일본 수뇌부에서는 이를 반박할 역제안조차 전무한 상태에서 외교 분위기는 무겁게 파장으로 치닫고 있었다. 미국도 일본이 이 제안을 거부할 적절한 타이밍만 중요할 뿐 세부적인 협상은 더 이상 의미가 없다는 것을 알고 있었다. 일본도 일본대로 더욱 강경해지는 미국식의 일방적인 외교 방법에 이제 신물이 날 지경이었다. 이제 일본에게는 제국주의의 운명이 걸린 결정만 남게 되었다. 몇 개월에 걸친 미국과의 교섭이 결국 수포가 되면서, 오히려 일본은 미국에 속았다는 기분마저 들 정도로 미국에 대한 배신감이 극에 달하게 된다. 애초부터 협상은 협상일 뿐 처음부터 성의 없었던 미국의 태도는 단지 시간을 벌기 위해 협상을 질질 끌고 있다는 인상을 주었기 때문이었다. 물론, 미국은 시간이 필요했다. 유럽에서 먼저 시작된 전쟁은 아직 먼 유럽에서 일어난 전쟁이어서 미국은 선택적 고립주의로 전쟁에 개입하는 것을 극도로 꺼리고 있었다. 그렇게 차일피일 늦춰진 미국의 전쟁 개입 결심으로 인해, 미국 내의 모든 공장이 군수 물자를 쏟아내기 위해서는 절대적으로 시간이 필요했다. 미국과의 협상 과정에서 긍정적인 제안을 기대했던 일본의 초초한 기다림의 시간은 어쩌면 미국의 치밀한 전략이었는지도 모른다.

어차피 프랑스가 독일에 항복을 선언한 후, 1941년 7월 28일 프랑스령 인도차이나에 진주한 일본은 미국으로부터 일본에 대한 석유 수출을 중단한다는 보복을 당했다. 석유 수입을 압도적으로 미국에 의존하고 있던 일본으로서는 인도차이나에서 물러서지 않는 한 미국과의 충돌은 피할 수 없는 상황이 되어버렸다. 미국의 입장으로 봐도 일본의 무모한 식민지 확장 욕심을 이쯤에서 막지 못한다면 더 큰 화근을 키울 것이 뻔했기 때문에 강경하게 나설 수밖에 없었다. 어쩌면 미국도 일본이 넙죽 '헐 노트'의 제안대로 따라 주리라고 생각하지는 않았기 때문에, 평화로웠던 미국이 어떻게든 자국민의 경각심을 일깨워 징집을 서두르고 미국의 모든 공장 시설을 한시바삐 전시 체제로 전환하기 위한 시기를 앞당기는 것이 중요해지기 시작하였다. 미국은 미국의 참전 결심을 실현시켜 줄 명분과 더불어 지지부진하기만 한 군 관련 산업 시설 확장을 위한 시간을 최대한 단축해야 하는 과제를 안고 있었다. 이제 상대편의 마음을 떠보는 외교적인 의전은 끝났고, 본격적인 전쟁을 위한 양국의 피할 수 없는 경쟁이 보이지 않게 시작되고 있었다.

일본 대본영도 미국과의 전쟁은 일본의 패망을 앞당길 수 있는 국운을 건 선택이기 때문에 서둘러 결정할 수는 없는 노릇이었다. 이번 일이 잘못된다면 지구상에서 일본이라는 나라는 아예 없어질 수도 있기 때문에 더욱더 신중을 기할 수밖에 없었다. 그래도 만약 최후에는 전쟁을 피할 수 없다면 처음에는 일본 국민들도 미국과의 전쟁을 개시하는 것에 의아해하겠지만, 미국이 자국에 대한 경제 봉쇄와 압박을 해제하지 않는 한 일본과 미국과의 충돌은 불가피하다는 것을 깨달게 될 거라고 믿었다. 미국과의 전쟁을 극구 부정하던 일본도 이제는 전쟁은 피할 수 없는 현실이 되었고, 미국과의 충돌이 기정사실이 된 상황에서 전쟁을 시대와 나라의 운명으로 받아들이는 분위기로 서서히 바뀌고 있었다. 그 당시 현실을 전혀 반영하지 못했던, 참모 본부가 작성해서 올린 엉터리 전쟁 예측 자료를 그대로 믿고 싶었던 일본 수뇌부의 '근거 없는 낙관론'은 그렇게 전쟁을 피할 수 없는 조국의 운명으로 결정하고 말았다. 어쩌면 독일의 소련 침공보다 더한 무모함 앞에서도, 일본은 정말 어떻게 그렇게 의연할 수 있는지 지금 생각해도 소름 끼치는 일이라고 아니할 수 없다. 그렇다면 일본은 전쟁에서 승리하기 위한 치밀한 전략이 필요했고 그러기 위해서는 공격 장소와 개전 날짜를 결정하는 중요한 일만 남게 되었다. 드디어, 1941년 12월 1일 일본 어전회의에서 격론 끝에 진주만 공습일(12월 7일)이 결정된다.

어전회의 결정에 따라 1941년 12월 7일 일요일 새벽 미국령 하와이섬 진주만에 대한 기습이 시작되었다. 미국의 도시와 군대까지 긴장을 늦추고 있었을 일요일 아침에 벌어진 전쟁의 결과는 불을 보듯 뻔하였다. 결과적으로는 일본의 대성공이었다. 처음부터 계획했던 항공모함을 침몰시키는 전과를 올리지는 못했지만, 미군 태평양 함대 소속의 8척의 군함이 불타고 2척이 침몰하였으며 3,600여 명의 사상자가 발생하는 등 미국 태평양 함대는 큰 타격을 받게 된다. 이런 예기치 못한 패배를 미국에게 안겨준 일본의 기습 공격은 성공적으로 마무리되었지만, 성공적인 기습을 완성하기 위해 미국 태평양 함대에 재정비할 틈을 주지 않고 재차 출격하여 태평양 함대를 전멸시켜야 한다는 의견을 뒤로하고 미국에게 반격의 기회를 주지 않는다는 명분으로 일본 함대는 한발 뒤로 물러나게 된다. 비록, 진주만에서 잠시 자리를 비운 항공모함을 격침하지는 못한 반쪽 승리였지만 기습으로 진행된 진주만 공습은 시종일관 일본군의 주도와 미국의 방심 속에서 진행되었다.

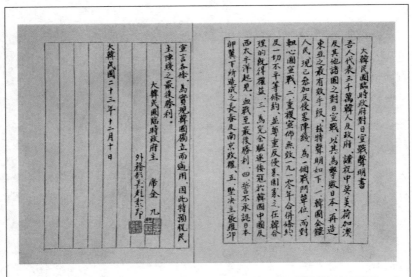

日本의 진주만 기습이 일어난 지 3일 후인 1941년 12월 10일, 대한민국 임시 정부는 대일 선전포고를 발표한다. 이는 1940년 9월 한국광복군 창설에 따른 자신감의 표현이자, 한국이 승전국의 당당한 일원일 될 수 있는 근거가 될 수 있었다. 다만, 선전포고에 걸맞게 한국광복군의 대 일본전 활약이 두드러졌더라면 우리나라의 근현대사는 많이 달라졌을 것이다.[10]

일본 대본영의 치밀한 작전은 이것으로 그치지 않았다. 당시 일본 대형 항공모함 6척이 진주만으로 떠난 현실에서 필리핀 내 미국 클라크필드 비행장 시설과 항공기를 제압하기 위해, 한 대의 경항공모함과 해군 기지 항공대에서 이륙한 전투기와 폭격기가 진주만 공습 이후 시간차를 두고 본격적인 침공에 나서게 된다. 필리핀은 미국령의 섬으로, 일본이 동남아시아의 남방 자원 지대의 중간에 위치해서 이를 공략하지 못하면 일본 본토로 향하는 물류 운송로의 안전을 확보할 수 없다는 것을 의미했기 때문에 일본은 필리핀을 꼭 점령해야 했다. 이처럼 필리핀

10) 자료 출처: 국사편찬위원회.

은 일본에게 자원 운송뿐만 아니라 향후 남방 작전을 확대하기 위해서도 절대적으로 필요한 전략적 요충지였다. 그래서 일본 육군이 필리핀을 점령하기 위한 전 단계로 선제공격을 통해 미 공군의 제압이 필요했던 것이다. 누구도 예상하지 못한 일본군의 계속된 기습 공격에 속수무책으로 당하던 미군은 필리핀 바탄섬에서 비극적인 최후를 맞는다. 미군과 필리핀군을 포함한 7만 6천여 명이 일본에게 포로로 잡히게 된 것이다. 이후 섬에 남은 포로들은 일본군에 의해 강요된 바탄 죽음의 행진으로 1만여 명이 더 목숨을 잃게 된다. 1942년 3월 17일 당시 필리핀 점령군 사령관을 맡고 있었던 맥아더(MacArthur)는 부하들을 버려둔 채, 가족과 전속부관 등 소수의 인원만 대동한 채로 어뢰정 2대로 나눠 타고 심야에 호주로 도주하게 된다. 도망가더라도 점령군 원수라는 직함이 주는 자존심을 지키려고 했는지 맥아더는 "I shall return."이라고 말하며 후일을 기약한다. 하지만 그가 말한 "I shall return."은 자신의 군인으로서의 자존심 회복 외에는 의미가 없었던, 오히려 불행의 씨앗이 되고 말았다.

후의 일이지만, 1944년 7월 사이판이 함락되고 일본 본토 점령을 위한 사전 포석으로 당시 해군 사령관이었던 니미츠는 대만을 먼저 침공하자는 의견을 내었으나, 맥아더는 필리핀을 먼저 점령하자고 고집을 피우게 된다. 호주로 와 있는 동안 맥아더는 오매불망 필리핀 탈환이라는 목표를 위해 매달릴 수밖에 없었고, 결국 루스벨트의 허락을 받아낸 맥아더는 섬 점령 외에는 전략상 아무런 의미가 없는 필리핀 전투를 치르며 수많은 미군의 희생(미군 사상자 8만여 명, 일본군 사상자 40만 여 명)과 필리핀의 주요 도시를 폐허로 만들게 되는데, 어쩌면 이는 그가 무심코 내뱉은 말들을 지켜야 한다는 강박관념에 희생된 것이라고 봐도 무방할 것이다. 시간이 지나면서 필리핀 방어 작전이라는 본래의 작전이 무산되자, 필리핀전은 일본에 의해 의도적으로 본토 방어를 위한 시간벌기용 지구전으로 바뀌었고 어느새 전쟁은 더욱 지루하고 힘든 희생과 인내심을 요구하기 시작하였다. 그리고 각고의 노력 끝에 필리핀을 점령하자, 필리핀 점령에 따른 수많은 부하의 희생이 무색하게 'We'가 아닌 'I'로 맥아더는 태연하게도 이렇게 말한다. "I have returned." 역사는 이렇게 말하고 있다. 태평양 전쟁사에서 양국을 합쳐 80만 명이라는 대군이 붙은 필리핀 탈환 전투는 맥아더의 자존심 회복만을 위해 존재했을 뿐, 대부분의 제2차 세계대전 관련 전쟁사에서도 잘 언급되지 않을 만큼 전략상 아무런 의미가 없는 전투라고 말할 수 있다. 아무튼, 수많은 미군 장병의 희생을 담보로 맥아더의 그 알량한 자존심은 드디어 회복할 기회를 얻을 수 있었다. 물론, 필리핀 점령에는 일본의 생명줄이라고 할 수 있는 남방 자원 루트를 원천적으로 차단할 수 있다는 장점이 없는 것은 아니었으나, 대만점령 또한 그 역할을 충분히 할 수 있다는 점에서 꼭 필리핀 점령만이 필요한 작전이었나 하는 것은 충분히 의문의 여지가 있는 것은 사실이었다.

1944년 10월경 필리핀 레이테섬에 상륙한 맥아더 장군. 이 사진은 비록 연출이라는 비난에도 불구하고 "I shall return."이라는 말을 스스로 지켰다는 듯 그의 발걸음은 거침없고 당당하기만 하다. 맥아더는 6·25 전쟁 당시에도 인천 상륙 작전 성공 후 이 사진과 비슷한 장면을 연출한다.

그렇게 맥아더가 자신이 내뱉은 말을 지켜내고 자존심을 회복하는 동안 수많은 섬(필리핀은 전 세계에서 섬이 가장 많은 나라이다)에 숨어든 일본군을 찾아다니느라 양국 합쳐 40만 명이 넘는 생명이 희생되고(미군이 대만으로 향하였다면 희생되지 않았거나 상대적으로 적을 수 있었던 희생자) 8개월이라는 귀중한 시간을 허비하게 된다. 학자에 따라서는 바로 일본령 대만과 오키나와로 미군 40만 명이 바로 투입되었더라면, 어쩌면 유럽의 전선보다 더 빨리 태평양 전쟁이 끝날 수도 있었다는 아쉬움을 표현하기도 한다. 그것이 가능했더라면 우리나라의 분단 상황도 어떤 식으로든지 영향을 받았을 것이고, 지금의 모습과는 사뭇 다른 한반도 대치 상황을 보여 주었을 것이다. 물론 그렇다고 당시 대만을 점령하고 있던 일본 6개 사단이 만만한 전력은 아닐 것이기 때문에, 어느 경로를 선택하든 미국이 받을 피해는 어느 정도 예상할 수 있는 수준이라고 할 수 있었다. 하지만 맥아더의 고집으로 일본 본토를 상륙하기도 전에 많은 인명과 물자 소모와 함께 필리핀 완전 점령에 8개월이라는 시간이 필요했던 것에 대해 맥아더 본인은 그간의 비판에 대해서 자유로울 수 없을 것이다. 하지만 6·25 전쟁 당시 핵을 고집하던 맥아더 장군이 결국 해임된 사실에서 볼 수 있듯이, 개별 전투는 그렇다 쳐도 결국 전쟁의 큰 흐름에 대한 결정권은 모두 대통령한테 있는 것이다. 아무리 맥아더가 필리핀 점령에 대한 의견을 굽히지 않았더라도 루스벨트 대통령이 허락하지 않는다면 그건 실행에 옮길 수 없는 작전이었을 것이다. 그런 의미에서 필리핀 수복 작전으로 인한 여러 가지 비판에 대해서 루스벨트 대통령 또한 맥아더와 비슷한 책임을 갖고 있다고 생각된다.

그리고 여기에서 필리핀을 미국이 회복하는 과정에서, 필리핀인으로 구성된 게릴라군들까지 해방군이라고 믿은 미군 쪽에 붙어 일본군을 압박하는 장면을 언급하지 않을 수 없다. 이는 대동아공영권이라는 허울 아래 일본이 식민지 필리핀을 얼마나 착취하고 핍박했는지를 알 수 있는 상징적인 장면이라고 생각된다. 일본은 우리나라를 비롯한 여러 아시아 국가들을 착취하기 위한 식민지로 지배하려고만 했지, 그들의 자립과 독립 더 나아가 근대화에 대한 어떠한 근사한 계획도 갖고 있지 않았다. 물론 상대적인 것이지만, 같은 제국주의 국가라도 미국은 무조건적인 식민지 착취만을 일삼은 것이 아니라, 미국으로 인해 얻은 번영으로 미국 또한 도움을 받을 수 있는 상호보완적이고도 건설적인 생각들을 갖고 있었던 것으로 보인다.

한편, 진주만 공습은 전쟁이 일어나기 전부터 일본의 암호를 해독하고 있다고 자부하고 있던 미국조차도 예측하지 못한 너무 빠르고 전격적인 기습전이었다. 그리고 일본은 기습으로 올린 자신의 성과를 확인한 후 느긋하게 미국에 정식으로 선전포고를 선언한다. 러일 전쟁 때부터 시작된 일본군의 '기습 후 선전포고'라는 공식은 이때에도 변함이 없었다. 아무리 피도 눈물도 없는 것이 전쟁이라지만 그래도 엄연히 나라와 나라 사이의 일인데 선전포고도 없이 행한 기습 작전에 대부분의 미국인은 처음에는 경악을 금치 못했지만, 이내 차분함과 냉정함을 되찾게 되자 일본의 비열한 공습에 공분하였다.

전쟁을 먼 나라 유럽에서 일어난 그들만의 전쟁으로 생각하던 미국으로서는 큰 충격이었을 것이고, 작고 왜소한 동양인과 일본에 대한 비하와 문화적 편견에 빠져있던 대부분의 미국인들은 일요일에 발생한 진주만 공습으로 공황 상태에 빠져들 수밖에 없었다. 그러나 놀라움도 잠시, 결과적으로 일본의 진주만 공습에 이은 미국의 공식적인 참전 선언은 추축국에 밀려 있던 연합군의 전세를 뒤집을 만큼의 큰 사건이 되었다. 미국의 참전을 은근히 바라고 있었던 처칠을 비롯한 서방 지도자들에게는 일본의 진주만 기습은 오히려 반겨야 할 제2차 세계대전의 큰 전환점이 되어 주었다. 결과적으로, 미국의 참전은 일본을 비롯한 추축국들의 운명을 재촉하는 비수가 되고 말았고, 연합군은 드디어 지지부진해진 유럽 전선의 돌파구를 마련해줄 확실한 리더이자 똑똑한 우군을 갖게 된 것이다.

진주만 기습이 있은 다음 날, 루스벨트 대통령은 미국 의회에서 대일 선전포고 관련 연설을 한다. 연설은 다음과 같이 시작된다.

"Yesterday, December 7, 1941 —a date which will live in infamy— the United States of America was suddenly and deliberately attacked by naval and air forces of the Empire of Japan(어제, 1941년 12월 7일 —치욕의 날로 기억될—, 미국은 일본 제국의 해군과 공군에 의해 갑작스럽고 고의적인 공격을 당했습니다)."

루스벨트 대통령의 연설에서 보듯이 미국은 '공격(attacked)'을 당했다는 것에 엄청난 충격을 받은 것으로 보인다. 미국인들의 인식에는 동양이라면 보통 중국을 떠올리게 되는데, 아시아인들은 대체로 키가 작고 눈은 찢어졌으며 머리는 명석하지 않을뿐더러, 아시아에 속한 대부분의 나라는 오래되고 낡은 전통만을 고집하여 기술 수준이 매우 낙후된 열등한 국가 정도라는 얕은 지식을 갖고 있을 뿐이었다. 미국으로서는 일본과 같은 그런 동양의 한 작은 나라가 항공모함은커녕 전함과 비행기를 갖고 있으리라는 것에 관심조차 없던 시절이었다. 사실 미국의 동양과 일본에 대한 정보는 한심한 수준이었다고 말할 수 있는데, 어쩌다 일본이 전함 정도는 갖고 있을지도 모른다고 생각했을지는 모르지만, 엄청난 해양 전력인 항공모함(실제로 일본은 태평양 전쟁 기간 동안 26대 정도의 항공모함을 운용했다고 한다)을 갖고 있다는 것을, 그것도 수십 대나 보유하고 있다는 것은 당시 동양인 비하에 익숙했던 미국인으로서는 상상조차 할 수 없는 일이었다.

더구나 메이지 유신 전 미국에 의해 처음 개화를 한 일본이 그런 서양의 기술을 그토록 빠르게 습득하여 군사 대국을 이뤘을 것으로 생각하는 미국 전문가들도 드물었다. 더 정확하게 말하면 미국의 관심사는 오직 자국의 정치 상황과 유럽의 다른 제국주의 국가들의 동향에만 주목할 뿐, 동양의 작은 나라인 일본에게는 관심조차 없었다는 것이 적절한 표현이라고 할 수 있었다. 물론, 일본이 러일 전쟁을 통해 국제사회에 멋지게 데뷔를 하기는 했지만, 당시 러시아의 국내 사정이 좋지 않아 일본은 자국의 전력에 대한 정당한 평가를 받지 못했던 것이 사실이었다. 아무튼, 동양 문화에 대한 막연한 비하와 서양인들 자신의 근거 없는 상대적 우월감이 방심으로 연결되어 마침내 자신의 본토인 진주만이 공격당하게 된 것이다. 결국, 일본의 진주만 공습은 미국의 독립 이후 미국의 본토(비록, 하와이가 미국 아메리카 대륙과 떨어져 있는 섬이지만 하와이를 미국의 본토로 분류한다면)가 공격당한 유일무이한 사건이 되었다.

루스벨트는 연설을 이어간다.

"Always will we remember the character of the onslaught against us. No matter how long it may take us to overcome this premeditated invasion, the American people in their righteous might will win through to absolute victory(우리 국민은 우리에 대한 이 기습 공격의 성격을 항상 기억하게 될 것입니다. 이 미리 계획된 침략을 패배시키는 데 얼마나 오랜 시간이 걸릴지는 모르겠으나 미국인들은 그들의 올바른 힘으로 완전한 승리를 거두게 될 것입니다)."

루스벨트는 일본 제국에 대응해 몇 년이 걸릴지 모르는 전쟁을 준비하기 위해 온 국민이 힘을 합쳐야 한다는 것을 거듭 강조한다. 하지만 미국 지도자들과 국민은 자신들이 무시했던 동양의 작은 나라인 일본으로부터 공격당했다는 충격에서 한동안 헤어 나오지 못한다. 미국인의 자존심을 회복하라는 목소리는 나중에 더 자세하게 언급하겠지만 '두리틀 공습 작전'으로 연결되는데, 미국 내 여론을 잠재우기 위해 서둘러 감행한 것으로 보이는 이 작전은 때론 무모해 보일 정도의 보복 작전의 성격을 띠었지만, 이렇게라도 미국이 급하게 작전을 감행하게 된 것은 일본 본토에 대한 전략적 파괴보다는 미국의 자존심 회복이라는 목표가 우선이었던 것으로 보인다.

미국은 충격을 받아 동양에 대해서, 특히 일본에 대한 연구 부족을 비판하며 뒤늦게 연구 보고서를 작성하게 된다. 그것이 바로 미국의 인류학자인 루스 베네딕트(Ruth Fulton Benedict)가 펴낸 『국화와 칼(The Chrysanthemum and the Sword)』이다. 여기서 '국화'는 '일본식 정원'으로 표현되는 일본인의 특성을 의미하는 것으로, 그는 인위적으로 꾸미는 조밀한 질서 속에 돌, 나무, 연못 등이 모두 '알맞은 자리'에 아주 꼼꼼하게 배치되어야 하는 것을 일본인의 특성으로 보았다. 화분에 심어진 국화 꽃잎도 한 잎, 한 잎 정돈하고, 때로 꽃 속에 눈에 띄지 않을 만큼 작은 철사로 고리를 끼워서 올바른 위치를 설정한다. 작가는 이를 '위장된 자연'이라고 표현하면서 강박적이라 할 만큼 생활양식의 미묘한 균형을 지키려는 게 일본인의 특성이라고 말한다.

아울러, 칼은 단순하게 공격을 상징하는 것은 아니었다. 일본인 자신과 칼을 동일시한 비유였다. 칼집에 들어있는 칼은 녹슬지 않고 늘 번쩍여야 한다. 칼을 찬 사람에겐 그런 책임이 있다. 자칫하면 녹이 슬기 쉽다. '몸에서 나온 녹'이 있다면 모두 자신의 책임이다. 어떤 실패의 결과는 당연히 자기 책임으로 받아들여야 한다. 작가는 일본적인 의미에서 '칼'이란 이상적이고도 훌륭하게 자기 행동에 책임을 지는 사람을 비유한다고 말한다. 여기서 재미있는 것은 정작 작가 본인은 일본을 한 번도 가보지 않았다는 사실이다. 그는 미국에 있는 일본인이나 이민자에게서 들은 정보와 도서관 문헌만을 이용하여 이 책을 엮었다고 한다. 내용이야 어찌 되었든, 뒤늦게나마 이것을 통해 미국 스스로 동양과 일본에 대한 이해 부족을 고백하고 앞으로 더 연구하고자 하는 모습은 꽤 바람직했다. 그러나 이는 그만큼 진주만 기습으로 일본이라는 작은 나라가 미국에게 준 충격과 놀라움이 적지 않았다는 것을 의미했다. 아무튼, 이 『국화와 칼』만큼이나 이중적인 일본의 속성을 파악하고 이를 극복하려는 미국의 노력이 본격적으로 시작되고 있었다.

비록, 기습으로 성공적인 데뷔전을 치른 일본이지만, 일본 대본영은 개전 당시 미국의 국민 총생산이 일본의 12배 정도라고 하는 통계에서 보듯 소국인 일본이 대국인 미국을 상대로 한 전쟁에서 이길 수 있다고 생각하지는 않았다. 전쟁을 시작하는 즈음에도 야마모토 이소로쿠의 말을 빌리면, 확연한 군사력의 차이를 속전속결을 상징하는 기습 작전으로 극복하고자 했던 일본은 '함대결전주의'라는 자신만의 착각으로 전쟁을 시작하게 되는 오류를 범하게 하였다. 함대결전주의란, 적 함대에 기습과 같은 작전으로 회복하기 힘든 대 타격을 가해서 상대국 스스로 전쟁에 대한 염증을 가지도록 하여 유리한 입장에서 입지와 협상을 강화한다는 생각이었다. 1905년 러일 전쟁이 국가 간의 생사를 건 전면전으로 번지지 않고 국지전으로 잘 마무리되자, 이번에도 초반의 상승세로 미국 내의 염전 분위기를 이끌어 낼 수 있다고 판단한 일본 대본영의 자만이자 오판이었다. 그리고 이런 위험한 생각이 어쩌면 일본 수뇌부들만의 착각이었다는 것을 확인할 수 있는 순간은 생각보다 금방 찾아왔다. 일본의 주도로 미국과의 강화를 추진할 수 있다는 생각을 어쩔 수 없이 접게 되는 전투가 일본 해군의 대패로 끝난 미드웨이 해전이었다. 하지만 이 전투마저도 미국이 패했더라도, 러시아와 상황이 많이 다른 미국이 일본과 굴욕적인 강화를 맺을 이유가 없다는 것을 일본 대본영은 미처 깨닫지 못했다.

진주만 기습 이후 연이어 일어난 미드웨이 해전에서 예상을 뛰어넘은 대패를 당한 일본이었지만, 일본을 지탱해 주는 동남아의 거점과 아직은 기존의 전력을 유지하고 있는 육해군으로 인해 일본은 미국이 아직 총동원 체제를 가동하지 않는 한, 미국과의 대결에서 일방적으로 밀린 것이라는 생각은 하지 않았다. 하지만 1942년부터 회복되기 시작한 미국의 비상 전시체제는 1943년부터 격차를 벌리기 시작해 그 후부터 종전 시까지 일본은 더 이상 미국을 따라잡지 못하게 된다. 지구전을 수행할 수 없는 일본이 한계에 달한 시점 또한 이즈음이었다. 그리고 함대결전주의로 미국과의 항공모함을 중심으로 한 해전을 근근이 이어가던 일본이 완전히 전쟁 승리에 대한 마음을 접게 된 것은 1944년 6월의 마리아나 해전(일본 해군은 3척의 항공모함과 650기에 달하는 항공기를 잃게 된다)이었다. 일본은 이 해전을 끝으로 그동안 애지중지 키워놓았던 연합 함대가 사실상 붕괴되면서 더 이상 바다에서의 승리에 대한 꿈을 접어야 했고, 그나마 남아있는 해군 전력은 본토 방어를 위해 속속 본국으로 소환해야 했다. 이때 일본군 조종사들의 형편없는 조종 기술이 얼마나 우스웠던지 너무 일방적이었던 전투 장면을 '칠면조 사냥'이라고 비아냥거리기도 하였다. 일본 대본영으로서는 '절대 국방권(전쟁 지속을 위해 필요불가결하다고 설정한 영토)'의 핵심인 마리아나 제도를 미국에게 내어줌으로써 일본 본토로 향하는 적의 폭격기를 이제 사전에 막을 방법은 없어 보였다. 어쩌면 항공모함 전력이 붕괴한 이후 정상적인 방법으로는 미국을 꺾을 수 없다는 조바심에서 나온 가미카제 특공대는 이런 전력 불균형의 산물이라고 할 수 있겠다. 이후로 일본 해군이 괴멸된 것도 모르는 육군들은 섬으로 숨어들어, 왜 자신들을 지원해 줄 지원병들이 오지 않는지 궁금해하면서 종전 시까지 희망 없는 지루한 지구전을 이어갈 수밖에 없었다. 물론, 이때에도 일본 대본영은 마리아나 해전의 결과를 병사뿐만 아니라 일선 지휘관에게도 함구하면서, 되돌릴 수 없는 패배로 더 이상 희망이 없다는 것을 알면서도 일본 본토 사수를 위한 마지막 명령만은 거두려고 하지 않았다.

라. 게토(Ghetto)에서 이스라엘까지

제1차 세계대전 이후 경제적으로 전보다 더 어려워진 당시 유럽 사회에서 반유대주의는 꽤 익숙한 문화 중의 하나였다. 자기만의 유대 문화만을 고수하며 어려서부터 종교 교육 못지않게 경제 교육을 제대로 받은 유대인들은, 부동산을 소유할 수 없어 자신의 재능과 노하우를 제대로 살린 금융업과 고리대금업자로 악명을 날리게 되었고, 자금 압박에 시달리는 현지인들로부터 높은 금리의 이익을 취하면서 유대인은 돈만 밝히는 민족이라는 오명을 뒤집어써야 했다. 이미 유대인들에 대해 안 좋은 감정이 있는 유럽 사회에서 제1차 세계대전 후 불거진 반유대주의 사상은 유행처럼 번져나갈 수밖에 없었고, 그런 생각을 적나라하게 표현한 이는 오스트리아 빈의 정치선동가 카를 뤼거(Karl Lueger)였다. 그는 "대중에 대한 영향력이 유대인의 손에 있고 언론계의 상당 부분도 그들이 장악하고 있으며 자본, 특히 거대 자본의 대부분이 유대인의 것이다. 유대인들은 이 나라에서 상상할 수 있는 최악의 테러를 행하고 있다."고 연설하고 다녔는데, 같은 오스트리아 출신인 히틀러도 직접적으로 뤼거의 대중 선동에 공감을 표시하지는 않았지만, 충분히 그의 영향을 받았을 것으로 생각된다. 뤼거의 반유대주의 사상은 소시민들이 제1차 세계대전 후 빈곤과 사회주의에 대해 불안해하는 원인을, 당시의 시각으로도 꽤나 억지스러운 면이 있음에도 불구하고 유대인들에게서 찾으려고 하였다. 더 나아가 그의 병적인 상상력으로 정립된 유대인들이 세계를 정복하려 한다는 음모론에 당시 유럽인들이 얼마나 공감하고 집착했는지 알 수 없지만, 그는 유럽에서 유대인을 대상으로 인종 청소를 해야 한다는 왜곡된 생각까지 품고 있었다.

히틀러의 모든 반유대주의 사상이 시대를 벗어난 자신만의 독특한 상상의 산물이 아닌 것으로 보인다면, 히틀러 역시 상당 부분 이런 반유대주의 정서를 갖고 있었던 당시 사상가들로부터 영향을 받았다고 할 수 있다. 히틀러는 또한 아리아인에 대한 찬양과 대비된 다른 인종에 대한 발작에 가까운 혐오를 근거로, 인간을 우등과 열등으로 나누어 열등한 인종과 소수자는 말살되거나 지배받아야 한다는 황당한 이론들을 현실화·정당화하려고 통치 기간 내내 광분하고 있었다. 처음 보기에도 황당한 이런 논리라도 나치의 편협한 인종론에 장시간 노출된다면, 자신이 하는 유대인 학대는 충분히 명분이 있는 행동으로 실행에 따른 죄책감을 상당 부분 없애주거나 희석해 주었을 것이 분명하였다. 히틀러의 특정 인종에 대한 혐오와 소수자에 대한 학대가 불러온 영향은 너무나 처참했는데, 유대인들이 그런 대접을 받아야 하는 것에 대한 평가는 차치하더라도 히틀러와 나치독일이 인류에 행한 일들은 전쟁 범죄를 넘어선 인간 본성에 대한 포기의 결과라고 생각된다. 그 근거로 약 600만 명(전문가들에 따라 희생된 유대인의 수는 다르게 추정되기도 한다)에 이른다는 유대인 학살과 뉘른베르크 인종법 그리고 우수 인종 보존이라는 허무맹랑한 사상에 매몰된 나머지 장애인들의 불임 시술 의무화 등을 법제화하였던 사실들이 그 대표적인 예라고 할 수 있을 것이다.

유대인과 그들을 돕는 자들을 제거해야 독일을 재건할 수 있다는 당시 히틀러의 연설은 제1차 세계대전 후 경제적 빈곤의 원인과 그 속죄양을 찾고 있던 독일 국민의 마음을 한때 움직이기도 하였다. 이런 유대인 차별과 학대는 유대인을 경멸의 대상으로 인식했던 독일 국민의 삐뚤어진 시각도 한몫했지만, 독일 국적을 갖고 독일 국내에 살면서도 자신들만의 민족적인 유대를 형성하고 있던 유대인에 대한 이질감이 다른 원인으로 지적되기도 하였다. 또한 나치당의 공정성을 잃은 유대인에 대한 학대와 차별이 점차 거세질 즈음에도 개의치 않고 무관심으로 일관했던 일반적인 독일인의 태도를, 히틀러와 나치는 충분히 오해하여 이를 '침묵의 동의'로 간주하기도 하였다. 이런 '침묵의 동의'를 허락으로 해석한 히틀러의 반유대주의는 나치당을 넘어서 독일 스스로가 이교도인 유대인을 대상으로, 인종청소를 집행하는 십자군인 양 실천하고 행동하는 것을 강화하는 데 큰 영향을 주었다.

하지만, 이런 편협한 생각들이 만연해 있던 독일과 유럽의 반유대주의 정서와는 별개로 제2차 세계대전 내내 행해졌던 유대인 수용소와 가스실을 통한 비인간적인 만행은 광기라고밖에는 설명할 방법이 없을 것이다. 처음에 반유대주의에서 시작된 인종 혐오는 슬라브족, 집시족, 장애인, 공산주의자, 동성애자 그리고 반나치 세력에게까지 확장되어, 이들은 위대한 아리아인과 같이 공존할 수 없는 기생충 같은 존재로 절멸해야 한다며 유대인 학살의 당위성을 강조하기에 이르렀다. 후의 일이지만 처음에는 유대인 학살 같은 인종 청소에 소극적이던 나치당원들도 전쟁의 명분을 정당화하려는 나치 세력들에 의해 교화되자, 점차 자신이 행하는 당연하고 위대한 일을 스스로 앞장서서 행하는 당당한 모습으로 서서히 변모하기 시작하였고, 나치 독일에 의해 행해진 인간성 말살의 현장에서 인간과 악마를 가르는 기준들조차 모호해질 즈음이 되자, 죄책감과 수치심 같은 도덕적인 당위성은 어느덧 자취를 감추고 말았다.

사진(좌): 아우슈비츠 정문 사진.

사진(우): 라울 발렌베리(Raoul Wallenberg, 1912~1947년).

폴란드의 아우슈비츠 비르케나우(Auschwitz Birkenau)는 독일 최대 규모의 강제 수용소였던 곳이다. 대다수가 유대인이었던 약 1,500,000명의 수용자가 이곳에서 체계적으로 굶주림을 겪고 고문당한 뒤 살해되었다. 이는 20세기에 인간이 인간에게 저지른 잔인한 역사를 상징하고 있다. 아우슈비츠 강제 수용소 입구에 서면 '일하면 자유로워질 수 있다'라는 뜻이 담긴 'ARBEIT MACHT FREI'라는 문구를 발견할 수 있다. 이는 유대인들을 죽을 때까지 독일 군수 물자 생산을 위해 써먹다가 쓸모가 없어지면 죽이겠다는 경고문과도 같은 것이었다.

그리고 나치에 의해 절망에 빠진 유대인들을 구한 것으로 유명한 오스카 쉰들러(Oskar Schindler, 1908~1974년)와 함께, 죽음의 위기에 처해 있던 약 10만 명의 유대인을 구한 라울 발렌베리는 스웨덴의 부유한 금융 가문 출신의 외교관이자 사업가로, 당시 헝가리 주재 스웨덴 참사관으로 임명되었다. 그곳에서 그는 유대인들의 비참한 상황을 목격하고는 유대인들을 나치로부터 구출하기 위해 자기가 가진 부와 지위를 이용하기까지 했다. 그는 주로 헝가리 국적의 유대인들에게 비자를 발급해 주고, 아우슈비츠 수용소로 끌려가는 것을 저지하며 나치스로부터 수만 명의 유대인을 구해내었는데, 안타깝게도 종전 후 미국 첩자로 오해한 소련 내무인민위원회(NKVD)에 의해 살해당했다고 한다. 그의 소식도 영국으로 망명한 내무인민위원회 요원에 의해 알려진 것이고, 소련은 소련 붕괴 때까지도 그가 독일의 첩자였으며 자연사했다고만 발표하였다. 미국은 1981년에 그의 업적을 기려 미국 명예 시민권을 수여하였다.

물론 독일이 처음부터 전쟁 수행에 전혀 도움이 안 되는 유대인 수용소 확보를 위한, 정치력과 군 전력의 일정한 소모를 필요로 하는 유대인 학살을 정부 주도로 감행하려고 하지는 않았다. 나치 독일은 처음에는 유화책으로 독일과 독일의 점령 하에 있던 유대인들을 강제 추방하게 되는데, 이에 폴란드와 같은 주변국들은 국경으로 밀려드는 유대인들을 감당하지 못할 것을 우려해 강제 추방된 유대인을 받아들이지 않겠다고 선언하기에 이른다. 폴란드는 당시 유대인들이 제일 많이 거주하는 유럽 국가였고 악명 높은 아우슈비츠 유대인 수용소가 폴란드에 있는 것도 이와 무관하지 않다.[11] 이에 할 수 없이 나치 독일은 유대인들을 게토 (중세 이후의 유럽 각 지역에서 유대인을 강제 격리하기 위해 설정한 유대인 거주 지역) 지역을 중심으로 한 격리된 장소에서 다른 내국인들과 구별할 수 있게 유대인의 별 표식을 달도록 하는 등 엄격한 통제 속에서 거주하도록 명령하였다. 게토 안에서의 생활은 거의 빈민에 가까운 수준으로 열악한 식량 사정으로 인해 굶어 죽는 유대인들이 다수 발생할 수밖에 없었지만, 유대인 추방이라는 목표가 분명했던 나치 독일에게 이런 일들은 관심 밖의 일이었다.

나치 독일에 의해 강행된 인종 청소인 유대인 절멸 계획은 유대인들의 강제 수용소 이주를 통해 주로 이루어졌는데, 종전 후 이런 참혹한 현장이 그대로 남아 있었던 것은 그 규모가 크기도 했지만, 노르망디 상륙 작전 이후 미영 연합군과 소련의 진격 속도가 예상외로 빨랐던 바람에 미처 증거 인멸 작업을 끝낼 수 없었기 때문이라고 전해진다. 강제 수용소 중 아우슈비츠 수용소는 그 당시 유럽에서 유대인들이 가장 많이 살고 있었던 폴란드의 한적한 시골 마을에 건설되었고, 종전 후 학살의 증거들은 고스란히 남아 나치 세력에 의한 조직적인 만행을 고발하는 현장이자 다시는 이런 일들이 반복되지 않아야 한다는 교훈의 장소가 되고 있다. 그 수용의 참상이 어떠했는지는 남아있는 사진 자료 등을 통해 그 정도를 가늠할 수 있는데, 미영 연합군 사령관을 역임했던 아이젠하워는 독일이 미처 정리

---

11) 폴란드 카지미에시 3세(1310~1370년)는 다른 유럽의 나라들과 다르게 유대인 관용 정책을 펼쳤는데 이에 다른 나라의 유대인들까지 폴란드로 이주하기 시작하였다. 이후에도 폴란드의 유대인들에 대한 관용 정책이 그대로 이어져 폴란드는 유럽에서 유대인이 가장 많은 나라가 되었다.

하지 못한 수용소의 끔찍한 참상을 목격한 후 "독일 군복을 입은 인간 누구와도 만나고 싶지 않다."고 말했을 정도로 나치에 대한 환멸을 느꼈다고 한다.

한편, '신으로부터 선택받은 민족'이라는 오래된 선민신앙을 가진 이스라엘은 오래전에 잃어버린 자기 민족만의 국가를 건설하려는 꿈을 갖고 있었다. 시오니즘 (Zionism)이란 유대 민족이 고향이자 성지인 '시온'으로 돌아가야 한다는 주장을 의미하는 것이다. 로마 제국에 의해 가나안에서 쫓겨난 2,000년 동안 유랑민으로 전락했던 유대인은 계속해서 고향으로 돌아가고자 했다. 제1차 세계대전 즈음에 더욱 심해진 유대인 박해 때문에 그들 조상의 땅으로 돌아가자는 시오니즘은 유대인의 마음을 사로잡았다고 한다. 우선 2,000년 이상 나라를 잃고 세계 이곳저곳을 떠돌아다닌 유대 민족과 지금의 이스라엘을 얘기하려면, 1916년의 런던 조약과 1917년 당시 영국의 외무장관이었던 아서 밸푸어부터 얘기를 꺼내야 할 것이다.

제1차 세계대전 당시 영국은 독일과의 전쟁에서 큰 어려움을 겪고 있었다. 이에 유일한 해결책은 미국의 참전을 유도해 전쟁을 빨리 끝내는 것이었고, 그런 까닭에 영국 전시 내각은 1916년 10월 유럽 최대 금융 재벌인 유대인 리오넬 로스차일드와 비밀리에 회동해 전후 팔레스타인을 유대인들에게 넘겨준다는 런던 조약을 체결하게 된다. 팔레스타인 역사와 주변국들의 정서를 전혀 반영하지 않은 이 런던 조약은 영국이 실현 가능성보다는 당장의 국익에 도움이 되는 조치들을 찾던 중, 유대 자본과 미국 금융계를 움직이고 있는 유대인들을 움직여 미국의 참전을 하루빨리 이루려는 얕은 속셈밖에 없었던 조약이었다. 하지만 이 조약의 파급 효과가 얼마나 크고 지금까지도 그 영향력 아래에 있게 될 줄은, 영국인들은 이 조약을 체결하는 당시에는 꿈에도 몰랐을 것이다. 아무튼, 이러한 영국의 발빠른 외교 때문이었을까, 이런 노력은 효과를 발휘하여 결과적으로 미국의 제1차 세계대전 참전을 유도하게 된다.

더 나아가 제1차 세계대전 중인 1917년에 영국의 외무장관 아서 밸푸어(Balfour)는 영국 국적의 저명한 유대인 월터 로스차일드(Rothschild)에게 서한을 보내 영국이 팔레스타인에서 유대인들을 위한 민족 국가를 인정한다는 약속(밸푸어 선언)을 한다. 이것은 전쟁에 필요한 유대인들의 자본을 유치하기 위해 그들의 손을 들어준 것뿐이었다. 하지만 영국의 예상과 다르게 밸푸어 선언은 유대인의 팔레스타인 이주를 급증시키는 촉발제가 되어, 선언 당시 8만 명 수준이었던 유대 인구가 나치 독일에 어지간히 시달린 제2차 세계대전 직후에는 50만 명으로 불어나 1948년 이스라엘 건국으로 이어지게 되었다. 그전에는 막연하게 유대 국가를 세우자는 시오니즘의 외침에 그쳤다면, 히틀러의 반유대인 정책으로 유대인들이 유럽에 거주하는 것이 예전과 다르게 큰 어려움에 봉착했다는 것을 몸소 겪게 되자, 유대인들의 오랜 구호가 어느덧 유대인 문화 속에서 시대의 운동으로 발전하기 시작한 것이었다. 이전까지의 유대 국가 건설을 위한 움직임이 반향 없는 구호에 그쳤다면 제2차 세계대전 후 유대인들의 유대 국가 건설 움직임은 좀 더 구체성을 띠기 시작하였는데, 그 땅의 주인인 팔레스타인 사람들이 그들의 이주가 심상치 않다는 것을 깨달은 것도 그 즈음이었다.

1939년 초 제2차 세계대전이 시작할 때만 하더라도 아랍의 눈치를 봐야 했던 영국은 5년간 유대인 이민자 수를 7만 5,000명으로 제한하고 1944년에는 이주를 끝낼 것을 발표하면서 충돌의 가능성을 나름대로 조절하려고 하였으나, 나치에 핍박을 받은 유대인의 이주가 폭발적으로 늘어나면서 영국은 무책임하게도 조금씩 중동에서 발을 뺄 기회를 찾기에 이르렀다. 팔레스타인인들의 땅에 유대인들이 하나둘 정착하게 되면서, 반대로 유대인 대신 팔레스타인 난민의 유랑이 시작된 것도 이때부터라고 할 수 있다. 여기에 유대인들이 팔레스타인에 자립할 수 있도록 자금을 댄 것이 유대계 금융 자본가 로스차일드 가문인데, 로스차일드 가문은 팔레스타인에 유대인이 거주할 수 있는 땅을 거금을 주고 사들여 유대인을 이주시키고 이스라엘을 세우는 데 크게 기여하게 된다. 나치 히틀러의 광분으로 유대인들을 지구상에서 몰살시키려는 홀로코스트는 의도와 다르게 유대인들을 각성시켰고, 그 각성은 유대 국가인 이스라엘 건설이라는 목표를 이루게 하는 데 한몫했다. 역설적이게도 잠잠하던 유대인들의 팔레스타인 땅에 대한 이주가 히틀러의 핍박부터 폭발적으로 늘어났다는 사실을 통해, 20세기 인류 최대의 학살 사건을 일으킨 히틀러가 이스라엘 유대 국가 건설의 일등 공신이 된 것이니 역사는 정말 아이러니라고 아니할 수 없다. 그리고 현재 이스라엘은 다시 자기가 받은 홀로코스트를 다시 팔레스타인을 대상으로 강요하는 역사를 되풀이하고 있다.

아울러, 1915년 이집트 주재 영국 고등 판무관 맥마흔이 제1차 세계대전 이후 아랍인의 독립 국가 건설을 지지한다는 맥마흔 선언을 하게 되는데(당시 중동 국가들은 영국의 관할 하에 있었다), 이는 앞서 말한 밸푸어 선언과 상호 모순되는 내용이었다. 영국은 수에즈 운하를 둘러싸고 오스만제국과 치열하게 싸우고 있었는데, 곤경에 빠진 영국은 전세를 만회하기 위해 아랍권에 전쟁 협력을 요청하고는 선뜻 전후 아랍의 독립을 약속했던 것이다. 순진하게도 당시 아랍 독립 국가들의 지도자들은 그것을 철석같이 믿고 영국을 지지했으나, 그 선언이 무색하게 영국이 그와 상반된 내용의 사이크스-피코 조약(Sykes-Picot Agreement, 1916년)을 맺은 것이 들통 나면서 중동 국가들을 상대로 한 사기극은 전모를 드러내게 된다. 정말이지 지금의 얽히고설킨 중동의 모습은 중동 국가들이 태동할 때 충분히 관여했던 영국이 입맛대로 맺어놓은 여러 조약으로 인해 처음부터 어그러지기 시작했다고 해도 과언이 아니다. 이와 같은 역사적 사실을 배경으로 만들어진 영화 〈아라비아의 로렌스(Lawrence Of Arabia)〉(1962년)는 그 당시 영국과 아랍 사이에 있었던 우여곡절을 영화로 만들어낸 수준급 작품이라고 할 수 있다.

물론, 영국이 전쟁 중 상황과 상대에 맞게 급하게 맺었던 조약들과 약속들은 조약의 준수와는 별개로, 서로의 이익이 팽팽하게 맞서는 내용들이라 전쟁이 끝나고서는 하나 같이 지켜질 수 없는 내용들이 태반이었다. 제2차 세계대전 당시 독일 또한 소련의 힘을 빼기 위해 폴란드와 우크라이나에 독립을 약속하였으나 그것들 역시 지켜질 가능성은 거의 없었다. 단지, 급할 때마다 강대국들은 상대국들을 자신의 입맛에 맞는 조약으로 묶어 이용할 수 있다는 것을 알기 때문에, 영국이 필요에 따라 맺었던 이런저런 조약들이라도 막상 전쟁이 끝나버리면 단순히 종잇조각 같은 취급을 받는 것이 다반사였다. 적어도 영국은 자신의 이익과 직결되는 부분에서는 우리가 아는 '신사의 나라'가 아니었다. 영국의 이런 상식에 어긋난 외교술과 임기응변식의 필요에 따라 진행된 일관성 없는 정책으로 인해 싹튼 중동 분쟁의 씨앗은, 더 이상 중동에서 이익이 없다고 판단된 영국이 그만 무책임하게도 자리를 떠 버리자, 그 영향은 지금까지도 이어져 중동은 피와 전쟁으로 오랫동안 얼룩져 있어야 했다. 이처럼 혼란만 일으키고 분쟁을 부추긴 당사자인 영국은 더 이상 중동과 관련이 없다며 슬쩍 발을 빼는 모양새다. 지금도 마치 자신은 현재 중동의 문제에 대해서 책임이 없는 것 같은 외교적인 말들만 반복하지만, 책임지지 못할 정책과 조약만 남발하다 사라진 영국이 중재마저 포기한 팔레스타인 땅은 지금도 종교와 인종의 전쟁터가 되어 오늘날까지 이어지고 있는 형편이다.

다만, 이 모든 책임을 영국으로 돌리기에는 현재 중동의 상황은 단순히 영토와 인종, 종교만의 접근 방식이 아닌 인류사가 남길 수 있는 복잡한 문제들이 산재해 있는 모습으로, 다양성의 문제로만 접근해야지 어떤 특정 시각에서 본다는 것 자체는 문제 해결에 전혀 도움이 되지 않는 무책임한 행동이라고 할 수 있다. 아무튼, 1947년 당시 팔레스타인 토지의 6% 그리고 인구의 3분의 1 정도에 불과하였던 유대인들이 팔레스타인 땅에서 반 이상의 영토를 근거지로 하여 유대 국가를 건설할 수 있다는 UN의 분할 결의안 채택(1947년 11월 29일)은 그동안 위임통치를 하던 영국이 미련 없이 떠나게 되면서(1948년 5월 15일) 팔레스타인뿐만 아니라 다수의 아랍 국가의 반발을 불러일으키기에 부족함이 없었다.[12] 그리고 1948년 유대인이 팔레스타인에 이스라엘을 세우면서부터 불거진 전쟁의 먹구름은 한동안 중동을 끊임없는 분쟁의 장소로 만들어버렸고, 직접적인 피해를 받은 당사자인 팔레스타인뿐만 아니라 중동의 어느 특정 국가를 거론하지 않더라도 이슬람 국가들 대부분은 지금까지도 이스라엘에 대한 원한과 앙금을 계속 가지고 있는 실정이다. 최근 2017년 12월 트럼프 미국 대통령이 이스라엘의 수도를 예루살렘으로 인정하면서 발생한 팔레스타인과 아랍 국가들의 반발은 아무리 미국과 같은 강대국이라도 쉽게 중동의 문제 해결을 시도하는 것 자체가 큰 위기를 불러올 수 있다는 것을 증명한 중요한 사례가 되었다. 한마디로 중동의 문제를 해결하려는 어떤 불손한 시도는 다분히 어떤 경향성을 띠게 마련인데, 이는 다른 반대 세력을 충분히 자극할 수 있는 것으로 또 다른 분쟁으로 이어질 수 있다는 것을 경고하고 있는 것이다. 이에 중동과 팔레스타인의 문제를 영구적으로 해결할 수 있는 해법을 누가 지금이라도 제시한다면, 그는 분명 노벨 평화상을 받고도 남을 업적을 남길 것으로 보인다. 이처럼 처음부터 단추를 잘못 낀 것 같은 느낌이 역력한,

---

12) Ilan Pappé 저, 유강은 옮김, 『팔레스타인 비극사: 1948, 이스라엘의 탄생과 종족청소』, 열린책들, 2017.

인종만큼이나 많은 종교와 정치 그리고 역사가 충돌하는 곳이 지금의 이스라엘 땅이라고 할 수 있다.

위와 같이 현재의 이스라엘 국가 건설은 다음 세 가지 조건이 맞아떨어진 결과라고 할 수 있을 것이다. 외교, 자본, 유대인이 그것인데, 외교적으로는 과거 UN의 분할 결의안에 미국뿐만 아니라 소련까지도 동의를 해 줌으로써 유대 국가 건설에 힘을 보탤 수 있었다. 앞에서도 언급하였던 거대한 유대 자본은 이주를 희망하는 유대인들이 팔레스타인 땅에 정착하는 단계에서 적지 않게 도움을 주었고 또한 이후 몇 차례 아랍 국가들과의 전쟁까지도 월등하게 지원함으로써 지금의 이스라엘 국가 건설의 밑거름이 되어 주었다. 결과적으로 이스라엘이라는 유대인들만의 국가 건설은 제2차 세계대전이 가져다준 큰 변화 중의 하나라고 할 수 있다.

마. 영국 본토 항공전

1940년 6월 19일 프랑스가 독일에 항복함으로써 영국은 서유럽에서 홀로 남아 더욱 강력해진 독일과 그에 못지않은 소련(이 당시에는 소련은 독일의 동맹국이었다) 그리고 그 동맹국인 이탈리아와 대결해야 하는 어려운 상황에 처하게 되었다. 동유럽과 스칸디나비아반도의 노르웨이 등이 아직 우군으로 남아있기는 했지만, 그들만으로는 더 막강해진 독일 군대를 막기에는 턱없이 부족한 것이 현실이었다. 그렇다고 당시 영국은 독일의 위협에 지레 겁을 먹고 교섭에 나설 생각은 추호도 없었다. 다만 더 이상의 화평 교섭이 불가능해진 이상 영국은 모든 국력을 총동원하여 나치 독일이 전 유럽을 장악하지 못하도록 파수꾼 역할을 해야 했다. 영국 또한 독일과의 교섭에 대해서 생각해 보지 않은 것은 아니었지만, 처칠은 연이은 승리에 고무되어 교만해진 독일과 동등한 조건에서 교섭이 이루어질 수 없다고 판단하여 위기를 정공법으로 돌파하는 도박에 가까운 정치적인 선택을 하게 된다. 하지만 믿었던 프랑스가 너무 쉽게 무너졌고 덩케르크에서 예상을 벗어난 엄청난 패전은 영국에게 독일군과 히틀러에 대한 막연한 공포심을 심어 주기에 충분하였다.

하지만 이런 어려운 상황에도 불구하고 처칠에겐 믿는 구석이 하나 있었다. 그건 바로 미국이었다. 1940년 6월 처칠은 루스벨트 대통령에게 보낸 서한에서 "우리가 패한다면 대통령께서는 나치의 지배하에 통일된 유럽과 맞서야 합니다. 그 유럽은 신세계보다 훨씬 인구가 많고 훨씬 강력하며 군비를 훨씬 더 잘 갖추고 있을 것입니다."라고 호소했다. 처칠의 이 발언을 살펴보면, 영국이 홀로 독일을 맞서기에는 군사력이 부족하다는 것을 고백하는 것이고 우회하여 미국이 지금과 같은 방관으로 유럽의 전쟁에 관여하지 않는다면 독일이 전 유럽을 장악하게 되고, 그다음 목표는 미국이 될 수 있다는 약간의 협박 섞인 하소연이라고 할 수 있었다. 하지만 언제까지 대영제국의 지도자라는 위치가 무색하다고 느껴질 정도로 때론 비굴하기까지 한 읍소만으로는 미국을 움직일 수 없었다.

하지만 미국과 루스벨트 대통령의 입장은 항상 변함이 없었다. 유럽의 전쟁은 뉴스에서나 접할 수 있는 먼 나라의 일로, 전쟁의 공포 없이 평화롭게 사는 미국인을 잘 설득하여 그들의 자녀를 미국의 이익과는 무관한 유럽의 전선으로 보내기까지는 꽤 많은 시간이 필요해 보이는 것이 사실이었다. 미국인들의 일반적인 정서가 그러하듯이, 루스벨트 대통령 또한 처음부터 유럽의 전쟁에 미군이 참전해야 한다는 강경한 입장을 갖고 있는 것은 아니었는데, 그것은 어디까지나 한 나라의 대통령으로서 미국의 안위와 관련된 범위 내에서의 제한적인 참전만을 생각하고 있을 뿐이었다. 상황이 이렇게 되자 언제인지 알 수 없는 미군의 참전만 오매불망 기다릴 수 없었던 영국은 어떻게든 독일의 예봉을 꺾어 미국 스스로가 참전의 명분을 찾을 수 있도록 시간을 벌어줘야 하는 과제를 안게 되었다. 하지만 현실은 영국에게 어느 것 하나 녹록지 않았다. 섬나라인 영국의 특성상 바다를 통해 외부로부터 원조를 받아야 했는데, 하루가 멀다 하고 영국 상공에 나타나는 독일 공군과 함께 영국 상선을 향해 늑대 떼처럼 달려드는 독일 U보트 부대까지, 그들을 홀로 상대하며 영국은 정말로 전 유럽의 운명을 건 독일과의 전면전 앞에서 풍전등화 같은 운명의 시기를 보내야 했다.

그래서 영국 본토 항공전은 이 시기에 영국이 홀로 독일과 싸워야 했던 기간으로, 통상적으로 1940년 8월, 일명 독일의 '독수리 작전'으로 시작되어 1941년 6월 독일의 소련 침공으로 독일 공군에 의한 영국 본토의 폭격이 멈출 때까지의 기간을 말한다. 영국 본토 항공전이 시작될 당시만 해도 독일 공군의 목표는 분명했는데, 영국 본토 상륙에 방해가 될 수 있는 군사 시설이나 군수 공장을 제거함으로써 향후 있을 영국 본토 상륙 작전에 도움이 될 수 있도록 하는 것이 목적이었다. 하지만 점차 영국 본토 상륙에 대한 희망들이 조금씩 사라지면서, 독일 공군을 포함한 양국 공군의 타격 목표는 점차 상대편 주요 도시에 대한 무차별적인 폭격과 응징으로 변질되기 시작하였고, 서로를 향한 증오와 분노는 전략 거점이나 민간인 거주 지역과 관계없이 다분히 보복성 성격이 짙은 도시 파괴로 연결되었다. 다만, 군사 시설을 향한 폭격보다 군사적으로 아무런 이점이 없을 것 같은 주요 도시와 민간인 주거지역에 대한 폭격은, 국민들에게 전쟁의 피로감과 염증을 가까이서 체감하도록 하여 당장은 상대의 전쟁 의지를 꺾어놓아, 심리적인 우위를 점한 상태에서 군사적·정치적 협상을 유리하게 가져가기 위한 포석으로 해석될 수 있었다.

종전의 세계대전이 국경 근처의 국지전으로 제한되어 주로 참전 군인들만 희생되었던 반면에, 제2차 세계대전은 전쟁이 시작되기가 무섭게 런던과 베를린과 같은 주요 도시가 전후방을 가리지 않는 융단 폭격의 타격 목표로 바뀌면서, 무자비하고 냉혹한 새로운 전쟁에 휩쓸린 양국 국민은 서로를 향한 파괴가 더욱더 직접적이고 빈번해진 전쟁의 본 모습에 그대로 노출될 수밖에 없었다. 이제 전쟁은 최전방에서 상대방의 정예병을 꺾어 기선을 제압하고 협상을 통해 전쟁을 마무리했던 모습에서, 군인과 민간인을 구분하지 않고 모두가 희생자와 패배자가 되고 전 국토는 순식간에 존립마저 불가능한 폐허로 바뀌는 국가 전면전의 양상으로 변화하고 있었다. 점차 그 규모가 커지는 전쟁의 양상과 인간의 기본적인 생존권마저 위협하는 전쟁이 주는 황폐함은 인간성 변질의 문제가 아니라 전략과 무기의 발달에서 그 원인을 찾을 수 있었다. 그러나 보복과 응징이라는 근본적인 인간의 심리는 전쟁을 더 잔인하고 흉포해지게 만들었고, 이제 더 이상 인류의 보편적인 가치의 테두리 안에 전쟁이라는 틀을 가둬놓는다는 것이 불가능해지는 되는 근본적인 이유가 되었다. 때론 역설적이게도 점차 커지는 전쟁의 규모만큼이나 인류 문명의 파괴는 과히 심각하다고 할 수 있는데, 이런 우려 때문일까, 점점

고도화되고 더욱 치명적인 전쟁 후유증에 대한 고민은 인류라는 공동 운명체의 공감대를 형성하게 되어 향후 대규모의 전쟁을 막아주는 심리적인 저지선 역할을 할 수 있게 되었다.

앞에서 언급했듯이, 처음에 독일 공군은 영국 본토 상륙 작전을 위해 상륙을 방해할 수 있는 주요 군사 시설들을 주요 타격 목표로 설정하였으나, 히틀러의 관심과 지원을 독차지하려는 독일 공군 사령관 괴링의 허세로 가득 찬 욕심에, 나중에는 본토 상륙 작전인 '바다사자' 작전이 무기한 연기되었는데도 불구하고 영국의 주요 시설과 도시를 구분하지 않은 폭격을 멈추지 않았다. 당연히 런던은 불바다로 변했고 이는 역으로 상대국 도시에 대한 무차별 보복으로 이어져 이번에는 베를린이 똑같은 처지에 빠지게 되었다. 상황은 영국에게 더욱더 나쁘게 바뀌고 있었지만, 프랑스의 너무 빠른 항복으로 고립된 영국은 계속되는 독일의 폭격에 쉽게 주저앉을 것이라는 예상과 다르게, 영국 국민 누구라고 할 것 없이 이 위기를 극복할 것이라는 희망을 포기하지 않았다. 이에 영국 공군은 다시 전열을 가다듬어 더욱 강하게 반격하는 모습을 변함없이 보여 주었다. 영국 왕실 또한 검소하고 실천적인 리더십으로 당시 영국 국민의 정신적인 지주 역할을 충분히 해냈다고 평가받고 있다.

그러자 당황하는 쪽은 독일일 수밖에 없었다. 괴링은 계속되는 독일 공군 전력의 소모와 조종사들의 피로에도 불구하고, 이제는 도시 파괴 외에는 특별한 목표랄 것도 없는 작전에 그동안 베르사유 조약을 피해가며 애지중지 키워냈던 모든 공군력을 쏟아 붓는 전략적 오판을 거듭하게 된다. 어느새 영국 본토 항공전은 전략적 성과 없이 양국 간의 자존심 싸움으로 변질되었다. 양국 모두 공군 전력을 쉴 없이 연이어 출격시켜 상대방이 미처 전력을 회복할 수 있는 틈조차 주지 않을 정도로, 어떻게 하면 한꺼번에 많은 폭격기가 출격하여 적국의 하늘을 덮을 수 있을지를 골몰하고만 있었다. 하지만 이런 폭격으로 정작 얻을 것이 별로 없었던 독일에게 이와 같은 소모전은 그렇지 않아도 기반이 약한 독일 공군의 종말을 재촉하는 것이었다. 독일 공군은 처음부터 쉽게 복구될 수 없는 태생적인 한계를 가지고 있어 이러한 상황에서 더욱 치명적일 수밖에 없었다.

그리고 언제부터인가 영국 본토 항공전은 주요 타격 목표에 대한 낮 동안의 정밀 폭격에서, 상대방의 대공포에 사라질 수 있는 자국 폭격기의 피해를 줄이기 위해 밤을 이용한 무차별 도시 폭격이라는 보복과 응징의 악순환을 되풀이하는 단순한 싸움으로 바뀌고 있었다. 이런 과정으로 야간 폭격 중 전통적인 주간 폭격의 장점이었던 정밀 폭격에 버금가는 효과를 거두려면, 점차 출격 횟수를 늘리거나 가용 가능한 폭격기를 최대한 많이 동원하여 목표라고 생각되는 지점을 초토화하기 위해 점차 대형화되는 야간 폭격 시스템이 도입되기 시작하였다. 하지만 독일 공군이 영국인들의 인내심을 시험하기 위해 영국 공군 시설 폭격의 목표를 런던 등과 같은 대도시로 바꾼 것이 꼭 영국에게 피해만 준 것은 아니었다. 물론 런던 시민들이 직접 겪어야 했던 고충은 과거의 사례를 들 수 없을 정도의 고통과 비극이었지만, 런던 시민들을 희생한 대가로 괴멸 직전까지 갔던 영국 공군은 회복할 수 있는 소중한 시간을 벌 수 있게 되었다. 어쩌면 독일 공군은 일관되게 영국 공군의 괴멸을 위해 작전을 한 곳으로만 집중해야 했으나, 괴링은 역시나 멀리 볼 수 있는 군 지휘관이라기보다는 현실적인 손익 계산에 익숙한 일개 비행 조종사의 수준을 벗어나지 못했다. 이렇게 회복된 영국 공군은 어느덧 독일 공군과 대등한 전력을 갖추더니, 독소전이 시작할 당시에는 독일의 서쪽 공장 지대를 수없이 폭격하며 독일 제3 제국의 힘을 서서히 무너뜨리게 하는 엄청난 전과를 보여 준다.

런던 폭격이 본격화되면서, 밤과 낮을 구별하지 않고 벌어지는 무차별적인 폭격으로 인해 영국 시민들은 집보다는 지하철이나 지하 대피소에서 생활하는 시간이 길어지고 있었다. 국난을 극복하려는 영국 시민들의 의지를 담아 언론사는 작은 미담이라도 찾아다니며 그들의 공적을 인정해 주었고, 공군 조종사와 소방관 등 사소한 그들의 행동도 영웅처럼 미화하는 등 날마다 영웅 만들기로 위기에 빠진 조국을 구해내려는 전방위적인 노력을 거듭했다. 이는 굳이 처칠이 아니더라도 국민을 하나로 묶는 데 큰 힘이 되어 주었다. 하지만 서유럽을 단시간에 석권한 독일의 무시무시한 전력 앞에 런던 시민들의 협조와 처칠이 대책 없이 남발하는 엄포만으로는 이 위기를 온전히 극복할 수는 없는 노릇이었다. 미국이 참전을 머뭇거리고 있는 사이, 홀로 나치 독일을 상대해야 하는 모든 상황이 영국에게 불리한 것만은 확실해 보였지만, 영국은 대영제국이라는 이름에 걸맞게 아직은 이를 극복할 수 있는 충분한 힘이 있음을 증명해내고 있었다. 우선 영국은 독일에게는 없는 식민지이자 우방인 나라들이 여럿 있었다. 캐나다, 호주, 뉴질랜드, 남아프리카 공화국, 인도 등의 나라들이 이에 해당하는데, 이들 나라에서 들어오는 병력과 물자들은 대전 내내 영국이 전력을 가다듬는 데 큰 힘이 되어주었다. 다만, 참전을 이끌어내기 위해 인도군에게 약속했던 독립의 약속은 곧 책임 있는 발언이 아니라는 것이 증명되었지만, 자국의 운명이 이와 같을 때 못할 말과 책임지지 못할 약속 따위 등은 그들에게 중요한 것이 아니었다.

또한 영국에게는 세계 최고 수준이라고 평가받는 해군이 있었다. '바다사자' 작전을 수행한다면 바다를 책임져야 할 독일 해군 참모총장 에리히 뢰더 제독도 독일군이 영국 해안 상륙을 위해서는 필히 영국 해협을 건너야 했는데, 당시 독일군은 기라성 같은 영국 해군의 등쌀을 이겨내지는 못하더라도 이에 대응할 정도의 독일 해군력의 지원조차 자신이 없었던 것이 사실이었다. 무모한 도전과 희생을 무릅쓴다면 모를까, 당시 유럽 최고 수준의 영국 해군에 대항하여 도버 해협을 장악한다는 것은 불가능에 가까운 일이거나 엄청난 희생을 각오해야 하는 도박과 같은 일일 수밖에 없었다. 더구나 노르웨이 침공에서 예상을 넘어선 독일 해군의 피해와 소모된 전력은 쉽게 회복될 수 있는 수준이 아니라는 것이 영국 침공을 계획하고 있는 히틀러에게 큰 고민을 안겨주었다. 결국, 히틀러는 독일 해군의 상징이었던 비스마르크 전함(1941년 5월 27일 영국 구축함의 공격을 받아 침몰, 당시 2,000명이 넘는 승무원들은 영국군의 비협조로 대부분 구조되지 못하고 사망했다) 등이 침몰을 당하자 독일 해군 전멸이라는 최악의 상황을 피하고 남아있는 해군의 전력만이라도 보존하고자, 독일 해군에게 연합 함대와의 직접적인 교전을 피하라는 비굴한 명령까지 내리게 된다.

그리고 영국이 내세울 수 있는 또 다른 힘으로는, 영국의 남부와 동부 해안에 설치된 레이더 시설을 들 수 있다. 이는 영국 항공전 당시 독일에 비해 열세였던 영국 공군에게 큰 힘이 되어 주었는데, 바다를 넘어오는 독일 공군에 대한 비교적 정확한 정보는, 이에 대응하는 수준과 방향을 결정해 주어 필요 이상의 공군 전력이 소모되지 않도록 도와주었다. 괴링조차 이 레이더 시설의 효용성을 과소평가하고 있었던 것은 영국에게는 호재로 작용하였다고 한다. 물론, 독일군 입장에서는 가까스로 레이더에 대한 폭격에 성공한다 해도 하루아침이면 복구되는 시설 모두를 파괴하는 것은 불가능한 일이기도 했다. 아무튼 영국의 레이더 시설은 개전 초반 독일 공군에 비해 상대적으로 떨어지는 영국 공군의 전력을 보충해 주는 고마운 존재가 되었다. 또한 공중전의 장소가 영국 본토와 해안에서 벌어지다 보니 교전 중 낙하산으로 살아남은 영국 공군은 다시 현업에 복구할 수 있었던 반면에, 독일군 조종사는 사살되거나 포로로 잡히는 일이 빈번하게 일어나 숙련된 독일군의 조종사가 다시 부대로 복귀하는 숫자가 점차 감소하는 일이 반복되었다. 이는 독일 공군 전력에 큰 부담이었고 곧 독일 공군의 회복될 수 없는 전력 약화를 가져올 수밖에 없었다.

하지만 이런 여러 가지 사정에도 불구하고 영국 홀로 최고의 전성기를 유지하고 있는 독일을 상대해야 하는 것이 큰 부담인 것은 부정할 수 없는 사실이었다. 더 나아질 것이 없는 소모전으로 영국 국민에게 이렇다 할 성과를 보여 주지 못하자, 다급해진 처칠이 또다시 설득하고 붙잡아야 했던 것은 역시 미국이었다. 그리고 그의 집요하고 꾸준했던 노력은 결실을 보게 된다. 대통령 선거에서 루스벨트가 3선에 성공하자, 선거 결과에 고무된 루스벨트가 자신의 공약과는 다르게 고립주의를 탈피하여 유럽과 영국을 구할 방법에 대해서 고민하기 시작한 것이다. 그는 1940년 말 징집령을 발동할 수 있는 군사력 증강 법안에 이어, 1941년 1월 6일 의회에 보낸 연두교서에서 '언론의 자유, 신앙의 자유, 결핍으로부터의 자유, 공포로부터의 자유' 등 네 가지 자유를 역설하면서 미국의 이익을 위해 꼭 방위할 필요가 있다고 생각되는 국가들에게 무기를 원조해 달라고 요청했다. 이른바 '무기대여법'을 통해 합법적으로 우방을 돕기 시작한 것이다. 결과적으로, 당시에는 이 선택에 대해서 비판이 없었던 것은 아니지만 그의 결정은 옳았다. 미국이 훌륭하게 감당한 희생 덕분에, 연합국 승리 이후의 세계를 미국이 중심이 되어 자유와 질서로 선도할 기회를 가지게 되었던 것이다.

한편, 영국 본토 항공전에서 주목해야 할 것은 앞에서도 언급되었지만, 런던이나 베를린 같은 민간인 거주 지역에 대한 폭격이 시작되었다는 점이다. 예전에는 비행장과 군수 공장 등 군사적인 목적을 가진 시설에만 폭격하는 암묵적인 약속이 있었으나, 1940년 8월 24일 야간 폭격에서 길을 잃은 독일 폭격기가 길을 잃고 런던 한복판에 폭탄을 퍼부은 것이 화근이 되어 다음날 영국 공군은 독일의 베를린을 폭격하는 것으로 보복하는 등, 제2차 세계대전은 초기부터 전후방이 따로 없는 전면전의 양상을 보이기 시작하였다. 하지만 보복은 또 다른 보복을 불러오게 마련이어서 이로 인해 민간인들이 감당해야 할 고통은 인내심의 한계를 훨씬 초월하고도 남았다. 이런 전투 방식이 진행될수록 주요 교전국들의 도시들은 민간인이 거주할 수 없을 정도로 점차 초토화되어 폐허로 변하는 일이 빈번하게 일어날 수밖에 없었는데, 이는 예전의 주간 폭격이 정밀 폭격, 즉 '전략 폭격'으로 주요 타격 대상만 노려 폭격하던 방식에서, 파괴력을 염두에 둬 커진 몸집으로 인해 느려진 폭격기들의 피해를 줄이기 위해 시작된 야간 폭격으로 도시들은 오직 파괴만을 일삼는 무차별적인 폭격을 더 이상 피해 갈 수 없었던 것이다. 또한 야간 폭격의 단점인 정확하지 않은 거리 측정을 보완하기 위해 목표물 일대를 융단 폭격하는 방식으로 바뀌면서, 도시와 시민들의 피해가 급증하게 된 것이 그 대표적인 이유라고 할 수 있다.

이렇게 시작된 융단 폭격의 대표적인 예로는 1942년 5월 31일, 무려 1,080대의 영국 폭격기가 독일의 쾰른을 폭격한 작전을 들 수 있는데, 이 작전은 1,000대의 폭격기가 한 번에 출격했다고 하여 '밀레니엄 작전'이라고 명명되었다. 결과적으로 약 20분간의 폭격으로 영국 공군이 가져온 폭탄들을 모두 쏟아부은 결과, 화재로 쾰른의 지표면 온도는 무려 화씨 1,500℉(섭씨 815℃)까지 치솟았고 약 6만 명의 희생자가 발생했다고 한다. 그런 엄청난 희생자에 비해 연합군 측의 피해는 거의 없었는데, 주로 야간 폭격으로 진행된 공습이어서 대공포 등으로 인한 연합군 폭격기 손실은 고작 40대 정도였다고 한다. 아무리 전쟁 상황이라고 하지만 민간인 거주 지역인 도시에 필요 이상의 폭격기를 동원한 것은 좀 과했다는 생각이 있어서일까, 영국은 쾰른 폭격의 비난을 면하고자 적대국 도시 폭격의 시발점을 상대방에게 돌리면서 한 도시를 언급하게 되는데, 그 도시는 바로 영국의 코벤트리였다. 역시 독일 공군에 의해 자행된 영국 코벤트리(1940년 11월)시에 대한 폭격으로 도시는 초토화될 수밖에 없었고, 이에 대한 보복으로 영국 공군은 쾰른 대공습 작전인 밀레니엄 작전(1942년 5월)을 시행하게 되었다는 논리였다. 영국은 한때 '코벤트리화'라는 용어를 자주 사용했는데, 이는 한 도시가 폭격으로 인해 기능을 완전히 상실하여 폐허가 되었음을 상징하는 표현으로, 영국은 쾰른 출격 전부터 쾰른을 '코벤트리화'하려는 의도가 분명했다고 보면 되었다. 역사적 유물인 쾰른 대성당도 이때 영국군의 폭격을 끝내 피하지 못하고 까맣게 타버리게 된다. 영국 공군은 이 외에도 비슷한 작전으로 함부르크(1943년)와 드레스덴(1945년)에 대한 대공습을 감행하게 되는데, 도시에 대한 공습은 민간이 피해자가 다수 발생할 수 있다는 우려에도 불구하고 군 지도부는 전쟁이 끝난 후에도 이를 강행할 수밖에 없었다고 당당하게 항변하는 실정이다. 하지만 그들의 뻔한 변명에도 불구하고 무방비 상태의 민간인 거주 지역에 대한 폭격은 전쟁에 가려진 전쟁 범죄라고 감히 말할 수 있는 것으로, 주로 야간 공습으로 진행된 폭격은 전쟁 상황이라면 응당 있을 수 있는 정당방위를 넘어서는 소시민들의 일상을 짓밟는 일방적인 폭력이라고 말할 수 있을 것이다.

특히, 1945년 2월 14일 미영 연합 공군의 드레스덴 공습은 노르망디 상륙 작전으로 이미 독일의 패망이 가까워진 시기에 개시되어서 더욱더 안타까움을 주는데, 독일 측 주장을 들어보면 드레스덴에는 특별한 산업 시설이 없어 연합군의 폭격으로부터 안전하리라고 생각하여 모여든 피난민들을 포함한 다수의 민간인이 희생되는 참사가 벌어졌다고 한다. 또한 종전이 가까워진 시점인 1945년 전후로는 독일 공군이 거의 전멸하다시피 해서 연합군의 폭격기 공격에 대응하는 것이라고 해봐야 몇 개 안 되는 대공포 정도밖에 없는 형편으로 그 피해가 더욱 커질 수밖에 없었다고 하는데, 실제로 드레스덴을 폭격하러 갔던 영국군 폭격기 1,400대 중에 격추되거나 기관 고장을 일으킨 몇 대를 제외하고는 1,394대가 무사히 고국으로 돌아왔다고 한다. 그렇게 고스란히 살아남은 연합군의 폭격기에 새로 생산된 폭격기가 가세한 엄청난 규모의 폭격기 부대는, 다음 출격 명령을 기다리다 아무런 저항도 할 수 없는 독일의 도시를 향해 다시 밤낮을 가리지 않고 출격하는 비극을 되풀이할 수밖에 없었던 것이다. 그것조차도 독일인들이 지도자를 잘못 뽑은 죗값을 치르는 것이라고 항변한다면 할 말이 없지만, 전쟁이라는 특수한 상황은 어떻게든 이해할 수 있다 치더라도 종전 시점을 조금도 앞당기지 못하는 민간인 거주 지역에 대한 무차별적인 폭격은 변명거리를 쉽게 찾지 못할 것이다. 결국 이와 같은 도시 폭격의 일상화는 제2차 세계대전이 인류사에 가장 큰 비극으로 남게 된 대표적인 이유라고 할 수 있다. 또한, 비극은 남은 자들에게 큰 교훈을 남겼는데, 존 F. 케네디의 "인류가 전쟁을 끝내지 않으면 전쟁이 인류를 끝낼 것이다."라는 말을 굳이 떠올리지 않더라도, 이젠 더 이상 이런 전쟁은 일어나지 말아야 한다는 경각심이 첫 번째일 것이고 전 세계가 지지하는 평화의 시대가 지속되길 바라는 한결같은 마음이 그 두 번째 교훈일 것이다.

또한 그 당시에는 폭격에 사용되는 폭탄에 폭발과 함께 화재를 일으키는 소이탄을 사용하는 것이 일반적이었는데, 대량의 소이탄 폭격으로 발생한 대규모 화재는 건물을 불태우는 것은 물론이고 고온에 따른 화염 폭풍까지 발생하게 해, 도시 자체를 뜨거운 용광로로 만들어 놓는 것으로도 모자라 폭격이 있고 난 후에도 꽤 오랫동안 화재가 계속되는 생지옥으로 만들어 놓기에 충분하였다. 이런 만행은 지하에 안전하게 대피한 민간인들조차 다수 피해를 받은 흔적에서 그 엄청난 폭격의 후유증을 짐작할 수 있었다. 물론, 연합군 입장에서는 전쟁을 조기에 끝내려면 독일의 작은 군사 시설이라도 철저하게 파괴해야 할 필요성이 있었을지도 모른다. 하지만 종전이 된 후 한참이나 지난 지금까지도 연합군의 이 드레스덴의 폭격과 같은 무차별적인 융단 폭격은 전쟁이 가져다주는 비정함을 인정한다 해도 모든 비난을 피해갈 수는 없는 노릇이었다.

1945년 가을, 시청 청사에서 내려다본 드레스덴의 모습.

그런 비난을 염두에 둔 듯 당시 드레스덴 폭격 명령의 책임자인 아서 해리스(Arthur Harris, 1892~1984년) 영국 공군 폭격기 사령관은 "독일인들은 누구든지, 제복을 입었든지 입지 않았든지를 가리지 않고 모두 합법적인 표적이다."라는 말을 입버릇처럼 하고 다녔다. 1942년 해리스가 폭격기 사령부의 지휘관으로 임명된 후 그의 별명이 '폭탄 해리스'로 지어진 것에서 볼 수 있듯이 그는 독일 본토에 대한 즉각적이고 무차별 폭격을 명령했는데, 쾰른, 베를린, 함부르크, 드레스덴 모두 그가 지휘관으로 있던 시절에 벌어진 일들이었다. 윈스턴 처칠 또한 독일에 대한 철저한 복수를 목적으로, "우리는 독일 국민이 인류에게 퍼부었던 비참함이 어떤 것인지 직접 맛보게 해 줄 것이다."라고 말하며 연합군에 의해 파괴된 독일 도시와 그에 따른 민간인들의 피해는 불가피한 일이고 자신이 저지른 일에 대한 인과응보라는 점만을 재차 강조하기에 바빴다.

한편, 수차례에 걸친 연합 공군의 폭격으로 독일 민간인 약 60만 명이 살해되고 600만 채의 집을 파괴한 전공을 세운 아서 해리스는 천수를 다한 뒤 91세를 일기로 죽게 된다. 죽은 뒤에도 그는 전쟁 영웅이라는 이유로 동상까지 건립된다. 이러한 사실은 우리에게 역사란 정당성과 진실을 근거로 하지 않고 단순히 승자들을 미화시킨 기록일 뿐이라는 엄연한 사실을 새삼 깨닫게 해 준다고 할 수 있다. 서로를 죽고 죽여야 하는 비정한 곳이 전쟁터라는 것을 인정하면서도, 애꿎은 민간인 학살 명령을 내린 아서 해리스가 전쟁 범죄자가 아닌 영웅으로 둔갑하는 현실은, 전쟁이라는 특수성을 감안하더라도 과연 누가 어떤 논리로 그 정당성을 설명할 수 있을지 궁금하기만 하다. 한 명을 죽이면 살인자가 되지만 60만 명을 죽이면 영웅이 되는 아이러니는 전쟁이라는 비상 상황이 만들어낸 비정상적인 결론일 것이다.

또한 제2차 세계대전 중 일어난 대공습에서 빠질 수 없는 것이 1945년 3월 10일 새벽에 벌어진 도쿄 대공습이다. 종전을 앞당기기 위해서 미국은 약 100만 발의 소이탄을 투하하여 도쿄를 불바다로 만들어 놓는다. 당시 도쿄 대공습을 지휘했던 미 공군 장성인 커티스 르메이는 약 10만 명 이상 발생한 일반인의 무고한 희생에 대하여 "무고한 민간인은 없다. 도쿄의 모든 것이 전략 폭격 목표다."라고 언급하며 사실상 모든 일본 민간인이 군인이나 전쟁 관련 종사자로 전용될 수 있는 일본의 현실에 대해 끝없이 경계하는 발언을 하게 된다. 하지만 국민의 사기를 떨어뜨려 일본의 전쟁 의지를 꺾어 놓겠다는 목적으로 시작한 도쿄 대공습은 기대와 다르게 일본 특유의 저항 정신과 결사 항전의 의지만 키워주게 되었다고 한다. 그러자 미국의 고민은 더욱 커질 수밖에 없었고 일본은 악에 받쳐 마치 최후의 1인까지 싸우다 죽겠다는 본토 사수의 의지를 드러낸 최후의 작전을 준비하게 된다. 만약 미국이 전쟁 막바지에 개발한 원자 폭탄이 없었더라면 일본은 절대 항복하지 않았으리라는 것이 전문가들의 한결같은 의견이다. 결과적으로, 일본 본토에 대한 대공습 정도로는 전 국토를 요새화하고 전 국민들을 무장하려고 달려드는 일본의 전쟁 의지를 생각처럼 꺾지 못했던 것이다. 이처럼 군사적인 목적보다는 보복성 성격이 짙은 도시 폭격으로 그 성과 속에 감춰진 다수의 민간인의 희생을 간과하는 실수는 더 이상 범하지 말아야 할 것이다.

한편, 하루가 멀다 하고 계속되는 독일군의 공습에 런던시 당국은 아버지는 국민 방위군에, 어머니는 군수 공장에서 일하는 대부분의 어린이를 근교의 농촌 지방으로 대피시키는 조치를 취하게 된다. 1945년 종전 시까지 런던에 있던 자녀들을 비교적 안전하다고 생각되는 곳으로 이동하도록 한 것이다. 전쟁으로 인해 생이별을 경험해야 했던 가족들의 아픔은 당시로서는 이루 말할 수 없었을 것이다. 이 시대를 배경으로 한 영국의 영화가 있는데, 그 영화는 바로 〈나니아 연대기(The Chronicles Of Narnia)〉(2005년)이다. 주된 내용은 런던 대공습으로 시골 할머니 댁에 내려온 어린이들이 시골집에 있는 장롱으로 숨다가 나니아라는 곳에서 환상의 모험을 경험한다는 내용이다. 아마도 이 영화의 모태가 되었던 작품을 쓴 작가는 어릴 적의 전쟁에 대한 경험과 상상력을 더해 작품을 썼던 것으로 보인다. 이 작품 속에는 작가가 제2차 세계대전을 통해 어른으로 성장하는 이야기가 고스란히 녹아있다고 할 수 있다.

영국 본토 항공전은 독일의 소련 침공 이후에는 베를린 방어전으로 역할이 뒤바뀌게 된다. 이제는 계속되는 영국 공군의 폭격으로 독일의 주요 도시와 산업 시설이 큰 피해를 보게 된다. 후의 일이지만 1943년 7월부터 미군이 영국군과 함께 독일 폭격에 합세하자 독일은 연일 계속되는 전략 폭격에 그제야 조종사 부족의 어려움을 토로하게 된다. 독일 공군의 태생적 한계로 인해 독일이 처음부터 조종사와 공군력의 열세를 안고 있음에도 불구하고 괴링의 허세에 흥청망청 공군력을 사용한 결과는 참담하기만 했다. 대전 중반을 넘어가면서 적나라하게 드러난 조종사의 절대적인 부족은 독일군의 군사력 열세로 연결되었고 결국 1944년 이후에는 유럽의 하늘을 연합군에게 몽땅 내어주게 된다. 공군력 열세로 인해 밑천이 드러난 독일군의 현실은 1943년 중반을 넘어가면서부터는 이미 패전을 예감할 수밖에 없게 만들었다. 이런 압도적인 분위기 속에 몇 기 남지 않은 독일 공군기들은 숨어들기에 바빴는데, 전쟁이 종전으로 치달을수록 어쩌다 하늘에 뜬 독일 공군기들은 그동안 격추할 적기가 없어 굶주린 연합군 조종사들에게 좋은 먹잇감이 되기도 했다. 때론, 종전에 가까워진 시점에서 지독한 경쟁의 압박을 견뎌야 했던 독일군 사령부에 의해 하늘에 떠 있는 것은 구름 아니면 적기라는 명령을 받은 독일 대공포 요원들에 의해 가끔 떠 있는 자국 공군기들이 격추되는 일이 벌어질 정도로, 독일 공군은 어느새 유럽 하늘에서 종적을 감추게 된다. 노르망디 상륙 작전을 성공적으로 마친 연합군의 장성들조차 해안포 외에는 크게 경계할 것이 없었던 순조로운 상륙 작전을 마치고도, 노르망디 하늘에서 좀처럼 볼 수 없었던 독일 공군 때문에 의아해하기도 했다고 하니, 괴링에 의해 시작된 영국 본토 항공전의 후유증은 생각보다 빠르게 독일군을 전력을 깎아내리는 데 큰 역할을 했다고 할 수 있다.

하늘을 빼앗긴 독일군의 운명은 곧 독일의 패망으로 자연스럽게 연결되었다. 애초부터 독일은 베르사유 조약으로 인해 공군력을 강화할 수 없었던 여러 가지 문제점을 안고 있었다. 그럼에도 불구하고 주변국들 몰래 숨죽이며 주변국들의 눈치를 봐 가며 겨우 키워냈던 독일 공군의 전설 같은 전력이, 어쩔 수 없이 전 세계를 상대로 전쟁을 치러야 하는 악조건을 더 이상 견디지 못하고 전쟁을 중반으로 넘기는 시점에서 물거품처럼 사라지고 만 것이다. 영국 본토 항공전이라는 무의미한 작전에 이어 쉼 없이 투입된 독소전 그리고 아프리카 전투까지, 악전고투를 행하면서도 전력적인 우위를 보여 주었던 독일 공군의 영광은 이렇게 전설처럼 남았던 독일 에이스들조차 하나둘씩 격추되면서 서서히 무대 뒤로 쓸쓸하게 사라지고 있었다. 이런 독일 공군의 대표적인 인물로 23세의 젊은 나이에 전사할 때까지 서부 전선에서 158대라는 연합 공군기를 격추한 한스 요하임 마르세이유를 들 수 있는데, 히틀러의 야심을 채워주기 위해 전 세계를 누벼야 했던 독일군의 상황 앞에 젊은 전쟁 영웅도 잦은 출격의 위험을 언제까지나 극복할 수는 없었다. 독일 공군 또한 유능한 조종사가 사라지는 것에 대해 우려하고 있었는데, 역시 104기의 격추 기록을 갖고 있어 독일 국민의 우상이었고 최연소 장군 진급의 기록을 가진 요제프 페르디난트 갈란트가 마르세이유처럼 교전 중 희생되는 것을 우려해, 히틀러에 의해 그는 강제적으로 출격 금지 명령을 받기도 했다. 물론, 장군으로 진급해 직접 조종할 기회가 줄어들고 히틀러에 의해 후진 양성이라는 더 큰 목표를 위해 출격은 최대한으로 자제되고 있었으나, 부하들과 함께 가끔 출격을 감행하기도 하면서도 전쟁 후에도 그는 운 좋게 살아남았다고 한다.

진정한 독일 공군의 에이스, 한스 요하임 마르세이유
(Hans Joachim Marseille, 1919~1942년).

이것은 마치 대전 초반 북해와 대서양을 호령하며 독일 U보트 신화를 만들어 냈던 독일 해군의 이야기와 비슷하다. 제2차 세계대전 초반에는 U보트에 속수무책으로 당하던 연합군이 1942년 가을을 기점으로 레이더와 정찰 항공기를 동원한 작전의 다양화를 펼치자, 잠항 시간이 제한적일 수밖에 없었던 U보트들이 수면에 노출되는 족족 침몰당하기 시작하면서, 어느덧 U보트는 연합군에게 위협적이고 성가신 존재에서 이젠 반대로 U보트가 연합군 함대를 피해 다녀야 하는 신세로 전락하고 말았다. 물론, 이렇게 상황이 역전된 이유는 무엇보다 미국의 참전으로 인한 전력 급상승과 함께 연합군의 대 잠수함 대응 전략이 좋아진 이유에 비해, 상대의 바뀐 전략에 적절하게 대응하지 못했던 독일 U보트 함대의 전략 실패에 근본적인 원인이 있었다. 그렇지만, 아무리 베테랑 제독이 이끄는 U보트라도 항상 위험한 작전에 쉼 없이 투입되어야 하는 가혹한 전투 환경으로 인해 관록 있는 지휘자와 승조원들이 하나둘 바닷속으로 사라지는 일이 빈번해지면서, 그를 대체했던 신참들은 더 이상 기존의 U보트 신화를 이어가기에는 역부족이었던 데에 근본적인 이유가 있을 것이다. U보트의 특성상 작전 실패는 U보트의 침몰로 이어지고 생존은 고사하고 시신조차 찾을 수 없는 완전한 실종 상태로 마무리될 수밖에 없어, 생존한 U보트 대원들이 그들의 실전 경험을 고스란히 전달하기에는 그들의 낮은 생존 확률에 의해 상당히 제한적일 수밖에 없었던 것이다. 실제로 대전 기간 중 실전에 투입된 독일 U보트의 93%가 손실되고 승조원 중 약 85%가 전사하거나 포로로 잡혔다는 통계는 이런 사실을 뒷받침해 준다고 할 수 있다.[13] 이는 결국 문제 상황에 누가 더 절박하고 적절하게 대응했는지를 보여 주는 사례라고 할 수 있는데, 섬나라인 영국의 입장에서는 잠수함의 공격을 어떻게든 극복하지 못한다면 영국의 생존 자체를 위협받기 때문에, 이를 극복해야 한다는 간절함이 영국에게 이 문제를 해결할 수 있는 실마리를 제공했던 셈이다. 그에 반해 독일은 잠수함 전력의 보강보다는 비스마르크 전함 건조에서 보듯 전함이 더 해전에서 효율적일 수 있다는 히틀러의 판단에 의해 잠수함 건조에 대한 지원이 줄어들었고, 영국의 레이더 기술에 대한 오판과 함께 독일 잠수함 암호 기술인 일명 '에니그마(Enigma, 수수께끼라는 뜻)'가 노출(1941년 5월)된 지도 한동안 모르고 있었던 독일 잠수함 지휘부는 이후에도 적절하게 대응할 방법을 찾지 못하면서 잠수함을 통한 작전 수행은 상당 부분 위축될 수밖에 없었을 것이다.

한편, 영국 본토 항공전에 이어 벌어진 독일 본토 항공전은 독소 공방전 당시에도 연합군에 의한 전략 폭격이 계속되었는데, 이런 전략 폭격은 결국 폭격기와 지상 공격기 생산에 투입되어야 할 독일 산업 시설을 전투기 생산에 투입되도록 함으로써 소련의 전쟁 수행에 큰 도움을 주게 된다. 또한 제공권을 확보한 1944년 중반부터 이뤄진 독일의 액화 석탄 공장 및 주요 교통망에 집중된 연합군의 폭격

---

13) Herbert A. Werner 저, 김정배 옮김, 『강철의 관』, 일조각, 2015.

은 독일의 전쟁 수행 능력을 크게 떨어뜨렸고, 향후 연합군이 우위를 점하게 하는 데 긍정적인 영향을 주게 된다.

결국, 언제고 계속될 것 같은 영국 본토 항공전은 독일이 소련을 침공하면서 잠정적으로 멈추게 된다. 이는 또한 영국 본토 상륙 작전인 '바다사자' 작전이 무기한 연기되는 것을 의미하기도 하였다. 이제 전쟁은 새로운 국면으로 빠르게 전환되고 있었다. 영국 본토 항공전 당시만 해도 우방이었던 독일과 소련이 이제는 서로를 쓰러뜨려야 살 수 있는 전쟁에 돌입하게 되자, 마치 기다렸다는 듯이 영국은 신속하게 소련과의 외교 관계를 회복하게 된다. 히틀러의 무모한 선택으로 영국은 그동안 고립되었던 영국의 외연을 더욱 확장할 기회와 함께 독일과 최후의 일전을 준비할 수 있는 소중한 재정비 시간을 얻게 된다. 그에 반해 독일군은 영국 본토 항공전에서 이미 지치고 많이 소진되었던 공군 전력을 다시 대소련 전선으로 투입해야 하는, 즉 쉼 없이 전쟁을 계속 치러야 하는 극한 상황에 처하게 된다. 이는 이제 조금씩 자리를 잡아가던 독일 공군 전력이 영영 회복할 수 없는 엄청난 소모전에 돌입하게 되는 것을 의미하는 것이었다. 이제 독소전은 피할 수 없는 엄연한 현실로 독일 공군 또한 그동안 해 왔던 공군만의 단독 작전이 아닌 육상 전력 지원과 같은 연합 작전으로 전쟁다운 전쟁에 직면하게 되면서, 영국 본토 항공전보다 더 큰 희생과 압박을 요구받고 있었다.

영국 본토 항공전이 끝나기가 무섭게 시작된 독소전에 전 세계는 숨죽이며 이 세기의 전쟁 결과를 주목하게 된다. 어쩌면 이 독소전이 제2차 세계대전의 향방을 결정하게 될 것임을 직감하고 있었다. 예측불허의 독소전이 시작되면서, 히틀러의 뒤틀린 야심이 때마침 영국을 패전의 구렁텅이에서 구해주었지만 정작 스스로를 구제하지 못하는 결과로 이어질 것은 틀림없었다. 나폴레옹에서 보듯 러시아 땅은 제 발로 쉽게 걸어 들어갈 수 있지만 멀쩡하게는 돌아오지 못하는 곳이었다. 소련이 가진 영토는 차라리 대륙이라는 말이 더 어울리고 눈에 보이는 것이 다가 아니라 국경선을 마주하고 나면, 한 번 빠진 진흙탕 싸움에서 쉽게 발을 빼지 못한다는 것을 소련의 지독한 겨울이 오기 전에 히틀러는 깨달아야 했을 것이다.

바. 비시 프랑스 최후의 날

　제2차 세계대전의 역사를 잘 모르는 이들은, 흔히 제2차 세계대전 초기인 1940
년 6월에 독일에 굴복하며 프랑스가 망한 것으로 알고 있다. 이는 맞는 말이기도
하지만 프랑스는 제2차 세계대전 당시에 독일의 침공을 받았던 수많은 국가 중에
서 정전 협상으로 교전 행위를 종결한 유일한 국가였다. 협상이라고 해 봐야 무조
건 항복과 다름없는 굴욕적인 불평등 정전이었지만, 프랑스는 형식상으로는 국가
대 국가의 외교적 교섭으로 전쟁을 종결했다. 비록 나치 독일의 괴뢰 정부였지만
비시 프랑스는 독일이 점령한 북부를 제외한 남부 프랑스에 대한 형식적인 통치
권을 행사할 수 있었다. 물론, 영국에 망명하여 계속 항전을 선언한 드골의 자유
프랑스 임시 정부는 이를 인정하지 않았지만, 비시 정권 자체가 그래도 최소한의
합법적 절차에 의해 탄생하였기 때문에 당시까지 중립을 지키던 미국 같은 경우
는 이를 공식 정부로 인정했다. 또한 페탱을 비롯한 비시 수반들은 남들은 손가
락질할지라도 자신들은 공식 프랑스 정부의 내각으로서 자신의 임무에 자부심이
있었다. 프랑스 남부 및 본토와 가까운 알제리와 모로코를 직접 관할하던 비시
프랑스는 이들 지역에 대한 행정력, 경찰력은 물론 군사력까지 보유하였고 대외적
으로는 절대 중립이라고 천명하였다. 하지만 당연히 독일의 간섭과 눈치를 볼 수
밖에 없었는데, 물론 이런 상황을 인정한다고 하더라도 독일은 비시 프랑스가 언
제까지 충성을 다할 것이라고는 생각하지 않았다. 이 때문에 독일은 이미 정전 당
시에 비시 프랑스에 대한 침공 계획을 수립해 두고 있었고, 비상 상황 발생 시 즉
각 실행에 옮기도록 만반의 준비를 갖추고 있었다.

프랑스 남부를 차지하고 있던 비시 프랑스.

마침내 1942년 11월 8일, 일명 '횃불 작전'으로 비시 프랑스령 북아프리카에 연합군이 상륙하면서 롬멜이 지휘하던 아프리카 군단의 배후를 차단하는 데 성공하자, 독일은 비시 정권이 관할하던 남프랑스로 연합군이 상륙할 수 있다는 이유를 들어, 1940년 프랑스와 맺었던 정전 협정을 파기하고 '안톤 작전(Case Anton)'에 의거하여 1942년 11월 11일 프랑스 남부를 향한 전격적인 침공을 단행하게 된다. 독일 제1군이 대서양 해안에서 스페인 국경으로, 제7군이 비시와 툴롱으로 향하며 거침없이 진격하는 동시에 이탈리아 제4군이 프랑스령 리비에라와 코르시카 점령 작전을 펼치자, 비시 프랑스는 협정을 위반한 독일을 규탄하고 5만여 명의 군대를 툴롱 주변에 배치하여 무의미한 저항이라도 시도해야 했다.

비록 이 작전에 동원된 독일군 대부분은 재편이나 휴식을 위해 동부 전선에서 일시 귀환한 부대로 전투력이 많이 약화된 상태였으나, 허수아비 같은 비시 정권의 무력을 작전 개시 단 하루 만에 완전히 제압해 버린다. 결국 프랑스 전체는 독일의 직접 지배권 하에 들어오게 되었고 형식적으로나마 존재하던 비시 정부는 그 운명을 다하게 된다. 비시 프랑스 휘하 프랑스군은 연합군의 '횃불 작전' 당시 프랑스의 식민지인 알제리에 상륙하는 미군과 영국군에게 총격을 가해야 할 때는 연합군도 아니고 추축국도 아니었다. 하지만 비시 프랑스의 애매했던 입장은 독일군이 비시 프랑스령 남부 프랑스에 진입하자, 이젠 연합군 쪽으로 확연하게 기울기 시작했다. 아니, 적어도 알제리에 남아있던 비시 프랑스군은 그곳에 상륙한 미군에 항복했다고 하는 표현이 더 적절하다고 할 수 있겠다.

더불어 독일은 툴롱에 정박해 있던 프랑스 함대를 탈취하기 위한 '릴라 작전(Operation Lila)'을 실시하게 된다. 다만 여기서 이상한 점은, 독일이 1940년에 프랑스를 점령한 후 전차 등의 각종 장비를 노획하여 전선에서 적절히 사용하였던 것에 반하여 이번에는 당시 미국, 영국 그리고 일본에 이어 세계 4위 정도의 평가를 받던 프랑스 군함을 왜 그대로 두었는지 하는 점이다. 전통적으로 독일은 해군 전력이 약하여 '바다사자' 작전에서도 항상 고민이 많았는데, 그런 독일이 왜 그런 선택을 했는지는 의문으로 남는다. 앞서 언급했듯이 영국도 이 프랑스 해군이 독일로 넘어가는 것을 우려해 바다 너머에서 전전긍긍하고 있었던 것이다. 미국의 루스벨트도 그런 우려 때문인지 자유 프랑스를 제쳐두고 비시 정부만 프랑스를 대표하는 정부로 공식 인정하고 있었는데, 어쩌면 이것 또한 뚜렷한 교전 없이 고스란히 보존된 프랑스 해군의 존재 때문이라고 해도 과언이 아니었다. 그렇게 지중해 연안에 정박해 있는 프랑스 해군의 존재는 독일뿐만 아니라 연합국 모두에게 큰 관심사였던 것은 부인할 수 없는 사실이었다. 그런데 독일이 비시 프랑스를 접수한다고 하자 영국도 이젠 올 것이 왔구나 하며 프랑스 해군을 독일군이 접수하는 것은 시간문제라고 생각했을 것이다. 이 점에서만큼은 확실하게 말하는 것이 조심스럽기는 하지만 독일군 자체가 해군운용에 대해서만큼은 효율적인 전략을 보여주지 못했던 점에서, 프랑스 해군을 이용한 연합작전에는 처음부터 긍정적인 생각을 갖지 않았던 것으로 보인다. 언제고 반발할 수 있는 프랑스 해군을 믿었다가는 전쟁 자체가 어그러질 수 있는 위험성을 독일 스스로도 감수할 수는 없는 노릇이기 때문이다.

그런데 제2차 세계대전 중 보기 힘든 일이 프랑스 해군에서 벌어지게 된다. 실세 중 하나였던 드 라보데(Jean de Laborde) 제독은 신임 해군 총사령관이자 해군부 장관인 오팡이 독일군이 항구로 밀어닥치기 전에 프랑스 함대를 연합군에게 넘기라는 제안에도 불구하고 자침(自沈) 명령을 내리게 된다. 결국, 프랑스 해군을 접수하려는 독일군의 집요한 움직임을 더 이상 버티기 힘들다고 판단하자, 드 라보데 제독의 명령에 의해 프랑스 해군은 전함 3척, 순양함 7척, 구축함 28척, 잠수함 20척의 함정을 순식간에 자침시키게 된다. 이 중 35척은 프랑스가 새로이 만들었던 신형 함선들이었으며, 스트라스부르와 덩케르크는 일반 전함보다 더 빠른 속력을 가진 신형 전함이었는데 이들 모두를 제대로 한 번 써보지도 못하고 자침시킨 것이다. 제2차 세계대전 중 독일의 '그라프 쉬페' 전함처럼 도저히 회생 불능에 가까운 배를 자침시키는 예는 있어도, 이렇게 멀쩡한 배 수십 척을 스스로 자침시킨 경우는 이 사례가 유일할 것이다. 결국 프랑스 함대들은 모두 자침되고 남은 해군들은 항복함으로써 모든 전투는 싱겁게 종결된다.

이 사건은 비록 비시 프랑스가 나치 독일의 괴뢰 정부였지만 그들의 자존심이었던 수많은 함정을 독일에게 순순히 넘길 수만은 없었던, 그들 나름의 고민이 있었음을 짐작할 수 있는 사례가 되었다. 이 사건의 또 다른 원인으로는 프랑스 총사령관이 연합군에게 프랑스 함대를 넘기라는 제안에 이미 1940년 7월 영국 해군의 프랑스 함대에 대한 공격으로 영국에 대한 감정이 좋지 않았고, 프랑스의 영원한 라이벌인 영국에게 자존심 강한 프랑스 해군을 갖다 바치고 싶지 않았을 만큼의 영국과 프랑스의 묘한 분위기도 한몫했을 것이다. 표면적으로는 누구에게도 함정을 넘기지 않고 대외 중립을 지키기 위해서라고 했지만 단지 그것은 명분이었을 가능성이 컸다. 1942년 11월 27일 비시 정부가 사라지는 날, 비시 프랑스 해군도 역시 쓸쓸히 바닷속으로 동반 퇴장하게 된다. 이 일로 연합군이 크게 실망했던 것은 당연했으며, 드골을 비롯한 자유 프랑스 또한 연합군 품으로 들어오지 않은 드 라보데를 비롯한 툴롱의 해군을 연일 비난하기에 이르렀다. 그리고 프랑스가 해방된 후 재판에 회부된 드 라보데는 함대를 연합군에 넘겨주지 않았다는 것과 비시 정부 협력에 대한 죄목을 이유로 1947년 6월에 사형을 선고받는다. 그러나 형량이 점차 무기징역으로 감형되더니 1954년에는 특사로 풀려난다.

비시 프랑스를 없애고 프랑스 해군력을 접수하여 새로운 우군을 확보하려던 히틀러의 복안은 이렇게 프랑스 해군의 비협조로 실패하게 된다. 알제리를 통해 프랑스로 진격하려는 연합군을 사전에 무찌르기 위해 독일은 비시 프랑스를 점거하려던 '안톤 작전'을 성공적으로 마치고, '릴라 작전'으로 프랑스 함대를 성공적으로 접수하여 연합 함대에 대항하려던 독일군의 희망은 프랑스 해군의 도발로 그만 성공 단계에서 허무하게 마무리될 수밖에 없었다. 독일이 서유럽에서 꿈꾸었던 화려한 피날레는 프랑스 해군의 훼방으로 영영 이루어질 수 없었던 짝사랑으로 끝났던 것이다. 이렇게 독일이 상처뿐인 승리를 가져간 후, 이제 바다밖에 남지 않은 서유럽에서 독일이 더 전진할 땅은 찾을 수 없었다. 이제 히틀러에게 동쪽은 소련이라는 존재는 보이지 않고 정복할 땅이 있는 기회의 장소가 되었다.

2
독소 공방전

가. 바르바로사 작전

1939년 8월 23일, 독일은 폴란드를 침공(9월 1일)하기 며칠 전에 소련과 불가침 조약을 맺었다. 연합군 측에 의해 악마들의 야합이라고 조롱받았던 그 조약은 제 2차 세계대전의 시작을 알리는 신호였지만, 그 당사자인 독일의 배신과 소련의 조롱으로 인해 조약이 자연스럽게 파기되면서부터 전쟁의 향방은 어떠한 예측조차 불가능한 엄청난 혼란 속으로 빠져들었다. 이 조약을 맺은 뒤 스탈린과 독일의 리벤트로프 독일 외무장관은 겉으로는 웃고 있었지만, 조약에 서명하는 당사자들마저도 그것이 오래 지속되리라고 믿는 이는 아무도 없었다. 영국과 프랑스 등의 서방 국가들 또한 처음에는 경악했지만, 그 속을 알 수 없는 히틀러와 스탈린에 의해 이 조약이 오랫동안 유효하지는 않으리라는 것을 신중하게 예측하는 분위기였다. 그 당시 독일 국내의 사정을 조금이라도 알고 있는 사람이라면, 나치 독일은 자신이 그토록 경멸했던 공산주의의 원흉인 소련과의 밀월관계 또한 그리 오래 지속되지 않으리란 것을 알고 있었다. 말대로만 된다면 연합군은 자신의 힘 하나들이지 않고 나치와 공산주의가 서로 맞붙어 서로 힘을 빼놓는 불구경을 멀리 바다 건너에서 볼 수 있는 것이다.

물론, 그 일은 실제로 일어났고 소련은 뒤늦게나마 독일이라는 나라가 아니었다면 미처 생각하지 못했을, 거대한 영토가 주는 잠재력과 위대함을 깨달을 수 있었다. 그동안 유럽에서 별로 존재감이 없던 소련을 침공하면서, 새삼 독일은 소련 영토의 광대함에 놀라게 되고 끊임없이 쏟아져 나오는 소비에트 연방의 군 동원 능력에 다시 놀라게 된다. 사실, 대전 초반 소련을 만만하게 생각했던 유럽 내의 인식이 히틀러로 하여금 소련 침공을 감행하게 했다고 볼 수 있었을 만큼, 소련은 언제나 그랬듯 유럽 나라들에게 큰 위협이 되지는 못했다.

독소전 당시 독일군의 모든 전력이 바닥을 드러낼 때까지 한동안 연합군은 불구경하듯 멀리서 지켜보았지만, 그것은 어디까지나 독소전 발발 후의 일이고 독소전이 벌어지기 전까지는 짐작만 할 뿐 언제 어디서부터 무슨 일이 벌어질지 예측 불허의 상황은 지속되고 있었다. 심지어 당사자인 소련조차 여러 첩보 경로를 통해 들었던 독일의 소련 침공 정보를 독일과 소련을 이간질하려는 연합군의 음모라고 생각하여 애써 외면하기만 했고, 심지어 침공일 전날까지도 소련은 아직은 동맹국이었던 독일에, 아직 우리는 독일을 믿고 싶다는 심정으로 전쟁 물자를 열심히 기차로 실어 나르고 있었다.

그렇다면 독일은 왜 소련을 침공한 걸까? 먼저, 히틀러의 말을 인용한다면 위대한 독일 국민이 살기엔 독일이라는 영토가 너무 비좁다고 생각했는지 모른다. 서유럽과 동유럽 그리고 발칸반도까지 점령하며 최전성기를 누리고 있는 독일군에게 폴란드전과 핀란드와의 겨울 전쟁에서 드러난 소련군에 대한 평가가 좋을 리 없었고, 이런 군대와 굳이 동맹을 맺어 자신이 가져야 할 이익을 나누는 것에 대해서도 달갑게 여기지 않았을 것이다. 무엇보다도 영국 침공 계획이 무산되자 히틀러의 입장에서는 서유럽이 어느 정도 평정된 만큼 스스로 생각건대 지구 최강의 독일 군대를 그냥 놀리고 싶지 않았을 것이다. 더불어 유대인과 더불어 열등 인종이라고 생각했던 슬라브족의 종주국인 소련이 주제에 맞지 않게 그렇게 넓은 영토를 가지고 있다는 것이 불만이었을지도 모른다. 그것도 아니면 얼마 전의 핀란드전에서 볼 수 있었듯이 소련군 지휘관들이 치밀하지 못하고 허둥대는 모습에서 소련군을 만만하게 볼 수도 있었을 것이다. 하지만 그 무엇보다 공산주의 자체에 대한 히틀러의 근본적인 혐오는 유대인 학대 못지않게 비뚤어진 사상의 대부분을 차지했는데, 그 당시 유일한 공산국인 소련을 침공하는 것이 어쩌면 그런 생각을 실천으로 옮길 유일한 기회가 되었을지 모른다. 그것도 아니라면 폴란드를 나눠 가지는 것까지는 좋았으나, 그러면서 어쩔 수 없이 소련과 국경선을 맞대고 있는 것에 생각보다 더한 불안감을 가졌을 수도 있었을 것이다.

물론, 지금까지 히틀러의 소련 침공에 대해서 위에서 열거한 것 외에도 여러 가지 설이 있겠지만, 제일 확실한 것은 영국 상륙 작전인 '바다사자' 작전의 실패에 그 원인이 있다고 할 수 있다. 이 시점에서 히틀러는 영국을 무력으로 제압한다는 생각을 완전히 버린 것으로 볼 수 있다. 그래서 영국이라는 나라를 유럽에서 고립시키고 독일이 유리한 위치에서 협상하기 위해서는 독일이 가진 힘을 보여 줄 필요가 있었을 것이다. 영국이 소련에게 조금이라도 미련이 남아있는 이상, 독일의 입장에서는 영국보다 우월한 위치에서 협상을 진행하는 것이 어려워 보였기 때문이다. 그래서 히틀러는 참모들의 격렬한 반대에도 불구하고 전 유럽의 패권자가 되기 위해 소련 침공 계획을 실천으로 옮기는 무모한 도전에 나서게 된다. 한 번 실행한 작전은 되돌릴 수 없어 승패가 결정 나야 끝나는 전쟁이었으므로 신중에 신중을 기해야 했지만, 그 신중함 속에서도 히틀러는 지금까지 육상에서 벌어진 전과들에 고무되어 꽤 낙관적인 상상을 가졌던 것으로 보인다. 그리고 이 시기는 참모들의 의견보다는 자신의 뚝심대로 결행한 프랑스 침공 등의 대성공으로 인해, 자존심 강한 프로이센 귀족 출신 장군들의 전통적인 군사적 조언들이 상당히 수그러들었을 즈음이기도 하였다.

　하지만 아무리 자신감이 넘친다고 해서 철저한 사전 계획 없이 무작정 침공을 실행에 옮긴다면 독일인들이라고 할 수 없을 것이다. 그래서 히틀러가 소련 침공 계획을 세우면서 제일 많이 참고했던 것이 나폴레옹과 그의 러시아 원정이었다. 나폴레옹의 성장과 몰락은 여러모로 히틀러와 닮은 점이 너무 많았다. 우선 나폴레옹은 프랑스의 주류라고 할 수 없는 코르시카섬 출신이었고 히틀러 또한 오스트리아의 평범한 가정에서 태어난 것에서 알 수 있듯이, 두 사람은 처음부터 황제나 총통은커녕 그 나라의 정치에 입문하는 것조차 불가능할 것 같은 열악한 환경에서 태어나고 자라야 했다. 하지만 오로지 자신의 탁월한 전쟁 수행 능력과 정치적 선택만으로 프랑스 황제와 총통으로 등극했던 두 인물은 각각의 나라 역사 속에서도 사례를 들 수 없을 정도의 입지전적인 인물로 평가받고 있다. 히틀러가 총통으로 최고의 자리에 올랐을 때 독일 내의 대중적인 인기가 하늘을 찔렀던 것과 비슷하게, 나폴레옹도 자신의 인기에 상응하여 스스로 황제에 오르는 등 프랑스 내에서는 이미 신화적인 인물이었다. 나폴레옹의 인기는 한술 더 떠 베토벤이 그를 위해 〈영웅교향곡〉까지 헌정할 정도로, 그는 한때 전 유럽에 걸쳐 국제적인 명성까지 얻고 있었다. 다만, 나폴레옹이 국제적인 명성을 얻은 배경에는 그의 능력 외에, 프랑스 혁명 세력이 혁명의 성공을 통해 제정을 무너뜨리고 전 유럽에 자유, 평등, 박애라는 자유주의 사상을 전파해 준 것이 그 무엇보다 우선되어야 했다. 또한 나폴레옹이 영국을 침공하기 위해 대륙 봉쇄령을 내리는 등 영국을 어떻게든 굴복시키려고 했으나 넬슨이 이끄는 영국 해군에게 프랑스 함대가 전멸하면서, 영국 침공 계획을 접어야 했던 장면도 언뜻 히틀러의 제3 제국과 어느 정도 궤를 같이한다고 할 수 있다. 끝내 해상을 통한 진출이 좌절되자 나폴레옹의 반경은 육지 내로 제한될 수밖에 없었고, 나폴레옹의 월권에 가까운 행보에 불만을 가졌던 러시아와의 결판을 앞두게 되었을 때, 해상에서 좌절된 자신의 자존심에 러시아가 제대로 도전해 들어오자, 육상 전투에서만큼은 자신이 있었던 나폴레옹에게 러시아쯤은 전혀 문제 될 것이 없어 보였을 것이다. 비록 영국은 굴복시키지 못했지만 아직은 유럽의 패권을 유지하고 있다고 생각한 나폴레옹은 러시아뿐만 아니라, 전 유럽에서 프랑스의 능력을 재차 확인시켜 줄 필요가 있다고 판단했을 것이며 결국 러시아와의 남은 일전은 나폴레옹에게 불가피한 선택일 수밖에 없었을 것이다. 물론 러시아 또한 나폴레옹의 안하무인의 정치적인 행보에 불만을 가졌을 것이다. 그리고 러시아가 대륙 봉쇄령에 반발하여 영국과의 교역의 필요성과 함께 영국이 프랑스 해군을 보기 좋게 물리치는 모습을 보면서, 해군이 건재한 영국과 연합한다면 프랑스를 이길 수 있다는 한갓 희망을 품었을 것으로 보인다. 위와 같이 히틀러와 여러 가지로 겹치는 나폴레옹의 성장과 몰락은 이제 똑같은 시나리오로 히틀러의 몰락을 예고해 주고 있다고 할 수 있었다.

히틀러는 위와 같은 나폴레옹의 러시아 침공에서 두 가지를 참고했을 것이다. 첫째, 겨울이 오기 전에 모든 전쟁을 종료해야 할 것이며, 둘째, 적의 영토로 깊숙이 들어갈수록 거대한 땅덩어리만큼이나 길어지는 병참선을 잘 보완하여 어떻게 제때 물자를 공급할 수 있는가의 문제를 고민했을 것이다. 결론적으로 이야기하면, 히틀러 또한 뛰어난 군 시스템과 압도적인 군 장비를 보유하고 있음에도, 나폴레옹을 재현하듯이 소련군은 굴복시켰는지 모르지만 거대한 영토와 지독한 겨울을 끝내 정복할 수 없었다. 그리고 제2차 세계대전 내내 선제공격과 점령에는 천재적인 능력을 발휘하면서도 병참 문제에 대해선 그리 중요하게 생각하지 않았던 독일은 대소전에서도 큰 변화를 보이지 않았으며, 소련 또한 오래전 나폴레옹 전쟁 당시에도 그랬듯이 독일이 자국의 물자를 이용하지 못하도록 하는 청야 전술을 이번에도 어김없이 사용하였다. 이를 실행하기 위해 아직 독일군에 의해 점령되지 않은 지역에 거주하는 소련인들의 엄청난 반발과 원망을 들으면서도, 소련은 후퇴 시 독일군이 이용할 수 있는 모든 민가와 시설들을 사전에 철저하게 파괴하는 전략을 전쟁 내내 사용했다.

히틀러의 결정이 이미 서 있고 여러 가지로 공을 들였던 영국 침공이 무산되어 이제 독일군의 목표는 사실상 동쪽의 소련이 될 시점이 점점 다가오고 있었다. 하지만 이런 큰 결정에는 항상 기대와 우려가 상존하는 것이 사실이었다. 아직 영국을 제대로 꺾지 못한 상태에서, 독일이 섣불리 동유럽의 소련과 전쟁을 벌이고 이른 시일 내에 전쟁을 마무리하지 못한다면, 독일이 아무리 강한 군대를 보유하고 있더라도 양쪽에서 밀려드는 적과 한꺼번에 전쟁을 치러서는 성공을 보장받지 못할 것이었다. 그래서 독일 육군 수뇌부에서는 2개의 전선을 스스로 만드는 것에 대한 기우가 상당했지만, 결국 최고 권력자인 총통 히틀러를 꺾을 수 없다는 결론에 이르게 된다. 마침내, 소련과의 전쟁이 결정되면서 전쟁을 언제 시작할 것인가의 문제가 고려되기 시작하였다. 더구나 전쟁을 끝내기도 전에 겨울이 찾아온다면 독일은 큰 위기를 자초하게 될 터였다. 그렇다면 나폴레옹이 전쟁을 시작한 6월보다 더 이른 시기에 전쟁을 결행해야 했다. 하지만 어쭙잖은 동맹국 이탈리아가 저질러 놓은 발칸반도의 문제가 결국 독일의 발목을 잡았다.

이탈리아가 독일의 유럽에서의 선전에 고무돼 자신의 몫을 찾겠다고 달려든 곳은 그리스였다. 하지만 금방 끝날 것 같던 전선은 이탈리아에게 유리하게 돌아가지 못하고 패배를 거듭하게 된다. 이탈리아군이 자신보다 인구가 6분의 1에 불과한 그리스의 덫에 걸려 헤어 나오지 못하자, 히틀러는 제3제국의 외연을 확장함과 동시에 동맹국인 이탈리아에게 독일군의 힘을 보여 주고, 더 나아가 소련 침공 전에 배후가 될 수 있는 그리스와 유고슬라비아를 사전에 정리해 두고자 출병을 명하게 된다. 그 당시 동유럽의 헝가리, 루마니아가 추축국으로 넘어온 상황에서 불가리아까지 추축 동맹에 가입하자 독일은 이제 남은 유고슬라비아를 압박하기 시작했다. 유고슬라비아 정부는 밀려 내려오는 독일군의 기세에 눌려 1941년 3월 25일에 마지못해 추축 동맹에 가입하게 된다. 하지만 이내 일은 틀어지고 마는데 독일에 반대하는 유고슬라비아 청년 장교들이 반란을 일으킨 것이다. 독일은 돌변했고 4월 6일 수도 베오그라드는 독일 공군의 폭격에 폐허가 된다. 그리고 번개 같은 독일 기갑 부대의 행진에 마침내 4월 17일 유고슬라비아는 항복하게 된다. 그리고 뒤이어 그리스로 침투한 독일군은 그리스를 돕겠다고 나타난 영국군과 교전을 벌이며 그리스 땅으로 조금씩 전진하게 된다. 지원된 영국군이라도 3개 사단 규모밖에 되지 않아 영국군은 독일군의 진격 속도를 조금 늦추는 정도의 역할밖에 하지 못하고 급하게 철수하게 된다. 4월 27일, 마침내 독일군이 그리스를 차지하게 되고 지중해의 요충지인 크레타섬마저 차지하려는 작전에 의해 독일의 소련 침공 계획은 계속해서 뒤로 미뤄질 수밖에 없었다. 그리고 크레타섬마저 장악하려는 독일의 전설적인 공수부대 팔슈름야거(Fallschirmjager)의 사실상 마지막 공수작전은 엄청난 피해를 입고도 결국 작전을 완수하게 되지만, 돌이킬 수 없을 정도의 큰 피해를 입은 팔슈름야거는 결국 다음 공수작전에 투입되지 못하고 명목상의 공수부대로만 존재하게 되었다.

한편, 독일이 발칸반도까지 외연을 확장하는 동안 소련은 중요한 조약을 맺게 되는데, 이는 1941년 4월 13일경에 맺은 일소 중립 조약이다. 사실 이 조약을 먼저 제안한 것은 일본이었다. 앞선 1940년 5월과 6월 일본은 소련에게 불가침 조약을 제안했는데, 이는 프랑스령 인도차이나의 진출을 노리고 있던 일본으로서는 소련과의 중립이 중요했기 때문이었다. 이에 일본은 소련이 내몽고와 만주국을 포함하는 중국 북부의 3성에서 일본의 전통적인 이해관계를 인정하고 프랑스령 인도차이나와 네덜란드령 동인도가 일본의 세력권임을 인정할 것을 요구하였고, 그 답례로 일본은 아프가니스탄과 페르시아(이란)를 향한 소련의 진출을 지지하는 데 동의하게 된다.

결과적으로 1941년의 일소 중립 조약은 독소전 내내 소련에게 큰 도움이 되었다. 이 조약은 나중에 소련이 일본에 선전포고(1945년 8월 8일)를 하면서 파기되지만, 소련 입장에서는 서부와 동부의 두 전선에서 동시에 전쟁을 벌이지 않았던 것만으로도 이 조약의 큰 혜택을 받았다고 할 수 있다. 만약 독일과 일본이 소련과의 전쟁에서 군사적으로 협력했다면, 양쪽에서 공격당하는 소련이 곤란을 겪었으리라는 것은 불을 보듯 뻔했기 때문이다. 그렇게 되었더라면 추축국들이 소련을 무너뜨리고 소련이 가진 넓은 영토를 나눠 가졌을 것이지만 일본이 일소 중립 조약을 충실히 지켜준 덕분에, 소련은 극동 지역에 있던 25만여 명의 시베리아 정예 병력을 1941년과 1944년 사이에 서부 전선에 집중적으로 배치할 수 있었다. 더불어 전쟁에 필요한 군수 물품을 안정적으로 생산하기 위해서는 우랄산맥 서쪽에 집중된 군수 물자 시설을 동쪽으로 옮기는 것이 필요했는데, 이때 일본과 맺은 일소 중립 조약으로 일본의 위협이 사라지자 동쪽으로 옮기는 것이 가능하게 되었다. 이렇게 일본이 소련과 맺은 조약을 잘 지킨 배경에는 태평양 전쟁으로 인해 동남아시아 식민지와 미국과의 전쟁에 몰입할 수밖에 없었던 이유도 있었지만, 독일이 삼국동맹으로 이미 자신의 우방이었던 일본과는 일절 상의하지도 않고 독소 불가침 조약을 맺은 것에 대한 불만으로, 소련과 조약을 맺음으로써 독일에게 받은 배신감을 어느 정도 앙갚음해 주려고 했는지도 모를 일이다. 또는 조약을 맺을 당시에는 일본이 독일의 우방이었듯이 소련도 같은 편으로 만들어놓는 것이 그리 큰 문제가 되지 않았을 것이고, 독소전이 벌어졌을 때는 어느 쪽을 편든다는 것은 다른 한쪽을 적으로 만들어놓을 수 있기에 신중할 수밖에 없었을 것이다.

결국, 일소 중립 조약은 일본과의 충돌 가능성을 최소화한 소련이 오직 독일과의 전쟁에 집중할 수 있게 되면서 독일군을 재기 불능으로 만들어 놓았고, 소련에 의해 대전 초반의 위용을 상실한 독일군은 연합군의 파상공세를 결국 극복하지 못하고 무너지게 된다. 연합군의 노르망디 상륙 작전 이후 연합군의 서유럽 전선 상황이 급격하게 연합군에게 유리하게 돌아가게 되었다는 점으로 보아, 이 조약은 연합군에게도 큰 도움이 되었다고 할 수 있다. 또한 미국이 일본과의 전쟁에 정신이 없을 때 유럽에서 소련군의 역할이 중요해지자, 미국의 '무기대여법'으로 소련은 미국으로부터 막대한 군사적 지원을 받게 되었고, 동시에 일본도 이 조약을 통해 큰 이익을 보았다. 물론 미국과의 전쟁 초반의 일이지만 일본은 소련으로부터 석탄, 목재, 철, 어류 그리고 시베리아와 소련 극동 지방의 금을 공급받는 등 소련과의 무역은 일본의 태평양 전쟁 초기에 큰 도움을 주었다.

드디어 발칸반도가 어느 정도 정리된 1941년 6월이 되자, 독일은 본격적으로 소련과의 전쟁을 준비하게 된다. 일명 바르바로사 작전이 실행에 옮겨지기 시작한 것이다. 그리스 전선이 정리된 지 한 달 정도가 경과한 시점이었다. 바르바로사는 12세기 신성 로마 제국의 황제 프리드리히 1세의 이름으로, 과거 신성 로마 제국은 지금의 이탈리아와 베네룩스 3국, 그리고 독일에 걸친 광대한 제국을 건설했고, 제3차 십자군 원정을 주도했던 이 황제의 이름을 빌려 작전명에 넣었던 것이다. 프리드리히 1세가 이교도와의 성전을 위해 동방으로 원정을 떠났듯이 히틀러의 입장에서는 20세기의 이교도라고 할 수 있는 유대교와 공산주의의 확장을 막고 유럽 문명을 수호하기 위한 명분으로 독일군에게 십자군 전사와 같은 의미를 부여한 것으로 보인다. 하지만 프리드리히 1세가 동방 원정 도중에 전사하고 말았던 점은, 바르바로사 작전에 대한 우려를 넘어 같은 결과로 이어지지 않을까 하는 약간의 기우도 있었지만 적어도 초반에는 독일군에게 이런 우려가 섞인 그림자조차 보이지 않았다.

1941년 6월 22일 일요일 새벽 2시, 지상 최대의 영토를 차지하기 위한 독일군 300만 명의 병력과 헝가리, 루마니아, 이탈리아와 추축국 군대에 새로 합류한 핀란드군의 본격적인 진격이 시작되었다. 크게 세 방향으로 시작된 작전은 부채꼴 모양의 소련 영토로 들어갈수록 더 사이가 벌어져 한 부대가 담당해야 할 방어선이 한없이 확장되고 있었다. 초반 소련 공군에 가해진 기습 작전은 국경선 근처의 소련 공군을 삭제시켜놓았다고 해도 과언은 아니었을 정도로 대성공을 거두고 있었다. 중부 집단군의 진격 속도는 하루 평균 80km에 달했고 그 와중에 약간의 접전으로 엄청난 소련군을 포로로 잡는 단순한 형태의 전투가 한동안 계속되고 있었다. 가도 가도 끝없는 초원만 계속되는 우크라이나의 대평원은 추운 지방에 살던 병사들에게는 잠깐이나마 전쟁이 끝나면 이곳에 정착하고 싶다는 희망을 품게 만들었을 정도로 평온하고 풍요로웠다. 때론 전차가 지난 뒤 날리는 먼지에 시야와 뜨거운 햇살이 가려질 때면 행군 중에 무거운 철모를 벗어든 보병에겐 자신이 치열한 전쟁 속에 있다는 것도 잊게 만들기도 했다. 그러나 그런 행군에도 독일군의 발목을 잡는 일이 있었는데 그건 소련 국내의 열악한 도로 사정이었다. 지도에는 국도로 표시된 도로라고 해도 포장된 도로가 거의 없었고 그것도 거의 시골길 수준이어서 비가 많이 오는 우기와 겨울이 시작되면, 진창으로 바뀐 도로는 독일 기계화 사단의 행군 속도를 뚝뚝 떨어뜨리기 일쑤였다. 초겨울 날씨에 땅이 얼어붙기 전까지 이런 일은 매번 반복되었다.

여기에서 독소전 전쟁 초기에 독일군 사령부가 전황을 낙관적으로 보게 되는 엄청난 전과를 올리게 되는 키예프 전투가 벌어진다. 1941년 독일군은 우크라이나의 키예프에서 소련군 약 20만 명을 사살하고 약 50만 명을 포로로 잡는 대전과를 올린다. 이 전투는 제2차 세계대전은 물론이고 역사상 단일 전투로 벌어진 사상 최대의 전과 기록을 남기게 된다. 생각보다 큰 승전보를 안겨준 키예프 전투 승리 후, 독일군은 모스크바를 비롯한 소련군의 거점 도시를 금방 점령할 것 같다는 희망 섞인 생각을 품게 된다. 사실 그 정도 피해를 입은 다른 나라 같았으면 한 달 안에 전쟁 포기 선언을 해야 정상이지만, 문제는 소련은 지금까지의 통계로 가늠할 수 있는 나라가 아니라는 사실이었다. 다시 말하면, 소련은 독일 지도부가 그 정도의 전과로 무너지리라 생각할 수 있는 작고 만만한 나라가 아니었다. 소련은 지금도 그렇지만 그 당시에도 일반적인 상상을 초월하는 나라였다. 하지만 그런 사실을 정작 히틀러와 스탈린만 모른 채 전쟁에서 맞닥뜨린 것이다.

독일군은 예상을 뛰어넘는 초반의 전과를 통해 히틀러의 소련 침공은 무모한 전략이 아니었다는 자찬이 쏟아지면서 초반의 긴장감과 두려움은 점차 사라지고 있었다. 그러나 독일군은 초반의 파죽지세로 모스크바를 목전에 두었지만, 키예프로 진격 방향을 바꾸라는 히틀러의 명령으로 결론적으로 모스크바를 점령할 수 있는 절호의 기회를 놓치게 된다. 이때 놓친 모스크바 점령의 기회는 독일군에게 다시는 오지 않았는데, 소련군 또한 마치 작전 실패처럼 후퇴할 기회를 놓치고 스탈린의 현지를 사수하라는 명령을 고수하느라 독일군에게 키예프에서 엄청난 전과를 선사하게 된다. 그래도 소련군은 두 달이라는 시간 동안 독일군의 최정예 전력을 키예프 일대에 붙잡아 두는 전략적인 승리를 가져오게 된다. 독일군이 기계화 사단을 비롯한 최강 전략을 모두 키예프에 쏟아붓는 동안, 소련은 큰 희생의 대가로 모스크바에 철옹성 같은 방어선을 구축할 수 있었고 키예프 전선에 전력의 일부를 내어 주었던 독일 북부 집단군의 레닌그라드를 향한 진격 속도도 현저하게 떨어지게 되었다. 아울러 겨울이 시작되면서 도로가 진창으로 변하자, 전격전으로 겨울이 오기 전 이른 시일 내에 전쟁을 마무리하고 싶었던 독일군에게 는 기존의 전략을 수정해야 하는 상황이 다가오고 있었다.

소련은 어느 전선이랄 것 없이 계속해서 패전을 거듭했지만, 어쩌면 이것은 마 치 나폴레옹에게 썼던 방법을 그대로 사용하는 듯 일부러 져주는 척 내륙으로 적을 끌어들이고 있는 것처럼 보였다. 어떤 독일 부대는 몇 주일을 총 한 번 쏘지 않고 계속된 행군만으로도 제3 제국의 국경선을 넓히고 있다는 자부심을 가질 수 있었지만, 그와 함께 너무 빠른 이동 속도로 적진으로 생각보다 많이 들어왔 다는 불안감이 커지기도 하였다. 오히려 행군을 멈춰야 할 경우는 늘어진 보급선 이 행군 속도를 따라가지 못해서, 뒤늦게 따라온 병참 부대를 통해 연료와 지급 품을 보급 받아야 할 때였다. 나폴레옹 때도 그랬듯이 적에게는 한 톨의 식량도 남겨줘서 안 된다는 일명 소련의 청야 전술인 '초토화 작전'이 실행되어, 독일군은 식량을 현지 조달할 수 있을 거라는 설마 했던 희망들은 초반부터 사라진 지 오 래였다. 소련 영토 안으로 깊숙이 들어갈수록 지체되는 보급선은 독일군의 진격 속도를 조금씩 갉아먹고 있었다.

독일군이 불과 80여㎞까지 다가온 상황에서 벌어진 1941년 11월 7일 모스크바 붉은 광 장에서 벌어진 혁명 기념식 퍼레이드 모습. 이 행사에 참여한 소련군들조차 행사를 마치자마자 곧바로 전선으로 투입되었을 정도로 당시 소련의 상황은 좋지 못했다. 혹시 독일 공군이라도 모스크바 상공에 나타난다면 몰살을 당할 수도 있는 모험을 강행한 스

탈린은 결과적으로 퍼레이드 행사로 소련군의 사기를 높이고 필승 의지를 고취시키게 하는 정치적인 효과를 거두게 된다. 잔뜩 흐린 날씨 때문인지 독일 공군은 모스크바 하늘에 얼씬거리지도 않았다고 한다.

독소전 초기의 일방적인 독일의 분위기는 여러 가지로 분석할 수 있는데, 전쟁을 잘 준비한 독일에 비해 소련은 독일과의 전쟁에 대한 준비가 전혀 없었다는 것을 지적할 수 있다. 스탈린이 집권하기 전 소련 내에서의 오랜 적백내전과 대숙청으로 영향력 있는 군 지도자들이 무차별로 제거된 결과, 개전 초반 수많은 소련군을 이끌어갈 지휘관의 부족은 소련군이 수긍할 수 없는 전쟁의 결과로 바로 나타나고 있었다. 하지만 대반격을 위한 소련의 무기가 있었으니, 나폴레옹도 물리친 겨울의 추위와 광활한 영토 그리고 전 국토에서 끝없이 모을 수 있는 남자, 즉 군인들이었다. 소련은 종전까지 약 2,000만 명이 넘는 정도의 군대 병력을 동원한 것으로 보이는데, 소련은 큰 땅덩어리만큼이나 웬만한 유럽 국가의 인구보다 많은 수의 엄청난 병력을 보유할 수 있었다. 독일군이 동맹국의 군대까지 모아야 1,800만 명(그중 독일군은 약 700만 명) 수준이었는데, 독일군을 제외한 동맹국의 군대는 후반으로 갈수록 태업 수준의 전력 누수를 보였다는 점에서, 정작 추축군의 전력에 큰 도움이 되지 않았다는 것을 고려한다면 소련의 압도적인 징집 능력은 타의 추종을 불허한다고 할 수 있다. 정녕 독일은 2,000만 명의 건장한 소련 남자들을 사로잡거나 모조리 죽여야 전쟁을 끝낼 수 있었던 것이다. 대전 내내 소련의 부실한 전쟁 보고서로 인해 정확한 숫자는 영영 알 길이 없지만, 독일군은 초반에만 600만 명의 소련군을 제압했고 독소전 내내 총 약 1,100만 명의 소련군을 무찌른 것으로 알려진다. 하지만 그 정도의 전과만으로 소련을 이기기에는 역부족이라는 것을 조롱하듯이, 소련은 지구 끝까지 가서 찾아낸 남자들에게 기어이 소련 군복을 입혀 끊임없이 전선으로 보내고 있었다.

독소전에 참여했던 독일 프란츠 할더 장군은 소련군의 지칠 줄 모르는 병력 동원 능력에 대해 혀를 내둘러야 했다. "아군이 적 12개 사단을 섬멸하면, 적은 다음 날이면 12개 사단을 새로 투입한다. 아군은 표류하는 난파선의 조각처럼 전선 여기저기를 떠돌고 있다." 독소전 내내 양국의 군대가 팽팽히 맞서는 동부 전선의 지루한 소모전은 독일 제3 제국의 힘을 조금씩 흠집 내고 있었고, 자고 일어나면 하나둘 동료들이 사라지는 것과 비교해 매일 새로운 병력들이 속속 도착하는 소련군의 전력 앞에서 독일군은 누가 가르치지 않아도 어제와 다른 두려움을 갖기 시작했다. 무엇보다 어제보다 더 강력해진 적에 둘러싸인 것 같은 불안감과, 매일 달라지고 확대되는 제3 제국의 국경선을 어디서부터 지키고 점령해야 하는지 큰 어려움을 겪고 있었다. 아무래도 소련에 비해 작은 나라에 속하는 독일은, 마침 내 광활한 소련을 접하고 나서야 어디서부터 국경선을 정하고 방어선을 구축해야 할지 난감했을 것으로 보인다.

이와 같은 소련의 엄청난 병력 보충 능력으로 인해 독소전 초반 독일군의 빛나는 전과로도 끝내 독일은 승리를 가져오지 못한다. 그런 전과를 올리느라 투입되고 소모된 독일군의 병력은 소련처럼 바로 보충되지 못했고 오히려 물자와 자원 부족으로 어려움을 겪는 사이, 지친 독일군의 앞에는 엄청난 물자와 미국의 원조로 재정비된 약 900만 명의 붉은 군대가 비교적 적의 침공으로부터 안전한 후방에서 그다음 전쟁을 준비하고 있었다. 한편, 독소전이 얼마나 치열했는지는 통계를 통해서도 알 수 있는데, 제2차 세계대전에 동원된 독일군(헝가리, 루마니아 등 추축국 군대 포함)의 사상자 중 80%가 독소전에서 발생했다고 한다. 그 규모는 자그마치 약 1,000만 명 정도라고 알려진다. 그에 비해 소련군은 독소전 내내 전사자만 약 1,140만 명 정도였다고 하는데, 전쟁에서 희생된 민간인까지 포함한다면 소련인만 약 2,900만 명의 인명 피해가 있었다고 한다. 물론, 소련군 관련 자료는 구소련에서 제공하는 자료로 정확한 사료라고 인정받지는 못하는 면이 없지 않지만, 이를 어림잡아도 독소전에서 발생한 엄청난 사망자 수는 제2차 세계대전 전체 사망자의 60%를 차지하는 것으로 엄청난 살육전을 벌였던 독소전의 규모를 여실하게 보여 주는 근거라고 할 수 있다. 그러니 독소전이야말로 제2차 세계대전의 축소판이라고 할 수 있는 것이다.

그리고 또 하나의 문제는 대규모의 전쟁에서 가장 중요한 병참의 문제였다. 독일은 소련에 비해 협소한 자국의 영토에 오밀조밀하게 군수 공장을 꾸며놓은 탓에 영국과 미국 등 연합군의 폭격으로 민간과 군대에 상관없이 엄청난 피해를 입게 된다. 피해 규모는 복구가 불가능한 수준이었으며 군 산업 시설들에 집중된 포격으로, 독일은 더 이상 보충이 불가능한 군 전력으로 대전 후반기를 치러야 하는 어려운 입장에 처하게 되었다. 즉, 최전선으로 제대로 된 전쟁 물자를 제때에 필요한 만큼 보급하는 것이 연합군의 폭격에 어지간히 시달렸을 독일로서는 불가능한 일 중의 하나였음이 현실로 드러나고 있었던 것이다. 그래도 초반에는 이는 충분히 극복할 수 있는 상황이었으나 전쟁 말기로 갈수록, 인적, 물자 부족과 더불어 연료 부족이 심각해져 독일군은 더 이상 전쟁을 수행할 수 없는 수준에까지 이르게 되었다. 초반에는 루마니아 유전에 의존했던 독일은 그 유전마저 소련에 빼앗기게 되자 연료 부족 상황을 자국의 합성 석유 공장에 전적으로 의존할 수밖에 없었고, 그마저도 1944년 5월 12일 미 육군 항공대의 융단 폭격으로 쑥대밭이 되어 버렸다.

이후 1944년 중반을 넘어서자, 심각한 연료 부족 문제를 극복할 길을 찾지 못한 독일의 전쟁은 사실상 끝난 것이라고 봐야 했다. 하지만 이런 절박한 상황에서도 연합군과 제대로 된 협상이나 항복을 선택하지 않은 것은 순전히 히틀러의 아집 때문이라고 할 수 있다. 종반에 가까워질수록 독일군의 연료 부족 상황은 전력에 치명적이었는데, 자구책으로 적의 연료를 빼앗아 사용하라는 상부의 최후 명령은 그야말로 독일군 지휘부가 내려야 했던 마지막 위기감과 패전의 분위기를 그대로 표현한 것이라고 할 수 있다. 운이 없게도 지휘부의 바람대로 적의 연료를 빼앗지 못한 기계화 사단은 멀쩡한 전차를 자폭시키며 자멸의 길을 재촉해야 했다. 정말이지 전쟁 말기 엄청난 물자 부족과 연합군의 밤낮 없는 폭격에도 불구하고, 독일 노동자들의 눈물겨운 노력으로 겨우 만들어낸 전차를 폭파한다는 것은 독일군으로서는 항복 선언보다 더 피하고 싶은 장면이라고 할 수 있었다. 이런 독일군의 어려운 사정은 영국 등의 연합군이 미국이 제공하는 연료를 대전 내내 아무 걱정 없이 무한정 사용하였던 것과 큰 대조를 이룬다고 할 수 있다.

한편, 소련은 개전 초기의 물자 부족은 미국의 원조에 의존할 수 있었고, 대전 중반 이후에는 독일 공군의 세력 범위를 벗어난 우랄산맥 동쪽으로 무사하게 옮겨진 군수 물자 시설에서 수십만 명의 소련 인민들이 밤낮을 가리지 않고 달려든 결과, 전쟁이 끝날 때까지 전쟁에 필요한 군수품을 충분히 공급할 수 있었다. 이런 이유로 소련은 공장의 폭격으로 물자 부족에 시달렸던 독일과의 병참 경쟁에서 우위를 차지할 수 있었고, 결국 우랄산맥 동쪽으로 소련의 산업 시설 이전을 완료한 시점은 전쟁의 우세가 소련 쪽으로 기울어지도록 하는 데 중요한 전환점이 되어 주었다. 1941년 6월부터 시작된 소련 군수 공장 이동 사업은 독일군의 공격으로부터 그나마 남아있던 군수 시설이 사라지지 않을까 하는 우려로 시작되었는데, 소련의 입장에서는 엄청난 규모의 대사업으로 기존의 설비를 모두 해체하여 기차로 우랄산맥 동쪽으로 이동해야 하는 엄청난 작업이었다. 또한 그 과정 중에도 도저히 이동할 수 없는 설비는 독일군이 사용하지 못하도록 철저히 파괴하는 치밀함도 잊지 않아야 했다. 그와 더불어 공장 가동에 필요한 인력 확보를 위해 100만여 명의 노동자가 한꺼번에 동쪽으로 이동해야 했는데, 이는 전쟁이 아니었다면 일어나지 않았을 소련 역사상 최대의 민족 대이동이었다고 한다. 16~40세에 이르는 모든 장정이 모두 징집되어 버렸기 때문에 이들 노동자의 대부분을 여성들로 메우며 소련은 국가의 사활이 걸린 총력전을 후방에서도 어김없이 펼쳐야 했다. 물론 이 또한 1941년 4월 13일 체결한 일소 중립 조약으로 인해 동쪽으로부터 소련을 위협할 일본이 없기에 가능했던 일이라고 할 수 있다.

소련의 신속하고 과감한 결정대로 1942년을 기점으로 군수 산업 시설이 정상적으로 가동되자, 소련군은 적어도 독소전 당시 군수 물자 지원에 대한 걱정을 덜수 있게 되었다. 하지만 소련이 그 당시 독일에 비해 갖고 있던 이점은 이것만이 아니었다. 소련은 1941년 미국의 무기대여법에 의해 이미 미국산 지프와 트럭 등을 지원받고 있었으므로, 자국의 생산 시설에서는 오로지 탱크와 화포 같은 무기만 생산하면 되었다. 여러 가지 군수 물품을 생산해야 한다는 부담을 던 군수 공장 내 공정의 효율성은 생산력으로 연결되어 결국 경쟁국인 독일을 크게 압도할수 있었다. 그에 반해 독일 국민의 치밀함은 때론 더 경쟁력 있는 전쟁 무기를 만들어내고 오류를 줄여 주어 전투에 투입되는 군수 물자들이 전장에서 그 역할을 충분히 할 수 있도록 도움을 주었지만, 때론 긍정적으로 받아들여야 할 치밀함은 시간 다툼이 요구되는 전장에서의 효율성과 능률성으로 연결될 수 없어 독일군은 대전 내내 물자 부족 현상이라는 고충을 지속해서 겪어야 했다. 물론, 독일의 군수 물자 부족 현상은 공정의 복잡성과 완벽성을 추구하는 독일인 특유의 국민성에서 기인하기도 했지만, 그 속을 들여다보면 연합군의 전략 폭격이 큰 몫을 차지했다는 것을 짐작할 수 있다. 어찌 보면 소련보다 어느 것도 나을 것이 없는 사정에도 불구하고 독일이 소련과 연합군을 상대하면서 4년이나 끌고 왔다는 것은 가히 기적이라고 할 수 있다.

또한 미국에 의해 제공받은 여러 가지 물자로 인해 소련이 만들어야 하는 군 물자의 단순함은 여러 가지 이점을 주었는데, 소련의 군수 시설에서 만드는 제품이 표준화되면 생산 설비도 그에 맞춰 단순해지고 생산 속도도 빨라지게 마련이어서 비용과 시간의 절약과 함께 불량품을 대폭 줄일 수 있었다. 특히, 소련군의 주력 전차인 T34의 단순한 구조는 공정의 단순화를 통해 대량 생산의 길을 열어주었고, 구조의 단순성은 조작의 수월성으로 연결되어 짧은 시간 내에 훈련된 전차병을 실전에 투입할 수 있는 능률성을 가져다주었다. 독일의 최강 전차인 티이거는 그 명성만큼이나 공정이 까다롭고 시간이 오려 걸려 1년에 400대 생산도 어려웠던 것과 비교하여, T34 전차는 티이거에 비해 전쟁 수행 능력은 다소 떨어졌지만 소련은 1943년 한 해 동안에만 14,000대를 생산할 정도로 전력 상승과는 별개로 독일의 전차 생산 능력을 이미 월등히 추월하고 있었다. 티이거가 아무리 성능이 뛰어나다고 해도 엄청난 물량 공세로 달려드는 다수의 T34와의 싸움이 제대로 될 턱이 없었다. 이런 군수 산업의 차이가 조만간 전선에서 극명한 군사력의 우위로 나타나는 것은 그야말로 시간문제였다. 여담이지만 소련은 미국의 이런 막대한 지원에는 고맙다거나 하는 인사치레는 하지 않고 더 많은 전쟁 물품을 당연한 듯이 요구하는 고자세를 종전 시까지 유지했다고 한다. 결국, 미국은 자국의 자원으로 소련의 뒤를 봐줘 연합군의 승리를 이끌어내는 것까지는 좋았으나 너무 커진 소련 때문에 향후 이어진 소련과의 냉전 시대에 골머리를 앓게 되었다.

이렇게 대량 생산된 소련 T34 전차가 나치 독일을 무찔러 연합군에 승리를 가져오고 종전을 앞당긴 것은 긍정적으로 받아들여야 할 역사적인 사실이지만, 그 불똥이 우리나라에 전해질 것이라고는 당시 누구도 예상하지 못한 전쟁 시나리오였다. 스탈린은 전쟁으로 효용 가치가 없어져 버린 T34 전차를 김일성의 직접적인 요구도 있었지만, 인심 쓰듯 1950년 6·25 전쟁 당시 북한군에게 242대 정도를 지원해 주게 된다. 그렇게 남한이 방심하는 사이, 최강 독일군을 쓰러뜨린 T34 전차를 앞세우고 남하하는 북한군으로 인해 국군은 전쟁 초반에 남한의 땅을 대부분 속수무책으로 잃고 낙동강 전선까지 밀려나야 했다. T34 전차는 개발국이자 최대 사용국이었던 소련에서는 조국의 가장 어려운 시기에 등장하여 나라를 구한 구국의 전차로 지금도 대접받고 있겠지만, 우리에게는 6·25 전쟁 개전 초기 서울 도심을 활보하며 우리의 국토를 짓밟아 한없이 공포스러운 침략의 상징으로 기억되고 있다. 그래서인지 필자는 T34 전차를 사진이나 동영상으로 접하게 되면, 제2차 세계대전보다는 6·25 전쟁 당시 T34 전차를 앞세웠던 인민군을 먼저 떠올리게 된다. 한편으로는 독일의 티이거 전차가 소련의 T34를 적당히 잘 방어해 태평양 전쟁의 종전보다 조금만 더 유럽의 전선이 늦게 끝났더라면, 우리가 이렇게 쉽게 분단이 되지는 않았을 텐데 하는 엉뚱한 생각을 가져 보기도 한다. 분단의 아픔을 현재 진행형으로 겪는 대한민국 국민의 한 사람으로서 단순히 T34 전차를 보면서 떠오르는 여러 상념을 통해 이런 복잡한 심경을 갖게 되는 것은, 어쩌면 우리의 분단된 현실과 함께 주변의 녹록지 않은 외교 환경이 겹쳐지면서 지금까지 순탄하지 않은 현대사를 겪은 우리에게 주어진 운명이라고 생각한다.

1950년 6월 28일경 파괴된 한강교를 복구한 후 남진하는 소련제 T34 전차와 인민군.[14]

---

14) 사진 출처: 국가기록원.

사실, 소련이 북한군에 넘겨준 것은 T34 전차뿐만 아니었다. 소련군이 제2차 세계대전 당시 사용했던 대부분의 무기가 여기에 해당한다. 그 무기들은 우리가 흔히 따발총이라고 하는 PPsh41, DP-28 데그차레프 경기관총, M1942 야포 등 헤아릴 수 없이 많은데, 제2차 세계대전을 승리로 이끌었던 소련군의 막강한 무기들이 독일군이라는 적이 사라지자 북한 인민군 손에 쥐어져 그 서슬 퍼런 총구가 우리를 향하도록 하였고 그 결과는 동족상잔의 비극으로 연결되었다. 이 이야기는 제2차 세계대전을 단지 멀리 있는 유럽의 전쟁으로 보았던 우리의 안이한 자세에 다시 한번 경각심을 불러일으키는 이유가 된다고 생각한다. 물론, 북한의 입장에서는 독일과 일본을 상대했던 미군의 무기가 자신들을 향했던 것에 심한 불만을 가졌을 것으로 생각된다. 이처럼, 제2차 세계대전 동안 사용한 무기들은 전쟁이 끝나도 폐기되거나 녹여내어 평화를 대비하는 물건들로 대체되지 않았고, 우리들의 손에 들려 우리 민족을 위협하고 우리의 운명을 겨냥하는 데 아낌없이 사용되었다. 그렇게 제2차 세계대전의 연장선에서 일어난 6·25 전쟁은 우리나라엔 불운으로 기억된 역사적인 사건인 동시에 세계사 측면에서는 제2차 세계대전이 종료되고 새로운 세상을 향한 시발점이 된 무대가 되었다.

1941년 후반기 독소전의 얼어붙은 전선은 아직은 강력함을 유지하고 있는 독일군에 의해 점점 동쪽으로 이동하고 있었으나, 소련이 가진 또 다른 무기인 겨울 추위 등으로 인해 독일군의 진군 속도는 현저하게 떨어지고 있었다. 이젠 양 지도자의 자존심 싸움으로 변질된 전쟁의 양상은 요충지를 앞에 두고 벌이는 싸움에서는, 절대 후퇴는 없다는 도식적인 명령만 거듭 남발하는 모양새를 띠게 되었다. 그 사이 비정한 전쟁터에서는 기존의 피로함과 배고픔에 추위까지 더해진 지루한 소모전의 양상이 겨울이 시작되는 얼어붙은 땅 위에서 계속되었다. 영하 40℃까지 내려가는 소련의 겨울이 본격적으로 시작된 것이다. 잠시만 가동이 중단되어도 엔진이 얼고 탱크 캐터필러가 땅에 얼어붙어 이동조차 쉽지 않은 겨울의 전쟁은 전쟁 수행과 별개로 단순하게 살아남아야 하는 인간의 한계에 대한 엄청난 도전이었다. 군복 밖으로 잘못 나온 손발이 동상으로 손상을 입는 것은 다반사였고 지나친 낙관과 지원 부족으로 미처 겨울 군복을 지급받지 못한 독일군은 사정이 더욱 심각해서, 어쩌다가 소련군을 물리치기라도 하면 전사한 소련군의 의복과

신발 등을 서로 빼앗으려는 웃지 못할 장면들이 겨우내 지속되기도 하였다. 추위를 극복한다고 술로 몸을 녹이다 깜빡 잠이 들면 그대로 동면 상태가 되어 얼어붙은 채로 죽어 나가는 병사들이 속출하였다.

　제2차 세계대전 중 유럽에서 치러진 전쟁은 사실 작게는 독소전이라고 해도 과언이 아니었다. 제2차 세계대전 중 어느 쪽으로도 전력이 치우치지 않은 온전한 전력이 맞붙었던 전쟁이라고 하면 독소전을 말할 수 있을 것이다. 이후의 대전의 향방 또한 이제 시작되는 독소전의 결과에 따라 결정될 수 있었다. 개전 초반 폴란드와 프랑스 전선처럼 서유럽에서의 비교적 용이했던 전쟁으로 한껏 기가 살아 있었던 히틀러는 다음 먹잇감으로 바다가 막고 있는 영국을 피해 소련을 선택하게 되는데, 유럽에서의 전통적인 강자인 프랑스가 무너지고 이제 남은 유럽의 두 강대국인 독일과 소련이 붙을 차례가 되었다. 두 강대국은 폴란드가 있었을 때는 국경을 맞대고 있지 않아 서로에 대한 불만이 있어도 직접 표현하지 않아 서로에게 원한을 살 기회가 없었지만, 폴란드가 사라지고 이제 두 나라가 국경선을 맞대고 있자니 그동안 없던 불만과 조롱들이 터져 나오기 시작하였고 불편했던 동거에 제동이 걸리면서 서로에 대한 평가는 언제부터인가 급격하게 부정적으로 변화되고 있었다. 그동안 서로를 향해서는 속마음을 감출 수 있었고 겉으로는 정치적인 웃음만 보여 주며 끝없이 교만하기만 했던 두 지도자에 의해, 서로를 처절하게 흠집 내고 치명상을 입혀야 하는 전쟁으로 인해 양국의 국력은 소진되고 국토는 초토화되었다. 결론적으로, 1941년 여름 당시 최고의 전성기를 누린 독일군은 몇 년 만에 나락으로 떨어지게 된다. 최강의 군대라고 일컬어지던 독일군을 불과 몇 해 만에 바닥으로 끌어 내릴 수 있었던 것은, 상상조차 거부하는 광활한 소련의 영토와 남자라면 무한정 공급할 수 있을 정도의 인구를 가진 소비에트 연방의 힘이 아니었다면 불가능했을 것이다.

1942~1943년 동안 최전성기를 맞이한 독일 제3 제국.

　혼란스러웠던 1941년이 저물어갈 무렵, 독일군은 북쪽은 레닌그라드, 중부는 모스크바의 크렘린궁이 바로 보이는 15㎞ 지점까지 도달했고 남부는 우크라이나에 머물러 있었다. 특히, 다른 곳은 점령하려고 많은 시도를 한 것에 비해 독일 북부 집단군이 맡은 레닌그라드는 이후 약 900일 동안 포위 작전만을 시도하며, 도시 전체의 보급을 끊는 고사 작전만으로 전방위적인 압박을 시행하고 있었다. 하지만 스탈린은 스탈린대로 레닌그라드 시민들을 후방으로 피난 보내는 것을 허락하지 않고 시민들을 볼모로 치졸하고 끝없는 방어전을 펼치게 하였다. 끝내 레닌그라드는 함락되지 않았지만, 폐허가 된 도시에는 식량 부족으로 쥐들마저 자취를 감췄고, 언제 죽었는지 모를 시체들만 제때 매장되지 않아 도심 이곳저곳에서 나뒹굴고 있었다고 한다. 1944년 1월 독일군이 철수할 때까지 장장 900일(실제로 882일)에 걸친 레닌그라드 공방전에서 약 150만 명의 시민들이 사망한 것으로 추정되는데, 이는 처음 포위가 시작되었을 때 레닌그라드 시에 약 300만 명이 살고 있었다는 점을 감안한다면 약 절반가량의 시민들이 숨진 것으로 보인다. 지금도 제정 러시아 시절의 수도였던 상트페테르부르크(Saint Petersburg, 제2차 세계대전 당시 레닌그라드)에 가면 독소 공방전 당시의 유적물과 기념비 등을 많이 볼 수 있다. 한편, 독소전 초반의 전력 불균형은 1941년 겨울부터 실전에 배치되기 시작한 소련군의 T34 신형 전차의 등장으로 조금씩 메워지고 있었다. 1941년의 혼돈스러운 한 해가 이렇게 저물고 있었다.

나. 스탈린의 도시, 스탈린그라드 전투

스탈린그라드의 두 주역, 파울루스(Paulus, 1890~1957년)와 주코프(Zhukov, 1896~1974
년).

1941년 우크라이나의 키예프 전투에서 독소 전쟁 초기에 제일 큰 성과를 거둔
독일 남부 집단군의 최종 목적지는 원래 소련의 코카서스 유전 지대(세계 2위의 산
유국이던 소련의 코카서스 유전 지대는 소련 원유의 84%가 묻혀 있었다)였다. 이 작전이
성공하게 되면, 소련의 동력을 제거함과 동시에 독일군은 전쟁 내내 자원에 대한
걱정을 덜 수 있었다. 한마디로 이 작전의 성공 여부가 독소전의 성패를 좌우한다
고 할 수 있었다. 독일군은 독소전 초반에 운영했던 3개의 집단군을 2개의 집단
군으로 합치고 나누면서 그 중 B 집단군의 3개 군단을 코카서스로 향하도록 하
였다. 그러던 중 히틀러는 갑자기 최정예군으로 인정받는 제6군의 방향을 틀어
스탈린그라드로 향하게 한다. 사실, 스탈린그라드[Stalin grad, 1925~1961년까지 사용

되었던 지명, 지금의 볼고그라드(Volgograd)]는 인구 50만 명 정도의 공업 도시로 독일 군에게는 전략적인 의미에서 큰 효용 가치가 없었으나, '스탈린의 땅'이라는 도시 이름에서 알 수 있듯이, 히틀러는 스탈린과 소련을 철저하게 무너뜨리고 싶었던 마음에 독일 정예병들로 하여금 스탈린그라드를 점령하려고 했던 것으로 보인다. 언제부터인가 두 지도자의 자존심 싸움처럼 변질된 독소전은 처음부터 그 전의 전쟁과는 다른 양상을 보여 주고 있었다. 제6군을 맡게 된 파울루스는 전형적인 참모 스타일의 장교였으나 자신의 상관이었던 레이헤나우가 남부 집단군 최고 사령관이 되자 그의 뒤를 이어 제6군을 맡게 된다. 제6군을 맡을 때까지 줄곧 참모 역할만 해 온 파울루스에게는 처음이자 마지막이었던 야전 부대의 지휘관 자리였다.

그런 독일군에 맞서 스탈린그라드의 수비를 맡게 된 소련군의 장교는 그 유명한 주코프 장군이었다. 그는 전형적인 농촌 출신으로 외모만큼이나 뒷골목 싸움에 능할 것 같은 스타일로 파울루스의 귀족 이미지와는 전혀 다른 분위기의 인물이었다. 주코프는 소련이라는 나라가 독일에 의해 사라질 위기에 처했을 때 나라를 구한 위인이자, 소련군도 독일군을 이길 수 있다는 가능성을 소련 국민에게 보여 준 제2차 세계대전 당시 소련 장군을 상징하는 인물이었다. 주코프는 제1차 세계대전부터 사병으로 전쟁과의 인연을 맺기 시작하였고 1939년 일본 관동군과의 노몬한 전투, 1941년 레닌그라드 방어전 등 야전에서 잔뼈가 굵은 태생부터 타고난 군인이었다. 비록 평민 출신이었지만 전형적인 학자 스타일인 파울루스와 시골 출신의 야전군 스타일의 주코프는 외모만큼이나 다른 전쟁 스타일로 스탈린그라드에서 적장으로 마주하게 된다. 주코프는 뒷골목 싸움꾼 스타일처럼 전격전으로 전쟁을 신속하게 마무리하려는 독일의 전술을 간파하고, 의도적으로 전쟁을 지연시키며 도시의 건물 하나하나를 점령해야 하는 지옥 같은 백병전으로 독일군을 끌어들이고 있었다.

이런 전쟁 양상은 지금까지 전격적으로 전쟁을 주도했던 독일군에게는 맞지 않는 스타일이었지만, 매번 물러서지 말라는 히틀러의 명령에 무너진 건물더미 속에서 더 나아갈 수도, 후퇴할 수도 없는 진퇴양난의 진흙탕 같은 싸움을 독일군은 무엇에 홀린 듯 멈추지 못하고 계속 이어가야 했다. 물론 상대편인 소련군이라고 해서 이런 전투가 유리할 것은 없었지만 지금까지 줄곧 밀리기만 하며 독일군에게 전쟁의 주도권을 빼앗겼던 것과 비교하면, 무너진 건물 사이로 숨어든 소련군은 독일군을 폐허 같은 도시에 몇 달이고 붙잡아두는 것만으로도 대등한 싸움을 하고 있다는 느낌이 들기에 충분하였다. 무엇보다 이런 대치 상황을 통해 소련군은 다음 전쟁을 준비할 수 있는 소중한 시간을 얻게 되었는데, 흔히 독소전에서 스탈린그라드 전투가 전환점이 되었다고 말하는 것은, 이 전투에서 거둔 소련군의 승리보다는 소련군이 앞으로 독일에 맞설 수 있는 제대로 된 전력을 갖추는데 필요한 시간을 벌었다는 의미로 이해해야 할 것이다. 주코프의 바람대로 소련군은 스탈린그라드라는 쉽게 빠져나올 수 없는 늪으로 독일군을 끌어들여, 다음 전투를 위한 교두보 확보가 시급했던 독일군을 상대로 엄청난 소모전을 요구하며 장기전 태세를 갖추게 된다. 독일군 또한 어제까지 무너진 진지라도 내일이면 거짓말처럼 보강되는 방어선을 뚫으려고 안간힘을 쓰고 있었으나, 소련군의 엄청난 저항과 미로처럼 얽힌 건물 속에서 갑자기 튀어나오는 소련군들 때문에 애를 먹어야 했다.

지상과 하늘을 총동원한 폭격으로 도시 자체를 폐허로 만들면 포기할 줄 알았던 전쟁은 오히려 건물 잔해가 소련군의 은폐 장소로 바뀌게 되고, 독일의 자랑인 전차는 건물 잔해에 둘러싸여 도시 속으로 들어가지 못하는 무용지물이 되는 상황이 반복되었다. 기동력이 장점인 독일군의 기갑사단이 무너진 건물에 막혀 더이상 전진을 하지 못하고 정체하는 사이, 어느새 전쟁은 보병과 보병의 육탄전으로 바뀌고 있었다. 이런 스타일의 전쟁에 익숙하지 않은 독일군은 점차 주코프의 지연 전술에 휘말리고 있다는 것을 알고 있었지만, 매일 같이 스탈린그라드를 하루빨리 점령하라는 히틀러의 호통 섞인 명령을 거역하지 못하고, 파울루스는 아무것도 보이지 않는 건물 사이에 독일 보병들을 밀어 넣어야 하는 단순한 전술만을 거듭하고 있었다. 하루아침에 건물과 공장의 주인이 뒤바뀌는 공방전으로 인해 피아간에 엄청난 피해만 늘어나고 있었고, 누가 더 큰 피해를 받고 있는지조차 확인할 수 없을 정도로 도시 건물 속으로 숨어든 병사들의 처절한 백병전이 이어졌다. 어디가 적군의 건물이고 아군의 진영인지 분간할 수 없을 정도의 혼란만 계속되고 있었다. 장비의 재충전은 시간이 걸리지만 사람, 즉 병력은 얼마든지 채워

넣을 수 있는 소련의 입장에서는 어느 정도의 병력 피해는 손실도 아닐 정도로, 매일 아침이면 스탈린그라드에 속속 도착하는 소련군 부대들은 또다시 새로운 싸움을 준비해야 하는 독일군에겐 마치 끝나지 않는 싸움을 하는 것 같은 큰 고충을 안겨주고 있었다. 죽고 죽여도 계속 기어 나오는 소련군에 독일군이 기가 질리기 시작한 것도 이 전투부터라고 할 수 있다.

주코프는 스탈린그라드의 주민들을 대피시키지 않는 전술을 사용하며 애초부터 시민의 안위에는 관심조차 없다는 듯이, 지도자의 이름을 딴 도시인 스탈린그라드를 절대로 포기하지 않겠다는 의지를 내보였다. 스탈린그라드의 뒤를 받치고 있는 볼가강을 뒤로한 배수의 진은 공격하는 입장에서는 절대로 포위할 수 없는 형세였고, 방어하는 입장에서는 볼가강을 통해 보급만 제대로 이루어진다면 최대한 버틸 가능성이 있는 싸움이었다. 볼가강은 소련군의 입장에서는 더 이상 물러설 곳이 없다는 것을 보여 주는 최전선을 의미하기도 했지만, 배 또는 강이 얼어붙으면 얼어붙은 강 위로 트럭이 오가며 죽어가는 스탈린그라드를 살려낼 수 있는 생명줄이기도 했다. 건물 잔해가 엄폐물이 되다 보니 바실리 자이체프 같은 저격수가 맹활약하는 전쟁이 되기도 했다. 소련군의 완강한 저항과 겨울 추위에 발이 묶인 파울루스의 제6군은 좀처럼 전선을 동쪽으로 밀어내지 못하고 앉은 채로 눈덩이처럼 불어나기 시작한 아군의 피해를 고스란히 지켜봐야 했고, 그에 맞추어 기세등등하던 독일군의 진격도 얼어붙은 소련 땅 위에서 전체적으로 주춤하고 있었다. 그렇게 독소전의 두 번째 겨울이 시작되고 있었다.

스탈린그라드의 전쟁이 5개월 동안 지속되는 동안, 초조와 당황을 넘어 현 지역을 고수하는 것 외에는 어떠한 작전도 새롭게 펼치지 못하는 어려움에 봉착한 파울루스에 비해 주코프는 한결 여유롭고 느긋한 기색이었다. 소련군은 초반의 혼란을 극복하고 이제야 최강 육군 독일군에 어떻게 대응하면 되는지 그 요령을 하나씩 터득해가고 있었다. 그동안 독일에 비싼 수업료로 지불했던 소련의 영토와 군인들의 희생이 아깝지 않도록, 소련은 현 전선을 유지하는 것뿐만 아니라 반격할 기회를 노릴 수 있게 되었다. 결국, 도시의 잔해와 소련군의 시신들로 쌓아 올린 스탈린그라드는 마치 소련군의 최후의 보루처럼 끝내 무너지지 않았다. 겨울로 들어서면서부터 눈에 띄게 활동이 줄어든 독일군은 참호에만 눌러앉은 채 확성기만으로 소련군에게 맹목적인 항복만 강요하고 있었다. 한편, 이곳에 도착한 소련군은 신병들이라도 요행히 몇 번의 전투에서 살아남는다면 일주일 만에 유능한 전사가 될 수밖에 없는, 매일 하루하루가 지옥 같은 전투가 펼쳐지는 곳이 그 당시의 스탈린그라드였다.

사진(좌): 스탈린그라드 발마레 분수대의 악어 주변을 춤추면서 돌아가는 천진난만한 아이들의 모습이 불타는 건물과 대조되어 더욱 섬뜩한 느낌을 주고 있다(1942년).

사진(우): 전쟁 후 분수 앞에서 춤추는 어린이들(1945년).

매일 같은 곳에 소규모의 장비와 병력을 넣어주며 신속하게 도시를 점령하라고 윽박지르는 것밖에는 별다른 작전을 준비하지 못한 히틀러에 비해, 스탈린은 자신의 도시 '스탈린그라드'를 구하기 위한 묘수를 짜내는 데 골몰하고 있었다. 일명 '천왕성 작전'은 스탈린그라드를 포위하고 있는 독일 제6군을 위아래에서 다시 포위하는 작전이었다. 주코프에 의해 제안된 이 작전은 최종적으로 제6군을 포위하여 고사시키겠다는 전술이었다. 하지만 이는 극비에 가까운 전술로 주코프의 휘하 지휘관들조차 알지 못하게 일을 진행해야 했다. 이제까지 공격 전술에 익숙했던 독일군에게 소련군의 포위 작전은 전혀 예상하지 못했던 전술이라, 이 작전만 성공한다면 소련군은 단번에 독일 최정예 군단을 스탈린그라드에서 몰살시킬 수 있는 절호의 기회를 가지는 것이었다.

철저한 보안을 유지한 채 겨울부터 시작된 '천왕성 작전'으로 인해 히틀러의 허를 찔러 들어가 제6군을 고립시키려는 전진이 은밀하게 진행되고 있었다. 물론, 독일군에게도 소련군의 이런 움직임은 여러 경로를 통해 포착될 것이어서 소련군 의 작전을 간파하여 적절한 대응 전략을 세웠더라면 충분히 현 상태보다는 더 유 리한 위치에서 싸울 수 있었겠지만, 그때까지도 소련군의 전력을 폄하하는 데 익 숙한 독일 지휘부는 주코프의 의중을 구체적으로 알아내려는 시도조차 하지 않 았고, 설사 안다고 해도 소련군의 대응을 보고 판단해도 늦지 않다는 생각을 고 수했다. 그 대가는 결국 독일군의 자충수가 되고 말았다. 결과적으로, 소련군은 독일의 방심을 전술 삼아 위아래로 독일의 추축 동맹국인 루마니아 군대를 가볍 게 물리치고는 마침내 독일 제6군을 포위하는 데 성공한다. 소련군의 전술을 파 악하는 데 소홀했던 독일군은 그야말로 기습을 당하게 되고 고립된 파울루스의 제6군은 도시 안에 철저하게 갇히게 된다. 소련군의 탁월한 작전 성공과 더불어 독일군의 끝까지 안일했던 방심은 제6군의 괴멸을 생각보다 빨리 보여 주는 동시 에, 독일군 전체의 되돌릴 수 없는 패전을 예고해 주는 사례가 되고 말았다. 그동 안의 유럽 전선이 그러했듯이, 일방적으로 진행되었던 전과에 긴장감을 늦춘 독 일군은 이번에는 손 한 번 쓰지 못하고 철저하게 당하고 말았다. 소련군의 예상을 초월한 작전에 농락당한 현실을 인정하지 못하는 독일군의 모습은 그전까지 봐왔 던 최강 군대의 모습이 아니었다. 이것은 마치 독일군과 소련군의 위치가 바뀐 듯 이 상대방이 잘하는 것들을 이용해 상대를 제압해버린 형세와 같았다. 그 당시 독일 제6군은 소련에게 포위당한 것에 얼마나 당황했는지 현 상황을 타개하려는 어떠한 움직임도 한동안 보여 주지 못했고, 포위를 뚫어보려는 어떤 시도라도 하 려면 할수록 포위를 더욱 조여 오는 소련군에 더 많은 기회만 제공하는 꼴이 되 어 진퇴양난 속에 갇히고 말았다. 지금까지 패배를 모르는 독일군 앞에 처음으로 절망과 같은 패전의 먹구름이 보이기 시작한 것이다.

히틀러는 고립된 제6군을 구하기 위해 지상군을 투입해 포위망을 뚫을 생각은 하지 않고 한동안 괴링의 제안만 믿고 보급품을 공수하는 방법을 사용하였으나, 약 25만 명이 사용해야 할 엄청난 보급품을 하늘로부터 전달해 준다는 것은 애 초부터 불가능에 가까운 일이었다. 그렇게 반격의 기회조차 잡지 못한 채 1942년 12월이 지나가자 제6군에서 아사자가 발생하기 시작하였다. 오직 하늘만 바라봐야 하는 보급마저 시원찮게 진행되자, 추위와 굶주림이라는 뻔하고 처참한 결말이 제6군을 기다리고 있었다. 이때 만슈타인이 구원자로 나서게 된다. 그는 소련군의 포위망을 뚫고 지옥으로 떨어진 제6군을 구하기 위한 작전을 시도하게 된다. 만슈타인은 그렇게 거짓말처럼 폭풍 작전으로 엄청난 희생을 치르며 겨우 제6군의 탈출을 위한 협로를 개척하게 되나, 어이없게도 히틀러의 후퇴 명령이 떨어지지 않았다는 이유로 봄까지 어떻게든 버텨보겠다는 파울루스의 참모다운 답변을 끝으로 제6군은 다시 고립을 선택하게 된다. 이 장면은 스탈린그라드 전투 중 벌어진 정말 이해할 수 없는 선택이 되었고 파울루스의 결정으로 제6군의 붕괴는 피할 수 없는 현실이 되고 말았다.

결국, 아사자와 동상 환자들만 가득한 군대로는 작전 수행은커녕 생존 자체가 불가능해지자, 파울루스는 제6군의 남은 선택은 죽음 아니면 항복밖에 없다는 것을 깨닫게 된다. 하지만 절대 항복이란 있을 수 없다는 히틀러의 명령을 히틀러 스스로가 거두어들이지 않은 상황에서, 파울루스가 단독으로 쉽게 항복을 결정할 수는 없었다. 하지만 더 이상 버티는 것이 의미가 없어진 제6군에게 항복은 당연한 수순으로 아직 살아있는 부하 모두를 죽게 할 수는 없다는 결론에 이르게 된다. 그때 베를린에서 전문 하나가 도착했다. 그 와중에 파울루스를 원수로 진급시킨다는 전문이었다. 이 전문이 의미하는 것은 독일 육군사 전체를 통틀어 자결한 원수는 있어도 항복한 원수는 없다는 것을 파울루스에게 상기시켜 주려고 했던 것으로 보인다. 곧, 히틀러는 독일 육군 원수 파울루스에게 자결을 명한 것이다. 자결함으로써 독일 육군의 명예를 지켜달라는 요구였다. 하지만 그동안 파울루스는 히틀러의 명령이라면 어떤 사소한 것도 거부하지 않았으나, 최후의 순간 파울루스는 히틀러의 기대를 배신하며 1943년 2월 3일 제6군을 통째로 들어 소련군에 항복하고 만다. 독일 육군 최정예 기갑사단으로 최신식 무기로 중무장한 25만 명의 독일 제6군이 소련 스탈린그라드에서 한순간에 사라진 것이다. 결국, 소련군은 스탈린그라드를 지켜내고 최후의 승리를 얻게 된다. 비록 소련군은 스탈린그라드에서 100만 명이라는 끔찍한 피해를 입었지만 이 전투의 승리로 소련은 그 숭고한 희생의 가치를 보상받게 되었다.

스탈린그라드 전투의 최후의 승자인 소련에게 이 승리는 독일군과의 교전에서 얻은 단순한 전과가 아니었다. 이것은 향후 소련군에게 큰 자신감과 함께 독일군과의 전투에 적용할 수 있는 전술을 터득하게 해 준 큰 전환점이 되어주었다. 이즈음 소련은 개전 초반 독일과의 현격한 전력 차이를 병력 보충과 전쟁 물자 및 원료 공급의 우위를 통해 전력의 균형을 이뤄가고 있던 시점이었다. 지금까지 수세에 몰려있던 소련군이 버틸 힘뿐만 아니라 반격의 기회까지 가질 수 있게 되자, 이제부터는 독일군에게 속절없이 빼앗겼던 전쟁의 분위기를 자신 쪽으로 가져올 수 있다는 자신감을 갖기 시작하였다. 대반격의 기회로 독일군의 전진 속도가 현저하게 떨어지게 되자 조심스러운 전선의 상황은 점차 소강상태를 맞이하게 되었다.

개전 초기 파죽지세로 기세등등하던 독일군의 동부 전선 여기저기에서 제6군의 몰락과 때를 같이하여 패전 소식이 하루가 멀다 하고 보고되는 일이 잦아지면서, 더 이상 동쪽으로 국경선을 확장하지 못하는 독일군에게 찾아온 패전은 추운 겨울만큼이나 큰 절망감으로 다가오고 있었다. 지금까지 소련군이라고 하면 코웃음만 치던 히틀러와 독일군 참모들이었지만 예상치 못한 뼈아픈 패전을 경험하자, 하루가 다르게 진화하는 소련군의 전력을 다시 진지하게 평가하며 신중한 자세로 변모하기 시작하였다. 이렇게 지금까지 일방적으로 진행될 것 같은 독소전의 향방을 바꿔놓은 계기가 바로 이 스탈린그라드 전투였다. 어느덧 독일군과 균형을 찾아가나 싶던 소련군의 전력이 스탈린그라드 전투 이후 급상승하자 전세는 어느새 소련 쪽으로 급격하게 기울기 시작하였다.

다. 지상 최대의 전차전, 쿠르스크 대전

스탈린그라드에서 예상하지 못한 패배를 당한 독일은 어떻게든 반격의 기회를 노려야 했고 소련은 승리의 여세를 몰아 독일군을 최대한 서쪽으로 밀어붙이려고 했다. 일단 소련군은 승기를 탔다고 판단하여 후퇴하는 독일군을 쫓으려고 했으나, 만슈타인에 의해 보급선이 늘어진 소련군은 보기 좋게 제지를 당해야 했다.

그리고 땅이 진창으로 변하는 계절적 요인도 있었겠지만, 쿠르스크 대전이 시작되기 전까지 양군은 지난겨울의 소모전을 보충하는 정비 시간을 가지며 동부 전선은 오랜만에 소강상태를 맞이해야 했다.

뜻하지 않은 스탈린그라드 전투에서의 패전으로 자존심의 상처를 받은 독일군 수뇌부는 이른 시일 내에 반격을 원했지만, 히틀러는 일관성 있게 새로운 전차(티이거와 판터)가 전선에 배치되기까지 인내심을 갖고 기다려야 한다는 입장이었다. 더구나 소련의 봄은 쌓인 눈이 녹아 진창으로 변하는 시기여서 누구든 전쟁을 새롭게 시작하기는 쉽지 않았다. 그래서 미루고 미뤄진 것이 1943년 7월이었다. 지금까지 여름에 전쟁을 해서 소련한테 당한 기억이 없던 독일로서는 최선의 선택이라고 할 수 있었다. 하지만 자신의 땅에서 전쟁이 벌어지는 한 소련은 구경만하고 있지는 않았다. 소련군은 모스크바에서 남서쪽으로 약 450㎞ 떨어진 지점에 있는 쿠르스크(kursk) 지역에 엄청난 규모의 대전차 방어선을 구축하여 스탈린그라드의 성공 사례를 그대로 적용하여 선 방어 후 반격이라는 작전 성공을 위해 만반의 준비태세를 갖추고 있었다. 소련은 마치 이 방어 작전에 나라의 모든 운명이 걸린 것처럼 가용 가능한 인력과 병력을 총동원하였다. 4월부터 시작된 이 작업에는 약 30만 명의 시민과 100만 명의 병사들이 동원되어, 독일군이 공격 시점으로 생각했던 7월 즈음에는 철옹성 같은 방어막을 구축할 수 있었다. 만슈타인은 소련의 전력이 약화된 4월부터 공격해야 한다고 줄곧 주장했으나 히틀러는 전력 우위를 점할 때까지는 공격을 개시할 수 없다는 입장을 고수했기 때문에 공격 시점은 차일피일 미뤄질 수밖에 없었다. 하지만 아무리 독일 내 공장 시설 모두를 완전히 가동하여도 한 달에 약 160대의 전차밖에 생산해내지 못하는 열악한 환경에서 기적을 이뤄내는 것은 불가능한 일이었다. 그렇게 히틀러가 신형 전차만 충분히 보급되면 전세를 뒤집을 수 있다고 착각하는 사이, 소련이 그간 심혈을 기울인 방어선 뒤에는 우랄산맥 건너편에서 매달 1,000대 이상 생산되는 T34 전차가 전선으로 속속 도착하고 있었다. 만슈타인의 우려가 현실로 나타날지 모두가 숨죽이는 가운데 작전 개시일이 서서히 다가오고 있었다. 결과적으로는 시기를 낮춰 자신에게 유리한 상황을 만들어 보려고 했던 히틀러의 작전은 소련에게 방어를 위한 철옹성 같은 진지 구축과 재정비를 위한 충분한 시간이 되면서 실패로 결론 나게 된다.

1943년 7월경, 동부 전선의 쿠르스크 대전 당시 독일 전차의 침투 경로.

드디어 1943년 7월 5일, 독일의 '성채 작전'이 시작된다. 연합군의 전략 폭격과 소련의 만만치 않은 반격으로 독일군은 주춤하고 있었지만 아직은 자체적으로 유럽 최강의 육군을 보유하고 있다는 자존심만은 여전하였다. 마침내 티어거를 비롯한 독일 신형 전차의 보급이 이뤄져 총 2,700대의 전차가 준비됐다고 판단된 히틀러에 의해 공격 명령이 떨어졌다. 바르바로사 작전 초기 독일군 전체가 보유하고 있던 전차의 수가 3,500대 정도였던 것과 비교하면, 단일 전투에서 이 정도의 전차를 투입한 것은 히틀러가 얼마나 독소전에 몰입하고 있는지를 알 수 있는 장면이 되었다. 이는 독일 진영 쪽으로 쐐기처럼 들어온 쿠르스크 지역을 소련군으로부터 탈환하려는 목적으로 북쪽과 남쪽에서 포위하기 위해 독일 전차를 앞세우고 들어온다는 작전이었다. 하지만 독일이 준비를 마쳤다고 판단했다면 소련군도 마찬가지였다. 더구나 전쟁 무기의 성능은 차치하더라도 물량 면에서는 이미 소련은 독일을 압도하고도 남았기 때문에 히틀러가 인내했던 시간은 독일에게 절대로 유리하지 않았다. 소련군의 전술은 선 방어 후 반격으로 대전차 지뢰와 대전차포를 빼곡하게 설치한 방어선으로 독일군의 예봉을 꺾은 후 반격을 기하겠다는 전술이었다. 반면, 독일군은 적 방어 진지의 허점을 찾아 월등한 성능을 가진 독일 전차를 선두로 적을 포위하겠다는 전술이었다. 우선 독일의 작전이 성공하려면 선결 조건이 필요했는데, 독일 전차가 들어갈 수 있는 길을 확보하기 위해 대전차 지뢰와 철조망을 제거해야 하는 독일 공병들의 영웅 같은 분전이 요구되었다. 소련군 또한 가만히 있지 않을 것이었고 자칫 독일 공병들의 시도는 작전 초기부터 소련 방어 진지의 집중 사격으로 난관에 부딪힐 수밖에 없는 상황이었다.

하지만 독일의 기대와 다르게 앞선 전차가 대전차포와 지뢰로 파괴되면서 뒤따르는 전차들이 오도 가도 못 하는 상황이 반복되었다. 겹겹이 둘러싸인 소련의 방어선을 무너뜨리기에는 역부족이라는 것을 알아차려야 했으나, 독일은 작전 계획을 회수하지 않고 밀어붙이려고만 하였다. 독일 전차가 우왕좌왕하는 사이 대기하고 있던 소련 전차들이 기다렸다는 듯이 달려들기 시작하였다. 마침내 3㎞ 정도의 평원에서 전차 대 전차가 부딪치는 지상 최대의 전차전이 벌어지게 된 것이다. 수백, 수천 대의 전차가 서로를 향해 근거리에서 파괴하고 파괴당하는 장렬한 전차들의 백병전이 치러진 것이다. 사실 독일의 대표 전차인 티이거는 88㎜ 구경의 포에 50t이 넘는 육중한 차체를 갖고 있어서, 주포의 긴 사정거리에서 볼 수 있듯이 장거리 전투에 최적화된 전차라는 것을 알 수 있다. 그에 비해 소련의 주력 전차인 T34는 76㎜의 포를 갖고 있어서 티이거에 비해 상대적으로 사정거리는 짧지만 36t의 무게를 갖고 있어 차체가 가볍고 기동성이 좋은 것이 특징이었다. 이렇게 차별화된 전차를 갖게 된 것은 독일과 소련이 가진 여러 가지 조건이 영향을 주었다고 생각되는데, 상대적으로 영토가 작은 독일은 이동 거리가 많지 않아 장갑과 포의 능력을 중요하게 생각하여 그것을 전차에 구현시켰던 것에 비해, 소련은 드넓은 영토를 갖고 있어 전차로 먼 거리를 이동하는 것도 중요하게 생각할 수밖에 없었고 최대한 무게를 줄이고 단순화시켜서 시속 55㎞의 속도를 발휘할 수 있는 빠른 전차를 생산하게 되었다고 할 수 있다. 그래서 독일은 독일 전차를 직접 몰아 전선으로 이동하기보다 기차를 이용해서 최대한 전선 가까운 곳에 배치될 수 있도록 하는 반면에, 소련은 웬만한 거리는 가벼운 전차를 직접 몰아 전선으로 이동하는 것을 선호했다. 이는 전차의 차이만큼이나 다른 전쟁 스타일을 드러내는데, 쿠르스크 전투 당시 압도적인 성능을 가진 주포를 이용하여 공격을 주도하며 최대한 원거리에서 전투를 개시하려는 독일군에 비해 소련군은 짧은 사정거리를 속도와 전차 수로 만회하고자 근접 전차전을 선호하게 된다. 그렇게 주코프가 선택한 작전은 일명 '전차들의 백병전'이었다.

여기서 제2차 세계대전을 통틀어 흥미로운 사실 중 하나는 티이거 전차가 대전 중에 고작 1,347대 생산에 그쳤다는 사실이다. 우리가 흔히 독일 축구를 상징하는 말로 '전차 군단'이라고 그들을 지칭하는 것도 이 티이거 전차의 신화에서 나온 말인데, 그 신화를 만들어낸 티이거 전차의 생산이 1,000대를 조금 넘는 수준이었다고 하니 놀라움을 넘어 경외심마저 갖게 한다. 당시 경쟁 차종이었던 미국과 소련의 M4와 T34가 수만 대 생산되었던 것과 비교하면 얼마나 성능이 월등했으면 티이거가 제2차 세계대전을 상징하는 전차가 되었는지를 상상하는 것은 어렵지 않다고 생각된다. 1943년 한 해 동안만 소련군에서 손실된 전차가 22,000대 정도였다고 하는데, 이 자료만으로도 티이거를 비롯한 독일 전차의 위용이 어떠했는지 짐작할 수 있다. 100대 이상의 적 전차를 격파하여 에이스라고 인정받던 독일의 오토 카리우스(Otto Carius)나 미하일 비트만(Michael Wittmann)의 신화 역시 티이거가 있어 가능했던 일이었다. 티이거의 신화는 전쟁 중에도 계속되어 대전 후반기에 등장한 쾨니히스 티이거(Königstiger)는 '킹 티이거'라고도 명명하는데, 이는 독일 전차의 완성형으로 연합군에게 죽음보다 더 큰 공포감을 심어줬지만, 열악한 공장 시설과 복잡한 공정으로 인해 그조차도 종전 시까지 500대 정도만 생산되었다고 한다. 생산된 전차 수를 헤아릴 수 있을 정도의 개체 수를 갖고도 적어도 전차전에 있어서만큼은 연합군을 농락했던 사실은, 독일 전차를 직접 상대해 본 소련과 연합군 병사들에 의해 지금까지도 신화처럼 전해지고 있다고 할 수 있다. 물론 티이거 전차가 장점만 있는 것은 아니었다. 우선 비용의 문제를 언급하지 않을 수 없는데, 다른 경쟁 차종을 압도하고자 했던 열망은 고비용과 복잡한 생산 공정으로 연결되어 월등한 성능에도 불구하고 대전 중 소량 생산의 한계를 벗어나지 못하게 되는 근본적인 원인이 되었다. 또한 적의 포탄에 대응할 수 있도록 앞면 차체를 보강한 결과 육중한 무게로 인해 기동력이 떨어지게 마련이었고, 장거리 전투가 필수적이었던 대 소련 전투에서는 먼 이동 거리로 인해 엔진에 무리가 가면서 정비하는 시간으로 인해 적지 않은 티이거가 멈춰서야 했다. 더구나 성능과 별개로 육중한 무게를 굴릴 수 있기 위한 연료의 소모는 끔찍한 수준이어서, 대전 막바지에 이르러 독일의 연료 수급이 어려워진 상황에서 다수의 쾨니히스 티이거 전차를 단지 연료가 없다는 이유로 자폭시켜야 하는 어이없는 상황을 맞이하기도 하였다.

당초 독일군은 소련군의 쿠르스크 방어 진지를 포위하여 적을 분쇄하겠다는 계획이었으나 소련군의 겹겹이 세운 방어선은 좀처럼 허점을 드러내지 않았고, 작전을 완성하지 못한 채 진행된 전투는 오히려 독일군의 전차를 분산하게 되면서 소련 전차에게 둘러싸여 개별적으로 대응해야 하는 전쟁 양상으로 바뀌고 있었다. 이런 전투 전개는 독일군이 절대 원하지 않는 것이었고 소련군의 장점인 엄청난 물량 공세가 우위를 점할 수 있는 산술적이고도 예측 가능한 전쟁 상황으로 흘러갔다. 그러면서 독일군 측에서는 작전과 전술은 이미 의미가 없어졌고 그동안 심혈을 기울여 만들어낸 전차들은 평원이라는 지역에서 적의 전차와 뒤엉켜서 본능적으로 적 전차를 향해 수없이 포를 조준해야만 했다. 이렇게 압도적으로 많은 소련 전차를 피해 작전 지역을 벗어난 독일 전차들의 임기응변식의 개별적인 전투 방식은 독일에게 치명적일 수밖에 없었다. 독일은 스탈린그라드 전투를 통해 특별한 작전이 먹히지 않는 지형 조건 속에서, 그동안 전력적인 우위조차 아무 소용없는 단순하기 이를 데 없는 소모전은 소련보다는 독일에게 절대적으로 불리하다는 것을 알고 있었다. 그 때문에 이번에도 적을 압도할 수 있는 전차를 공급하지 못한 독일은 또다시 소련군의 의도에 휘말리게 되면서 전투는 좀처럼 독일에게 유리하게 흘러가지 않고 있었다. 어느새 쿠르스크 평원은 2,500대가 넘는 전차들이 고철로 변한 무덤으로 변하기 시작하였고 여름이라 이곳저곳에서 전사한 전차병들의 시신 썩는 냄새가 진동하였다. 밤낮을 가리지 않고 계속된 전투는 결코 독일이 바라는 전투 방식이 아니었으나 이렇다 할 전선이 무너진 상태에서 예상과 다르게 평야에서 진행된 전투의 특성상, 자신의 장점을 재빠르게 간파한 소련 전차의 근접전으로 양국의 전차가 얽히고설키는 전차들의 육박전으로만 전투가 진행되고 있었다. 결과는 예상대로 소련 전차가 독일 전차에 비해 약 3~4배가 넘는 피해를 입었지만, 신형 전차를 포함한 독일군이 가진 모든 전차 자원을 모두 쏟아부은 것에 비해 독일군은 압도적인 승리를 거두지는 못한다.

전투를 개시한 지 7일이 지난 7월 12일이 되자 히틀러에 의해 의욕적으로 개시되었던 성채 작전은 공식적으로 중지가 된다. 어느 쪽이 승리를 거두었다고 할 수 없는 상황에서 전투가 중단된 이유는, 독일의 아프리카 전선이 무너지고 연합군이 이탈리아에 상륙하자 소련 전선에 몰려있는 기계화 사단을 더 이상 동부 전선에만 둘 수 없는 급한 사정이 고려되었기 때문이다. 여기에서 동맹국인 이탈리아를 지켜내겠다는 히틀러의 의지를 엿볼 수 있었으나, 한 곳이라도 제대로 지키지 못하고 그곳의 전력을 빼내 다른 쪽으로 돌리는 임시방편적인 전략으로는, 독일군은 더 이상 어느 곳에서도 우위를 점할 수 없다는 것을 의미하기도 했다. 이때부터 독일군 지휘부는 동부나 서부 그리고 남부 어느 곳에서도 전략적 우위를 가져오지 못하는 방어전에 급급한 전술을 선보이게 된다. 1943년을 기점으로 동부 전선의 역학관계가 바뀌어 전격전을 표방하여 방어보다는 공격에서 탁월한 능력을 발휘했던 독일군의 명성이 서서히 저물고 있다는 것을 직감할 수 있었다. 또한 쿠르스크 실패로 말미암아 히틀러는 참모들에 대한 믿음을 거두어들이고 세세한 부분까지 스스로 결정해야 마음이 놓이는 신경증적인 증세를 보였던 반면에, 스탈린은 히틀러와 정반대로 참모들에게 웬만한 것들은 맡겨 놓으며 적어도 군사 분야 부분에서는 한발 물러서게 된다. 이후 독일군의 전력이 소련과 연합군에 비해 상당 부분 떨어지기도 했지만, 독일군의 대응 또한 무엇 하나 효율적이지 못했다는 점은 히틀러의 독선이 만든 결정적인 폐해라고 할 수 있을 것이다.

처음부터 독일이라는 작은 나라의 한정된 자원으로 자원 부국인 미국과 소련을 모두 상대해 전쟁에서 최종적으로 승리한다는 것은, 단순한 산술적인 계산을 뛰어넘는 역량이 있지 못하면 불가능한 일이었다. 전쟁이 후반기로 치닫게 되면서 이탈리아가 추축국 전력에서 이탈하자, 전 세계를 상대로 홀로 싸우다시피 해야 하는 독일은 한정된 독일군 전력을 분산하여 소강상태를 보이는 전선에서 더 급한 쪽으로 부대를 돌려막아야 하는 절박한 상황에 몰리게 되었다. 당시 독일 지휘부도 이런 싸움을 해서는 희망이 없다는 것을 알고 있었으나 이를 타개할 만한 뾰족한 대안이 없는 실정이었다. 설상가상으로 독일은 가뜩이나 연합군의 무차별적인 공중 폭격으로 이미 만신창이가 된 공장에서 만들어 낼 수 있는 군수물자도 한계를 드러내기 시작하여, 오매불망 고국으로부터의 보급 소식에 목메었을 독일군에게 큰 좌절감을 안겨주었다. 반면에, 소련은 독일 공군이 감히 미치지 못하는 곳에서 전차뿐만 아니라 병사까지 무한정 쏟아낼 것 같은 생산 능력을 완전히 가동하며, 엄청난 수의 물자를 매일 전선으로 보내주고 있었다.

이미 쓸 수 있는 전술과 전략은 바닥나고 엄청난 소모전으로 전락한 동부 전선에서, 이 전선 하나만으로도 이미 버거운 상태에서 거의 무장 해제에 가까운 동맹국 이탈리아 전선까지 떠맡아야 하는 독일군의 병력 자원 고갈과 만성적인 물자 부족이라는 오랜 고충은 무엇으로도 해결할 수 없는 난제에 가까웠다. 독일이 맞닥뜨려야 할 현실은 연합군 측과 비교하여 물자가 충분하지 않은 상태에서, 오직 독일 지휘관들의 탁월한 지휘 능력과 병사들의 임기응변만으로는 교착 상태를 보이는 전선을 충분히 극복할 수 없다는 부인할 수 없는 사실이었다. 제2차 세계대전과 같은 전면전의 성격을 보이는 전쟁의 승패는 투입된 물자와 병사들을 얼마나 지속해서 감당할 수 있느냐로 승부가 나는, 전략과 전술을 논하기 전에 근본적으로 엄청난 물량 소모전의 성격을 띠고 있었다. 점차 전쟁의 양상이 그동안 독일이 지나친 욕심으로 인해 확장했던 유럽 남부의 전선까지 확대되면서, 독일이라는 나라가 가진 지형적인 특성상 바다까지 포함한다면 적을 네 방향에서 맞서 싸워야 하는 오래된 우려가 현실이 되어 나타나고 있었다. 더구나 지금까지의 선전으로 몇 배로 늘어난 국경선은 오히려 독일군에게 큰 부담으로 작용하게 되었는데, 한정된 병력 자원으로 그 모두를 관리하기에는 지금까지 전쟁으로 희생된 독일군을 대체해 줄 병력 자원이 부족한 현실에서 그것은 더욱 불가능에 가까운 일이었다. 확장된 모든 국경선에 촘촘하게 독일 병사들로 채워 넣으려고 한다면, 그것은 처음부터 불가능한 욕심일 뿐이었다. 헐거워진 국경선이 적이 원하는 허점인 것은 당연한 것이어서, 독일은 지금까지 애써 넓힌 광활한 영토가 매일 같이 줄어드는 두려운 경험을 피할 수 없게 되었다.

소련군의 예상을 넘는 방어전에 독일군이 주춤하는 사이 소련군은 방어 후 공세라는 작전을 그대로 실행하게 된다. 1812년 소련은 나폴레옹의 프랑스군을 물리치고 러시아를 지켜낸 러시아의 영웅 쿠투조프 장군의 이름을 딴 일명 '쿠투조프 작전'을 개시하게 된다. 소련군은 아직 전력을 유지하고 있는 100만여 명의 병력과 2,400여 대의 전차를 투입하며 엄청난 반격 작전을 시도한다. 이제는 공수가 바뀌어 수세로 몰린 독일군은 계속되는 후퇴 작전으로 우크라이나를 가로지르는 드네프르강 너머에서 겨우 방어선을 구축하게 된다. 프랑스 해안의 서부 장벽에 빗대어 '동부 장벽'이라고 일컫는 드네프르강 서안을 따라 건설된 장벽은 독일군의 입장에서는 마지막 보루라고 생각할 수 있는 저항선이 되었다. 그리고 때를 같이하여 후방에 남겨진 독일의 소련 점령 지역에서 소규모로 시작된 소련 민간인의 빨치산 저항운동이 후반기로 갈수록 조직화·정규화되면서, 늘 독일군의 후방에 사단 병력 이상을 남겨둬야 하는 현실적인 고민을 안겨주었다. 동부 전선의 독일군은 이젠 전방의 소련군뿐만 아니라 후방에 남은 소련 빨치산 세력들과도 전쟁해야 하는 이중고를 겪게 된 것이다. 그래서 독일군의 기차를 통한 병력과 물자 수송에는 엄청난 규모의 경계 부대가 같이 따라가야 하는 엄청난 강행군을 병행해야 했다. 그야말로 전후방이 따로 없는 소련군의 강력한 반격과 압박이었다.

마침내 1943년 11월 6일 소련군의 반격으로 키예프가 소련군의 수중으로 떨어지게 되면서, 독소전 개전 당시 소련 침공의 이유로 우크라이나의 곡창 지대와 코카서스 지방의 유전 확보를 목표로 했던 히틀러의 목표가 완전히 무산되게 된다. 남의 것을 가지려고 야심차게 시작한 전쟁이 이젠 내 것을 지켜내야 하는 절박한 전쟁으로 뒤바뀐 것이다. 자고 일어나면 강해지는 소련은 승리를 향해 한 발짝씩 서쪽을 향해 움직이고 있었고, 독일은 패전을 조금 늦추는 것 외에는 아무것도 할 것이 없는 전쟁을, 오직 애국심과 고양된 조국애만으로 전선을 지켜나가기에는 그 한계가 있다는 것을 뚜렷하게 보여 주기 시작하였다.

소련은 독일만 상대하는 것에 비해, 소련보다 인구도 적은 독일은 이젠 전 세계와 대결해야 하는 운명과 맞닥뜨리게 된 것이다. 독일군 참모들의 우려대로 소련과의 전쟁을 마무리하지 못한 채 독일 국경까지 밀리게 된 현실에서, 서유럽에서 연합군에 의해 또 다른 전선이 형성된다면 독일 제3 제국이 자멸하는 것은 굳이 전문가가 아니어도 예상 가능한 전쟁 시나리오였다. 이제 독일 지휘부 누구도 그런 걱정을 직접 입 밖으로 나타내지는 못했지만, 패전이 현실로 다가오고 있다는 것을 적극적으로 부정하지는 못했다. 독일은 지금까지 어떻게 전쟁에서 이길 수 있을 것인가에 대해 고민하였다면, 이제는 날마다 조금씩 줄어드는 독일 제3 제국의 영토를 바라보며 어떻게 하면 전쟁을 유리하게 마무리할 것인가에 대해 심각하게 고민해야 할 차례가 되었다. 1942년을 정점으로 전성기를 자랑하던 독일군의 위용은 어느새 사라지고 이제는 질 수밖에 없는 전쟁을 치러야 할 가혹한 운명을 받아들여야 했다. 결국, 독일군은 쿠르스크 전투 이후 2년이 조금 안 되는 기간 동안 소련군을 단 한 번도 이기지 못하고 후퇴를 거듭하게 된다. 히틀러는 거듭된 패전으로 판단력마저 흐려지자 망령처럼 현지 사수라는 명령만 현지 지휘관들에게 거듭 남발하게 된다. 일명 '베를린 레이스', 즉 동서 유럽 양쪽에서 베를린을 향한 질주가 본격적으로 시작된 것이다.

쿠르스크 전투는 심도 있게 준비된 전략적 방어진 앞에서는 독일군의 특허인 전격전도 얼마나 무력할 수 있는지를 증명한 대표적인 사례가 되었다. 몇 개월간 소련은 독일의 강력한 기갑 전력을 무력화시키기 위하여 지뢰밭과 각종 화포를 촘촘하게 배치하였고, 독일의 진격 속도를 늦추고 먼 거리를 돌게 만들어 지치게 하는 8겹의 방어선을 구축하였다. 겹겹이 둘러쳐진 쿠르스크 방어선은 자그마치 250km 깊이로 구성되어 마지노선의 10배에 달하였으며, 독일 전차의 수에 1:1 이상의 비율로 필적할 수 있는 대전차포가 배치되어 사상 최대의 방어선이라는 명성을 남기게 되었다. 이는 당시 독일 기갑 전력이 가진 돌파력의 세배에 해당하는 수준이어서, 아무리 뛰어난 전차를 보유하고 있는 독일군이라고 해도 소련군의 잘 준비된 방어선을 끝내 돌파할 수 없었다.

쿠르스크 전투에서 소련군은 히틀러가 그렇게 아끼던 독일 전차들을 며칠 만에 고철 덩어리로 만들어 놓았다. 다만, 독일 전차의 위용에 소련 전차 또한 큰 피해를 입을 수밖에 없었지만, 피해를 입은 전차를 충분히 보충할 수 있는 국력을 가진 소련에게는 전혀 문제 될 것이 없었다. 이미 소련에게 의미가 있는 것은 자신이 받은 피해가 아니라 독일이 가진 전력을 얼마나 소모시켰느냐만 중요해졌다. 엄청난 전쟁 물자와 병력을 무한정 투입할 수 있을 것 같은 소련군은 이미 독일군에게 절대 쓰러뜨릴 수 없는 괴물 같은 존재로 변해 있었고, 죽이고 죽여도 계속해서 기어 나오는 붉은 군대는 마치 꿈에 나올까 두려운 공포 그 자체였다. 마치 이것은 내가 죽어야만 끝나는 게임과도 같은 상황이었다.

이제 전세는 거역할 수 없이 급격하게 소련 쪽으로 기울고 있었고, 독일군은 더이상 소련군을 상대할 힘을 잃고 패전에 대한 책임을 묻는 것으로 자중지란에 빠지게 되었다. 무엇보다 히틀러가 이번 작전을 신중하게 접근했던 것은 새로운 전차에 대한 기대가 그만큼 컸다는 것을 의미하는 것으로, 이번에야말로 독일이 마음먹고 소련을 공략한 것이었으나 헛심만 뺐을 뿐 새삼 소련이 가진 저력을 확인한 계기가 되어 독일은 더욱 기가 찼다. 이렇게 제2차 세계대전 초반에 신화처럼 각색되고 부풀려졌던 독일군의 무용담은 1943년은 기점으로 예상보다 빠르게 비극으로 마무리되고 있었다. 제1차 세계대전의 패전과 베르사유 조약 그리고 경제 파탄이라는 악조건을 기적처럼 극복하고, 전 독일 국민이 굳이 히틀러가 아니더라도 복수심으로 똘똘 뭉쳐 만들어낸 독일군의 신화가 소련 땅에서 2년 만에 눈 녹듯이 한순간에 사라진 것이다. 그렇게 끝나지 않을 것 같던 1943년 한 해가 독일군의 한풀 꺾인 기세처럼 서서히 저물어 가고 있었다. 1943년이 기울어 가면서 전 세계 모든 나라는 소련을 비롯한 연합군이 끝내 독일 제3 제국을 파괴할 수 있다는 희망 섞인 가능성을 품게 되지만, 오직 단 한 명, 히틀러만은 그 사실을 죽는 순간까지도 인정하려 들지 않았다. 소련 침공 첫해에 가졌던 소련에 대한 방심은 이듬해 스탈린그라드에서 되돌릴 수 없는 패배로 돌아왔고, 독소전의 하이라이트인 이곳 쿠르스크에서 도무지 전투로는 극복할 수 없었던 공포감은, 독일군에게 소련에 대한 두려움이 더 이상 숨길 수 없는 엄연한 현실이 되어 있음을 인정해야 했다.

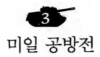

미일 공방전

가. 미드웨이 해전

일본은 진주만 기습 이후 더 이상 미국의 눈치를 보지 않아도 된다고 생각했는지, 정말이지 뒤도 보지 않고 파죽지세로 동남아 주변 나라들을 점령해 나갔다. 필리핀 클라크 필드 미군 주둔지가 진주만 기습 10시간 이후 기습공격을 당하는 등, 그동안 미군에 의해 제한되어 왔던 일본군의 행동반경이 거침없이 확장되기 시작했다. 필리핀을 시작으로 영국령 말레이와 버마 그리고 싱가포르, 홍콩 등이 도미노처럼 일본 수중에 떨어졌다. 마치 독일군의 초반 승전 분위기를 그대로 재현하는 듯 당시 일본군은 자신을 막을 군대가 더 이상 이 세상에 없는 것처럼 가는 곳마다 승전보를 보내오고 있었다. 그야말로 일본 제국군의 전무후무한 전성기를 예고하고 있었다. 욱일기(旭日旗)로 동남아를 물들이기 시작한 일본군이 태평양 곳곳의 섬들을 점령하는 과정에서 어쩔 수 없이 미군과 산발적인 충돌이 빈번하게 일어나게 되면서, 일본은 향후 미국과의 전투에서 유리한 고지를 점령하기 위한 전략을 짜는 데 몰두하게 된다.

여기서 필자는 한때 일본 제국주의를 대표했던 욱일기에 대해 언급하지 않을 수 없다. 태평양 전쟁 당시 일본군이 가는 곳이라면 어김없이 등장했던 욱일기는 예전에도 그랬지만 지금도 여전히 일본 군국주의를 상징하는 것으로, 적어도 우리에게는 나치 깃발처럼 일종의 전범기처럼 취급되는 것이 상식처럼 받아들여지고 있다. 하지만 그와 다르게 유럽의 여러 나라는 욱일기에 대해서만큼은 나치 깃발처럼 엄격한 규제를 적용하지 않는 것에 우리는 의아함을 느끼게 된다. 한 예로 지난 2018년 7월 14일, 프랑스 혁명 기념일 퍼레이드에 초대된 일본 육상 자위대가 프랑스 파리 샹젤리제 거리에서 일장기와 더불어 일본 군국주의를 상징하는 '욱일기'를 함께 들고 행진을 하면서 물의를 일으켰는데, 분명히 프랑스 형법 제645-1조에는 "나치 등 반인류 행위 범죄를 범한 집단을 연상케 하는 장식 등의 착용 또는 전시를 금하고 이를 어길 경우 벌금형에 처한다."는 내용이 들어가 있는 것으로 확인되어, 우리의 상식으로는 그 법이 그대로 적용된다면 욱일기 또한 예외가 되지 않을 것으로 생각할 수 있었다. 하지만 프랑스 국내에서는 독일 나치의 상징인 하켄크로이츠 문양의 사용은 엄격하게 금지하고 있으면서도, 같은 의미를 지닌 일본의 욱일기를 자국의 국가적 행사에서 버젓이 들고 행진하는 걸 허용하면서 스스로 모순을 드러냈다고 할 수 있다. 어쩌면 이런 사실을 통해 프랑스와 마찬가지로 다른 유럽 국가들도 나치기와 달리 욱일기에 만큼은 관대한 법 적용을 하고 있는지는 알 수 없으나, 프랑스 국내법이 인류가 가진 보편적인 진실을 공유하는 것이 아니라 자국에게 얼마나 많은 영향력과 피해를 주었나를 기준으로 삼는 것 같아, 욱일기를 전범기라고 알고 있는 국가들로부터는 신뢰를 받지 못한다고 할 수 있다. 즉, 사실상 프랑스 내에서 욱일기는 전범기로 취급받지 않는 행운을 누리는 것이다.

물론 우리나라라고 해서 사정이 크게 다르지는 않다. 19대 국회 때 국내에서만이라도 욱일기 사용을 금지하자는 법안이 발의됐지만, 외교 문제 등에 대한 우려로 제대로 논의되지 못하고 폐기됐던 안타까운 역사가 있다. 그러나 이러한 논란에도 불구하고 욱일기 사용을 전면적으로 금지하지 못하는 가장 큰 이유는, 일본 해상 자위대가 지금까지도 60년 이상 군기로 욱일기를 버젓이 사용하고 있기 때문일 것이다. 이렇게 국내에서조차 뚜렷한 결론을 내지 못하는 사이, 2018년 10월 10일부터 14일까지 제주 해군 기지에서 열린 '2018 대한민국 해군 국제 관함식'에 자국 국기 외에는 달지 말 것을 요청하는 등 우리의 입장은 여전히 욱일기는 전범기라는 입장을 일관되게 보여 주었다. 그러나 일본 측은 "자위함기(욱일기) 게양은 국내 법령상 의무다. UN 해양법 조약에서도 군대 소속 선박의 국적을 표시하는 외부 표식에 해당한다."라고 계속해서 반발했다. 더 나아가 욱일기는 1954년 발족 당시부터 해상 자위함의 깃발이어서 이런 것을 상대국에 요구하는 것은 '비상식적 요구'이자 상대국에 대한 '예의 없는 행위'라며 최악의 상황에서는 참가를 보이콧하겠다는 입장을 유지하기도 하였다. 물론, 욱일기 논란에 대해 처음부터 우리나라가 강경하게 나온 것은 아니었다. 논란이 일기 전 해군 관계자는 "과거 김대중 대통령 시절을 포함해 국내에서 열린 국제 관함식 때도 일본 함정이 욱일기를 달고 참가한 적이 있다."며 "일본 해상 자위대가 이 깃발을 사용하고 있으므로 일본 함정이 욱일기를 달고 입항하는 것을 금지할 수는 없는 입장"이라고 얼버무리기도 했지만. 언론을 통한 욱일기 제한에 대한 압박이 가해지자, 행사를 진행하는 해군 관계자들도 욱일기에 대한 일본을 비롯한 참가국 모두의 협조를 요청하는 공문을 발송하기에 이르렀던 것이다.

결국, 일본 방위상은 '국제 관함식에 자위대 참석을 보류'하는 것으로 발표하게 되고, 그에 더해 앞으로도 "자위함기는 자랑이며 이를 내리고 갈 일은 절대 없다."는 기존의 입장을 고수하면서, 욱일기 게양에서 시작된 일본의 관함식 행사 참석 여부는 이렇게 일본의 불참으로 일단락되었다. 이처럼 우리가 일본의 욱일기 사용에 대해서 일관된 입장을 보이는 이유로는, 그동안 주변 국가들의 반응이 욱일기는 분명히 전범기라는 인식을 뚜렷하게 보여 주지 못한 데에 그 원인이 있다고 보는 것에서 출발한다. 당장 국제적인 연대를 기대하기 어렵다면 우리만이라도 욱일기가 전범기로 취급될 수 있도록, 일본의 눈치를 보지 않고 적어도 프랑스처럼 자국에게 얼마나 영향력과 피해를 주었나를 기준으로 우리 국민의 상식적인 수준에 맞는 법안이 이른 시일 내에 마련되어야 할 것으로 보인다.

본론으로 돌아오면, 미국은 일본의 선전포고도 없이 시작된 진주만 기습으로 엄청난 피해를 입게 되자, 이른 시일 내에 일본에 보복을 가해야 한다는 국내 여론이 들끓기 시작했다. 이런 악화된 여론을 무마시켜야 할 필요성을 느낀 미국 정부는, 1942년 4월 18일 미군 항공모함에서 출격한 미 육군 항공대 쌍발 폭격기 B-25가 일본 도쿄 등 주요 도시를 폭격하고 중국으로 탈출하는 '두리틀 공습 작전'을 계획하게 된다. 이 작전은 진주만 피습에 대한 복수의 성격을 다분히 띠고 있어 전략 폭격과는 거리가 먼, 오로지 미국 국민의 사기 진작을 위한 일본 본토 공습 작전이었다. 폭격 후 신속하게 중국 쪽으로 빠져야 하는 작전의 특성상 항속 거리가 짧은 단발 함재기는 애초부터 작전에 거론되지 않았다. 이 사실에서 볼 수 있듯이, 그 당시 쌍발 육상 폭격기를 항공모함에서 출격시킨 역사가 있나 싶을 정도로, 이 공습은 일본조차 상상하지 못했을 기상천외한 작전이었던 것만은 틀림이 없었다. 육중한 쌍발 육상 폭격기는 어떻게든 항공모함에서 이륙할 수는 있지만 크기와 무게 때문에 좁은 항공모함에 착륙하는 것은 큰 모험이라서 일반 비행장에서만 이착륙 훈련을 받는 폭격기였다.

그렇게 기습의 효과를 톡톡히 누린 도쿄 공습이 비교적 성공적으로 마무리되자, 이미 진주만 기습으로 기분이 상할 대로 상한 미국에 의해 역으로 기습과 폭격을 당하면서 일본은 생각보다 엄청난 충격을 받게 된다. 막상 폭격에 의한 피해보다는 자신들의 본토가 미 폭격기에 의해 폭격을 당할 수 있다는 것에 일본 지도부와 국민은 꽤 당황했던 것으로 보인다. 그래서 일본 대본영은 다음과 같은 중요한 판단을 하게 된다. 애초에 미군에 의해 이런 작전이 가능했다는 것은 미드웨이(Midway)섬을 비롯한 중부 태평양의 섬이 있어서라는 것이다. 그래서 이와 같은 미군의 작전이 더 이상 일어나지 않으려면, 신속하게 미드웨이섬을 장악하여 미군의 초계선(경계 임무를 수행하는 함정)을 멀리 진주만까지 밀어내야 한다는 것이 당시 일본 지휘부의 기본적인 생각이었다.

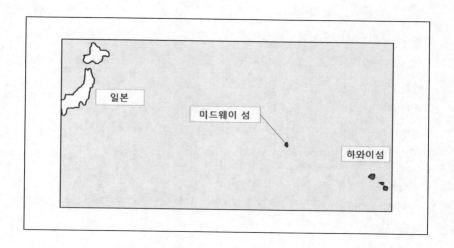

미드웨이섬을 먼저 점령해야 한다는 작전을 계획한 것은 진주만 공습을 주도했던 야마모토 이소루쿠 해군 연합 함대 사령장관이었고, 이것은 하와이와 가까운 위치에 있는 미드웨이섬을 점령함으로써 미 해군의 활동 영역을 제한하겠다는 전략이었다. 물론 급하게 추진되다 보니 반론도 있었다. 진주만 기습 이후 남태평양과 인도양의 여러 작전에 동원되었던 기동함대의 피로가 누적되어 휴식과 정비가 필요했고, 얼마 전의 산호해 해전(1942년 5월 4~8일)에서 피해를 입은 쇼카쿠와 즈이카쿠 항공모함이 정비를 끝낸 후에 하자는 의견도 제시되었다. 하지만 야마모토는 이런 의견을 모두 배제하고 기동 가능한 항공모함 4척(아카기, 카가, 소류, 히류)만으로 미드웨이 해전을 준비하게 된다. 그에 맞서는 미군의 전력은 산호해 해전에서 엄청난 피해를 입고 재정비를 통해 겨우 복귀한 요크타운 항공모함을 포함한 3대의 항공모함이었다. 그리고 여기에서 주목해야 할 사실이 하나 등장하는데, 해전에서 핵심 전력이 될 수 있는 섬의 중요성이 대두되기 시작한 것이다. 미드웨이 전투 당시 미군에게는 일본군이 갖고 있지 않은 것이 하나 있었는데, 섬이기 때문에 침몰하지 않는다는 뜻의 '불침항모'라고 할 수 있는 미드웨이섬의 존재였다. 대규모 항공모함 전투에서 섬의 장점은 나중에 자세하게 언급하겠지만, 당시 양국의 전력을 비교하면 단순하게 미국은 항공모함 숫자에서는 한 대 부족한 것으로 보이나 미드웨이섬에서 발진할 수 있는 비행기를 포함한다면 미군 측은 일본과 같은 항공모함이 4대 있다고 볼 수 있었다. 그래서 얼추 보기엔 미드웨이 해전의 대결은 비슷한 전력을 갖춘 항공모함 대전으로 보는 것이 타당하다. 그렇다면 이젠 양군의 지휘부가 어떻게 가용 전력을 사용하여 적에게 효율적인 타격을 가할 것인가의 전략을 포함한 지도력이 중요해지게 되었다.

위에서 언급한 것처럼 양국은 언뜻 비슷한 숫자의 전력을 갖춘 것으로 보였지만, 일본군은 미국과의 전투에서 상대를 압도할 수 있는 전력을 확보하지 못한 채로 작전에 돌입하고 있다는 부담감을 느끼고 있었다. 진주만 기습은 적의 방심으로 인해 얻은 불완전한 전과라고 본다면, 이제는 일본이 가진 전력 그대로 미국과 제대로 붙어 볼 차례였다. 그리고 이 무렵부터 미군은 일본군의 암호 해독에 필요한 정보기술에서 큰 위력을 발휘하고 있었는데, 미군 측의 발표에 따르면 좀 과장된 것 같지만 그 당시 미군에 의해 해독된 일본의 작전 계획은 일본이 실행하기도 전에 이미 손바닥 보듯이 미국에게 노출되어 있어서 미드웨이에 접근하는 일본 함대의 진로는 이미 미군에 의해 충분히 검토되고 있었다고 한다. 한편, 태평양 한가운데에서 펼쳐지는 항공모함끼리의 대결은 어떻게 아군의 정찰기가 적의 항공모함을 적 정찰기보다 빨리 찾아내고 신속하게 발진한 아군 함재기의 어뢰와 폭탄으로 적 항공모함을 침몰시키느냐에 달린, 어쩌면 단순한 형태의 전투였다. 그만큼 적에 대한 정확하고 신속한 정보는 항공모함전의 승리를 가져올 수 있을 유일한 단서였으니, 한마디로 태평양 전쟁 당시의 항공모함전은 정보전이라고 해도 과언이 아니었다. 정보전에서의 압승은 개별적인 전투의 승리를 가져올 기회를 더 가질 수 있으니 최종적으로는 전쟁의 승리를 보장할 수 있었던 것이다.

후일담이지만 진주만 기습을 승리로 이끈 야마모토마저도 미군의 암호 해독 능력에 의해, 자신이 탐승한 비행기의 정보가 미군에 의해 노출된 것도 모른 채 비행하다가 격추되어 사망하게 된다. 소문이 무성했던 일본 육군과 해군의 갈등을 줄여주는 데 가교 역할을 했던 연합 함대 사령장관 야마모토 이소로쿠의 사망은 일본군에 큰 손실일 수밖에 없었는데, 아마도 야마모토가 갖고 있던 군대 내의 존재감으로 인해 일본군 내에서 한동안 야마모토의 전사 사건을 극비로 취급했다고 한다. 이 사건은 일본 대본영이 과달카날 철수를 공식화한 후 두 달 정도 지난 1943년 4월 18일에 일어났는데, 일본군은 장군이 작전 계획 중 사망하는 어이없는 손실에도 불구하고 종전 때까지도 자신들의 암호가 노출되고 있다는 것을 깨닫지 못했다고 한다. 이렇게 된 데에는 미군이 교묘하게 야마모토가 탄 비행기의 격추를 우연한 교전으로 위장하기 위해 교전이 이루어진 후에도 여러 날 동안 같은 지역에 전투기를 띄우는 치밀함을 보였고, 이에 일본군은 자신들의 정보가 새어나가는 것에 대해 합리적인 의심조차 품지 못했던 것으로 보인다. 더 나아가 태평양 전쟁이 끝난 후 미군은 사실 일본이 태평양 전쟁 내내 정보전을 위한 전담팀을 운용하지 않았던 것을 보고 깜짝 놀랐다고 하는데, 이는 일본 대본영이 현대전에서 점점 그 비중이 커지는 정보전에 대한 아무런 식견이 없었음을 의미한다고 할 수 있다.

막상 미드웨이 해전이 시작되자, 처음부터 일본군은 전략적인 과오를 저지른다. 어쩌면 이 과오가 미드웨이 해전의 승패를 결정짓는 결정적인 계기가 되었다.

여기서부터 밀리기 시작한 일본의 태평양 전쟁이 미국의 승리로 이어졌다면, 일본의 패망은 과장되게 얘기하면 이 실책부터 시작되었다고 해도 과언이 아니었다. 일본은 그 당시 바다에 떠 있는 적의 항공모함을 찾아 공격하는 것을 최우선 목표로 잡아야 했는데, 정찰기가 적의 항공모함을 찾는 것에 어려움을 겪자 1942년 6월 4일 일본군은 미드웨이섬을 먼저 공격하는 뻔한 실수를 저지른다. 일본군이 애초에 이곳에 출정한 것이 미드웨이섬의 비행장을 망가뜨리는 것이 목적이었으므로, 충분히 이해가 가는 면도 없는 것은 아니지만 일본군은 자신의 전략을 처음부터 노출하는 큰 실수를 저지르게 된다. 일본군 지휘부는 미드웨이는 섬이라서 비행장 시설을 파괴할 수는 있지만 침몰하지는 않는다는 사실을 간과한 것이다. 이와 함께 일본 항공모함에서 발진한 항공기로 인해 일본 항공모함은 자신의 위치까지 고스란히 노출하는 위험에 스스로 처하게 되었다. 그러나 이것을 일본은 대수롭지 않게 생각했던 것으로 보인다. 일단 한쪽의 항공모함 위치가 적에게 발각되면 그다음부터는 적 항공모함을 침몰시키기 위해 자신들의 항공모함에서 발진한 함재기들끼리의 치열한 공중전이 펼쳐지고, 폭탄과 어뢰를 적의 항공모함 위아래로 성공적으로 떨어뜨리려는 공격기와 이를 제지하려는 전투기들의 공중전이 적의 항공모함이 치명타를 입을 때까지 한동안 계속된다. 항공모함전은 전술한 것과 같이 교전 중이나 후에 누가 성공적으로 어뢰나 폭탄으로 상대편 항공모함에 치명적인 피해를 줄 수 있는가에 의해 승부가 결정 나는, 어쩌면 단순한 전투 상황이라고 할 수 있다.

예상대로 시작을 아마추어처럼 잘못 지시한 일본 함장의 실수로, 자신의 위치를 고스란히 노출한 일본의 항공모함이 거짓말처럼 차례로 침몰하게 된다. 미드웨이섬과 엔터프라이즈, 요크타운 항공모함에서 발진한 급강하 폭격기가 전략적 오판으로 자신의 위치를 스스로 알려준 여러 대의 일본 항공모함을 발견하자마자 공격을 개시하여, 일본 연합 함대 소속의 항공모함 가가, 아카기, 소류는 치명적인 타격을 입고 금세 전투 불능 상태에 빠지게 된다. 불과 6분에 걸친 짧은 시간에 3대의 항공모함이 격침된 것이다. 이렇게 미 해군은 미군 전사뿐만 아니라 태평양 전쟁을 비롯한 그 어떤 전쟁사에서도 유례를 찾아볼 수 없는 실로 엄청난 전과를 불과 몇 분 사이에 올리게 된다. 전사를 취급하는 이에 따라서는 미군이 우연히 일본 항공모함을 발견한 것으로 기록하고 있지만, 그것보다는 미국이 이미 일본의 암호를 해독하고 있었고 그와 더불어 일본이 먼저 미드웨이섬을 공격하면서 자신의 위치를 노출해버린 일본군 전략의 참패라고 할 수 있다. 일본으로서는 그 짧은 시간에 3대의 항공모함을 잃어버림으로써 승부는 이미 빼앗긴 것이고, 이제 일본 지휘부의 남은 선택은 그나마 온전한 히류 항공모함만이라도 보전하기 위해 신속하게 후퇴하는 것과 적에게서 받은 피해를 앙갚음해 주기 위해 출격을 강행하는 결정만 남게 되었다. 이제 일본군에게 남은 것은 히류 항공모함 단 한 대였다. 야마구치 다몬 소장이 탑승한 히류는 대단하게도 도주 대신 3대의 항공모함이 받은 피해를 갚아 주기 위해 과감한 정면 돌파를 선택한다. 일본 정찰기가 부지런하게 비행하며 요크타운 항공모함의 위치를 알려주자 치열한 공중전 후 히류에서 발진한 함재기에 의해 어뢰 2발이 요크타운에 명중한다. 산호해 해전에서 대파되었지만, 진주만의 막강한 정비력으로 열흘 만에 미드웨이에 출동했던 요크타운의 운명은 여기까지였다.

하지만 홀로 분전하며 자신의 위치를 노출한 히류의 운명도 오래가지 못했으니, 일본군은 같은 날 미드웨이에 출전한 4개의 항공모함이 모두 침몰하는 악몽같은 대패를 당하게 된다. 일본은 4대의 침몰한 항공모함과 함께 모함을 잃은 300대 이상의 함재기가 격추되거나 수몰되는 피해를 보게 되는데, 이는 한 번의 전투에서 일어난 최대의 피해로 태평양 전쟁사에 기록된다. 이는 단순히 4대의 항공모함이 침몰한 것이 아니었다. 그동안 고된 훈련으로 숙련되었던 항공모함 승무원과 잘 훈련받은 함재기 조종사 모두를 잃는 것이어서, 일본으로서는 돌이킬 수 없는 뼈아픈 패배가 될 수밖에 없었다. 또한, 일본은 이번에 출격한 항공모함 모두를 바닷속에 수장시키면서 항공모함에서 발진한 함재기까지 모함을 잃고 조종사와 함께 태평양 바닷속으로 모두 사라지게 되는 피해를 입는다. 그에 반해, 미군은 요크타운 항공모함 한 대의 손실만 기록하게 된다. 더구나 파손된 요크타운 항공모함 승무원들을 주변 함선에서 구조에 나섬으로써 인력 손실을 최소화할 수 있었는데, 이런 점은 향후 태평양 전쟁에서 미국이 전력을 보존하고 상승시키는 데 큰 역할을 하게 된다. 만약 미드웨이 해전에서 미 해군이 입장이 바뀌어 자국의 항공모함 3대가 파괴된 엄청난 피해를 받았더라면, 미군은 일본과 다르게 모함을 잃은 함재기를 수습하고 침몰한 항공모함 승무원들을 구조하는 활동에 집중하였을 것이다. 왜냐하면 전투는 끝났지만, 전쟁은 끝나지 않았기 때문이다.

지휘관의 순간적인 판단 착오로 빚은 끔찍했을 미드웨이 해전의 결과는 일본의 국력으로는 쉽게 복구될 수 없는 막대한 손실이었다. 앞에서도 언급하였지만 일본에게 더 치명적이었던 것은 항공모함은 어찌 보면 시간이 좀 걸리더라도 만들어낼 수 있지만, 그동안 숙련된 일본 항공모함 승무원과 함재기 조종사 대부분이 항공모함과 함께 수장됨으로써 숫자상으로 드러나는 규모보다 더 큰 피해를 받았다는 사실이었다. 이는 시간이 지난다 해도 복구되지 않는 재해에 가까운 수준으로, 당시 일본군의 입장에서는 미드웨이 해전의 패전이 얼마나 뼈아팠는지 이 해전의 결과를 한동안 함구하며 남은 일본군의 사기가 떨어지지 않도록 고심했다고 한다. 충격적인 전투 결과에서 보듯 조금 과장되게 표현하면 일본 제국의 운명은 이 해전 한 번으로 결정되었다고 해도 과언이 아닌데, 그때까지 기세등등하게 하늘을 찌르던 일본군의 사기와 용맹스러운 전투력이 이 전투 한 번으로 수그러들기 시작한 것이다. 1942년 전반기는 미국이 아직 제2차 세계대전에 본격적으로 뛰어들기 전이라 미국 내 군수 산업이 자리를 잡기 전이어서, 다소 엇비슷해 보이던 양국의 항공모함 전력은 이 한 번 해전의 결과에 따라 심리적인 우위와 함께 미국 쪽으로 급격하게 기울게 된다. 이 해전의 충격으로 이후 일본은 수적 우위를 확보하지 않는 한 미국과의 강 대 강 대결을 지양하고 미 함대를 유인하거나 기습하는 전술만을 사용하게 된다. 한 번의 전투로 생각보다 많은 것을 잃은 일본은 비록 몇 개월에 불과하지만 미국과의 대결에서 대등한 전력을 유지하고 있음에도 불구하고, 심리적인 패배의 후유증을 극복하지 못하고 끝내 태평양 전쟁에서 패전하고 만다. 그리고 미드웨이 해전 당시 제1 항공함대 장관이었던 나구모 주이치 사령관은 이 전투 실패의 책임을 지고 자리에서 물러날 수밖에 없었고, 후에 그는 사이판에 부임하게 되는데 이 전투마저 패배하자 자결함으로써 스스로 생을 쓸쓸하게 마감하게 된다.

한편, 미드웨이 해전 승리를 가져온 요인을 분석하면서 언급할 수 있는 것은 여러 가지가 있겠지만, 필자는 항공모함전에서 가장 중요한 비행기 조종사의 운용

방식에 대한 양국의 확연한 차이를 먼저 지적하고자 한다. 어쩌면 이런 작은 전쟁 수행 방식이 종국에는 전쟁의 결과에까지 영향을 주게 되는 것으로, 일본 지휘부가 갖고 있던 전쟁관이 전쟁 결과에 큰 영향을 끼치게 되었다고 할 수 있다. 그 예로 태평양 전쟁이 진행될수록 계속되는 일본군 비행기 조종사의 막대한 손실은 상대국 미국과 큰 차이를 보여 주고 있는데, 이는 일본이라는 나라가 전쟁과 전쟁을 수행하는 군인에게 어떤 신념을 요구하고 있는가에서 그 원인을 찾을 수 있다. 우선, 일본은 일본의 주력 전투기인 제로센의 무게를 줄이면서 전투기로서의 민첩성을 높이고 적은 연료 소모로 항속 거리를 늘리는 장점을 선호했다. 하지만, 조종사를 보호해 줄 방탄 장비 등을 소홀히 함으로써 교전 중 받을 수 있는 약간의 피해에도 일본 전투기와 조종사는 치명적인 타격을 받을 수밖에 없었는데, 이는 비행기 조종사를 하나의 소모품처럼 여기는 일본 지도부의 생각이 비행기 구조에도 반영되었다고 생각된다. 또한 이에 못지않은 다른 원인으로, 일본 대본영은 개전 초부터 미국과의 전력 차이를 단기간에 극복하기 위해 안전한 임무 완수와 귀환보다는 조종사들이 충분히 위험에 노출될 수 있는 모험적인 작전을 계속 벌이게 된다. 결과적으로 무사 귀환을 장담할 수 없는 작전에 조국애와 용맹만을 강조하여 병력을 투입한 결과, 이는 숙련된 조종사들이 급격하게 줄어드는 결과로 나타났다. 당연히 향후 전개되는 작전에서 투입된 비행기 숫자에 비해 목표 완수가 점차 어려워지게 되면서, 그 자리를 채운 조종 기술조차 터득하지 못한 신참 조종사들은 숙련된 미군 조종사들에게 쉬운 요격 대상이 될 수밖에 없었다. 그래서일까, 전쟁이 종반으로 치달을수록 미군에 비해 숙련된 일본군 조종사가 점점 사라지게 되면서 당연히 일본군의 작전 수행 능력은 점점 떨어지게 되었고, 대등한 전력이 붙은 전투에서도 일본군은 더 치명적인 피해를 입고 패배하는 경우가 더욱 늘어가게 된다. 결국, 일본은 태평양 전쟁 후반에는 충분한 비행 훈련을 받지 못한 조종사를 전쟁터에 보낼 수밖에 없었고, 자연스러운 결과로 초보 조종사가 걸음마를 떼기도 전에 교전 중에 사망하는 경우는 더욱 늘어나게 되었다. 제2차 세계대전 교전국들 대부분이 수많은 에이스를 다수 배출했던 것과 비교하여, 유독 일본군 소속 에이스들을 보기 드문 이유는 위와 같은 사정이 고스란히 조종사의 수명을 단축시키고 경험을 쌓을 기회를 박탈했던 그 이유가 되었다고 할 수 있다.

이런 일본군 조종사들의 전력 불균형의 단적인 예로는 1944년 6월경에 벌어진 마리아나 해전을 들 수 있는데, 일본군의 입장에선 이 해전은 좀처럼 교전을 벌이지 않고 수세에 몰리던 상황에서 당시 항공 부대의 모든 전력을 쏟아부을 정도의 마지막 승부수로 선택한 전투였다고 한다. 하지만 기대는 허무한 결과로 나타났는데, 점점 벌어지는 전력 차이를 감안하더라도 일본이 동원한 750기의 항공기 중 600여 기를 잃는 대패를 당하게 된다. 그에 비해 미군의 피해는 연료 부족으로 불시착한 80기를 포함하여 123기가 전부였다고 한다. 그 당시 동원했던 항공모함은 경항공모함을 포함해서 일본군이 9척이었고 미군은 항공모함 15척에 함재기 숫자는 950대였다. 그 외 다수의 중순양함과 경순양함들, 그리고 58척의 구축함과 28척의 잠수함이 있었다. 후반기의 전투 상황을 비슷하게 반영하듯, 미군의 막강한 전력에 노출된 일본군 초보 조종사들은 실전에서 적기를 격추하기는커녕 살아남는 것조차 어려운 상황이 전투마다 계속되면서, 어쩌다 운 좋게 살아남아도 여러 차례 전과를 올리며 일본군 에이스로 성장하는 것은 꿈도 꿀 수 없을 만큼 전투 상황은 가혹하기 이를 데 없었다. 이 전투에서 일본은 미 해군의 잠수함 어뢰 공격으로 항공모함 3대를 더 잃으면서, 항공모함 기반 전투에서도 일본은 더 이상 미국의 상대가 되지 못한다는 것을 증명해 주었다.

계속되는 패전으로 손실된 전력을 회복하지 못하는 경우가 더욱 늘어나자, 전력 차이가 확연하게 드러나기 시작하는 태평양 전쟁 말기가 되면서 일본 대본영은 끔찍한 일을 계획하게 된다. 일본 지도부는 기가 막히게도 기왕 격추될 거라면 적에게 치명상을 입히고 조국을 위해 한 몸 바칠 수 있는 가미카제 특공부대까지 창설하기에 이르게 된다. 일본 지도부의 생각은 이런 것이었다. 실전에서 격추되는 비행기 숫자가 점차 늘어나자 어차피 격추되느니 옥쇄(玉碎)[15]하여 조국을 위한 거룩한 순교를 종용하는 것이었다. 이런 절박한 상황을 반영하듯, 조국의 패

---

15) '옥처럼 아름답게 부서진다.'는 뜻으로 공명이나 충절을 위하여 깨끗하게 죽음을 이르는 말이다. 이 단어는 마치 일본 천황을 위해 죽는 것을 미화하는 표현으로 보이기도 하지만, 관용적 표현이고 적절한 표현도 보이지 않아 이 책 속에서는 옥쇄라는 단어를 주로 사용하고자 한다.

망이라는 절망적인 상황에 가까워지자 어떤 특공대원은 고작 6시간 정도의 비행 훈련만 마친 채 임무에 투입되기도 했다고 한다. 일본의 기록으로는 종전 시까지 총 2,367대의 특공대원이 공포의 작전을 수행했는데, 특공 작전에 동원된 특공대원 중 약 20% 미만의 인원 정도만 표적을 명중하였고 나머지는 비행 도중 격추되었다고 한다. 실제로 이 자살 특공부대의 공격으로 미 군함 약 40척이 침몰당하여 미군에게 군사적으로나 심리적으로 상당한 위협을 주었다는 것은 거부할 수 없는 사실이나, 이런 무모한 작전만으로는 전쟁의 큰 흐름을 되돌릴 수는 없었다.[16] 이렇게 전쟁 말기 정상적인 판단력을 잃은 일본 대본영에 의해 저질러진 가미카제 특공부대는, 서로를 죽고 죽이는 전쟁의 비인간성과 잔인함을 넘어서는 인명 경시의 범죄로 기억될 수 있을 것이다. 더 나아가 기상천외하고 비장함만으로는 충분히 설명할 수 없는 일본 지도부의 이러한 생각은 전쟁이 가져다주는 비정한 단면을 보여 주는 것으로, 대본영은 조국을 위한다는 피하지 못할 명분을 앞세워 자국 젊은이들의 목숨을 국가가 나서서 공식적으로 앗아가는 반인륜적인 전쟁 범죄를 이어가게 된다.

일본 해군(당시는 공군이 분리되지 않아 해군은 공군을 포함하는 전력으로 이해하면 된다)이 당시 조종사를 인격을 가진 한 인간으로 보는 것이 아니라 전쟁의 소모품으로 보는 예는 일본의 육군에서도 흔히 볼 수 있는 사실이었다. 일명 '반자이(만세) 공격', 즉 총검을 꽂은 소총을 들고 "천황 폐하 만세!"를 부르며 상대편 진지를 향해 돌격 공격을 감행하는 전술이 그것이다. 미군은 이를 '반자이 어택'이라고 불렀다. 대량 살상이 가능한 기관총이 즐비한 상대편 진지를 향한 자살 돌격은 처음에는 미군에게 큰 공포감을 주게 되지만, 온몸으로 총탄을 받아내며 엄청난 희생을 감수해야 하는 돌격 작전은 그야말로 적에게 전쟁의 광기를 제대로 보여 주는 것 외에는 아무런 효과가 없는 전술로 인정되고 있었다. 그런데도 엄청난 인명 손실을 담보로 하는 이런 이해할 수 없는 전술이 일본에 의해 태평양 전쟁 내내 행해졌던 이유는, 국력과 자원이 부족한 일본이 대국인 미국을 상대로 최대한 빨리

---

16) 保阪正康 저, 정선태 옮김, 『쇼와 육군: 제2차 세계대전을 주도한 일본 제국주의의 몰통』, 글항아리, 2016. p. 764.

전쟁을 끝내야 한다는 조바심에 이런 불리할 수밖에 없는 전술을 꺼내 들었던 것으로 보인다.

정말이지, 러일전쟁 당시에나 통할 것 같은 반자이 공격을 태평양 전쟁 중에도 계속 밀어붙인 대본영은 여러 번의 실패를 통해 전략을 바꾸어야 했지만, 오히려 일본군 지휘부는 전략의 실패라기보다 정신력이 부족해서 전투에서 졌다고 판단하며 야간을 이용한 반자이 돌격 전술을 좀처럼 수정하려고 들지 않았다. 도대체 촘촘하게 마련된 십자포화 앞에 이런 자살 공격을 왜 계속해서 쓰는지 미군은 의아해했지만, 그들의 변함없는 전술 앞에 미군의 방어 전술은 나날이 발전을 거듭하고 있었다. 일찍이 같은 전술을 고수하다가 무너진 할힌골 전투에서의 실패경험은 그저 병사들의 정신력 부족으로만 치부되었고 거기에서도 전혀 교훈을 얻지 못했던 것이다. 일본은 정작 자신들의 정신력은 미국보다 뛰어나기 때문에 전술과 무기를 논하기 전에 우리의 야마토 정신(大和魂)만은 변함없다는 것이었다. 하지만 일본 스스로 자신의 잘못을 깨달았을 때는 이미 상당한 희생을 대가로 지불한 후였다.

물론, 일본이 전력이 우수한 상황에서 무모하게 반자이 공격을 감행했던 것은 아니었다. 반자이 공격은 어디까지나 일본군의 입장에서는 더 이상 일반적인 공격으로는 상황을 자신에게 유리하게 가져오는 것이 불가능할 때 감행하는 일종의 최후의 전술이었는데, 가령 식량과 보급품이 떨어진 상태에서 고립된 일본군 부대가 식량이 바닥나기 전에 마지막으로 시도하는 옥쇄 작전이었다. 이 반자이 공격이라는 최후 공격을 감행한 것은 사이판 전투(1944년 6월)가 유명한데, 사이판 전쟁 후반기 전력에서 밀린 일본군이 더 이상 버틸 수 없다고 생각하자 남아있는 4천여 명에게 사이토 중장이 최후의 돌격 공격을 명하게 된다. 대략 4천 명이 동원되었다고 추정되는 이 반자이 공격은 태평양 전쟁 사상 최대의 자살 돌격이었는데, 사실 사이판에 거주하던 민간인까지 죽창을 들고 뛰어들 정도로 공격 명령은 거부할 수 없는 엄연한 집단 자살 강요였다. 포로가 되는 것을 최대의 치욕으로 생각했던 일본군에게 남은 선택은 사실 이것 외에는 없어서, 이 대규모 자살 공격에 압도되어 미 육군 105연대에서도 650명의 사상자가 발생했다고 한다. 결과는 4천 명이 넘는 일본군의 전멸과 사이토 중장을 비롯한 일본 지휘관들의 할

복자살이었다.

일본은 더 이상 전투를 이어가는 것이 불가능하다고 느끼는 마지막에, 어떻게 반자이 공격으로 전멸을 선택해야 하는지 궁금증을 자아내던 터에 사이판 전투가 벌어진 후 일어난 일에서 그 해답을 찾을 수 있게 된다. 사이판 전투 당시 마지막 반자이 공격인 옥쇄로 남아있던 병력이 전멸하자 남아있던 민간인 1만 명은 포로로 잡히는데, 기가 막히게도 일본 천황 히로히토는 사이판 민간인들에게까지 자살을 권고하는 칙명을 내리게 된다. 이 명령을 받고 자살한 주민은 사후 천황을 위한 전사자와 같은 예우와 명예를 누릴 수 있다는 것이다. 이것은 포로로 잡히는 것을 금기시했던 일본의 전통이 군을 넘어서 민간인까지 적용되었다는 것이 사실로 증명되는 장면이었다. 또한, 그 방식이라는 것도 전쟁이라는 특수성을 감안하더라도 너무도 잔인했다. 일본 제국주의 시절, 상관의 명령은 천황의 명령과 같아서 이를 거역하는 것은 천황의 명을 거역하는 것으로 간주하여 이를 거스른다는 것은 있을 수 없는 일이었다. 하물며 직접적인 천황의 명령이라면 어느 누가 반발할 수 있단 말인가. 실제로 천황의 권고를 받은 1천 명이 넘는 주민들이 '만세 절벽(자살 절벽이라고도 한다)'에서 뛰어내려 자살했다고 하는데, 그와 반대로 차마 자살하지 못한 주민들은 천황의 자살 명령을 따르지 못했다는 사실과 자살로 먼저 떠난 주민들 때문에 죽을 때까지 능욕을 피할 수 없었다고 한다. 그들의 논리대로 명예로운 죽음을 선택한 사람들과 다르게 차마 목숨을 끊지 못해 굴욕적인 생존을 선택한 사람들이 전후 일본 사회에서 얼마나 치욕을 강요당했을지, 일본 사회가 그들에게 강요했던 방식만큼이나 치졸했을 그들의 자살 강요는 비정상적인 제국주의의 그늘을 제대로 보여 주는 상징적인 장면이라고 할 수 있다. 그렇게 전 주민에게 자살하라는 망언 아닌 명령을 아무렇지도 않게 발표한 천황은, 종전 후에는 사뭇 비장했던 모습과 다르게 맥아더 장군과 함께 찍은 사진 속에서 태연하게도 초라하고 심지어 나약해 보이기까지 했다. 일본 국민들에게 자살을 강요하며 누구보다도 강인해 보였던 천황의 모습은 적어도 사진 속에서는 찾아볼 수 없었다.

맥아더와 히로히토 천황이 처음 만난 1945년 9월 27일에 찍은 사진. 의도적으로 천황의 존재를 깎아내리려는 저의를 충분히 갖고 있었던 맥아더의 사진 촬영 장면 때문에, 일본은 이 사진을 한동안 국내에서 사용하지 못하도록 했다고 한다.

반자이 공격은 그 성공 여부와 성과를 떠나서 병사 개개인을 전쟁 소모품으로 생각하는 일본 대본영이 가졌던 생각을 엿볼 수 있는 사례가 되었고, 승리가 아니면 죽음밖에 없다는 일방적인 전쟁 수칙은 작전상 후퇴하여 후일을 도모하지 않고 전 부대원이 옥쇄로 사라지는 것을 택하도록 강요하게 되면서, 전쟁이 길어질수록 일본의 전력을 크게 떨어뜨리는 원인이 되기도 했다. 이처럼 일선 지휘관에 의해 감행된 이 반자이 공격은 자신이 충분히 용맹하고 정신력이 강하다는 것을 보여 주려는, 허세를 흉내 낸 전술 외에는 전략적으로 큰 의미가 없는 공격 형태였다. 흡사 반자이 공격은 제1차 세계대전에서 참호와 참호 사이를 온몸으로 오가며 했던 전술을 닮았으나, 그 당시의 방어용 무기에 비해 월등하게 발전한 제2차 세계대전의 무기 앞에 반자이 공격은 앞에서 언급한 자살 특공대와 별반 다르지 않은 일본 대본영의 엇비슷한 인명 경시 전술의 하나라고 생각된다. 제1차 세계대전 이후 기관총이 더욱 발전하면서 이 단순한 돌격 전술은 아무런 효과가 없는 자살 공격이 되어 이미 가치를 잃어버린 전술이었다. 과연 불을 뿜는 상대편의 기관 총구를 향해 달려들 수 있으려면 얼마나 많은 두려움을 극복해야 한단 말인가. 괴성 섞인 함성과 함께 마음 한구석에 있을 작은 두려움이라도 극복되길 바라면서 시작되는 반자이 돌격은 금세 비명 가득한 지옥으로 변한 전쟁터를, 집단 자살을 방불케 하는 몰살의 현장으로 바뀌게 한다.

이오지마 수리바치산(Mt. Suribachi)에 성조기를 꽂는 미 해병대(1945년 2월 23일). 연출한 느낌이 없진 않지만 태평양 전쟁 당시 미군의 역동성과 승리에 대한 염원을 보여 주는 상징적인 사진이다.

하지만 반자이 공격이 태평양 전쟁 내내 운용된 것은 아니었다. 반자이 공격의 무용성은 이오지마(Iwo Jima) 전투에서도 증명되는데, 당시 일본 수비군 사령관인 쿠리야바시 타다미치 중장이 그간 쓸모없는 자살 공격인 반자이 공격을 금지하고 동굴이나 벙커에서 참호전을 계속하자, 태평양 전쟁에서 유일하게 일본군보다 미군의 사상자가 많이 나오는 전과를 올리게 된다.[17) 미국 입장에서 이오지마

---

17) 이오지마 전투에서는 일본군 전사자가 미군 전사자보다 3배나 많았지만, 특이하게 미군의 사상자(전사자와 부상자를 모두 포함할 경우)가 일본군 사상자를 초과하는 태평양 전투 초유의 참극이 벌어졌다. 이 전투에서 미군 6,821명이 전사하고 19,217명이 부상당했으며, 일본군은 18,375명이 사망하고 216명이 포로가 됐다. 추가로 일본군 3,000여 명이 실종됐다.

전투는 태평양 전쟁의 전투 중 가장 격렬한 전투로서 기록에 남겨진다. 미군은 쉽게 항복하지 않는 일본군이 숨어든 땅굴 진지를 일일이 찾아 수류탄이나 화염 방사기를 사용하며 힘든 전투를 치러야 했다. 수리바치산 점령 후 산 정상에 성조기를 꽂는 해병대의 역동적인 장면은 힘들었던 전투 과정만큼이나 태평양 전쟁사 중 값진 승리의 영광스러운 장면으로 남았다. 나중에 그 성조기를 꽂은 해병대 6명 중 3명이 남은 전투에서 전사했다고 하는데, 이는 그만큼 이오지마 전투가 치열했다는 것을 보여 주는 증거라고 생각된다.

이 반자이 전술은 일본군뿐만 아니라 독소전 초반 당시 화력의 열세를 절감한 소련군에 의해 자주 감행되기도 했는데, 꾸준히 소련군의 피해가 독일군에 비해 월등했던 것은 예비 포격 후 보병들의 이런 단순한 돌격의 영향이 아닌가 하는 생각을 해 볼 수 있다. 그러나 이런 저돌적인 돌격 공격도 소련군이 점점 우세를 점하게 되는 후반기로 갈수록 점차 시들해지게 되는데, 이런 상황을 잘 보여 주는 것이 영화 〈에너미 앳 더 게이트(Enemy At The Gates)〉(2001)이다. 이 영화에서 주인공인 바실리 자이체프는 스탈린그라드에 도착하자마자 소총도 지급받지 못한 상태로 돌격 공격을 명령받는데, 어쩌면 무모해 보이는 이 작전을 어쩔 수 없이 감행해야 했던 독소전 초반기의 어려웠던 소련군의 분위기를 잘 나타낸 영화라고 할 수 있다. 아울러, 우리에게 아픈 기억으로 남아있는 6·25 전쟁 당시 중공군에 의해 자행된 '인해 전술'은 일본의 반자이 공격과 함께 돌격 공격의 교과서라고 할 수 있다.

패전이 거듭되면서 패망에 몰린 일본이 선택할 수 있는 것은 전사 아니면 옥쇄뿐이었는데, 이렇게 극단적인 부대를 유지하게 된 배경에는 태평양 전쟁 당시 적의 포로로 잡히는 것은 꿈에도 생각지 않았던 규율이 지배하던 군대가 일본군이었기 때문이었다. 그래서인지 일본군은 자신에게 포로로 잡힌 영국군과 미군에게 치욕을 강요하고 죄인보다 더한 취급을 하며 죽도록 사역을 강요하는 반인륜적인 전쟁 범죄를 서슴없이 저지르고 만다. 일본 입장에서는 전사하지 않고 항복이라는 불명예를 선택한 포로는 이미 존중을 받을 수 없는 존재로 함부로 다루어도 괜찮은 대상으로만 보였던 것이다. 1943년 10월에 완공된 '콰이강의 다리' 건설에 동원된 영국군 포로에게 행해진 일본군의 노동 강요와 학대에서, 일본이 전쟁에

임하면서 가졌던 기본적인 사상과 상대국과 포로들에 대한 기본적인 예우를 엿볼 수 있게 된다. 결국, 항복을 배우지 않았고 포로가 되는 것을 명령하지 않는 일본군에게 있어서 '반자이'는 옥쇄를 의미했다. 포로로 잡힐 수밖에 없는 극한 상황에 처하게 되면 일본 지휘관은 전 부대원에게 옥쇄를 명령하고, 그 명령을 받은 일본군은 한 명의 낙오자 없이 마지막 '반자이 의식'인 자살 공격을 강행한다. 그리고 자살 공격을 명령한 지휘관은 자신의 지휘소에서 할복함으로써 자신의 명예를 지켰다고 믿는 것이다.

포로로 잡히면 미군에 의해 가혹한 보복을 당할 것이라는 기대와 다르게 일본군 포로들에게 음식뿐만 아니라 부상자들을 위한 치료까지 해 주었지만, 그런 행운을 누리는 일본군은 극히 드물어서 미군에게 포위당한 일본군 중 전사와 자살 외에 항복을 선택한 것은 채 1%도 미치지 못할 정도로, 태평양 전쟁 내내 최악의 상황에 직면했을 때 일본군 스스로 전멸이라는 끝을 선택하는 것에는 예외가 없었다. 전통적으로는 주군을 지키지 못한 사무라이는 주군과 함께 최후를 맞이하여, 할복자살하는 것을 명예로 생각하는 오랜 전통을 무시할 수 없는 것은 아니지만, 전쟁이 끝나고 나서야 일본 국민들은 자신들에게 강요된 생각들이 얼마나 잘못되었는지를 깨닫게 되었다. 일본 지도층은 우리나라와 같은 식민지 국민들에게 더없이 가혹했지만, '옥쇄'와 '반자이 의식'을 강요하는 등 자국민들에게도 참 몹쓸 짓을 많이 했다는 것을 알 수 있다. 더 나아가 일본의 '반자이'는 앞에 적이 없어도 자행되기도 했다. 1944년 10월 25일 레이테만 해전에서 진주만 기습 공격에도 참가했던 일본의 즈이카쿠 항모는 적의 어뢰 공격으로 침몰하게 되는데, 카이주카 다케오 함장과 842명의 일본 해군 수병들은 패전의 합동 옥쇄를 결심하고 바닷속으로 '반자이'를 외치며 사라진다. 이 장면은 전쟁의 공포와 집단 최면 의식을 제대로 보여 주는 상징적인 사건이라고 생각된다.

결국, 미드웨이 해전 이후 일본은 미국과의 교전에서 전술적인 우위를 한 번도 차지하지 못하고 수세에 몰리게 된다. 더불어 미드웨이 해전 이후부터는 미국 내의 군수 산업이 완전히 가동되어 태평양 전쟁에 필요한 항공모함과 비행기를 충분히 공급해 주었던 것에 비해, 일본은 교전에서 침몰하는 항공모함과 전선의 손실률에도 맞추지 못하는 낮은 생산율로 인해 전쟁의 승패는 이때부터 한쪽으로

만 기울게 된다. 미국의 군수 산업이 절정에 달했을 때 미국은 월간 1,000대의 전투기를 전선에 투입했다고 하는데, 그것에 비해 섬나라의 특성상 자원의 대부분을 외부로부터 들여와야 하는 일본은 제해권마저 미국에게 빼앗기자 전시 생산력이 바닥을 면치 못했던 것이다. 연합 함대 사령장관이었던 야마모토가 처음부터 미국과의 전쟁을 반대하며 우려했던 국력의 차이로 발생하는 전력의 불균형이, 전쟁을 시작한 지 1년도 안 돼 현실로 나타나기 시작한 것이다.

한 예로 1943년 한 해 동안 일본은 미군의 공격으로 370만t 가까이나 되는 배가 침몰했지만, 그에 반해 건조는 51만t에 불과했고, 태평양 전쟁이 극에 달했던 1944년에는 370만t 가까이나 되는 배가 침몰했으나 건조는 107만t 수준을 결코 넘지 못했다. 이 사실은 자원 빈국인 일본이 바다를 통한 원조가 제한을 받게 되자 고립된 섬나라의 한계와 그로 인한 장기적인 전쟁 수행의 어려움을 여실히 보여 주었던 장면이라고 할 수 있다. 더구나 태평양 전쟁의 마지막 해인 1945년에는 상황이 더욱 악화되어, 7개월 반 만에 172만t이나 침몰했으나 그 손실을 메워줄 건조는 47만t에 불과했다고 한다. 전문가들에 따르면 일본의 국력을 유지할 수 있으려면 상시 300만t의 선박을 일본의 전력으로 유지해야 했는데, 태평양 전쟁 기간 동안 그것을 유지한 것은 1942년 8월에서 12월까지의 고작 5개월뿐이었다고 한다.[18] 그 말은 결국 1942년에만 미국과 대등한 전력을 반짝 유지했다가 그 시기를 고점으로 1943년 이후 일본의 전쟁 수행 능력은 곤두박질쳤다는 것을 의미한다고 하겠다.

일본과 미국의 태평양 전쟁은 주로 바다와 섬이 주 무대가 된 항공모함 대전이라고 해야 할 것이다. 양국의 땅덩어리만큼이나 군비 생산 능력에서 엄청난 차이를 보여 일본이 태평양 전쟁 기간 동안 26대의 항공모함을 운영했던 것과 비교해, 미국은 미드웨이 해전 당시만 해도 겨우 3대 정도를 운영할 수 있었으나, 전시 산업 체제가 제대로 가동된 후에는 태평양 전쟁 동안 무려 144대의 항공모함을 생산하여 전선에 투입하는 가공할 만한 군비 생산 능력을 보여 주었다. 사실 자원

---

18) 保阪正康 저, 정선태 옮김, 『쇼와 육군: 제2차 세계대전을 주도한 일본 제국주의의 몸통』, 글항아리, 2016. p. 531.

빈국인 일본 입장에서는 본토에 없는 모든 자원은 착취를 통해서만 구할 수 있었기 때문에, 일본은 새로운 전쟁을 일으켜야만 전쟁을 통한 이득으로 번영을 지속시킬 수 있다는 절박함을 갖고 있었다. 한때 일본이 태평양 전쟁 당시 미국과 대등한 전력을 보여 준 것만으로도 기적이라고 할 수 있는데, 일본과 인접해 있어 일본의 주요 수탈 대상이 되었던 한국의 식민지 생활이 태평양 전쟁 말기로 갈수록 더 극심해진 것은 이런 절박한 전쟁 상황이 영향을 주었다고 할 수 있다. 철강 생산 능력만 보아도 미국의 주 하나에서 나오는 철강 생산량이 나치 독일 전체의 생산량을 넘었다고 하니, 일본과 독일이 진정으로 상대해야 했던 미국은 어떠한 방법으로도 극복할 수 없는 존재였다고 할 수 있겠다. 적어도 전쟁 물자 생산 능력에 있어서만큼은 미국을 뛰어넘을 수 있는 나라는 제2차 세계대전 당시에는 없었고 현재도, 앞으로도 없다고 보는 것이 맞는 표현이라고 생각된다. 오일 파동과 무역 전쟁 등 중동과 세계 여러 나라가 미국이 중심이 된 세계를 흔들어 보려는 모든 노력이 결국 큰 힘을 발휘하지 못하는 것은, 결국 그들이 가진 것들은 이미 미국이 충분히 가지고 있다는 엄연한 사실 때문일 것이다.

국력의 차이가 전쟁의 승패를 결정한다고 하는 것은 독일, 일본과 미국의 예를 들어 보면 더욱 확실하게 알 수 있다. 개개인의 병사와 티이거 전차 등의 월등한 독일산 전쟁 무기는 1 대 1로 붙었을 때는 탁월한 비교 우위를 보이지만, 한정된 병력과 자원에 발목이 잡힌 독일은 한꺼번에 밀려드는 소련의 동부 전선과 연합군과의 서부 전선을 감당하지 못하고 무너지고 말았다. 반면, 미국은 사실상 일본과의 태평양 전쟁을 홀로 감당하고 있었고 아울러 서유럽의 영국과 동유럽의 소련까지 '무기대여법'으로 막대한 물자와 병력을 지원해 주고도 결국에는 압도적인 승리를 이끌었다는 면에서, 미국은 과히 세계 전체를 상대로 전쟁을 해도 이길 만한 전력을 보유하고 있다고 해도 과장은 아닐 것이다. 현재에도 군사력에서 초강대국의 위치를 유지하려는 미국의 전략은 그들이 군사비에 쏟아붓는 엄청난 비용만 비교해도 알 수 있다. 기본적으로 세계 2, 3위의 군사력을 보유하고 있는 나라 둘이 합친 전력을 압도할 수 있는 군사력을 보유하는 것이 미국의 기본 전략이고, 더구나 이것은 미국의 국력으로 충분히 유지될 수 있는 수준이라는 것이 더욱더 놀라울 뿐이다. 우리가 미국의 국방비 예산을 빗대어 미국을 '천조국'이라고 하는데, 참고로 미 국방부의 2019 회계연도 예산은 7,160억 달러(약 808조 원)로 중국의 4배, 러시아의 10배 정도의 규모이다. 그런 의미에서 전 미국 합참의장 마틴 뎀프시(Martin Dempsey)가 말한 "미국을 상대하려는 자, 신(神)을 먼저 이기고 올라와라."가 그저 허세로 안 보이는 이유는 그런 자신감을 넉넉하게 지원해 줄 든든한 군사력이 있기 때문일 것이다. 과거 두 차례의 세계대전을 승리로 이끌고 승승장구하던 미국은 중국과 한반도 그리고 베트남에서 연이은 실패와 미완성을 경험하자 한 때 미국의 세계 지배 야욕은 한풀 꺾이기도 했지만, 자본주의에 기반을 둔 강력한 군사력으로 예전에는 물리적인 힘만을 강조하여 상대방에게 굴복을 강요하였다면, 이젠 강온 외교 전략을 총동원하여 오히려 미국 중심의 세계를 지속시킬 수 있는 저력을 발휘하게 된다.

미드웨이 해전 대패 후, 일본 대본영은 남아있는 민과 군의 사기를 생각해 전과를 축소하거나 은폐하기에 급급해진다. 이는 황군은 패하지 않는다는 것을 신앙처럼 믿고 있었던 일본군의 사기 저하로 인한 전투 수행 능력 급감을 염두에 둔 조치였지만, 이런 행동은 결국 현 상황을 인정하지 않으려는 지휘부에 의해 오류를 계속 번복하는 전략적인 실수로 나타나게 되었다. 때론 잘못된 정보로 인해 앞선 실패를 교훈으로 삼지 못하거나 자신의 실력을 실제보다 과신하는 작전을 펼치면서, 앞에서 겪었던 패전의 상황이 그대로 재현되기도 했다. 태평양 전쟁 당시 일본군 지휘부처럼 외면하고 싶은 진실이라도 덮어두거나 왜곡해서는 현 상황을 제대로 극복할 수 없는 법이다. 패전을 통해 교훈을 얻지 못한 일본군의 현실과 한계는 미드웨이 해전이 끝나고 벌어진 과달카날에서 바로 드러나게 된다.

나. 과달카날 - 조선(한국)인 징용자의 무덤

과달카날(Guadalcanal)은 길이 약 147㎞, 좌우 폭이 약 40㎞ 되는 솔로몬 제도 남단에 위치한 섬으로 일본 본토로부터는 무려 6,000㎞나 떨어진 곳이다. 어쩌면 일본으로서는 그만큼 일본의 국력이 미치는 범위를 최대한 넓게 잡아서 일본 제국의 위용을 드러낼 수 있는 여지를 보여 주었지만, 그것부터가 일본의 국력을 한참 넘어서는 것으로 일본은 처음부터 자신의 능력을 과신하게 만든 처음의 성과에 고무되어 과달카날이라는 남방의 섬을 공략하기에 이른 것이다.

1942년 1월 일본군은 뉴브리튼섬의 라부울에 진출하여 이곳을 거점으로 남방 요충지의 제압을 노리게 된다. 이 섬을 주목한 것은 일본 해군이었고 비행장을 건설할 수 있다면 미국과 오스트레일리아의 연락선을 끊고 남태평양의 제공권을 확보할 수 있다는 판단이 그들이 이 섬을 점령하게 된 이유였다. 과달카날 비행장 건설은 일본 해군의 단독으로 진행되었기 때문에 나중에 과달카날이 미 해병대에 의해 함락된 후에야 일본 육군도 과달카날에서 시작된 일본 해군의 계획을 알게 된다. 심지어 일본 육군은 지원을 요청받았을 때조차도 과달카날이라는 지명뿐만 아니라 어디 있는지조차 알지 못했을 정도였다. 이를 통해 태평양 전쟁에서 소문처럼 나돌았던 일본 육군과 해군 사이의 비협조의 단면이 사실로 드러나게 되었다. 해군은 5월, 항공 기지 건설을 목적으로 건설 노무자 약 2,500명과 경비대 150명을 선발대로 파견하게 된다. 처음 파견된 규모를 통해 비행장 공사의 주목적은 점거보다는 건설에 치우쳤다는 것을 알 수 있는데, 완공 후의 점유를 위한 육군의 협조는 상황을 보고 차후에 결정하려고 했던 것 같다.

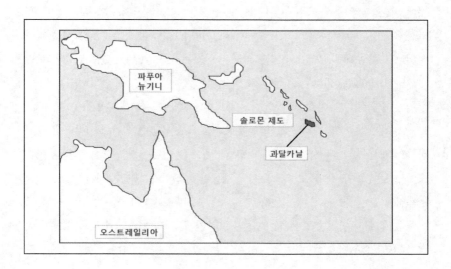

그런데 우리는 과달카날 전쟁을 말하기 전에, 비행장 건설에 참여한 건설 노무자 2,500명 중 2,400여 명의 조선인 징용자의 수에 주목하게 된다. 과달카날섬에서의 조선인 강제 노역에 대한 내용도 사실 일본 군의관 아소 테츠오의 증언에서 비롯되었는데, "당시 일본군 비행장 건설에는 조선인 2,400여 명이 강제로 노역했고, 섬 위안소로 붙들려 오던 조선인 여성 7명이 탄 수송선은 적의 공격으로 격침되었지만, 전원 구출되어 라바울 수용소로 보내졌다."는 그의 발언을 통해 조선인 노무자가 있었다는 것과 그 규모를 짐작할 수 있을 뿐이다. 처음부터 태평양 섬 가운데 하나인 과달카날에서 열대 밀림을 걷어내고 거의 맨손으로 비행장을 건설해야 하는 작업은 생각만 해도 매우 고된 작업이었을 것이다. 몇 안 되는 일본인들이 주로 관리를 맡았다면 강제로 끌려왔을 식민지 백성인 조선인들은 건설 노무자의 역할을 맡았으며, 충분한 식량 제공이나 휴식 등을 제공받지 못한 채 공사 내내 하나의 소모품처럼 다뤄졌을 것이다. 이들이 얼마나 죽었는지, 살아서 누가 본국으로 돌아올 수 있었는지에 대한 기록은 어차피 일본이 기록을 독점하고 훼손하는 현실에서 어느 것도 제대로 남아있지 않다고 할 수 있다. 다만 상황을 미루어 짐작할 수 있는 점은, 미군이 상륙하여 전투가 벌어졌을 당시 일본인과 조선인에 대해 구분하는 것이 필요하지 않았던 미군에 의해 모두 죽은 것이 아닐까 하는 추측만 해 볼 수 있을 뿐이다. 그것이 가능했던 또 다른 이유는 당시 조선이 일본의 식민지라서 조선인이라는 것은 이미 의미가 없어졌기 때문이다. 즉, 당시 조선인의 국적은 공식적으로는 일본인이라서, 아무리 조선말로 자신을 항변하더라도 미국인에 비친 조선인은 미군을 언제든지 위협할 수 있는 일본군과 별반 차이가 없었을 것이다.

이런 비슷한 기록이 과달카날 전투 후 벌어지는 타라와 전투(Battle of tarawa, 1943년 11월)에서도 나타나는데, 타라와섬 전체를 요새화하기 위해 일본군이 동원한 조선인은 총 1,400여 명이었다고 한다. 사실 태평양 전쟁 전체를 통해서 일본군의 요구에 의해 얼마나 많은 조선인 징용자와 징병자 그리고 위안부가 동원되었는지는 알 수 없다. 하지만 우리는 조선인 징용자들에 대해 일제가 남긴 기록들이 거의 없어서 단정할 수는 없지만, 태평양 전쟁 중 비행장 건설 등 태평양의 여러 섬을 요새화하고 보수하는 데 수많은 조선인 징용자가 투입되었으리라는 추정을 충분히 해 볼 수는 있다. 실제 일본이 조선인을 징집하여 태평양 전쟁 중 여러 곳의 전투에 투입한 사례는 있지만, 일본군 내 소통의 어려움과 천황에 대한 낮은 충성도로 인해 기민하고 조직적인 전투가 어렵다는 점에서 일제에 의해 조선인들은 전투 요원보다는 각종 건설의 노무자로 더 많이 이용된 것으로 보인다. 이 또한 일본에 의해 의도적으로 삭제되거나 멸실되는 등 기록이 거의 남아있지 않기 때문에 사료를 갖고 접근하는 것은 처음부터 상당히 제한적이라는 것을 미리 밝힐 필요가 있다고 생각된다. 이를 증명하듯 타라와 전투와 관련된 내용 또한 일본이 남긴 기록에 의한 것이 아니었으며, 타라와 전투의 미군 기록을 살펴보면 1,400명 중 미군에게 항복해 살아남은 129명을 제외한 모든 조선인이 사망한 것으로 나타나고 있다. 그 내용은 전투 후 세워진 조선인 위령 묘비에 나와 있는데, 이 위령 묘비에서 미군은 타라와섬 요새에 동원된 1,400명의 조선인 노무자가 모두 전사한 것으로 기록하였다. 어쩌면 이것은 이곳에 동원되었던 조선인의 총 숫자를 말하는 것일지도 모르지만, 모든 정황을 종합해 보면 1,400명의 조선인 노무자 중 미군에 투항한 129명의 조선인을 제외한 모든 인원이 사망한 것으로 보인다. 다만, 현재 타라와섬 희생자 명단 일부는 일본의 자료를 토대로 '남태평양 타라와섬 희생자 명부'라는 문서로 국가기록원에 의해 공개되어 있다.

그나마 미군에 의해 조선인으로 분류되어 살아남은 징용자가 아니었다면, 누가 저 멀리 남태평양의 섬에 끌려가 죽도록 일하다가 영문도 모른 채 죽은 조선인들을 기억해 줄 수 있단 말인가. 나라 잃은 백성이 되어 과달카날 밀림 속으로 강제로 끌려가, 밀림이 상전벽해가 되어 비행장으로 탈바꿈하는 동안 조선인 건설 노무자들은 또 얼마나 많은 피와 땀을 흘렸겠는가. 다행히 각고의 노력 끝에 비행장 건설이 무사히 끝난다고 해도 고국으로 돌아가 부모들과 친지들을 다시 볼 수 있다는 약속이나 있었을까. 노예보다 더 못한 징용자로 끌려와 먹는 것과 잠자리가 편할 수 있었겠는가. 그리고 피눈물을 흘리며 드디어 비행장 건설을 마친 후에도 조선인 징용자들 대부분은 보상을 받기는커녕 미군의 총격에 의해 어처구니없는 죽음을 맞이했을 것이다. 어쩌면 일제 강점기 시절 이곳에 끌려온 조선인들만 유독 고통을 당했으랴마는, 이 사건은 나라 잃은 대가가 단순히 죽음으로만 그치지 않을 정도로 더 가혹할 수 있다는 것을 깨닫게 해 준다. 우리가 여기서 이름도 얼굴도 모르는 조선인 징용자들을 한 번 더 떠올려야 하는 것은, 멀리 타향에서 그리운 고향과 부모의 이름을 외치다 일본인으로 오해받아 죽었을 우리 조상들의 넋이나마 위로하고자 하는 것이다.

예상했던 대로 일본인의 과달카날 전투에 대한 기록은 그곳에서 숨진 일본군에 대한 내용이 대부분이고, 정작 건설 노무자들에 대한 기록은 찾아보기 어렵다. 그래서 건설 노무자를 포함한 일본인 사망자가 기록될 수 있는 것은 일본보다는 어쩌면 교전 상대국인 미군에 의한 기록을 통해 남을 수 있었던 것이라고 보인다. 전 태평양 전쟁 기간 동안 강제로 동원되었을 위안부 등의 기록이 일제에 의해 의도적으로 삭제되거나 누락된 것처럼, 조선인 징용에 대한 상세한 기록이 일본인의 기록에 남아있으리라 기대하는 것은 처음부터 무리였는지도 모른다. 기록에도 남아있지 않은 누군가의 아버지와 형, 동생이었을 조선인들은 자신의 의지와는 상관없이 이역만리 과달카날과 타라와에 끌려와, 열악한 환경 속에서 배고픔과 외로움에 숨죽이며 오로지 일제를 위한 비행장과 요새를 건설하다 흔적도 없이 죽어갔을 것이다. 또한 일본군과 얼굴이 비슷하다는 이유로 상륙한 미군으로부터 가해진 총격과 포격으로 황망한 가운데 사망했을 것이다. 조선인 징용자들의 시신들은 훼손된 채 이곳저곳에 방치되거나 묻혔을 것이고 갈 곳을 잃은 혼령들은 이국 타향을 떠돌다 저 혼자 흩어졌을 것이다. 정말이지, 멀리 타지에서 묘비도 없이 죽어갔을 우리 조상들을 생각하니 나라를 잃는다는 것이 죽음보다 더한 고통이라는 것을 새삼 깨닫게 해 준다고 할 수 있다.

굳이 우리는 여기에서 조선인 노무자들을 떠올리지 않더라도, 그 당시 희망도 없이 암울했을 그 시대를 살아야 했던 조선 식민지 백성들의 마음은 또 어떠했을까를 생각하니 가슴마저 먹먹해짐을 막을 길이 없다. 전쟁으로 죽은 일본군이야 자기들의 천황 폐하를 위한다는 명분이라도 있었겠지만, 가난하고 힘없는 조선에 태어나 맨손으로 비행장 등을 건설하다 그 자리에서 한 줌의 재로 사라졌을 조선인들의 존재를 통해, 일본인에 의해 자행된 조선인 강제 징용의 결말을 보는 것 같아 마음 한구석이 불편해지는 것을 피할 수가 없게 된다. 마지막 순간에도 눈물조차 뿌리지 못하고 숨졌을 조선인들, 기록에도 나와 있지 않은 조선인은 비단 과달카날과 타라와 전투뿐만 아니라 태평양 곳곳마다 일본군이 진주했던 모든 곳에 동원되었을 것이다. 그렇게 남태평양 섬에서 이름도 없이 사라진 식민지 백성들의 흔적은, 그들을 본국에서 애타게 기다렸던 가족들마저 모두 사라진다면 우리 역사에서 과연 그들을 기억해줄 이가 얼마나 있을까 하는 의문을 가져보게 된다. 더구나 일본인 건설 노무자 신분으로 태평양 섬에 들어가신 그분들은 돌아가시고 나서도 일본인이라는 국적을 벗어던지지 못했을 터다. 결국, 일본인으로 사망했다는 불명예를 누가 지워줄 수 있단 말인가. 이 모두가 당시에는 조선인으로 태어난 것 자체가 징벌인 세상에서, 천대받는 조선인이자 본의 아니게 일본인으로 살아야 했던 우리 조상들의 뼈아픈 역사 속의 지워지지 않는 흔적일 것이다.

과달카날에 동원된 조선인 노무자들은 단순하게 그 섬과 한정된 시간에만 묶어둘 수는 없는 이야기일 것이다. 그야말로 조선인 노무자들은 태평양 전쟁이 일어나기 전부터 종전 시까지 일본군이 가는 곳이라면 어느 곳이든 끌려갔다는 것을 의미한다. 하지만 일본은 자신들의 점령했던 지역과 주요 전쟁터의 기록을 잘 보존하고 후에 자국 일본군들의 유해를 국가적인 차원에서 발굴하려는 노력을 지금까지도 꾸준히 하는 반면에, 우리나라는 기록조차 불확실하고 남아있지도 않은 자료를 근거로 한 유해 발굴은 처음부터 난관이 부딪칠 수밖에 없는 형편이고, 그나마 남아있는 강제 징용 생존자들마저 사라진다면 타국에서 한을 품고 죽었을 우리 조상들의 유해는 영영 본국으로 돌아올 기회를 우리 스스로가 지워버리는 것이라고 할 수 있다. 현재 일본이 추진하는 태평양 전쟁 유해 발굴 사업은 우리야 저런 노력이 과연 무슨 소용이 있을까 하는 합리적인 의문을 가질 수 있다. 그렇지만, 일본은 국가를 위해서 희생한 사람들에 대해서 뒤늦게라도 국가가 나서서 그들의 숭고한 희생을 기리고 기억하려는 작업을 완수해야 하는 당위성을 알리고, 이런 작업들이 이뤄진다는 점에서 희생자들에 대한 국가의 무한한 책임을 강조한 것이라고 할 수 있다. 그 반면에 그런 노력의 일환으로 국무총리실 소속 '대일 항쟁기 강제 동원 피해조사 및 국외 강제 동원 희생자 등 지원 위원회(이하 위원회)'는 1944년 5월 남양청(남태평양 군도를 총괄하는 일제 행정 기관)에 의해 남태평양 팔라우섬으로 강제 동원됐던 한인 노무자 334명 가운데 151명이 현지에서 사망해 사망률이 45.12%에 달하는 것으로 나타났다고 밝혔다. 지난 2010년 2월 위원회는 관련 자료를 분석해 남양군도에 군인으로 강제 징용된 한인 5,800여

명 가운데 60%가 현지에서 사망했다고 발표한 바 있다. 이처럼 위원회는 "태평양 전쟁 당시 격전지에서 군인이 아닌 민간인 신분의 한인 사망률이 구체적으로 나온 것은 이번이 처음"이라고 설명했는데, 이 또한 2008년 일본 방위성 도서관에서 발견된 '조선인 노무자 관계철'을 토대로 작성할 정도로 우리의 조선인 노무자들에 대한 연구는 미미한 편이다.[19)

하지만 유해 발굴이나 후속 연구는 정부 차원에서도 공식적으로 추진되기 어려운 형편으로, 노무현 정부 시절 2004년 3월 5일 '일제 강제 동원 피해 진상규명 특별법 추진'으로 의욕적으로 추진된 유해 발굴과 일제 강제 동원 피해 연구는 2015년 12월 31일 일제 강제 동원 피해 진상규명위원회가 공식적으로 폐지되면서 관련 연구가 사실상 중단되고 말았다. 그동안 누적된 기록들을 관리하거나 추가 조사가 필요한 부분들을 더 이상 연구할 수 없다는 것은 우리 스스로의 역사를 부정하고 발굴하지 않겠다는 의지를 밝히는 것이고, 더 나아가 일본에 의해 왜곡된 자료만 받아서는 우리의 피해에 대해 정당하게 주장할 수 없다는 것을 의미하는 것으로 참으로 안타까운 장면이 아니라고 할 수 없다. 태평양 전쟁 당시의 점령지와 격전지 등을 일일이 찾아다니며, 증언자들과 연구 자료를 토대로 일본군 유해를 찾아 지금까지도 연구하고 발굴하는 일본 정부의 의지가 새삼 대단해 보이는 것은 우리들의 무관심과 무관하지 않을 것이다. 우리의 부끄러운 역사와 일제에 의한 피해의 장면을 우리 스스로 묻어버리면, 우리 시대에 해결하지 않은 그들의 흔적들은 우리 역사의 어떤 기록으로도 남아있지 않을 것이고, 우리의 자체 연구를 통해 강제 동원되었던 노무자들의 통계조차 우리가 정당하게 밝혀내지 못한다면, 일본에 의한 조선인 노무자들의 강제 징용 사실에 대한 사과는커녕 또다시 일본 정부는 왜곡과 부정이라는 쉬운 방법을 선택할 것이다. 이 모든 것이 일제의 탓이라고만 하기에는 조선인 노무자들의 후손인 우리 스스로에게 주어진 과제와 책임감이 너무 크다고 할 수 있다.

앞에서도 언급하였던 타라와 관련 유해 발굴 현장에서도 우리의 무관심을 확

---

19) 행정안전부 과거사관련업무지원단 대일항쟁기강제동원피해조사연구 '1944년 남양청 동원 조선인 노무자 피해실태 조사' 참고.

인할 수 있는데, 꾸준히 일본과 미국 관계자들은 자국 관련 희생자들의 유해를 끝까지 발굴하여 본국으로 가져가려는 반면에 우리는 1,200명이 넘는 희생자를 내고도 한 번도 유골 발굴 사업을 추진하지 않은 것이 우리의 현실이다. 우리 후손들로서는 조상들이 국가가 책임지지 못해서 받은 애처로운 희생의 현장을 지금이라도 찾아 나서야 하지 않겠냐 하는 아쉬운 마음만 갖고 있을 뿐이다. 다만, 미국과 일본은 그곳에 파견된 군인들의 신분이 확실하여 발굴된 유골의 신분을 추적할 수 있는 반면에, 우리는 그들이 언제 어디에서 끌려갔고 누가 그곳에서 희생되었는지에 대한 아무런 기록도 남아있지 않기에, 어쩌면 우리들의 유골 발굴 작업은 일본과 미국보다 더 힘들고 어려운 작업이 될 것이 분명하다고 할 수 있다. 그런 사실을 그대로 인정한다면 과거뿐만 아니라 우리의 가까운 미래에도 누구도 태평양 전쟁 유골 발굴 사업을 추진하려고 하지 않을 것은 자명한 사실일 것이다. 단지, 우리의 당연한 듯 받아들였던 무관심처럼 그냥 지난 역사의 아픔으로 묻어두려는 것이 더욱더 안타까울 뿐이다. 단독으로라도 발굴이 어렵다면 다른 나라나 또는 유관 기관들의 협조를 얻어서라도 우리 조상들의 억울한 희생을 기억해 주는 사업을 추진하는 것이 어떨까 하는 생각을 가져 본다. 그러나 최근 6·25 전쟁 희생자 유해를 끝까지 발굴하여 그들의 희생을 기억하려는 움직임과는 확연히 다르게 일제 강점기 시절 강제 징용 희생자들에 대한 연구가 전무하다는 현실은, 마치 우리의 부끄러운 식민지 역사를 교훈으로 삼지 못하고 오히려 들춰내는 것을 치욕이라고 느꼈다면, 우리가 그동안 얼마나 우리의 일제 강점기 시절 역사에 대해서 방관하고 안일한 자세를 유지하고 있었는지를 아프게 지적해 주는 장면이라고 생각된다.

이와 관련하여 지난 2018년 10월 30일, 강제 징용 75년 만이자 소송을 시작한 지 13년 만에 한국 대법원판결에서 강제 징용 피해자에게 일본 기업이 배상금을 지급하라는 판결을 내렸다. 그러나 일본은 이미 1965년 '한일 청구권 협정'에서 다 해결된 사안으로 오히려 한국이 국제법을 지키지 않고 있다고 분노하게 된다. 물론, 이런 상황은 이와 관련된 사안이 생길 때마다 '한일 청구권 협정'으로 이미 해결되었다고 단정하는 일본의 뻔한 대처가 우리에게 때론 불리한 논리로 작용하는 것이 사실이지만, 이 또한 우리의 대응에 필요한 사실 확인과 자료 확보가 미비한 현실에서, 더 이상 일본의 주장을 제대로 반박하지 못하는 한계를 보여 주었던 것이 일본이 지금과 같은 억지 주장을 일관되게 펴고 있는 원인이 되었다고 생각된다. 이런 문제가 발생할 때마다 확인할 수 있는 일본의 일관된 입장은 다음과 같다. 항상 일본의 한반도 식민 지배는 합법적이어서, 일제의 총동원령과 국민징용령에 의해 조선인에 대한 징용은 어디까지나 합법적인 통치의 범위에서 이루어진 것이고, 이에 노동에 상응하는 임금을 지급하지 않은 것은 일본 정부도 충분히 인정하여 이미 '청구권 협상'을 통해 합의가 이루어졌다는 것이다. 불편한 이야기이지만 일본이 줄곧 이야기하는 한일합병, 즉 '대한제국의 국권피탈'은 정상적인 국제적인 관계 속에서 합법적인 절차에 의한 외교적 합의임을 주장하는 것으로 보인다. 다만, 일반적인 상식을 가진 자라면 당시 대한제국이 과연 일제에 합의 요구를 거부할 수 있는 처지에 있었다고 생각할 수 있는지 그것이 궁금할 따름이다.

이에 우리의 입장은 일본과 확연하게 다를 수밖에 없다. 우리는 일본이 주장하는 강제 징용자에게 밀린 임금을 지급한 '보상' 성격이 강한 청구권 협상 합의를 어쩔 수 없이 인정하면서도, 일제의 국권피탈로 시작된 한반도 점거가 어디까지나 불법이었기 때문에 강제 징용자에게는 위자료 성격의 '배상'을 지급해야 한다는 생각인 것이다. 이런 내용은 다음의 대법원 판결문에서도 확인할 수 있다. "청구권 협정이 제한한 청구권은 양국 간 합법적 관계에서 발생한 재정적·민사적 채무 관계에 따른 청구권에 한하고, 강제 징용 피해에 대한 배상 청구권 등 불법적 관계에서 발생한 청구권은 포함되지 않는다."라고 언급하고 있는데, 이미 한일 양국에 의해 체결된 '한일 청구권 협상'을 부정하지 않으면서도 일본의 불법적인 식민 지배와 반인도적 행위에 대한 배상 청구권까지 국가가 막을 수는 없는 것이고, 이에 대해 우리 대법원은 일본은 무한한 책임이 있다는 해석을 한 것으로 보인다. 이번 경우는 그동안 한일 외교 문제로 비화될 여지가 있어 판결에 있어서도 매우 신중할 수밖에 없는 문제였으나, 우리 법원은 더 이상 이 문제를 미룰 수 없다고 판단해 위와 같은 판결을 내렸던 것으로 보인다. 우선적으로는 국가가 국민을 보호해야 한다는 책임을 다하지 못한 상태에서 개인이 침략 국가로부터 받은 피해를 해방 후 우리의 문제로 스스로 해결하지 못한 과오부터 비난받아야 하겠지만, 무엇보다 그 시대를 아름답게 마무리할 수 없었던 시기적인 어려움을 인정한다면 지금이라도 발전적인 한일 관계 형성을 위해서라도 이번 기회에 양국의 성숙한 합의가 이뤄져야 한다고 생각된다. 더 나아가 일제로부터 피해를 받은 다른 아시아 국가들과 함께 강제 징용과 위안부 문제를 나라와 나라 사이의 외교적인 문제가 아니라 인권의 문제로 접근하여, 일본의 반성과 발전적인 태도 변화를 요구하는 피해국들의 도덕적 연대와 함께 외교적인 압박을 가할 수 있는 증거 자료 확보도 꼭 필요한 시점이라고 할 수 있다. 하지만, 이는 그리 만만한 일이 아니어서 일제 시대보다도 최근의 일이고 더구나 우리나라 땅에서 일어난 5·18 민주화운동조차 그 원인을 찾고 책임자 처벌에 따른 진상규명에서 수년째 답보상태를 면치 못하는 것에서 보듯, 우리의 적극성과 일본의 전향적인 자세가 아니라면 꽤나 난망한 일이라고 아니 할 수 없다.

다시 본론으로 돌아오면, 그렇게 조선인 징용자에 의해 건설된 과달카날 비행장이 완공되고 있을 무렵, 미군의 과달카날 상륙이 비밀리에 시작된다. 비행장 완공을 인내심 있게 기다린 미군의 작전은 일본조차 예상하지 못한 일이었는데, 1942년 8월 7일에 시작된 상륙은 8월 9일에는 미 해병대원 1만 9,000명의 대규모 군대가 상륙하게 된다. 일본 대본영조차 초반에는 미군의 규모를 2,000~3,000명 정도로 오판할 정도로, 비행장이 완공될 때까지 아무런 움직임을 보여 주지 않았던 그야말로 미군의 완벽한 기습 작전이었다. 그리고 일본군과 조선인 징용자에 의해 건설된 비행장은 미군에 손쉽게 접수되어 핸더슨 비행장이라고 이름 지어진다.

뒤늦게 과달카날섬의 중요성을 깨달은 일본 대본영은 육군을 1, 2진으로 나누어 상륙을 시도하게 된다. 이미 상륙한 미군의 규모를 알지 못한 채로 가볍게 선발대로 보낸 1진 850명은 한 명도 남김없이 상륙 지점에서 모두 전사하게 된다. 곧이어 상륙한 2진도 전멸은 면하지만 비슷한 운명을 맞이하게 된다. 그리고 1943년 2월 7일 일본군이 과달카날에서 철수할 때까지 일본은 육군 35,000명을 더 투입하게 되지만, 미드웨이 해전 이후 제해권과 제공권 모두를 눈에 띄게 미군에게 빼앗겨버린 현실에서, 추가 병력과 물자를 수송하려던 일본의 계획들은 해안 상륙조차 버거울 정도로 거세진 미 해군의 압박으로 인해 대부분 무산되어 버린다. 이후 밖으로부터의 지원이 끊겨 섬에 고립된 일본군 병력의 대부분은 배고품, 풍토병인 말라리아 같은 질병 그리고 미군의 공격 등으로 한 번도 온전한 전력을 갖추지 못한 채로 악전고투를 계속하게 된다. 특히, 제3차 솔로몬 해전이라고 일컫는 과달카날 수송 작전에서는 동원되었던 11대의 일본 수송선 중 미군에 의해 7대가 침몰하고 나머지 4대도 섬에 거의 침몰 상태로 들어와 회생 불능의 고철로 변하는 운명을 맞이하게 되었다. 그야말로 압도적인 미군의 제해권과 제공권으로 철저하게 통제된 과달카날 포위 작전이 성공하자 섬에 남은 일본군의 고립은 더욱 심해질 수밖에 없었다.

미드웨이 해전이 일본 해군에게 가해진 첫 번째 패배였다면, 과달카날 전투는 중국 만주와 필리핀, 인도차이나, 싱가포르, 괌 등 모든 태평양 전 지역에서 불패 신화에 취해 있던 일본 육군에게 내려진 첫 번째이자 회복할 수 없는 완패라고 할 수 있다. 또한 과달카날 전투는 일본 대본영이 꿈꾸었던 대동아공영권, 즉 태평양 전쟁을 통해 '대동아 신질서 건설'이라는 큰 테두리의 한 축을 미군이 비로소 허물 수 있다는 것을 증명해 준 전투가 되었다. 이처럼 일본이 생각하는 '대동아공영권'은 일본이 지배하는 권역을 중심으로 자급자족 경제권을 확보하겠다는 야심 찬 계획이었는데, 이 계획은 섬나라의 특성상 일본이 자급자족이 어려운 자국의 상황을 먼저 인식하고, 온 세계에 식민지를 두고 풍부한 자원들을 가져다 쓰는 영국처럼, 동남아시아와 남태평양에 집중된 일본령 식민지 국가들을 통해 폐쇄적이고 배타적인 경제권역을 갖고 싶었던 일본 제국주의의 왜곡된 꿈이었다. 이런 의미에서 안중근이 펼친 '동양평화론'은 일제의 힘이 배제된 상태에서 진정한 아시아의 번영을 이야기하는 것으로, 그들이 숨기고자 하는 것을 그대로 드러낸 확실한 대안이라는 생각이 든다. 아무튼, 석유와 고무 등 천연자원이 절대적으로 부족했던 일본은 침략이 아니고서는 전쟁에 필요한 물자를 충당할 수 없는 자원 빈국이었고, 미국은 이를 간파하여 오랜 지구전을 펼칠 수 없는 섬나라 일본의 큰 약점을 집중적으로 파고들게 된다. 이렇게 제해권을 조금씩 잃어가기 시작하며 자원 부족의 문제를 동남아를 점령함으로써 해결하려고 했던 일본의 야심이 조금씩 꺾이면서, 미국은 이제 일본 제국주의의 자급자족을 보장해줄 수 있는 대동아공영권을 조금씩 분쇄할 수 있다는 희망을 품게 되었다. 자원 부국이었던 미국과 대비되는 일본의 이런 말 못 할 속사정은 일본 대본영이 얼마나 섬 하나

하나를 빼앗기지 않으려고 몸부림쳤는지를 통해 알 수 있었다.

　태평양 전쟁에서 거점이 될 수 있는 섬을 점령하는 것은 단순하게 그 섬을 차지하는 것에 그치지 않고 그 주변의 크고 작은 섬들과 바다까지도 영향력에 둘 수 있다는 것을 의미했다. 그래서 동남아를 비롯한 일본 본토를 향한 자원 이동 통로인 섬을 빼앗긴다는 것은, 단순히 섬 하나를 빼앗겼다는 것에 그치지 않고 일본의 몰락으로 연결될 수 있는 국운이 걸린 중대한 사안이라고 할 수 있다. 이러한 자원 빈국의 입장은 일본의 동맹국이었던 독일의 사정도 별반 다르지 않아, 석유를 비롯한 지하자원이 부족했던 독일은 제3 제국을 꿈꾸며 아리안족이 풍족하게 살 수 있는 세상을 만들기 위해서는 그 무엇보다 자원 부국인 소련을 침략할 수밖에 없다고 단언했던 것이다. 자신이 꿈꾼 현실은 비현실적이고 폭력적이어서 다른 국가와 민족에게는 비극이 될 수 있었지만, 그것까지 생각할 정도의 미덕을 히틀러와 일본 천황은 갖고 있지 않았다. 그것은 자원 빈국의 입장에서 세계 강국이 되는 방법은 자원 강탈 밖에는 묘안이 없었던 것이 첫 번째 이유이자 가장 강력한 동기 부여였기 때문이었다. 다만, 독일과 일본을 탓하기 전에 그때까지의 모든 제국주의 국가의 모습 또한 히틀러와 천황이 바라보는 세계관과 크게 다르지 않았을 정도로, 당시 미국과 영국을 포함한 대부분의 제국주의 국가들의 일방통행에 가까운 사상적 흐름은 언제까지도 그들에 의해 서로를 지지하는 것으로 유지되고 있었다. 과거 제국주의의 향수에 빠진 나머지 자기애가 지나쳐 주변을 돌아보지 못했다면, 결국 지나친 자기애는 폭력으로 변질되고 종국에는 자기 파괴로 끝장난다는 것을 알 수 있다. 가능성이 없는 얘기지만 히틀러와 일본 천황이 우리가 흔히 말하는 양심이라도 있었다면, 또는 강탈보다는 무역을 통한 경제 성장을 선택했더라면 전쟁은 처음부터 일어나지 않았을 것이다. 하지만 자원 빈국인 일본과 독일은 금방 결과를 얻으려는 욕심에 결국 전쟁이라는 쉬운 방법을 택하게 되었고, 이를 통해 비교적 수월하게 한반도와 폴란드를 점령했으나, 마찬가지로 자원이 많지 않았던 조선과 폴란드는 추축국에게 그리 매력적인 곳이 되지 못하면서 더욱 밖으로 시선을 돌리게 되었다. 결국 전쟁은 주변국으로 더욱 번져갈 수밖에 없었다. 독일과 일본을 비롯한 후발 제국주의 국가들은 전쟁을 통해 더 많은 것을 갖길 원했고, 그것을 얻기 위해서는 다른 제국주의 국가들과 경쟁하며 주변국들을 한발 앞서 침략하는 길밖에 없었다고 생각했던 것이다.

한편, 미 육군 전체의 피해와 비교해서 과달카날에 상륙한 일본군은 거의 궤멸에 가까운 피해를 받는데, 이는 직접 교전에 의한 사망자도 많지만, 실제로는 보급이 끊긴 상태에서 자체 해결에 의존했던 열악한 보급 환경으로 인해 아사자와 질병 관련 사망자가 대부분을 차지했다고 할 수 있다. 섬에 고립된 일본군은 제대로 된 보급을 받지 못한 채 천황을 향한 무조건적인 맹세와 무의미한 저항만 반복하다가, 얼마 안 가 교전 능력을 상실해 자멸하고 만다.

과달카날 전역에서 경순양함 주노가 격침되면서 같은 배에서 복무하던 설리번 5형제가 모두 전사하는 비극이 일어났다. 국내의 비난이 일게 되자, 미군은 이후 형제들이 같은 곳에서 복무하는 것을 금지했다고 한다.

그리고 과달카날 전투에서 한 가지 더 이야기할 것은 육상 비행장의 존재이다. 미군은 미드웨이 해전에서 미드웨이섬의 중요성에 대하여 깨닫게 된다. 항공모함전으로 치닫는 전투에서 함공기를 쏟아낸 후, 위치가 노출된 항공모함이 적의 공격에 침몰하는 엄청난 피해는 고스란히 패전으로 이어진다는 점에 주목한 것이다. 미드웨이전에서 미드웨이섬의 비행장을 잘 이용한 점을 승리의 요인으로 분석한 미군은 과달카날 전투의 시작을 핸더슨 비행장 탈취부터 하게 된다. 이는 항공기를 이용한 해전 시, 항공모함과 육상 비행장에서 출격한 비행기로 제공권을 확보하고 항공모함은 비행기를 공중으로 띄운 후 후방으로 빠져 안전을 도모하는 전략이었다. 이 전략을 통해 미국은 이번 전투의 승리를 보장할 수 있을 뿐만 아니라 향후 잘 보존된 전력은 전투가 다시 벌어질 때 유용하게 사용할 수 있게 되었다. 이런 생각은 상대적으로 많이 떠 있던 비행기로 제공권을 확보하여 전투를 승리로 이끌 기회를 아군에게 더 줄 수 있다는 것을 의미했다. 또한 임무를 마치면 이미 떠나고 없는 항공모함으로 돌아오지 않고 육상 비행장으로 착륙하도록 유도하여 항모가 침몰할 수 있는 위급상황에서도 바다에 착륙하는 것을 막아준다는 것이 장기적인 안목에서 큰 장점으로 부각될 수 있었다. 이런 이점을 제대로 이용하지 못한 일본군은 미군과의 과달카날 인근 해전에서도 엄청난 결과를 초래하는데, 약 420명의 항공기 조종사가 사망한 미군에 비해 일본군은 약 1,200명의 항공기 조종사를 잃게 된다. 후일을 도모하지 않고 조종사의 안전 귀환보다는 성공했을 경우 얻을 수 있는 이점만을 공격 목표로 삼는 일본은 태평양 전쟁 내내 같은 전투 방식을 고수하며, 실패했을 경우 일본 해군을 거의 회복 불능의 괴멸 상태로 만들어 버리는 같은 실수를 반복하게 된다. 전술한 바와 같이 과달카날 전투처럼 숙련된 조종사의 대량 유실은 이후 태평양 전쟁에서 일본이 한 번도 미군을 압도하지 못하고 수세로 밀리게 되는 원인이 되었다.

과달카날섬에서 철수하는 것도 그저 막막할 수밖에 없었던 일본군의 상황은 매우 끔찍하였다. 열대 밀림 지역에서의 생존은 그 자체로 많은 어려움을 주었다. 그중 하나가 이질과 말라리아 등의 풍토병의 존재다. 고열에 시달리다가 전투력을 상실하고 죽게 되는 이 병의 심각성은 태평양 전쟁 당시 교전으로 인한 사상자보다 말라리아 등의 풍토병에 의한 사상자가 더 많았던 미군의 기록에서도 증명되고 있다. 더구나 식량 등의 지원이 부실했던 일본군이 겪어야 했을 어려움은 정확하게 기록에는 나와 있지 않으나, 미군의 직접적인 공격으로 인한 피해보다 더 큰 고통을 겪었을 것이다. 그렇게 기아와 질병으로 전력에서 이탈된 일본군들은 마지막 명령인 옥쇄에서도 제외되어 특별한 처방 없이 고통 속에서 죽을 수밖에 없는 운명을 맞아야 했다. 철저하게 미군의 해상 봉쇄에 의한 고립이 계속되자, 일본군은 인육에까지 손을 대야 할 정도로 상황이 더욱 악화되었다. 결국 일본 대본영은 1942년 12월 31일 어쩔 수 없이 철수를 결정한다. 그리고 1943년 1월부터 2월까지 해군의 구축함이 라바울 기지에서 과달카날로 들어와 세 차례에 걸쳐 1만 명이 넘는 일본 병사를 철수시킨다. 이곳에 투입된 일본군의 수를 생각한다면, 얼마나 많은 일본군이 희생되었는지를 짐작할 수 있다. 그리고 미군도 과달카날 전역에서 약 7,000명 정도가 전사했다고 하는데, 이를 통해 과달카날 전투는 인간의 생존조차 위협하는 극한 환경 속에서 벌어진 처절함 그 자체였다고 말할 수 있다.

그 과정 중에 스스로 걷지 못하는 병사들은 그대로 둘 정도로 일본군의 철수 작전은 쉽지 않았다. 그리고 철수 작전을 지휘했던 대본영은 최악의 순간을 맞이했던 상황에서도 일본군은 '철수'하지 않았고 '전진'했다고 선전할 뿐이었다. 이 발표 내용은 비단 과달카날 전투에 대한 대본영의 변명에 그치지 않았고, 일본이 치른 태평양 전쟁에서의 모든 전투 상황을 대변해 주는 상징적인 장면이라고 할 수 있다. 일본 육군은 과달카날에서처럼 보급이 원활하지 않았을 때 고립된 일본군은 결국 자멸을 한다는 단순한 논리를 무시하고 과감한 작전만이 연합군에게 더 큰 타격을 줄 수 있다는 환상을 끝내 거부하지 못한 채, 1944년 버마와 인도 국경의 임팔에서 되돌릴 수 없는 큰 패배를 다시 겪게 된다. 그렇게 늘 반대의 목소리는 소극적이라고 무시되거나 폄하될 정도로, 일본 대본영은 무언가에 홀린 것처럼 자신의 방식만을 고수하고 있었다. 일본 육군사관학교에서 군대를 지휘 운용하는 기본적인 방법을 써놓은 지도서인 『작전요무령(作戰要務令)』에서조차 "보급을 기대하지 말고 정신력으로 난국을 타개할 필요가 있다."라고 언급하고 있을 지경이니, 독일이 그러했듯이 일본 또한 작전을 완성하는 필수 불가결한 요인으로 정신력 뒤에 숨은 병참은 항상 뒤로 밀려나기 마련이었다.

철수 작전은 의외로 미군의 공격을 받지도 않아 신속하고 원활하게 진행되었다고 전해진다. 하지만 어느 곳에서도 강제 징용된 2,400명의 조선인을 구출했다는 기록은 보이지 않는다. 동원된 조선인은 비행장이 완공되면서 흔적조차 없이 사라져 버린 것이다. 일본군의 전사자 숫자에 조선인도 들어가 있는 것인지, 아니면 일본군이 철수할 때 조선인도 일부 섞인 것인지, 그것도 아니면 일본군에 의해 총알받이가 되어 과달카날섬에서 모두 사망했는지는 알 수가 없다. 당시 일본인의 조선인에 대한 처우를 생각해 볼 때, 신속하게 철수해야 하는 위급한 상황에서 일본군이 위험을 무릅쓰고 조선인까지 탈출시켜 주었을 리는 없을 것이다. 그렇다면 결론은 하나로 귀결된다. 비행장 건설에 동원된 조선인 노동자는 일본인에 의해 총알받이 정도로 이용되다가, 배급이 일정하지 않아 일본군에게 버림받고 미군에게는 일본군으로 오인당하여 사망했을 것으로 보인다. 그리고 조선인의 존재 자체에 대한 흔적조차 남지 않기를 바랐을 일본에 의해 죽었을 가능성도 있다. 그때까지 살아있던 조선인 건설 노무자들은 충분히 증언자들로 나설 수 있기 때문에 죽음으로 입막음을 마무리했을 것이다.

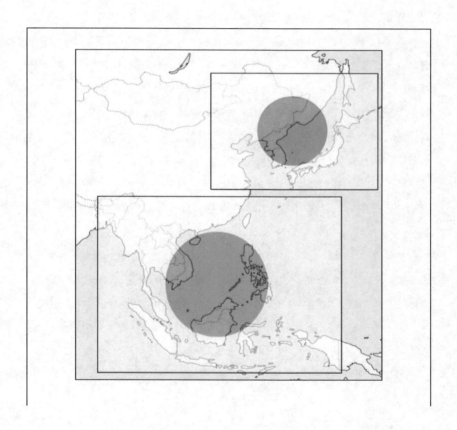

일본 제국이 최대 전성기를 누리던 1943년 무렵의 동아시아. 그 당시 일본은 한반도와 러시아의 사할린 남부, 대만 그리고 만주의 대부분과 중국 동쪽 산둥반도를 차지하고 있었고, 인도차이나반도와 필리핀, 인도네시아, 남양군도 등 남태평양의 여러 섬 또한 대부분 일본의 세력권 안에 있었다. 하지만 1943년 이후 수세에 몰리게 되면서 일본 대본영은 이 라인은 절대 빼앗길 수 없다는 '절대 방위선'을 설정하고 방어 체제로 전환하게 된다. 이때만 해도 일본은 자신들이 꿈꾸던 '대동아공영권'이 완성되고 있다고 자부하고 있었다.

마침내, 과달카날과 핸더슨 비행장은 미군의 수중으로 떨어진다. 일본군은 치열한 전투 끝에 조선인들의 힘으로 만들어 놓은 비행장을 빼앗기게 된다. 일본이 남태평양 섬을 점령함으로써 자신의 영역을 조금씩 확장하려던 꿈에 조금씩 균열이 생기기 시작한 것도 이 과달카날 전투 후부터라고 생각된다. 전투 결과가 증명하듯, 과달카날 하면 일본 입장에서는 태평양 섬들 가운데 전략적 요충지의 하나일 뿐이겠지만, 우리에게는 식민지 조선에서 태어났다는 이유로 강제로 과달카날 섬으로 끌려가 비행장 건설이라는 위험한 공사장에서 제대로 먹지도 못하고 죽도록 일하다가, 이름조차 남기지 못하고 사라진 안타까운 조선인 징용자들의 위령지로 기억될 것이다. 이처럼 과달카날을 비롯한 태평양 곳곳에 태평양 전쟁 중 일본이 징병 및 징용으로 동원한 조선인은 1944년까지 당시 조선인의 16%(그 당시 조선의 인구인 2천 5백만 명을 단순하게 계산하여 적용해 본다면 약 400만 명의 조선인이 징용 등으로 동원된 것으로 보인다)가 한반도 밖으로 동원되었다는 기록을 통해 알 수 있듯이[20], 1939년 일본이 국가총동원법에 근거해 만든 국민 징용령이 식민지까지 확대되자 우리 백성들은 이웃 나라 전쟁의 풍파를 고스란히 맞아야 하는 운명적인 상황을 끝내 피할 수 없었던 것이다.

20) 加藤陽子 저, 윤현명, 이승혁 옮김, 『그럼에도 일본은 전쟁을 선택했다: 청일 전쟁부터 태평양 전쟁까지』, 서해문집, 2018. p. 421.

다. 오키나와 전투

본격적인 일본 본토 상륙 작전이라고 할 수 있는 오키나와 전투가 있기까지 양국은 1944년 동안 사이판, 괌, 필리핀 등에서 전쟁을 계속했다. 미국은 일본이 점령하고 있는 태평양의 섬들 모두를 점령할 수 없어 여러 섬 중 거점이 될 만한 섬들만 점령하는 일명 '개구리 뛰기 작전(징검다리 작전)'을 시행하게 된다. 물론 이 작전도 정작 작전을 제안했던 맥아더의 고집에 의해 전략을 대폭 수정해야 했지만, 일본 본토를 우회하는 작전은 상당한 효과를 발휘하고 있었다. 그 예로 일본군이 주요한 방어 거점으로 생각했던 라바울을 우회하고 상대적으로 방어가 헐거운 섬을 점령함으로써, 섬에 고립된 일본군은 전투 한 번 해 보지 못하고 기아와 질병에 자멸하고 만다. 물론 그렇다고 해서 처음부터 미군 혼자 감당해야 했던 태평양 전쟁이 만만했던 것은 아니었다. 미국이 전략에 의해 미군 핵심 전력을 우선적으로 유럽 전선에 투입한 현실에서 예상보다 강했던 일본군은 풍부한 실전 경험과 정신력이 뛰어난 최강의 전력을 보유하고 있던 군대였다. 일본군과 상대하면서 싸우는 방법을 배워야 했던 미군에게 있어 시행착오는 필수적이었다. 전쟁 초반 진주만 기습의 오판과 필리핀 전투의 패전은 미군에게 일본군과의 전투가 쉽지 않다는 것을 깨닫게 해 준 기회가 되었지만, 미국은 일본을 쉽게 능가하는 최강의 군대를 보유한 국가답게 그동안 잃었던 자신감을 조금씩 되찾아갈 수 있었다. 그리고 위태로운 태평양 전쟁의 중심을 잡아주고 있던 인물 역시 태평양 방면 연합군 총사령관이었던 맥아더 원수(맥아더는 1944년에 원수로 승진되었다)였다. '개구리 뛰기 작전' 역시 그의 머리에서 나온 전술이었고 그 효과를 톡톡히 누리며 태평양 전쟁에서 미군은 승승장구할 수 있었다.

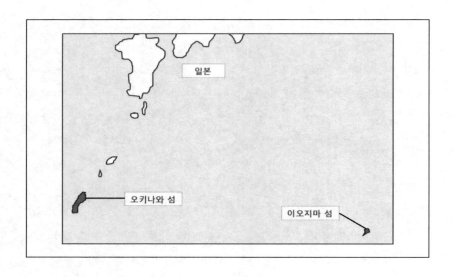

오키나와 전투가 있기 전까지 태평양 전쟁의 양상은 전에 언급한 과달카날 전투와 대동소이한 현상을 보이고 있었다. 그 섬을 점거하고 있던 일본군의 비행장 등 전략 기점을 향한 미 함대의 포격과 공중 포격으로 일본군 군사 시설 및 해안 방어 시설을 일차적으로 파괴하면, 해안에 신속하게 상륙한 미군은 일본군의 강력한 저항으로 피아간에 엄청난 피해를 주고받는다. 얼마간의 희생으로 거점을 확보한 미군은 압도적인 전력으로 조금씩 전투를 유리하게 이끌어가게 되고, 전투가 계속될수록 제공권과 제해권을 차지한 미군에 의해 섬에 남은 일본군은 전쟁 수행 능력에서 한계를 드러내게 된다. 본토로부터의 지원이 전무한 현실에서 탈출조차 여의치 않아 섬에 고립된 일본군은 마지막 저항으로 게릴라전과 참호전으로 전투를 계속 이어가고자 하지만, 막상 전투보다는 굶주림과 질병에 시달려 남아있는 전력조차 유지하기가 어려워진다. 결국, 항복을 허용하지 않는 지휘관들에 의해 마지막 선택인 옥쇄하거나 전멸하며 섬 탈환 전투는 언제나 그랬듯이 비극적으로 마무리된다.

사실, 오키나와 전투 개시(1945년 4월 1일)는 원래 일정보다 충분히 앞당겨질 수 있었다. 앞에서 언급하였듯이 고집스러웠던 맥아더의 필리핀 점령 의지와 루스벨트의 수락만 아니었다면 일본 본토 점령 시기는 더욱더 빨라졌을 것이다. 오키나와 등 일본 본토를 향해 더 적극적인 작전을 펴야 했던 시점에 시작된 필리핀 회복 작전은 고립된 일본군의 섬멸과 필리핀 섬 점령 외에는 태평양 전쟁의 큰 흐름에는 별 의미가 없는 전투였기 때문이다. 맥아더는 일본군에 의해 쫓기듯이 빠져나오면서 반드시 돌아온다는 자신의 말을 지키기 위해 필리핀 점령이라는 작전을 밀어붙였고, 그 결과 미군이 필리핀 점령에 따른 엄청난 희생과 시간을 소비하는 동안 필리핀의 주요 도시는 폐허가 되는 운명을 받아들여야 했다. 더구나 필리핀 점령에 모든 미군 전력이 집중되면서 오키나와 등 일본 본토의 점령 시일은 차일피일 늦춰지기 마련이었고, 이는 유럽 전쟁보다 태평양 전쟁이 뒤늦게 마무리되는 주요한 이유 중 하나가 되었다. 물론, 이것 또한 하나의 가능성으로 맥아더가 고집을 꺾고 니미츠 제독의 의견대로 필리핀 대신 대만을 먼저 선택했다 해도 비슷한 결과가 나왔을 것이라는 의견도 있다. 또 다른 의견으로는 만약 필리핀에서 시간을 허비하지 않고 오키나와로 바로 갔더라도 일본 항복의 결정적인 원인인 핵 개발이 1945년 7월에야 완성되었기 때문에, 일본이 독일보다 먼저 항복하거나 우리나라가 외부의 힘에 의해 분단이 안 되고 온전하게 독립을 쟁취할 수 있었을까 하는 것에 근본적인 의문과 회의가 있는 것은 사실이다.

아무튼, 1943년 중반을 기점으로 이미 전세가 미군에게 기울어진 상황에서 마리아나 제도를 결사 방어하려는 일본 대본영의 마지막 저항도 수포로 돌아가게 된다. 1944년 여름 동안의 전투에서 미군에 의해 괌, 사이판 등의 마리아나 제도가 점령당하자, 일본 본토는 그해 11월부터 미 폭격기의 밤낮을 가리지 않는 폭격에 지속적으로 시달리게 된다. 이제 점점 미군은 일본 본토에 근접하고 있었다. 그리고 1945년 2월 23일 미 해병대의 이오지마섬 상륙으로 시작된 35일간의 전투는 이례적으로 미군이 일본군보다 더 많은 사상자를 내는 큰 손실을 입고 마무리되었다. 섬 하나하나를 점령해야 하는 지루한 태평양 전투에서 부득이 발생하게 마련인 미 병력의 엄청난 손실은 미군에게 다음 작전을 계획하는 데 있어 큰 부담이 될 수밖에 없었고, 자국 병력의 손실을 최소화하려는 궁여지책에 의해 향후 전투 양상은 동원 가능한 엄청난 화력을 초반부터 쏟아부어, 적 근거지뿐만 아니라 섬 전체를 초토화하는 멸절 작전을 시행하게 되는 원인이 되었다.

이제 오키나와섬에서 벌어지는 본격적인 일본 영토 안에서의 전쟁이 시작되고 있었다. 이에 전쟁 막바지에 몰린 일본군은 미군을 최대한 괴롭히는 본토 사수 작전과 본토 항전을 최대한 늦추려는 시간 끌기 작전을 병행하게 된다. 하지만 전투력이 이미 바닥난 일본이 두 가지 목적을 달성하기 위해서는 민과 군을 앞세운 엄청난 희생밖에는 내세울 것이 없었다. 일본은 최소한 이기지는 못하더라도 질긴 저항 의식으로 미국 국민들에게 염전 의식을 불러일으킬 수 있도록 최대한 결사 항전으로 맞서야 했다. 그런 의미에서 오키나와섬을 미군에게 내주게 되면 일본 본토를 지척에 두는 곳에 미 항공 기지를 제공하는 것이기 때문에, 일본은 더욱 처절하게 오키나와 사수에 목숨을 걸 수밖에 없었다. 전쟁에 대한 염증은 일본이 미국에 대한 기대로만 있었던 것은 아니었다. 미국 또한 일본 못지않게 일본이 스스로 일으킨 전쟁에 대한 염전 분위기가 온 일본 국민에 파다해지기를 바랐다. 공장 가동의 기미만 보여도 득달처럼 달려드는 미군 폭격기들이, 일본이 전쟁을 수행할 수 있는 기반시설 파괴와 함께 해상 봉쇄를 통해 철저하게 일본 국민들을 고립시켰던 것은 그런 미국의 의도를 충분히 보여 주고 있다고 하겠다. 미국의 가공할 만한 군비생산능력이 일본의 야마토 정신을 근본부터 무너뜨렸다고 보면 될 것이다. 특히, 이 전투는 이미 제공권을 빼앗긴 상황에서 특히 일본군의 가미카제 자살 특공대가 기승을 부렸던 전투로 기록되기도 했다. 일본군의 방어 전술은 다른 섬에서의 전투와 비슷하여 많은 병력을 동원한 전면전을 최대한 자제하고 참호와 동굴, 토치카에 들어가 최대한 미군을 괴롭히는 지연 전술이었다. 많은 병력을 집결시키면 미군의 막강한 화력에 당할 수밖에 없으니 일본은 군대를 소규모 부대로 나누어서 진지를 사수하는 방어전으로 일관하게 된다. 또한 일본군은 미군이 민간인과 아이들에 약하다는 점을 간파하여, 일본군이 주둔하는 곳 어디에나 오키나와 원주민을 앞세우는 방어 전술을 천연덕스럽게 구사하는 반인륜적인 만행을 저지르기도 하였다.

오키나와 전투는 1945년 4월 1일에서 6월 23일까지 태평양 전쟁 당시 일본 영토에서 벌어진 최초의 지상 전투였으며 유일한 전투였다. 미군은 웬만한 폭격에도 끄떡없는 일본군의 진지를 일일이 찾아가야 하는 악전고투의 전투를 치러야 했다. 일본이 이미 유리한 지역을 점거한 상황에서 미군은 군인들의 희생을 담보로 일일이 고지를 점령해야 할 정도로, 수많은 병력과 장비를 동원한 오키나와 전투는 예상보다 긴 시간과 희생을 요구했던 길고 지난한 전투였다. 일본군의 질리도록 물고 늘어지는 전술은 새삼스럽지 않았음에도 미군을 당황하게 만드는 데 충분했고, 그에 따라 답보 상태를 보이는 전투 상황은 쉽게 나아질 기미를 보이지 않았다. 일본은 미군에 대응하기 위해 오키나와섬에서의 전투를 위해 만 17세 이상 만 45세 미만의 오키나와 남성들을 모조리 동원하여 11만 명의 병력을 준비시켜 놓고 있었다. 3분의 1 정도는 충분한 훈련도 없이 급조된 부대에 배속될 정도로 일본은 패전의 위기에서 마지막 몸부림을 치고 있었다. 하지만 최대한 시간을 끌기 위해 민간인을 동원한 일본군의 전술은 당장은 도움이 될 수 있을지 몰라도 군인과 민간인을 구분할 수 없었던 접근전에서 민간인의 피해가 너무나 빈번하게 발생하는 결과를 낳았다. 이런 이유로 오키나와 전투가 마무리되었을 때 미군과 일본군보다도 오키나와 원주민들의 피해가 극심할 수밖에 없었는데, 당시 30만여 명의 원주민 중 3분의 1인 10만여 명이 전투 중에 목숨을 잃을 정도로 전쟁으로 인한 원주민들의 피해는 헤아릴 수가 없을 정도였다고 한다. 이처럼 민간인의 피해가 컸던 것은 도쿄 대공습 때처럼 오키나와 전투에서도 미군이 무자비한 살육과 괴멸 작전을 최우선으로 펼쳤기 때문이기도 하지만, 민간인을 총알받이로 내세우거나 그들에게 집단 자살이라는 명령을 내리는 등 주민들의 안전보다는 당장의 전투를 위해 민간인을 아무렇지도 않게 이용한 일본군의 책임이 더 크다고 할 수 있다.

이처럼 오키나와전의 비극은 만약 본토 결전이 벌어졌을 경우 얼마나 많은 주민들이 희생될지를 명료하게 말해 주고 있다고 할 수 있다. 이렇게 일본 군부에 의해 희생되고 철저하게 이용당한 오키나와 주민들의 불만은 전후 오키나와 독립의 목소리를 키우는 데 영향을 주게 되고, 지금도 산발적이지만 예전의 류큐 왕국처럼 일본과 결별하려는 독립의 움직임을 보이기도 한다. 대체로 주민들의 20%가량은 지금도 분리 독립 주장을 지지하고 있는 것으로 발표되기도 하였다. 이런 움직임이 본격화된 배경에는, 제2차 세계대전 당시 일본에 의해 오키나와 주민의 3분의 1이 사망하는 과정에서 일본 제국주의에 철저히 이용당했다는 원주민들이 느꼈을 상실감과 전쟁 후에도 변하지 않는 일본 본토의 여전한 차별이 독립 움직임을 촉발했을 거라고 추정된다.

일본군과 미군, 오키나와 주민을 포함해 20만여 명의 피해자가 발생한 오키나와 전투에서 일본은 악랄한 가미카제 특공대를 총동원하고도 끝내 미군의 점령을 막지는 못했다. 이 전투는 당시 세계 최대의 전함이었던 일본의 야마토(1945년 4월 7일 침몰)가 격침된 전투로 기억되기도 한다. 엄청난 군비 경쟁을 초래했던 거함거포주의의 대표적인 전함인 야마토가 항공모함에서 발진한 함재기 등에 의해 허무하게 침몰하면서, 화려하게 시작된 거함의 시대는 다음 주인공을 항공모함에 건네주며 싱겁게 종말을 고하게 된다. 특히나 이 전투에서 주목해야 할 내용이 하나 있는데, 그것은 미군이 교전 중에 약 14,000명이 전사했다는 사실이다. 이는 단일 전투에서 미군이 입은 제일 큰 피해였다고 할 수 있는데, 일본 영토 안에서 벌어진 오키나와 전투에서 일본군의 지독한 저항을 경험하자, 미군 수뇌부는 앞으로 민과 군을 동원한 일본군의 본토 방어전에서 미군의 피해가 눈덩이처럼 불어날 것이라고 진단하게 된다. 그 당시 일본의 분위기는 일본인이라는 민족이 사라지기 전까지는 항복하지 않을 것처럼, 마치 천황 일신교를 믿는 광신도적인 집단 히스테리 증세를 보여 주고 있었다. 하지만 일본 본토를 향한 행보를 늦출 수 없는 시점에서, 엄청난 미군의 피해를 무릅쓰고서라도 일본 점령이라는 목표를 이루기 위해 작전을 서둘러야 한다는 의견을 무마시키며, 미국은 차기 작전을 효율적으로 운용하기 위한 숨 고르기에 들어가야만 했다. 오키나와 전투가 그렇듯이 결사 항전으로 일관하게 될 규슈 점령을 목전에 두고, 미국의 트루먼 대통령을 비롯한 지도부는 한창 시험 단계에 들어가 있는 원자탄 사용에 대한 논의를 본격적으로 시작하게 된다.

Part
3
종전으로
가는 길

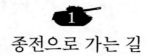

종전으로 가는 길

가. 4년간의 기다림 - 노르망디 상륙 작전

1944년 6월 6일, 디데이(D-day)에 드디어 노르망디 상륙 작전이 시작되었다. 1942년 디에프 상륙 작전에서 얻은 교훈을 통해 영국이 주도한 노르망디 상륙 작전 계획은 지나칠 정도로 조심스럽고 분석적이었다. 실제로 연합군 최고 사령관인 아이젠하워는 영국이 세운 작전 계획이 꽤 마음에 들었던지 원안 그대로 별다른 수정사항 없이 사용했을 정도였다. 그렇게 노르망디 상륙 작전은 처음부터 잘 계획된 작전이었지만 정작 이를 기획한 영국은 미국의 도움 없이는 홀로 유럽으로 들어갈 만한 힘이 없었다. 전통적으로 해군에 비해 육군이 약한 영국은 미군이 유럽 전선에 관여하기 전까지 독일군과의 육상 전투를 극도로 꺼리고 있었다. 또한 덩케르크와 북아프리카에서 독일 육군에게 고전했던 경험이 있어서인지, 육상을 통한 작전 전개에는 선뜻 나서려고 하지 않았다. 그래서 프랑스 해안을 지척에 두고도 덩케르크에서의 굴욕적인 철수 후 어느덧 4년이나 흐른 것이다.

영국은 섬나라 국가이고 섬나라 군대가 가진 속성을 고스란히 가진 나라이다. 14세기경에 스코틀랜드가 병합된 후 영국은 육군 양성에 대한 부담감을 덜 수 있게 되었고, 자연스럽게 육군에게 쏟았던 국력을 해군에 집중할 수 있게 되면서 어느덧 세계를 무대로 한 해군 강국으로 거듭날 수 있었다. 프랑스를 비롯한 다른 유럽 내륙국들이 자국 방어를 위해 육군을 최우선으로 지원했던 것에 비해, 영국은 방어와 함께 해상 진출을 통한 경제 이익 창출 등 해군력 향상 극대화를 통해 이득을 창출하려 했다. 처음에는 눈에 두드러지지는 않더라도 서서히 그 효과가 나타나기 시작했는데, 그때까지 유럽 변방의 섬나라에 불과하였던 영국은 1588년 당시 역사상 최고의 전성기를 누리던 스페인의 '무적함대'를 격파하며 대영제국의 화려한 데뷔전을 승리로 장식하게 된다. 무적함대를 무찌른 당시는 스페인과 해양 진출의 경쟁력을 타진하던 시기여서, 경쟁자가 사라진 대서양은 점차 영국 함대의 독무대로 바뀌기 시작했다. 이렇게 시작한 해양 진출은 대영제국의 시작을 알리는 신호탄이 되어 주었는데, "짐은 국가와 결혼했다."는 말로 유명한 엘리자베스 여왕(Elizabeth, 1533~1603년)은 영국이 앞으로 나아가야 할 방향을 제시해 주어 대영제국의 기초를 확립했던 인물로 기억되고 있다. 그 후 영국은 1805년에는 넬슨(Viscount Horatio Nelson, 1758~1805년)이 트라팔가르 해전에서 나폴레옹의 프랑스와 에스파냐 연합 함대를 격침시키면서 영국 해군의 전성기를 본격적으로 알리게 된다.

결국, 영국 해군의 성장은 영국이 해상무역을 장악하는 밑거름이 되었고 강한 해군은 신대륙과 식민지 건설이라는 시대의 흐름을 주도하며, 자연스럽게 영국은 열강들의 식민지 쟁탈전에서 두각을 드러내어 강대국의 대열에 우뚝 설 수 있게 되었다. 섬나라의 장점을 잘 살린 영국은 해상을 주 무대로 세계를 향해 뻗어가기 시작했고 세계 곳곳에 심어놓은 식민지로 인해 '해가 지지 않는 나라'라는 영광스러운 칭호도 받게 되었다. 이후 빅토리아 여왕(Victoria, 1819~1901년) 시절 대영제국은 영국 역사상 최고의 전성기를 누리게 된다. 그 시기의 영광은 지금까지도 지속되어 당장 세계와 견줄 수 있는 영국만의 특출난 산업이 발달하지 않았음에도 불구하고, 늘 영국이 선진국을 유지하는 것은 옛 명성에 기댄 관광산업 등의 후광이 아직도 대영제국의 영광을 비추고 있기 때문일 것이다. 지금도 자국의 언어인 영어를 쓰면서 세계 어디를 가도 불편하지 않은 것은 영국이 세계를 경영하고자 했던 조상을 잘 둔 덕분이라고 할 수 있다. 그렇게 계속될 것 같던 대영제국의 세계 제패는 전 세계를 대상으로 영어를 수출하듯 100년이 넘는 기간 동안 그 명성을 이어갈 수 있었지만, 온 나라의 전력이 해군력 상승에만 몰입된 나머지 막상 육군에 대한 연구와 지원 자체가 독일과 같은 다른 내륙 국가들에 비해 현저하게 부족했던 것이 현실이었다.

반면에 독일은 육군이 최강인 나라였다. 독일은 지리적인 특성상 북유럽의 작은 바다밖에 갖고 있지 않아 태생적으로 육지를 통해 유럽에 진출해야 할 운명이었다. 또한 유럽에서 최강 육군을 자랑하던 프랑스와 국경을 마주하고 있고, 역사적으로도 빈번하고 잦은 충돌로 인해 독일은 무엇보다 육군 육성에 심혈을 기울일 수밖에 없는 입장이었다. 제1차 세계대전 동안 최강 육군을 자랑하는 프랑스와 밀고 밀리는 참호전만 거듭하던 전쟁 양상은 제2차 세계대전부터 급변하게 되지만, 평화가 지속되면서 마지노선 외에는 이렇다 할 준비가 부족했던 프랑스가 너무 쉽게 독일에게 무너졌던 사건은 독일이 명실상부하게 유럽의 육군 최강국이 된 것을 의미했다. 프랑스가 어이없이 무너진 후 독일 또한 그 명성에 걸맞게 서유럽과 북유럽 등 육지로 통할 수 있는 대부분의 지역을 비교적 수월하게 무력으로 장악할 수 있었다. 물론 뒤이어 일어난 독소전으로 비록 독일이 소련 영토 내에서의 고전으로 전력이 많이 떨어졌다고 해도, 아직은 육군 최강국인 독일을 상대로 영국군 단독으로 전면전을 펼친다는 것은 도저히 생각할 수 없는 상황이었다. 대영제국의 영광은 과거의 명성일 뿐, 유럽에서 일어난 일조차 영국 혼자의 힘으로는 도저히 정리할 수 없는 형편이었다. 그래서 처칠이 오매불망 미국의 유럽 참전을 그토록 바랐던 것이다.

그래서 노르망디 상륙 작전은 영국 본토에서 출발하는 상륙 작전임에도 불구하고 자연스럽게 미국의 아이젠하워가 총지휘관을 맡게 된다. 이는 영국은 더 이상 연합군을 이끌어갈 만한 힘이 없다는 것을 증명하는 것이었고 그에 비해 미국은 그러고도 남을 만큼 힘이 넘친다는 것을 의미했다. 그렇게 아이젠하워는 1943년 12월 4일 연합군 최고 사령관으로 임명된다. 그에 대응하여 독일은 국민적 영웅인 롬멜에게 연합군에 대응하는 대서양 방벽 방어의 책임을 맡기게 된다. 사전에 1943년 11월 28일에서 12월 1일에 걸쳐 열린 테헤란(유레카) 회담에서는 노르망디 상륙 작전(또는 오버로드 작전)에 대한 의미 있는 합의가 이루어진다. 그리고 이때 소련은 그 당시 누구도 생각하지 않았던 특별한 일을 벌이게 된다. 이 자리에는 스탈린도 참석하였는데, 은근히 소련군의 동유럽 진출을 노리고 있던 소련은 이탈리아에서 밀고 올라오는 미영 연합군의 진군을 동유럽 쪽으로 향하지 않도록 생떼를 쓰기 시작한 것이다. 이후에도 스탈린은 일관되게 연합군이 로마를 점령하고 나면 그 병력을 남프랑스로 향하도록 해 오버로드 작전을 같이 수행해야 한다는 입장을 밝히게 된다. 회담을 통해 처음에는 소련의 의중을 파악하지 못해 입장 정리를 하지 못하고 있었던 미국은 회담 과정이 진행되면서 자신들의 입장을 분명히 하게 된다. 미국의 입장은 이러했다. 아직 사안의 중요성을 깨닫지 못한 미국은 전쟁이 한창 진행 중인 상황에서 무엇보다 소련의 제안을 거부함으로써 연합군 사이의 괜한 분란을 일으키고 싶지 않았고, 동유럽 전선에서 소련의 협조를 무시할 수 없었던 미국 등의 연합군은 그런 이유로 소련의 요구를 그대로 수락하게 된다. 이를 통해 알 수 있는 사실은, 당시 소련의 외교 전략은 전쟁 후의 유럽의 판도까지도 고려하는 여러 가지 가능성을 염두에 두었다면, 미영 연합군은 전쟁 후의 양상보다는 지금 국면에서 소련과의 협조를 통해 어떻게 하면 전쟁을 효율적이고 빠르게 마무리할 것인가에만 초점을 맞췄다고 할 수 있다. 적어도 이 장면에서만큼은 소련은 미국보다 한 수 위의 탁월한 외교적 판단력을 갖추고 있던 것으로 보인다. 미국의 전쟁은 유럽 전쟁뿐만 아니라 태평양 전쟁도 남아 있어 어느 쪽이든 빨리 전쟁을 마무리하여 나머지 전쟁에 집중할 수 있다는 희망을 갖고 있었던 반면에, 유럽 전쟁에만 집중하면 되는 소련은 미국이 서유럽 전쟁에 관여한 이상 승부는 이미 한쪽으로 많이 기울어졌다고 판단하고, 전후 외교적 상황을 비롯한 자국의 이익을 극대화하는 방안만을 우선적으로 고려할 수 있었다.

이후 계속된 미영 연합군과 소련 사이에 벌어진 카이로 회담(1차는 1943년 11월 22일부터 26일까지, 2차는 1943년 12월 2일부터 7일까지 진행)과 얄타 회담(1945년 2월 4~11일) 등에서 소련은 실익을 꽤 챙긴 반면에 미영 연합군은 소련의 억지스러운 입장에도 전쟁을 승리로 이끌 합의가 먼저라고 생각했던 나머지, 소련이 제시하는 대부분의 의견을 들어주는 외교적 패착을 거듭하게 된다. 빠른 종전 선언을 원했던 미영 연합군이 여러 차례의 회담에서 거듭 소련의 의견에 여과 없이 합의해 준 결과, 종전 후 소련은 초강대국이 되는 발판을 마련하게 되고 합의된 내용에 따라 발 빠르게 동유럽을 장악하게 되면서 향후 동서 냉전에서 공산주의 진영의 우군들을 다수 확보할 기회를 포착하게 된다. 이는 단순하게만 봐도 동서 냉전이 자유 진영과 공산 진영 어느 한쪽으로도 치우치지 않고 대등한 가운데서 시작할 수 있음을 의미하는 것으로, 미국은 어디까지나 독일이라는 절대 악을 분쇄하는 것 외에 동유럽 국가들이 독일로부터의 군사적인 해방만을 생각했을 뿐, 그 대상이 누가 되는 것에는 크게 신경 쓰지 않았던 것이다. 그러나 이러한 상황 인식은 점차 시간이 지날수록, 미국 측에서 바라보는 상황들이 그 전처럼 낙관적이지만은 않고 보기에 따라서는 더욱 심각하게 받아들여야 한다는 기류들이 생겨나기 시작하였다. 그 당시 만약 미영 연합군이 합의를 거부하거나 합의한 내용과 다르게 동유럽에 진출했더라면 동유럽이 도미노처럼 공산화되지는 않았을 것이라는 생각도 충분히 해 볼 수 있으나, 그렇다고 소련의 공조와 협력이 절실했던 미영 연합군 입장에서는 합의된 내용을 무산시킬 아무런 명분이 없었던 것이 사실이었다. 아무튼 동쪽에서의 소련의 역할이 중요했던 연합군 측으로서는 소련의 의견을 안 받아줄 수가 없었고, 그렇게 회담이 진행되면 될수록 소련이 집요하게 종전 후의 야심을 드러내면서, 뒤늦게나마 미국이 자신의 외교적 패착을 깨닫게 되나 그때는 이미 너무 늦어버렸다. 결국, 독일이 대부분 장악하고 있던 동유럽 국가들의 강제적인 공산화의 길이 미국 등의 연합군의 합의로 어느 정도 완성을 이루어가고 있었다고 할 수 있다.

테헤란 회담의 결과, 발칸을 공격해 독일의 급소로부터 치고 올라간다는 영국의 계획은 소련의 저지에 의해 처음부터 무산되고 만다. 이는 소련군이 동유럽과 발칸을 들어오기 전에는 미영 연합군이 이 일대로 들어오는 것은 불가능하다는 것을 의미했다. 미영 연합군의 모든 작전이 순진하게도 종전만을 염두에 두었다면, 소련은 전쟁의 흐름뿐만 아니라 종전 후의 실리까지도 내다보는 화려한 외교술을 맘껏 발휘하게 된다. 실제로 오버로드 작전이 실행되기 전, 이미 로마를 점령한 이탈리아 주둔 미영 연합군은 더 이상 진격하지 못하고 이탈리아 내에서 종전을 맞이하게 된다. 동유럽 장악을 위한 소련의 흑심이 같은 편이었던 연합군의 진격 의지마저 꺾어놓았던 것이다.

한편, 앞에서 언급한 디에프 상륙 작전의 결과는 실패로 돌아갔지만, 애초부터 소규모로 운영되었던 점에서 점령보다는 연합군의 향후 상륙 작전에 대한, 작전 계획을 준비하는 과정이었다고 보는 것이 맞는 표현일 것이다. 작전에 동원된 5,000여 명의 캐나다군 중 3,367명이 전사하거나 포로로 잡혔고, 영국의 코만도 대원 1,000명 중 247명을 잃었으며 동원된 신형 처칠 전차를 한 대도 다시 갖고 오지 못하는 등 여러 가지 피해가 있었다. 그러나 그들은 실패를 통해 다음과 같은 값진 교훈을 얻게 된다. 첫째, 공습을 포함한 사전 포격 지원, 둘째, 기습요소 유지, 셋째, 적진지에 대한 정확한 정보, 넷째, 항구에 대한 직접 공격 배제, 다섯째, 재승선이 가능한 적절한 상륙정 배치 등이다.

당초, 은밀한 기습 작전을 위해서는 시끌벅적한 함포를 동원한 지원 작전은 필요하지 않다고 생각하였으나, 상륙해야 할 해변의 독일군 방어 시설을 어느 정도 무력화시키지 못한다면 상륙 작전에 동원된 상륙 병력의 손실을 막아줄 방법이 딱히 없었다. 또한 기습 요소를 유지하기 위해 상륙 장소를 예측할 수 없도록 하는 기만전술을 운용해야 한다는 교훈도 얻었다. 그리고 상륙 위치가 대부분 모래나 자갈이 많은 해안가 지역이기 때문에, 디에프 작전에서 동원된 처칠 전차와 타이어로 이루어진 트럭 등이 해변에서 무용지물이 되었던 점에 착안하여 해안별 특성에 맞는 궤도의 트레드(전차나 자동차의 바퀴가 노면에 닿는 부분)가 고안되었다.

1944년 6월 6일 세상에서 가장 길었던 하루, 노르망디 상륙 작전. 네모 칸 안이 작전 장소인 프랑스 노르망디 해안가이다. 동그라미 안은 연합군의 독일군 기만 장소 중 하나였던 파드칼레(Pas-de-Calais)다.

그렇게 4년이라는 기다림만큼이나 잘 준비된 노르망디 상륙 작전이 개시를 앞두고 있었다. 이런 상륙 작전은 태생적으로 롬멜의 말처럼 처음 하루 24시간의 결과에 따라 승패가 갈리는 싸움이었다. 상륙을 시도하는 연합군 측에서는 날짜를 택일하여 상륙 장소에 대한 기만과 기밀을 유지하여 상륙을 신속하게 운영하면 되는 것이고, 방어하는 독일 측에서는 상륙하는 장소와 날짜를 잘 예측하여 상륙을 시도하는 병력을 초기에 해변에서 전멸시키는 것이 최선이었다. 결과는 기밀과 위장술을 교묘하게 섞은 연합군의 완벽한 승리였고 날짜와 상륙 장소를 오판한 독일군에게는 되돌릴 수 없는 패배가 돌아갔다. 결과의 책임을 모두 지휘관에게 물을 수는 없지만, 어이없게도 연합군이 디데이로 정한 날 대서양 방벽을 책임졌던 롬멜은 정작 그 시간에는 아내의 생일에 맞춰 독일에 머무르고 있었다고 한다. 결국 최고 책임자의 부재는 초기에 독일군이 상륙하는 연합군에게 효율적인 대응을 하지 못하고 우왕좌왕하는 모습으로 나타나게 되었고, 그 무엇보다 파드칼레와 노르망디 중 어느 쪽으로 상륙할지 독일군이 예측하지 못하도록 한 연합군의 기만전술은 준비하는 측에서만 봐도 도가 지나치다고 할 정도로 치밀했다. 파드칼레에 동원된 가짜 전차, 퇴역 군함과 상선 등의 적을 기만하기 위한 전력은 그 효과를 극대화하려고 작전을 시작하기도 전에 해안가를 가득 채우고도 남았다고 한다. 이는 얼마나 연합군이 노르망디 상륙 작전에 정성을 다했고 치밀했는지를 보여 주는 대표적인 사례라고 생각된다. 사실 파드칼레는 영국에서 가장 가깝다는 이유로 독일군의 방어 시설 또한 잘되어 있을 것으로 예상돼 처음부터 상륙 장소에서 제외되었고, 노르망디는 정박 시설이 없어 큰 배를 정박할 수 없지만 그런 만큼 방어가 비교적 허술하다는 점이 반영되어 최종 상륙 지점으로 결정되었다. 하지만 정박 시설이 없는 만큼 대단한 규모의 정박 시설을 새로 만들어야 하는 준비 과정이 요구되었다. 결과적으로, 성공적인 인공 부두 시설로 인해 연합군은 일주일 만에 33만여 명의 병력과 5만여 대의 차량, 10만t의 물자를 성공적으로 상륙시키게 된다. 연합군이 작전 성공을 위해 준비한 약 25t 중량의 수많은 잔교 건설에 쏟은 정성은 어쩌면 여러 지면을 할애하여 설명하더라도 설명이 부족할 정도라고 할 수 있다. 그야말로 치밀하고 역동적이었던 물자 공급 작전이 결국 상륙 작전 대성공으로 이어졌다고 보는 것이 타당할 것이다. 이런 준비 과정을 통해 드러난 연합군의 작전 성공에 대한 간절함은 이미 전력적인 우위를 확보하고 있음을 고려하지 않더라도 압도적인 승리로 자연스럽게 연결될 수밖에 없었다. 정말 그런 간절함과 바람이 통했던 것일까, 독일군이 상륙 예측 장소를 노르망디가 아닌 파드칼레로 착각하면서 초반 독일 방어진의 혼란을 더욱 가중시켰다.

드디어 6월 6일 새벽, 연합군은 사상 최대 규모의 육해공군 합동 작전을 개시했다. 연합군은 6,500척의 선박과 12,000대의 항공기를 가동해 첫날 17만 명의 병력을 노르망디 해안에 상륙시키는 데 성공하게 된다. 교량 확보 등 다양한 임무를 부여받은 공수 부대는 기상 악화로 말미암아 광범위하게 흩어졌지만, 오히려 그것이 적을 혼란에 빠지게 함으로써 전화위복이 되었다고 한다. 사실, 미영 연합군의 엄청난 병력에 맞서야 하는 당시 독일군의 전력은 비록 초반에 비해 전력이 떨어지긴 했지만, 오랜 육전 경험으로 인해 모두가 베테랑으로 구성된 만큼 노련미만큼은 그 누구에게도 뒤지지 않았다. 히틀러는 독소전 당시 이탈리아에서도 제2 전선이 형성되자 독소전에 참여했던 병력을 그쪽으로 돌릴 수밖에 없었는데, 노르망디 상륙 작전 이후에도 독일은 이곳저곳에서 터져 나오는 전력 손실을 보충하기 위해 급한 전력을 이곳저곳에서 빼내어 보충하는 등 동부와 서부를 넘나드는 땜질식의 임기응변적인 전술을 지속해서 사용하고 있었다. 그래서 노르망디 상륙 작전 후 서유럽을 방어하는 데 동원된 독일 육군 전력도 이미 지옥 같은 동부 전선에서 가혹한 소모전을 치러 만신창이가 된 전력이 대부분이었다.

그래도 독일 육군은 공군보다는 나은 형편이었다. 이미 영국과의 본토 항공전과 독소전, 아프리카전 그리고 미영 연합군의 계속되는 전략 폭격에 이미 모든 독일 공군의 전력은 밑천을 드러내고 있어서, 이미 독일군의 방어 전략에서 전력 외의 판정을 받은 독일 공군은 방어전에도 크게 도움이 되지 못하고 있었다. 독일은 고육지책으로 그나마 남아있는 공군 전력을 보존하여 영국 공군의 사정권 내에서 지켜내려고 여러 가지 노력을 기울이게 되는데, 그 노력이라는 것도 해변에서 멀리 떨어진 지역에 그나마 온전한 독일 공군 전력을 배치하는 것이었다. 그러나 결국 이것이 화근이 되어 상륙을 시도하는 연합군에 대한 공중 지원 사격이 거짓말처럼 전무하게 되는 원인이 되었다. 연합군조차 아무 데서도 찾을 수 없는 독일 공군의 전력 때문에 고개를 갸우뚱거릴 정도였다고 하니, 노르망디 상륙 작전 전부터 이미 괴멸된 독일 공군은 독일 해군처럼 교전보다는 그나마 남아있는 전력을 보전하는 것이 부대의 존립 목표가 되면서, 언제부터인가 공군은 독일 총 전력에 보탬이 되지 못하는 있으나 마나 한 미미한 전력으로 분류되기 시작하였다. 이미 독일 상부로부터 적 전투기와의 교전을 되도록 피하라는 명령이 떨어진 상태였기 때문에, 공중에 떠 있는 독일 공군을 목격하는 것조차 더욱 어려워지면서 독일군의 상황은 더욱 악화되고 있었다.

서유럽의 하늘에서 독일 공군이 사라지자 공중 지원이 전무한 전차와 같은 독일 육군 전력은 적 정찰기에 발각되기라도 하면 고스란히 수십 대의 연합군 공군의 먹잇감으로 전락하기도 하였다. 자연스럽게 서유럽의 하늘이 연합군의 독무대가 되자 육군의 전력도 심각한 타격을 받게 되는데, 그중 하나가 보급을 위한 연료를 연합군의 공군에게 노출되지 않도록 아무 데나 야적하지 못하는 문제가 제기되었다. 독일의 입장에서는 더욱더 귀해진 연료가 적에게 노출되지 않아야 한다는 필요성을 절감하게 되었고 되도록 연합 공군을 피해 아군과 최전선에서 멀리 둬야 하는 전략상의 어려움을 노르망디 상륙 작전 이후 내내 겪어야 했다. 결국, 연료를 적시에 충분히 보급 받지 못한 독일군의 최강 전차들은 전차장에 의해 눈물을 머금고 전차를 자폭시키는 사례가 점차 늘어날 수밖에 없었는데, 이렇게 독일 공군의 전력이 와해되면서 연합군의 전략 폭격은 더욱 기승을 부리게 되었고 적어도 땅에서만큼은 막강했던 독일 육군의 경쟁력과 버티는 힘 또한 점차 약해져 갈 수밖에 없었다. 더구나 연합군의 공격 방향은 노르망디 해안가 상륙만을 목표로 하지 않았다. 연합 공군의 집중적인 폭격을 피하지 못한 서유럽의 철도와 교량은 대부분 파괴되어서, 상륙 작전 후 내륙으로 물밀 듯이 진격해 들어오는 연합군을 막기 위한 독일 중원군은 제때 도착할 수가 없는 이중고를 겪어야 했다. 결국 어느 정도 연합군 선발대가 독일군의 저지선을 뚫고 자리를 잡게 되자 보급품을 실은 상륙정들이 별다른 저항 없이 속속 도착하면서, 이제 막 상륙이 끝난 시점이었음에도 불구하고 독일 제3 제국의 몰락을 막을 수 있는 것은 아무것도 없는 것처럼 보였다.

또한 독일 공군의 약화는 단순한 독일 공군 전력의 부족함으로 그치는 것이 아니라, 독일군이 대전 마지막 18개월 동안 연합군의 후방 군수 시설을 단 한 번도 제대로 타격하지 못하는 현실적인 어려움으로 다가오고 있었다. 적의 후방을 타격하지 못한다는 것은 전선에서 보다 사전에 적의 전력을 떨어뜨릴 기회를 잃어버리는 것을 의미하는 것으로, 그와 반대로 적의 공군에 노출된 독일의 도시와 군수 공장이 거의 복구할 수 없을 정도의 폐허로 변해가는 것을 막아주지 못하면서, 이제 막 중반을 넘기기 시작한 전쟁 상황이라고 하기엔 한쪽으로 완전히 치우친 전력 균형은 이제는 피할 수 없는 현실이 되어 있었다. 특히, 1942년 이후 약 160회가 넘는 연합군의 전략 폭격을 당한 독일 도시 쾰른은 도시라기보다 채석장을 방불케 하는 돌무덤으로 변해있었는데, 이와 같은 전략폭격으로 인한 후방 보급 전쟁에서의 엄청난 손실은 그대로 독일군 전력에 영향을 주었다. 결국, 교전으로 잃은 전력은 보충이나 회복되지 못한 채 제외되었고 이는 고스란히 패배로 연결되고 있었다. 더구나 한 줌도 안 되는 군수 시설에서 적의 폭격에도 불구하고 겨우 만들어낸 전차를 비롯한 전력들도 더 급한 동부 전선에 배치되는 현실이어서, 서부 전선과 동부 전선 양쪽에서 세계 최강의 군대를 상대해야 했던 독일군의 패배는 누구도 부인하지 못한 현실이 되고 있었다. 다만, 그 시점이 언제가 될 것인지만 의문처럼 남았다고 할 수 있었다.

이런 현실을 타개하고자 독일은 1944년 12월 독일 육군사령부의 전차 교육 교관과 공군 교관들까지 모두 끌어 모으고 남아있던 전차와 항공 전력까지 쏟아부은 '벌지 전투'를 준비하게 된다. 그 간의 독일군의 대응과 연합군의 선전에 고무된 연합군이 느슨하게 전쟁의 양상을 관망하고 있을 때 갑작스러운 독일의 반격은 연합군에게는 전혀 예상하지 못했던 일이었다. 그렇게 연합군이 주춤하는 사이 얼마간의 독일군의 선전으로 서쪽으로 국경선을 살짝 밀어붙이게 되지만, 그것도 잠시, 막강한 연합군의 물량 공세에 히틀러가 마지막 결전이라고 생각하고 쥐어짠 독일군의 마지막 전력은 결국 눈 녹듯이 사라져 버리게 된다. 제대로 붙어서는 연합군을 이길 수 없어 전략적인 후퇴를 바라는 현지 장교들에게 히틀러는 발작에 가까운 망령 섞인 명령, 즉 "무조건 현 지역을 고수하라."는 말만 메아리처럼 남발하게 된다. 결국, 히틀러가 최후까지 싸운다는 전략을 고수하게 되자, 전 국토가 초토화되고 전 독일 국민이 전쟁의 위협에 노출되어도, 독일은 연합군과 제대로 된 협상조차 한 번 시도해보지 못하고 의미 없는 패배만 거듭하게 된다. 히틀러가 자신의 최후까지도 예감한 베를린에서 최후의 성전을 명령하면서 전쟁은 클라이맥스로 치닫고 있었다.

이탈리아 전선을 포함하여 동서유럽에 걸친 세 방향의 전쟁은 독일군의 엄청난 인적 손실로 연결되어 전쟁 후반으로 갈수록 독일은 병력 자원 고갈이라는 절망적인 상황을 맞이하게 된다. 1945년 1월이 되자 히틀러는 지푸라기라도 잡는 심정으로 징집 연령을 17에서부터 45세까지로 확대하여 '국민 척탄병'이라는 명목으로 5년간의 전쟁으로 잃은 400만여 명의 병력을 메우려고 했으나, 이는 제대로 훈련받지 못한 병력들의 무조건적인 항복으로 이어져 전력에는 전혀 도움이 되지 못했다. 이제 서부 전선에 동원된 100만여 명의 독일군은 병참이 거의 무너진 채로, 약 373만 명의 인적 자원과 물자가 풍족한 연합군 병력에 맞서야 하는 절대적인 열세에 처하게 되었다.

한편, 패배가 자명해진 독일의 현실을 스스로 타개하고자, 1944년 7월 20일 노르망디 상륙 작전이 시작된 지 한 달 남짓 지난 시점에 시도된 히틀러 암살 작전, 즉 작전명 '발키리'는 치밀하지 못한 시도로 인해 실패로 돌아가는 불운을 겪게 된다. 주모자인 슈타우펜베르크를 비롯한 롬멜 등 히틀러 암살에 직간접적으로 관여한 200명이 비극적으로 처형되는데, 독소전의 패배와 노르망디 상륙 작전으로 전세를 돌리기 쉽지 않은 현실에서 오직 전쟁만을 요구하는 히틀러를 제거하여, 아직 독일군의 전력이 남아있을 때 협상을 하려고 했던 전략은 히틀러 암살 실패로 물거품이 되고 만다. 실패로 끝난 히틀러 암살 작전인 '발키리 작전'이 성공했더라면 아마 역사의 많은 부분이 지금과는 많이 바뀌었을 것이다. 하지만 안타깝게도 그런 일은 일어나지 않았다. 이는 육군 하사관 출신의 히틀러와 그를 맹목적으로 추종하는 나치 세력, 그리고 프로이센 귀족 출신들인 독일 장교들과의 눈에 보이지 않는 반목이 표면화된 것이라고 볼 수 있는데, 히틀러는 자신의 암살 작전에 국민적인 영웅이었던 롬멜까지 가담했다는 현실에 충격을 받고 롬멜에게는 처형보다는 적의 공격에 의한 부상 악화로 사망했다고 발표하는 예우를 해주며 독배를 권하게 된다. 이후 독일 육군 장교들에게 되돌리기 힘든 배신감을 느낀 히틀러는 이전보다 더욱 무장 친위대 세력만을 신뢰하게 되며, 육군 군복을 입은 장교들은 히틀러에게서 필요 이상의 경계와 여러 가지 차별 대우를 받게 된다. 이는 종전에 가까워진 어려운 현실에서 독일 육군의 전력 불균형을 더욱 심화시키는 계기로 작용하였다. 이래저래 독일 제국의 운명은 더욱 절망적인 상황으로 치닫고 있었다.

처음부터 한쪽으로 치우친 미영 연합군의 우세 속에 시작된 노르망디 상륙 작전은, 종전에 가까워지면서 붕괴가 뚜렷해진 독일군의 허술한 방어 전력으로 인해 연합군은 특별한 저항 없이 전진을 계속할 수 있었다. 다만 독일군 지휘관들의 의지와 그동안의 풍부한 전쟁 경험에서 얻은 프로 의식에 의해 연합군은 얼마간의 교착 상태에 빠지게 되지만, 노르망디 상륙 작전이 펼쳐진 후 1년이 채 안된 1945년 4월 20일 미영 연합군은 얄타 회담에서 약속한 독일의 엘베강 서쪽에 소련보다 먼저 도달하게 된다. 이제 미영 연합군이 더 진출할 수 있는 서유럽 땅은 없었고 적의 수도 베를린 점령의 영광은 자연스럽게 소련의 몫으로 남겨졌다.

나. 드골 프랑스 망명 정부와 대한민국 임시 정부

프랑스는 독일과의 전쟁에서 패한 후 제3공화정이 붕괴하면서 필리프 페탱 원수가 새로 내각을 맡은 비시 프랑스 정부가 세워졌지만, 자신이 프랑스를 대표하는 정부라고 선전했던 자유 프랑스 망명 정부는 비시 프랑스를 독일의 괴뢰 정권으로 선언하였다. 자유 프랑스는 덩케르크 철수 후 런던으로 망명한 드골에 의해 세워졌지만, 드골이 영국의 공영방송인 BBC에서 계속 저항할 것을 주장하는 라디오 연설을 듣고 모여든 사람들은 처음에는 극소수에 불과했다. 특히 자유 프랑스를 대표하는 인물인 드골 또한 독일과 전투(아라스 전투, 1940년)에서 선전한 기갑 부대 지휘관이기는 했으나, 그때까지만 해도 대중적인 인물도 아니었고 그는 막 대령에서 준장으로 진급한 무명의 장군일 뿐이었다.

영국, 캐나다는 역시 독일과 타협한 비시 프랑스를 괴뢰 정부로 보았고 자유 프랑스를 프랑스의 합법 정부로 지지하게 된다. 영국의 그런 입장은 이미 비시 프랑스 소속의 해군이 독일에 넘어가는 것을 경계해 프랑스 주력 함대를 공격해 4척의 프랑스 해군 전함을 격침한 모습에서도 볼 수 있었다. 이 전투로 인해 비시 프랑스가 영국 정부와 외교 관계를 단절하는 것은 당연한 귀결이었다. 하지만 미국은 그와 다르게 비시 프랑스만을 합법 정부로 인정했다. 이 때문에 미국과 자유 프랑스 사이에서 갈등이 조장되기도 했지만, 어디까지나 루스벨트에게 자유 프랑스는 조국을 잃은 망명자들이 세운 나라별 저항운동 단체 중 하나에 불과했다. 시간이 지나 미국과 자유 프랑스 사이의 갈등이 해소된 것은, 1943년 7월 드골이 미국으로 건너가 루스벨트 대통령으로부터 자신이 이끄는 민족 해방위원회가 장차 해방된 프랑스에서 통치 임무를 인수하는 것을 지지한다는 약속을 받아놓았을 때부터였다. 미국이 뒤늦게 서야 자유 프랑스를 지지했던 이유는, 비시 프랑스를 아직 연합군 소속으로 붙들어 놓지 않는다면 언제고 독일 제국에 붙어 연합군의 적이 될 것을 누구도 원치 않았기 때문일 것이다.

드골은 발 빠르게 알제리 등지에서 전쟁이 끝나면 자유를 주겠다는 약속까지 하면서 현지인으로 구성된 병력을 끌어모아 세력을 키우는 한편, 연합국의 일원으로 인정받기 위해 분주하게 움직였다. 자유 프랑스의 군대는 처음에는 20명 안팎으로 시작했으나 노르망디 상륙 작전이 시작될 즈음에는 비록 장병들의 개인적인 장비부터 전차까지 모두 미군에게 의존해야 했지만, 1만 6,000여 명의 병력과 2,000여 대의 전차와 차량을 가진 명실공히 패튼 장군 휘하의 자유 프랑스군 제2기갑사단을 이룰 수 있었다.

한편, 연합군의 북아프리카 상륙에 자극받은 독일군은 1942년 11월 11일 안톤 작전을 시작으로 남부 프랑스까지 점령하고 페탱의 비시 프랑스를 사실상의 식물 정권으로 만들어 놓았다. 비시 프랑스가 힘을 잃자 프랑스 국내에서는 레지스탕스 운동이 점점 세를 키워나갔고 자유 프랑스는 이들과 접촉해 국내에 발판을 마련하는 한편 전후 프랑스 정부 수립을 준비하게 된다. 1944년 초 드골이 자기 측근을 프랑스 국내군 사령관으로 잠입시켜 레지스탕스 지휘 체계 일원화를 시도했지만, 자립적인 성격이 강했던 레지스탕스는 드골의 지도력을 인정하려고 하지 않았다. 사실, 프랑스 내 레지스탕스는 통일된 조직을 가지지 않은 자발적인 조직이어서 여러 가지 분파가 있었는데, 대표적인 조직은 드골을 따르는 드골파와 공산당과 그리고 다수의 자발적인 레지스탕스가 있었다. 하지만 드골파를 제외하고는 자발적인 목표를 향해 움직이는 레지스탕스의 입장에서는 뜬금없이 나타난 자유 프랑스의 지도를 그대로 받아들일 이유가 없었다.

마침내, 1944년 6월 연합군의 노르망디 상륙 작전 성공 이후 빠르게 패퇴하는 독일을 향해 전력을 다하고자 했던 아이젠하워 연합군 총사령관에 의해 연합군의 진격로에서 파리를 배제하자, 미군 휘하의 자유 프랑스군은 파리 해방을 코앞에 두고 매우 실망하게 된다. 그때 파리의 공산 레지스탕스들이 이 틈을 노려 정치력을 확장하려는 일제 봉기를 일으키자, 공산주의 국가가 프랑스에 건설될지도 모른다는 우려를 계기로 미국 소속의 자유 프랑스군은 아이젠하워를 설득하여 진격로를 다시 파리로 돌려놓는 데 성공한다. 결국, 르끌레르가 이끄는 자유 프랑스군 제2 사단이 선두에 서서 1944년 8월 25일 파리를 해방시키고 탈환하게 된다. 1940년 6월 파리가 무방비 도시를 선언한 후 4년이 넘는 나치 독일의 치하를 벗어나는 순간이었다.

그렇게 연합군의 우세 속에 제2차 세계대전이 끝나고 50년 넘게 전 세계를 양분하고 치열하게 전개되었던 자본주의와 공산주의의 싸움이, 프랑스에서는 싱겁게도 자본주의의 승리로 끝나버린 것이다. 또한 아이젠하워의 협조를 받은 자유 프랑스군이 파리를 해방하는 장면은, 어려운 상황에서도 자유 프랑스를 이끈 드골이 향후 프랑스 정부 구성에서 유리한 위치를 차지하게 됨을 의미했다. 물론, 이렇게 드골이 정치적 입지를 다지는 데 있어서 미군의 조력은 절대적이었는데, 먼저 아이젠하워는 미군 휘하의 자유 프랑스 군대가 파리에 먼저 들어갈 수 있도록 허락해 주었고 혹시 모를 교전을 위해 미군이 그 뒤를 받치도록 하는 배려도 잊지 않았다. 물론 그 배려 뒤에는 연합국의 전략적인 측면도 참작되었는데, 이는 프랑스인 스스로가 연합군의 수복 지역(프랑스 파리와 전역)에 필요한 치안과 질서 회복을 담당하게 함으로써, 패주하는 독일군을 향해 전략을 쏟아야 할 상황에 연합 군대를 파리에 상주해야 하는 부담을 덜 수 있다는 현실적인 이유도 있었다.

파리가 독일군의 항복으로 해방되자 이제 본격적으로 누가 프랑스를 대표하는 정부를 구성하는 주체가 될 것인가의 경쟁이 시작되었다. 하지만 처음부터 비시 프랑스는 친독 괴뢰 정권이었기 때문에 정통성이 없었을 뿐만 아니라, 오히려 전범 집단이 되어 비시 프랑스의 수반이었던 페탱 등은 드골에 의해 재판을 받는 등의 수모를 받게 된다. 전통적으로 프랑스는 강력한 중앙 집권 체제로 파리가 곧 프랑스였기 때문에 파리를 해방시키는 정치 세력이 프랑스 국민에게 해방자로 인정받고 전후의 프랑스를 주도할 거라는 건 누구나 예상할 수 있는 시나리오였다. 따라서 미군, 자유 프랑스, 우익 레지스탕스, 공산당 레지스탕스 모두 파리 해방을 자기 손으로 이루려 했고, 파리 주둔 독일군 사령관인 콜티즈 대장에게 각자 밀사를 파견해서 서로 자기 쪽한테 항복하라고 협박하기도 했다.

전쟁의 승패만 중요할 뿐 전후 처리와 정치적 선택에 대해서는 문외한이었던 아이젠하워는 처음부터 연합군의 진격로에서 파리를 빼버리며 오직 독일군을 동쪽으로 밀어붙이는 데 골몰하기만 하였고, 명색은 자유 프랑스군이지만 소속은 미군 소속이어서 독자적인 작전 수행이 불가능했던 드골은 오매불망 파리의 해방을 스스로 하려는 꿈을, 막상 파리를 지척에 두고도 절망에 빠질 수밖에 없었던 것이다. 그래서 뒤늦게나마 자유 프랑스의 의지를 아이젠하워가 거부하지 않고 들어준 것은, 파리와 프랑스를 해방시킨 세력이 자유 프랑스라는 명분과 프랑스의 자존심을 함께 찾아 주는 결과로 돌아왔다. 치열한 정치 암투와 비밀공작 끝에 파리 주둔 독일군 사령관 콜티츠 육군 대장은 파리 주둔군 장병들의 신변 보장을 조건으로 자유 프랑스에 단독으로 항복하게 되고, 향후 자유 프랑스는 정부 구성의 주체가 될 수 있는 결정적 기회를 맞이하게 된다.

런던에 머물러 있던 드골은 바로 비행기를 타고 와서 자유 프랑스군과 함께 파리시에서 개선 행진을 거행했다. 수십만 명의 파리 시민이 거리로 쏟아져 나와 이를 환영했고, 비록 소수의 세력으로 시작한 드골이었지만 지금은 '구국의 영웅'이자 파리의 '해방자'로 등극해 파리 시민들과 모든 프랑스인에게 자신의 모습을 각인시킨다. 결국, 전후의 모든 정치 세력이 결집한 프랑스 임시 정부는 드골이 주도하게 된다. 이후에는 레지스탕스 세력과 감옥에서 풀려난 제3 공화정 시기의 정치인들과 협력하여 드골을 수반으로 하는 프랑스 임시 정부를 구성하게 되고, 노르망디 상륙 작전에서 자유 프랑스군은 비록 병력은 적었지만 남다른 노력이 인정되어 프랑스는 연합국의 일원이자 제2차 세계대전의 승전국으로 인정받게 된다.

미력한 힘이지만 프랑스의 자존심을 걸고 시작된 드골의 자유 프랑스 임시 정부가 연합군의 당당한 일원이 되어 독일 치하의 조국을 되찾고자 했던 노력은 백번 칭찬받아 마땅하다. 하지만 그 전과를 들여다본다면 미군의 휘하 사단 병력 정도의 의미밖에는 없었던 자유 프랑스군이 자신이 이룬 업적보다 많은 것을 얻을 수 있었던 것은 다음 두 가지 이유 때문이라고 생각된다.

먼저 자유 프랑스의 외교력과 군사적 결단력을 들 수 있다. 자유 프랑스는 비록 영국 연방에게는 프랑스를 대표하는 단독정부로 인정을 받았지만, 정작 연합군의 지휘 국가에 해당하는 미국에게 인정을 받지 못해 어정쩡한 위치에 있을 때가 있었다. 그것을 극복하기 위해 과감하게 미국의 인정을 받으려는 외교적인 노력을 끊임없이 보여 준 것이 첫 번째 이유이고, 노르망디 상륙 작전 후 프랑스 파리 해방의 주체 세력은 자신들이 되어야 한다는 군사적 결정을 아이젠하워가 할 수 있도록 성공적인 압박을 가한 것이 결정적인 두 번째 이유가 될 것이다.

그간의 사정이야 어떠하든 자유 프랑스가 정부 수립의 주체 세력이 된 근본적인 원인은, 비록 독일에게 나라를 빼앗기고 영국에서 눈칫밥을 먹어야 하는 신세였지만 향후 자신의 조국을 되찾기 위해서는 어디에 줄을 서야 하고 어떤 타이밍에 어떤 정치적, 군사적 결정을 해야 하는지를 잘 선별하여 과감한 결정을 밀어붙인 결과라고 생각된다. 자유 프랑스군에게는 다른 경쟁 세력에는 없었던 미국이라는 강력한 외부적인 힘이 작용했다는 것은 명백하지만, 모든 영광과 업적들은 자유 프랑스 정부의 피나는 노력이 없었다면 불가능한 것이었으므로 자업자득이라는 말은 이럴 때 써야 할 것이다. 사실 제2차 세계대전 당시 침략자들에 떠밀려 어쩔 수 없이 조국을 떠나 망명 정부를 꾸려야 했던 것은 비단 프랑스만의 일은 아니었다. 노르웨이와 폴란드를 비롯해서 여러 나라가 이와 같은 길을 걸었음은, 침략자의 군홧발 아래에 있는 조국을 언젠가 우리 힘으로 해방하고 정부를 구성하겠다는 강력한 의지의 표현이었다.

그런데도 프랑스같이 해피엔딩을 맞이하는 망명 정부도 있지만, 폴란드 망명 정부처럼 지독하게 불운한 운명도 있는 법이다. 폴란드는 독일과 소련에 의해 나라가 없어진 뒤 프랑스와 영국으로 망명 정부를 옮기며 누구보다 조국을 되찾겠다는 의지를 강력하게 보여 줬던 나라였다. 오로지 조국의 독립을 위한다는 명분하나로 제2차 세계대전 내내 영국 본토 항공전을 비롯해서 중동과 아프리카에서 보여 준 폴란드인들의 활약은 꽤 인상적이었으나, 정작 제2차 세계대전이 종전된 후에는 소련이라는 힘에 굴복한 친공산주의 성향의 정부가 구성되는 것을 멀리 바다 건너 런던에서 지켜봐야만 했다. 더구나 강대국 소련의 눈치를 봐야 하는 주변 나라들마저 폴란드 망명 정부를 외면하면서 망명 정부는 설 자리를 잃어야 했고, 1990년이 되어서야 동유럽에 분 자유화의 바람에 힘입어 자신의 임무를 제 3공화국 정부에 인계하면서 공식적인 폴란드 망명 정부의 역할은 종료될 수 있었다.

그렇다면 우리나라의 대한민국 임시 정부는 어떠했을까? 임시 정부 수립 초기, 독립에 대한 의욕이 넘쳐나던 시기가 지나자, 임시 정부는 중국의 현지 상황에 따라 여러 지역으로 청사를 옮겨 다니며 의기소침한 독립운동을 펼쳐야 할 정도로, 그 명맥을 유지하는 것만으로도 힘거워 보였다. 대한민국 임시 정부의 어려운 대내외 사정 때문에 국내로 진입할 정도의 제대로 된 무장 독립군을 키워낸다는 것은 처음부터 불가능에 가까운 일이었고, 가시적인 움직임이라고 해 봐야 김구의 한인 애국단 정도로, 조국에 있는 식민지 백성들에게 독립에 대한 작은 불씨라도 꺼트리지 않는 정도에 그치고 있었다. 물론, 일제의 시간과 장소를 가리지 않는 압박에 쫓겨 다니기 바빴던 임시 정부와 그 요원들이 처음부터 자유 프랑스처럼 외교적 노력을 전혀 하지 않았던 것은 아니었다. 여러 차례 대한민국 임시 정부를 대한민국을 대표하는 정부로서 인정해 달라는 이승만의 청원이 미국 정부에 계속 전달되었지만, 정부 조직이 체계적이지 못하고 공신력도 갖고 있지 못하며 또한 그럴듯한 군사 조직조차 갖고 있지 않은, 그야말로 허울뿐인 대한민국 임시 정부를 미국 정부는 끝내 외면할 수밖에 없었다. 물론, 당시 대한민국 임시 정부 휘하에는 한국광복군이라는 명목상의 군 조직이 있었지만, 연합국 측에서 볼 때는 규모 면에서나 군 자체적으로나 괄목할 만한 성과가 드러나지 않아, 국제적으로 인정할 만큼의 어엿한 군대로 인증받지 못하고 있는 형편이었다. 지금에서야 당시 좀 더 미국 밀착형 외교를 통해 외교의 저변을 넓히고 미국으로부터 모든 지원을 받을지언정 미군 소속의 한국인으로 구성된 군대라도 운영했더라면 이런 수모를 겪지 않았을 텐데 하는 아쉬움을 갖게 되지만, 그것이 미국이 주도하는 세상을 읽는 능력이 부족했던 임시 정부의 외교적 무기력함이자 뚜렷한 소득 없이 수고로웠던 임시 정부의 태생적 한계라고 생각된다. 그런 의미에서 해방 전 김일성이 대놓고 소련군 장교로 활동한 것은, 물론 소련이라는 대국에 종속된 느낌을 지울 수는 없지만 어쩌면 소련이 향후 북한의 대표 정치 세력을 선택하는 데 있어 많은 고민을 사전에 제거해 준 기회가 되었다고 보인다. 해방 후만큼 우리의 역사에서 자주적으로 할 수 있는 것들이 생각보다 많지 않았던 시대가 있었을까 의심스러울 정도로, 그 당시에는 우리 힘으로 할 수 있는 일은 거의 없었던 것이 사실이었다. 이 시기는 우리나라의 유력한 정치인이라고 해도 미국과 소련이라는 강대국들의 의중을 파악하는 것이 우선되어야 했던 암울한 역사의 시기라고 생각된다.

그렇게 우리가 우리의 운명을 스스로 결정하지 못하고 어물쩍거리는 사이, 느닷없이 맞이한 8·15 광복은 기쁨 이전에 우리 민족에게는 비극의 시작을 알리는 신호탄이 되어버렸다. 일제로부터 해방되었다는 기쁨만으로 거리로 쏟아져 나왔던 백성들에 비해, 임시 정부의 역할을 했던 요원들은 광복의 기쁨을 만끽하기도 전에 악몽에 가까운 조국 독립의 비극적인 현실을 마주하게 된다. 오직 조국의 독립을 위해 존재했던 단체가 막상 조국이 독립하는 상황과 마주하게 되자, 오히려 갈등이 시작되었다는 불편하고 적나라한 현실을 맞이해야 했던 것이다. 그 얼마나 우스운 일인가. 임시 정부의 노력을 폄하하기 전에 도대체 광복에 기여한 임시 정부의 노력의 결과를 작은 성과라도 좋으니, 보여 달라는 세상의 의견에 임시 정부는 할 말을 잃었다. 그간의 임시 정부의 모든 노력이 광복과 독립운동으로 너무 치우친 나머지, 정작 독립 정부 구성에 대해서 아무런 준비도 하지 못한 결과는 너무도 처참했다. 또한 임시 정부는 외부 사정에 어두워 김일성을 비롯한 다른 독립운동 세력과도 유기적으로 연동하지 못하고, 그야말로 개별로 뿔뿔이 흩어져서 독립과 광복을 위해 분발하며 노력했지만, 그 결과는 결국 광복 후의 혼란과 분열 양상으로 나타나고 말았다. 물론, 김구를 중심으로 한 민족 계열과 공산주의 계열의 대통합을 추진하지 않았던 것은 아니지만, 대한민국 임시 정부를 구심점으로 모든 조직을 통합하지 못했던 점은 독립운동사의 오점으로 남게 되었다.

아무튼, 대한민국 임시 정부가 발 빠르게 대표성과 응집력을 발휘하여 나라의 독립과 정부 수립의 결속력을 높였더라면 더 좋은 결과가 나오지 않았을까 하는 아쉬움은 우리에게 더한 절망만을 가져다주었다. 소규모라도 군대 조직을 갖추고 있어 그 해방된 조국의 치안이라도 맡길 정도의 조직을 갖추고 있었더라면 미 군정으로부터 어느 정도의 발언권을 가질 수 있었겠지만, 미 군정은 해방 후 한국 광복군의 무장해제를 끝까지 요구하는 등 이상하리만치 임시 정부가 주도할 수 있는 모든 것을 철저히 배제하기 시작하였다. 하지만 미 군정이 대안이라고 내놓은 것은 엉뚱하게도 친일파 경찰들을 대거 치안 유지에 투입하는 것이었고, 이로써 우리의 완전한 독립에 대한 기대는 처음부터 미 군정으로부터 방해받으면서 어긋나기 시작하였다. 기대가 높으면 실망이 크다고 물론 조직적인 미 군정의 간섭과 방해가 결정적이겠지만, 모든 것을 미 군정의 탓으로 돌리기엔 무리가 있어 보였던 것도 사실이다. 윤봉길의 의거가 장제스를 움직였듯이 대한민국 임시 정부는 스스로의 존재를 설득하기 위해 미국을 상대로 어필할 수 있는 뚜렷한 업적을 남겨야 했으나, 임시 정부는 그동안의 미미했던 존재감을 개선할 수 있는 어떠한 일도 남기지 못하고 말았다. 대한민국 임시 정부는 결국 우리의 기대만큼의 충분한 업적과 조국의 미래에 대한 청사진을 갖고 있지 않았다. 그 결과, 임시 정부의 요원들은 그간의 노력이 물거품이 되어 국내의 환영 인파 하나 없이 미국의 요구에 따라 쓸쓸하게 개인 자격으로 입국해야 하는 굴욕을 당하게 된다. 어쩌면 이런 쓸쓸한 귀국을 미국이 연출했다고 해도 틀린 말은 아니었다.

이는 대한민국 임시 정부가 앞으로 연합국에 의해 한반도를 대표하는 정식 정부로 인정받지 못하는 현실을 보여 준 상징적인 장면이 되었으며, 더 나아가 연합군 측과 동등한 자격으로 당당한 정치 교섭 단체가 되어 민족의 결집된 목소리를 대변하지 못하고 미국을 비롯한 열강들에게 우리나라의 모든 운명을 맡겨야 하는 들러리 신세가 되는 것을 의미했다. 결국 갑작스러운 해방은 3·1 운동을 계기로 민족의 미래를 웅대하게 준비했을 대한민국 임시 정부의 꿈이 산산이 조각나는 참담하고 처량한 순간이 되고 말았다. 그리고 이후로도 미 군정이 주도하는 정부 수립에서 김구를 비롯한 임시 정부 요원들은 자의든 타의든 철저하게 배제되는 등, 그야말로 명함조차 내밀지 못하는 이도 저도 아닌 신세로 전락하고 말았다. 독립을 우리 손으로 이루었다는 자부심을 그들로부터 빼앗아가며 임시 정부가 국민들 앞에 서는 것조차 부끄럽게 만드는 데 성공한 미 군정의 정치적인 선택은, 결과적으로 임시 정부를 어떻게 처리할 것인가에 대한 고민을 일거에 해결하는 첫 단계로, 임시 정부를 심정적으로 국민들로부터 떼어놓는 데 성공하게 된다. 이제 임시 정부의 입김이 배제된 상태에서 미 군정이 향후 남한 정부 수립의 주도권을 쥐게 되는 시발점이 되었다. 이처럼 우리나라의 정치적인 세력들을 처음부터 인정하지 않았던 미 군정의 콧대 높은 자세는 1945년 9월 9일, 맥아더의 한반도에 대한 포고문에서도 확인할 수 있다. "38도선 이남의 조선 영토를 점령한다." 여기서 우리나라를 일본으로부터 '해방'하는 것이 아니라 '점령'한다고 표현한 것은 미군은 어디까지나 점령군의 성격을 띠고 한반도로 상륙하고 모든 권한을 쉽게 현지인들에게 내어주지 않겠다는 선언에 가까웠다. 한편으로는 그 당시 한반도가 엄연히 일본의 땅이었으므로 점령한다는 의미는 그런대로 설득력이 있는 표현이라고 할 수 있었다. 그런 맥락으로 미 군정이 대한제국 황실의 입국을 극구 반대했던 것은 혹시나 있을 백성들의 동요가 미 군정의 정치적인 선택에 큰 걸림돌이 되지 않을까 하는 치밀한 계산의 결과였을 것이다.

임시 정부가 독립 주체에서 들러리로 전락한 순간부터 우리 민족의 운명도 함께 일제 식민지 시대보다 더 불안해지는 상황으로 빠져들게 되었다. 조국의 영토는 어느새 남북으로 분단되었고 한곳으로 수렴되지 않는 각자의 의견들도 그 목소리만큼 다양하게 더 나누어져, 항구적인 한반도 분단 상황을 고착화시키는 데 부채질하고 있었다. 위기를 극복할 주도 세력도 없고 미 군정으로부터 권한을 위임받은 뚜렷한 지도자도 사라진 현실에서, 이유 없이 갈팡질팡하는 우리의 질주가 목적지 없이 배회만 거듭하게 되면서, 하릴없이 소중한 하루 시간의 대부분을 강대국의 눈치나 보며 숨죽이며 보낼 수밖에 없었다. 우리의 자주적인 희생과 노력이 아닌 미국에 의해 주어진 해방은 우리에게 우리나라의 운명을 스스로 결정할 권한을 쉽게 넘겨주지 않았고, 3년의 미 군정에 이어 당시 미 군정의 정치적 필요에 의해 선택된 이승만 세력에 대한 미국의 승인으로, 대한민국의 정부 수립은 대한민국 임시 정부 요원들과 김구를 비롯한 민족주의자들의 비협조와 미 군정의 외면 속에서 불안정하게 일단락되어야 했다. 이런 의미에서 의열단을 이끌었던 김원봉이 했던 말은 큰 귀감이 되고 있다.

"자유는 우리의 힘과 피로 쟁취하는 것이지, 결코 남의 힘으로 얻어지는 것이 아니다."

남북을 막론하고 누구도 바라지 않았던 한반도 분단의 상황은 어느새 새로운 냉전 시대를 여는 이념의 전쟁으로 연결되었고, 미완성의 전쟁은 결국 또 다른 분단으로 매듭지어지게 되었다. 일제에 의해 난도질당한 우리의 과거는 조국의 밝은 미래를 밝혀줄 청사진을 보여 주지 못했고, 해방 후 대한민국 임시 정부의 어정쩡한 위치처럼 조국은 남북으로 나누어져 통일은 현실이 아닌 꿈으로만 존재하는 미래 속 우리의 운명처럼 불안하기만 했다. 다만, 대한민국 임시 정부의 정신만은 살아서, 대한민국 헌법 전문에 "우리 대한민국은 3·1 운동으로 건립된 대한민국 임시 정부의 법통과…"라고 하여 3·1 운동으로 건립된 임시 정부가 한국 독립의 모태가 되고 대한민국 건국의 정신적·사상적 기반이 되었다는 것을 인정받고는 있다. 하지만 대한민국 임시 정부가 중국에만 머무르며 제한된 외교력으로 식민지 한국을 대표하는 망명 정부로서 인정을 받지 못했던 현실은, 자유 프랑스가 런던에서의 망명 시절에도 군대 양성과 같은 조국의 해방을 위한 조직적인 움직임과 함께 주요 서방 국가들과의 외교를 통해 정통성을 인정받으려는 노력을 끊임없이 경주했던 것과 큰 대조를 이룬다고 할 수 있다.

또한 자유 프랑스군이 미력한 힘이나마 자신의 조국은 자신의 힘으로 해방시킨다는 정신을 갖고 있었던 것과 비교하여, 대한민국 임시 정부는 비록 의욕과 열정만큼은 절대 부족하지 않았으나 그것을 대내외적으로 잘 조직하지 못했던 점은 두고두고 아쉬운 점으로 남았다. 결국, 임시 정부 요원들은 그토록 간절히 바랐던 광복된 조국과 국민들 앞에 당당하게 개선장군으로 나서지 못했고, 정작 광복이라는 우리들의 잔치에 손님으로 초대받는 어처구니없는 비극적인 운명을 맞이해야 했다. 처음부터 우리 주변에는 잘못 꿴 단추를 다시 꺼내어 바로잡을 수 있을 때까지 언제까지라도 시간을 느긋하게 기다려줄 이는 없었다. 그렇게 광복의 시기조차 예상하지 못한 대한민국 임시 정부는, 어느새 남한의 미 군정뿐만 아니라 소련에 의해 갑자기 들어선 북한의 김일성으로부터도 인정받지 못하는 어정쩡한 신세가 되어 있었다. 어려운 시기에 나라의 중심을 잡아주기에는 역부족이었던 대한민국 임시 정부로 인해, 광복 후 조국이 나아가야 할 방향을 제시받지 못한 국민들은 과거와 별반 다르지 않은 현실을 맞이해야 했다. 당시 우리의 모습은 흡사 일본을 비롯한 주변 강대국에게 어지간히 휘둘렸던 대한제국의 마지막 운명이 재현되는 것 같아서 더욱더 아쉬울 수밖에 없었다.

대한민국 임시 정부를 언급하면서 또 한 가지·안타까운 것은 광복군이 미군과 함께 준비한 '독수리 작전'이라는 대한민국 본토 진공 작전이다. 애석하게도 당초 계획했던 1945년 8월 29일을 목전에 두고 벌어진 일본의 갑작스러운 항복으로 이 작전을 미처 실행해보지도 못한 것이 너무 아쉬운 대목으로 남았다. 그것이 조금이라도 성공했더라면 임시 정부가 미 군정의 개입으로 인해 개인 자격으로 쓸쓸히 들어오는 일은 없었을 텐데 하는 아쉬움을 숨길 수가 없다. 아니, 그것이 아니라면 진군하는 소련군보다 한 발이라도 앞서기라도 했다면, 그것도 아니라면 같이 한반도 북쪽으로 들어오기라도 했더라면, 미국과 소련을 대상으로 북한을 아우르는 한반도에 대한 충분한 협상 능력을 갖추지 않았을까 하는 미련스러운 생각들도 가져 보게 된다. 한 마디로 시대의 흐름을 적절하게 이용할 줄 모르는 너무 준비가 부족했던 대한민국 임시 정부였다. 결과적으로, 우리 민족의 염원을 담아달라고 응원했던 대한민국 임시 정부는 끝내 그 요구에 부응하지 못했다. 물론, 임시 정부를 탓하기 전에 우리를 비극으로 이끌었던 시대의 불운과 역사가 우리를 외면하고 도와주지 않았다.

어쩌면 본토 진공 작전이라고 명명하였던 이 작전은 사실상 불가능한 일이기도 했다. 왜냐하면 일본군의 세력이 꽤나 꺾인 시점이기는 했어도 아직 한반도와 만주 그리고 대만을 포함한 중국 대륙에는 200만 명에 이르는 일본군이 아직 남아 있었기 때문에, 그들의 존재를 무시하고 만주라는 배후를 남긴 채 국내로 진입하는 것은 어쩌면 자살행위와 다름없었기 때문이다. 결국 소련의 힘으로 만주의 일본 관동군을 어느 정도 정리한 후에 진공 작전이 이루어져야 했으므로, 광복군은 연합군 중에서도 소련의 협조가 무엇보다 중요했고 긴밀하게 협조할 필요성이 있었던 것이다. 하지만 어느 장면에서도 임시 정부가 소련의 협조를 구하는 장면이 보이지 않는 것으로 보아 열망 가득했던 본토 진공 작전은 우리의 일방적인 희망 사항에 가까웠다고 할 수 있다. 설령 소련과의 협조를 구했다고 하더라도 주된 역할이 아닌 보조 역할에 그칠 만큼, 정당한 독립에 대한 지분을 요구할 수 없는 엄연한 현실은 소련의 속성으로 보건대 우리에게 그리 호락호락하지 않았을 것이다.

김구 선생은 『백범일지』에서 '독수리 작전'을 결행해 보지도 못한 당시의 심경을 "아! 왜적 항복! 이것은 내게는 기쁜 소식이었다기보다는 하늘이 무너지는 듯한 일이었다."라고 통탄하며 거둘 길 없는 아쉬움을 이렇게나마 술회해야 했다. 이것은 우리나라가 승전국으로 광복을 맞이하지 못하는 것을 의미하는 것으로 더 나아가 연합국에게 대한민국 임시 정부의 노력을 어필할 기회마저 얻지 못하면서, 그 정통성마저 의심받게 되는 안타까운 상황에 김구 또한 분노를 넘어선 안타까움을 표한 것이다. 김구는 마치 우리의 미래를 예견한 듯, 우리의 힘으로 나라를 찾지 못했다는 비통함과 앞으로 외세에 더 없이 흔들릴 암울한 조국의 앞날을 더 없이 애통해하고 있다. 그렇게 1945년 8월, 임시 정부 요원 어느 누구도 예상하지 못했고 참여하지도 준비하지도 못한 채로 맞이한 광복은, 고난을 극복한 우리나라에 주어진 영광이라기보다는 앞으로 우리가 짊어져야 할 너무나 가혹한 운명으로 다가오고 있었다.

임시 정부가 대표성은커녕 아무런 소득 없이 시간만 보내고 있을 때, 자유 프랑스 임시 정부는 더 놀라운 장면을 보여 준다. 대한민국 임시 정부처럼 한때 나라를 잃고 아무도 그들을 주목하지 않던 영국 망명 시절, 나라를 되찾겠다는 거창한 목표와는 다르게 초라하게 눈칫밥을 먹으며 겨우 명맥을 유지했던 자유 프랑스 정부는 노르망디 상륙 작전에서 연합군을 뒤따라와 몇 번의 성공을 이룬 뒤부터는 돌변하기 시작한다. 앞에서 언급했듯이 당당하게 마치 자신의 힘으로 이룬 것처럼 파리를 해방시키는 정치적 수완을 발휘하더니 어느새 연합국의 일원으로 프랑스 땅을 조금씩 회복하는가 하면, 전쟁이 끝날 즈음에는 너무도 당당한 승전국의 일원이 되어 어깨를 나란히 하게 된다. 마치 연합군의 일원으로 독일과의 오랜 전쟁을 벌인 국가마냥 그들의 행보에는 거침이 없었고, 전후 승전 회담에도 빠짐없이 참여하며 당당하게 자신의 권리를 주장하는 모습은 너무 자연스러워서 오히려 주변 국가들이 당황스러울 정도였다. 독일군에게 참패하여 파리를 내주고 영국에서 겨우 망명 정부를 유지하며 눈칫밥을 먹던 모습은 어디 가고, 그동안 아무 일도 없었던 것처럼 예전의 한없이 도도했던 프랑스로 돌아와 있었다. 순전히 남의 도움을 받아 패전국에서 승전국으로 변신했음을 누구나 다 아는 사실임에도 불구하고, 나라를 잃었었다는 부끄러움조차 잊은 것 같은 프랑스의 천연덕스러움은 모든 보는 이들이 혀를 내둘러야 할 정도였다. 이 모습이 제1차 세계대전을 마무리할 때 프랑스가 패전국 독일에게 인상적인 승리를 올리지도 못하고도 당당한 승전국 행세를 했던 장면과 여러 면에서 겹치는 것은 우연이 아닐 것이다. 미국과 연합국들에 의해 대한민국 임시 정부가 그동안 해 왔던 노력들이 무색하게 독립을 열망하는 사람들의 모임 정도로 격하되었던 장면과, 엄청난 괴리를 보여 주는 자유 프랑스 임시 정부의 거침없는 전후의 행보에 부러움을 넘어선 질투마저 느끼게 되는 것은 어쩔 수 없는 우리의 현실이라고 할 수 있다. 대한민국 임시 정부와 차이라고 한다면 망명 정부라고 해도 프랑스라는 강대국의 위용은 쉽게 사라지지 않는 것이고, 이 또한 우리 표현으로 하자면 "부자는 망해도 삼대는 간다."는 강한 자부심의 흔적일 것이다.

제2차 세계대전 개전 당시 프랑스는 모든 면에서 어두웠고 나치 독일 치하에서는 서로의 탓만 하면서 사분오열되는 양상을 보여 줬지만, 독일의 패망이 가까워지자 어느새 승자로 둔갑하여 깔끔하게 피날레를 장식하는 입지전적인 모습을 보여 준다. 또한 제2차 세계대전에 참전했던 주요 교전국들의 도시가 이미 전쟁으로 폐허로 둔갑한 것에 비해, 프랑스는 일찍이 파리의 비무장 선언으로 말끔한 파리와 크게 피해를 받지 않은 국민으로 인해 제2차 세계대전의 숨은 최대 수혜자로 꾸준히 언급되게 된다. 우리나라와 같이 나라를 빼앗기고 더부살이의 고충과 나라를 되찾기 위한 엇비슷한 노력을 해왔던 프랑스가 엄청난 승전 축하연을 하고 있을 때, 우리나라는 또 한 번 나라를 연합국과 소련에게 빼앗겨 다시 독립과 기약 없는 통일을 위한 고난의 세월을 보내게 된다. 이 또한 무시 못 할 프랑스라는 나라의 존재감에 압도된 연합국들의 적극적인 양보가 한몫했다고 할 수 있지만, 그와 반대로 대한제국 이후 일제의 방해로 똘똘한 우방조차 곁에 두지 못한 외교적 고립으로 인해 강대국들의 적절한 훈수조차 없이 분단은 그들의 선택에 의한 어쩔 수 없는 우리의 운명이 되고 말았다. 일본의 방해든 미국의 조직적인 훼방이든, 와해된 우리 독립 단체의 교섭력 부족과 어려운 시기에 민족을 이끌어 갈 수 있는 위대한 인물의 부재로 인해 우리는 또다시 다른 강대국들의 논리에 끌려다녀야 하는 외로운 처지가 되고 말았다. 드골의 예에서 보듯 나라의 운명이 바람 앞에 등불처럼 위급한 시기에 어떤 지도자가 나타나 국가의 존망을 위한 모험과 전략을 세울 수 있는가에 우리의 천 년의 운명이 결정된다고 하니, 새삼 뛰어난 정치 지도자의 존재감은 100만 대군 못지않다는 것을 뼈저리게 깨닫게 해 준다고 할 수 있다.

상하이에 있는 대한민국 임시 정부 건물은 대한민국 임시 정부가 상하이 시기(1919년 4월 ~1932년 5월)에 사용했던 청사 건물로, 우리나라와 중국의 외교적 해빙기를 맞이하여 1993년에 1차, 그리고 2001년에 2차로 전면 보수하여 지금처럼 일반인에게 개방되고 있다. 3·1 운동을 통해 민족의 염원인 독립에 대한 희망을 조직적으로 이끌어 갈 단체의 필요성을 깨달은 독립운동가들에 의해 상하이에 대한민국 임시 정부 청사가 만들어지게 되었는데, 상하이는 당시 프랑스의 조계지(외국인이 자유로이 통상적으로 거주하며 치외법권을 누릴 수 있도록 설정한 구역)로 일본의 간섭이 덜하였고, 영일 동맹으로 영국이 일본과 가까운 사이였던 것과 비교해 프랑스는 영국의 라이벌로 대한민국 운동가들에게 우호적이어서 상하이의 신천지에 임시 정부를 설립할 수 있었다고 한다. 나중에 윤봉길 의사의 의거(1932년 4월 29일, 상하이 훙커우 공원)와 상하이를 일본군이 점령하면서 대한민국 임시 정부는 일본군을 피해 중국 여러 지역(항저우, 전장, 창사, 광저우, 류저우, 치장, 충칭)을 돌아다니며 고단했던 독립운동을 이어가야 했지만, 적어도 '대한민국'이라는 국호만큼은 이곳 상하이에서(단, 국호가 결정되었던 1차 임시의정원 회의 개최 장소는 학계에서도 아직 의견이 분분하다) 결정되는 등 대한민국의 큰 시작을 준비했던 장소라서 상하이 임시 정부 청사는 더욱 애정이 갈 수밖에 없었다.

상하이 임시 정부를 관람한 사람이라면 청사라고 하기엔 많이 부족하고 초라하다는 것과 그 안의 시설이라고 해 봐야 집무실과 숙소를 같이 쓴 것으로 보이는 책상과 침상 그리고 간단한 취사도구 등이 보일 뿐이라는 것을 알게 된다. 그러나 상하이를 방문한 대한민국 국민이라면 마치 성지 순례하듯 반드시 이곳을 방문하는 이유는 비단 화려한 청사 건물을 기대하고 있어서는 아닐 것이다. 당시 임시 정부 요원들은 상하이 뒷골목의 허름한 건물 안에서, 기약 없는 조국의 광복을 위해 매일같이 암울한 식민지 조국의 현실을 한탄하며 일본의 감시망을 피해 어려운 시기를 인내하며 보냈을 것이다. 필자 역시 중국 여행 장소를 물색하던 중 상하이를 선택한 것도 임시 정부 청사 방문 의도의 영향이 컸다고 할 수 있다. 눈으로 보는 것이 아니라 마음으로 찾는 이번 여행에서 굳이 화려한 거리의 풍경을 뒤로하고 후미진 골목에 숨을 수밖에 없었던 청사를 보고자 했던 것은, 어둡고 쓸쓸한 건물 안에서 조국 광복이라는 웅대한 꿈을 위해 제 한 몸 바쳤던 독립운동가들에 대한 고마움과 함께 미안함을 이제라도 표현하고 싶은 한결같은 마음일 것이다. 건물 안팎의 몇몇 모습이야 세월에 따라 많이 바뀌었겠지만, 방의 구조와 김구 선생이 오르내렸을 가파른 계단 등은 그 원형을 그대로 간직하고 있다고 할 수 있는데, 임시 정부가 상하이를 떠난 후 60년(복원 1993년)이 지났어도 원래의 모습을 유지하고 있는 것은 늦은 개혁 개방으로 그나마 중국이 옛 건물들을 허물지 않고 보존해 준 덕분이라고 생각한다. 지금도 상하이 외에 중국의 항저우와 충칭에는 대한민국 임시 정부 관련 기념 유적지가 보존되어 있다. 사진은 상하이에 있는 대한민국 임시 정부 유적지 표지판을 찍은 사진이다.

대한민국 임시 정부 활동에 대한 폄하와 정통성 부정은 비단 미국을 비롯한 연합국들만의 주된 레퍼토리는 아니었다. 지난 2016년 8월 15일, 71주년 광복절 기념식에 참여한 당시 박근혜 대통령은 "오늘은 제71주년 광복절이자, 건국 68주년을 맞이하는 역사적인 날입니다."라는 발언을 하게 되는데, 이와 때를 같이하여 당시 여당이었던 새누리당은 1948년 8월 15일을 정부 수립이 선포된 날이라는 뜻으로 건국절을 추진하게 된다. 더 나아가 여당을 비롯한 보수 진영은 임시 정부가 국가를 구성하는 세 가지 요소인 영토, 국민, 주권의 요소를 갖추지 못했기에 건국의 기원으로 삼을 수 없다고 주장하기에 이른다. 이렇게 촉발된 해묵은 건국절 논란은 차치하더라도, 3·1 운동이라는 우리 민족의 원초적인 힘을 기반으로 시작된 대한민국 임시 정부의 오랜 역사가 한 번에 부정되는 것으로도 모자라 정통성

논란에까지 휩싸인다는 점은, 우리 스스로가 대한민국 임시 정부의 존재에 대해서 자랑스럽게 생각하지 않는다는 반증이 된다고 생각된다. 더구나 이번 논란은 단순하게 날짜만을 변경하는 의미로 끝나는 것이 아니라는 데, 더 큰 문제가 숨어있다고 생각된다. 그들의 말처럼 대한민국의 정통성을 이승만 정부의 정부 수립부터라고 언급하게 되면, 이전의 독립운동은 무위가 되고 친일 행적 등은 하등의 문제가 되지 않는 심각한 상황을 맞이하게 되는 것이다. 즉, 비록 친일을 했더라도 건국 이후의 영웅이면 민족의 영웅이 될 수 있다는 것을 의미하는 것이라고 할 수 있다. 박근혜 대통령이 이렇게 건국절에 집착하는 이유는 다 박정희의 친일 행적을 어떻게 해서든 희석시키고 건국 이후의 일에 주목하여 그를 애국자이자 영웅으로 만들려는 일종의 모략이라고 할 수 있다.

결국, 대한민국 임시 정부 요원들을 푸대접하고 친일파 세력들에 비교적 관대했던 이승만 정권의 정통성은 오늘날 보수 정권에도 이어져, 우리의 독립운동사를 자랑스러운 역사로 편입되는 것을 부정하고 우당 이회영 선생처럼 독립운동에 전재산을 바치고 그것도 모자라 가문의 멸문마저 겪어야 했던 독립 애국자들의 정신을 망각하는 망극한 처사라고 생각된다. 건국절 논란이 단지 논란으로만 그쳐야 할 이유는 대한민국의 정통성이 대한민국 임시 정부로부터 시작된다는 것은 굳이 목소리에 힘을 주어 강조하지 않아도 되는 당연한 논리이기 때문이다. 그런 의미에서 임시 정부 수립 100주년을 맞는 2019년 4월 11일을 기해 이날을 임시 공휴일로 지정하려는 시도는, 비록 실제로 이뤄지지는 않더라도 우리의 정신적 뿌리가 어디에 근거하고 있는지를 명확하게 밝히고, 지금의 대한민국 또한 상하이 임시 정부로부터 시작되었다는 것을 분명히 하는 역사적인 사건이 될 수 있다고 생각된다. 또한 우리나라와 다르게 북한은 대한민국 임시 정부와 관련된 그 어떤 것도 인정하지 않는 분위기인데, 같은 독립운동사를 공유하고 있으면서도 이 문제만큼은 큰 이견을 보이는 것은 김일성과의 연관성을 좀처럼 찾기 어려운 탓일 것이다. 그렇다고 우리 임시 정부의 역사를 협상이나 흥정거리로 삼을 수는 없다고 본다면, 남북으로 갈린 독립운동사를 잘 갈무리하여 역사적 정통성을 가진 통일된 한국의 당당한 모습을 어떻게 찾아야 하는지는 앞으로 우리에게 남겨진 과제라고 할 수 있다.

이제라도 우리는 독일과 비굴하게 타협했던 비시 프랑스 정부를 부정하고, 타협보다는 투쟁을 선택했던 드골의 자유 프랑스 망명 정부의 정신만을 정통성으로 인정한 프랑스를 본받아야 할 때라고 본다. 비록 해방 이후의 행적은 미미하더라도 칠흑 같은 암울한 시대에, 어디로 가야 할지 갈피를 잡지 못하는 백성들에게 기꺼이 민족의 미래를 밝히는 등불의 역할을 마다하지 않았던 대한민국 임시 정부의 역사와 정통성을 되찾아, 부끄러운 역사 속에서도 우리의 본 모습을 애써 지키려고 했던 임시 정부 요원들의 독립 정신을, 우리 현세대와 후손들에게 자랑스럽게 전달해야 할 의무를 잊지 말아야 할 것이다.

다. 얄타 회담

제2차 세계대전이 막바지로 치달을 즈음인 1945년 2월 4일부터 11일까지, 소련 흑해 연안의 도시 얄타에서는 전후 세계에 대한 중대한 회담이 열리고 있었다. 미국의 루스벨트, 영국의 윈스턴 처칠, 소련의 스탈린이 임박한 독일의 패전 처리와 그 관리에 대한 의견을 나누고 있었다. 서유럽에서는 독일의 지그프리트선이 연합군에 의해 돌파되었고, 종전이 가까워지자 전투보다는 서쪽으로 밀려드는 독일군 포로들을 어떻게 관리하느냐를 더 고심해야 하는 시점이 되었다. 동유럽에서는 소련군에 의해 동프로이센과 폴란드의 바르샤바가 점령되고 헝가리와 불가리아 등 독일의 추축국들에 대한 소련군의 관리가 시작되는 시점이었다. 태평양 전쟁에서는 미국이 막 필리핀 회복을 위한 작전에 들어가고 있었다.

미국은 대국답게 얼마 전 미군의 주도로 시작된 서유럽 전선과 태평양 전쟁 모두를 동시에 지원해야 하는 엄청난 소모전을 수행하고 있었다. 그런 미국에게 영국과 소련의 협공으로 진행되는 유럽에서의 전쟁은 끝이 보이는 전쟁이었다. 하지만 오로지 일본군을 혼자 감당해야 하는 태평양 전쟁은 아직 일본 본토에도 진입해 보지 못한 예측불허의 전쟁터였다. 이런 상황에서 미국이 원하는 것은 분명했다. 유럽 전선을 빨리 마무리하고 소련군 병력을 극동으로 빼내어 일본군을 양면에서 압박하자는 전략이었다. 하지만 일본군을 이미 상대해 본 소련은 일본군이 만만한 군대가 아니라는 것을 알고 있었기 때문에, 선뜻 미국의 바람대로 아직 유럽에서의 전쟁이 마무리되지 않았는데 일본군과의 제2 전선을 만들고 싶지 않은 것이 분명해 보였다. 당시 유럽의 전쟁이 아직 끝나지 않아 소련군이 일본군과 만주 등에서 새로운 전선을 형성하여 미군과의 협동 작전을 수행하는 것은, 무리일 수도 있었다는 부정적인 의견이 있었던 것은 사실이었지만, 소련은 유럽의 전선이 끝났는데도 불구하고 일본군을 압박할 수 있는 적극적인 모습을 끝내 보여주지 않았다. 후의 일이지만 정작 소련군이 나선 것은 미국이 요구했던 시기를 한참 지난 미군의 핵 공격으로 일본군 자체가 와해되고 있던 시점이었다. 그야말로 자국의 희생은 최소화하고 권리만 누리겠다는 스탈린의 전술은 적중했고, 너무 완벽했던 선택과 집중이었던 나머지 그간 미군의 온갖 희생으로 얻은 승리의 밥상에 소련은 슬그머니 숟가락을 얹는 것만으로도 온갖 승전국의 혜택과 발언권을 높여갈 수 있었다. 상황이 이처럼 일변하자, 당황스러운 것은 미국일 수밖에 없었다. 미국은 소련의 이런 기회주의적인 처사에 야비하고 교활하다는 말들을 쏟아냈지만, 소련은 전혀 아랑곳하지 않고 승전국으로서 응당 누릴 수 있는 권리라는 당위성 위에 교묘한 외교술까지 섞어가며, 그간 미군의 희생과 수고로움을 담보로 얻은 승자의 권익을 자신의 이익으로 바꿔가고 있었다.

소련이 전후 여러 동유럽 국가를 위성 국가로 거느린 최강 국가가 될 수 있는 발판을 마련해 주었던 얄타 회담은 소련과 스탈린에게는 전에 없을 소중한 기회가 되어 주었다. 특히 종전의 윤곽선이 막연하게나마 보인다고 생각할수록 소련의 억지스럽기까지 한 몽니는 더욱 기승을 부리고 있었고, 한시라도 빨리 전쟁을 끝내고 싶었던 미국이 마지못해 소련의 요구 조건을 하나하나 들어주기 시작하면서, 회의는 눈에 띄게 소련의 주도로 진행되는 듯한 분위기로 바뀌고 있었다. 아무래도 소련은 태평양 전쟁은 먼 나라의 이야기이고 유럽의 전쟁만 마무리된다면 주변국들과 관련된 웬만한 것은 정리된다고 보아 유럽의 전쟁과 협상에 더욱 집중할 수 있었던 반면에, 미국은 두 전선 모두를 신경 쓰다 보니 아무래도 홀로 상대해야 하는 태평양 전쟁이 더욱 다급하게 보였을 것이다. 그런 의미에서 소련의 터무니없는 요구도 어지간하면 들어 줄 수밖에 없는 어려운 상황에 직면하고 있었다. 그리고 당시 스탈린의 향후 정세를 보는 눈은 전쟁을 어떻게 빨리 종결시킬 것인지에만 골몰했던 미국보다는 한 수 위였다고 할 수 있는데, 당시 소련은 다음과 같은 고민을 하고 있었다. 당연한 이야기지만 소련은 그 당시 세계 유일의 공산주의 국가였고, 그런 이유로 국제적인 고립을 벗어나기 위해 소련은 더 많은 우방을 필요로 했다. 그래서 미국에 의해 일방적으로 제2차 세계대전이 마무리된다면, 자본주의와 공산주의의 대결이 예상되는 향후 정세 속에서 소련은 특별한 우군도 없이 미국을 비롯한 자유 진영에 맞서야 하는 불리한 형세를 우려하고 있었던 것이다. 그런 상황을 위기 상황처럼 정확하게 예상한 스탈린은 어떻게 하면 지금 독일의 세력권 안에 있는 동유럽을 자기편으로 끌어들일 수 있는가에 골몰하고 있었고 그런 와중에 얄타 회담이 열린 것이다. 공교롭게도 얄타 회담의 회의 장소가 소련 영토 안에서 열린 만큼, 회의는 소련의 의도대로 착착 진행되고 있었다. 사실, 회담은 영국을 포함하여 3국으로 진행되었지만, 엄격히 말하면 미국과 소련의 양자 회담이라고 보는 편이 옳았다. 미국과 소련만큼의 영향력을 행사할 수 없었던 영국은 들러리 신세가 되어 캐스팅 보트(casting vote) 한 번 쥐어 보지 못하고 시종일관 양국의 의견에 귀 기울여야 하는 입장이었다.

미국의 루스벨트도 처음에는 동유럽에서 소련과 공산주의의 확장을 원하지 않았다. 향후 더욱 비대해질 소련에 날개를 달아 주게 되는 이런 소련의 생각을 그대로 들어 줄 수는 없다고 판단하고 있었다. 그러니 처음부터 회의는 당연히 매끄럽게 진행되지 않았다. 하지만 미국은 미군의 피해가 눈덩이처럼 불어나기 시작한 태평양 전쟁에서 종전을 앞당기고 미군의 피해를 조금이라도 줄이기 위해서 소련의 이른 참전과 같은 도움이 절실했다. 그런 미국의 다급한 입장을 꿰뚫고 있었던 소련은 상대적으로 느긋해 보이기까지 했다. 포기를 모르는 일본군과의 전쟁은 미군을 먼저 지치게 했고 언제 끝날지 모르는 전쟁으로 인해 미국 국민들의 인내심도 바닥을 보이기 시작할 무렵이었다. 더 나아가 앞으로 있을 일본 본토 상륙 작전은 지금까지의 미군 희생자 기록을 우습게 만들 정도의 참사가 예상되고 있었다. 당시 미군 전략가들의 판단은 일본 본토에서 전쟁이 이어진다면 미군이 입게 될 인명피해는 약 25만 명이라고 추정하고 있었다. 이것은 미국으로서는 도저히 받아들일 수 없는 내용이었다. 다른 방법을 찾아야만 했다. 그런 의미에서 태평양 전쟁을 냉정한 시각에서 본다면 소련이 조기 참전하여 일본군의 전력을 양분할 수 있다면, 소련이 동아시아에서 얻게 될 권익이 다소 커지더라도 그것은 충분히 양보할 수 있는 수준이라고 할 수 있었다. 소련은 참전의 대가로 당당하게 러일 전쟁으로 일본에게 빼앗긴 지역(사할린 남부 등)과 그 이상을 대부분 찾을 기회를 얻게 된 것이다. 소련이 알맞은 시기에 참전만 결정한다면 그 정도는 충분한 권리라고 생각되었다. 어쩌면 이때 소련은 러일 전쟁으로 빼앗긴 사할린 남부뿐만 아니라 러일 전쟁 패전으로 잃은 한국에 대한 지배권을 되찾아 무주공산인 한반도를 실효적으로 지배하려는 생각을 가졌는지도 모른다. 실제로 소련은 일본 제국에 선전포고 후 거침없이 한반도를 향해 남하했던 것으로 보아, 마치 한반도를 러일 전쟁으로 일본에게 빼앗긴 자신의 고토 정도로 생각했던 것은 아닌가 하는 생각마저 들게 하였다.

일본군과 치열하고 처절한 태평양 전쟁을 치르고 있는 미국의 조급함을 본 스탈린은 오랜 정치 투쟁으로 얻은 번뜩이는 정치 감각을 어느 때보다 유감없이 발휘한다. 그는 미국에게 대 일본전 참전의 대가로 동유럽에 대한 소련의 장악력을 확정해달라는 제안을 하게 된다. 소련 또한 홈그라운드라는 이점을 갖고 있었기 때문이었을까, 처음의 의견 교환 과정에서의 약간의 고비를 넘기자 회의는 어느 정도 소련의 의도대로 매끄럽게 진행되고 있었다. 소련 또한 미국의 협조에 대한 화답으로 2~3개월 이내에 만주의 일본 관동군을 향한 참전을 약속하게 된다. 하지만 안타깝게도 당시 미국은 자신이 소련에게 얼마만큼의 권한을 주고 있는지 인지하지 못하고 있었다. 또한 소련이 약속을 지키지 않고 2~3개월 이내에 일본 관동군과 전선을 형성하지 않는다면 미국은 소련에게 주어졌던 권한을 회수할 수 있어야 했는데, 미국은 당연한 것 같은 협상의 규율조차 점검하지 못했다. 당시 미국은 아직 원자 폭탄이라는 엄청난 무기를 개발하기 전이라, 소련의 참전을 앞당겨 오로지 태평양 전쟁에서의 미군의 희생을 조금이라도 줄여보려는 순수한 의도밖에 갖고 있지 못했다. 이렇게 자신의 몫을 곱절로 챙긴 소련이 이후 회담 내용과는 다르게 선뜻 일본과의 참전을 결정하지 않자, 미국은 다그치듯 소련에게 회담에서 합의된 내용의 이행을 촉구했지만, 소련은 요지부동이었다. 이 장면은 미국 외교사의 부끄러운 한 대목이 되었고 반면 소련 외교사에서는 백미로 장식되었다.

그제야 뒤늦게 미국은 자신이 소련에게 너무 많은 이권을 챙겨 줬다는 것을 깨닫게 되었지만 이미 때는 너무 늦어 버렸다. 미국은 소련의 기약 없는 참전 약속에 고무되어, 독일이 점유했던 동유럽을 소련에게 고스란히 넘겨주는 엄청난 실수를 저지르게 된다. 이런 결정적 실수로 인해 소련은 충분히 몸집을 키울 수 있었고 이로 인해 향후 공산주의와의 냉전이라는 양자 대결에서 미국은 큰 어려움을 겪게 된다. 미국은 꼬이기 시작한 협상 테이블에서의 패착으로 인해, 자신의 가장 강력한 적이 될 수 있는 소련을 초강대국으로 키워 주는 돌이킬 수 없는 실패를 경험하게 된다. 물론, 여기에는 미국의 입장을 이해하려는 또 다른 의견이 존재하는데, 일본과의 마지막 전쟁을 남겨둔 상황에서 소련의 협조가 절실했기 때문에 미국의 선택은 어쩔 수 없는 불가피한 상황이라는 입장도 존재하는 것이 사실이다. 아무튼, 결과가 어찌 되었든 너무 쉽게 수락해버린 얄타 회담의 충격이 컸던 것일까. 루스벨트는 얄타 회담이 끝난 지 두 달 후 뇌출혈로 사망하게 된다. 어떤 이는 이 얄타 회담에서 스탈린의 잔꾀에 넘어간 충격을 극복하지 못한 충격으로 사망했다고 하는 이도 있다. 39세라는 한창의 나이에 겪게 된 소아마비로 남은 인생을 휠체어와 목발에 의지하는 가운데서도, 불굴의 의지로 4번이나 대통령에 당선되었던 루스벨트 대통령(대통령 재임 기간 1933년 3월~1945년 4월)은 제2차 세계대전 종결을 얼마 앞두고 4선에 성공한 지 얼마 안 된 1945년 4월에 대통령 임기 중 사망하게 된다.

이렇게 미영 연합군 측으로부터 동유럽을 약속받게 된 소련군은 종전에 가까울수록 독일의 패망이 뚜렷해지자 진격 속도를 조절하는 여유까지 보여 준다. 이미 소련은 1944년 7월 즈음에는 제2차 세계대전 전의 소련 영토를 어느 정도 회복하고 있었다. 이제부터는 소련군에 의해 새로운 국경선이 그어지기 직전이었다. 어느새 독소전의 혼란을 극복한 소련은 폴란드 국경을 앞에 두고는 이를 직접 공격하기보다, 이미 미영 연합군 측과 회담을 통해 동유럽을 가져갈 수 있다는 명분을 가진 덕분에 전에 없었던 침착함을 유지하게 된다. 단지 진격의 속도를 의도적으로 늦추는 이유를 전혀 모르고 있는 소련군 말단 병사들만 국경선 앞에서 발만 동동 굴려야 했지만, 적을 코앞에 두고도 국경선을 넘으라고 명령하지 않는 지도부를 직접 원망하지는 못했다. 단지 개개의 병사들은 전투를 치르면서 쌓인 원한과 독일에 대한 남다른 복수심에 속앓이만 하고 있어야 했다.

아무튼, 소련은 전쟁이 어떤 식으로 끝나더라도 내가 얻을 것들에 대해서 이미 합의가 끝난 이상, 병사들의 희생을 각오하면서까지 전투를 서두를 하등의 이유가 없어져 버렸다. 이제 소련은 직접적인 공격을 통한 점령보다는 여러 가지 정치적인 수단을 동원하여 전후 소련에게 조금이라도 이득이 되는 최선의 선택들을 하게 된다. 그것 중 하나가 폴란드 내의 저항 세력들을 부추겨서 폴란드 국내에서 점령 독일군과의 교전이 이루어지도록 하는 것이었다. 이는 폴란드의 불만을 독일에게만 향하도록 하는 것이며 그와 함께 폴란드 점령 독일군의 전력을 약화시켜, 혹시나 소련군 진주 시 있을 수 있는 폴란드 저항 세력들과 독일 점령군을 함께 누그러뜨릴 수 있는 전략이었다. 이 전략은 주효해서 폴란드 저항 세력과의 시가전으로 독일군에 26,000여 명에 이르는 사상자가 발생하도록 했으며, 이와 더불어 자칫 소련군에게 부담이 될 수 있는 폴란드 저항 세력들을 독일군 스스로가 없애버리도록 하는 이중 효과를 거두게 된다. 한편 폴란드 저항 세력들을 도와주려고 미영 연합군은 공중 지원을 결정하게 되는데, 더 많은 보급품을 싣기 위해 소련 내 비행장에서 급유할 수 있도록 허락해달라는 미영 연합군의 요청은 소련에 의해 보기 좋게 거부된다. 단지 독일군과 폴란드 저항 세력이 서로 싸우다가 지쳤을 때 폴란드를 접수하기를 원했던 소련의 입장에서는, 폴란드 내 저항 세력이 강해질 수 있는 그 어떤 지원도 원하지 않았던 것이다. 그렇게 차일피일 미루고 미루던 소련군이 마침내 폴란드로 진입한 것은 모든 상황이 종료된 1945년 1월의 일이었다.

강대국 간의 회담 내용을 알 수 없는 폴란드 국민은 소련군이 눈에 띄게 진격속도를 늦추고 폴란드 외곽에서 숨 고르기에 들어가는 것을 이해하지 못했다. 또한, 이런 소련군의 이해할 수 없는 행보에 가장 큰 피해를 받은 것은 유대인이었다. 패전이 자명해진 나치 독일이 유럽 내에 가장 많았던 폴란드 유대인 수용소에서 마지막 '처리'를 위해 광분하고 있었기 때문이었다. 신속하게 소련군이 진군했더라면 구할 수 있었던 유대인들이 그만 가스실로 보내졌고, 나치는 유대인 학살에 대한 증거 인멸을 위한 만행을 소련의 협조로 마지막 순간까지도 진행할 수 있었다.

알타 회담에서 엘베강을 기준으로 서방 연합군과 소련의 독일 점령 지역이 약속되자, 소련은 지금까지 독일 침략자들을 향해 숨 돌릴 틈도 없이 몰아쳤던 진격 속도를 조절하고, 향후 유리한 정치적 선택에 대해 고민할 수 있는 여유까지 얻게 된다. 연합군 측이 엘베강 서쪽에 먼저 도달했음에도 불구하고 먼저의 약속대로 진격을 멈춤으로써, 제3 제국의 수도 베를린 역시 소련 점령 지역에 포함되어 적의 수도 점령의 영광은 소련군한테 자연스럽게 돌아가게 되었다.

결국, 알타 회담으로 동유럽뿐만 아니라 유럽에서 얻을 수 있는 대부분을 얻은 스탈린은 더 이상 전쟁을 서두를 이유가 없었다. 그러자 소련은 꾀가 생겨 연합군과의 종전 약속을 어기고 일본전 참전 시기를 차일피일 미루게 된다. 이후 스탈린은 자국의 정치적인 이득을 극대화하기 위해 협상도 이기고 참전을 미루어 자신의 희생은 최소화하는 효율적인 전략을 유지하게 된다. 그런 소련을 바라봐야 하는 미국은 무엇인가에 홀린 듯 속만 끓고 있는 형국이 계속되었다. 태평양 전쟁의 막바지임에도 일본은 결사 항전만을 외치며 스스로 굴복하지 않겠다는 자세에는 변함이 없었다. 하지만 소련에게도 그런 암체 같은 정치적인 저울질의 끝을 재촉하는 사건이 벌어진다.

종전

가. 독일의 항복

베를린 최후 방어선에 몰려들기 시작한 400만여 명의 소련군을 상대로 10만 명도 안 되는 독일군은 전의 스탈린그라드 전투를 연상시키는 희망 없는 전쟁을 이어가고 있었다. 그리고 1945년 4월 30일, 5년이 넘는 기간 동안 유럽인들을 전쟁의 공포에 시달리게 하고 독일 국민을 사지에 몰아넣었던 히틀러가 마침내 자살한다. 그는 자신이 항상 차고 다니는 발터 권총을 사용했다고 한다. 시신은 사후 나치 추종 세력에 의해 철저히 불태워져 흔적조차 찾기 어렵게 만들어졌고, 히틀러는 죽기 전 자신의 후임으로 U보트 잠수함 전대의 사령관을 역임했던 되니츠(Dönitz)를 지목하여 차기 총통 자리를 위임하게 한다. 히틀러가 사후에도 그의 죗값에서 벗어날 수 없었던 것은 그의 석연치 않았던 죽음의 장면에서도 발견할 수 있다. 유대인 학살이라는 인류사에서도 보기 힘든 만행으로 그는 이미 면죄부를 받을 수 없는 악인으로 매듭지어진 인물이지만, 그는 그가 사랑했던 독일이 더 이상 패전을 거스를 수 없는 상황이었다면 그 전에 협상을 통해 마무리 지어야 했으나, 그런 기회를 전혀 이용하지 않았다. 그 결과 전 국토는 폐허가 되었고 독일인들은 그가 받을 죗값까지 더해 혹독한 운명을 받아들여야 했다. 히틀러가 사랑한 것은 결국 독일이 아니라 자기 자신이었다는 것을 독일의 패망 시점에서 고스란히 드러나고 있었다. 패망이 되돌릴 수 없는 현실이라면, 뒤늦게라도 연합국과 협상에 나서서 조국이 조금이라도 더 파괴되는 것을 막고 독일인들의 억울한 희생을 최소화했어야 했는데, 그는 그럴 만한 충분한 자리에 앉아 있으면서도 협상

테이블조차 거론하지 않았다. 물론, 휴전을 제의한다는 것은 패배를 인정한다는 것으로, 곧 자신이 전범으로 사형당하는 것은 불 보듯 뻔했기 때문에, 그가 먼저 협상을 제의했어도 적어도 소련은 가증스러운 협상은 걷어치우고 철저한 응징만을 외쳤을 것이다.

히틀러가 되니츠에게 자리를 위임한 것이 무색하게, 최후의 일인까지 싸우라는 히틀러가 되니츠에게 패전과 함께 남긴 유언은 이젠 의미가 없어졌다. 비록 위임의 방식이었지만 독일을 대표하는 총통으로서 마지막 남은 되니츠의 소명은 미영 연합군 측에 더 많은 독일군이 항복하도록 만드는 것뿐이었다. 이유는 단 하나, 독일군과 소련군은 오랜 전쟁을 통해 서로에게 원한을 살 만한 일들을 많이 겪었고 자연스럽게 서로의 포로들에게 그간 해서는 안 될 짓들을 많이 했던 것이다. 독일군은 자신들이 그동안 소련군 포로들에게 했던 극악무도한 처분들을 돌아보고, 그것이 고스란히 자신에게 돌아올 수 있다는 것에 처음부터 소련군의 점령지에서 포로로 남는 것에 대한 극도의 불안감을 가졌을 것이다.

그리고 이것은 단순한 우려가 아니라 사실로 드러났는데, 미영 연합군 측에 인도된 독일군 사병 출신 포로들이 특별한 조치 없이 풀려난 것에 비해 소련군 진영의 독일군 포로들 대다수는 생존 자체가 어려운 수용소 생활을 버티지 못하고 죽거나 꽤 오랜 시간에 지나서야 본국으로 돌아올 수 있었다고 한다. 물론, 소련군에게 포로로 잡힌 독일군이 이런 대접을 받았다는 것은 소련군이 독일군에게 받았던 그대로를 갚아준 것이라고 볼 때, 독일군 또한 소련군을 비난하고 원망할 처지는 못 되었던 것으로 보인다. 이렇게 독일군 포로들에 대한 소련군의 복수를 소문으로 익히 알고 있던 독일군은 스스로 무장을 해제하고 미영 연합군 측으로 가기 위해 엘베강을 넘었던 반면에, 베를린 동쪽 소련군과의 전투는 더욱 치열하게 계속되고 있었다. 소련군을 상대하는 독일군의 뜻은 분명하였다. 소련군과 항복 없는 교전과 후퇴를 거듭하면서 결국 살아남아 서방측 부대에 항복하는 것이었다. 조국은 패망하였고 그래도 마지막 남은 독일군의 희망 사항을 무시할 수 없었던 되니츠는 정치적인 선택과 시간이 필요했고, 더욱이 연합군 측이 틈만 나면 들이미는 항복 문서에도 선뜻 서명할 수 없었다. 항복 문서에 서명하게 되면 모든 독일군은 그 자리에서 무장을 해제하고 교전하는 상대에게 자신의 신변을 의탁

해야 했기 때문이다.

그래서 되니츠는 미영 연합군 측에 개별 부대가 항복하는 방식을 시도하려고 했으나, 아이젠하워는 동부 전선에서의 소련군과의 교전을 포함하여 모든 교전을 중단하고 독일군 전체의 무조건적이고 즉각적인 항복을 요구했다. 결국, 아이젠하워의 협박에 가까운 항복 촉구에 되니츠 제독의 시간 끌기도 한계에 다다르게 된다. 군사적 방식 외에는 정치적인 식견을 갖고 있지 않아, 흔히 하는 말처럼 천상 군인이었던 아이젠하워는 마침내 폭발하게 된다. 아이젠하워의 종전 방식은 서방측에 최대한 항복하고 귀순하려는 독일군과 국민들의 의욕을 꺾는 것이었으며, 향후 소련과의 냉전 대결에서 소련의 힘을 조금이라도 떨어뜨리고 서독이 미영 자유 진영의 든든한 우방 역할을 할 수 있다는 것을 무시하는 단순한 상명하복식의 군 명령에 가까웠다. 그것은 전쟁이 끝나면 폐허와 정치가 남는다는 것을 간과한 아이젠하워의 조급한 종전 선언이었다. 이 시점에서 적나라하게 드러나는 아이젠하워의 본 모습을 통해, 그가 조금이라도 빨리 종전 소속을 세계에 알리고 싶어 했던, 다소 정치적 감각이 둔했던 군인이었을 뿐이라는 것을 알 수 있다. 그런 의미에서 그 당시 종전이라는 매듭을 잘 갈무리 짓지 못한 아이젠하워의 선택은 두고두고 아쉬운 점으로 남을 수밖에 없었다. 서유럽 전선에서 일어나는 모든 일에 대한 막강한 권한을 쥐고 있었던 아이젠하워는, 사실 시일이 좀 걸리더라도 주변 상황을 최대한 미국과 자유 진영 측에게 유리하도록 조율해야 했으며, 종전이 임박한 상황에서는 군사적 결정보다는 정치적 판단을 우선적으로 고려했어야 했다.

결국, 되니츠는 연합군이 정한 시간과 제시한 문서에 서명할 수밖에 없었다. 1945년 5월 8일, 프랑스의 랭스 지역에서 독일은 항복 문서에 서명하게 된다. 이날 되니츠 총통의 대리인으로 서명하게 되는 알프레드 요들(Alfred Jodl) 대장은 서명 후 다음과 같은 연설을 한다.

> "이제 전쟁은 끝났습니다. 그리고 좋든 싫든 우리 독일의 운명은 승리자들의 손에 맡겨졌습니다. 나와 우리 독일 국민 전체는 이제 단지 전승국의 관용과 아량을 기대할 뿐입니다."

베를린이 소련군에 의해 점령되었음을 상징하는 사진. 한 소련군이 독일 국회의사당 건물 위에 소련 국기를 꽂고 있다(1945년 4월 30일). 제2차 세계대전에서 영국을 비롯한 연합군의 폭격으로 파괴된 국회의사당은 아이러니하게도 전후 영국 국적의 건축가 포스터에 의해 다시 살아나게 된다.

파괴된 엘베강의 철교를 건너 연합군 점령 지역으로 필사적으로 탈출하는 독일 피난민들(1945년 5월경). 독일 소련군 점령 지역을 벗어나려는 독일인들의 노력은 그야말로 처절하였다. 그들의 눈물겨운 노력은 소련 치하의 독일에서 들려오는 흉흉한 소문들에 의해 위안과 보상을 받았다.

되니츠의 우려대로, 향후 소련이 점령하게 될 지역인 체코와 유고 등의 지역에 남게 된 독일군은 소련군의 포로가 될 수밖에 없었다. 그 와중에도 소련 점령 지역을 벗어나려는 독일군의 개별적인 움직임은 계속되고 있었다. 때론 소련군 점령 지역을 용케 벗어난 독일군 장병들을 미영 연합군이 슬금슬금 포로로 받아주는 것에 대한 소련의 불만은 일상이 되어 있었다. 하지만 그렇다고 서방측에 인계된 독일군 포로들의 처우가 확연하게 낫다고 할 수도 없는 노릇이었다. 왜냐하면, 전쟁이 겨우 끝나 자국민들의 배급도 시원찮은 판에, 패전국인 독일군까지 신경 쓸 경황이 없었던 것은 부인할 수 없는 현실이었기 때문이다. 그래서 독일군 포로들은 포로수용소에서 패전국 독일의 군인이 아닌 나치 독일의 전범자로서 거의 상당 기간 방치된 생활을 이어갈 수밖에 없었다. 아무튼, 죽음보다 더한 수용소 생활이라도 꽤 견딜 만했더라면, 죽음을 각오한 탈출 시도가 전 독일군 포로수용소에서 끝없이 이어지지는 않았을 것이다. 그리고 모든 독일군은 포로 심문 과정에서 다음과 같은 질문을 수차례 받아야 했다. 당신이 소속한 부대는 SS 무장 친위대가 아닌지 혹시 과거 나치당에 적을 두지는 않았는지 그것도 아니면 히틀러 유겐트 활동을 했는지, 그 와중에도 장교 출신들의 신분 검증은 더욱 엄밀해서, 그들이 그 과정을 용케 빠져나갈 방법을 찾기란 더더욱 어려웠다. 설령 그와 관련된 분야가 있는 독일군이라도 살려면 어쩔 수 없이 대답은 무조건 "아니다."라고 외치는 수밖에 없었다. 종전은 이제 나치에 대한 부정과 흔적 지우기로부터 시작되었기 때문이다.

또한 5월 8일에 거행된 독일군 항복 조인식은 자신의 점령 지역인 베를린에서 소련의 주도로 거행되기를 원했던 소련의 반발로, 하루가 지난 5월 9일 베를린에서 소련군이 주체가 되어 다시 항복 조인식을 진행하게 된다. 그래서 서방측과 소련 측의 전승 기념일은 하루 차이로 서로의 지역에서 매년 거행하게 된다.

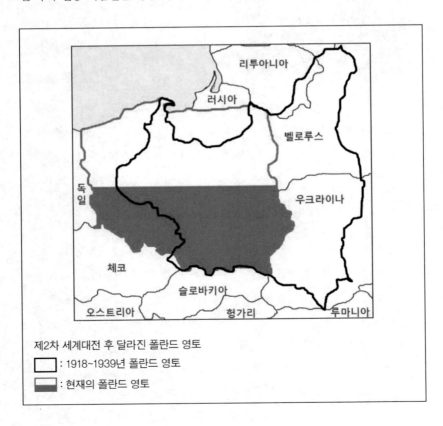

제2차 세계대전 후 달라진 폴란드 영토
☐ : 1918~1939년 폴란드 영토
▬ : 현재의 폴란드 영토

한편, 독일의 패전과 함께 소련이 얻은 것은 단순히 동유럽뿐만이 아니었다. 제 2차 세계대전 초기 독일과 함께 나눠 가졌던 폴란드 동부를 온전히 자신의 것으로 가져갈 수 있었으며, 독일 땅 일부에 대한 권한도 챙길 수 있었다. 그것으로 미안했던지 폴란드에는 동프로이센 땅의 일부와 독일 땅이었던 오데르-나이세강 동쪽(독일의 옛 지명 포메라니아, 슐레지엔)을 떼어내어 폴란드에게 준다. 소련은 폴란드 땅을 자국의 영토로 공식적으로 편입시킨 후 패전국 독일의 땅으로 인심을 쓰는 놀부 심보를 제대로 보여 준 것이다. 그리고 1945년 7월 포츠담 회담 결과에 따라, 동프로이센 땅의 남쪽은 폴란드에게 돌아갔고 북쪽(현재는 러시아령 칼리닌그라드)은 욕심 많은 소련에게 넘어가게 되었다. 지금의 러시아령 칼리닌그라드의 독일의 옛 지명인 쾨니히스베르크는 『순수이성비판』의 저자이자 독일인인 임마누엘 칸트의 고향이기도 한데, 그는 평생 그의 고향을 한 번도 벗어나지 않을 정도로 그의 정신세계는 독일 이외의 것을 한 번도 가져 보지 않은 순수 독일이라고 해도 과언이 아니었다. 하지만 독일 철학을 상징하는 그의 고향이 소련 땅으로 사라지게 되면서 독일은 자신의 정신적 자존심마저 소련에게 통째로 내주게 되고, 그에 반해 소련은 발트해에 접한 부동항을 얻음과 동시에 발틱함대의 기항지를 얻는 횡재를 하게 된다. 지금도 칸트의 묘는 러시아의 칼리닌그라드에 그대로 남아있다.

더 나아가 소련은 땅을 단순히 가져가는 것에 그치지 않고 제2차 세계대전 이후 독일의 영토 주장으로 인한 분쟁을 미연에 방지하고자, 독일 영토에 살고 있던 독일인을 대대적으로 독일 본토로 추방해 버리는 조치를 취한다. 그렇게 독일이 패전으로 잃은 영토의 30%에서 1945년 한 해에만 추방된 인구는 자그마치 1,000만여 명에 달했다. 조상 대대로 뿌리내리고 살고 있었던 그 지역의 독일인들은 하루아침에 집과 터전을 잃고 독일 본토로 쫓기듯 쏟아져 들어올 수밖에 없었다. 물론 이와 같은 독일인들의 어려움에도 불구하고 그들이 겪었을 전쟁의 후유증은 전쟁을 일으킨 지도자를 잘못 선택한 독일이 충분히 감수해야 할 자업자득인 측면이 없지 않아, 그를 두고 독일을 위로하거나 동정하는 이는 많지 않았다. 하지만 독일에 대한 비난은 당연하다고 생각해도 독일이 잃어야 하는 것의 대부분을 소련이 챙겨 가야 한다는 것을 정당하다고 바라볼 수는 없다고 생각된다. 소련은 가져가는 것 못지않게 그 뒤처리 또한 주도면밀하기가 끝이 없다고 할 수 있는데, 어떠한 미련이나 주저함도 없이 진행된 독일인들에 대한 과감한 추방 과정에서 소련이 보여 준 치밀함은, 독일이 이후에도 더 이상 영토 영유권을 주장하지 못하게 하는 데 큰 역할을 하게 된다.

그 외의 독일 본토는 소련을 포함한 연합국에 의해 분할 점령되는 운명을 피하지 못했는데, 이후 영국, 미국, 프랑스가 점령했던 독일 영토는 서독으로, 소련이 점령했던 지역은 동독으로 바뀌어 1990년 독일 통일 때까지 동서 냉전의 상징적인 장소가 되었다. 또한 독일 통일 당시 서독은 서독 중심의 통일에 소련의 묵인과 협조가 필요하였고, 이에 서독은 자신의 고토(현 칼리닌그라드 등)에 대한 영유권 주장을 더 이상 할 수 없었다고 한다. 위의 내용은 우리하고도 전혀 관련 없는 이야기가 아닌데, 만약 남북한의 통일을 추진하려고 한다면 중국과 러시아를 포함해서 그동안 북한을 옹호했던 나라들에게 서독이 자신의 고토에 대한 영유권 주장을 포기한 것에서 보듯, 우리도 그에 상응하는 당근을 주지 않으면 남한이 주도하는 통일은 처음부터 난관에 부딪힐 수밖에 없을 것이다. 이는 분단이 당사자인 우리들의 의사와 관계없이 강대국들 마음대로 그어졌듯이 통일 또한 우리의 바람대로 순조롭게 이뤄질 수 없다는 것을 암시한다고 하겠다. 다만, 최근 한반도 주변의 상황이 녹록지 않더라도 통일의 문제를 우리가 당면한 과제 정도로 한정하여 볼 것이 아니라, 궁극적으로는 한반도의 통일이 주변국들에게도 큰 이익이 된다는 것을 지속해서 강조하여, 주변국들의 전폭적인 동의와 협조를 통한 통일이라는 큰 그림이 완성되도록 다각적인 노력이 어느 때보다 필요한 시점이라고 할 수 있다. 이래저래 통일은 우리의 염원 및 과제이자 큰 도전이라고 해야 할 것이다. 그와 함께 독일 국가(國歌) 또한 비슷한 수난을 겪는데, 독일로 인해 전쟁의 고통을 당한 주변국들은 1절의 가사 중 "Deutschland über Alles(세계에 군림하는 독일)"라는 내용이 거슬릴 수밖에 없었고, 이에 독일은 1952년부터 문제가 있는 1, 2절을 제외하고 3절만 국가로 사용해야 했다. 이래저래 독일이 지은 패전국의 명에를 그 후손들이 뒤집어써야 했다.

나. 일본의 항복

전 주민을 동원하다시피 한 오키나와 전투에서 결국 일본군이 패배한 후, 일본은 마지막 본토 결전을 위한 준비를 서두르고 있었다. 먼저, 일본은 미군의 압도적인 화력을 민간과 군을 구분하지 않는 인력으로 만회하고자 1945년 6월 13일 '의용병역법'을 만들게 된다. 이 법안은 15세 이상 60세 이하의 남성, 17세 이상 40세 이하의 여성에게 의용 병역을 부과한다는 내용이었다. 즉, 전 국민에게 병역을 부과하겠다는 생각이었다. 그와 함께 일본 국민을 총동원하여 전 국토를 요새화하기 위한 첫 단계로 해안가 주변에 많은 군사 시설을 지으라고 명했으나, 의욕만 높았을 뿐 가용 가능한 자재가 불충분한 형편에서 미군이 침투 가능한 해안가 모두를 요새화한다는 것은 불가능에 가까운 일이었다.

계속되는 패전과 미군의 밤낮을 가리지 않는 본토 폭격에 휴전을 추진해야 한다는 일부 의견도 없는 것은 아니었으나, 이런 목소리를 내는 이들은 일방적으로 '패배자'라고 매도되며 아직 성전을 치러야 한다는 의견이 대세를 이루고 있었다. 그때까지도 항복이라는 것은 일본 민족의 패망이라고 생각했던 시절이었으므로, 아무것도 건질 것이 없는 항복은 지양하고 본토 방어전에서 초반에 미군의 기세를 꺾는다면 지금이라도 좋은 조건에서 협상을 가져갈 수 있다는 실낱같은 희망만 품고 있었다. 그러나 이를 위해서는 일본 국민에게 언제가 끝인지 알 수 없는 일방적인 희생을 강요할 수밖에 없었다. 이제는 아무런 대책도 나올 것이 없는 대본영은 군인을 포함한 모든 일본 국민에게, 육탄 공격과 옥쇄로 최후의 일인까지 싸워야 한다는 방침만을 남발하고 있었다. 가뜩이나 일상적인 생필품뿐만 아니라 모든 군수 자원들이 부족한 현실에서 그나마 있었던 모든 산업 시설도 미군의 폭격으로 무너진 상태였으므로, 전 국민을 새롭게 무장시킨다는 것은 누가 봐도 허황된 꿈에 불과한 일이었다.

무대책이 대책이라는 생각으로, 일본 참모 본부는 4월에 『국민항전필휴』라는 소책자를 발행하게 되는데, 그 내용에는 미군과 백병전을 벌일 때에 죽창, 낫, 도끼, 활, 쇠망치, 식칼 등의 무기를 동원할 것 등을 안내하면서 전 국민 게릴라전을 위한 준비를 서두르라고 강조한다. 죽창과 활이라면 지금을 메이지 초창기로 되돌리는 대책 없고 어이없는 전쟁 준비 과정이라고 할 수 있는데, 이는 아무것도 준비하고 대비할 수 없는 현실에서 미군을 상대로 최대한 지구전을 펼치다가 최후에는 옥쇄로 마무리하겠다는 전략 아닌 전략이라고 할 수 있었다. 전 국민이 온몸으로 미군의 폭탄을 받아내는 동안, 일본에게는 미국이 전쟁에 환멸을 느끼도록 전쟁을 조금이라도 지연시키는 것 외에는 아무런 복안도 없어 보였다.

　일본의 사정이 그러하다면 언제부터인가 일방적으로 진행되고 있는 전쟁 상황이 미국에게 절대적으로 유리하게 보이는 것은 사실이었지만, 아무리 뛰어난 화력을 보유하고 있다고 하더라도 전쟁을 치르는 입장에서 고민이 없을 수는 없었다. 문제는 이오지마와 오키나와 전투에서 볼 수 있듯이 전투가 미군의 바람대로 쉽사리 끝나지 않는 데에 있었다. 오키나와 전투가 끝나자마자, 이제 본격적인 일본 본토 4개 섬을 공략하기 전에 미군은 이 지옥 같은 소모전을 언제까지 해야 할지에 대한 깊은 회의가 들기 시작하였다. 어쩌면 원자 폭탄이 아니었다면 지금까지도 일본 본토에서 미군은 일본 국민과 전쟁을 계속하고 있을지도 모를 일이었다. 정말이지 그 당시 일본은 미국에게 항복할 마음이 추호도 없었던 것이다. 이런 궤변이 타당하게 들리는 이유는, 천황을 제외한 일본군 지휘자들은 자신들이 항복을 선언한다면 자신들은 연합군들의 주도하는 전범 재판에서 사형을 선고받고 사라질 운명이라는 것을 잘 알고 있었기 때문이었다. 이는 그들의 괜한 우려가 아니라 전쟁 후 재판에서 벌어진 사실이었고, 일본의 항복 선언 후 도조 히데키를 비롯한 주요 일본군 지휘관들은 전범 재판에서 사형을 선고받고 그 사형은 그대로 집행되었다. 그런 사정으로 일본이 항복을 선택한다는 것은 자신들이 사형당하는 것을 스스로 받아들이는 것과 다름이 없었으므로, 그것을 모르지 않는 바에야 일본 국민이 받는 고통이야 어찌 되었든 일본 지휘관들이 쉽게 항복을 선택할 리는 만무하였다. 그래서 그들이 선택할 수 있는 전략은 최대한 미군을 괴롭히면서 종전 시점을 질질 끌다가, 일본 제국이 아직 영향력을 행사하고 있는 식민지와 자신들의 신변을 보장받을 수 있는 협상을 미국으로부터 성공적으로 이끌어내는 것이었다. 아무튼, 오키나와 전투가 끝나고 숨 고르기에 들어간 미군의 다음 작전 계획은 1945년 11월 1일경의 규슈 상륙 작전으로 잠정적으로 결정되어 있었다.

한편, 재래식 무기로는 일본 제국과의 전쟁에 신물이 난 미국은 다른 전략 무기 개발에 박차를 가하고 있었는데, 미국과 마찬가지로 일본도 자체 연구소에서 제2차 세계대전 내내 원자 폭탄 개발을 위한 연구를 은밀하게 추진하고 있었다. 물론, 당시의 일본 기술로는 천연 우라늄에서 우라늄 235(천연 우라늄에 고작 0.7%밖에 포함되어 있지 않다)를 추출하기엔 역부족이었던 것이 엄연한 현실이었고, 결국 일본은 태평양 개전 전부터 원자 폭탄 개발에 남다른 관심을 두고 있었지만 이를 끝내 실현하지는 못한다. 전쟁이 종전에 가까워지는 시점에서 도조를 비롯한 전시 지도자들은 미군에 밀리는 화력을 한 번에 만회하기 위한 원자탄 개발을 계속해서 독려했으나, 추출 방법을 찾아야 하는 연구와 함께 연구에 필요한 천연 우라늄 광맥을 찾아야 하는 등 그 연구는 처음부터 여러 가지 벽에 부딪히고 있었다. 1943년에는 연구를 위해 말레이반도의 블랙샌드 광맥에서 우라늄을 채굴하여 갖고 올 계획까지도 세웠으나, 미군에게 압도적으로 제해권을 빼앗긴 이상 그것을 온전하게 일본으로 운반하는 것은 불가능하다는 결론을 내려야 할 정도로, 일본 내 원자탄 개발은 그야말로 답보 상태를 면치 못하고 있었다. 일본은 다급한 나머지 한반도에서도 천연 우라늄 광맥을 찾으려고 조사까지 했으나 이는 해변에서 바늘 찾기와 같은 일로 애초부터 불가능한 일에 가까웠다.

결국, 1945년 6월경 이런저런 이유로 일본은 원자 폭탄 자체 개발 계획을 중지하게 되는데, 연구자들은 교만하게도 첨언하면서 우리가 못 만든다면 미국도 이번 전쟁 기간 중에 원자 폭탄을 개발하는 것은 무리일 것으로 전망한다. 따라서 이에 대응하기 위한 원자 폭탄 개발 계획은 필요 없다는 성급한 결론을 내리게 된다. 일본 대본영은 그야말로 자신이 하지 못하는 것은 남도 하지 못한다는, 작위적인 해석의 오류를 범하고 있었던 것이다. 위와 같은 이유로 일본은 원자 폭탄에 대해 포기할 수밖에 없었지만, 전황을 단숨에 뒤바꿔 줄 원자 폭탄이라는 결전 병기의 개발이 끝내 포기할 수 없는 매력적인 연구였던 것만은 부인할 수 없는 사실이었다.

그러나 일본의 희망과는 다르게 포츠담 회담이 열리기 하루 전날인 1945년 7월 16일, 미국 핵 개발 연구팀은 원자 폭탄 실험을 성공적 마치게 된다. 이 소식은 회담을 위해 포츠담으로 가 있던 트루먼 대통령에게 은밀하게 전달된다. 원자 폭탄 개발을 성공적으로 마친 미국은, 7월 26일 독일의 포츠담 선언에서 일본의 무조건적인 항복을 촉구하며, 가까운 시일 안에 신형 폭탄을 투하할 것이라는 경고 섞인 문안을 선언문에 넣게 된다. 포츠담 선언문을 살펴본 일본 내에서는 일부 학자들을 중심으로 미국이라면 원자 폭탄을 만들 수도 있을 것이라는 우려가 현실이 되었다고 주장하는 이도 있었지만, 그것을 실제로 보지 못한 이상 미국의 경고를 실제처럼 받아들여 일본이 갑자기 태도를 바꾸고 항복할 리는 만무하였다.

협박성이 다분한 선언문에도 일본의 시종일관 무덤덤한 반응은 짐작했던 일이었고 이제 미국의 결정만 남게 되었다. 미국은 마치 일본의 반응을 예상이라도 한 듯이, 마침내 1945년 8월 6일 히로시마와 8월 9일 나가사키(원래 예정지는 기타큐슈, 당일 안개가 짙어 급하게 장소가 변경되었다고 알려짐)에 원자 폭탄을 떨어뜨리며 일본을 향한 제대로 된 응징을 선택하게 된다. 특히, 히로시마는 그전까지 미군에 의해 한 번의 폭격도 당하지 않아 피해 규모가 상당히 컸다고 한다. 또한 나가사키는 분지에 가까운 형태로 피해 규모는 전에 비해 작았으나 희생자 중 살아남은 사람이 거의 없을 정도로, 열 폭풍이 분지에 갇힌 꼴이 되어 인간을 포함한 모든 생명체가 증발하는 등 생존 자체가 불가능했다. 이 때문에 나가사키에서는 생존자의 증언을 들을 기회가 상대적으로 더 적었다고 한다. 이 사건은 인류 역사상 처음으로 원자 폭탄이 도시 폭격에 사용된 사례로 남았고 그 참혹함을 인류가 공유한 덕분일까, 이후 지금까지도 원자 폭탄이 인마 살상용으로 직접 사용된 사례는 아직은 없다. 여기서 재미있는 것은 미국이 그 당시 만들어 놓은 원자 폭탄이 2개 밖에 없었다는 사실이다. 어쩌면 더 만들 수 있는 기술은 있었으나 우라늄 폭탄은 보통 3~4개월 이상의 농축 작업을 해야 하는 시간이 필요했던 것을 감안하면, 준비한 원자 폭탄을 다 사용한 즈음에 미국은 더욱 침착해지는 것 같은 일본의 반응을 더욱 가슴 졸여가며, 뭐라 단정할 수 없는 착잡한 마음 또한 가졌을 것이다. 속사정이야 어떠하든 원자 폭탄이 경고만은 아닌 것이 확실해진 상황에서 일본이 겉으로는 그 전과 다름없이 별다른 반응을 보이지 않자, 오히려 당황한 것은 미국일 수밖에 없었다. 준비한 카드를 모두 사용한 후 미국이 할 수 있는 것은 두 가지였다. 명목상으로는 포츠담 선언의 이행을 촉구하면서 엄포 섞인 경고를 계속하던가, 아니면 재래식 무기를 동원한 지상전을 다시 준비하면서 일본의 반응을 살펴보는 것이었다. 아무튼 상당한 충격을 주었음에도 불구하고 일본 지휘부가 한동안 아무런 반응도 내놓지 않자, 미국은 여러 가지 복잡한 경우의 수를 들여다보며 시간을 보내야 했다. 그리고 얼마가 지났을까, 조건부 항복을 원했던 일본이 요구 조건을 적어 미국에 보내게 되나 이는 미국이 받아들일 수 없는 것이었고, 결국 천황제를 유지하는 조건에만 합의하고 미국은 일본의 무조건 항복을 수락하게 된다.

한편, 일본에 떨어진 원자 폭탄의 피해는 일본 국민에게만 국한된 것이 아니었는데, 당시 히로시마에 떨어진 원자 폭탄으로 이우 왕자(고종황제의 손자)까지 희생되어야 했다. 이우 왕자가 원자 폭탄이 떨어지기 며칠 전 일제에 의해 강제로 끌려가게 된 곳이 하필 히로시마였는데, 더욱더 안타까운 것은 이우 왕자의 당시 나이가 서른세 살이었다는 사실이었다. 황손으로서 만약 살아남았더라면 어느 정도 영향력을 꽤 행사했었을 그의 마지막 꿈이, 하필 원자폭탄에 의해 가로막힐 줄은 당시에는 꿈에도 생각지 못했을 것이다. 그 외 당시 조선인(한국인) 원자 폭탄 피해자는 대략 7만 명에 달하는 등 총 피폭자 중 사망자가 4만 명에 달했을 정도로, 일본 내에서 강제 이주나 동원 등으로 거주하고 있었던 조선인들은 생각보다 큰 피해를 받은 것으로 나타나고 있다.[21] 그동안 일본의 자업자득이라고 외면해왔던 원자 폭탄 희생자에 생각보다 많은 조선인이 포함되어 있다는 사실에 슬픔을 넘어서는 안타까움을 금할 수 없게 되는데, 이는 새삼 전쟁의 참상을 뛰어넘는 원자 폭탄이 가져다주는 참혹함은 일일이 글로 옮겨 적을 수 없을 정도의 비극 그 자체라고 단언할 수 있다. 인류에게 처음으로 핵이 사용되었고 또한 그 핵이 일본 땅에서 조선인을 포함한 일본 국민들을 대상으로 사용되었다는 점은, 일본 정부가 제2차 세계대전을 이야기하면서 지속해서 자신들 또한 전쟁의 희생자이자 피해자라는 억지 주장을 펼치는 이유가 되어 주었다. 하지만 과연 그것을 곧이곧대로 들어줄 수 있는 국가나 단체가 있을지는 의문스럽기만 하다.

---

21) 市場淳子 저, 이제수 옮김, 『한국의 히로시마: 20세기 백년의 분노, 한국인원폭피해자들은 누구인가』, 역사비평사, 2003. p. 33.

당시 조선총독부 기관지인 『매일신보』에 나온 이우 왕자의 사망 소식.

마침내, 1945년 8월 15일 일본은 대외적으로 항복을 선언하게 된다. 제국주의 간의 첨예한 이권 경쟁이었던 기나긴 제2차 세계대전이 일본 제국의 항복으로 드디어 끝난 것이다. 한편, 1945년 2월 얄타 회담에서 연합군은 만주와 태평양에서의 소련군의 지원을 기대하고 러일 전쟁에서 잃은 영토를 반환해 준다는 조건으로 대 일본전에 소련의 참전을 독려했으나, 앞에서 언급하였듯 선뜻 참전을 결정하지 않던 소련은 미국의 첫 번째 원자 폭탄이 떨어진 후인 8월 8일 동아시아에서의 전리품을 얻기 위해 뒤늦게 전쟁에 참여하게 된다. 어떤 문헌에는 얄타 회담에서 미국이 소련에게 기대했던 참전 준비에 필요한 3개월의 기간 중 8월 8일이 마침 종료되는 날이라서 원자 폭탄과 관계없이 참전했다는 의견도 있는 것이 사실이나, 별다른 희생도 치르지 않은 무임승차에 가까운 소련의 뒤늦은 참전은 일본과의 모든 전쟁을 홀로 치러내야 했던 미국에게는 그야말로 뒤통수를 치는 행동이었을 것이다. 더구나 미군이 한반도에 아직 진주하지 못한 상태에서, 예상보다 빠르게 한반도를 향해 남하하는 소련군의 진격 속도(8월 9일 함북 경흥군 진입, 8월 24일 평양 점령)를 멈추기 위해 미군은 38도선을 넘지 말라는 제안까지 서둘러 해야 했다. 미국이 한반도를 점령하기 위해 인천을 통해 들어온 것은 한참 뒤인 9월 8일이었기 때문이다. 그 말인즉슨, 소련군이 마음만 먹었다면 한반도의 상당

부분을 소련이 점령하는 데 큰 어려움이 없었다는 말일 것이다. 차일피일 미뤄진 소련군의 참전이 결정되자 이제 미군이 상대해야 할 군대는 일본군이 아니라, 불곰처럼 갑자기 나타난 붉은 군대 소련군일 수도 있다는 불길한 생각이 드는 시점이 점점 다가오고 있었다.

물론, 공교롭게도 시기(원자폭탄 투하와 소련의 참전)가 겹치는 것에 대한 여러 가지 의견이 교차하는 것이 사실이지만, 상황이 급변하자 소련의 예상하지 못한 전격적인 전쟁 개입에 놀란 미국이 입장을 정하기까지는 상당한 시간이 필요해 보였다. 미국은 미국대로 비록 얄타에서 소련의 참전으로 인한 약속을 지켜야 했음에도, 이제는 상황이 바뀌어 원자폭탄을 개발한 미국이라면 입장이 달라지기 마련인 것이다. 한마디로, 신무기를 미국이 가진 이상 전쟁의 과실을 소련과 나누고 싶지 않았던 것이다. 하지만 정치적 선택을 고려하기도 전에 전황은 예상 밖으로 급박하게 진행되고 있었다. 미국 국내조차 한반도를 포함한 동아시아의 세력 균형에 대한 내부 조율이 이뤄지기도 전에, 예상을 뛰어넘는 속도로 소련군에 의해 점령되고 있는 동아시아의 상황은 미국의 통제를 완전히 벗어나고 있었던 것이다. 결국 미국이 손쓸 틈조차 주지 않는 그런 와중에 미국이 할 수 있는 일이라고는, 소련군의 남하 속도가 너무 빠른 나머지 소련에게 한반도의 진출 한도를 제안하는 것 외에는 뾰족한 수도 없어 보였다. 그야말로 소련의 밀고 당기는 외교적 전술에 미국이 제대로 이용당한 꼴이 되고 만 것이다. 재주는 곰이 부리고 돈은 주인이 버는 식이었다. 하지만 이 장면에서 어쩌면 다행스러웠던 것은 소련이 미국의 제안을 받아들여 소련군이 더 이상 남하하지 않아 남한이라도 미군의 관할 지역에 포함될 수 있었던 것인데, 이런 상황조차 미국의 입장에서는 전혀 예상하지 못한 종전 시나리오이자 곤혹스러운 장면일 수밖에 없었다.

일본과의 전쟁에만 몰입했던 나머지 태평양 전쟁에서 소련의 존재를 까맣게 잊고 있었던 미국은 뒤늦게 독일 엘베강에서의 경계선을 떠올렸는지, 한반도에서 소련과의 진출 한계선을 찾으려고 했을 것이다. 하지만 우리의 입장에서는 소련군의 주요 진격 방향이 당당하게 전리품을 챙길 수 있는 일본 본토(소련군의 일본 본토 진출은 쿠릴열도와 사할린 등으로만 한정되었다)를 향하지 않고 한반도를 선택하는 불운을 겪게 된다. 그렇게 그 당시로서는 예상하지 못했던 소련의 눈치 빠른 막바지 참전으로 불과 며칠 사이에 일본이 아닌 우리나라가 분단되는 역사적 비극을 맞이하게 된다. 어떤 면에서는 소련이 미국의 원자 폭탄에 자극받아 부랴부랴 만주를 통해 한반도로 진입함으로써 북한이 공산화된 것에 깊은 연관이 있다면, 소련이 유럽 전선이 끝나기가 무섭게 동아시아 쪽으로 병력을 이동하여 일본의 점령 지역을 지체 없이 타격하였더라면 당시 한반도 전체의 공산화를 막을 대안이 과연 미국에게 있었을까 하는 합리적인 의문 또한 가질 수 있을 것이다. 왜냐하면 미국은 오키나와 전투 결과에 너무 놀란 나머지 전투가 끝나고도 한반도 점령이나 일본 본토 상륙 작전에 대해 실현 가능한 어떠한 작전도 바로 내놓지 않았기 때문이다. 더 정확하게 말한다면 소련군이 한반도에 진입할 때까지도 미국은 한반도 점령에 대한 어떤 전략 계획도 갖고 있지 않았다. 그런 사실을 인정한다면, 소련의 참전과 미국의 뒤늦은 제안을 그나마 소련이 거부하지 않고 수락함으로써 남한만이라도 자유 진영으로 남게 된 것은 그야말로 천운이라고 할 수 있다.

아무도 예상하지 못하는 상황이 며칠 만에 한반도에서 일어나자, 당사자인 미국과 소련뿐만 아니라 한반도에서 해방된 조국의 자유를 만끽하려는 우리들 또한 다 같이 어리둥절해질 수밖에 없었다. 마치 처음에는 사람 좋아 보이는 보따리 장사치가 물건을 싸 들고 와서는 물건만 팔 줄 알았는데 갑자기 총을 겨누며 우리의 모든 것을 내놓으라고 위협하는 꼴이었다. 옛 주인이 쫓겨 가듯 기존의 장사도 거두어가지 못할 정도로 황급히 떠나는 상황에, 이제 모처럼 우리가 주인이 되어 장사를 해 보려고 물건을 펴놓기도 전에, 우리는 가진 것뿐만 아니라 시장마저 몽땅 외지 장사치한테 빼앗긴 형국이 되고 말았다. 구석에서라도 장사를 해 보려고 하면 어느새 시장 주인 행색에 주변에 주먹 패거리들까지 거느린 장사치한테 애걸이라도 해야 할 형편이었다. 금세 경색된 분위기를 파악하고 눈치 보기에 일가견이 있는 우리는 장사라도 해야 먹고 살 수 있으니 궁색하더라도 굽신거리며 시장으로 다시 돌아오려고 했지만, 시장을 장악한 장사치는 쉽게 우리에게 시장에 나오는 것뿐만 아니라 기웃거리는 것조차 허락하지 않고 있었다. 북쪽 마을은 그래도 남쪽보다는 나았지만, 그쪽 역시 새롭게 주인 행세를 하는 세력이 금방 시장을 떠나지 않을 것은 분명해 보였다. 익숙하지 않은 외지 말을 이해하지 못하는 우리들은 어느새 완장까지 두른 장사치한테 말조차 섞지 못하고, 그들이 모두지 무엇을 하는지 알 수 없어 매번 궁금해하면서 한동안 그냥 멀찌감치 서서 바라보는 수밖에 없었다.

한반도에 나타난 장난 같은 상황은 동화에나 나올 것 같은 장면으로, 우발적으로 일어난 것 같아 우리는 좀처럼 이를 인정하지 않으려고 했지만, 어느새 점령군 형태를 갖춘 미국과 소련군은 혼란스러운 상황을 빠르게 통제하며 남북으로 나눠진 분단 상황을 태연한 듯 그대로 받아들이라고 우리에게 강요하고 있었다. 한동안 그들만 바라봐야 하는 우리 또한 때론 그들의 만든 압도적인 분위기 때문에 그들에게 동화된 나머지 분단은 당연하다는 입장을 설득당하기도 했지만, 우리 중에도 농담 같은 이 상황이 계속될 것이라고 믿는 이는 드물었다. 심지어 그들이 물러가면 다시 통일이 될 것이라고 믿는 이도 있었다. 하지만 그때의 분단은 지금까지도 고착화되어 우리의 현재에도 영향을 주고 있다는 점에서, 당시 최강국인 미국과 소련이 우연처럼 점령한 곳이 그대로 조국을 분단시키는 기착점이 되었다는 것은 우리의 역사에서 참으로 한탄스러운 역사의 한 장면이라고 언급하지 않을 수 없다. 미국이 일본 본토 상륙 전 한반도를 먼저 선점하지 못한 점은 우리나라가 분단이 되는 근본적인 원인이 되었지만, 여기에서 역사의 아쉬운 점을 논한다면 오직 그것뿐이겠는가. 미국의 원자 폭탄 투하와 소련의 참전 그리고 일본의 항복 선언 등으로 이어지는 보름 남짓한 시간 동안, 안타깝게도 우리는 정작 만세만 불렀지 향후 우리나라에게 다가올 어두운 역사의 그림자를 예상하고 무엇을 준비해야 하는지, 적어도 그 당시에는 누구도 알지 못했고 일깨워주는 이도 없었다.

아무튼, 그 당시만 해도 소련의 중립 선언이나 적어도 소련을 중개자로 한 화평 교섭이야말로 그나마 할 수 있는 최선의 선택이라고 생각했던 일본으로서는, 느닷없이 이뤄진 소련의 대일 선전포고는 퇴로를 철저하게 차단당한 일본이 무조건 항복을 받아들일 수밖에 없었던 결정적 요인이 되었다. 일본이 마지막까지도 아무런 사전 정보 없이 막연하게 소련의 중재를 기대했던 사실은 일본이 그동안 대동아공영권이라는 환상에 사로잡힌 나머지 주변국들과의 외교에 얼마나 등한시했는지를 여실히 보여 주는 장면이라고 할 수 있다. 그런 의미에서 더없이 절묘했던 소련의 참전 시기는, 그야말로 명분과 실리를 모두 챙길 수 있는 신의 한 수가 되었다고 할 수 있다. 그 반면에 미국은 자기가 차린 밥상에 숟가락을 얹는 소련의 능청스러움과 더 나아가 그 밥상을 더욱 맛깔나게 먹고 있는 소련을 칭찬해야 할지, 아니면 어차피 마음이 뒤틀린 이상 기왕 차린 밥상이라도 걷어내야 하는 것인지, 어디서부터 꼬였는지 알 수 없는 마음의 실타래는 도무지 어떻게 풀어야 하는지 그 방법을 모두지 찾을 길이 없었다.

3
전후 처리

가. 독일의 전후 처리

제2차 세계대전은 역사상 가장 파괴적이면서 군인과 민간인을 구분하지 않는 폭격과 학살로 가장 큰 인명 피해를 일으킨 전쟁이었다. 56개국 이상이 관여한 이 전쟁에서 약 6,000만 명이 목숨을 잃었다고 한다. 전쟁은 죽은 자와 살아남은 자 모두에게 가혹한 현실이었다. 죽은 자는 묘비명 하나 갖지 못한 채 어느 폐허 속에 잠들어야 했고, 살아남은 자에게는 폐허가 된 조국을 맨손으로 일으켜야 하는 고통과 책무가 뒤따랐다. 더구나 전쟁으로 사랑하는 가족을 잃은 아픔들은 누구도 위로해 줄 수 없는 고통스러움 그 자체였다. 전쟁은 언제나 그랬듯이 이렇게 온 세상을 폐허로 만들고 나서야 끝이 났다.

전쟁이란 그런 것이다. 승자는 모든 것을 가질 수 있는 특권을 갖게 되는 반면에 패자는 그 승자를 위해 모든 것을 아낌없이 내놓아야 한다. 또한 패자는 그것으로 끝나는 것이 아니라 오랫동안 역사적인 오명까지 뒤집어써야 한다. 그 대표적인 예가 독일과 소련이다. 처음에는 독일과의 연합으로 세상을 뒤집어 놓을 악의 축의 한쪽을 담당하던 소련은, 강력한 독일에게 자신의 몫이 빼앗길까 눈치껏 주변국들을 침략했던 대표적인 추축국이었다. 소련의 주변국들이었던 폴란드, 우크라이나, 라트비아, 에스토니아, 리투아니아, 핀란드 등 마지못해 소비에트 연방에 들어갔던 모든 민족과 국가는 소련이 그들에게 그동안 해왔던 일들 때문에 소련을 증오했다. 그 증오는 독소전 초반 독일군의 우군이 되어 소비에트 연맹을 향해 총을 겨누었던 이유가 되었다. 자신의 목적을 위해서라면 수단과 방법을 가리지 않는 스탈린의 공산당 독재에 신물이 났던, 심지어 소련 국적을 가진 세력들도 ROA(자유 러시아 군단)를 결성해 소련에 대항했다. 어쩔 수 없이 자신의 조국인 소련을 배반해야 했던 세력들과 독일군에 합세한 여러 나라는 하나같이 독일이 소련을 꺾어 주기를 진정으로 바랐다. 물론, 그들이 선택한 나치 독일은 소련을 꺾기 위한 수단일 뿐, 나치 독일의 모든 가치를 모두 지지하는 것은 아니었다. 우스운 이야기지만, 나치 독일과 소비에트 공산당 중에서 어디가 더 나쁘냐 하고 묻는다면, 사실 그 어느 쪽이 더 나쁘다고 말할 수 없을 정도로 나치 파시스트와 사회주의의 허울을 쓴 공산당의 독재 악명은 우열을 가리기 힘들었다는 것이 당시나 지금이나 변함없는 생각이다.

이처럼 히틀러와 스탈린은 구시대를 대표하는 독재의 상징이라고 할 수 있다. 그들이 지도자로서 보여 준 악명 높았던 모습들은 엇비슷해서 굳이 누가 더 악인이라고 지칭하지 않아도 될 정도의, 순탄치 않은 평판을 모두 갖고 있었다. 그 인물들이 갖고 있던 공통점을 간략하게 살펴보면 다음과 같다. 대체로 주변을 아랑곳하지 않는 자만심과 오만으로 똘똘 뭉친 교만, 대의를 우선시한다는 명분으로 정적들을 제거하는 태연함, 유독 약자들에게 더욱 가혹했던 무관심을 넘어선 방치, 그 나라에도 '연민'이라는 말이 존재할까 의심스러울 정도의 냉철함, 자신이 저질러놓은 전쟁의 당위성을 남에게 전가하는 능청스러움, 조직과 군대를 동원해 편해질 대로 편해지고 무감각해지기까지 한 일상화된 폭력과 학대 등. 그들은 누가 더 비슷하다고 언급하기도 전에 서로가 서로를 알아보고는 동맹을 맺고 세계를 자신들의 천하로 만들기 위한 야합을 서둘렀다. 또한 민의를 반영하지 않는 독재를 공통분모로 하여 완전한 정치적 폭압과 폭정으로, 큰 정치를 위해서는 작은 희생 따위는 필요악이라고 생각하는 독단적인 정치를 통치 기간 내내 선보였다. 그렇다면 질문의 방향을 바꾸어 어느 쪽이 더 나은가에 대한 질문에도 선뜻 대답할 수가 없다. 하지만 소련은 승자가 되었고 독일은 패자가 되었다. 누가 권선징악이라고 했던가. 소련도 나치 독일 못지않은 악을 담당하고 있었으나 악이 더한 악을 이겨버리자, 그 악은 선인 듯 우리를 설득할 수 있는 시간을 벌 수 있었다. 사실을 이야기하자면, 전쟁에서는 애초부터 선과 악은 없다. 단지 정치적인 논쟁과 피아를 구분하게 하는 명분만이 있을 뿐이다. 선한 목적을 가장한 전쟁은 드물

듯이 전쟁에서 지면 명분도 잃고 실리도 잃는 것이다. 패전국인 독일은 패전으로 짊어진 오명과 함께 유대인 학살로 클라이맥스를 장식하며, 전후에 행해진 모든 비판을 가감 없이 온몸으로 받아내야 했다. 그런 반면에 소련은 한껏 고양된 승전국의 위치로, 처음부터 나치 독일이 가진 비판으로부터 상대적으로 자유로웠던 점이 히틀러와 스탈린을 구분 짓게 하는 근본적인 원인이 되었다. 그렇게 패자는 당대의 비판뿐만 아니라 역사적인 평가로부터도 영영 자유롭지 못하게 된다. 그것이 전쟁을 통해 얻을 수 있는 교훈이자 진리이다.

결국 스탈린은 전쟁에서도 이기고 자기와 너무도 닮았던 히틀러를, 전후 이론의 여지가 없는 악을 대표하는 상징적인 존재로 만들어놓는 데 성공하게 된다. 다만 히틀러 스스로가 세계에 준 악영향으로 인해 히틀러는 어떤 경우에도 구제될 수 없고 미화될 수 없는 절대 악의 존재였기 때문에, 패전만으로 히틀러의 이미지가 나빠질 수 있었다는 입장은 경계해야 하지만, 결정적인 패전으로 조국인 독일을 나락으로 떨어뜨리고 자신은 역사에서 구원받을 수 없는 존재가 된 것만은 거부할 수 없는 엄연한 사실이다. 이는 스탈린이 제2차 세계대전을 승리로 이끌고 전성기를 유지한 것과는 극단적으로 대비되는 장면이라고 할 수 있다.

소련은 제2차 세계대전 당시 웬만한 나라의 전체 인구보다 많은 약 2,900만 명 (사실, 군인과 민간인을 포함한 희생자 수를 발표한 소련의 기록은 정확하지 않아 그것을 그대로 받아들일 수는 없다)이라는 엄청난 인적 피해를 겪은 나라이다. 미군 희생자가 약 50만 명 정도이고 일본이 민간인 포함 약 200만 명 정도가 사망한 것을 비교하면, 소련 희생자의 규모는 그 정도를 가늠할 수조차 없는 수준이라고 할 수 있다. 소련군이 오직 독일군만 상대하고도 이런 규모의 피해를 입은 것은, 독일군 지휘관들의 탁월한 능력과 압도적인 군 전력과도 관련이 깊다고 할 수도 있지만, 애초부터 인간의 생명에 대한 존중과 배려가 부족한 공산주의 독재의 본모습을 보여 주는 사례라고도 생각된다. 제대로 된 무기조차 갖추지 못한 군인들을 보기에도 열악한 전투 조건에 투입하는 비효율적인 방식을 고수했던 소련의 지휘부는, 생명을 귀중하게 생각하지 않고 국민의 생존조차 오직 체제 유지라는 목적을 이루기 위한 소모품이자 수단으로만 여겼던 것이다. 그런 지도자를 둔 국민이 전쟁이라는 절체절명의 상황에 끌려 들어가 몰살에 가까운 희생을 당한 것은 어쩌면 당연한 순서였을 것이다. 주의와 이념을 인권보다 상위에 올려놓는 초기 공산주의와 사회주의의 혐오스러운 모습이 전쟁 중 소련에서 여과 없이 적나라하게 드러났다고 할 수 있다.

하지만 몰염치하게도 스탈린은 자신의 무모한 작전에 희생된 소련군과 민간인에 대해서는 애도하거나 자책하지 않고, 오로지 적들의 만행과 자국민의 엄청난 희생과 영광스러운 승리만을 부각하는 데 몰입한다. 전쟁이 끝나면 정치가 남는다는 것을 증명한 것이다. 소련은 엄청난 소모전을 이겨내고 당시 최강의 전성기를 구가하던 독일을 꺾은 붉은 군대의 영웅성과 스탈린에 대한 찬양을 끊임없이 강조해 나간다. 그리고 진짜 정치가 시작된다. 국민의 일방적인 희생을 앞세웠던 전쟁이 끝나자 소련이 그동안 치러야 했던 희생에 걸맞은 대가의 정당성을 일관되게 주장하기에 이른다. 사실 러시아 제정 시대를 포함하여 소련은 제2차 세계대전 이전까지도 유럽의 역사를 좌우할 정도의 강력한 나라는 아니었다. 유럽 변방에서 눈과 얼음으로 덮인 쓸모없는 땅을 많이 가진 낙후된 농업 국가의 하나일 뿐이었다. 더구나 소련은 혁명에 이은 적백내전으로 소련 내부의 정론조차 일치하지 않은 혼란스러운 시기를 보내야 했다. 하지만 소련은 제2차 세계대전을 치러내면서 국민이 비로소 민족과 자국의 진면목을 바라보고 각성하기 시작하였다.

그렇게 전성기를 달리던 독일군의 예봉을 꺾고 독일 제3 제국을 무너뜨리면서 소련은 강자를 이겼다는 자신감과 함께 누구와도 견줄 수 있다는 자부심을 갖게 된다. 전쟁은 소련의 의도대로 끝났고 소련은 자신이 가질 수 있는 것들을 전쟁을 통해 얻을 수 있게 되었다. 전후 소련은 서부 자유 진영에 맞서는 공산국가의 대부로서 당당하게 세계사의 주역으로 서서히 부상하게 된다. 소련은 소비에트 연방 국가들과 함께 동유럽의 여러 위성국가를 거느린 명실상부한 사회주의 국가의 맹주가 된 것이다. 미국 또한 종전 후 식민지의 반란과 독립으로 대영제국의 영광을 뒤로한 영국을 대신하여 자유 진영을 대표하는 경찰국의 지위를 부여받게 된다. 바야흐로 냉전 시대를 맞이하여 자본주의와 공산주의를 대표하는 미국과 소련이라는 양 진영 대표 선수의 윤곽이 서서히 드러나기 시작한 것이다. 냉전은 우선적으로 상대편 진영의 허점을 찾아내는 동시에 자신에게 혹시 있을지 모를 허술한 점들은 서둘러 보완해야 했는데, 전쟁은 없으나 전쟁 이상의 긴장감을 유발하는 양 진영의 피 말리는 외교전이 제2차 세계대전 종전을 기점으로 본격화되고 있었다. 불운하게도 그 대립의 첫 번째 희생자로 엉뚱하게도 우리나라가 선택되는데, 우리 민족은 도대체 무슨 죄가 있어 냉전의 대리전이라는 희한한 대립 속에서 지금까지도 엄청난 고통을 받아야 하는지, 역사적 장면들을 두고두고 곱씹어 봐도 이해되지 않는 대목들이 수두룩하기만 하다.

정말이지, 지나치다 싶을 정도로 냉혹하고도 철두철미한 정치 스타일을 가진 독재자 스탈린은, 자국의 이익과 연루된 외부의 문제에 대해서만큼은 한 치의 오차도 허용하지 않겠다는 용의주도함을 보여 주었다. 이를 발판으로 소련은 독일과 폴란드의 영토 일부를 할양받고 도미노식 동유럽 공산화의 완성을 통해 전후 최고의 수혜를 누리게 된다. 또한 스탈린은 자신의 권력을 공고히 하기 위한 내부 단속에도 철저했는데, 그 예로 전쟁 후 제2차 세계대전 내내 소련군을 지휘하여 끝내 승리를 가져온 주코프에 대한 처리를 들 수 있다. 스탈린은 독소전 당시 주코프의 거만한 태도에도 불구하고 전쟁 승리를 위해 꾹 참았던 불만을 전쟁이 끝나자 본격적으로 드러내기 시작했다. 여기에는 재미있는 일화가 있는데, 1945년 6월 24일 모스크바 크렘린 광장에서 열린 소련 전승 기념일에, 본래는 이날 러시아 군의 전통에 따라서 전쟁을 승리로 이끈 최고 사령관이 백마를 타고 개선식에서 그림처럼 달려 나가기로 되어 있었다고 한다. 물론 여기서 최고 사령관은 주코프가 아니라 스탈린이었다. 하지만 승마에 익숙하지 못한 스탈린이 백마를 타고 멋지게 사열하는 장면은 나올 수가 없었다. 결과적으로, 기념일 행사가 스탈린 자신의 업적을 드높이기 위한 행사가 되지 못하고 결과적으로 주코프의 인기만 높여 주자, 주코프는 스탈린의 본격적인 질시와 경계를 받게 된다. 이 장면은 스탈린의 경계심을 미처 생각하지 못한 주코프의 실수라고도 할 수 있다. 종전 후 주코프의 대중적인 인지도가 하늘 높이 솟구쳐 오르자 스탈린은 그를 어떻게든 정리할 필요성을 깨닫게 된다. 즉, 주코프를 미래의 경쟁자로 생각한 것이다. 사실상 전쟁이 끝나면 장군의 수요는 없어지기 마련으로, 스탈린은 한때 100만 명이 넘는 소련군을 지휘하던 주코프를 결국 한직으로 쫓아내는 데 성공하였고, 이후 1953년에 스탈린이 사망할 때까지도 그에 대한 유난스러운 경계심은 계속되었다고 한다.

한편, 패전과 함께 전후 처리의 당사자인 독일은 원래 3개국에 의해 분할 점령되는 운명이었지만, 뒤늦게 독일의 피점령국에서 연합국의 일원으로 입장이 바뀐 프랑스가 자신들의 몫을 요구하고 나서는 바람에 프랑스를 포함한 미국, 영국, 소련에 의해 분할 점령되게 된다. 뒤늦게 독일 제국의 손아귀에서 벗어날 수 있었던 오스트리아 또한 그 운명을 피해갈 수는 없었다.

공식적으로는 1945년 5월 8일 독일군 지휘부가 항복 문서에 서명한 후였으므로 전 유럽에서 모든 교전 행위는 당장 멈춰야 했지만, 동부 전선의 독일군은 아직 소련군과의 교전을 계속하고 있었다. 그 이유는 단 한 가지였다. 가혹하기로 소문난 소련군으로부터 어떻게든 벗어나 미영 연합군의 포로가 되기 위한 마지막 몸부림이었다. 이는 비단 독일군에게만 해당하는 이야기가 아니었다. 대전의 마지막 7개월 동안 700만여 명에 이르는 독일인들이 소련군을 피해 독일 동부로부터 서부로 피난을 왔으며, 추가로 소련군 장악 지역에서 피난을 떠났거나 쫓겨난 300만여 명이 서부 독일의 서방 연합군 점령지로 쉼 없이 모여들었다. 그도 그럴 것이, 종전이 되면 피의 보복이 따를 것이라는 우려가 소문대로 소련 점령지 독일 지역에서 그대로 나타났기 때문이었다. 소련은 독일로부터 당한 것만큼 돌려줘야 한다는 생각이 팽배해, 소련군 스스로도 전쟁은 이미 끝났음에도 불구하고 자신들이 지금 점령지 독일에서 각종 수탈과 강간을 비롯한 만행을 일삼고 있다는 것조차 잊은 것 같았다. 소련 당국자들이 이를 알고도 애써 묵인했던 것은, 독일과의 전쟁으로 잃은 것들을 당연히 독일 점령지에서 마땅히 찾아가야 한다는 생각에는 변함이 없었기 때문이다.

이런 생각을 고스란히 옮긴 것이 당시 독일 영토였던 동프로이센 땅이었다. 동프로이센 땅은 제1차 세계대전 전에는 독일 본토와 붙어있던 땅이었으나 이후 베르사유 조약에 의해 본토로부터 떨어져야 했던 독일 땅이었다. 독일 본토와 떨어져 있다 보니 여러 불편한 점이 있었던 것은 사실이었지만, 꼭 나쁜 점만 있는 것은 아니었다. 동프로이센은 독일 제국이 패전을 밥 먹듯이 할 때도 소련군이 점령하러 들어오기 전까지는 연합군의 공격으로부터 전혀 피해를 받지 않는 행운을 누릴 수 있었다. 하지만 소련군이 진주하자 동프로이센 땅은 하루아침에 지옥으로 변하고 말았다. 말로 표현할 수 없을 정도의 각종 전쟁 범죄가 종전 시점의 동

프로이센 땅에서 일어났다고 보면 될 것이다. 그러자 그 지옥을 자의 반, 타의 반
으로 탈출하려는 행렬이 줄을 이었고, 소련이 이 땅을 전리품으로 가져가려는 속
셈이 두드러지는 시점에서는 수백만의 독일인이 추방되는 결과로 이어졌다. 결국
앞에서 언급했듯이 동프로이센 땅은 전후 소련과 폴란드에 의해 남북으로 나누어
졌고 소련이 차지했던 북쪽은 현재도 러시아 땅(칼리닌그라드)으로 남게 되었다.

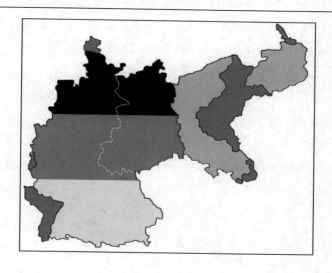

제2차 세계대전 후 달라진 독일 영토

■ : 제1차 세계대전 후 잃어버린 독일 영토

■ : 제2차 세계대전 후 잃어버린 독일 영토

---- : 동·서독 국경선(1945~1990년)

■ : 현재의 독일 영토

예상한 대로 독일 본토 소련군 점령 지역에서의 우려는 그대로 현실로 나타나 점령국인 소련은 독일 현지인들에 대한 만행을 쉽게 거두려고 하지 않았고, 더구나 독일 각지에서 쓸 만한 생산 시설은 뜯어가거나 이동이 여의치 않은 시설물은 생산물이 나오는 대로 그대로 가져가기 바빴다. 이런 소련의 점령지에 대한 배상금 공출 정책은 서방 연합국과의 합의를 상당 부분 위반한 정책이었지만 소련은 조금도 아랑곳하지 않았다. 이러한 소련의 무관용 정책은 종전 후에도 동독 땅에서 한동안 지속되었는데, 이런 비능률성 모두를 소련의 탓이라고만 할 수는 없지만, 소련 점령 지역인 동독에서 주로 이런 일이 벌어졌다는 점에서 이는 동서독의 출발부터 다른 경제 성장을 보여 주는 한 원인이 되었다.

이런 모습은 나치 잔재를 청산하는 모습에서도 상이한 모습을 나타내게 된다. 미영 연합군에 주도되어 11개월 동안 지속된 뉘른베르크 재판에서는 독일의 고위급 정치인과 군사 지도자 중 12명에게는 사형, 3명에게는 종신형을 선고하였고, 기타 나치의 하수인들을 대상으로 한 재판에서는 피고들은 탈 나치 교육 캠프에 1~2년간 수용되는 형을 선고하는 것에 그쳤던 반면에, 소련이 주도한 법정에서는 수백만 명의 독일 전쟁 포로들이 소련식으로는 표준 형기였던 '10년 형'을 선고받았으며, '수용소 군도'에서 강제 노동에 시달리다가 그중 60% 만이, 그것도 1950년 중반이 되어서야 독일로 돌아올 수 있었다.

이렇게 극명하게 차이나는 독일 점령지에 대한 정책은, 소련이 독일과의 오랜 전쟁으로 받은 피해가 컸던 만큼 이성적인 판단 이전에 증오의 감정이 반영됐다는 것이 가장 큰 이유라고 할 수 있다. 또 다른 원인으로는 공산당 특유의 경쟁자 숙청을 독일 점령지에도 마치 국내처럼 펼친 것으로 해석할 수 있다. 무엇보다도 독일과 국가의 존망을 걸고 전쟁을 치른 소련 입장에서는 주변국인 독일이 다시는 전쟁을 일으키지 못하도록 그 싹을 원천적으로 제거하고 싶은 원한 섞인 감정이 깊이 관여했는지도 모를 것이다.

전범국가의 책임 있는 총리로서 자국의 과거에 대한 책임과 잘못을 진정으로 받아들이고 사죄에 최선을 다하는 모습은, 패전국 독일이 전쟁을 극복하고 선진국의 대열에 합류하여 스스로 통일을 완성하는 원동력이 되었다고 생각된다. 특히, 자국 청소년들에게 이루어지는 일관성 있는 반나치 교육과, 폴란드를 비롯한 전쟁으로 피해를 본 주변 국가들에 대한 사죄는 정도가 지나치다고 느낄 정도인데, 이와 같은 전후 독일의 철저한 자기반성은 같은 전범 국가인 일본에게 많은 시사점을 주고 있다고 할 수 있다. 사진은 1970년 12월 7일 서독 총리 빌리 브란트가 폴란드 바르샤바의 게토 추모비 앞에서 무릎을 꿇고 사죄하는 모습.

한편, 전후 분할 점령의 역사에 의해 동서로 나눠진 독일에게 내려진 첫 번째 과제는 나치 독일과의 결별이었고, 전쟁이 끝난 지금까지도 과거 정권의 과오를 인정하고 주변국들에게 틈만 나면 사죄와 존중을 보여 주는 모습은 전후 독일이 가야 할 바람직한 모습이라고 할 수 있다. 심지어, 서독과 동독 육군 모두 자신들은 나치 독일과는 다르다는 것을 강조하기 위해, 독일의 상징이라고 할 수 있는 제2차 세계대전 당시의 독일군의 슈탈헬름 철모와 결별하고 다른 모양을 철모를 한동안 사용할 정도였다. 또한 종전으로 폐허가 된 조국을 다시 세우기 위해 전 서독 국민은 똘똘 뭉치게 되는데, 향후 서독의 '라인강의 기적'은 전후의 험난했던 재건의 과정을 잘 이겨낸 독일인들에 대한 세계인들의 찬사들일 것이다. 그에 반해 전반적으로 낙후된 공산주의 체제의 동독은 서독과의 경제력 차이를 끝내 극복하지 못하고, 동서 냉전의 시대가 마무리될 즈음인 1989년 독일인 스스로의 힘으로 베를린 장벽을 허무는 역사적인 사건의 협력자가 되어야 했다.

나. 일본의 전후 처리

일본 본토에까지 패전의 그림자가 짙게 그려졌던 1945년 7월 26일, 트루먼과 처칠, 스탈린, 장제스가 문안을 가다듬은 포츠담 선언이 발표되었다. 13개의 항목으로 구성되었는데, 그 요지는 다음과 같다.

1. 미·영·중 삼국은 일본에 항복할 기회를 준다.
2. 삼국은 강력한 군사력을 정비하여 일본에 최종적인 타격을 가할 수 있다.
8. 일본국의 주권은 혼슈, 홋카이도, 규슈 및 시코쿠 그리고 "우리가 결정하는 작은 섬들로 국한될 것이다."
10. 전쟁 범죄인은 재판을 받을 것이다.
13. 일본 정부는 즉각 무조건 항복을 선언하고, 이를 위한 구체적인 행동을 취해야 한다. 그 외의 선택지는 없으며, 그렇지 않을 경우 일본은 완전히 괴멸될 것이다.

위 선언은 다음과 같은 여러 가지 사항을 말해주고 있음을 알 수 있다.

첫째, 일본이 종전 후에도 한반도와 만주 등을 점유해야 한다는 입장은 받아들여지지 않았다. 일본의 입장에서는 이번 항복으로 그동안 쏟아 왔던 모든 노력이 물거품이 될 뿐만 아니라, 전쟁과 조약으로 쟁취한 것들까지도 원래대로 되돌려 놓아야 한다는 것은 쉽게 인정할 수 없는 일이었다. 오키나와는 어쩔 수 없는 상황이라 하더라도 아직 일본 관동군이 주둔하고 있던 만주와 한반도는 빼앗기지 않았으니 그것만이라도 일본의 영토로 인정해 달라는 것이었으나, 연합군 측에서는 일본이 제국주의 시대의 산물로 얻은 모든 것을 인정하지 않았다. 일본 입장에서는 적어도 현 상태에서 일본군이 점령한 지역들은 일본 영토로 인정해 주길 은근히 바라고 있었으나, 연합군은 선언에 포함된 그 어느 것도 협상 대상이 아님을 분명히 말하고 있었다. 그래서 여덟 번째 조항은 그들의 수십 년간의 모든 노력을 무위로 만들 만한 강력한 선언이 되었다. 패전의 위기에 처한 그때, 유리한 고지를 점령하고 있던 연합군에게 일본 지도부의 생각은 중요하지 않았다. 결과적으로, '우리가 결정하는 작은 섬들로 국한될 것'이라는 선언이 그대로 발효되면 한국을 일본화하기 위해 수십 년간 들였던 공은 무위로 돌아가는 것이고, 일본에 대해 강력한 저항 한 번 못한 한국은 문서를 통해서나마 공식적으로 독립을 되찾을 기회가 주어지게 된 것이다.

둘째, 일본 대본영은 나가사키에 두 번째 원자 폭탄이 떨어질 때도 결사 항전만을 외쳤다. 그 이유는 자신들의 패전 후에 겪게 될 운명 때문이었다. 열 번째 조항에서 볼 수 있듯이, 패전이라는 결과는 청일 전쟁 이후 모든 일본 국민의 존경을 받아왔다고 생각했던 일본 군사 지도자들인 자신들이 하루아침에 전범자가되는 것이었다. 특히, 항복을 결정할 수 있는 수뇌부일수록 재판 후 사형을 당할 가능성이 높았기 때문에 항복은 절대 수락할 수 없는 것이었다. 어쩌면 천황 또한 이 항목에서 절대 자유로울 수 없다는 것은 패전에 따른 어쩔 수 없는 운명과도 같은 것이었다. 그런 상황에서 천황에 의해 항복 선언 때까지도 절대 거두어지지 않았던 본토 사수 명령은 곧 '1억 옥쇄'를 말하는 것으로 즉, 전 일본인이 옥쇄하더라도 절대 항복은 있을 수 없다는 군부의 결의는 정말 무시무시하고도 비극적인 일본의 항복 전의 상황을 말해주고 있다고 하겠다. 실제로 일본 군부가 옥쇄를 거론하면서 1억 명을 말한 것은 그 당시 일본 인구가 7천 3~4백만 명 정도였던 것을 감안한다면 산술적으로 식민지 조선(2천 500만 명)을 포함하는 것인지는 알 수 없으나, 이는 일본 제국주의 전체를 통틀어서 결의를 다지는 표현으로 보인다. 다만, 전쟁을 일으키기 전 추호도 생각지 못했던 전쟁의 종말을 스스로의 항복 선언으로 앞당겨야만 한다고 했을 때, 이를 선뜻 결정할 수 있는 일본 지도자가 하나도 없었던 것은 결국 일본 국민들에게는 더없는 고통이었을 것이고, 일제 치하의 식민지 국가들에게는 독립에 대한 희망을 꺾는 절망적인 순간이었을 것이다. 이 모든 것은 냉철한 정세 판단 없이 자기가 보고 싶은 것만 보고 싶었던 이들의 당연한 귀결이라고 할 수 있다.

셋째, 미국은 은근히 얼마 전 실험을 마친 원자 폭탄을 실제로 사용하고 싶었던 것으로 보인다. 포츠담 문안을 작성하고 있던 트루먼에게 원자 폭탄 개발이 성공했다는 보고가 올라간 후, 이는 미국이 가졌을 자신감은 허언이 아님을 증명할 기회가 되어 주었다. 그런 면에서 포츠담 선언에서 언급한 '최종적인 타격'은 원자 폭탄을 보유한 자가 보이는 자신감의 표현이라고 할 수 있다. 그리고 이 선언에 이어진 일본의 수락 거부는 미국의 원자 폭탄 사용에 대한 명분을 주게 되며, 일본뿐만 아니라 같은 연합국인 소련과 영국에게도 미국의 위용을 제대로 과시할 수 있는 무대가 자연스럽게 만들어지고 있었다. 이는 제2차 세계대전이 끝나면 미소 간의 경쟁에서 기선 제압을 하고자 하는 미국의 의도와도 맞아떨어지는 결정이었다. 더 나아가 얄타 회담으로 소련에게 부여했던 권익(만주에서의 우선권 등)을 주지 않아도 된다는 여러 가지 입장 역시 고려되었을 것이다. 소련 또한 미국이 원자 폭탄을 개발하고 완성 단계에 도달했다는 내용을 첩보를 통해 접하고 있었지만, 생각보다 빠르게 투입된 미국의 선택으로 인해 소련이 적지 않게 당황했던 것만은 사실인 것으로 보인다. 미국의 원자 폭탄을 목격한 소련은 급하게 일본에 선전포고를 해야 했고 그동안의 관망하던 자세를 바꿔 동아시아에 소련군을 급파했던 것이 그 증거라고 할 수 있다.

이후 냉전 시대가 본격적으로 개시된 이후에도 소련은 원자 폭탄 개발뿐만 아니라 여러 가지 부분에서 미국과의 군비 경쟁에서 뒤처지고 있다고 판단하고 있었다. 물론, 소련이 스푸트니크호(Sputnik, 소련이 1957년에 발사한 세계 최초의 인공위성)와 유리 가가린(Yurii Gagarin, 1961년 인류 최초의 유인 우주선의 우주 비행사)의 사례를 통해 한때 미국에 엄청난 쇼크를 주며 적어도 우주개발 분야에서는 미국을 압도한다는 평가를 받았던 것은 사실이었지만, 이후 소련은 그동안 지구 최강의 국가인 미국을 상대하느라 과도한 군비 경쟁에 따른 상상을 초월하는 국방비 예산 투입으로, 어느 정도 자유 진영과의 전력 균형을 맞추느라 안간힘을 써야 했다. 결국, 소련의 경제 상황보다 너무 앞서간 군사력 증강은 오랫동안 누적된 부작용을 속출시키며, 결국 소비에트 연합은 해체되고 동유럽에 자리 잡은 자유화의 물결은 더 이상 막을 수 없는 세계사의 큰 흐름으로 바뀌고 말았다.

넷째, 그 무엇보다 중요했던 천황에 대한 언급이다. 미국 내 여론도 그렇고 처음에는 일본 군사 지휘부들과 마찬가지로 천황을 전범으로 처리해야 한다는 의견이 많았던 것은 사실이었다. 하지만 항복의 조항 중 천황을 폐위시키는 조건을 걸었다가는 일본은 스스로 절대 항복을 수락하지 않으리라는 것이 먼저 고려되었다. 결국, 일본군과 일본 국민이 무조건 항복할 수 있도록 설득할 수 있는 이는 오로지 천황뿐이라는 의견이 미국 내에서 설득력을 얻어가고 있었다. 천황이 전쟁을 시작했듯이 전쟁을 끝내는 것도 천황이어야 한다는 괴상한 논리였지만, 미국은 지긋지긋한 일본과의 전쟁을 하루라도 빨리 끝내 미군의 희생을 최대한으로 줄이고, 천황의 항복 선언으로 고집스러운 일본 군부를 설득하여 일본의 무조건적인 항복을 받아내는 것이 최선이라고 생각했다. 이런 생각은 포츠담 선언에도 그대로 반영되어 일본 천황에 대한 언급은 어디에도 찾아볼 수 없었다. 또한 천황 자신과 군부 지휘자들은 자신들이 전범자로 취급될 수는 없다는 것에 대한 두려움을 감추기 위해, 연합군의 천황 폐위를 항복의 조건으로 내세운 선언은 절대 수락할 수 없고 이런 조건으로는 절대 항복할 수 없다고 끝까지 주장했으나, 막상 연합군 측에 의해 천황을 폐위시키지 않겠다는 일본의 요구가 받아들여지자 더 이상 일본군 지도부에게는 항복을 반대할 어떠한 명분도 사라질 수밖에 없었다.

우여곡절 끝에 일본의 포츠담 선언 수락은 8월 14일 연합군 측에 전달된다. 일본 정부는 일사천리로 전쟁과 관련된 모든 자료와 서류를 소각하기로 결정한다. 그리고 8월 15일 정오에 모든 일본 국민은 라디오에서 흘러나오는 천황의 항복 권고문을 듣게 된다. 그토록 천황을 위하여 목숨을 바친다고 했던 모든 이가 처음으로 들어보는 천황의 목소리였다. 비록 대부분의 일본 국민이 천황의 라디오 방송 당시에는 눈물을 흘렸지만, 속마음은 더 이상 전쟁으로 시달리지 않게 된 것에 안도했을 것이다. 그 반면에 오로지 승리만을 외쳤던 일본 전쟁 지도부는 집단 패닉 상태에 빠져들게 되었다. 참모총장이었던 스기야마 하지메, 제1 총군 사령부 소속이었던 요시모토 데이이치 등 종전의 그날부터 1947년까지 군사 지도층의 중추를 차지했던 이들이 일종의 죄책감과 치욕감 때문에 잇따라 자살하는데,

그 수가 약 60여 명에 이르렀다.

1945년 9월 2일, 공식적인 제2차 세계대전의 마지막 모습. 이 장면은 지금까지 온 세계가 고대하고 기다렸던 종전의 순간이지만, 기가 막히게도 한반도의 분단이 그 자리에서 일본인의 손에 의해 서명될 것이라고 알고 있었던 우리 국민은 아무도 없었다. 정작 전쟁 당사자인 일본은 그 고약했던 세계 장악의 음모에 걸맞지 않게 우아하게 퇴장하는 모양새였지만, 어이없게도 그 불똥은 한반도로 튀어 분단된 한반도의 남북 각각에 미소의 강력한 점령군이 들어서게 된다. 그것은 되돌릴 수 없는 분단을 예고하는 것이었다. 필자가 이 책을 집필하면서 주장한 제2차 세계대전이 그들만의 전쟁이 아닐 수 없는 분명한 이유가 이 사진 한 장에 고스란히 담겨있다고 할 수 있다.

1945년 9월 2일 일본의 외무대신 시게미쓰 마모루는 과거 윤봉길의 의거에 의해 절단된 오른 다리를 절뚝거리며 미 군함 미주리호에 올라 항복 문서에 서명하게 된다. 이 장면으로 길고 길었던 제2차 세계대전이 공식적으로 종식되었음을 선언할 수 있게 되었다. 그 항복 문서에는 의례적인 항복 절차 중 전장에 있는 일본군이 어느 나라 부대에 항복할 것인지를 제시하고 있는데, 이는 트루먼과 영국의 애틀리 수상, 중국의 장제스 주석 그리고 스탈린과의 합의 사항이었다. 그 내용은 일반 명령 13개조로 이루어져 있는데, 1항에는 이렇게 적혀 있다.

"만주, 북위 38도 이북의 조선, 사할린 및 쿠릴열도에 있는 일본국의 전임 지휘관 및 모든 육상·해상·항공, 그리고 보조 부대는 '소비에트' 극동군 최고 사령관에게 항복해야 한다."

소련이 북한을 통해 예상보다 빠르게 남하하자, 8월 15일 미국은 소련군이 내려올 수 있는 한계선으로 38선을 급하게 선택하였고, 8월 16일 지체 없이 소련이 이를 흔쾌히 수락함으로써, 일본 항복 문서에도 점령군 항복에 대한 내용으로 시작된 한반도 분할이 명문화된 것이다. 하지만 처음엔 38선은 패전국인 일본군이 어느 점령군에게 항복해야 하는지를 명시하기 위한 '일반 명령' 정도의 의미만을 갖고 있었으나, 일본 점령에 대한 미소 간의 의견이 엇갈리면서 한반도에는 이상한 기류가 형성되기 시작하였다. 미국 입장에서는 전쟁 중에 일본에 쏟아부은 노력 때문이라도 소련이 38도선을 수락하면서 함께 제의했던 일본 분할(홋카이도)에 대해서는 미소 간의 합의할 수 없는 사안이라고 보았고, 소련은 자신들이 먼저 한반도에 진입하였음에도 불구하고 미국의 38선 제안을 바로 수용한 것은 어쩌면 일본 분할에 대한 기대감을 보여줌으로써, 이번엔 미국이 소련의 호의에 화답해줄 차례라는 것을 강조하는 것만 같았다. 그러나 미국은 소련의 일본 점령을 그 전부터(얄타 회담) 언급한 사할린과 쿠릴열도에만 한정함으로써 소련의 제안은 일언지하에 거부되었고 소련은 이에 크게 실망하게 된다. 이는 일본에 대한 선전포고를 통해 대 일본전에 끼어든 소련으로서는 꽤나 당황했을 순간이 되었고, 결국 협상 과정에서의 불화는 엉뚱하게도 한반도를 덮쳐 스탈린은 1945년 9월 20일 상징적으로만 남아있던 38선을 영구 분단선으로 바꾸어 놓는 조치를 단행한다. 그리고는 더 이상 협상의 대상이 안 된다는 뜻으로 교통과 통신을 차단하는 것은 물론 소련군 연락소를 폐지하면서 금단의 분단선임을 선언하기에 이른다.

위와 같은 일련의 사건들은 우리로서는 두고두고 아쉬운 장면이라고 아니할 수 없는데, 38선이 한 달도 채 안 되는 짧은 기간에 분단선으로 결정되었고 그 이후로 영영 남북을 나누게 되는 분단의 상징이 되고 말았다는 사실이 그것이다. 그렇게 한국은 제2차 세계대전이 종전을 맞이할 시점에 정작 전쟁 당사국인 일본이 아니라 우리가 우리의 의사와 관계없이 남북으로 나누어지게 되는 불운을 겪고야 말았다. 종전의 시점에 엉뚱하게도 우리는 전쟁 피해자가 아닌 가해자로 둔갑하여, 전범 국가인 일본이 받아야 할 분할통치를 우리가 대신하여 당한 꼴이 되었다. 지금에 와서야 부질없는 생각이지만 미국이 일본의 힘을 축소한다는 의미와 대 일본전 참전에 대한 대가로 홋카이도를 소련에 내주고, 그 대신 북한 지역을 소련으로부터 받아 한반도의 완전한 독립을 만들어 주었더라면 어땠을까 하는 생각을 해 보는 것은, 한반도 분할에 대한 협상 과정에서의 아쉬움이 그만큼 우리 민족에게는 아쉬움으로 남아있기 때문일 것이다.

위와 같은 과정에 의해 결정된 한반도 분단은 수십 년간 이어진 우리의 독립운동사의 허망한 결론일 것이고, 전쟁이 끝나면 진짜 정치가 시작된다는 격언을 제대로 인지하지 못했던 우리의 무지와 무력함의 소치일 것이다. 지금도 그렇지만 이런 분단의 과정을 낱낱이 알지 못했던 우리는 그만큼 외세에 흔들릴 수밖에 없는 한반도의 운명을 받아들여야 했던 것이다. 이런 과정을 공유하지 못했던 민족 진영을 비롯한 국내 군소 정치 세력들의 이후 한반도 독립 및 통일 노력은 사실상 헛심만 빼는 결과로, 서로 간의 갈등만 깊어지는 허망한 결과로 이어지게 되었다. 사실상 강대국이 만들어 놓은 한반도 분할 시나리오에 우리 누구라도 대사 한 줄 얹을 수 없었던 것에, 비극은 끝 모를 극단적인 충돌을 예고하고 있었다.

이어 연합군 최고사령부(GHQ, General Headquarters)는 일본 항복 후속 조치로 대본영의 폐쇄 및 폐지를 명하고, 참모 본부의 해체를 명한다. 그리고 GHQ가 A급 전범 용의자로 간주한 과거의 정치·군사·경제·사상적 지도자들은 1945년 9월부터 11월까지 체포된 후 스가모 형무소에 수감되는데, 그 규모는 약 2,000명에 달했다고 한다. 도쿄 전범 재판은 1946년 5월 3일부터 1948년 11월 12일까지 이어졌는데, 막상 진행된 재판에서는 사형을 선고받고 교수형에 처해진 전범은 7명에 불과하였다. 나머지 피고인들은 한 달 후인 12월 전원 석방되었다. 한국인을 포함한 일본인 B·C급 전범들이 아시아 각국의 수용소에서 도쿄의 스가모 형무소로 이송돼 복역 중일 때에도 이들 A급 전범들은 자유의 몸이었고, 1,000명에 육박하는 내각과 군부의 지도자, 전쟁 중 일본군에 협력했던 민간인(전범 기업 재벌)들은 기소조차 되지 않았다. 같은 시기 유럽에서는 나치 관련자들이 전쟁 범죄와 유대인 홀로코스트를 엄하게 추궁당하고 있는 동안 비교적 낮은 신분의 일본 군부 지휘자들은 쉽게 용서받고 면죄부를 받았다. 더구나 생체실험으로 악명 높았던 731부대의 핵심 인물인 이시이 시로를 포함한 관련자 대부분이 전범 재판에 회부되지 않았을 뿐만 아니라 면책되었다는 사실을 통해, 생체실험을 통해 얻은 결과로 미국과 모종의 거래를 했다는 의혹 또한 받는 것은 사실이다. 맥아더를 비롯한 미국 행정부는 냉전 시대를 대비하여 기밀 자료를 빼돌리고, 상대편에게 그 정보가 들어가는 것을 사전에 막기 위해서 기꺼이 공범의 역할을 자처했던 것이다. 또한 처벌받지 않은 731부대 관련 의사들이 전후 일본 의학계에서 큰 역할을 했다는 사실은, 일본이 과연 인류에 저지른 과오에 대해서 반성이라는 말보다 성과라는 말을 사용하지는 않을지 의심스럽다고 아니할 수 없다. 이는 일제로부터 엄청난 고통과 피해를 당한 아시아인의 손으로 직접 일본을 철저히 단죄하지 못하고, 일본과 마찬가지로 아시아와 아프리카에 드넓은 식민지를 경영했던 연합국들이 일본을 단죄한 결과라고 할 수 있다.

당연한 결과로 언제나 그랬듯이, 일본은 전후 어떤 시점에도 자신의 전쟁 과오를 공식적인 채널을 통해 인정하는 법이 없었다. 더구나 급속하게 우경화로 진행되는 일본의 현시점에서 태평양 전쟁은 더 이상 치욕스럽고 감추어야 할 역사가 아니라, 오히려 드러내는 데 두려움이 없으며 오히려 자신들의 과거의 역사를 영광과 교훈으로 덧씌우며 가치를 더하고 있는 분위기다. 또한 1978년 자료에 따르면 야스쿠니 신사에 합사된 237만 3,655위 가운데 태평양 전쟁 A급 전범을 포함하여 태평양 전쟁 관련자는 모두 203만 8,497위에 달하는 것으로 나타났다.[22] 관계자의 말을 빌리면 엄청난 전쟁 관련 영령들을 야스쿠니 신사에 합사한 것은 조국은 전쟁에 패했을지언정 조국을 위해 헌신했다는 이유만으로도 충분한 이유가 될 수 있다는 것이다. 더구나 일본은 국내외의 비판 여론에도 불구하고 1978년 3월 10일 야스쿠니 신사는 태평양 전쟁 A급 전범으로 교수형을 당한 도조 히데키와 이타가키 세이시로를 비롯한 14명을 합사하게 되는데, 합사의 이유로는 "조국이 위급 존망의 기로에 있을 때 목숨을 걸고 용감하게 맞서다가 불행히도 생명을

---

22) 保阪正康 저, 정선태 옮김, 『쇼와 육군: 제2차 세계대전을 주도한 일본 제국주의의 몸통』, 글항아리, 2016. p. 1032.

잃은 사람의 영이 영령이라고 본다. 야스쿠니 신사의 제신은 영령이며, 영령이라는 존칭은 나라를 위해 죽은 자에게만 한정되어야 한다."라고 언급하였다. 느슨한 전범 처리와 주변국들을 의식하지 않고 오로지 조국을 위해 자신을 희생한 자에 대한 무조건적인 예우만을 거론하며, 몰염치하게도 자신들도 태평양 전쟁의 피해자라는 왜곡된 의식은 야스쿠니 신사 참배를 연례행사처럼 진행하는 일본 정치인들의 행태에서도 우리는 전후 일본이 태평양 전쟁을 대하는 마음가짐을 접할 수 있다. 이 말은 달리 말하면 일본은 야스쿠니 신사에 정성스럽게 모신 자신들의 영웅들을 전범으로 만들 수 있는 국가적인 사죄나 사과는 절대 할 용의가 없음을 의미하는 것이라고 단언할 수 있다. 더 나아가 우리가 일본의 사죄를 요구하면 할수록 일본은 최근 '혐한(嫌韓) 시위'와 같은 여러 가지 방법으로 자신들의 무죄와 편협한 역사의식을 고수하려는 어떠한 시도도 마다하지 않을 것이다. 그 한편에는 한국을 과거 식민지로 다스렸던 나라 정도로 폄하하고 깔보려는 의도를 충분히 예상할 수 있다. 그러나 이 또한 역사 문제만큼은 양보할 수 없는 일본의 정신일 것이고 우리 또한 절대 타협할 수 없는 문제라고 본다면, 이는 양국의 해결할 수 없는 현안으로 타결 없는 논쟁은 영원한 평행선을 그릴 것이라고 감히 장담할 수 있다. 한편으로 그런 정치인에 대해 아무렇지도 않게 긍정적인 기사를 써보내는 대부분의 일본 언론들과 대체로 무관심한 듯이 묵인하는 다수의 일본 국민의 삐뚤어진 모습은, 우리에게 더 이상 일본이 저지른 태평양 전쟁과 그로 인한 식민지 국가에 가했던 진실에 대해 일본의 진정한 반성과 사과를 기대할 수 없다는 것을 알게 해주는 평범한 일상이 되고 말았다. 그런 의미에서 지금의 일본이 자국에게만 유리한 역사 서술과 현실 경제 그리고 객관성을 상실한 가치의 잣대로 편향된 역사 인식을 가지고 있는 한, 일본을 포함한 동아시아의 주요국들이 허심탄회하게 자신의 과거를 되돌아보고 만족할 만한 역사적인 화해를 이룬다는 것은 영영 불가능한 일이 될 것이라는 불길한 생각마저 들었다.

　그리고 일본군 '위안부' 관련 문제들과 같이 태평양 전쟁 당시 주변국들에 끼친 전쟁 범죄에 대해서 공식적인 사과보다는 자신의 방식으로 마무리하고 싶어 하는 일본의 일관적인 몰염치한 태도로 인해, 우리나라를 포함한 주변국들이 분노를 넘어서는 허탈함을 느끼게 되는 것은 어제오늘의 일도 아닐 것이다. 그 단적인 예로, 호리이 마나부 외무정무관은 지난 2018년 2월 27일 일본 외무성 홈페이지를 통해 "위안부 문제는 한일 합의로 해결이 끝났다."며 "군(軍) 및 관헌(정부)에 의한 위안부 강제 연행은 확인되지 않았다."고 강조했다. 또한 "한일 위안부 문제가 정치·외교적 문제가 된 1990년대 초, 위안부 문제에 관한 본격적인 조사를 했지만, 강제 연행을 확인할 수 있는 자료는 없었다."고 강조하며, 이어 박근혜 정부 당시 이뤄진 한일 위안부 합의에 대해 "국가와 국가 사이의 약속이니 정권이 바뀌어도 책임을 갖고 실시하는 것은 국제적이고 보편적 원칙이다."라며 "합의가 착실하게 이행되는 것이 중요하다."고 발표하기에 이른다. 위의 언급은 책임 있는 일본 정부의 발언으로 충분히 예상할 수 있는 답변이지만, 더욱 문제가 심각하다고 느끼는 것은 태평양 전쟁 당시 일본군 스스로 행한 위안부 관련 일들을, 전쟁이 끝난 후에도 양심선언이라는 명목으로 고백하는 일본인은 끝내 나타나지 않았고, 어쩌다 일부 양심 있는 목소리는 침묵을 강요하는 다수 일본인과 언론을 통해 공격당하는 현실이 계속되고 있다는 형편이라는 것이다. 진실을 왜곡하고 자신에게 불리한 사실을 역사 속에서 철저하게 배제하려는 작금의 일본 현실은, 누누이 강조하지만 일본과 이웃하고 있는 우리나라 입장에서는 참 안타깝고 볼썽사나운 일이라고 아니할 수 없다.

정말이지, 요즘의 일본을 보면 마치 과거로 회귀하는 것 같은 인상을 받게 되는데, 일본이 한쪽으로 꽤나 기울어진 우경화 또는 보수화의 길을 꾸준히 걸을 수 있었던 이유를 이해하려면, 우선 일본 국내 정치 역학 구조의 영향을 언급해야만 할 것이다. 일본은 오랜 시간 동안 철저한 보수 성향의 자유민주당(약칭 자민당)이 —물론 중간에 야당으로 전락했던 부침이 없었던 것은 아니었지만— 대부분 다수 여당으로서의 위치를 놓치지 않았고, 더구나 지금의 아베 총리를 비롯한 다수의 총리를 배출하면서 일본 지식인들의 국수주의와 보수화에 앞장서며 그 기조를 흔들림 없이 지켜올 수 있었다. 그에 더해 최근에는 역시 편협한 국내 언론들의 여론을 등에 업고, 일본 내각은 특별한 견제 세력 없이 더 고립되고 자국 편향적인 국가의 길을 걷고 있다. 비록 2001년 12월 아키히토(明仁) 천황이 한일 고대사에 관해 "나 자신, 간무천황의 어머니가 백제 무령왕의 자손이라고 『속일본기』에 기록되어 있는 사실에서 한국과의 인연을 느낍니다."라고 말할 정도로 처음에 한

일은 추구하는 방향이나 목적지가 비슷한 것처럼 보였지만, 일본은 메이지 유신 이후 서양 따라잡기가 본격화된 제1, 2차 세계대전을 거쳐 제국주의의 상징인 군국주의라는 길로 국정의 방향을 결정하고 말았다. 그렇게 한 번 목표를 정한 길이 갈림길에서 엇갈리기 시작했고 이후 근본부터 우리나라와는 다른 이념을 추구하는 국가가 되어버렸다. 아니, 실은 원래부터 일본과 우리나라는 두 나라 사이에 놓여있는 동해라는 거리와 깊이만큼이나 다른 성향을 가진 나라라고 할 수 있다. 굳이 근래의 사례만 인용하지 않더라도 한일은 대립하는 문제에 대해서만큼은 대화의 간극은 물론 대화의 주제조차 합의하지 못할 만큼 갈등이 장기화되고 있는 형편이다. 이처럼 오랫동안 제 갈 길을 걸어온 만큼 서로에 대한 몰이해는 서로를 이해한다는 것의 단초와 당위성조차 찾기 어렵게 만들고야 말았다. 이제 이를 되돌릴 수 있는 유일한 방법은 다시 길이 엇갈리기 시작한 수십 년, 아니, 수백 년 전으로 물러나야 가능할 것으로 보인다.

또한 이 시점에서 일본의 천황에 대해서 말하지 않을 수 없다. 포츠담 합의를 통해 직접 처벌은 하지 않더라도 천황이 그간의 명백한 증거와 정황을 통해 태평양 전쟁 관련 전범자로 취급되어야 한다는 것은 천황 자체가 가지는 의미와 상징성을 통해 충분히 가능성이 있는 사실이라고 할 수 있었다. 하지만 종전 후 지금까지도 미국을 비롯한 연합국 측에서는 제2차 세계대전 당시 일본의 전쟁 지도부에게 어떻게든 영향력을 행사한 쇼와 히로히토(昭和裕仁) 천황을 전범자로 취급해야 한다는 여론이 계속 주장되었으나, 천황을 전범으로 처리할 수 없는 이유로 천황은 건드리지 않는다는 조건 아래 일본이 연합국들의 포츠담 선언을 수락하였고, 군림하되 통치하지 않는 천황은 애초부터 권력을 갖고 있지 않은 상징적인 존재이기 때문에 전범의 부류에 속하지 않는다는 논란은 계속되었다.

하지만 태평양 전쟁 중 일본군 스스로도 자신을 '황군'이라고 일컬었고 천황의 명령 없이 진행된 전투가 전무할 정도로, 천황이 태평양 전쟁에 깊게 관여하였고 그런 이유로 전범에서 제외될 이유가 없다는 것은 분명한 진실이라고 할 수 있다. 그 외에 협상 안건 중에는 천황제도 존속에 관해서 여러 가지 얘기가 오간 것은 사실이었으나, 협상의 전권을 쥐고 있던 미국과 맥아더는 샌프란시스코 강화 회의 (1951년 9월 4~8일)에서 천황을 인간계로 강등하여 정치에서 물러나게 하는 조건만을 내걸고는 특별히 전범 재판에 내세우지는 않게 된다. 어쩌면 이것은 일본이 원하는 뻔한 스토리일 뿐이다. 일본 입장에서는 천황은 일본 국민의 상징성과 통합을 외친 전시 국민의 표상이었을지 몰라도, 그는 분명히 태평양 전쟁을 일으킨 전쟁 범죄와 학살에 연관된 일본의 최고 통수권자였다는 점에서 천황을 전범 재판에 올려야 한다는 것이 태평양 전쟁으로 피해를 받은 나라들의 일반적인 생각이라고 할 수 있다. 그런 우려 때문이었을까, 일본 대본영은 실제로 종전 후 천황이 전범으로 취급되는 것을 경계하려고 1943년에 사이판 해전이 끝난 후부터는, 어전 회의에 천황이 참석해서 전쟁에 깊이 관여한다는 인상을 감추기 위해 천황이 직접 참석하지는 않도록 했다고 한다. 이는 패색이 짙어지는 가운데 천황을 전쟁과 관계없는 인물로 만들어 놓자는 대본영의 치밀한 생각이 반영된 결과일 것이다. 천황 또한 패전 후 자신의 신변에 대한 두려움을 의식해서일까, 항복 선언(1945년 8월 15일 정오)의 내용 중에는 태평양 전쟁 중 벌어진 침략 행위에 대해서 자신의 책임으로부터 확연하게 거리를 두려는 발언이 눈에 뜨인다.

> "일찍이 미영 2개국에 선전포고를 한 까닭도 실로 제국의 자존과 동아의 안정을 간절히 바라는 데서 나온 것이며, 타국의 주권을 배격하고 영토를 침략하는 행위는 본디 짐(천황)의 뜻이 아니다."

세계 여론이야 어떻든지, 태평양 전쟁을 마무리하는 샌프란시스코 강화 조약을 주도한 것은 미국이었고, 일본의 천황이라는 존재가 그리 위협적인 존재는 아니었다고 판단한 미국은 샌프란시스코 강화 조약에서도 천황을 전범으로 처리해야 한다는 판단은 없었던 것으로 보인다. 또한, 이 조약을 추진할 당시 한국의 6·25 전쟁으로 인해 냉전의 실체가 전쟁으로 드러나기 시작하자, 미군에게는 일본의 산업 시설을 군사적인 용도로 이용해야 했던 점과 공산주의의 확산에 대한 대응으로 동아시아에 일본이라는 우방이 필요했던 점 등의 여러 가지가 우선적으로 고려되고 있었다. 마지막으로, 당시 일본과의 협상에 대한 전권을 쥐고 있었던 대일 점령 연합군 최고 사령관이었던 맥아더의 천황의 전범 재판 회부에 반대하는 등의 의견이 적극적으로 반영되어 천황에 대해서는 특별한 언급 없이 마무리하게 된다. 이와 같은 과정에서 마치 미국은 일본에게 천황 문제에 대해서만큼은 일방적으로 끌려간 것으로 보일 수도 있지만, 사실 이것은 미국도 원하는 바였다. 유럽의 전쟁이 끝나면서 미국 국내의 종전에 관한 기대가 전보다 커지고 있을 때, 오키나와 전투를 겪으면서 도무지 포기할 줄 모르는 일본군과의 전투는 미국에게는 큰 부담일 수밖에 없었다. 그래서 전쟁 상황 종료 선언에 의하든, 외교 채널을 통한 협박에 의하든 어떤 방식으로든 일본의 항복을 받아낸다고 해도, 일본군은 절대 포기하지 않고 산발적인 전투를 계속하리라는 것을 이미 경험을 통해 알고 있었기 때문이었다. 이런 배경으로 미국은 다음과 같은 판단을 내리게 된다. 전쟁을 시작한 천황을 모든 전범 처리에서 제외한다는 것은 세계 여론과 특히 일제로부터 직접적인 피해를 받은 국가들에 대한 압박을 피할 수 없는 힘든 결정이라고 본다 해도, 전쟁을 최종적이고 불가역적으로 마무리하고 일본군 수뇌부들을 포함한 모든 일본인에게 전쟁을 종결을 선언할 수 있는 자는 미국 대통령도 아니고 맥아더는 더더욱 아니었으며 오직 천황밖에는 없다는 합리적인 판단을 했던 것으로 보인다. 즉, 전쟁을 시작한 이도 천황이지만 끝낼 수 있는 권한도 천황이 가질 수밖에 없다는 비약은 비현실처럼 미국에게 각인되었던 것이다. 이후 조약을 통해 천황이 전쟁과 관련하여 특별한 혐의가 없는 것으로 마무리되긴 했지만, 쇼와 히로히토 천황 본인은 죽을 때까지 태평양 전쟁의 책임에 대한 비판 여론에 끝까지 시달려야 했다. 결국, 천황을 버리지 않을 수 있었던 일본은 천황의 이름을 더럽히지 않도록 이후부터 지금까지도 전쟁 사죄의 말을 절대 내뱉지 않았고, 반면에 히틀러와 나치를 버린 독일은 지금의 정부와는 다른 제2차 세계대전 당시 나치의 이름으로 거행되었던 전쟁 범죄와 거리를 두며 사죄와 속죄의 길을 걷게 된다. 한편, 샌프란시스코 강화 조약의 내용을 일부 소개하면 다음과 같다.

제2장 영토 제2항: 영토 포기 또는 신탁 통치 이관

(a) 일본은 한국의 독립을 인정하고, 제주도, 거문도, 울릉도를 포함한 한반도와 그 부속 도서에 대한 모든 권리, 자격, 영유권을 포기한다.

(b), (c) 일본은 타이완과 평후 제도, 쿠릴열도와 사할린에 대한 일체의 권리를 포기한다.

(e) 일본은 일체의 국외 자산과 조약 체결국에 대한 모든 청구권을 포기한다.

우리가 위의 강화 조약에서 한 가지 아쉬운 점을 지적한다면, 물론 샌프란시스코 강화 조약이 전후에 개별적으로 아시아 각국과 체결한 평화 조약이나 우호 조약 등에 일본은 일체의 국외 자산과 조약 체결국에 대한 모든 청구권을 포기한다거나 배상에 상응하는 원조를 한다는 내용이 포함되어 있기는 하지만, 사죄와 보상에 대한 납득할 만한 설명이 없다는 점은 전후 일본 지도층이 모르쇠 작전으로 일관하게 된 근거이자 이유가 되어 주었다고 생각된다.

그와 관련해 일본으로부터 가장 가까운 위치에 있어 태평양 전쟁을 통해 가장 큰 피해를 받은 우리나라는 일본 정부에 대한 국민들의 좋지 않은 정서로 인해 박정희가 나서기까지 공식적인 외교 관계를 맺지 못하고 있었다. 5·16 군사정변으로 정권을 잡은 박정희 정부는, 친일파였던 자신의 과거 때문인지, 국민들의 식민지 역사 인식과는 별개로 과거사 문제보다는 경제 개발에 필요한 자금을 확보하기 위해 적극적으로 협상에 나서게 되었다. 그런 사정으로 1961년에는 박정희가 일본을 방문해 일본 수상과 한일 국교 정상화에 합의했고, 당시 중앙정보부장이었던 김종필은 일본 외상과 협의해 쟁점들을 조정해 나갔다. 그러나 한일 회담의 내용이 알려지면서 학생들을 중심으로 국민이 거세게 반대했는데, 당시 일본은 식민 지배에 대해 어떠한 사과도 하지 않았음에도 박정희 정권은 청구권 3억 달러와 경제 차관 3억 달러를 지원받는 대신 식민 지배의 피해에 대한 모든 배상을 포기하기로 약속했기 때문이었다. 이런 협상 내용이 알려지면서 1964년 대학생들을 중심으로 한일 회담 반대 투쟁이 격렬하게 일어났고, 특히 6월 3일에 '굴욕적 한일 회담 반대'를 주장하는 대규모 시위가 전국으로 번지자, 박정희 정권은 이를 기회로 계엄령을 선포하고 군대를 동원해 이를 진압하게 된다. 그런 다음 1965년 마침내 한일 청구권 협정을 서둘러 마무리 짓게 된다. 이를 근거로 일제의 징용이나 징병, 일본군 위안부 피해자들이 일본 기업이나 정부를 상대로 피해 보상을 요구하면, 일본은 한일 협정으로 모든 배상이 마무리되었다고 주장할 수 있는 법적 근거를 마련할 수 있게 되었다. 실제로 일제로부터 피해를 받은 개인들이 일본에 제기한 일본 국가 책임에 관한 법정 소송들은 한일 청구권 협정으로 모두 배상이 끝났다는 논리 속에서 모두 패소하고 말았다. 이런 논리로 일본 정부 또한 위안부 협상 등 다른 여러 가지 사안에 대해서 도의적 책임 외에는 법적 책임에서 발을 뺄 수 있는 근거가 되었고 시종일관 모르쇠로 일관하는 이유가 되었다. 정말 어이없고 속상한 일이 우리 정부의 손에 의해서 이루어졌다는 것이 부끄러울 따름이다. 물론, 일본으로 받은 외화가 경제 개발의 밑거름이 되었다는 것은 부인할 수 없는 사실이지만, 그런데도 당시의 협정 추진이 성급했다는 비판은 지금까지도 이어지는 실정이다.

그리고 시대가 바뀌어 2015년 한국 정부는 위안부 할머니들에게 재갈을 물리는 또 다른 협정을 맺기에 이른다. 한일 정부 간에 전격적으로 맺어진 '일본군 위안부 한일 합의'가 그것인데, 그 내용을 들여다보면 이 합의에서 일본 정부는 "위안부로서 많은 고통을 겪고 심신에 걸쳐 치유하기 어려운 상처를 입은 모든 분에 대해 마음으로부터 사죄와 반성의 마음을 표명한다."고 밝혔다. 그리고 일본 정부의 10억 엔의 자금으로 재단을 설립하여 '위안부'의 명예와 존엄 회복 및 마음의 상처를 치유하기 위한 사업을 벌이기로 한 것이다. 하지만 이 합의 또한 법적 책임과는 거리가 먼 도의적 책임에만 머물렀고 일본은 이번이 마지막이라는 것처럼 "최종적 및 불가역적으로 해결될 것"이라며 이제 모든 보상 및 해결은 한국 정부가 처리할 것이라며 모든 책임을 한국 정부로 향하도록 하였다. 피해 당사자들의 의견은 한마디도 묻지 않고 일방적으로 일본의 요구를 모두 들어준 것 같은 이 합의에는, 그동안 일본이 못마땅하게 여겼던 일본 대사관 앞 소녀상 철거 문제와 UN 등 국제사회에서 더 이상 이 문제를 거론하지 않겠다는 확답까지 들어 있었다. 우리는 이 대목에서 도대체 당사자들이 받아들일 수 없는 해결이라는 것이 가능한 일인가 하는 의문을 지울 수가 없었다. 이에 대해 악화된 국내 여론을 대변하여 문재인 대통령은 2018년 9월 25일 뉴욕에서 열린 한일 정상회담에서 "위안부 피해 할머니와 국민의 반대로 화해 치유재단이 정상적으로 기능하지 못하고 고사할 수밖에 없는 상황"이라며 국가 간 정상적인 조약을 파기는 아니더라도 사실상 위안부 합의는 의미가 없음을 밝혔으나, 일본은 위안부와 함께 거론된 강제 징용 문제에 대해서는 "한일 간 재산 청구권 문제는 1965년 한일 청구권 협정에 의해 완전히 최종적으로 해결됐다는 게 일관된 일본 정부의 입장"이라며 기존의 의견을 되풀이하는 것으로 이를 서둘러 마무리 지으려고 하였다.

위에서 언급한 두 번의 한일 합의를 통해 득과 실을 따져 보기 전에 공교롭게도 두 번의 합의 모두 박정희와 박근혜 대통령 때에 이뤄진 일이라는 것에 개운치 않은 감정을 지울 수가 없다. 정책을 추진해야 하는 책임 있는 대통령직에 있는 분이라 합의문 뒤에 여러 가지 밝힐 수 없는 사정이 있겠지만, 그것이 유독 그 시대에만 이뤄진 것에 대해서 여러 가지 의문점이 생기는 것은 어쩔 수 없는 불합리가 그 합의에 깔려있다는 사실을 부인하지 못하기 때문일 것이다. 비록 일본의 '최종적 및 불가역적' 합의라는 주장에도 불구하고, 여전히 평행선을 달리는 위안부 문제가 피해 당사자들이 아직 살아 계실 때 원만한 합의를 이뤄서 한 시대를 마무리하는 역사적인 장면이 이루어지길 기대해 본다.

한편, 절대 스스로 책임지지 않는 현재 일본의 모습을 전적으로 닮은 것 같은 천황과 더불어 제2차 세계대전 당시 일본 지도부의 무능함과 무책임함을 지적할 수밖에 없는데, 한때 일본 군부를 상징하는 인물이었고 일본군 육군 참모총장까지 지냈던 도조 히데키에 대한 언급을 빼놓을 수 없다. 도조 히데키가 개전이 시작되기 전인 1941년 1월에 자신의 이름으로 시달한 '전진훈(戰陣訓)'에서 천황군은 포로가 되어 치욕을 당하지 말라고 누누이 강조하고 있었다. 하지만 정작 자신은 자기가 내뱉은 말이 무색하게 전쟁이 끝난 후 결국 스스로의 가르침을 배반하고, 전범 재판소에서 포로의 신분으로서 모든 치욕을 다 감당하고는 재판 끝에 처형당한다. 물론 어설픈 자살을 시도했지만, 그의 명성과 어울리지 않게 자살 기도는 허술하기 짝이 없었다. 물론, 전범들 중 패전의 책임을 지고 종전을 즈음해서 죽음을 선택한 자들이 없는 것은 아니었다. 하지만 수많은 부하를 사지로 몰아넣고는 최후의 상황에도 포로로 잡히는 불명예를 당하지 말라고 신신당부하였고, 전쟁 말기에는 수많은 일본 젊은이를 인류 역사상 전무후무한 가미카제라는 특공부대로 보내, 전쟁 소모품으로 사용하였던 일본 육군을 상징하는 인물이 바로 도조가 아니었던가. 옥쇄를 유독 강조했던 인물이 어설픈 자살 시도에 실패하고는 살아서 전범이라는 포로로 잡혀 끝내 처형을 당하는 모습은 왠지 보는 이들을 불편하고 부끄럽게 만든다. 살아서나 죽어서도 거듭되는 치욕을 당하는, 한때 세계를 집어삼킬 것 같은 기세를 보여 주었던 일본 육군을 상징하는 한 인물을 통해, 일본 군부의 앞뒤가 안 맞고 때론 우스꽝스러우며 한없이 무책임한 민낯을 마주한다는 것은 참으로 볼썽사나운 일이라고 아니할 수 없다.

또한 연합국 최고사령부에서는 책임 있는 일본 정부를 세우려는 방안으로 헌법을 만들게 되는데, 1946년 2월에 이른바 '맥아더 안'을 제시하였다. 일본 정부는 이를 기초로 다시 작성하여 1946년 11월 3일에 '일본국 헌법'을 공포하였다. 이 헌법은 특이하게도 1947년 5월 3일 시행 이후로 70년이 훨씬 지난 지금까지도 한 번도 개정한 적이 없었다고 한다. 이 '일본국 헌법'은 국민 주권을 원칙으로 천황, 국회, 내각, 사법, 재정, 지방자치 보장 등 국가 조직과 기본적 질서를 규정한 전문과 11장 103개조로 구성되어 있으며, '전쟁 포기, 전력 불 보유, 교전권 부인'을 제9조에 명시하고 있어서 일명 '평화 헌법'이라는 별칭을 가지고 있다. 즉, 제9조 제1항에 "국권의 발동으로써의 전쟁과 무력에 의한 위협 또는 무력의 행사는 국제 분쟁을 해결하는 수단으로써는 영구히 포기한다."라고 명기하였으며, 제2항에는 "전항의 목적을 달성하기 위해 육·해·공군 그 밖의 전력은 불 보유, 국가의 교전권은 불인정한다."라고 분명하게 명기하고 있다. 이를 근거로 어디까지나 일본 영토와 근해의 방위만을 위해 존재한다는 일본의 자위대는 24만 8,000여 명(2014년 기준) 정도의 규모이며, 전쟁 행위가 금지되어 있으나 최근에는 국제적 평화 유지 임무를 수행하고 있는 형편이다. 규모 면에서는 우리나라의 3분의 1 수준이지만, 국방비에 관해서는 항상 우리나라를 앞서고 있다는 것은 한편으로 일본이 언제든 '평화 헌법'의 법 조항만 교묘하게 빠져나갈 수 있다면 얼마든지 국제적인 도발을 일으킬 수 있는 여지를 보여 준다고 할 수 있다.

그런 분위기를 반영하듯, 2000년대 이후 일본은 오랫동안 묵혀두었던 '평화 헌법'을 어떤 식으로든 개정하려는 움직임을 보이고 있는데, 일본의 입장에서는 국제 정세의 변화와 국력 신장에 걸맞은 일본의 국제적 책임과 역할 중대 차원에서 개헌이 필요하다는 일본 국민의 인식이 점차 확산되고 있음을 강조하며, 줄곧 개헌 반대를 주장해온 사민당과 공산당이 군소 정당으로 전락함에 따라 개헌을 위한 분위기가 조금씩 성숙되는 상황이다. 특히, 2018년 아베 정권에 의해 '평화 헌법' 개정안 발의가 추진되고 있는 데에 대해서 재무장을 우려하는 시선이 존재하고 있으며, 중국의 팽창에 대비하여 이를 견제할 수 있는 일본의 성장을 바라는 미국의 입장이 병존하면서 북한의 핵 개발과 더불어 동아시아의 질서는 한바탕 소용돌이 속으로 들어가는 상황이다. 일본 또한 이번 기회를 발판으로 헌법을 개정해 군대를 갖고 전쟁을 할 수 있는 나라로 바꾸려는 여러 가지 시도를 노골적으로 드러내는 모습이다. 오히려 아베 정권은 북한의 핵을 빌미로 일본의 국익이 상당하게 침해받고 있다고 지나치게 강조하면서, 재무장의 정당성을 강조하는 상당히 억지스러운 입장을 보이기도 하였다.

이처럼 일본은 북한의 핵과 중국의 위협을 빌미로 미국의 동의 아래 자국 군대를 재무장하기 위한 필요성을 언급하며 일본 국민과 언론을 통해 개헌의 시기를 앞당기려고 압박하는 실정이다. 때론 동아시아의 위기를 자신의 정치적 목적으로 이용하려는 것이 다분해 보이는 일본의 의도는 너무 노골적이어서 억지스러운 면도 있는 것이 사실이지만, 이것을 주시하고 있을 미국의 행정부가 어떤 판단을 내릴 것인지와 향후 시대의 흐름이 어떤 변화를 주목할 것인지, 우리로서는 어느 때보다 변화무쌍한 동아시아의 정세를 더욱더 세밀하게 관찰할 필요가 있다고 생각된다.

이와 같이 미완성으로 끝난 일본의 전후처리 과정은 동아시아에 암울한 그림자를 드리웠고, 일제가 지나간 자리마다 내전 등의 또 다른 전쟁의 불씨는 어김없이 되살아나고 있었다. 이를 증명하듯 일제가 관여했던 우리나라와 중국을 비롯해 베트남 등은 제2차 세계대전이 끝나기가 무섭게, 전운으로 새로운 시대를 무겁게 시작하고야 말았다. 오랫동안 전쟁에 시달렸던 유럽은 새로운 평화의 시대를 맞이하는 희망으로 가득 찼지만 유독 동아시아에 분쟁이 집중됐던 이유는, 일제의 식민지 정책이 자립을 염두에 두지 않고 오직 대립과 착취만을 일삼은 후유증으로 인해, 식민지 사슬을 이제 막 벗어난 국가들 모두 독자적인 정치세력들이 스스로 자리를 잡지 못하면서, 시대의 후폭풍은 정작 전범국 일본을 빗겨나간 채 동아시아를 온통 휘감기 시작했다. 어쩌면 한반도의 오랜 정치 공백 상태에서 맞이한 광복과 분단은 일본이 그 빌미를 모두 제공한 비극적인 수순의 결말이라고 해도 과언이 아닐 것이다.

다. 드골 정부의 비시 정부 처리와 이승만 정권의 반민특위 그리고 빨갱이

　제1차 세계대전의 영웅인 페탱이 수반으로 있던 프랑스 비시 정부는 나치 정권의 괴뢰 정권에 불과해 제2차 세계대전이 연합국의 승리로 마무리되자, 드골의 프랑스 과도 정부는 과거 청산을 목적으로 비시 정부 처리에 들어가게 된다. 그중에서 레지스탕스 탄압을 목적으로 '프랑스 민병대'를 창설하고 나치 독일의 악명 높은 협력자를 자처한 피에르 라발은 전후 공공의 적이 되어 예상대로 사형을 선고받고 총살되었고, 그와 함께 비시 정부의 핵심 지도자인 국가수반 페탱은 라발이 처형된 지 6년 후인 1951년 7월 23일, 대서양 되섬의 요새 감옥 독방에서 죽게 된다. 4년여에 걸친 비시 정부의 통치 기간에 이루어졌던 부역에 대한 단죄는 12만 명 이상이 재판에 회부되고 3만 8,000명이 유·무기 징역 및 금고형을 받게 된다. 이는 과거사 청산에 앞서 프랑스 국민의 자존심을 회복하고 향후 바른 역사를 써내려고 했던 빠르고 단호한 조치였다고 보인다.

　전쟁 후 나치 협력자에 대한 재판은 프랑스뿐만 아니라 독일이 점령하고 있던 모든 유럽에서 흔히 있는 일이었다. 심지어 노르웨이에서는 프랑스보다 6배나 많은 나치 협력자들이 숙청되기도 했다. 이처럼 종전 후 서유럽에서 발 빠르게 진행된 나치 협력자에 대한 재판은 국가의 정통성을 훼손하지 않고 민족적 자긍심을 회복할 수 있는 범위 내에서 상처를 치유하듯 마무리되고 있었다. 이렇게 전 유럽에서 신속하게 재판이 진행될 수 있었던 이유는 비교적 4년이라는 짧은 점령 기간 동안 일어난 일이라, 정치 지도자가 국민들의 여론에 따라 마음만 먹으면 되는 일이기 때문이었다. 중국 또한 일제 패망 직후 일본에 협조했던 세력들에 대한 재판으로 당시 국민당 점령 지역에서만 2만 5,000명이 넘는 한간(漢奸, 일제에 협력한 중국인)들을 처리했던 것에서 보듯, 점령국에 빌붙어 민족을 탄압했던 세력들에 대한 준엄한 사법적 판단이 무엇보다 시급한 문제였음은 자명한 사실이었다.

　그렇다면 우리나라는 일제 협력자들, 즉 친일파들에 대한 재판을 어떻게 했을까? 사실 우리나라는 유럽과는 다른 상황이었다. 유럽 대부분의 나라가 4년 남짓한 기간 동안 나치의 지배를 받았던 것에 비해 우리나라는 36년이라는 긴 세월 동안 식민지 통치를 받았다. 한 세대를 넘어 그 아들과 손자까지 식민 지배의 역사는 너무 광범위하고 때론 실생활에 밀접한 부분까지도 포함하고 있어, 우리 민족 전체에 전방위적인 영향을 주었다고 하는 것이 맞는 표현일 것이다. 이처럼 긴 세월만큼이나 한 가족의 범위를 넘어서 친인척을 포함한 전 가문이 행한 친일 행적에 대해서, 친일 자본 축적과 협력 행위 등과 관련된 모든 것을 파헤치고 뒤집는다는 것은 애초부터 난관에 부딪힐 수밖에 없는 그야말로 거대한 사업이었다. 사실 너무 오랜 세월 동안 식민 지배를 받다 보니 친일파의 행적과 일반 백성들의 일상적인 삶을 구분할 수조차 없었던 것이 사실이었다. 이처럼 오랜 기간에 걸친 일제 강점기는 우리들의 자주적인 정신들을 근본부터 훼손하였고 자유와 민족에 대한 의식조차 차단해 온 터라, 오랜 식민 지배 역사는 일제 강점기에도 남아있었던 우리들의 자부심마저 지워버리기에 충분하였다.

이처럼 세계사에서도 그 유례를 찾아보기 힘들 정도의 긴 식민지 수난사는 우리 민족만이 겪은 서글픈 역사로 백성들 개개인의 생활 속까지 깊게 관여하기 마련이어서, 조국이 제구실을 못 해 일어난 모든 일이 마치 개인의 책임인 양 오도되는 일이 다분하였다. 친일이라는 것이 그렇다면 개인의 탓인가, 조국의 무능력 탓인가, 아니면 일본의 일방적인 식민 통치에 희생된 백성들의 어쩔 수 없는 자구책이었는지. 이처럼 모든 것이 혼재되고 모호해서 그것을 일일이 판단하는 것은 큰 어려움으로 시작될 수밖에 없었다. 흔히 친일파라고 하면 논리적인 대처보다는 감정이 앞서게 되는 우리나라의 현실에서, 우리의 친일 청산 의지는 친일이라고 하면 불편한 감정을 감추지 못하는 개인적인 사견과 일본 관련 기록들을 극도로 경계해야 하는 숙제만 남게 되었다.

일제 강점기 시절을 떠올려 보면 생계를 짊어진 가장이 찾을 수 있는 일거리는 죄다 친일과 관련된 일들이 많아, 때론 자발적으로 또는 강제로 일제에 이끌려 친일 사업의 길로 들어서기도 했을 것이다. 그리고 광복을 되찾을 즈음에 시작된 친일파 청산 문제는 우리 민족이 그 무엇보다 먼저 해결해야 할 숙원 사업이기도 했지만, 오랜 식민 통치로 지도 체제가 붕괴되어 제대로 된 정부조차 구성하지 못한 우리의 현실에서 처음부터 벅찬 일이었음은 분명한 사실이었다. 더구나 친일 경력을 가진 인사들의 조직적인 은폐와 방해에 모든 일이 제대로 진행되기도 어려운 실정이었다. 더 나아가 애초부터 우리 역사의 부끄러운 흔적인 친일파 모두를 낱낱이 찾아내어 단죄한다는 것은 그 긴 세월만큼이나 난망한 일이라는 것이, 그 당시 우리 국민이 가진 일반적인 생각이었다.

　그렇다면 우리나라는 이런 어려운 상황에서 어떻게 과거사를 처리했을까? 우리 나라는 약칭 '반민특위'라는 명목으로 대한민국 정부가 수립되기 이전부터 친일 경찰, 친일 관료, 친일 정치인들을 처벌하고자 하였으나, 오히려 이들의 오랜 행정 경험과 장악력을 높이 산 미 군정에 의해 반민특위의 모든 특별법은 인준이 거부 되며 처음부터 난관에 부딪힐 수밖에 없었다. 물론 이런 상황조차도 어느 정도 짐작할 수 있었던 것이지만, 애초부터 미 군정은 한반도의 빠른 정치적인 안정만 을 도모할 뿐 친일파에 대한 단죄에는 전혀 관심이 없었다고 할 수 있었다. 미 군 정 당시 경찰 간부 중 일제 경찰 출신 비율이 80%를 넘겼던 것이 이를 증명하고 도 남는다. 이런 이유로 친일이라는 반민족 행위를 일삼던 무리를, 광복을 맞이하 여 확실하게 처리하고자 했던 김구의 주장은 미 군정의 생각과는 전혀 맞지 않는 것이었다. 그 반면에 친일파 척결을 통해 발생할 수 있는 혼란보다는 정권 과도기 의 안정을 추구하고자 했던 이승만의 생각은, 미 군정이 추구하는 정책과도 크게 다르지 않은 것으로 별다른 거부감이 없어 미 군정으로부터 지지를 얻을 수 있었 다. 그래서 미 군정과 이승만 세력에 의해 발탁된 일본 경찰 출신 인사들은 자신 에게 마지막 기회를 준 미 군정과 이승만에 보답하기 위해서라도, 그동안 쌓은 경 험에 열정을 섞어가며 충성을 다하게 된다. 이번 기회에 그들이 친일이라는 멍에 를 벗어날 수 있는 길은, 자신을 비호해 준 정권을 이롭게 해 오래도록 권력을 장 악하게 하는 것만이 유일하기에, 스스로 정권의 앞잡이가 되어 시키는 일뿐만 아 니라 정권 유지에 도움만 된다면 없던 일도 만들어 낼 정도의 충견이 되는 것도 마다하지 않았던 것이다. 정부가 원하는 일이라면 다소 억지와 조작이 필요하더 라도 그것은 문제 되지 않았다. 일본에게 이미 충성을 맹세한 이들의 역할은 충성 의 대상만 바뀌었을 뿐, 미 군정의 입맛에 맞는 역할을 충실해 해내는 것은 그리 어려운 일이 아니었다.

　그래서 처음부터 미 군정에 의해 막힌 모든 친일파 청산의 과제는 대한민국 정 부 수립 이후로 자연스럽게 넘어갈 수밖에 없었다. 하지만 행정과 재정, 정치 등 전 분야에 걸쳐 기반이 취약한 식민지 국가를 기반으로 했던 남한 정권은, 해방 후 친일파 숙청에 따른 혼란과 긴장보다는 미 군정의 행정 권력을 빠르게 인수하는 방식을 선호했다. 이런 생각은 미 군정과 별반 다르지 않은 이승만 정권의 정책으로 자연스럽게 이어졌고, 기존의 관료가 친일파이든 아니든 능력과 경험만 충족된다면 우선적으로 기용되어, 이승만 정권의 정부를 구성하고 조직해 나가는 데 큰 역할을 맡길 수 있었다. 비록 이승만 정권 초기에는 구색을 갖추는 것처럼 이시영, 이범석 등 독립운동가 출신들 여럿이 정부에서 활동할 수 있었지만, 정권 말기에 가까워질수록 일제 시대 군수, 판사, 군 출신들이 대거 등용되면서, 어느 때부턴가 요직의 대부분을 수완이 좋고 정권의 비위를 잘 맞추는 친일파 출신들이 차지하기 시작하였다. 이렇게 정부가 요구하는 능력과 경험을 두루 갖춘 자들 중 유독 친일파들이 많았던 것은, 식민지 시절의 친일은 자연스럽게 다른 이들보다 다양한 경험과 능력을 펼칠 기회를 더 가질 수 있었던 것을 의미하기 때문이다. 아무리 능력을 갖추었더라도 일제에 고분고분하지 않고 완고한 성품을 가진 이들에게 일제는 어떤 기회조차 주지 않았을 것이고, 그 반면에 조국의 미래를 헌신짝처럼 버릴 줄 알았던 합리주의적인 생각들을 갖고 있었던 이들은 시대에 편승해서 그들의 미천한 능력 위에 소중한 경험을 쌓아 나갈 수 있었다. 친일 행적이 겨우 일제의 기호에 맞추려는 잔꾀에 그쳤다거나 비록 자신이 하는 일이 조국을 배반하는 것일지라도, 우선 살아남는 것을 우선적으로 생각했던 그들에게는 하등 문제 될 것이 없었을 것이다. 일제 강점기에 일제를 통해 공직에 진출하지 않고서는 공직을 경험할 수 없었다는 것은, 시대가 우리에게 내려준 징벌이었고 아픔이었으며, 우리 근현대사에서 친일 역사 청산이라는 과제를 쉽게 극복할 수 없는 어려운 장면이 되었다.

하지만 친일 과거사 청산은 해방이 된 시점에서 한 번은 꼭 치러야 할 홍역 같은 것이었다. 이에 1948년 8월 헌법 제101조에 의거하여 국회에 반민족행위처벌법 기초특별위원회가 구성되고, 이어 9월경에 특별위원회는 반민족행위처벌법(반민법)을 통과시키게 된다. 이 법은 국권피탈에 적극적으로 협력한 자는 사형 또는 무기징역, 일제로부터 작위를 받거나 제국 의회 의원이 된 자, 독립운동가 및 그 가족을 살상·박해한 자는 최고 무기징역 최하 5년 이상의 징역, 직간접적으로 일제에 협력한 자는 10년 이하의 징역이나 재산 몰수에 처하도록 하였다. 1948년 9월 22

일 법률 제3호로 반민법이 공포되자 국회는 곧 반민특위 구성에 나서 10월 12일 그 구성을 완료하기에 이르고, 이어 11월 25일 국회 제113차 본회의에서는 반민특위 활동을 지원하기 위하여 '반민족행위특별조사기관 조직법안', '반민족행위특별재판부 부속기관 조직법안', '반민법 중 개정법률안'을 모두 통과시켰다. 이를 바탕으로 국회에서는 특별재판부 재판관과 검사관 및 반민특위 도(道) 조사부 책임자를 선출함으로써 민족 반역자 및 부일 협력자에 대한 처단 기구를 완성하였다.

한편, 친일 행각을 벌였던 경찰 간부들은 그냥 앉아서 당할 수만 없었으므로 반민특위를 주도하는 관계자들을 암살하기 위한 계획을 조심스럽게 진행해 나갔는데, 다행히 사전에 발각되어 모의자들은 구속·기소되었다. 그리고 1949년 1월 5일이 되자, 반민특위는 중앙청에 사무실을 차리고 본격적인 활동에 들어갔다. 그러나 평소 반민특위를 탐탁지 않게 생각했던 이승만은 1949년 1월 10일경에 "우리가 건국 초창(初創)에 앉아서 앞으로 세울 사업에 더욱 노력하여야 할 것이요, 지난날에 구애되어 앞날에 장애 되는 것보다 과거의 결절(缺節)을 청산함으로써 국민의 정신을 쇄신하고…"라며 대국민 담화를 발표하고 반민특위를 직접 견제하기 시작했다. 그 요지는 반민특위가 삼권분립의 원칙에 위반되며 안보 상황이 위급한 때 경찰을 동요시켜서는 안 된다는 이유였다. 이에 대하여 대법원장(반민특위특별재판부장) 김병로는 반민특위활동이 불법이 아니라는 담화를 발표하고 정부의 협조를 촉구하였다. 그러나 이승만은 계속 비협조로 일관하더니 급기야 2월 24일 반민법을 유명무실하게 만드는 반민법 법률 개정안을 제2회 39차 본회의에 상정하였다. 하지만 결과는 부결되었으며 특위의 활동은 계속될 수 있었다.

그 기간 동안 특위의 활동 성과는 총 취급 건수 682건 중 기소 221건, 재판부의 판결 건수 40건으로 체형(징역, 태형, 사형 따위와 같이 직접 사람의 몸에 형벌을 가하는 것)은 고작 14명에 그쳤다. 실제 사형 집행은 1명도 없었으며, 체형을 받은 사람들도 곧바로 풀려났다. 그러던 중 반민특위는 국회 프락치 사건과 6·6 경찰의 특위 습격 사건을 겪으면서 와해되기 시작하였다. 이때 그동안 독립투사들을 잡아들여 온갖 고문을 일삼았던 것으로 악명 높았던 일본 경찰 출신 노덕술 등이 풀려나게 되는데, 국회 프락치 사건이 친일파 척결의 주도 세력이었던 소장파 의원들을 간첩 혐의로 체포함으로써 반민특위를 위축시켰다면, 특위 산하 특경대에 대한 경찰의 습격으로 반민특위의 폐기 법안을 통과시키게 함으로써 민족 반역자에 대한 처벌을 불가능하게 하였다. 그 당시 반민특위를 방해하는 것으로도 모자라 노덕술을 반공 투사라고 치켜세우며, 해방 후 어지러운 시국을 틈타 친일파들이 득세하게 하는데 이승만이 도움을 주었다는 것은 부인할 수 없는 사실이었다. 노덕술이 이승만 정권의 비호 아래 훈장을 세 차례에 걸쳐 받았던 기록이 이를 증명한다고 하겠다. 노덕술과 같은 친일 경찰들 또한 죽음의 문턱까지 갔다가 우여곡절 끝에 풀려나면서 앞으로 자신이 충성을 다해야 할 대상이 누구이고 누가 적인지를 확실하게 구분할 수 있게 되었는데, 이번 기회를 빌미로 친일파 출신 관료들은 빨갱이라는 말로 그동안 자신들을 옥죄여왔던 세력들을 겁박할 수 있다는 것을 알게 되면서 조금씩 남한에서 살아남는 법을 터득하기 시작하였다. 그 방법은 의외로 쉬웠는데 소위 말하는 '빨갱이 사냥'으로 정권을 비호한다는 명분 아래 그동안 자신들을 배척했던 세력을 공권력을 앞세워 잡아들일 수 있게 되면서, 자연스럽게 자신들의 경력을 감추고 신분을 유지할 기회를 얻을 수 있었다. 이제 맘껏 빨갱이를 외칠 수 있는 자는 다른 사람들을 정죄할 수 있는 막강한 권한을 가진 것을 의미했다. 그 반면에 영문도 모른 채 빨갱이라고 언제든 손가락질을 당할 수 있는 자들은, 어쩔 수 없이 권력자들에 연줄을 대거나 그것도 아니면 자신의 과거 독립운동 경험까지 감추며 한껏 움츠러들 수밖에 없었다. 그야말로 '빨갱이 사냥'의 전권을 가진 자들의 전무후무한 전성기가 시작되고 있었다. 그들이 오직 관심 있었던 것은 광복된 조국의 새로운 미래가 아닌 정권 유지에 비협조적이거나 비판적인 세력들에 대한 숙청에 있었다. 그야말로 친일부역세력들이 주제넘게 살생부를 쥐고 흔들던 광복 후 대한민국의 운명이 어쩌면 그때 멈추지 않고 지금까지도 지속되었다는 것은 어쩌면 기적 같은 일이라고 아니할 수 없다.

8·15 광복 직후 우리나라는 유럽의 나치 청산의 역사를 보더라도 산적한 과업들 중에서도 무엇보다도 신속하게 친일 세력을 척결함으로써 민족정기를 회복하는 일이 급선무였다. 하지만 미 군정은 남한에 반공 국가를 수립한다는 명분으로 공산 세력에 대항할 세력으로 친일파를 주목하였다. 따라서 친일파의 청산은 우리에게는 우리의 자존심을 회복할 소중한 기회였지만, 일제라는 공공의 적이 사라지고 꽤 위협적인 공산 세력과 맞서야 하는 현실에서는 미국의 국익과는 정면

으로 배치되는 일이었다. 미국에게 친일 문제는 과거일 뿐 어디까지나 지금은 반공이 가장 시급한 선결 과제였기 때문이었다. 그런 이유로 미 군정 입장에서는 지금 당장 반공정신만 투철하다면 그간의 처신이 어떠하든 문제 될 것이 하나도 없었다. 일제가 패망한 만큼 이제 미국과 남한 정권을 위협할 수 있는 것은 친일파가 아니었던 것은 분명하기 때문이다. 제2차 세계대전 후 다른 유럽의 나라들이 친나치 세력들을 단죄하면서 새로운 나라의 이념과 정신을 세워나갈 수 있는 소중한 시간을 보내고 있을 때, 우리나라에서는 다시 시간을 역행하는 괴상한 논리 앞에 우리의 자부심은 다시 한번 무장 해제될 수밖에 없었다. 참으로 안타까운 시기에, 미 군정과 그들을 비호하는 세력들에 의해 난도질당하고 결박당한 시간들이 속절없이 흘러가고 있었다. 이러한 논리로 미 군정은 일제 강점기의 통치 구조를 그대로 부활시키면서, 엄연히 점령군으로 과거사 정리보다는 치안과 내치에 집중하는 것처럼 보였다. 그리고 이어 등장한 이승만 정권 역시 국내에 자신을 지지해 줄 정치 기반이 미미한 형편으로 미 군정의 통치 방식을 그대로 이어받았고, 기사회생하여 대거 다시 일자리를 얻은 친일파들은 기대에 부응하며 이승만의 정권 장악과 유지에 핵심적 역할을 거뜬하게 해 주었다.

이승만 정권 초기에 친일파 청산에 대해 별 의지가 없었던 이승만에 의해 반민특위는 좀처럼 얻은 기회를 이어가지 못했고, 더 나아가 친일파들의 조력을 무시할 수 없었던 이승만 또한 의도적으로 반민특위의 활동을 방해하고 무력화하는데 힘을 보태게 된다. 한마디로 이승만 정권이 건재하는 한 오랜 일제 식민지 기간을 수습하고 질긴 생명력을 가진 친일파 관련 인물들을 도려내고, 독립운동 출신들이 주체가 되는 정통성 있는 국가를 만드는 일은 어느새 불가능에 가까운 현실이 되어 있었다.

이처럼 정부의 의도적인 방해를 뚫고 반민특위를 통해 우리의 민족적 자긍심을 찾아보려는 순수한 노력들은 다음과 같은 비판들로부터 위축될 수밖에 없었는데, 실제로 이런 비판으로부터 자유로울 수 없었던 반민특위는 상당 부분 영향을 받아 의욕적이어야 할 특위 활동을 진행하지 못하고 점차 움츠러들게 되었다. 먼저, '전 민족 공범론'은 일제 강점기 시절 고등 교육 이상의 혜택을 받은 자들과 일정한 재산을 소유하고 있는 자들은 모두 친일파라는 논리로서, 언뜻 보면 친일하고는 하등 상관이 없는 자들이라도 생업에 종사했다는 것은, 어떻게든 일제의 식민지 과업에 도움을 줄 수밖에 없었다는 논리이다. 그리고 '친일 불가피론'은 조국이 아무것도 해주지 않는 바에야 친일밖에는 먹고살 방법이 없다는 일명 '생계형 친일'과 '시기상조론'은 친일 청산은 그것이 가져올 긍정적인 효과보다는 사회 혼란만 더 불러온다는 논리이다. 마지막으로 친일 청산 주장 세력은 남한의 혼란을 조장하려는 북한의 사주를 받아 공산당 세상을 꿈꾸는 빨갱이라는 논리 등이 바로 그것이다.

위의 주장을 요약하면, 감옥에 수감될 정도의 항일 독립투사가 아니라면 일제식 교육을 받은 식자들 중 친일 혐의에서 자유로울 수 있는 사람은 거의 없다는 막연한 생각들이었다. 그러니 이 사람, 저 사람 피해가다 보면 정부 요직과 그 아래 책임 있는 자리를 믿고 맡길 사람이 턱없이 부족하다는 현실은 초기 대한민국 정부 구성의 어려움으로 다가왔을 것이고, 그걸 무시할 수 없었던 이승만은 시간이 많이 요구되고 수많은 논란을 불러올 수 있는 고된 검증 과정을 생략했다고, 자신이 무조건적으로 비난만 받는 것은 잘못되었다는 논리이다. 그걸 어느 정도 인정한다면 이승만의 정책을 우선적으로 비난할 것이 아니라, 어쩔 수 없는 시대의 선택으로 이해해달라는 것이다. 물론, 여기에 는 친일을 단죄하기에 앞서 능력만을 보고자 했던 이승만의 자기 합리화에, 민족과 시대의 아픔까지 인용한 것은 대단한 비약이라는 생각이 들지만, 한편으로는 공감하지 못하는 측면이 아예 없는 것은 아니다.

아무튼, 오랜 외지 생활로 국내 세력이 부족했던 이승만은 자신을 끝까지 지지해 주는 친일파 출신들의 충성심에 고무된 나머지, 그들의 신변을 끝까지 보호해 주겠다는 변함없는 신뢰를 보여 주게 된다. 그야말로 전무후무한 이승만과 친일파 사이의 밀월 관계가 시작된 것이다. 여기에서 대한민국 건국 초기 정부 수립의 어려운 점을 감안하더라도 안타까운 점은, 무엇보다 권력의 획득과 존속밖에는 관심이 없었던 이승만에게 친일파 청산이라는 민족의 오랜 염원은 언제나 관심 밖의 일이었다는 사실이다. 어느 때보다 민족정기를 되찾아야 하는 중차대한 시기에 이승만의 정치적 선택이 김구를 비롯한 민족주의자들의 선택과 평행선을 그었다는 것은, 더구나 이승만이 김구에 앞서 정권을 먼저 잡았고 한동안 그 권력을 놓치지 않았다는 것은 우리 정치사에 큰 불행이자 불운이라고 할 수 있다.

이렇듯 이승만 정권의 친일 비호는 국민들의 반발감과는 별개로 유별났지만, 그보다 앞서 친일파들에게 날개를 달아주었던 더욱 강력한 세력은 바로 미 군정이었다. 앞에서 언급했듯이 미 군정에게 친일파 경력 등은 아무런 문제가 되지 않았다. 오히려 풍부한 경험과 충성스러운 그들의 정신력은 미 군정으로부터 높은 평가를 받고 있었다. 오랜 실무 경험이 있는 친일파를 등용하는 것은 수월성 면에서도 미 군정에게는 큰 이득을 가져다주었다. 더구나 이제 막 냉전을 치러야 하는 동아시아의 복잡한 정치적 상황에서, 일본과 남한의 존재는 공조를 통해 소련의 공산주의를 막아줄 든든한 방파제 같은 역할을 담당해야 할 만큼 그 중요성이 더욱 부각되는 형편이었다. 그런 분위 속에서 어느새 친일파 세력은 시대의 요구에 부응하듯 친일에서 반공 세력으로 거듭나 일명 빨갱이들을 잡는 데 일등 공신이 되어 주었고, 미 군정 또한 그들을 등용하는 데 추호도 주저함이 없어 보였다. 이어 미 군정의 전폭적인 지원으로 수립된 이승만 정권도 남한에서 친일 세력이 득세하게 되는 데 크게 일조 하게 된다.

특히, 안두희에 의한 김구 암살은 민족주의 계열의 반민특위를 와해시키는 결정적인 역할을 하였으며, 이어 남북에 산재해 있던 공산 세력과의 정면 승부에 몰입한 이승만 정권은 반공정신만 투철하다면 친일 행적은 그리 문제 삼지 않는 반역사적인 정치적 행보를 당당하게 이어갈 수 있었다. 이승만에게는 자신의 정권을 위협할 정도로 커진 공산 세력 앞에서 자칫 공멸을 부를 수 있는 친일 청산을 서두른다는 것은, 어쩌면 한정된 정부의 역량을 다분히 역사적인 평가 외에는 얻을 것이 없는 것에 쏟아붓는 무모한 짓일 것이고, 더 나아가 스스로의 수족을 자르는 것 같은 부질없는 짓으로 그로 인해 오히려 자신의 약점을 드러내며 공산 세력에게 정부 전복 기도의 기회를 줄 수도 있는 것이었다. 그런 면에서, 이승만의 첫째도, 둘째도 반공에 몰입해야 한다는 신념은 확고부동하게 정부의 기본 방침으로 결정될 수 있었다.

해방 후 남북한 어느 곳에서도 자신의 친일 과거 행적으로 더 이상 자신이 가진 경력을 이어갈 수 없을 거라고 생각했던 친일파 인사들은, 이승만 정권 아래에서는 물 만난 물고기처럼 오히려 반민특위를 비롯한 그동안 친일파를 청산하려던 개인이나 단체를 조직적으로 모함하여, 그들을 기어이 정부 전복을 주도하는 공산주의자로 몰며 제거할 수 있었다. 이승만 또한 남한 정부를 위협할 수 있는 외부의 강력한 적인 공산주의자들과 싸우기 위해서는, 우선 국내의 잠재적인 정적들을 물리치는데 권력을 동원하는 것은 어려운 일도 아니었을 것이고, 때론 자신의 의도대로 되지 않으면 정치 조작에 손을 대는 것에도 눈감아 주는 것이 관례처럼 되어버렸다. 어느새 반민특위를 주도했던 모든 세력은 친일 세력에게는 위협적인 반체제 단체가 되었고, 이후에도 언제든지 자신을 해할 수 있는 반대 세력이었기 때문에, 그들은 반민특위 위원들을 지구 끝까지라도 쫓아가 어떤 죄명이라도 씌워 우선적으로 숙청하기 위해 혈안이 되어 있었다. 이처럼 그들이 눈에 보이는 정치적인 보복과 조작을 계속할 수 있었던 것은 이승만 정권이 그들을 비호하기 있기 때문이라는 것은 숨길 수 없는 진실이었고, 마찬가지로 정적이라면 그 싹부터 제거하고 나서는 그들의 맹목적인 충성 덕분에 이승만의 권력은 향후 몇 년 동안 큰 위협 없이 남한에서 정권을 그대로 이어갈 수 있었다. 다만, 정치적인 혼란이 가중되는 상황과 공산당과의 정면 대결이 눈앞에 다가온 현실에서는, 민족의 정통성 확보라는 반민특위의 활동보다는 반공이 최우선 과제가 되어야 했음은 부인할 수 없는 사실이라고 할 수 있다.

지금까지 거론한 여러 가지 이유로 인해 친일파 청산에 대한 국민적 지지에도 불구하고 반민특위의 활동은 실패로 결론 나게 된다. 그리고 미 군정과 이승만 정권에 의해 정권을 다시 잡은 친일 세력들은 일제 강점기 때도 그러했듯이, 가장 강한 세력에 빌붙어서 얻은 권한으로 약한 자들 위에 군림하는 자신의 장기를 맘껏 발휘하게 된다. 반공주의 사상 뒤에 숨은 자신의 떳떳하지 못한 친일 과거를 희석시키고, 일제 치하에서 같은 민족을 억압하면서 배운 못된 버릇들을 장점으로 둔갑시키며 친일에서 옷만 갈아입으며 친미와 반공 세력으로 거듭날 수 있었다. 눈치 빠른 현실 정치 감각으로 다져진 기회주의적인 사고로 일제가 망하고 미국에 의한 세상이 도래할 것이라는 시대의 흐름을 잘 읽고는, 남한 사회에 반공사상이 빠르게 뿌리내릴 수 있도록, 젖먹이부터 시작하여 남녀노소를 불문하고 모든 국민에게 반공사상을 각인시키기 위해 광분하게 된다. 이제 정부가 조장하고 만들어낸 상황에 의해 친일파보다 더 나쁜 것이 공산주의자라는 논리로, 순진한 국민들을 겁박하고 교화하는 데 성공하게 되면서, 반민특위를 비롯해서 정부와 끊임없이 불협화음을 일으키는 모든 개인이나 단체는 빨간딱지를 붙이고, 이유 불문하고 우선적으로 타도해야 할 빨갱이 혐의를 뒤집어씌우게 된다. 불과 몇전 전만 해도 자본주의니 공산주의니 하는 것은 우리하고는 하등 관계없을 것 같은 것이었으나, 어느새 해방 후 더없이 혼란한 한반도에 이런 이념들이 정착하게되면서 온 세계가 조심스럽게 평화의 싹을 틔워가는 시기에, 한반도에는 민족이라는 공동체 개념이 정착하기도 전에 분열을 조장하고 갈등을 심화시키는 이념들이 마구 뒤섞이는 혼돈의 시기가 도래하고 있었다. 이즈음 북한 김일성에 의해 대남 공작 활동이 빈번해지자, 공산당에 대한 무조건적인 혐오가 빚어낸 사건이 발생하게 된다.

이것은 바로 1948년 제주 4·3 사건이다. 이는 남로당 계열의 제주도당이 일으킨무장봉기에 연루되었다고 판단된 제주 시민들이 무고한 희생을 치른 사건으로, 당시 제압에 나선 군과 경찰에 의해 폭도로 지목된 사람들에게 제대로 된 재판도없이 전시상황에나 있을 법한 즉결 사형 등을 남발하는 등, 4·3 사건은 당시 남한에서 일어난 최대의 비극적인 사건이었다. 이 사건을 통해 당시 남한 정권이 얼마나 공산당이라면 이성을 잃고 국가의 존립을 위협하는 암적인 존재로 생각했는지를 알 수 있었다. 또한 그것을 제압하기 위한 국가 권력 남용이 얼마나 심각했는지를 알게 해 준다. 이 또한 이승만 정권이 얼마나 공산주의 세력의 대남 공작 활동에 공포에 가까운 두려움을 가졌는지를 보여 주는 상징적인 사건이 되었지만, 한편으로는 공산당원이라고 하면 타협이나 교화의 대상이 아니라 격멸의 대상으로만 인식했던 그 당시 정부 세력들의 감정적인 대처와, 이를 가능하도록 조장했던 남한 정부가 정권 유지에 대한 불안감을 극단적인 폭력 이외에는 극복하는 방법을 찾지 못했던 강박관념의 산물로 이해될 수 있다고 생각된다. 그리고 좌우익의 혼란 속에서 일어난 6·25 전쟁은 이승만의 외고집에 가까운 생각들이 절대 틀리지 않았다는 것을 증명하는 결정적인 사건이 되었다.

4·3 사건에서 보듯, 공산당 관련 혐의가 조금이라도 있다면 치를 떨고 즉결 사형도 마다하지 않았던 이승만의 비이성적인 모습은, 6·25 전쟁 당시 라디오 방송으로 서울 시민을 안심시킨 뒤, 마치 아무 일도 없었다는 듯 너무도 태연하게 다

음날 한강 철교를 폭파하면서, 서울 시민들의 피난길을 막았던 정부의 서울 귀환 후 일어난 사건에서도 볼 수 있었다. 이 사단을 일으킨 장본인인 이승만은 태연하게도 서울로 다시 돌아와서는, 정부의 방송을 철썩 같이 믿어 어쩔 수 없이 공산 치하의 서울에서 살아야 했던 서울 시민들을, 공산당 부역자로 몰아 처단하는 데 아무런 거리낌도 없어 보였다. 한때 최후의 보루라고 할 수 있는 낙동강 전선이 무너질 경우 제주도에 일종의 망명 정부를 세워야 할 정도로 심각하게 고민까지 했던 이승만 정권은, 그간의 어려운 극복과정을 통해 공산당에 대한 근본적인 증오를 바탕으로 그에 협력했던 세력들에 대해서도 그에 상응하는 정치적 보복을 단단히 벼르고 있었다. 그것을 실천하기라도 하듯이 서울 수복 후 다시는 서울을 빼앗기지 않겠노라고 다짐하며 이승만 정권은 자의적인 해석으로, 북측에 어떻게든 도움을 줄 수 있는 보도 연맹원(1949년 6월 좌익운동을 하다 전향한 사람들로 조직된 사상 단체의 구성원들)들을 학살(1950년 6~9월)하게 되는데 그 규모는 20만 명에 달하는 것으로 추정되고 있다. 이처럼 적의 점령하에서 단순히 살았다는 것만으로도 그들은 남한 정권의 검열을 피해갈 수 없는 낙인이자 과오를 저지른 사람들이 되어 있었다. 더 나아가 일부 혐의가 입증된 사람들을 제외하고 억울하게 붙들려간 시민들은 그들만의 불행으로 끝나지 않았고, 그의 가족들은 빨갱이의 가족이라는 오명을 한동안 계속 짊어질 수밖에 없는 불안한 현실을 견뎌내야 했다. 전쟁이라는 특수성을 인정하더라도 이승만 정권에 의해 피해자들에게 강요되었던 폭력들은, 전쟁 후에도 살아남은 우리 국민이 서로 반목하고 의심하게 만드는 데 영향을 주었고, 같은 맥락으로 대다수의 국민은 자신이 언제고 빨갱이의 누명을 쓸 수 있다는 것을 명심하여 끊임없이 정권의 눈치만 보게 되는 정권의 하수인으로 전락하게 만들었다.

그와 관련하여 인공 치하의 서울에 있었던 가족들이 빨갱이로 몰려 죽임을 당하는 등의 혹독한 경험을 몸소 겪어야 했던 소설가 박완서에게, 오랫동안 빨갱이는 가족들에게 큰 상처와 함께 고초를 안겨 주었던 금기어에 가까운 말이었을 것이다. 하지만 그는 빨갱이라는 말이 얼마나 사무쳤을지 모를 그 이야기를 그의 소설 『그 산이 정말 거기에 있었을까』 속에서 이렇게 한스럽게 외치고 있다.

"그래, 우리 집안은 빨갱이다. 우리 둘째 작은아버지도 빨갱이로 몰려 사형까지 당했다. 국민들을 인민군 치하에다 팽개쳐 두고 즈네들만 도망갔다 와 가지고 인민군 밥해 준 것도 죄라고 사형시키는 이딴 나라에서 나도 살고 싶지 않아. 죽어라, 죽어. 작은아버지는 인민군에게 소주를 과 먹었으니 죽어 싸지."

1950년 6월 28일, 새벽 폭음 속에서 한강 인도교(한강 대교)가 끊어졌다. "서울 시민 여러분, 안심하고 서울을 지키십시오!"라고 라디오를 통해 이승만 대통령이 서울 사수 의지를 표명한 것이 고작 대여섯 시간 전(27일 밤 10시)이었다.[23] 더구나 서울 시민들은 이승만 정부가 이미 다리 건너 남쪽으로 몸을 피했다는 것을 꿈에도 몰랐을 정도로, 정부는 철저하게 서울 시민들을 기만하고 고립시켰다. 그리고 흉흉한 소문들에 하나둘 집을 나섰던 피난민들이 한강 인도교로 한꺼번에 몰려들자, 적절한 통제도 없이 진행된 폭파 작업은 800여

23) 장영민 저, 「한국 전쟁 발발 직후 이승만 대통령의 라디오 특별방송」, 『한국근현대사연구』 67, 2013. 자료에 의하면 우리가 알고 있는 이승만의 라디오 방송인 "서울 시민 여러분, 안심하고 서울을 지키십시오. 적은 패주하고 있습니다. 정부는 여러분과 함께 서울에 머물 것입니다."라고 한 것은 조금 다르다고 언급하고 있다. 물론, 이 또한 하나의 의견일 뿐이지만 위의 사실을 진실로 인정한다고 하더라도 이승만의 라디오 연설은 이미 상당 부분 거짓을 포함하고 있고, 이에 이승만 정부에 대한 배신감에 정부에 대한 불신을 첨가하여 유포된 내용이라고 보인다. 더 나아가 남한의 민심을 이용하려는 북한의 역정보 유포와 내부 분열 공작에 해당한다고 할 수 있다. 하지만 그렇더라도 이 방송을 할 때 이미 이승만은 서울을 떠나 있었는데도 마치 서울에 있는 것처럼 거짓 방송을 몇 차례에 걸쳐 거리낌 없이 방송했고, 무엇보다 전황을 사실대로 알리지 않은 점 그리고 방송이 나오기가 무색하게 예고 없이 한강 인도교를 파괴하여 더욱 혼란을 부추겼다는 사실 등은 그의 책임에서 벗어나기 어려울 것으로 보인다. 오죽했으면 국회에조차 알리지 않고 떠난 이승만에게 6월 30일 국회는 대국민 사과 발표를 하라고 결의까지 했겠는가. 또 한편으로는 굳이 정부가 나서지 않더라도, 당시 일반 라디오 진행자들이라도 6·25 전쟁으로 인한 민심의 동요와 혼란을 우려해 일부러 우리 국군이 북한군을 잘 막아내고 있다고 거짓 방송을 할 수밖에 없었다고 보인다. 어쩌면 이 모든 것은 거침없이 밀고 내려오는 북한군 앞에 도저히 수습할 수 없었던 전쟁 초기의 혼란이 빚은 비극이라고 할 수 있다.

명이나 되는 군인과 민간인의 희생 또한 막지 못했다. 결과적으로, 예고에도 없었던 한강 인도교 폭파는 자신들이 정부의 허위방송에 속았다는 것을 알게 되는 청천벽력 같은 사건 이었다. 그리고 이승만 정부의 거짓되고 황당한 방송 때문에 인공 치하의 서울에 고립된 시민들은 하루아침에 빨갱이라는 누명까지 쓴 공산당 협력자가 되어야 했다. 다시 서울이 수복되고 서울에 고립되어 있던 사람들은 맘껏 태극기를 흔들며 국군을 환영해 주었지만, 그들을 바라보는 싸늘한 시선에 의해 그들은 이미 자신들이 죄인이라는 것을 알아차리기 시작했다. 사진은 폭파된 한강 인도교(한강 대교).[24]

나중의 일이지만, 이렇게 한강 다리를 우선적으로 파괴하여, 군사적으로는 적 의 추격로를 차단하여 한강을 기준으로 새로운 전선을 형성할 수 있는 이점이 있 었던 반면에, 아군의 퇴각로 및 피난민들의 이동 통로를 함께 차단함으로써 더욱 혼란을 가중시킬 수 있다는 데 큰 고민이 있었다. 이후의 남한 정권 어느 정부라 도 이 문제는 언제든 남쪽을 위협할 수 있는 북한이라는 적이 있는 한, 영원히 해 결할 수 없는 난제에 가까운 것이라고 할 수 있었다. 박정희 대통령 시절에도 김 신조 일당의 청와대 습격 사건(1968년)과 울진 삼척 무장공비 침투 사건(1969년) 등, 항상 도발을 일삼는 북한의 움직임에 언제라도 전쟁이 일어날 수 있는 분위기 가 형성되고 있었고, 북한의 우발적인 도발 시 일어날 수 있는 한강 인도교 폭파 사건 등과 같은 불상사를 6·25 전쟁을 통해 서울 시민들의 기억 속에 트라우마처 럼 남아있던 상황에서, 정부는 한시라도 강북에 집중된 피난민들을 남쪽으로 이 동하는 것이 용이할 수 있도록, 한강 이남으로 서울 시민을 분산하는 것이 정부 정책의 크나큰 과제 중의 하나였을 것이다. 그래서 정부는 서울 도시 계획 측면에 서도 강북에 집중된 인구를 어떻게든 강남으로 분산해야 한다는 고민을 하고 있 었다. 더구나 북한이라는 예측불허의 변수가 항상 존재했기 때문에 정부는 전쟁 을 항상 염두에 두고 정책을 펼칠 수밖에 없는 현실이었다. 하지만 그 당시 서울 의 중심은 경복궁이 있는 종로, 즉 광화문 일대였고, 그곳을 터전으로 오랫동안

---

24) 사진 출처: 국가기록원.

터를 잡고 사는 강북 시민들이 정부의 정책이라도 단번에 한강 이남으로 이동하는 것에 쉽게 동의할 수는 없는 상황이었다.

이런 상황에서 발표된 경제 개발 계획은 강남 개발의 도화선이 될 수 있었다. 박정희 대통령은 수출 주도형 경제 개발 계획을 수립하고 울산과 포항, 창원 등 영남권에 공업 단지를 조성했는데, 문제는 서울과의 접근성이었다. 이를 위해 1966년 제3 한강교(한남 대교)를 건설하기 시작했고, 1968년에는 이와 연결되는 경부고속도로 착공에 들어가기에 이르렀다. 이때부터 강남은 '천지개벽'의 길로 들어서게 되었다. 하지만 그 정도만으로 강북 시민들이 오랜 보금자리를 떠나 쉽게 이동할 거라는 예상은 매일 어긋나고 있었다. 그것으로도 효과가 두드러지지 않자 박정희 대통령은 주거 선택의 기준에서 교육을 우선적으로 고려하는 우리나라 사람들의 심리를 꿰뚫고 당시 서울 소재 명문 고등학교(강북에 있던 경기고를 시작으로 휘문고와 서울고, 경기여고에 이르기까지 15개 학교가 지금의 강남 4구로 옮겨졌다)를 한강 이남으로 이동시키는 특단의 조치를 강행하게 되고, 그 외에 교통과 금융 등 여러 가지 편의 시설을 먼저 제공하면서 지금처럼 강남이 우리나라의 교육·경제·교통의 중심이 되고 강남 중심의 8학군이 형성되는 데 큰 역할을 하게 된다. 지금도 서울대학교를 제외한 서울 주요 대학들이 강북에 위치한 것은 강북이 예전에 전성기를 이루고 있었다는 흔적의 하나이고, 고등학교 이전보다는 더욱 복잡한 대학이 그대로 강북에 남게 된 것이 그 이유다. 그전까지만 해도 강남은 보잘것없는 낙후된 지역이었다. 지금은 이 사실을 누가 믿을 수 있을까 할 정도로 천지개벽에 가까운 변화를 겪었지만, 그 당시 강남 지역은 주거지로서뿐만 아니라 경제, 교육 등 뭐라 할 것 없이 그 어떤 인구 유입 요인도 거의 없는, 정말로 형편없었던 곳인 것만은 사실인 것으로 보인다. 그런 의미에서, 지금의 '강남 불패' 신화는 위와 같은 남북 대치 상황이 만든 역사 위에 만들어진 이야기라고 할 수 있다.

다시 본론으로 돌아오면, 4·3 사건에서 보여 준 공산당에 대한 근본적인 혐오가 빚어낸 충격적인 대처로도 부족했는지, 이승만 정권은 당시 과거사 청산을 위해 친일파 세력 척결이라는 국민들의 관심을 돌리기 위해 친일보다 더 나쁜 것이 공산주의라는 맹목적인 생각들을 주입하기에 이른다. 조금이라도 자신들과 대립하는 인물이나 세력들은 공산당, 빨갱이라는 마녀사냥식의 여론몰이를 서슴지 않왔고, 기어이 반대파들을 자신의 관심망 안에 두거나 숙청하여 궁극적으로는 자신들의 권력을 빼앗기거나 약해지지 않도록 고심하였다. 이러한 사실은 친일 세력이 그 후에도 한국 사회의 지배 세력으로 군림하는 길을 열어준 것은 물론이고, 크게는 남한에서 친일파 세력의 더 없는 성장은 한국 민족주의의 좌절과 단절을 의미하는 것이기도 했다.

그렇다고 이승만 정권은 단순히 북한에 의해 남한에서 대남 공작을 펼치는 세력들만을 '빨갱이'로 몰아가지는 않았다. 이미 '빨갱이'는 좌익 세력과 공산주의 혁명을 꿈꾸는 자가 아니라 이승만 정권에 반대하는 모든 세력을 의미했다. 비록 시대는 다르지만 5·18 민주화운동 당시에도 시민들의 자발적인 민주화운동을 북한의 사주를 받은 공산주의 세력들로 폄하하는 것에서 보듯, 반공이라는 이름 아래 그들과 척을 지는 세력들에게 주어지는 '빨갱이'라는 오명은 피해갈 수 없는 숙명이자 운명과도 같은 것이었다. 이처럼 이승만 정권은 일명 '빨갱이 사냥'을 통해 그들의 사상을 철저하게 검증하는 척하며 향후 정치적인 경쟁자가 될 수 있는 인물들을 제거하거나 자기 세력 안에 붙잡아 두는 도구로 사용하였다. 지금도 그때와 상황은 많이 변했을지라도 서로의 이념이 극명하게 구분되는 남북의 대치 상황이 계속되는 우리의 현실에서, 우리의 생각과 사상에 대한 끊임없는 검증 요구는 우리 스스로를 하나로 묶지 못하고, 나와 타인을 구분하는 이념이라는 멍에 속에서 끊임없는 대결만을 조장하는 정말 어리석은 짓이라고 아니할 수 없다. 김구 선생이 해방 후 남북이 이념으로 충돌할 때 민족이라는 큰 우리를 내세워 남북의 대표들을 하나로 묶으려고 했던 의도가 김구 개인의 욕심에 의한 것이 아님을 우리는 명심해야 할 것이다. 지금처럼 냉전이 종식되고 자유진영의 우세가 뚜렷해진 현실에서도, 단지 자기와 생각이 다르다는 이유만으로 상대방을 '빨갱이'나 '종북'이라는 말로 한정 짓거나 몰아세우는 것은, 생산적인 토론을 통해 서로의 부족한 점을 보완하겠다는 생각보다는, 우리의 대화를 저급한 색깔 논쟁으로 끌어내림으로써 상대방의 입을 우선적으로 막겠다는 단순한 의도로밖에 안 보이는 것이다. 한동안 온 세상을 뒤집어 놓았던 이념분쟁이 어느 정도 정리된 시점에서도 유독 우리 한반도에는 그런 평화의 분위기가 찾아오지 않는 이유는 분단된 남북의 경직된 분위기가 한몫했다고 할 수 있는데, 그런 의미에서 우리의 통일 과업은 단순히 지형적으로 하나의 온전한 한반도를 지향하는 것이 아닌, 적어도 이념 논쟁에서만큼은 더 이상 국론이 분열되는 일이 없도록 진정한 정신적 통일의 시발점이 되어야 할 것이다.

여기에서 우리는 과거 정권의 비호 아래 자신의 친일 행적을 희석시키고 이를 감추기 위해 더욱 좌익 척결에 매진했던 인물들을 수없이 열거할 수 있으나, 이승만 정권 초기의 대표적인 인물로 육군 정보국 방첩 대장을 지냈던 김창룡을 말하지 않을 수 없다. 김창룡은 해방 전 일본 관동군 헌병 오장(五章) 출신으로 1943년 9월부터 일제 패망 때까지 불과 2년 사이에 무려 50여 개의 항일 조직을 적발하여 일제에 도움을 줬던 인물인데, 그의 전력으로 인해 북한에서는 '전범'으로 취급되어 사형 선고를 두 차례 받았으나 용케 탈출하여 월남하게 된다. 하지만 그의 친일 행적에 대해서 크게 문제 삼지 않았던 남한 만주군 출신들의 추천으로, 김창룡은 국방경비대에 입대하여 항일 세력을 때려잡던 실력을 좌익 세력 숙청에서 발군의 실력을 발휘하게 된다. 하지만 겉으로는 좌익 척결이지만 그 사실을 들여다보면 김창룡에 희생된 사람들은 좌익 혐의가 있는 자들이라기보다 김창룡의 실적 쌓기에 아무 이유 없이 끌려들어 가 희생된 이들이 대부분이었다. 그야말로 정권 수호의 첨병 역할로 물불을 가리지 않고 좌익 세력 검거에 나선 김창룡은 막무가내로 단순한 의심만으로도 사람들을 잡아들이기 시작하였다. 이를테면, '빨갱이가 없으면 빨갱이를 만들면 된다.'는 논리였다. 김창룡이 일으킨 대표적인 사건으로는 '삼각산 사건'과 '부산 금정산 총격 사건' 등을 들 수 있다.

그리고 김창룡의 반공사상과 추진력을 눈여겨보던 이승만에 의해, 1949년 6월에 김창룡은 육군 정보국 방첩 대장이 된다. 더구나 그는 왜곡된 정권의 지지를 통해 불과 2년 3개월 만에 소위에 임관하여 중령까지 올라가게 된다. 북한에서는 친일파로 사형 위기에 몰려있던 그가 이승만 정권하에서는 무자비한 이승만 반대 세력의 숙청에 두각을 드러내자, 눈부신 신분 상승을 이끌어낸 것이다. 그야말로 김창룡은 이승만 정권의 입맛에 딱 맞는 인물이었다. 이런 친일파 인물들을 대거 등용하였던 이승만 정권이 1960년 4·19 혁명이 일어날 때까지 무너지지 않고 살아남을 수 있던 것은 우리 역사의 후퇴였고, 역사의 수레바퀴를 몇십 년 뒤로 되돌려 놓는 아픈 자리가 되었다. 그 당시 이승만 정권은 친일파 기회주의자들에겐

천국이자 공식적이고도 화려했던 등용문이 기꺼이 되어 주었다. 이것이 대한민국이 건국될 당시의 실체였다고 하니 착잡한 마음을 넘어선 서글퍼지기까지 한 것은, 지금이 아니더라도 그 당시 대다수의 우리 국민이 느꼈을 보편적인 감정 또한 우리가 지금 느끼는 것과 별반 다르지 않을 것이라는 생각 때문일 것이다. 광복도 되었고 일본도 물러난 마당에 국민들 스스로가 세운 정권에 의해 탄압과 억압을 받았을 때, 일제 강점기 시절보다 어쩌면 그에 못지않게 국민들을 어떻게든 감시하려고만 드는 정권 앞에, 가늠할 수 없을 정도로 국민의 착잡한 마음 상태는 과연 어떠했을까 짐작하는 것은 과히 어렵지 않을 것이다. 문학평론가 김현의 "문학은 억압하지 않으면서 억압을 생각하게 할 수 있다."라는 말처럼 이제 우리는 굳이 문학의 방식이 아니어도 과거 우리를 억압했던 시대와 인물들을 적나라하게 밝혀내고, 앞으로 우리를 더욱 억압하려 드는 정치 세력을 어떻게든 극복해야만 했다.

이승만의 양자로 불리던 시절의 특무대장 김창룡(金昌龍, 1920~1956년). 육군소장 계급을 달고 있는 것으로 보아 1955년경으로 추정된다.[25]

---

25) 사진 출처: 국가기록원.

그리고 김창룡이 방첩 대장이 된 후 얼마 안 가 1949년 6월 26일 김구 암살 사건이 벌어진다. 1938년에 역시 한인에 의해 저격당한 후 평생 몸 안에 총알을 품고 살아야 했고 그 후유증으로 수전증을 앓아야 했던 김구는 결국 우리 동포의 손에 의해 숨을 거두고 만다. 이는 김구라는 한 개인이 사라지는 것에 그치는 것이 아니어서, 어려운 시기를 이끌어 줄 스승이자 지도자를 잃은 우리 민족에게는 더없이 불행한 일이었고, 이승만 이후라도 김구가 향후 펼칠 것으로 예상되었던 친일 청산과 정통성 있는 정부 구성이 영영 무산되면서, 파란만장한 우리 근현대사를 예고해 주는 불운한 사건의 발단이 되었다. 사건 직후 김창룡은 김구 암살범 안두희를 특무대 영창으로 이감하는 등 특별히 배려하면서 배후에서 은폐와 조작에 적극적으로 가담하는 정황을 드러내게 된다. 이때 김창룡이 안두희와 어떤 관계였는지를 알 수 있는 대목이 있는데, 거사를 끝낸 안두희를 만나 김창룡이 처음 건넨 말은 "안 의사. 수고했소."였다고 한다. 이는 일제 헌병 시절 독립투사들을 끝없이 잡아들이던 김창룡이 독립 세력의 거두인 김구를 해방 후가 되어서도 포기하지 않고, 마침내 척결하며 일제 강점기 때 해 왔던 일들과 별반 다르지 않은 과업을 끝내 완수한 것이 아닐까 하는 끔찍한 생각마저 들었다. 그런 내용은 안두희가 1992년에 남긴 마지막 육성 증언을 통해서도 알 수 있다.

"내가 있던 데는 지하 영창인데, 그게 특무대장의 권한으로서 안두희 소위를 여기 숙직실 한방을 비워서 그 방을 안 소위에게 제공하고, 안 소위의 거사를 그야말로 쌍수를 들어서 환영하는 바이고, 공적으로만 얘기 못 한다뿐이지, 사적으로 말하면 정말 큰 거사를 했고, 국가와 민족을 위해서도, 큰일을 한 사람이라고…"(1992년 안두희 육성 증언 중 일부)

그리고 우리가 아는 것처럼 안두희는 처음에는 김구 암살범으로 사형을 구형받으나 15년으로 감형 조치 된 후 6·25 전쟁이 터지자, 이틀이 지난 1950년 6월 27일 국방장관의 명으로 석방된다. 엄중한 사건으로 사형을 구형받은 이가 1년밖에 안 되는 사이에, 그것도 15년으로 감형된 형기가 무색하게 바로 풀려나는 장면은 김구 암살이 당시 정권의 허락하에 진행된 조직적인 범죄라는 것을 암암리에 시사하는 것이라고 할 수 있다. 실제로 김구 암살 43년이 지난 1992년 4월 13일 모 일간지에 안두희는 스스로 김구의 암살 배후에는 당시 특무대장이었던 김창룡이 관련돼 있다고 폭로하게 되는데, 사건을 사실상 배후에서 조종했다고 추정되는 김창룡을 비호해 준 세력이 이승만이라고 한다면, 누가 김구 암살을 지시하고 확 인했는지, 김구 암살을 통해 누가 가장 많은 이득을 취하게 되는지, 김구가 차기 정권을 잡는다면 가장 피해를 받을 세력은 누구인지, 굳이 구체적으로 말하지 않 아도 짐작할 수 있는 사실이다. 김구 암살범 안두희 또한 우연이라고 하기에는 김 창룡과 마찬가지로 북한 출신으로, 해방이 되자 그의 집안은 지주 계급이라는 이 유로 모든 재산을 공산당에게 몰수당했고 그 또한 반동분자로 몰려 월남한 이력 이 있는 인물이었다.

이처럼 이승만 정권에 창궐한 친일파 세력들은 누구랄 것 없이 권력의 보호 아 래에서 비리와 부정을 서슴없이 이어가게 되면서, 어느 방식으로든 옥박지를 수 있는 국민을 소통 대상이 아닌 단순한 통치의 수단으로 전락하게 만들었다. 더 나아가 사분오열되어있는 정치 노선을 정리하고 좀 더 국민을 수월하게 다스리기 위해 수단과 방법을 가리지 않고 당시 정권에 유익한 통치 방법을 조언하게 되는 데, 정권에 비협조적인 개인이나 단체들을 용공 사상과 좌익 혐의 등으로 겁박하 거나 일부러 공포 분위기를 조성하여 제거하는 방법을 알게 되면서 비겁한 권력 을 지속시킬 수 있는 실마리를 찾아가고 있었다. 다행스럽게도 이렇게 승승장구 하던 김창룡은 1955년 38세의 이른 나이에 육군 소장으로 진급한 이듬해, 평소 김창룡의 비리와 월권행위에 불만을 가졌던 허태영과 이유희에 의해 암살된다.

김창룡의 죽음으로 일단락된 것 같은 친일파에 대한 이승만 정권의 애정은 김 창룡이 죽고 나서도 어김없이 이어지게 된다. 그가 피살되리라고는 아무도 예상 하지 못했기 때문에 그의 피살은 이승만 대통령에게도 큰 충격이었다. 이승만은 피살 소식을 보고받은 후 한걸음에 시신이 안치된 특무대장실로 달려왔고, 정성 을 다해 김창룡에 대한 애도사까지 써 준다. "국가가 제일 위난한 시기에 제일 중 요한 책임을 맡아서… 목숨을 아끼지 않고 충성을 다하다가 이번에 이러한 참화 를 당한 것에 우리 전 국민과 정부는 일체로 놀라며 슬퍼하는 바이다." 살아있는 동안 살인, 약탈, 공갈 협박 등으로 사건을 조작하여 무고한 사람들이 숱하게 희생된 것에서 알 수 있듯이, 김창룡은 순국한 것이 아니라 객사한 것이었으나, 정말 어처구니없게도 죽은 김창룡은 이승만에 의해 바로 중장으로 추서되고 이승만은 그가 국군 최초의 '국군장'으로 장례를 치르도록 배려해 준다. 또한, 이승만은 그것도 모자랐는지 김구가 죽었을 때는 한 번도 조문하지 않았던 발걸음을 김창룡 영전에는 3번이나 조문하게 된다. 이것이 대한민국이 태동하던 시기 이승만의 적나라한 모습이다. 한 마디로 이승만이라는 한 개인에 의해 대한민국의 역사는 해방 후의 친일파 청산의 적기를 놓쳤던 것에 그치지 않고, 이승만에 의해 우리 민족의 숭고한 항일 민족정신은 철저하게 매도되었다고 단언할 수 있다. 다소 어이없는 장면으로 연결되는 김창룡의 사후에 벌어진 일들은, 어쩌면 지금까지도 영향을 주고 있으며 마치 일제의 잔재를 현재도 청산하지 못하는 우리의 현실을 그대로 보여 주고 있는 것 같아 마음 한구석이 씁쓸하기만 하다. 부끄러운 일제 강점기 시절의 역사를 청산하고 우리 민족의 정통성과 자부심을 회복할 수 있었던 기회가 이승만에 의해 철저하게 차단되고 무산되었던 장면은, 오랜 세월이 지나더라도 우리 대한민국의 역사에서 가장 애통한 순간으로 기억될 것이다.

어쩌면 이렇게 장황한 제2차 세계대전의 이야기 속에서 밝혀지는 이승만 정권의 모습은, 해방 후 우리 민족의 자주성과 정통성이 훼손되어 어쩔 수 없이 마치 다른 나라들의 손바닥 위에서 우리의 운명이 좌지우지되는 상황과 별반 다르지 않게 자주적이지 못한 장면일 것이다. 정말이지, 그 당시 우리의 한계를 스스로 극복하지 못하는 힘겨웠던 대한민국 초기 역사의 장면들은 어찌 보면 당연한 것이었으나, 그곳에는 도무지 우리의 역사를 스스로 개선하고 극복할 수 있다는 의지가 좀처럼 보이지 않아 더욱더 아쉽게 느껴지고 있다고 말할 수 있다. 이 책에서 다른 나라의 인물들과 그들이 내뱉은 말과 사건들로 길게, 때론 어렵게 말하고자 하는 것은, 결국 아래의 문장으로 요약할 수 있을 것이다. 제2차 세계대전과 관련된 우리나라의 식민 지배와 분단 등 우리나라가 힘이 약했다는 이유로 운명처럼 받아들여야 했던 그 원인 모두를, 아무렇지도 않게 다른 나라의 탓으로 돌리려고 했던 우리들의 나약한 시도들을 과감히 지워버리고, 그 원인들과 과오들을 이제는 오직 우리들의 내부에서 찾아야 할 당위성을 알아가야 할 것이다. 왜냐하면 우리는 그동안 우리에게 주어진 작은 기회조차 살리지 못했고 식민 지배와 전쟁 그리고 분단 등 모든 것을 남 탓이라고 하기엔, 우리들의 석연치 않은 역사적 행보들이 매번 당당하지 않았기 때문이다.

그렇게 이승만의 총애를 받았던 김창룡은 현재 대전 현충원에 독립·애국 영령들과 같이 명예롭게도 잘 모셔져 있다. 우리가 여기에서 김창룡이라는 한 인물을 통해 알 수 있는 것은, 친일파 세력들이 이승만 정권의 비호 아래에서 과거 친일 행적에 대한 어떠한 처벌도 받지 않고, 오히려 고속 승진의 기회를 잡아 어떻게 남한 지도층을 형성했는가 하는 점이다. 그의 남한에서의 행적들 대부분은 자신에게 사형 언도를 내렸던 북한 공산당에 대한 증오와 이승만의 철저한 반공 위주의 통치 철학과 잘 영합하여, 자신의 친일 경력을 은폐하고 오직 좌익 공산 세력을 색출하고 척결하는 데 몰입한 결과물이라고 할 수 있다. 어쩌면 그들은 북한 건국 초기 청산의 대상이자 역사적 심판을 피해갈 수 없는 형편에, 남북한의 대결에서 북한이 승자가 될 경우에 자신들이 북에서 호되게 겪어야 했던 경험을 굳이 떠올리지 않더라도, 그야말로 죽음을 면치 못할 것이라는 절박함이 그들로 하여금 남한에 이제 막 자리 잡은 반공사상의 가장 강력한 협력자를 자처하도록 하였을 것이다.

아무튼, 정권의 지원과 신임을 듬뿍 받는 이들에게 왜곡된 권력이 쥐어지자, 좌익뿐만 아니라 자신들과 이견을 달리하는 정적 세력들을 좌익 빨갱이로 몰기는 쉽고 명분 있는 일이었으며, 이런 쉬운 방법을 수차례 정적 제거에 이용하였음은 익히 우리가 예상할 수 있는 정치 보복의 순서라고 할 수 있다. 그 반면에 일제 치하에서 불투명한 조국의 미래를 위해 한목숨을 바쳐 일했던 독립투사들은 정작 조국으로 돌아와서도 이승만과 박정희 정권 때까지 오랫동안 외면을 받게 된다. 그렇게 독립운동가들은 조국의 독립을 위해 목숨을 바친 결과, 가문은 멸문되고 후손들은 오히려 빨갱이라는 오명까지 받으며 갈 곳을 잃어버렸을 것이다. 우리가 흔히 '독립유공자'라는 예우 또한 1982년에서야 한국 독립유공자 협회가 설립되면서 시작된 사업이었을 정도로, 그동안 독립유공자 자신과 가족에 대한 예우와 처우가 국가로부터 철저하게 외면받았다는 것은 부인할 수 없는 부끄러운 사실이었다. 광복 이후 시대의 민심이 그러할 때 예우는커녕 민족을 최우선으로 생각했던 거룩한 희생정신은, 김창룡 같은 친일파가 득세한 기회주의 정권에 의해 꽤 오랫동안 의도적이고도 철저하게 우리 민족 스스로에 의해 매장되었던 것이다.

더구나 친일파의 득세는 민족의 긍지를 짓밟고 독립을 위해 헌신한 이들에게 최소한의 명예 회복의 기회조차 주지 않는 등의 안타까운 당시의 현실을 그대로 보여 주었을 것이다. 물론, 독립유공자가 잃은 것은 명예뿐만이 아니었다. 그들은 자신들의 후손들과 당대의 사람들로부터 당신이 해 왔던 일들로 인해 오히려 손가락질을 당해야 하는 수모까지 감내해야 했을 것이다. 세상이 그들을 배반했을 때 그들 스스로는 내가 왜 그 일을 했을까 되물으면서 속에서부터 문드러지는 마음을 몇 번이고 고쳐먹었을 것이다. 참으로 떠올리기조차 부끄러운 역사의 아픈 장면이라고 할 수 있다. 더 나아가 친일파의 득세는 그들의 후손들까지도 영향을 주어, 한 예로 1997년 이완용의 후손들이 이완용이 매국의 대가로 취득한 재산을 찾겠다고 벌인 소송에서 결국 승소했던 일에서 보듯, 일제와 대한민국에 의해 비호받은 친일파와 그 자손들은 오랫동안 우리들의 지도층을 형성하고 부정한 방법으로 재산을 축적하여 얻은 부와 권력을 너무도 태연하게 대물림할 수 있었다. 정말 우리의 허술한 근현대사를 돌아보건대, 이것보다 통탄할 일이 어디 있겠으며 이런 사실을 접하고도 탄복하지 않을 자가 누가 있겠는가. 우리의 5천 년 역사에서 민족의 반역자들이 득세하여 민족을 정신을 갉아먹는데도, 아무렇지도 않은 듯 태연하게 그들의 좌우 사상 놀음에 만신창이가 되어도, 이를 미처 깨닫지 못한 우리의 근현대사를 정말이지 어디서부터 바로잡아야 할지, 만감이 교차하는 쓸쓸한 감정과 함께 치밀어 오르는 분노를 금할 수 없게 된다. 이에 앞으로 우리의 지난한 친일 청산 계획은 친일파 청산이라는 본래의 의도 외에, 독립유공자와 그 후손들을 찾아내 그들의 노력에 합당한 예우로 우리 후손들이 보답하는 것이 이 시대를 마감하기 전에 우리가 완수해야 할 이 시대의 숙명이라고 할 수 있다.

한편, 김창룡 암살과 관련하여 그 당시 김영삼은 친일 행적과 각종 정치 음모 날조 등을 파헤치는 데 일역을 맡게 되는데, 김창룡 암살 사건 진상 조사 활동을 벌였던 김영삼은 훗날 자서전에서 다음과 같이 회고했다.

"김창룡 암살 사건의 조사 과정에서 제일 인상 깊게 남아 있는 일이 하나 있다. 나를 비롯한 국회 조사단이 김창룡을 암살한 허태영 대령의 증언을 듣기 위해 서대문 형무소를 방문했을 때의 일이다. 조사가 끝나고 돌아올 무렵 내가 허 대령 옆에 잠시 섰을 때 그는 나에게 조용히 말했다. '만일 내가 김창룡이를 죽이지 않았다면, 그는 야당의 주요 인사들을 절반 넘게 죽였을 겁니다. 그러면 우리나라의 민주주의는 완전히 말살이 됐을 겁니다.' 놀랍고도 인상 깊은 얘기였다. 나는 지금도 그 말을 사실이라고 생각한다. 김창룡이 정말 무소불위의 힘을 휘두르던 때였다. 방향 잃은 권력이 얼마나 무서운 재앙을 낳을 수 있는지를 생생한 사례를 통해 보여 주는 일이었다."[26]

이렇게 살아남은 친일파 세력들은 일제 강점기 시절, 일제에 비협조적인 자국민과 독립군을 찾아내고 억압하던 실력을 대상만 바꾸어 방향을 잃은 권력을 등에 업고는 공산당을 제거하는 데 고스란히 발휘하게 된다. 하지만 그 말처럼 공산당만 제거했더라면 우리가 이렇게 분노하고 그로 인해 불행해 하지는 않았을 것이다. 실은 이승만 시절 친일 경력자들이 오히려 친일 경력 덕분에 능력을 인정받고 자신의 신분을 유지하게 되는, 당시 독립운동의 후손으로서는 차마 보지 못할 일들이 지난 일제 시절에 이어 태연하게 일어나게 된 것이 더 큰 문제였다. 다시 선택받은 친일파 관료들은 친일 행적에 대한 자신의 약점을 들키지 않고 이를 희석하려는 듯, 6·25 전후 공산당 탄압에 대한 몰입에서 다분히 광적인 면까지 드러내게 된다. 이승만 정부를 주도했던 우리나라의 친일파 정치 세력에 의해, 국민들은 친일파 청산에 대한 관심을 공산당 척결이라는 간판으로 교묘하게 바꿔 달게 되면서 역사를 제대로 보지 못하게 하는 일종의 착시 효과를 겪는다. 마치 공산당을 무찌르는 것이 일제 잔재를 청산하고 민족의 정기를 되찾는 것인 양, 그들은 여론몰이를 하듯 언제부터인지 모르게 우리의 이목과 정신을 한쪽으로만 붙들어 두고 있었다. 다만, 해방 후 이와 같은 극단적인 반공산주의에 온 사회가 한꺼번

---

26) 김영삼 저, 『김영삼 회고록: 민주주의를 위한 나의 투쟁 1』, 백산서당, 2000. p. 118.

에 휩쓸리듯 매몰된 나머지 우리 사회가 지난 시대를 정죄하지 못했다는 죄책감은 감성적인 술회에 지나지 않고, 지난 시대를 제대로 정리하지 못하고 앞으로만 나아가는 것에 의미 부여를 했다는 인상을 영영 지우지 못할 것이다. 이에 시대가 범상치 않고 좌우 대립이 전쟁으로 치닫고 있는 상황에서, 친일 세력을 척결하고 민족의 자긍심을 찾는 것이 더 시급하다고 생각되는 일들에 밀려 기꺼이 뒤로 물러선 것이 안타깝기는 하지만, 친일파의 모든 행적까지도 역사의 뒤안길로 묻어두는 우를 범하지 않아야 한다는 것은, 지금이라도 그 당시 독립운동만이 진실이라고 믿었던 이들의 진심을 회복시켜 주는 것이 진정한 정신적 독립의 출발점이라는 믿음 때문일 것이다.

물론, 우리 스스로 친일을 철저하게 단죄하지 못한 것을 지적하면서도, 4년 남짓 활동한 프랑스 비시 정부보다 36년이라는 우리의 긴 세월은 시대가 형벌이 되어, 독립운동을 위해 목숨을 바친 이를 제외한 모든 이가 식민지 조국에서 숨만 쉬어도 친일인 것처럼 폄하하려는 것은 경계해야 한다는 의견도 충분히 일리가 있다. 이는 한평생을 식민지 한국에서 태어나 먹고살고자 몸부림만 쳤어도 친일 기업과 관공서 및 사업장에서만 일해야 했는데, 그걸 친일이라고 한다면 무엇이 친일이고 아닌지 도대체 이를 판별할 수 있는 기준이 무엇인지 되묻지 않을 수 없다는 것이다. 그 말처럼 긴 세월만큼이나 친일파에 대한 단죄조차 무감각해져 우리는 쉽게 그에 대한 명쾌한 답을 얻을 수 있는 것도 아니다. 또한 친일에 대한 경중을 따지는 일도 마찬가지다. 친일을 통해 최고의 부와 명예를 쌓은 세력들은 어떻게든 자신의 인맥과 경력을 통해 이미 단죄의 테두리 안에서 용케 빠져나갔고, 또 다른 이들은 신분 상승의 지름길을 찾아서 과거의 행적을 희석했음도 알고 있어야 한다. 때론 식민지 조선에서 국가가 아무것도 해 주지 못하는 현실에서 살아남으려고 했던 일들이, 친일이 뭔지도 모르고 저지른 모든 행적 때문에 평생 친일파 무리로 분류되는 경우도 있을 것이다. 정녕 미래도, 희망도 없고 독립에 대한 기약도 없는 식민지 조국에서 독립운동 외에는 모두를 친일이라는 항목으로 단죄하려는 것은 애초부터 정말 무리였다는 논리이다.

정녕, 일제의 오랜 통치 기간만큼이나 치밀했던 일본의 민족 말살 정책에 의해 우리의 자부심 또한 무너져 내린 것은 아닌가. 정녕, 일제에 협조하고 살아남은 이기적인 유전자는 지금도 우리들의 주변에 뿌리를 내리고 기득권을 놓치지 않기 위해 몸부림치고 있단 말인가. 어쩌다 친일파 후손이 되었다면 친일 행적은 더 이상 부끄러움의 징표가 아니라 시대가 불러낸 어쩔 수 없는 선택일 뿐이란 말인가. 그리고 언제부터 친일을 통해 얻은 부를 당당하게 후손에게 세습하도록 정부가 보증까지 해 주었단 말인가. 친일파 세력들의 친일 경력들은 비난받아 마땅하지만, 그들이 속죄하고 조국에 헌신할 기회를 준 것은 정말 선택 가능한 당연한 정책이었단 말인가. 정녕, 식민지 시절 우리나라는 친일 밖에는 희망이 없었다는 말인가. 그렇다면 희망도 없는 식민지 조국에서 독립을 위해 한목숨 바치고 그것도 모자라 가문마저 멸문시켜야 했던 독립 영웅들은 누구란 말인가. 그분들도 정말 자신의 안위를 돌아볼 이기심이 없었다고 할 수 있단 말인가. 그것을 온전히 부정할 만큼 충분히 치기 어리지 않다면, 우리는 이제 그들의 숭고한 희생에 대해서는 끝까지 주장해야 하고 그들을 탄압하고 이용했던 친일파에게는 일관되게 분노해야 할 것이다. 더 이상 위와 같은 얄팍하고 기회주의적인 사고가 독립운동사에 빌붙지 못하도록 우리는 어느 때보다 단호한 태도를 견지해야 한다.

위와 같이 이승만 세력에 의해 의도적으로 와해된 친일 청산은 6·25 전쟁과 전후 복구 그리고 경제 개발이라는 명목 아래 오히려 친일파의 역할이 두드러지며 자연스럽게 잊혀지게 된다. 마치 잘사는 것이 큰 덕목처럼 여겨지던 시절, 우리는 우리의 과거를 돌아볼 좋은 기회를 이렇게 아무것도 하지 못하고 무심코 흘려보내며 세월이 약인 양 지나가 버리고 만다. 지금에서야 친일파 재산을 몰수하고 독립유공자를 우대하며 친일파 인명사전을 편찬하는 등 여러 가지 과거 청산을 위한 일들을 하고 있지만, 이미 이승만 정권으로부터 비호받고 정작 독립투사들보다 더 선택받은 친일파들의 기회주의적인 인맥들은 지금도 그것을 제때 단죄하지 못했다는 이유로, 우리의 정신세계와 독립역사를 탄압하고 있다. 또한, 그들은 독립운동이 아니었다면 자신의 가문이 몰락하지 않았을 독립 후손들을 비웃으며, 더 나아가 자신들이 아니었다면 지금의 경제 성장은 이룰 수 없는 불가능한 과업이었다고 이 시대를 맘껏 조롱하면서 천연덕스럽게도 이 사회 지도층의 일원으로 당당하게 살고 있을 것이다.

하지만 우리 시대의 불행은 이승만 시대만으로 끝나지 않았다는데 더 큰 고민이 있었다. 이어 늦은 나이에 일본 육군 사관학교에 입학하기 위해 천황에게 혈서로 충성 맹세까지 해야 했던 박정희가 정권을 잡게 되면서, 우리 시대의 아픔은 더욱 연장되고 깊어졌다. 박정희 정권은 과거 청산과 자유 민주주의를 이념을 우리 시대에 정립하고자 하는 세력까지도 서슴지 않고 북한의 지령을 받은 공산당 빨갱이로 몰아세우고는, 오로지 자신의 정권 유지를 위해 협조하는 세력들만 곁에 두게 되면서 지난 시대의 뼈아픈 역사의 과오를 되풀이하는 실정을 거듭하게 된다. 더 나아가 모든 국가 시스템은 공산당에 대한 체제 우위를 확보하기 위한 경쟁력 확보를 위해서만 존재하는 듯, 나라의 가용 가능한 국력을 체제 경쟁에 모두 쏟아붓게 된다. 물론, 온 국민이 아직 배고픔의 문제를 해결하지 못했던 그 시절은 국가의 얼마 안 되는 예산과 정책을 친일파 척결을 통한 역사의 바르게 세우기보다는, 체제 경쟁의 일환으로 당장 먹고사는 문제 해결이 더욱 시급한 현안이었다는 것을 부정하기는 힘들다. 그런 의견 때문이었을까, 애초부터 민주화와 올곧은 민족정신 정립에는 관심이 없던 정권이 마치 처음부터 잘못 끼어놓은 단추처럼 경제의 퍼즐을 맞춰 가다가, 정권이 주도한 경제 성장이 괄목할 만한 성과를 드러내자 이런 성장에 한껏 고무된 박정희는 자연스럽게 다른 생각까지도 품게 되었다. 즉, 유신을 통해 박정희는 정권을 영원히 유지하기 위해 편법과 탈법을 아무렇지도 않게 저지르려고 한 것이다.

그렇게 제대로 된 역사적 평가를 받지 못한 세력이 만든 세상은 원칙과 준법을 스스로 허물어뜨리고, 기회주의와 경제 만능주의라는 허울 좋은 생각들만 옳다고 여기는 건강하지 못한 사회 정의만을 강요하기에 이르렀다. 정의롭지 못한 정권은 비록 한 세대는 어떻게든 버틸 수 있지만, 당대의 국민들과 그 후손들을 위한 당연한 본보기가 되지 못하면서 지속성을 보전해 주고 정권의 당위성을 설득할 수 있는 동력을 스스로 잃어버리기 마련이다. 그렇게 남의 일인 듯 무심하게 지나 보낸 부끄러운 친일파 척결의 역사는 오랫동안 우리의 민족정신을 갉아 먹고 자부심마저 무너뜨리는 역사적 퇴보로 나타났으며, 민족적 정통성과 진정성조차 우리 스스로에 의해 신뢰받지 못하는 사회 전반적인 불신과 불합리 등으로 변모하면서, 부조리는 불명예스럽게도 한동안 우리를 왜곡되어 수식하는 말로 곁에 남게 되었다.

이와 같은 일이 독일 패전 후 서독에서도 일어나는데, 미국을 비롯한 연합국은 1945년 11월 뉘른베르크 국제 재판에서 나치에 의해 자행된 '비인도적인 죄'를 단죄하고 탈 나치화하기 위한 작업을 시작하였다. 처음에는 미국도 주요 나치 인사를 처벌하는 것에 그치지 않고 더 높은 강도의 처벌을 원할 정도로 의욕적이었다고 한다. 그래서 미 군정은 다른 연합국의 불참에도 불구하고 단독으로 후속 재판을 열어 정치가, 군부, 기업인 등 나치 관련자 184명을 재판에 회부하여 처벌받도록 했다. 하지만 주요 인사를 제외하고는 대다수의 나치당원이 '단순 가담자'로 분류되어 가벼운 처벌을 받는 데 그치게 되는데, 그 이유는 우리의 남북 대치 상황처럼 제2차 세계대전 종결 후 미국의 여론이 '반나치주의'에서 '반공산주의'로 급격하게 기울었기 때문이었다. 동독에 대한 체제 우위 경쟁에서 이기기 위해서는 나치 시대 경제에 깊이 관여했던 나치계 기업인과 관료들을 사면하여, 그들의 풍부한 능력과 경험을 서독이 이용해야 할 필요성이 있었던 것이다. 그렇게 의욕적으로 시작된 독일의 과거사 청산은 대내외적인 이유로 자연스럽게 퇴보하는 인상을 주게 되는데, 이는 동서 냉전이 불러온 새로운 세계 분위기에 자유 진영에서는 과거 청산을 통한 새로운 자유와 질서 회복보다는, 체제 경쟁에서 어떻게든 자신이 더 우월하다는 것을 증명할 필요성이 더욱 다급한 과제로 대두되었기 때문으로 보인다.

결과적으로 보면, 정의보다는 생존을 요구하는 시대가 그런 도덕적 불감증을 강요하였고, 그것을 전후 유럽 사회는 시대의 흐름처럼 따라야 했으며 우리나라 또한 예외는 아니었다고 할 수 있었다. 하지만 그것과는 별개로 독일 정부 스스로가 지금까지도 나치 시대의 범죄들을 끊어내려는 노력과 나치가 피해를 준 주변국들에게 꾸준하게 사죄하는 모습에서, 독일이 가진 나치에 대한 생각과 역사 인식을 읽을 수 있게 된다.

그렇다면 해방 후 우리 남한과 같은 처지였던 북한은 어떠했을까? 북한 역시 초기에는 남한보다 의욕적이어서 사회주의 토지 개혁의 일환으로 토지의 무상 몰수, 무상 분배를 통해, 일제 강점기 시절에 친일을 통해 조금이라도 얻은 모든 재산을 국가가 몰수하여 인민들에게 공평하게 나눠주는 등의 원칙을 세우고 있었다. 물론, 국가가 주도한 사유 재산 몰수는 지주 계급들의 몰락과 반발을 가져다

주었고 먼저 약속했던 무상 분배의 원칙은 예상대로 지켜지지 않았지만, 위와 같은 원칙이 처음에는 그대로 현실로 이어지면서 일시적으로나마 소작농 출신들이 대부분인 북한 인민들의 지지를 얻게 되었다. 그리고 이에 좌절한 소자본가들이 대거 남하하게 되면서, 그들은 누가 시키지 않아도 투철한 반공사상으로 중무장한 반공주의자들이 되어 있었다. 그렇게 모든 개혁에는 희생이 따르게 마련으로 대체로 국가에 의한 조직적이고 강제적인 친일파 재산 몰수는 나름의 개혁적인 성과를 이루어낸다. 하지만 친일파 청산이라는 명목 아래 행해진 북한의 조치들은 금방 본색을 드러내게 된다. 민족주의자인 조만식 선생을 친일파 혐의로 처형시킨 것에서 보듯 어느덧 친일파를 색출하고 역사의 정통성을 확보한다는 명분은 사라지고, 오직 김일성 정권에 대한 비판 없는 협조와 비협조를 친일 척결의 기준으로 삼으면서 시간이 갈수록 본래의 정신은 퇴색된다. 물론, 우리나라가 하지 못했던 친일파 척결 면에서는 더 좋은 평가를 내리는 의견도 없지 않으나, 친일파 청산의 방향이 자신의 독재 정권을 더 공고하게 유지하려는 반대파 숙청으로 연결되었다는 점은 독재를 유지하기 위해 역사적인 판단을 빌려온 정치적인 술수라고밖에 지적할 말이 없을 것이다. 또한 친일파를 비롯한 반대파 후손에게까지 그 죄를 짊어지게 하는 일명 연좌제에서는 북한의 일제 청산 방식에 대한 근본적인 의도 훼손을 지적하지 않을 수 없다.

이처럼 남북한의 친일파 청산은 나라의 근간을 흔들고 혼란을 더욱 부추기는 역효과를 불러오기도 했다. 친일파를 "준열하고 혹독하게 처벌하기보다는 반드시 선택적으로 취급하는 것이 더 타당하다."는 독립 유공자 신익희의 당시 발언은 오랜 세월 동안 친일 세력이 득세했던 우리의 역사를 돌아보고, 단죄보다는 협의를 흔들지 않는 범위 내의 국가의 안정과 미래에 대해서 먼저 생각해야 한다는 교훈을 주고 있다. 더 나아가 향후 남북한의 통일시 '북한 정권에 협력했다는 이유로 북한 권력자와 북한 주민들 모두를 처벌해야 하는가?'라는 물음에 대한 답변을 찾아야 한다는 과제를 남겨준다. 그렇다면 통일 후 북한 주민들과는 별개로 북한 정권의 주요 인사들은 어떻게 처리하면 좋을 것인가. 통합과 화합을 바라는 미래 통일의 마당에 정녕 통일하지 못할 수도 있는 우리의 모습은 앞으로도 우리에게 큰 물음표를 가져다줄 것이 분명해 보인다. 지금도 북한과의 어떤 경제 협력에도 불편한 심기를 감추지 못하는 이들이 많은 형편에서 향후 통일의 움직임이 어떻게 움직일 것인지는 꾸준히 지켜봐야 할 어려운 주제라고 생각된다. 하지만 더욱 분명한 것은 더 이상 청산할 것이 없는 바른 역사를 세우기 위한 우리들의 역할은 계속되어야 한다는 점이다.

한편, 독일로부터 강제로 점령되었던 조국을 되찾고 프랑스 내 독일 협력자 척결을 통해 민족적 자존심을 회복한 프랑스는 자신의 권익을 되찾기 위한 본격적인 행보를 보이는데, 언제 독일에 점령되었는지가 무색하게 프랑스는 어느새 당당한 연합군의 일원으로 전쟁의 전리품 확보를 위해 목소리를 높이게 된다. 연합군에 의해 겨우 자신의 국토가 회복될 수 있도록 도와줬더니 자신의 권리와 이권을 찾겠다고 당당하게 나선 것이다. 이것은 마치 물에 빠져 죽을 뻔한 사람을 구해줬더니 보따리를 내놓으라는 것처럼 제2차 세계대전 중에 일어난 매우 어이없는 장면의 하나라고 할 수 있다. 어떻게 이렇게도 부끄럼 하나 없이 당당할 수가 있나 하는 생각이 들기는 했지만, 그것은 제국주의의 본색이자 프랑스의 자존심이라고 생각되었다. 또한, 이는 한때 잘못된 작전으로 히틀러에게 나라를 쉽게 잃었지만, 유럽에서 오랫동안 국가적 자긍심을 갖고 있었던 프랑스였기에 가능한 일이라고 생각된다. 그동안 우리가 식민지 역사를 감추고 싶고 부끄럽게 생각했던 모습과 다르게 프랑스는 오히려 이를 당당하게 극복하고 있다는 것이 부러울 뿐이다. 이처럼 민족과 문화에 대한 남다른 자부심이 넘치는 프랑스의 자긍심 회복 조치는 비단 자국의 영토 회복 정도에 그치지만은 않았다.

프랑스는 정신을 차리기가 무섭게 본격적인 제국주의의 본색을 드러내기 시작했다. 프랑스는 당연한 듯 인도차이나반도 재점령을 결정한다. 독일에 패전 후 잠시 일본에게 빼앗겼던 인도차이나반도의 프랑스령 식민지를 되찾으려고 한 것이다. 이는 유난히 자존심이 강한 프랑스가 독일과 일본에게 받은 상처를 극복하고 프랑스의 자존감을 회복할 때가 되었다고 생각한 것으로 보인다. 얼마 전까지만 해도 독일에 점령당한 신세를 경험한 터라 피점령국인 베트남 백성들의 마음을 헤아릴 수 있지 않을까 하는 짧은 생각은, 국제 사회에서는 받아들일 수 없는 우리와 같은 식민지 백성의 낭만적인 착각일 뿐이었다. 일본이 패망으로 인도차이나에서 물러나기가 무섭게 프랑스는 군대를 파견하게 된다. 프랑스군이 베트남에 상륙한 것은 일본이 항복한 지 얼마 안 된 1945년 10월 5일의 일이었다. 이처럼 예전의 영광과 식민 통치를 재개하기 위한 프랑스의 움직임을 보고 대부분의 나라가 우려를 표했지만 의외로 이를 반기는 나라가 하나 있었다. 그건 바로 영국이었다. 영국은 제2차 세계대전 초기 우방인 프랑스가 너무 쉽게 무너지자, 혼자 추축국을 상대해야 했던 경험을 가지고 있어 누구보다 프랑스의 성장을 기대하고 있었다. 영국이 직간접적으로 프랑스를 응원했던 그 저의를 들여다보면 영국은 무엇보다도 제2차 세계대전 후 재편하게 될 유럽의 판세를 읽고 있었던 것으로 보인다. 즉, 동유럽의 대부분을 거의 장악하고도 끝없이 팽창하려는 소련과 공산주의 세력을 견제하려면 영국은 프랑스와의 공조 체제가 어느 때보다 절실했을 것이다. 그런 면에서 프랑스의 힘을 뒷받침해 줄 식민지 확장은 꼭 필요한 정책이었고, 영국 또한 동의했던 이유는 유럽에서 소련과 당당하게 맞서려면 영국의 믿음직한 우방으로 프랑스가 예전처럼 그 역할을 해 줄 수 있다는 믿음 때문이었다.

그러나 이제 베트남은 예전처럼 호락호락하지 않았다. 호찌민(胡志明)을 중심으로 한 베트남 민주 공화국이 초반의 불리했던 전세를 극복해내기 시작한 것이다. 프랑스의 오랜 식민지배와 수탈에 진절머리가 난 베트남 백성들은 베트남 독립 투쟁에 적극적으로 참여하게 된다. 또한 중국과 소련으로부터 베트남 독립 동맹에 든든한 무기 등의 지원이 계속되면서 프랑스는 점차 열세에 몰리게 되고 마침내 1954년 7월 21일 프랑스는 인도차이나를 떠나게 된다. 호찌민은 프랑스에 대한 항전을 직접 지휘하여 1954년 프랑스를 상대로 디엔비엔푸의 전쟁에 승리하였고, 끝내 독립을 지켜내 베트남의 영웅이 되었다. 우리나라가 일제에 가시적인 대응도 하지 못하고 식민 지배를 운명처럼 받아들였던 것에 비해 베트남은 제국주의 국가를 상대로 보기 좋게 독립을 쟁취한다. 다만, 베트남이 공산화되는 것을 원하지 않았던 미국의 주장에 의해 베트남은 북위 16도선을 중심으로 남북으로 분단되는 운명을 피하지는 못했다. 하지만 베트남 사람들이 대부분 지지하는 것은 호찌민의 북베트남이었고 어떻게든 남베트남을 유지해 보려는 미국의 의지는 후에 베트남 전쟁 패배로 좌절되고 말았다. 어쩌면 베트남 전쟁을 통해 세계 최강국인 미국의 자존심을 무너뜨렸던 것은, 과거 프랑스를 자신의 힘으로 쓰러뜨렸다는 자신감의 연장일 것이라는 생각이 든다. 결국 베트남은 제국주의 국가를 상대로 전쟁을 통해 식민지의 굴레를 스스로 벗어난 몇 안 되는 국가 중의 하나가 될 수 있었다. 한편, 프랑스령 식민지의 독립 요구는 베트남에 그치지 않았는데, 프랑스-베트남 전쟁이 끝나기가 무섭게 1954년 말부터 시작된 튀니지, 모로코, 알제리의 독립 요구는 반프랑스 폭동으로 연결되었고, 이로 인해 튀니지, 모로코가 1956년에 독립을 먼저 쟁취하게 되고, 이미 많은 부분 프랑스 내지화가 진행되었던 알제리는 독립 전쟁이라는 어려운 과정을 거친 후 꽤 시간이 지난 1962년에야 독립국이 되었음을 선언하게 된다.

나라를 빼앗기고 자유 프랑스 망명 정부로 겨우 명맥을 유지하며 겨우 민족적 자존심을 지켜나가던 프랑스가 연합군의 도움으로 자국을 되찾자마자, 아무 일이 없었던 것처럼 예전의 식민지를 재점령하는 모습에서 우리는 제국주의의 파렴치한 본모습을 마주하게 된다. 식민지 백성들을 수탈해서 물자를 무한정 본국으로 가져오면서 챙길 수 있었던 여러 가지 이익을 스스로 포기한다는 것은 프랑스의 제국주의 정책을 중지하는 것이라고 할 수 있었는데, 프랑스 또한 그동안 식민지에서 거의 무상으로 들어오는 물자에 대한 유혹을 끝내 뿌리칠 수 없었던 것이다. 프랑스의 사례에서 보듯, 영국과 프랑스 등 제국주의 국가가 스스로 자국령 식민지 국가를 아무런 조건 없이 독립시켜 주는 일은 사례가 드물 정도로 애초부터 불가능에 가까운 일이라고 할 수 있다. 또한 식민지 국가가 독립을 위해 끝까지 투쟁하지 않는 한 순순히 식민지에서 군대를 물리지 않는 것이 제국주의가 자리 잡으면서부터 가진 근본적인 속성이었다. 결국, 제국주의 전쟁터에서 일본과 프랑스는 보기 좋게 식민지를 잃어야 했다. 다시 말하면 패전이 아니었더라면 일본과 프랑스는 식민지를 절대 포기하지 않았다는 것이다. 식민지에 대한 미련과 집착은 제국주의를 완성하는 과정이었지만 식민지 백성들의 각성과 전에 없던 독립 정신은 생각보다 쉽게 제국주의의 와해로 연결되었다. 베트남과 알제리처럼 독립을 위해 제국주의들과 당당하게 맞서지 못했던 우리의 과거는 우리나라가 광복 초기 독립국으로서의 권한 또한 그에 걸맞게 가지지 못한 원인이 되었음을 고백해야 할 것이다. 이제 제국주의가 종말을 고하고 바야흐로 새로운 세계 질서가 정립되기 위해 꿈틀거리기 시작하고 있었다.

지금까지 살펴본 우리의 친일 역사와 청산하지 못한 부끄러운 과거 또한 외면할 수 없는 우리의 역사이자 어쩔 수 없는 우리의 현실이라고 할 수 있다. 하지만 이 시점에서 우리의 역사에 그동안 진 빛을 언젠가 갚아야 할 것이라고 선언하는 이유는 어쩌면 늦었다고 생각하는 지금이라는 현재가 그 시작점이 되어야 함을 의미한다고 할 것이다. 이에 우리는 하루빨리 우리 역사의 자연스러운 흐름을 되찾고 배반한 진실들을 하나하나 찾아 복구하려면 얼마나 많은 시간과 노력이 필요한지 알기에, 우선 우리의 얼룩진 근현대사에 그렇게 많은 왜곡과 곡절이 있다는 것을 외면하지 말고 당연한 일로 먼저 받아들이는 일부터 시작해야 할 것이다. 그것이 가능하도록 하기 위해 우리는 지금까지 정녕 잊고 싶었던 역사의 장면 그 어느 것 하나라도 허투루 취급하지 말고, 급하더라도 먼 길을 돌아가듯 우리의 순리대로 풀어가며 치유하고 때론 위로하는 등의 고된 작업을 마다하지 않아야 할 것이다. 어쩌면 그 작업은 우리가 생각하는 시간보다 갑절이나 많은 희생과 노력을 우리 스스로에게 요구할 것으로 보인다. 과연 우리가 그 많은 수고로움을 너끈히 감당해낼 수 있을 것인지, 그것을 확인할 수 있는 시점은 현재와 그리 머지않은 미래가 될 것이다.

Part

4

냉전 시대와 6·25 전쟁
그리고 남겨진 이야기

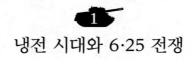

냉전 시대와 6·25 전쟁

가. 광복 그리고

 일제 강점기라는 기약 없고 혼란한 시기에 조국을 향한 순수한 염원이 아니라면 할 수 없었던 독립운동은 일제의 서슬 퍼런 칼날이 맹위를 떨치던 시기에는 어쩌면 자신과 가문을 망치는 지름길이었다. 그런데도 독립운동에 따르기 마련인 어느 정도의 시련과 고통을 감수하고, 오직 조국의 독립을 위해 자신의 인생과 목숨까지 바친 독립운동가들의 숭고한 정신은 그 어느 미사여구로도 감히 칭송할 수 없을 것이다. 반면에 지배 계층과 관계없이 어떻게든 살아남는 것에 일가견을 가진 친일 세력들은 환경에 잘 적응하는 기회주의자의 유전자로 살아남아, 광복 후에도 여러 시대와 세대를 넘나들며 기득권을 놓치지 않고 살아남았다. 그들은 일제의 식민지 정책에 협조하며 민족의 양심을 아무렇지도 않은 듯이 팔아넘겼지만, 그 덕분에 위임받은 권한으로 백성들 위에 군림할 수 있었고, 백성들의 고혈을 쥐어짜서 얻은 대가로 비교적 넉넉한 생활 수준을 유지할 수 있었다. 강자에 비굴하고 약자 위에 군림하는 그들의 노골적이고 뻔뻔하기까지 한 행동 강령은 가문의 유산처럼 대물림되어 고스란히 다음 세대로 전해질 수 있었다. 안창호 선생이 남긴, "진실은 반드시 따르는 자가 있고 정의는 반드시 이루는 날이 있다."는 말이 무색하게, 한동안 우리에게 진실은 곧 친일이었고 정의는 숨죽이며 버러지처럼 잠자코 있어야만 했다.

 그리고 한반도를 휩감던 일제의 기세가 꽤 오랫동안 꺾이지 않자, 준엄한 역사적 판단 따위는 아랑곳하지 않는 기회주의적이고도 현실적인 친일파 세력들의 눈에 비친 독립운동가들은, 정말이지 바보 같은 순수함을 넘어서는 현실 부적응자와 같은 우매한 자로밖에 안 보였을 것이다. 왜냐하면, 강력했던 미국도 쉽게 쓰러뜨리지 못하는 일제의 전성기는 그 당시의 시대 상황을 조금이라도 읽고 있는 자라면 당분간 지속되리라는 것이 일반적인 생각이었기 때문이었다. 괜히 앞뒤 돌아보지 않고 일제를 향해 독립운동을 한답시고 자신과 가문을 앞세우는 순수한 행동 따위는 정말이지 시대에 적응하지 못하는 무모한 치기 정도로만 비쳐졌을 것이다. 딱히 계란으로 바위 치기에 가까운 독립운동에도 전혀 흔들림 없는 일제와 또한 공동 운명체인 친일파 세력들과 대비되게, 독립운동가들의 비명횡사와 같은 객지에서 심심찮게 들려오는 비보들은 더욱 극명하게 현실주의적인 유전자들이 우리 조국에서 활개 칠 수 있는 최적의 환경을 만들어주었을 것이다. 더욱이 조국을 간단하게 배신한 대가로 얻은 혜택들은 얼마나 달콤했겠는가. 일제에 충성을 다한다는 것은 당장 가족들에게도 큰 이로움이니, 나 하나 조국을 배반한들 세상이 달라지겠으며 나 하나 독립운동을 한들 세상이 뒤바뀌겠는가. 그러니 눈에 밟히는 식솔들이라도 돌보겠다는데 정말 이보다 더 중요한 것이 그 어디에 있겠는가. 정말이지, 조국의 안위는 안중에도 없는 그들의 천연덕스러운 행동은 적응력 강한 유전자에 내성마저 가미하여 더욱 견실하게 강화되었을 것이다.

더구나 미 군정과 그 정통성을 그대로 이어받은 남한 정부의 보호 아래 친일 자본가 세력들은 특별한 제재 없이 그동안 해오던 사업체를 온전히 보전할 수 있었다. 즉, 해방 이후에도 그들은 다른 이들보다 경제적으로 한발 앞설 수 있는 혜택을 누렸을 것이고, 역시 천황에게 충성을 맹세했던 일본 육사 출신들 또한 광복 후에도 미 군정과 이승만 정권에서 군의 요직을 담당하며 승승장구할 수 있었다. 이 당시 대표적인 친일 자본가를 거론하면, "조선인에게 지원병 제도를 시행하게 된 것은 조선인의 의무"라고 언급하며 조선인이 일본 제국민으로서 권리와 의무를 갖게 된 것에 환영하는 글을 올렸던 두산 그룹 창업주 박승직 초대 회장과 일제에 국방헌금을 내고 학도병 권유 연설에도 적극적이었던 삼양 그룹 창업주 김연수 회장 등 무수한 이를 들 수 있을 것이다. 그리고 한때는 민족지를 지향했던 『조선일보』는 경영 악화로 고리대금업자 방응모에게 경영권이 넘어간 후, 천황에 대한 찬양과 신민에 대한 의무를 대놓고 연재하며 친일하는 것도 모자라, 해방 후에도 권력에 아첨하며 위세를 누리는 방법을 알아 진실을 알리기보다는 언론 권력을 장악하는 데 온 신경을 집중하기에 이르렀다. 물론, 그들의 행동이 비난받아 마땅하다 하더라도, 일제 강점기에 사업의 속성상 독립운동도 아니고 일제의 도움 없이 사업장을 늘려간다는 것은 거의 불가능에 가까운 일이라고 볼 때, 굳이 조선총독부의 '회사령'을 언급하지 않더라도 사업의 규모를 떠나서 아무리 민족 기업이라도 일제의 사업에 대한 어느 정도의 기여 없이는 조선총독부의 협조를 얻지 못했을 것이 분명하다면, 당시 모든 사업가는 친일 자본가의 혐의를 영영 벗을 수는 없다는 제한점이 있음을 먼저 지적해야 할 것이다.

그리고 일본군 출신으로 광복 후에도 남한에서 승승장구하던 대표적인 인물들로는 박정희, 백선엽, 김창룡 등을 거론할 수 있다. 그들이 일본군 출신이라는 핸디캡에도 불구하고 남한에서 그렇게 빨리 자리 잡을 수 있었던 배경에는, 이승만 정부의 극단적인 반공 정책에 따라 사회주의 세력을 진압할 군대식 조직에 대한 수요가 급증하였고 곧이어 터진 6·25 전쟁은 그들의 입지에 날개를 달아주는 충분한 기회를 제공하였을 것이다. 북한과 다르게 친일 행적이 남한에서는 자신의 입지를 다지는 데 큰 걸림돌이 되지 않았고, 오히려 그들의 친일 행적은 경력으로 인정받을 수 있다는 정권의 허락 아래, 그들이 다른 이들보다 경쟁력에서 앞설 수 있었던 것은 우리 민족에게는 큰 불행이었지만 적어도 그들에게는 자신의 과거 행적을 정권에 대한 충성심으로 만회할 수 있는 절호의 기회가 되었을 것이다. 그래서 적어도 그들이 우리나라 군 조직을 이끌어갈 대들보가 되는 데는 하나도 거칠 것이 없었을 것이다. 더구나 한반도에서 벌어진 좌우 대립의 험악한 분위기와 곧 이은 전쟁은 그들이 가진 재능을 맘껏 발휘할 수 있는 무대가 되지 않았던가. 그와 더불어 일제 강점기 시절 치안을 담당했던 친일 경찰들도 미 군정의 필요에 의해 자신의 보직을 그대로 유지하는 것은 그리 어렵지 않았고, 지배 계층에 협조하며 소작농을 착취하는 방법을 익히 알고 있었던 유지들 또한 광복 후 북한에서 친일파 청산과 함께 벌어진 토지 개혁으로, 하루아침에 모든 토지를 빼앗기자 대거 남하하여 반공사상과 자본주의 사상으로 중무장한 그 당시 이승만 정권의 강력한 체제 옹호 세력으로 거듭날 수 있었다.

반면에, 일본 군부에 의해 징병이나 징용, 위안부 등으로 강제로 끌려갔던 일반 백성들은 해방 후에도 대부분 국내로 돌아오지 못하고 머나먼 땅에서 쓸쓸한 운명을 맞이해야 했고, 설령 국내로 용케 들어온다고 하더라도 오랜 외지 생활 때문에 국내에서 어떤 기반을 갖지 못하고 배운 것마저 미천한 상황이라 가난이라는 운명을 수없이 대물림해야 하는, 어쩌면 일제 강점기 시절보다 더 참혹한 삶을 이어갈 수밖에 없었다. 그 밖에 독립운동으로 가산을 탕진한 독립운동가들은 당시 친일파 인사가 득세한 이승만 정권의 의도적인 푸대접과 전쟁 등과 같은 급변하는 시대 상황에 적응하지 못하고 하나둘 사라졌을 것이다. 더구나 그들의 독립운동 활동 경력은 오히려 걸림돌로 작용하여 친일 세력들의 지속적이고도 집요한 견제에 하나둘 권력에서 제외되는 일마저 다분하였다. 이처럼 암울하기만 했던 광복 후 우리 시대를 이끌었던 세력들의 대부분이 친일과 관련되지 않은 인물이 적었던 것은, 미 군정과 이를 이어받은 이승만 정권이 좌우충돌이 정권을 위협하는 상황을 과장되게 호도하면서, 친일 청산에 대한 피로감을 누적시키는 데 큰 영향을 주었기 때문이다. 결국, 청산되지 않은 친일의 잔재로 인해 사회의 전반적인 정의 실현은 중요 사안에 밀려 매번 뒤로 미뤄지게 되면서, 국민을 하나로 묶지 못하는 정치적인 혼란 상황이 계속될 수밖에 없었다. 이렇게 일반 국민의 일반적인 정서와는 확연하게 구분되는, 정부 수립 당시 남한의 정치 상황은 고스란히 6·25 전쟁 후 한때 남한의 경제 상황이 북한의 경제에 뒤처지게 되는 한 원인이 되었다.

아무튼, 광복과 함께 오랜 일제 강점기에서의 해방은 식민지 백성으로 더 이상 살지 않아도 된다는 천지개벽과 같은 기쁜 소식이었다. 설령 자신이 아무것도 갖지 못한 밑바닥과 같은 처지라도 그것은 중요하지 않았다. 태극기를 들고 만세를 목이 쉬도록 외쳐도 아무도 뭐라 하는 사람이 없으니 그냥 이대로 꿈같은 시간이었다. 다만 해방 후 한 가지 아쉬운 점은 1919년 3·1 운동으로 촉발된 대한민국 임시 정부는 그간의 미미했던 활동으로 인해, 미 군정으로부터 공식적인 정부로 인정받지 못하고 외교 능력을 갖추지 못한 해외 한인 독립운동 단체의 하나로 전락하고 말았다는 사실이다. 이것은 그간의 대한민국 임시 정부 요원들의 활동이 국제적으로 인정받을 만한 외교력을 발휘하지 못했다는 것을 의미하는 것으로, 결과적으로 이런 상황은 객지에서 조국을 되찾겠다는 일념으로 각고의 노력을 기울렸을 임시 정부 요원들에게는 더없이 허망한 일이었을 것이고, 희망을 잃어버린 우리나라 국민에게는 자주독립이라는 마지막 남은 기대조차 사라지게 된 것이었다. 이처럼 예측할 수 없는 시대의 불운은 어쩌면 우리를 일제 강점기보다 더 큰 불행의 한가운데에 놓이게 하였다.

사실, 독립 국가였던 우리나라가 국권피탈로 일본 제국주의의 식민지로 전락하는 것이 우리에겐 기가 막힐 노릇이었지만, 미국과 같은 열강의 입장에서는 일본이 자국의 군대를 양성하고 군 자본을 투자하여 획득한 당연한 권리라고 생각하였다. 억측 같지만, 식민지를 몇 개씩 거느린 제국주의 열강 국가들 입장에서는 무능한 정부를 대신하여 그 나라 백성들을 거두어주는 것은 인정적으로도 수긍할 수 있는 당연한 조치라고 생각한 것이다. 그런 의미에서 윌슨의 '민족자결주의'는 그 의중조차 의심스러워 열강들에게는 공감을 얻지 못하고 식민지 백성들에게는 실현 가능성이 없는 그냥 이상으로만 존재하는 선언으로 전락하고 말았다. 물론, '민족자결주의'에 의거하여 독립을 쟁취한 국가들이 없었던 것은 아니었지만, 이 '민족자결'의 원칙이라는 것도 애초부터 패전국이나 유럽 제국주의 국가들의 이익에 반하는 비유럽 세계의 식민지에는 예외로 하여 적용되지 않았다. 유독 '민족자결'의 원칙이 온전히 적용된 곳이 있는데, 제1차 세계대전 후의 발칸과 동유럽이 이에 해당된다고 할 수 있었다. 그런 배경으로 폴란드, 체코슬로바키아, 유고슬라비아, 핀란드, 발트 3국 등이 제1차 세계대전 이후에 독립을 얻게 되는데, 그 또한 동유럽에서 신국가 건설을 통해 독일 등의 동맹 제국을 약화시키고 더 나아가 소련을 주변국으로부터 분리하려는 의도로 행해진 서방 제국주의들의 야망이 '민족자결'이라는 허울 좋은 정책으로 연결되었다고 봐야 할 것이다. 우리가 일찍이 '민족자결'이라는 제국주의의 말장난에 농락당했던 사실은 우리가 우리의 독립을 지킬 만큼 힘이 없었다는 것이 첫 번째 이유이고, 일본이라는 또 다른 제국주의가 그 힘을 다른 제국주의 국가들과 견줄 정도로 잃지 않았던 것이 두 번째 이유라고 할 수 있다. 또한 일제가 패망이 가까워질 무렵에도 일본이 식민지 한국을 손에서 놓지 않으려 한 것도, '민족자결주의'가 팽배했을 때도 자신의 몫으로 분명하게 남겨졌던, 전쟁이 아닌 국가 간의 정상적인 절차를 밟은 조약에 의한 '한일합병'이라고 일관되게 주장했기 때문이다. 즉, 일본뿐만 아니라 다른 제국주의 국가들의 일관된 입장은 한마디로 일본과 조선은 태평양 전쟁이 터지기 오래 전부터 한 나라라는 논리에 변함이 없었다. 하지만 이런 일제의 논리라도 일본이 미국과 전쟁을 벌이게 된 이상 미국을 비롯한 연합국들에게 보기 좋게 거절될 수밖에 없었다.

사실, 제국주의 열강 국가들은 식민지로 전락한 우리에게 이렇게 조언하고 있었다. 일본을 나쁘다고 말하지 말고 너희들을 그렇게 만든 너희들의 정부, 즉 고종을 비롯한 대한제국의 황제와 그 무능한 황제를 잘 보필하지 못한 신료들을 탓하라는 것이었다. 그러니 일본은 지금까지도 우리나라의 무능한 정권을 대신하여 한국의 근대화에 기여했다는 황당무계한 논리로 자신의 당위성을 주장하고 있는 것이다. 그러나 한편으로는 무능한 정부라도 근대화를 위한 노력만 느렸을 뿐, 근대화의 움직임은 분명히 있었다고 할 수 있다. 하지만 열강에 의해 그런 기회마저 박탈당한 채 일방적으로 나라를 빼앗긴 책임 모두를 당시 정부의 무능함이라는 멍에를 씌워 단죄하기에는 석연치 않은 구석이 있는 것이 사실이다. 애초부터 식민지 백성들의 민의를 고려하지 않은 열강들의 행동은 정치적 폭력과 기만이라고 할 수밖에 없는데도 불구하고, 식민지 지배의 불만을 무마시키고 자신들의 침략의 정당성을 찾으려는 그들의 노력은 식민지 국가의 근대화에 기여했다는 궤변으로 연결되기에 이른 것이다.

얼마 전 우리나라의 근대화를 위해 일본이 노력했다는 내용이 일본의 방송도 아닌 미국의 방송에서 미국 진행자에 의해 그것도 생방송으로 방영되는 어이없는 일이 벌어지기도 했다. 2018년 2월 9일(한국 시각), TV에서는 우리나라가 제23회 평창 동계 올림픽을 개최하여 전 세계에 개막식 장면이 방송으로 나가고 있었다. 일본 선수단이 등장하는 장면에서 미국의 진행자는 선뜻 이런 말을 내뱉는다. 진행자의 입에서 나온 말을 그대로 옮겨보면 다음과 같다. "now representing Japan, a country which occupied Korea from 1910 to 1945. But every Korean will tell you that Japan is a cultural and technological and economic example that has been so important to their own transformation." 즉, "일본은 한국을 1910년부터 1945년까지 식민지로 지배했지만 모든 한국인은 일본이 문화, 기술, 경제적으로 변화의 중요한 본보기였다고 말할 것"이라는 것이다.

우리에게 있어, 종종 일본의 우익 정치인들에 의해 연례행사처럼 자행되는 이런 정치적인 발언들은 사실 너무 반복되다 보니 식상하고 무감각해지기까지 했던 일이었다. 하지만 우리의 우방이라고 생각하고 있는 미국과 미국인에 의해, 그 내용도 일본 정치인들의 생각과 거의 일치하는 말을 생방송 도중 거리낌 없이 하는 것을 보고 분노를 넘어서는 황당함을 느낄 수밖에 없었다. 이 발언이 주는 의미는 식민지를 거느려 본 일제를 비롯한 세계열강 국가들은 아직도 당시의 한국과 같은 식민지의 백성들은 그들의 무능한 정권을 대신하여 식민지 한국을 근대화로 이끌어준 제국주의 국가들에게 어느 정도 빚을 지고 있다는 것이었다. 그들 입장에서는 이 망언은 하나의 해프닝으로 치부될 수 있겠지만 우리에게 있어서는 우리나라가 식민지 누명을 벗은 지 73년이 지난 2018년까지도, 역사는 지워지지 않는 진행형이며 역사를 보는 관점은 공유할 수 없는 개별화된 입장일 뿐이라는 사실을 우리에게 다시금 일깨워준 사건이 되었다. 한편, 평창 동계올림픽 조직 위원회는 오늘(2018년 2월 11일) "미국 NBC로부터 '부적절한 발언으로 대한민국 국민의 심기를 불편하게 했다는 점을 이해하며, 사과드린다.'는 내용의 공식 서신을 받았다."고 밝히며 이번 해프닝을 서둘러 마무리하려는 움직임을 보였다.

이번 해프닝을 통해 우리가 알 수 있는 분명한 사실은, 일본의 일명 '근대화론', 즉 자신의 식민지 지배는 식민지 국가의 근대화에 기여했다는 제국주의 시대의 뒤틀린 역사관을 미국을 비롯한 다른 나라들도 충분히 공유하고 있다는 점이다. 이는 우리가 역사에 대해서 얼마나 안일하게 접근하고 있는지를 깨우쳐주는 계기가 될 수 있다고 생각된다. 우리는 이번 일에 일시적인 분노와 항의 글로 당장 미국 방송사와 진행 당사자로부터 사과를 받아낼 수는 있었지만, 식민지 역사를 아무렇지도 않게 왜곡하는 일본을 비롯한 다른 열강들의 계속되는 망언이 사라지지 않는 한, 우리의 민족적 자존심은 그리 쉽게 회복되지 못할 것이라는 우려 섞인 기우를 가지게 된다.

사실, 일본의 진주만 기습이 있기 전까지 미국은 같은 제국주의 국가인 일본과 우호적인 관계를 유지하고 있었다. 또한 영일 동맹에서 보듯이 영국 또한 일본 제국주의의 성장에 크게 기여하기도 하였다. 물론, 다른 제국주의 국가들이 그러하듯 다른 제국주의 국가를 응원할 때는 자신의 식민지와 영역을 건드리지 않는 범위 안에서 지지한다는 것은 불문율에 가까운 일이었다. 그래서 우리나라를 점거한 일본의 행보는 다른 제국주의 국가의 이익을 침범하지 않는 한, 하등 문제 될 것이 없는 당연한 권리로 인정받았던 것이다. 어쩌면 일제가 아니었다면 우리나라는 분명 다른 나라의 지배를 받았을 것이고 엉뚱한 얘기가 될 수 있지만 러일 전쟁에서 러시아가 이겨 우리나라가 러시아의 지배를 받았다면, 제2차 세계대전 후 소련이 폴란드 땅을 빼앗은 사례가 증명하듯 승전국인 소련이 우리나라에서 그냥 순순히 물러가지만은 않았을 것이다. 일본이 패전국이 되어 갑자기 독립을 쟁취했던 것과 다르게 승전국이었던 소련이 점거했을 우리나라였다면, 우리는 분단은 되지 않았을지는 몰라도 한동안 소비에트 연방의 테두리에서 다분히 공산주의 국가의 모습을 하고 있었을 것이다.

하지만 극동에서의 러시아의 확장을 저지하기 위해 일본의 성장을 지지하고 한편으론 급성장을 경계해야 했던 미국의 이중적인 태도도 일본과 태평양 전쟁을 치르게 되면서 급변하게 된다. 제국주의 간의 균열이 생기기 시작한 것이다. 한편으로, 그것은 우리에게도 기회가 왔다는 것을 의미하기도 했다. 급기야 1943년 카이로 회담에서 연합국 측은 일본의 힘을 약화시키기 위한 일환으로 한국의 독립을 약속하게 된다. 이는 일본의 팽창을 견제하려는 일본 제국주의에 대한 경고로 받아들여졌다. 1943년 9월 이탈리아가 연합군에 항복하자, 연합군 측은 세계대전의 수행과 전후 처리 문제를 사전에 협의하기 위해 회담을 가졌던 것이다. 그리고 특이하게도 이 회담에서 한국의 독립 문제가 처음으로 언급되었다. 하지만 이 결정을 한 연합군 측에서 볼 때는 한국의 독립을 약속해 줄 대상이 없다는 것이 문제였다. 오래전부터 일본에 의해 와해된 한국의 국내 정치 세력은 대한민국 임시 정부가 있음에도 불구하고 하나의 중심 세력을 갖지 못하고 동분서주할 뿐이었다. 그간의 대한민국 임시 정부의 노력은 우리가 볼 때는 대견한 것이었으나, 미국에서 볼 때는 한국을 대표하는 정부로 인정받기에는 미흡한 것이 사실이었다. 그 당시엔 누구나 대한민국의 독립과 해방을 위해 노력한다고 당당하게 말하고 있었으나 정작 해방 이후를 준비하는 세력은 많지 않았던 것이 사실이었다. 그만큼 해방은 우리에게 준비 없고 경황없는 가운데 느닷없이 찾아온 갑작스러운 현실이 되고 말았다.

나. 6·25, 미완성의 전쟁

7년 동안 전 세계 사람들을 공포로 몰아넣었던 그야말로 파란만장했던 제2차 세계대전이 드디어 끝났다. 하지만 아이러니하게도 세계는 이제 새로운 전쟁을 준비해야 했다. 전쟁의 속성상 전쟁을 통해 기존의 강자가 사라지면 그 강자를 극복해낸 새로운 강자가 탄생하기 마련으로, 그와 동시에 그동안 기존의 강자들에 억눌려 있던 수많은 약자는 새롭게 부상한 강자가 지배하는 질서에 발 빠르게 적응해야 했다. 그 말은 자신의 이해타산에 맞는 정치적 선택을 서둘러 결정해야 한다는 것이었다. 그 와중에 자신의 의도와 다르게 다시 식민지 국가가 되는 나라도 있었고, 드문 경우지만 강자와의 독립 전쟁을 통해 독립을 쟁취하거나 당장은 아니어도 후일을 기약하는 나라도 등장하였다.

해방 후 우리에게도 다른 나라와 마찬가지로 선택을 할 수 있는 기회가 찾아왔지만, 우리는 스스로의 힘으로 독립을 쟁취하지 못했고, 일방적으로 독립을 당한 현실에서 우리가 할 수 있는 것들은 많지 않았다. 독립을 위한 우리들의 희생이 작았다는 것은 우리가 가질 몫이 그리 크지 않다는 것을 의미했고 또한 현실적으로 우리가 짊어질 운명은 다른 강대국들의 선택에 의해 크게 좌우되고 있었다. 하지만 강자들의 싸움에서 해방을 맞은 우리 독립 주체 세력들만이라도 최대한 민족에 도움이 될 수 있도록 한목소리를 내야 했으나, 대외적으로 대표성을 갖지 못했던 대한민국 임시 정부가 그 역할을 해내지 못하면서, 각 장의 주장만큼이나 뿔뿔이 흩어진 우리나라는 완전한 독립을 꿈꿀 수 있는 천운의 기회를 스스로 날려버리게 된다. 갑론을박 누구라고 할 것 없이 서로를 이해시키고 소통하며 타협하려는 움직임보다는, 납득할 수 없는 이념과 고립된 이론으로 상대방을 일방적으로 설득시키려고 하는 데만 혈안이 되어 있었다. 그러나 그래서는 백성들의 목소리를 하나로 묶어 더없이 혼란스러운 대내외의 상황을 극복하고 강대국들에게 우리의 독립 국가 수립 의지를 일관되게 보여줄 수는 없었다. 나름대로 독립과 정부 수립에 관여했던 인사들 스스로는 무엇인가 하고 있다고 믿고 있었으나, 결과적으로는 강대국들의 지시 없이는 이렇다 하게 할 수 있는 것이 없었다. 이처럼 우리에게 당면한 독립 전쟁이 아닌 열강들 간의 전쟁이 그들만의 방식으로 마무리된 즈음, 식민지 국가에 태어난 우리나라의 백성들과 지도자들에게 주어진 권한은 처음부터 아무것도 없었고, 열강들의 우리 민족과 지도자에 대한 기대 또한 크지 않았다는 것은 어쩔 수 없는 현실이 되어 있었다. 한마디로 공짜로 얻은 광복은 가짜였던 것이다.

이제 막 일본 제국주의를 한반도 밖으로 밀어냈다 싶었더니, 또 다른 제국주의 국가가 기다렸다는 듯이 한반도를 향해 몰려들고 있었다. 우리나라 사람들이 식민지 백성의 누명을 겨우 벗어난 현실에서 우리는 우리의 독립운동을 늘 자랑스럽게 생각했다. 그러나 또 다른 제국주의가 우리의 새로운 주인임을 알게 되었을 때는, 누가 일제에 대항해서 지금까지 정치를 잘했는가, 누가 가장 많이 독립운동을 통해 자신의 역량을 보여 주었는가, 누가 백성들의 지지를 기반으로 정부 수립을 완수할 수 있는 능력을 갖추고 있는가, 누구보다 많은 독립운동에 관한 업적을 갖고 있는가 등은 정녕 중요하지 않았다. 어쩌면 누가 우리나라의 전후 주도권을 잡느냐의 문제는 의외로 생각보다 간단해 보였다. 즉, 일본이 물러난 자리에 그 자리를 대체한 미국과 소련에 의해 누가 선택을 받느냐의 문제로 귀결되었다.

이것은 단편적으로만 보아도 선택받지 못한 김구, 조만식, 박헌영, 여운형 등이 선택받은 이승만, 김일성보다 능력이나 업적에서 떨어지는 것은 절대 아니어서, 그것은 어쩌면 단순한 강대국들의 입맛에 맞는 인물들의 선택 과정에 따른 결과일 뿐이라고 말할 수 있는 것이었다. 더구나 그들이 선택받은 요인 중에는 아직 무르익지 않은 이념이나 민족을 위한 숭고한 계획은 더더욱 고려 대상이 아니었다. 결국, 미국과 소련이 가진 정치적인 DNA를 남과 북에 제대로 이식할 수 있도록 하는 강자의 입맛에 맞는 선택의 문제였던 것이다. 굴욕적으로 들릴지 모르지만, 한마디로 약자인 식민지 출신 지도자는 최강자의 성향을 잘 파악하여 줄을 잘 서야 한다는 것이었다. 그에 반해 자신의 가치를 미처 깨닫지 못하고 자존심을 굽히지 않고 줄을 잘못 선 대가는 너무나 참혹했다. 어쩌면 강자들에게 머리를 조아리지 못하고 지나치게 꿋꿋하기만 했던 자신을 돌아보며, 자책하듯 지도자가 될 기회를 박탈당한 것까지는 참을 수 있는 일이었는지도 모른다. 하지만 정치적 패배는 차선을 택할 기회가 주어지는 것이 아니라 완전한 정치적 몰락을 의미했다. 그야말로 내일이 없는 한 번의 간택과 실책은 결과적으로 정치적 패착과 숙청으로 연결되기 때문이다. 그것을 증명하듯, 해방 후 최강자인 미소 군정과의 정치적 노선에서 제외된 김구와 조만식 등은 평범한 삶조차 약속받지 못하고 쓸쓸한 죽음으로 마지막 정치적 퇴장을 받아들여야 했다. 결국 누군가의 선택은 운명보다도 더 끔찍한 현실을 가르쳐주고 있다고 할 것이다.

그러면 여기에서 우리는 두 명의 선택받은 자 중 미 군정에 의해 선택받았던 이승만을 우선 살펴보고자 한다. 먼저, 과거 수많은 역사가와 정치 평론가들은 물론이거니와 지금까지도 정녕 이승만이 우리나라를 이끌어갈 정도의 충분한 능력과 자질이 있는지에 대해 여러 가지 의문점을 갖고 있다는 것이 엄연한 사실이라고 볼 때, 그가 펼친 그간의 독립운동이 납득할 만한 성과를 이루었는지, 그 과정에서 이루어진 정치적 선택이 탁월했는지, 그리고 김구를 비롯한 남한의 다른 정치 세력들과의 경쟁에서 압도적인 선택을 받을 정도의 탁월한 능력을 갖추고 있는지 등 그에 대해 접근할 수 있는 범위 내에서 제한적으로라도 점검해 볼 필요가 있다고 사료된다. 물론, 한정된 지면으로 그에 대한 모든 것을 속속들이 언급할 수는 없다 하더라도, 이승만의 초기 독립활동에서 벌어진 두 가지 장면을 통해 그가 가졌을 정의로움과 독립운동 그리고 정치에 대한 그의 생각을 유추해 보고자 한다.

20대 초반의 이승만은 우리나라의 신학문을 배울 수 있는 배재학당을 졸업한 뒤 독립협회의 만민공동회(1898년)에서 연사로서 처음 세간에 이름을 알리게 된다. 이승만은 그 후 1899년 고종 황제 폐위 음모 사건에 연루되어 1904년 8월까지 5년 7개월 동안 투옥되었는데, 징역 생활 중에서도 평소 영어 사전까지 편찬할 계획을 하고 있었을 만큼 이승만의 뛰어난 영어 실력을 익히 알고 있었던 정부는, 일본에 대항하여 우리나라의 독립을 보전하고자 그 간의 우리나라 사정과 희망을 미국 정부에 설명해야 할 필요성을 느껴 이제 막 석방(1904년 8월 9일 특별 사면령)된 이승만을 미국에 파견하게 된다. 미국에 도착한 후 이승만은 실제로 시어도어 루스벨트(Theodore Roosevelt) 대통령까지 만나는 등 우리나라의 독립 보존을 위한 청원 활동을 펼치나, 애초부터 극동에서 러시아의 진출을 막아줄 대상으로 일본을 점찍어 두고 있었던 미국에게서 그 이상의 효과를 기대하기는 어려웠다고 한다. 그 후 그는 한국으로 돌아가지 않고 미국에 남아 프린스턴 대학에서 「미국의 영향하의 중립론(Neutrality as influenced by the United States)」이라는 제목의 논문으로 박사학위를 받게 된다. 당시 받았던 박사학위 논문에서 이승만은 강자들의 틈바구니에서 약자들이 조국을 보존할 수 있는 유일한 방법은 외교이고 어떻게 외교의 방향을 잡을 것인가에 따라 국가의 존망이 달렸으며, 이제 한국과 같은 약소국은 미국이 중재하는 세상 속에서 국가의 자주권이 훼손되지 않는 범위 내에서의 자주 외교로 나아가야 한다는 방향을 제시하게 된다. 이승만이 평소 가지고 있던 정치 신념을 잘 정리한 것으로 평가받는 이 논문은 향후 초강대국으로 부상할 미국의 위치를 어느 정도 예측하는 등, 비교적 당시 세계정세에 대한 탁월하고도 해박한 지식을 기반으로 했다는 점에서 상당히 신빙성 있는 논문으로 인정받고 있었다. 어쩌면 이승만의 향후 행적에서 엿볼 수 있는 강대국 미국을 향한 일관성 있는 외교적 시도는 그의 논문으로 완성된 그의 생각을 실천한 것이라고 할 수 있다.

그 무렵 이승만의 생각을 유추해 볼 수 있는 첫 번째 장면이 등장하는데, 이승만이 미국에 체류하고 있던 시절, 재미교포 전명운(田明雲)과 장인환(張仁煥)의 스티븐슨 저격 사건이 미국 땅에서 일어나게 된다. 대표적인 친일파 외교관이었던 스티븐슨은 1908년 3월 21일 『샌프란시스코 크로니클(San Francisco Chronicle)』 신문 기사에 실린 인터뷰에서, "일본이 한국을 보호한 후로 한국에 유익한 일이 많으므로 근래 한일 양국인 간에 교제가 친밀하며, 일본이 한국 백성을 다스리는 법이 미국이 필리핀을 다스리는 것과 같고, 한국에 새로운 정부가 조직된 후로 정계에 참여하지 못한 자가 일본을 반대하나 농민들과 백성은 예전 정부의 학대와 같은 대우를 받지 아니하므로 농민들은 일인들을 환영한다."는 망언을 한다. 이에 격분한 전명운과 장인환에 의해 마침 일본국의 파견에 의해 일본의 한국 지배의 정당성을 미국에 알리려고 도착해 있던 스티븐슨을 저격하는 사건(1908년 3월 23일)이 벌어진다. 특이할 점은 이 사건을 주모했던 전명운과 장인환은 그전까지 서로 모르는 사이로 당연히 이 일을 서로 공모하지도 않았으나, 그 자리에서 우연히 같은 목적으로 스티븐슨을 저격하려고 했다고 한다. 이는 우리나라의 독립을 위해 일했던 많은 사람의 열망들이, 비록 몸은 조국을 떠나있어도 조국의 독립을 염원하는 마음이 가슴 속에 살아있음을 증명한 사건이라고 생각된다. 결국, 장인환이 쏜 총에 스티븐스는 미국 땅에서 사망하게 된다.

이에 독립을 위해 의거를 단행한 두 의사를 구명하기 위해 노력하던 미주 한인회는 영어에 능통한 이승만에게 변론 통역을 부탁하게 된다. 하지만 이승만은 "기독교인으로서 살인자의 재판에 참여할 수 없다."며 일언지하에 거절하게 된다. 미국에서의 여러 활동을 통해 이미 지식인으로 통하는 이승만이 동포의 의거를 알고 권하기도 전에 자발적으로 구명 활동에 발 벗고 나서줄 것으로 기대했던 미주 한인회는 당황할 수밖에 없었고, 할 수 없이 변론 통역 등을 다른 이에게 맡기게 되었다고 한다. 우리는 여기에서 이승만의 행동에 의아함을 가질 수밖에 없는데, 이는 이승만이 진정 독립운동을 생각하고 있는 자라면 자신과 뜻을 같이하는 이들을 위해 선뜻 변론 통역하는 것을 마다할 이유가 없다는 생각 때문이다. 이것은 어쩌면 미국에서 박사학위를 받는 등 미국 내에서 자신의 정치적 입지를 생각하고 있었던 이승만은 미국인이었던 스티븐슨을 저격한 두 동양인에 대해서 안좋은 기사들이 현지 언론을 통해 알려지는 것을 보면서, 자신도 그 저격 사건에 휘말리면 안 좋을 수 있다는 기회주의적인 판단을 한 것으로 보인다.

이승만의 우려대로 미국이 일제의 식민지 정책을 지지하고 한국의 독립 의지를 무시했던 것은 그 당시의 상황을 봐도 알 수 있다. 그 내면을 들여다보면 미국의 입장에서는 러일 전쟁으로 일본이 한국을 다스리는 것은 당연한 권리라고 생각하였으며, 극동의 러시아를 견제할 수 있는 세력으로 일본을 우호적으로 생각했던 것은 어쩌면 당연한 일이었다. 또한 무능하고 내부적인 문제를 많이 갖고 있던 대한제국을 오히려 근대적인 군대 시스템을 갖춘 일본이 관리해 주는 것이 동아시아에서 발생할 수 있는 혼란을 상당 부분 줄여갈 수 있다는 측면에서, 일본을 지지한다는 것은 꽤 일반적이고 합리적인 판단이라는 것이 상당 부분 인정을 받고 있을 때였다. 여기에는 대한제국이 러시아에 넘어가지 않고 일본에 넘어간 것을 다행으로 여기는 생각, 즉 미국이 그 당시 견지하고 있었던 동아시아 질서에 대한 기본적인 생각이 일본이 주장하는 것과 상당 부분 일치한다는 것을 짐작할 수 있다. 결국, 그런 생각들을 언론이 인터뷰 형식을 통해 보도했다는 것이 새삼스러운 것이 아닐 정도로, 스티븐슨이 평소 생각하고 있던 것은 미국 지도층의 생각들과 별반 다르지 않은 그야말로 기삿거리도 안 되는 평범한 내용이었다. 그런 미국 주류들의 생각을 빠삭하게 알고 있었던 이승만은 현지에서 익히고 배운 외교적인 감각으로, 개인적인 의거가 아닌 독립 전쟁의 일환으로 바라보아야 할 두 의사의 구호를 위해 아무런 변호 활동을 하지 않았던 것이다. 이는 이승만의 생각을 유추해 볼 수 있는 첫 번째 기회인데, 이는 좋게 보면 이승만은 평화를 신봉하는 철저한 전쟁 반대론자이자 미국 교육을 통해 합리적이고도 현실주의적인 사고를 하고 있다는 것을 짐작할 수 있는 정도이고, 나쁘게 보면 자신의 처신이 행동의 정당성을 논하기보다 향후 일어날 수 있는 영향에 대해 민감한 기회주의적인 면을 갖고 있었다는 정도를 짐작할 수 있다.

그와 관련하여 당시 하와이에서 독립을 위해서는 군대가 필요하다고 생각했던 박용만과 이승만이 끊임없는 의견 충돌을 일으켰던 것으로 보아, 이승만의 생각 속에는 군대 조직뿐만 아니라 폭력을 동반한 스티븐슨 암살과 같은 요인 저격을 통한 무력으로는 일본의 기세를 꺾을 수 없고, 오직 외교와 협상을 통해서만이 독립을 얻을 수 있다는 비교적 온건한 생각을 하고 있었던 것으로 보인다. 이와 맥락을 같이하여, 안중근 의거뿐만 아니라 윤봉길 의거 당시 하와이에 있던 이승만은 이 거사에 대해서도 부정적인 의견을 내놓으며 직언했다고 한다. 이처럼 이승만의 생각하는 요인 저격 등을 통한 과격한 독립운동은 나라를 되찾겠다는 신념에 근거한 '의열 투쟁'이 아닌, 독립과는 관계없는 '테러(암살)'의 일부분일 뿐 독립운동에 하등 도움이 되지 않는다는 태도를 분명히 하고 있었던 것을 알 수 있다. 아무튼 이 장면은 우리나라의 초기 독립운동사에서 이승만과 동선이 겹치는 부분을 통해 그의 생각을 엿볼 수 있는 첫 번째 장면이 되었다.

한편, 일제의 야심이 본격적으로 드러난 1910년 국권피탈로 인해 우리나라가 일제의 지배를 받게 되는 상황이 발생하자, 이승만은 귀국하여 여러 가지 활동을 하던 중 1912년 '105인 사건'에 연루되게 되고, 그 후 얼마간의 징역 생활을 거친다. 이후 그는 석방이 되기가 무섭게 국내에서의 희망을 완전히 접고 바로 미국으로 돌아가게 되는데, 그 이유는 더 이상 조국 내에서의 독립활동은 일제에 의해 거의 불가능하다는 결론을 내렸던 것으로 보인다. 그 후 이승만은 1945년에 귀국할 때까지 미국에서 주로 활동하게 된다.

어느덧 1918년에 제1차 세계대전이 끝나고 미국의 윌슨 대통령이 '민족자결주의'를 주창하면서 전 세계적인 협의 기구의 필요에 의해 국제연맹을 구상하자, 이승만은 한국을 국제연맹의 위임통치하에 둘 것을 요청하는 청원서를 1919년 2월 25일경 윌슨 대통령에게 제출하게 된다. 그는 장차 완전한 독립을 준다는 보장하에서 국제연맹의 위임통치를 받는 것만이 일본의 식민 지배에서 벗어날 수 있는 유일한 길이라고 생각했다. 하지만 이와 같은 이승만의 평소 생각은 우리의 힘으로는 독립하기는 힘들고 국제연맹을 통해 독립의 교두보를 마련하자는 의도였으나, 이는 국제연맹도 일본과 다름없는 외세라고 생각하였던 대한민국 임시 정부 요원들의 생각들과 맞지 않는 것이어서 갈등을 겪는 원인이 되었다. 이로 인해 임시 정부는 그동안 이승만의 외교적인 노력을 높이 사 그를 임시 대통령으로 추대했던 것을 거두어들이고, 1925년 3월 11일 그 간의 갈등 원인을 제공했던 이승만을 비난하며, 임시 정부 의정원은 소통이 어렵고 해외에서의 활동만을 고집하는 이승만을 탄핵해 대통령직을 박탈하게 된다. 이 장면은 대한민국 임시 정부 요원들과 차별화된 그의 초기 독립운동에서 그의 생각을 유추해 볼 수 있는 두 번째 장면이라고 할 수 있다.

그 사정을 자세히 들여다보면 더욱 복잡하다는 것을 알 수 있는데, 그의 직접적인 탄핵의 빌미가 되었던 것은 이승만이 1919년에 미국 정부에 제출한 위임통치건의안(청원서)이었다. 그 건의안은 미국이 국제연맹의 위임을 받아서 한국을 위임 통치해달라는 것이었는데, 당연히 임시 정부 요원들은 반발할 수밖에 없었다. 신채호 또한 이승만을 향해 "없는 나라도 팔아먹는 사람"이라고 직접 비난도 서슴지 않았다고 한다. 그럼에도 이승만의 생각은 초지일관 동일했다. 그는 한국이 독립된 정부를 구성하기 전까지는 강력한 미국의 통치가 선행되어도 우리의 자립은 크게 훼손되지 않는다는 입장을 고수했지만, 우리들만의 자주독립을 꿈꾸고 있던 임시 정부 요원들은 이를 쉽게 받아들일 수 없었다.

이승만의 영향이라고 할 수는 없지만, 미국 또한 한국의 독립에 대한 필요성을 알고 있으면서도 끝내 신탁 통치에 대한 가능성을 부정하지 않게 된다. 카이로 회담에서 회담 당사자들은 처음으로 우리나라의 독립을 약속하면서도 처칠의 요구에 의해 'in due course', 즉 '적당한 절차를 거친 후에'라는 말을 집어넣었다. 그 사정을 들여다보면 당시 루스벨트가 신탁 통치안을 구상하고 있다는 것을 알고 있었던 처칠에 의해 이 문구가 들어갈 수밖에 없었다고 한다. 결국 이 문구가 암시했던 신탁 통치안은 그대로 우리나라에 실현되게 된다. 더구나 한국의 독립을 약속하면서 한국인은 현재 노예 상태라고 언급하는 점 또한 확인할 수 있는데, 이는 한국이 오랜 식민지 기간으로 인해 자치 능력이 없다는 것을 의미하는 것이었고 결과적으로 신탁 통치안은 한국에게 필요한 정책이라는 것을 의미했다.

그렇게 한반도는 여러 강대국의 이해가 교차하는 지정학적 위치에 놓여있는 관계로 특정 강대국의 이해가 배제되거나 독점되면 분쟁이 발생할 가능성이 컸기 때문에, 독립보다는 신탁 통치와 같은 분할 점령 등이 주요한 화두로 강대국들 사이에서 얘기가 오갈 수밖에 없었다. 그렇게 자치 독립할 능력이 없는 한반도가 어떤 경로를 거쳐 독립할 자격을 획득할지는 바로 '적절한 시기', 즉 신탁 통치라는 절차와 과정을 통과해야 한다는 것을 명문화한 것이라고 할 수 있다. 어느새 한국은 일본 대신 태평양 전쟁의 패전 국가로 둔갑하여 강대국들에 의해 분할을 받아들여야 하는 운명에 처하게 되었다. 당사국인 우리에게는 어떠한 귀띔조차 하지 않고 강대국들만 알고 있었던 한반도 신탁 통치 결정은 이렇게 강대국들의 책상 위에서 시작되고 있었으나, 정작 한반도의 주인인 우리들은 아무것도 모른 채 그저 독립만 보장되면 우리들의 정부를 세울 수도 있다는 꿈에 부풀어 있었던 것이다. 어쩌면 이런 사실을 꿰뚫고 강대국들의 의견을 대폭 수용한 외교술을 펼치려고 했던 이승만의 생각은, 강대국들의 의견과는 전혀 맞지 않았던, 임시 정부 요원들의 현실과는 동떨어진 희망들과 비교해 본다면 상당 부분 합리적인 선택이었다고 할 수 있다.

아무튼 우리의 독립에 대한 요구가 배제된 채 진행된 카이로 회담 과정에도 불구하고 한국의 독립이 공식적으로 언급된 것은 큰 성과라고 할 수 있는데, 그 배후에는 임시 정부 요원들의 오랜 외교적 노력의 결과로 회의에 참석하는 장제스에게 임시 정부의 요구가 그대로 전달되었다는 점이 있었다. 또한, 전달된 내용 그대로 카이로 회담에서 한국의 독립을 선언하게 된 것은 큰 의미가 있다고 할 수 있다. 왜냐하면, 카이로 회담에서 비록 신탁 통치라는 방법이 동원되기는 했지만, 전후 독립에 대한 약속을 보장해 준 것은 한국이 유일했기 때문이다. 그 외에 일본이 점령하고 있던 인도차이나와 베트남 국가들은 '원래의 상태'로 되돌린다고 규정했는데, 이는 원래 주인인 유럽 제국주의 국가들이 복귀한다는 것을 의미하는 것이었다. 그래서 전쟁이 끝나기가 무섭게 인도네시아에는 네덜란드가 돌아왔고 마찬가지로 베트남을 포함한 인도차이나에는 프랑스가 복귀하였다.

이처럼 카이로 선언에서 보듯 대한민국 임시 정부가 장제스와 중국 국민당의 지원을 받게 된 것은 김구와 한인애국단원인 이봉창과 윤봉길의 역할을 빼놓을 수 없는데, 특히 장제스는 윤봉길의 의거를 두고 "중국의 100만 대군도 해내지 못한 일을 조선인 청년 1명이 이뤄내다니 정말 대단하다."라는 말로 극찬한 뒤 김구를 만나 대한민국 임시 정부를 지원해 주겠다고 약속하게 된다. 한인들의 독립에 대한 열망과 열정을 목격한 뒤 장제스의 한인을 보는 눈은 달라질 수밖에 없었고, 그 후 그는 한인 청년들이 황포군관학교(중국군의 육군 사관학교)에 들어갈 수 있도록 배려해 주는 등 이후 광복군이 만들어질 때까지도 대한민국 임시 정부와의 연을 지속해서 이어가게 된다. 어쩌면 카이로 선언에서의 한국의 독립 약속도 오로지 윤봉길의 의거 덕분이라고 할 수 있다. 이것은 사실상 유명무실했던 임시 정부의 위상을 한 번에 올려주었을 뿐만 아니라, 일제의 식민 통치로 고통받는 조선(한국)의 상황을 전 세계에 알릴 수 있는 기폭제가 되어 주었다. 후에 장제스의 도움으로 상하이 임시 정부와는 전혀 다른 그럴듯한 임시 정부 청사가 충칭에 마련되었을 때 백범 선생의 어머니인 곽낙원 여사는 이 모든 것이 "윤봉길 의사의 핏값이다."라며 그 감격을 술회하기도 했는데, 굳이 곽 여사의 말이 아니어도 25세의 나이로 순국한 윤봉길 의사에게 우리 민족이 진 빚은 부인할 수 없는 사실이라고 할 수 있다.

1945년 11월 3일, 대한민국 임시 정부 요원들이 개인 자격으로 귀국하기 전 충칭에 있는 임시 정부 청사 앞 계단에서 찍은 사진.

이런 역사가 있기 때문이었을까, 과거 우리나라가 1992년 중국과 서둘러 수교하면서 대만과 단교를 일방적으로 통보했는데, 장제스의 국민당 정부를 이어받은 대만은 대한민국 정부에 대한 배신감에 당시 언론은 태극기를 불태우는 장면을 연일 내보내면서 반한 감정을 부추기기도 했었다. 당시 대만 국민의 입장에서는 대한민국 정부가 어려웠던 시절 대한민국 임시 정부를 도와준 고마움을 이런 식으로 갚고 있다는 것에 지금까지도 그때 생긴 반한 감정은 누그러지지 않은 형편이다. 한때 중국 본토를 놓고 공산 진영과의 싸움에서는 같은 동지로서의 연대감을 느끼고 있었고, 경제 개발 시기에는 반도체 등으로 인한 강력한 경쟁자였으며, 한때 단교 선언으로 인한 배신감 그리고 최근의 경제 성장과 한류 등으로 인해 부러움을 갖는 등 대만인들의 한국에 대한 감정은 역사적 흐름에 따라 복잡하고 다양한 면을 갖고 있다고 할 수 있다.

또한, 대만은 어쩌면 우리나라와 비슷한 일제 식민지 역사를 갖고 있으면서도 역사 인식에 대해서는 다소 상이한 면을 갖고 있다. 대만 일반 교과서에도 우리와 다르게 일본의 식민지 지배 기간이 대만의 근대화에 기여했다고 기술하는 등 대만인들의 일제 식민 지배에 대한 인식은 우리와 사뭇 다르다고 할 수 있다. 우리와 비슷한 처지였으면서도 이렇게 상이한 입장을 갖고 있는 데는 다음과 같은 두 가지 측면이 고려되었다고 생각된다. 첫 번째로 거론할 수 있는 것은, 일본은 우리나라를 지배하려고만 했지 우리나라의 정치 자립과 경제 기반을 마련해 주는 데는 소홀히 하였기 때문에 우리나라는 일제에 끊임없이 독립을 요구하는 입장이었으나, 대만은 청일 전쟁 이후 일본령으로 넘어간 후 같은 섬나라로서의 특성이 있어서인지 몰라도 지배보다는 통치에 주력했을 일본의 방식에 오랜 세월 동안 순응했다고 할 수 있다. 대만도 약소국의 특성상 청나라이든, 일본이든 누군가 자신들을 지배하려고 드는 세력들이 있기 마련일 텐데, 요행히 이번에 지배 세력을 밀어냈다고 해도 다른 세력들이 들어온 것은 자명한 현실이기 때문에, 지금의 일본에 잘 협조하는 것이 최선이라고 생각하는 습성에 잘 배어 있었던 것으로 보인다.

또 다른 측면은 국공 내전을 통해 들어온 장제스 정부에 대한 반감 때문일 것이라는 분석이다. 이는 장제스가 대만 토착 원주민을 지배하는 방식이 계엄을 연장하면서까지 자신의 독재를 이어갈 정도로 혹독했기 때문에, 차라리 일본으로부터 지배받았던 시절이 더 좋았구나 하는 반발감에 일본의 식민 지배 역사에 대해서는 우리나라처럼 큰 반감을 갖지 않을 수 있었다는 생각이다. 1947년 2월 28일 대만 원주민들의 국민당 정부에 대한 불만에서 시작된 시위를 무자비한 유혈 진압으로 해결한 국민당 정부는 이를 계기로 계엄령을 38년간 유지하는 정책을 이어나갔고, 1987년이 되어서야 계엄령을 해제할 정도로 국민당 정부의 대만 정치는 차별과 탄압의 연속이었다. 어쩌면 우리와 비슷한 일제 식민 지배라는 역사적 배경을 갖고 있으면서도 지금도 반한 감정으로 우리와 대립하는 대만의 정서를 볼 때, 일본에 대한 우리의 기본적인 반일 정서를 포함한 여러 가지 공감대를 대만 원주민들이 우리와 같이 공유할 것이라고 기대하는 것은 다소 무리가 있어 보인다.

그리고 이런 대만의 복잡한 정치 상황은 2018년 11월 24일에 치러진 국민 투표 결과를 통해서도 확인할 수 있는데, 이 투표를 통해 그동안 1984년 올림픽 이후 하나의 중국이란 원칙에 따라 '차이니스 타이베이'로 나가야 했던 역사를 바로잡고 '대만'이란 정식 명칭으로 올림픽에 나가자던 대만 독립론자들의 꿈이 무산되기에 이르렀다. 이는 대만 유권자들의 표심이 '독립'보다는 '안정'을, '변화'보다는 '현상 유지'를 선택한 결과로 보이는데, 이로써 대만 독립 세력의 주장은 상당 부분 위축되고 시진핑에 의해 주도되는 하나의 중국이라는 원칙은 탄력을 받을 것이 자명해 보인다. 뜻밖의 선거 결과를 통해 알 수 있는 대만의 입장은 과거 외부 세력에 의해 어지간히 흔들렸던 경험이 있어, 이제 더 이상 실익이 없는 독립을 주장함으로써 더 큰 혼란을 부추기는 것보다는 어차피 대만의 국력으로는 중국을 상대하는 것이 어렵다고 보고 실리적인 안정을 추구한 것이라고 할 수 있다. 또 한편으로는 대만을 향한 중국과 시진핑의 군사적인 행동도 배제하지 않는 위협적인 움직임에 대만인들이 지레 겁을 먹은 것은 아닌가 하는 분석이 제기되기도 한다.

다시 본론으로 돌아오면, 그때까지 임시 정부에 많은 지원금을 보내주었던 구미 위원회는 이승만을 통해서 자금을 임시 정부에 보내주고 있었는데, 문제는 이 자금이 이승만을 거쳐서 오고 있다는 데 있었다. 당시 임시 정부에 들어오는 돈 가운데에는 미주에서 보내오는 돈이 상당히 많았는데, 하와이 사탕수수 노동자들이 피땀 흘려 번 돈의 일부를 애국금 형식으로 보냈던 것이다. 하지만 구미 위원회는 지출 총액의 13%밖에 안 되는 금액만 상하이로 보내왔다. 이 말은 곧 자금의 대부분은 이승만이 사용하고 남은 일부를 상하이 임시 정부에 보내오고 있다는 뜻이었다.[27] 상황이 이러하니 당연히 임시 정부 내에서는 이승만에 대한 불만이 높을 수밖에 없었다. 처음에는 대통령이 하와이에만 거주한다는 임시 정부 요원들의 항의에 못 이겨 상하이에 오긴 했지만, 이승만은 상하이에 체류했던 반년이라는 짧은 기간 동안 분란만 증폭시킨 채 미국으로 돌아가 버리고 만다. 이후 대통령직을 박탈당하게 된 것이 자신의 세력이 없기 때문이라고 깨달은 이승만은 하와이에서 자신을 지지해 줄 세력 구축에 나서게 되고 저술 활동에도 매진하게 된다.

---

27) 이기훈 외 공저, 『쟁점 한국사(근대편)』, 창비, 2017. p. 127.

태평양 전쟁이 발발한 후에도 이승만의 독립을 위한 외교적 노력은 위임통치에 대한 정치적 이견으로 상당 부분 반감되었던 것만은 사실이었지만, 그의 외교를 통한 독립 의지는 변함이 없었고 그러는 동안에도 미국 정부에 대한민국 임시 정부를 한국의 대표로 승인해 줄 것을 여러 차례 요청하게 된다. 그리고 그는 미국 정부에 로비하기 위해 한미 협회(The Korean-American Council)를 조직하였으나, 미국 정부는 1945년 태평양 전쟁이 끝날 때까지 이승만의 여러 가지 노력에도 불구하고 대한민국 임시 정부를 끝내 승인하지 않는다. 자유 프랑스 드골 정부도 나중에야 겨우 인정해 줬던 사례가 있어 외교적인 시도가 부족했다는 점을 지적할 수 있으나, 미국은 자유 프랑스와 다르게 군대도 없는 대한민국 임시 정부는 한낱 허울에 불과한 패망한 조국의 지식인들의 모임에 불과하다고 생각했던 것으로 보인다. 여기에서 우리는 항일 무장 투쟁을 주도했던 독립 세력과 다르게, 외교를 통한 우리나라의 독립을 추구하고자 했던 이승만의 외교적 노력을 통해 평소 그가 가진 독립의 방식에 대한 생각이 무엇이었는지를 엿볼 수 있게 된다.

그리고 해방이 되자 1945년 10월 16일에 이승만은 꿈에도 그리던 조국으로 돌아오게 된다. 갑자기 해방을 맞은 한국은 어떤 건국 세력이 주도하여 조국의 이상을 실현할지 경쟁하듯 다양한 움직임이 일어나고 있었던 때였다. 그때 이승만에게도 일생일대의 기회가 찾아온다. 미국에서의 다양한 활동 경력을 갖고 있으며 영어에도 능통하고, 미국 내 정치 흐름과 정서를 알고 있어 미국과의 소통하는 데 어려움이 없었던 이승만은 고만고만한 군소 정치 세력이 서로 경쟁하듯 세력을 확장할 때 미 군정으로부터 관심을 더 받았던 것이 사실이었다. 어쩌면 이것은 가능성을 넘어서는 기회로 자연스럽게 확장될 수 있는 장면이었고, 북한과 중공, 러시아와 맞설 정도의 투철한 반공 사상으로 무장한 이승만에게 다른 경쟁자보다 대중 앞에 설 기회가 더 많이 제공되면서, 그를 한국의 지도자로 세울 만하다는 생각을 그 당시의 미 군정은 품고 있었던 것으로 보인다. 그리고 이런 생각을 실천에 옮기듯이, 그를 차기 지도자로 생각하던 맥아더와 하지 당시 남한의 미 군정 사령관은 귀국 4일 만에 대대적인 이승만 귀국 환영식을 마련해 준다. 하지는 더 나아가 이승만을 민족의 영웅으로까지 치켜세워 준다. 이는 대한민국 임시 정부 요원들에게는 비보에 가까운 소식이었다. 이미 김구를 비롯한 다양한 정치 세력들은 이승만에게 처음부터 뒤처지고 있었던 것이다. 1945년 11월 23일 미 군정에 의해 김구를 비롯한 임시 정부 요원들이 환영식은커녕 개인 자격으로 귀국해야 했던 점은 미국의 이승만에 대한 기대가 얼마나 컸는지를 알 수 있는 상징적인 장면이라고 할 수 있다. 이 사건은 이승만에게는 더 없는 좋은 기회였지만, 그에 반해 처음부터 불공정한 싸움을 해야 했던 김구를 비롯한 임시 정부 요원들은 앞으로 미 군정 통치하에서 만만치 않은 정치적 행보를 이어가야 한다는 것을 예감해야 했다. 이승만과 다르게 미 군정이 김구의 입국에 즈음하여 김구에 대한 국민들의 관심사가 고조되는 것을 보고서, 해 준 것이라고는 2분 정도의 귀국 육성 방송을 허용했다는 정도일 것이다. 이는 김구를 비롯한 대한민국 임시 정부의 정통성과 역사, 독립투쟁 활동 그 어느 것도 인정하려고 들지 않는 미국이라는 대국의 일방적인 의사결정 과정의 한계라고 단정 지을 수 있다. 그리고 뒤늦게 김구를 비롯한 대한민국 임시 정부 귀국 환영 대회에 추운 날씨에도 불구하고 당시 서울 운동장에 15만 명이 넘는 환영 인파가 운집하자, 미 군정은 그제야 대한민국 임시 정부의 존재감에 놀라움을 표시했다고 한다. 미 군정 또한 새삼 국민들이 김구에 대한 기대가 얼마나 큰지 알게 되면서, 김구라는 인물에 대한 경계와 함께 그가 펼칠 정책에 대한 본격적인 검토에 들어가기 시작하였다.

1945년 12월 19일 서울 운동장에서 열린 '대한민국 임시 정부 개선 환영대회'. 미 군정에 의해 임시 정부라는 단체로서 입국하는 것을 거부당한 김구를 비롯한 대한민국 임시 정부 요원들이 개인 자격으로 환국(외국에 나가 있던 사람이 자기 나라로 돌아온다는 뜻)하자, 국민들은 일제 강점기에 온갖 고난과 역경을 겪으면서도 민족의 자주독립을 위해 힘쓴 대한민국 임시 정부의 역할과 노고를 뒤늦게나마 잊지 않고 자발적으로 나서서 환영해 주었다. 1945년 11월 23일 제1진으로 귀국한 김구는 기자회견을 통해 "우리는 정부를 가져왔지만, 군정이 있는 한 우리 정부는 아직 외국과의 관계를 갖지 못한다. 우리는 개인 자격으로 들어왔다."고 말하며 정치 활동을 위한 준비에 들어갔다. 하지만 이후 미 군정에 협조하기보다 독단적인 남북 협상 과정에서도 민족을 우선시하는 정치적 의견으로 사사건건 반기를 들자, 김구를 비롯한 임정 요원들은 미 군정으로부터 외면받게 된다.[28]

이후 주요 정치인들의 정치적 행보를 찬찬히 살펴보면 짐작했던 대로 김구는 미 군정의 의사와는 관계없이 조국과 민족을 먼저 생각하는 민족 우선 정책을 우선시하였던 반면에, 이승만은 하지 미 군정 사령관의 생각에 반하는 어떤 과한 행동도 보여 주지 않는다. 그 당시 김구가 신탁 통치 반대 운동 등 다양한 활동을 하였던 것에 비하면, 이승만은 오랜 외지 생활의 영향으로 한국에 자신을 지지해 줄 세력의 부족을 메우기 위해 지방 유세에 나서며 조용히 자신의 세력을 규합하는 데 주력하게 된다. 특히, 국자포고문(1945년 당시 반탁운동을 임시 정부가 선포한 포고문)을 통해 김구를 비롯한 임시 정부 요원들이 전국적인 반탁운동을 제2의 독립운동이라고 명명하며 미 군정과 사사건건 대립각을 세우자, 이에 미 군정은 이것은 자신들에 대한 정면 도전이자 쿠데타와 진배없는 행동이라고 규정하는 등, 고집스러운 민족주의자 김구는 철저하게 미 군정으로부터 배제되기 시작하였다. 이와 같은 범국민적인 정치 행위는 개인 자격을 유독 강조했던 미 군정의 정책에 반하는, 그 전부터 해 왔던 임시 정부의 역할을 넘어서는 과도 정부의 성격을 띠고 있는 것과 다름이 없었다. 하지만 미 군정의 힘이 막강한 남한에서 김구를 비롯

---

28) 사진 출처: 국가기록원.

한 민족주의자들이 할 수 있는 일은 제한될 수밖에 없었다. 그런데도 김구에게는 원칙이 하나 있었다. 그 원칙은 유독 김구가 자주 인용했던 서산대사의 시 속에 있다고 할 수 있는데, 어쩌면 이 시가 그 당시 그의 마음을 대변해 주고 있다고 해도 무방할 것이다. 시 전문을 소개하면 다음과 같다.

踏雪野中去(답설야중거) 눈 내린 들판을 걸어갈 때는
不須胡亂行(불수호난행) 그 발걸음을 어지럽게 걷지 마라
今日我行跡(금일아행적) 오늘 걷는 나의 발자국은
遂作後人程(수작후인정) 반드시 뒷사람의 이정표가 될 것이다

이 시를 읽노라면 좀처럼 희망이라고는 찾아볼 수 없는 민족의 어두운 현실 앞에, 앞으로 어떤 시련과 고통이 있을지라도 나라의 독립이라는 대업을 달성하기 위해, 비록 내 모든 노력이 당장의 성과 없이 헛되이 끝나더라도, 언제가 이룰 수 있다는 희망의 초석을 놓기 위해, 지금 나에게 주어진 나의 길을 묵묵히 가겠노라고 스스로 다짐하는 김구의 목소리가 지금도 들려오는 것 같다.

그리고 1946년 3월 20일 1차 미소 공동 위원회가 아무런 성과 없이 끝나버리자, 이승만은 미소가 갈라놓은 냉전의 분단선에 의해 남북한의 통일 정부를 세우는 것은 불가능하다는 것을 강조하며 남한만이라도 단독정부를 세워야 한다고 주장하기 시작한다. 이때부터 극명하게 갈라선 김구와 이승만의 생각은 합의점이 없이 평행선을 그리게 된다. 이런 상황은 이후 누가 남한의 정권을 잡더라도 상대편을 제대로 규합하지 않는 한, 분란의 불씨가 상존하는 불안한 상태가 지속될 수밖에 없다는 것을 의미하는 것이었다. 어느 시점에 무엇을 선택해도 반대 세력을 온전하게 설득하지 못하면 이후 남한의 정치 상황은 더없이 불안해질 수밖에 없을 것이고, 우여곡절 끝에 누군가가 권력을 잡게 되더라도 초기 정권이 선택할 정치적 손익 계산에 따른 부담은 늘 따르기 마련이었다. 더구나 이승만의 단독정부 추진과 이론 없는 반공산주의 정서는 소련과의 협력이 중요한 미국에게 큰 부담으로 돌아오게 되었고, 남한 또한 이승만의 투철한 반공 의식은 오히려 부담스러워 북한과 민족의 통일은커녕 영원한 적이 될 수밖에 없는 상황으로 인해 우리

민족에게 또 다른 불안감을 주기에 충분하였다. 미국과 소련이라는 소위 공통분모를 찾기가 어려울 정도의 평행선만 그리고 있던 정치 노선에 의해 꾸려진 당시 남북한 정부는, 어쩌면 전쟁이 아니고서는 자기의 정당성을 입증할 만한 방법이 없는 극단적인 상황으로 옮겨가고 있었는지도 모른다. 이에 미 군정은 한때 색깔이 확실한 김구와 이승만을 배제하고 중도파로 분류된 김규식을 대통령으로 세우려는 움직임을 보이기도 했다.

미국 정부의 이런 심상치 않은 움직임을 탁월한 외교적 감각으로 눈치챘기 때문이었을까, 이승만은 아직은 불안한 자신의 정치적 입지를 다지기 위해 워싱턴으로 직접 가는 정면 돌파를 선택하게 된다. 이승만은 위기를 극복하려면 기존의 평범한 방법으로는 해결할 수 없다고 보고 자신의 정치 생명을 건 도미를 강행하게 된다. 김구가 그가 가진 명성과 다르게 어떠한 전환점도 마련하지 못한 채 지지부진한 정치적 행보를 보일 때, 이승만은 당돌하게도 자신의 정치적 고향인 미국 정부의 압도적인 위치를 빌려보기로 한 것이다. 이승만은 하지를 비롯한 미국 정부의 대리인들로부터는 더 이상 얻을 것이 없다고 판단하고는, 미국으로 건너가 미국의 고위급 지도자를 직접 만나 남한의 지도자로 인정받을 수 있는 새로운 돌파구를 찾고자 한 것이었다. 그리고 그즈음 그리스 내전(1944~1949년)을 통해 표면화된 미소 간의 냉전 시대가 세계 언론의 우려로만 끝나는 것이 아닌 현실로 이어질 수 있다는 생각이 맞아떨어지고 있었다. 그에 맞추어 미국은 트루먼 독트린(Truman Doctrine, 1947년 3월)을 발표하게 되는데, 그동안 이승만의 생각에 미온적으로 대처하던 미국은 소련에 의한 공산주의의 확산에 대한 우려를 표명하고, 평소 이승만의 주장과 다름없는 남한만이라도 단독정부를 만들어 소련의 공산화 세력에 맞서는 친미 성향의 정권을 남한에서 키워야 할 필요성을 절감하게 된다.

결국, 이승만의 정치적 생명을 건 정면 돌파는 대성공을 거두게 되고, 1947년 4월 21일 이승만은 자신의 더욱더 굳건해진 입지뿐만 아니라, 미국 정부로부터 대규모 원조까지 약속받으며 남한 국민의 환영 인파 속으로 금의환향하게 된다. 그가 과감하게 선택한 도박 같은 도미가 기대 이상의 성과로 돌아온 것이다. 이는 위기를 맞아 이승만의 국면 전환을 위한 과감한 선택이 제대로 먹힌 것이었고, 김구는 뚜렷한 반전의 기회를 마련하지 못하고 이승만에게 그만 기회를 통째로 내어주게 된다. 이때부터 미 군정은 그동안 다수가 거론되었던 남한 차기 지도자에 대한 검증을 최종적으로 종결짓고, 이승만을 남한의 지도자로 확신한 듯 귀국 환영회도 더욱 성대하게 열어 준다. 이제 미국 정부의 든든한 지원을 등에 업은 이승만에게 더 이상 정치적인 걸림돌은 없을 것처럼 보였고, 남한의 권력을 향한 도전은 이승만을 중심으로 돌아가기 시작하였다. 1947년 5월 21일 예상했듯 2차 미소 공동 위원회마저 아무런 성과 없이 끝나자, 미국은 남북한의 문제를 UN으로 넘기게 되면서 아무런 소득도 없어 보이는 한반도로부터 발을 빼려는 움직임까지 보여 주게 된다. 하지만 소련의 지령을 받은 북한은 UN 대표단의 방북을 허용하지 않는 등 모든 UN의 활동을 거부하게 된다. 어차피 UN에서 나올 정책이라는 것도 남북한 총선거인데, 당시 남한에 비해서 턱없이 인구가 적었던 북한은 정상적인 방법으로는 남북한 통합의 지도자가 될 가능성이 희박했던 관계로 UN이 추진하는 어떠한 정책도 따를 수 없었다. 그리고 그 배후에는 항상 소련이 있음은 자명한 일이었다. 이 상황은 마치 1956년 베트남 통일 총선거 당시 북베트남에 비해 인구가 적은 남베트남이 선거에서 이길 가능성이 적자, 이번에는 상황이 바뀌어 미국이 조직적으로 총선거에 훼방을 놓은 것과 비슷하다고 할 수 있다.

대한민국 정부가 남한에 수립되기 전, 김구와 김규식은 김일성이 주최한 평양 남북 연석회의(1948년 4월 22일)에 참석하게 되는데, 김구는 이 자리에서 "조국이 없으면 민족이 없고, 민족이 없으면 무슨 당, 무슨 주의, 무슨 단체는 존재할 수 있겠습니까? 그러므로 현 단계에 있어서 우리 전 민족의 유일 최대의 과업은 통일 독립의 전취인 것입니다."라고 연설하며 자신이 가질 권한보다는 조국 통일에 대한 희망을 놓치지 않으려고 눈물겨운 노력을 하게 되고, 같이 참석했던 김규식 또한 "우리는 우리의 장단에 춤을 추어야 하겠다. 좌우 합작도 미국 사람 장단에 춤추었는지는 모르지만, 이제 남의 장단에 출 것이 아니라 우리 장단에 춤추는 것이 제일이다."라고 말하며 평소 신념인 민족주의자로서의 소신을 밝힌다. 그러나 회의에 많은 기대를 갖고 참석했던 김구는 김일성의 생각(통일보다는 북한의 권력을 쥐고자 했던 생각)을 알게 되고 아무런 소득 없이 1948월 5월 5일 다시 남한으로 내려오게 된다. 굳이 소득이라고 하면 더 이상 북한의 김일성은 대화의 상대가 아닌 극복의 대상이라는 것이 자명해졌다는 정도였다. 다행히 이승만의 경고처럼 김구가 김일성에 의해 북한에 억류되지는 않았지만, 소련의 꼭두각시처럼 말하고 행동하는 어린 김일성과는 어떠한 대화도 성공하지 못할 것이라는 이승만의 말은 허언이 아니라는 것이 증명되었다. 이승만은 당시 김구의 방북을 묵인하면서 "서른 살의 김일성하고 얘기가 통하겠는가? 차라리 러시아에 가서 스탈린과 얘기하세."라고 하면서 김구의 북행에 대해서 부정적인 의견을 토로했는데, 결국 어느 때보다 결연한 의지를 보이며 선택한 김구의 북행은 이승만이 남한만의 단독정부 수립에 대한 의견을 더욱 굳히는 계기가 되었다. 이처럼 이승만이 위기를 돌파하기 위해 선택한 도미가 큰 성과로 돌아왔던 반면에 대안 없이 심정적 민족주의에만 호소했던 김구의 선택은 예상대로 아무런 소득이 없었을뿐더러, 오히려 김구의 명성을 역이용한 북한 김일성의 입지만 다져놓는 등 철저하게 김일성으로부터 속았다는 느낌마저 지울 수 없게 되었다. 김구는 졸지에 이승만 지지자들로부터 대한민국 건국을 훼방하고 김일성이 주도하는 남한의 공산화에 기여했다는 거친 비판마저 그대로 들어야 했다. 또한, 그동안 국민이 김구에게 가졌던 기대와는 다르게 김구의 무의미한 정치적인 선택이 불러온 결과를 보며, 김구가 구상했던 통일 정부에 대한 희망은 조금씩 사그라질 수밖에 없었다.

1948년 4월 22일 남북 연석회의 기간 중 찍힌 이 사진은 마치 36세의 김일성을 72세의 김구가 따르는 장면처럼 보인다. 북한이 의도적으로 김일성의 역할을 강조하려고 연출한 사진이라고 예상할 수 있다. 하지만 그 이면을 들여다보면 노구를 이끌고 북쪽까지 건너가 민족의 통일을 위한 것이라면 어떠한 수모와 노력도 마다하지 않았던 김구의 진정성이 엿보이는 장면이라고 할 수 있다. 김구가 남긴 말을 통해서도 그의 의지를 확인할 수 있다. "나는 통일된 조국을 건설하려다가 38선을 베고 쓰러질지언정 일신의 구차한 안일을 위하여 단독정부를 세우는 데는 협력하지 아니하겠다."

남북 연석회의 참석 후 김구는 김일성의 만류에도 불구하고 김규식과 함께 남한으로 다시 돌아오게 된다. 그러나 동행한 인물 중 북한에 그대로 남은 인물이 있는데, 그는 바로 항일 비밀 결사 조직 의열단을 이끈 김원봉이다. 그는 한때 한국광복군 부사령관과 대한민국 임시 정부의 국무 위원을 역임하기도 했는데, 활약이 얼마나 뛰어났던지 일제가 그에 대한 현상금을 김구보다 훨씬 높게 책정할 정도였다. 정녕 그를 빼놓고는 우리의 독립운동사를 거론할 수 없을 정도로 그가 남긴 영향력은 지대하다고 아니할 수 없다. 하지만 그는 이후 월북 인사로 취급되어서인지 우리 역사에서는 그의 업적과 별개로 잘 알려지지 않은 인물이라고 할 수 있다. 그는 한때 김구와 함께 민족주의 진영에서 좌우에 상관없이 해외 모든 독립운동 단체들이 통일하여 단결할 것을 강조하며 임시 정부에 큰 힘을 실어준 인물이기도 했지만, 귀국 후 1947년 미 군정 소속의 친일 경찰 출신 노덕술에게 일제 시대에도 받지 않았던 구타와 고문을 당하게 되면서, 남한의 정치 상황에 대한 회의와 함께 자신을 무조건 빨갱이로 몰아세우는 권력 집단에 대한 불만을 가졌던 것으로 보인다. 하지만 북에 남아 자신의 할 수 있는 역할이 있을 것이라는 기대와 다르게 그는 1958년에 김일성에 의해 숙청되고 만다. 물론, 김원봉의 월북에는 여러 가지 고려해야 할 사항들이 있는 것이 사실이다. 단순하게 고문이 원인이 되었다기보다 그즈음 미 군정의 사회주의 계열에 대한 전방위적인 압박과 동시에 '민족주의민주전선'이라는 같은 적을 두고 있던 여운형이 암살되고 박헌영 등이 월북하게 되면서 김원봉의 남한 내 입지는 더욱 줄어들 수밖에 없었다. 이에 더해 남한의 정치 지도가 김구와 이승만 투톱 체제로 빠르게 전환되면서 광복 후 스스로의 행보에 의해 공산주의자로 분류되기 시작한 그는 결국 월북을 결행하게 된 것으로 보인다.

남과 북의 지도자들이 직접 만나면 우리 민족의 문제는 우리 스스로 해결할 수 있을 거라는 기대가 허무하게 사라지게 되면서, 남북 분열을 조장하고 고착화한다는 것으로 비판받았던 이승만의 남한 단독정부 수립 의견은 더욱 힘을 받기 시작했다. 엎친 데 덮친 격으로 남한만의 단독정부는 곧 우리 민족의 영원한 분단을 의미한다고 끝까지 정부 구성을 반대하였던 김구를 비롯한 민족주의자들은, 오히려 첫 정부 구성에 참여하지 않거나 선거에도 나오지 않으면서 남한 내에서 정치적인 입지가 더욱더 좁아지게 되었다. 결국, 이것은 자신의 평소 신념을 버릴 수 없었던 민족주의자 김구의 되돌릴 수 없는 선택이자, 합리주의자 이승만의 최종적이고도 돌이킬 수 없는 정치적 승리로 매듭지어진다. 그렇게 김구와 이승만의 정부 수립 과정에서의 첫 승부는 어쨌든 이승만의 승리로 일단락된다. 하지만 일련의 사건들은 앞에서 김규식이 이야기한 우리는 '우리의 장단'에 춤을 추어야 한다고 언급한 대목이 귀에 더욱 아련하게 들리는 안타까운 장면이 되었다. 우리 민족이 쭈뼛쭈뼛하며 멋쩍게나마 조금씩 차리고 있었던 신명 난 춤판은, 어느새 눈치 빠른 정치인들이 미소가 술판이라도 벌일 수 있도록 우리의 무대를 스스로 걷어치우는 불편한 모양새가 되었다. 민족이 어려운 시기에 민족의 문제를 스스로 해결하지 못했다는 자책이 작용했기 때문이었을까. 문 대통령 또한 2018년 12월 10일 청와대에서 열린 대외 공관장 연설에서 김규식의 연설 내용을 인용하며 한반도 평화 외교의 방향에 대해 "남의 장단에 춤출 것이 아니라 우리 장단에 춤을 추는 것이 제일"이라는 말로 남북측이 주도해야 한다는 점을 강조하기도 했다.

민족의 문제는 우리 스스로가 해결할 수 있다는 믿음이 끝없이 좌절되는 상황에서도 김구가 뚝심 있게 민족주의 노선을 포기하지 않은 것까지는 좋았으나, UN의 주도하에 치러진 선거에서 남한만의 단독 선거를 원천적으로 부정하고 있던 김구는 후보에서조차 배제될 수밖에 없었다. 당연히 김구를 비롯한 민족주의자들은 새로운 정부 구성에서 어떠한 권한도 가질 수 없었는데, 당시 아무리 국민의 지지를 받는 김구라고 해도 공식적인 선거를 통해 어떤 대표성도 갖추진 못한 김구의 향후 행보는 당연히 제한적일 수밖에 없었다. 김구가 고집을 꺾지 않고 단독정부는 물론 선거마저 부정한 현실에서, 이제 이승만이 UN의 공식적인 선거에 힘입어 남한의 지도자로 당당하게 나서는 것을 막을 세력은 어느 곳에도 없어 보였다. 선거에 동참한다는 것은 그간의 자신의 신념을 꺾는 것이기에 김구 또한 스스로가 느끼기에도 이러지도 저러지도 못하는 정신적 공백 같은 상황을 맞이했을 것이고, 반면에 현실에 충실한 합리주의자 이승만과 그 협력자들은 철저한 미국식 자본주의에 뿌리를 둔 정부 수립을 미 군정의 협조로 대대적으로 추진할 수 있게 되었다.

그렇게 김구가 김일성에 대해 큰 실망감을 안고 남한으로 돌아온 지 5일이 지난 1948년 5월 10일, 이승만의 포부대로 남한에서 남한만의 단독 선거가 실시되었고, 남한에는 이승만을 대통령으로 하는 대한민국 정부가 수립된다. 한편, 1948년 9월 9일에는 북한에서도 김일성을 수반으로 하는 정부가 수립되어 김구의 통일에 대한 노력은 끝내 물거품이 되고 만다. 김구 개인으로 보나 우리 민족의 현실과 미래를 보나 참으로 안타까운 장면은, 이승만이 정권을 잡은 후 정부의 계속된 실정으로 국민의 기대감이 실망감으로 바뀌는 데에는 많은 시간조차 필요하지 않았으나, 김구가 철저하게 배제된 상태에서 뚜렷한 대안은 금세 나타나지 않았다는 점일 것이다. 그런데도 기왕 상황이 이렇게 된 현실이라면 국민은 김구에게 다음 선거를 통해 정치적인 재기를 희망했지만, 김구 암살이라는 불의의 사건으로 국민들의 그런 희망조차 물거품으로 만들며 우리 민족은 어려운 시기를 이끌어줄 민족의 큰 지도자를 황망 중에 잃고 만다. 대체할 수 없는 김구의 존재와 또한 그가 품었을 원대한 꿈을 우리 민족의 손으로 멈추게 했다는 것은, 우리의 험난한 근현대사가 비극적인 스토리의 절정을 향해 멈추지 않고 달리는 기차와 같다는 것을 암시하는 것과 같았다.

그렇다면 소 군정의 선택을 받은 김일성은 제2차 세계대전 후 어떠한 정치적 행보를 통해 북한에서 자신의 정치적인 입지를 다지게 되었을까. 한동안 남한에서는 북한의 김일성의 행적을 연구하고 거론하는 것은 학자들 사이에서도 좀처럼 밖으로 꺼내기 힘든 금기 사항이었다. 이념과 지역을 배제한 지금은 김일성에 대한 언급이 예전보다는 자유로워진 것은 사실이지만, 지난 시절은 그 지난 시간만큼이나 복기하기도 힘들뿐더러 우상 숭배로 왜곡된 김일성의 삐뚤어진 영웅전은 사실마저도 의심하게 만드는 역효과를 내는 형편이다. 이미 객관성을 상실한 대부분의 김일성 관련 북한 자료들은 이미 역사적 자료로서의 의미를 포기한 우상 숭배라는 신앙의 성과들로만 과시되었다.

하지만 우리는 우리가 접근할 수 있는 김일성 관련 일화 중에서 김일성의 항일 빨치산 활동 등에는 더욱 관심을 가져야 한다고 생각한다. 북한에 의해 작은 업적들이 과장되어 영웅적인 신화로 각색되었던 시선만 경계한다면, 김일성이 만주사변 이후 일본이 승승장구하던 시절에 국내까지 들어와 치른 몇 번의 전투에서 일본군에게 약간의 타격을 주었다는 것은 역사적인 사실로 받아들여지는 분위기다. 그 당시 패배를 모르던 일본 관동군에게 김일성을 비롯한 항일 빨치산 세력은 귀찮은 존재가 아닐 수 없었을 것이다. 또한 일제 식민지에서 하루하루 희망 없이 살아가는 우리 백성들에게 나라의 존재를 일깨워 주고 독립에 대한 큰 희망과 용기를 주었다는 것은 자명한 사실일 것이다.

한편, 당시 국내 언론을 통해 연일 김일성의 항일 빨치산 활동이 알려지고 큰 이슈를 불러오면서 김일성은 이미 전설적인 존재가 되어가고 있었다. 하지만 정작 1945년 당시 평양에 처음 모습을 드러낸 33세의 젊은 김일성의 존재는 익히 김일성이라는 이름을 오랫동안 언론으로부터 듣고 있었던 백성들에게 큰 논란을 불러 일으키기에 충분하였다. 오랫동안 그 반대 세력에 의해 '가짜 김일성'이라고 회자되었던 것은 대중에 그의 존재를 드러냈을 당시 그의 나이가 너무 어리기 때문이어서 김성주(김일성의 본명)는 의구심이 의심이 더해진 다양한 공격을 한동안 가감 없이 그대로 받아들여야 했다. 하지만 '가짜 김일성'에 대한 논란은 반대 세력이 이를 증명할 만한 충분한 자료를 제시하지 못한 채 흐지부지되고 말았다. 물론 그렇다고 해서 김성주라는 본명을 가진 김일성이 김일성이라는 이름으로 행했던 모든 항일 행적이 김성주 자신이 한 것이라고 확신하기도 힘든 실정이었다. 다만, 러시아와 중국의 여러 사료를 통해 그는 자신이 주도했던 항일 빨치산 세력을 거느리고 활동했던 경력을 확인할 수 있으며, 당시 언론에서 언급된 함경남도 갑산군 보천면에서 벌어진 보천보 전투(1937년 6월 4일)는 일제의 서슬 퍼런 경계가 살아있던 시절 우리나라의 땅에서 벌어진 항일 투쟁이어서, 그의 업적으로 봐도 무방하다는 결론이 설득력을 얻고 있다고 할 수 있다. 또한 연륜에 맞지 않게 항일 투쟁 세력을 지도할 만큼의 역량을 충분히 갖고 있다는 것도 확인되고 있는 사실이다.

항일 빨치산 세력을 지휘했던 김일성이 공교롭게도 소련과 인연을 맺기 시작한 것도 순전히 일제의 조직적인 항일 빨치산 토벌 때문이었다. 당시 만주에서 벌어진 다양한 항일 빨치산 활동들이 관동군의 활동에 제약을 준다고 판단되자 일본 관동군은 항일 빨치산 세력들에 대한 강력한 토벌 작전에 들어가게 된다. 이에 1931년 만주 사변 이후 만주와 연해주를 근거지로 활동했던 독립운동은 상당 부분 움츠러들 수밖에 없었고, 김일성 또한 관동군의 작전을 피해 1940년 소련의 하바로프스키의 소련 극동 전선 사령부에 16명의 동료와 함께 들어가 사령부 예하 조선군으로 구성된 부대의 지휘를 맡게 된다. 소련 또한 조선인으로 구성된 군대를 구성함으로써 향후 만주와 일본령 한국 공략 시 전초 부대로서의 다양한 쓰임을 염두에 두고 군대 구성에 최대한 협조하게 된다. 북한은 김일성 일대기를 강조하면서 이때에도 변함없는 김일성 장군의 여러 가지 활약이 있다고 선전하지만, 실제 소련군 예하 부대에 배속된 이후 그의 행적은 극동 소련군 하급 장교의 역할로 제한될 수밖에 없었다. 그런데도 북한은 그 당시에도 김일성은 영웅적인 항일 투쟁을 전투적으로 펼쳤다고 대대적으로 선전하고 있으나, 어차피 그것은 그들이 만들어낸 신화 속의 이야기일 뿐이다. 그리고 일본이 패망하고 한반도에 들어온 소련군을 따라 마치 해방군처럼 들어온 것은 그가 소련 군적에 오랫동안 머물고 있던 이유가 되어 주었다. 김일성은 소련군에 배속된 5년이라는 시간 동안 철저하게 소련식 군대 교육과 함께 소련의 혁명과 공산주의 사상을 접하게 되면서 확실하게 소련식 공산주의자로서 탈바꿈하게 된다. 그동안 김일성이 민족의 독립을 위한 항일운동 주의자였다면, 이제부터는 소련식 교육을 통해 소련식 사회주의 건설을 위한 철저한 공산주의자로 거듭나게 된다.

광복과 함께 그가 평양 시민들 앞에 모습을 드러낼 때도 그는 정작 소련군 소좌 계급(우리나라의 소령 정도의 계급)을 단 소련군 소속 한인 장교 중의 한 사람일 뿐이었다. 하지만 소련의 의도적인 북한 지도자 만들기에 의해 소련은 불과 소좌 계급을 가진 그를 김일성 장군으로 포장하여 대중들에게 당당하게 소개한다. 그 무렵부터 소련에 선택받은 김일성은 북한에 기반을 둔 다른 지도자들과의 대결에서 경쟁자들을 압도하기 시작한다. 그리고 김일성이 차근차근 북한의 정권을 잡는 과정은, 그의 능력과 업적과는 관계없이 소 군정의 지시에 그가 비판 없이 충분히 따른 결과일 뿐이라고 말할 수 있다.

북한의 김일성은 소련식 공산주의를 뿌리내리기 위한 혁명의 일환으로 토지 개혁 및 주요 산업을 국유화하는 작업을 했는데, 이때 친일파와 지주, 자본가 세력들이 대거 남한으로 남하하게 된다. 이유야 어찌 되었든 자신의 고향인 북한으로부터 배신당했던 이들이 철저한 반공주의자로 변신하는 것은 당연한 귀결이었을 것이다. 그리고 김구의 설득에도 불구하고 북쪽만의 정부를 수립하겠다는 의지를 꺾지 않은 김일성은 1948년 9월 9일에 조선민주주의인민공화국을 대외적으로 선포하게 된다. 또한 이미 경쟁자 숙청을 통해 냉철한 정치가로 변신하는 데 성공한 김일성은 자신의 권력을 굳건하게 다지기 위해 소 군정의 생각과 다르게 신탁통치를 꾸준하게 반대하는 민족주의자 조만식 등을 제거하고, 더 이상 남한에서의 활동이 어렵다고 생각돼 북으로 넘어온 박헌영의 남로당계를 숙청하면서 일당독재 체제를 수립해 나갔다.

한편, 중국에서는 일본의 패망 후 국민당과 공산당 간의 협상이 결렬되자 내전에 들어가게 되는데, 초반의 여러 가지 유리한 조건에도 불구하고 내전이 길어질수록 장제스의 국민당 정부는 마오쩌둥의 공산당에 밀리게 된다. 결국, 국민당 정부는 안타깝게도 초반의 승세를 이어가지 못하고 중국 대륙에서 쫓겨나 대만으로 물러가게 되는데, 패망의 대표적인 이유로는 국민당 정부의 부패와 횡포로 백성들의 전폭적인 지지를 받지 못했던 점을 지적할 수 있었다. 하지만 그 또한 중국 공산당이 대만으로 쫓겨난 국민당 정부를 우롱하고 자신의 성과를 과장되게 홍보하던 중에 지어낸 얘기에 불과할 수 있지만, 국공 내전 당시 국민당군은 홍군의 전력을 실제보다 폄하하면서 대응 전략을 온전하게 세울 수 없었고, 미국에만 의존했던 물자 지원 문제는 결국 국민당의 자립정신마저 꺾어놓으며 부패를 조장하게 되는 등 결국 지휘부의 분열로 번지게 되었다. 결국 국민당은 중국을 통째로 공산당에게 내어주는 결과를 순순히 받아들여야 했다. 전반적으로 큰 전쟁에 나서는 것이 무색하게 적을 너무 가벼이 보는 등 사태를 너무 안일하게 대처했다는 점은 당시 국민당의 큰 오점으로 기억된다. 반면에 공산당이 정권을 잡으면 순진한 농민들에게 토지를 무상 분배하겠다는 공산당의 여러 선심성 공약이 국민에게 먹혀들고, 마오쩌둥과 저우언라이 등 공산당 지도자가 솔선해서 부하들과 거친 일까지도 동고동락하는 등 평소 몸에 밴 실천력이 설득력을 얻어 가자, 농촌을 중심으로 한 공산당 지지 기반이 점차 넓어지면서 국공 내전이 결국 공산당 쪽으로 대세가 기울도록 하는 근본적인 이유가 되었다. 이처럼 토지 개혁과 인민을 위해 싸운다는 공산당의 이상에 가까운 이념은 대부분 소작농이었던 중국 인민들의 지지를 받기에 충분하였다. 또한 권위적이지 않고 대장정 시절부터 몸에 익은 공산당 지휘부의 상하가 따로 없는 수평적 조직 구성은 점차 인민들의 공감을 얻게 되었고, 공산당 지휘부를 중심으로 똘똘 뭉친 홍군은 자신이 가진 능력 이상을 전투에서 항상 발휘하기 시작하였다. 그때까지 장제스의 국민당 정부를 중국의 유일한 정부로 인정하던 소련도 어느덧 태도를 바꾸어 마오쩌둥의 공산당을 전폭적으로 밀어주게 되면서, 한 번 기울기 시작한 판세는 국민당의 패전까지 바뀌지 않았다. 위와 같이 중국 공산당이 대장정 시절 한심한 군 전력을 보전하고 있기 때문인지 그 당시 그리고 오랫동안 같은 공산당인 소련조차 마오쩌둥의 공산당을 중국의 대표적인 정부로 인정하지 않았는데, 그 이유는 그 당시만 해도 장제스의 국민당 정부가 일본군에 대한 억제력을 상당히 갖고 있었고 국제적으로도 인지도가 높았기 때문이라고 할 수 있다.

마침내, 국공 내전에서 최종 승리를 거둔 마오쩌둥은 1949년 10월 1일 중화인민공화국을 선포한다. 일본과의 대결이 종결되고 내전이 다시 시작될 때, 마오쩌둥과 홍군의 힘이 얼마나 컸는지 장제스 정부를 물심양면으로 끝까지 밀어주던 미국조차 장제스에 대한 믿음을 스스로 거둬들이게 되면서 중국 공산당은 대륙의 주인공으로 등극하게 된다. 중국 공산당의 지도부가 끝까지 중국 인민들을 설득했던 것과 비교하여 국민당 정부는 내부의 부패 상태와 장제스가 중국 인민들을 장악하려고만 할 뿐, 충분한 설득력을 확보하지 못했다는 점은 장제스의 결정적인 패인으로 지적될 수 있다. 그런데도 미국이 미군 참전을 불사하면서까지 장제스의 정부를 끝까지 밀고 나가지 못하고, 중국에서 순순히 물러남으로써 지금과 같은 형세가 지속되고 있는 것에 대한 아쉬움은 불식시키지 못했다. 중국 상실이라는 미국의 전후 상실감이 컸던 탓일까, 더 이상 공산 세력에게는 타협이나 물러섬이 없다고 다짐을 한 미국은 6·25 전쟁과 베트남 전쟁에서 보듯 쉽게 양보하지 않고, 전쟁을 어떻게든 자신들에게 유리하도록 밀어붙이는 정신력을 유지하게 된다. 그만큼 중국 상실에 대한 그들의 반성은 크다고 할 수 있었다.

그리고 마오쩌둥이 대장정을 극복해내고 중국 대륙을 차지하게 되는 원인이야 위에서 언급한 것 외에도 여러 가지가 있겠지만, 한반도로 이야기를 좁히면 마오쩌둥은 국민당군과의 전쟁에서 어려움을 겪고 있을 때 같은 공산주의 이념을 지지하던 김일성과 소중한 인연을 맺게 된다. 마오쩌둥은 국공 내전 초반 당시 홍군이 절체절명의 불리한 상황에 처하게 되었을 때, 물심양면의 지원을 아끼지 않았던 김일성에게 작은 빚을 지게 된다. 북한이 홍군에게 지원해 준 무기라고 해 봐야 일본군이 북한에 남기고 간 무기가 고작이었지만, 초반에 국민당에 밀려 힘들게 전선을 유지하던 공산군의 입장에서는 천군만마와도 같은 존재였을 것이다. 또한 김일성은 북한 국경 지대의 여러 도시에서 부상당한 인민군을 치료해 주고 국민당 정부에 볼모로 잡힐 수 있었던 지휘부 가족들을 비교적 안전한 북한 접경 지역에 머무르게 하면서 든든한 지원군처럼 홍군에 큰 힘을 보태주게 된다. 가장 어려울 때 도와주는 친구가 가장 소중한 친구가 아니던가, 사회주의 신념을 신봉하고 있던 마오쩌둥에게 김일성은 친구이자 동료였던 그런 존재였다. 그렇게 연을 맺은 두 지도자의 우정은 6·25 전쟁 때는 국공 내전 지원에 대한 보답으로 중공군을 선뜻 한반도에 보내주게 되면서 생사를 같이하는 혈맹으로 발전하게 된다. 반면에 중공군의 6·25 전쟁 참전은 우리에게는 악몽과 같은 현실로 중공이 한국과 국교를 맺는 데 큰 걸림돌이 되었다. 다만, 6·25전쟁 당시 중공군이 미군과의 교착 상태에 들어갔을 때 한반도의 통일을 위해 최선을 다하지 않았다는 생각과 자신들의 공은 그리 인정해 주지 않으면서도 공산주의의 종주국인 소련으로만 한참 기울어진 북한의 태도가 못마땅했던 이유로, 한때 북한과 중공 간의 어색한 분위기가 상당 기간 지속된 것은 사실이지만, 공산주의라는 같은 이념을 지향하는 북한이 중공과 꽤 오랫동안 밀월관계를 유지했던 것만은 엄연한 사실로 보인다.

결과적으로, 중국이 마오쩌둥의 공산당에 의해 통일되는 모습을 곁에서 지켜본 김일성은 다음 차례는 자기라고 생각하였고 구체적인 한반도의 통일을 위한 전쟁 준비에 매진하게 된다. 김일성은 그 사전 준비로 수차례 소련과 중공을 오가며 지원을 요청하게 되는데, 김일성은 한반도의 사정을 잘 모르는 스탈린을 만나서는 남한을 공격하면 남한에서 활동하는 공산당 조직의 공작에 의해 남한의 군대는 와해되고 전쟁은 금방 끝날 것이라며 끊임없이 설득하게 된다. 처음에는 한반도의 분쟁이 소련과 미국의 대결로 이어질 수 있다는 우려 때문에 스탈린은 결정을 미루게 되지만, 마오쩌둥을 움직여 한반도 전쟁을 돕게 한다면 소련과 미국이 직접 대결하는 극단적인 상황은 피할 수 있다는 결론을 통해 김일성의 전쟁 도발을 극적으로 찬성하게 된다. 그 배경에는 무엇보다도 1949년 8월 29일 소련도 마침내 핵실험에 성공하면서 핵보유국인 미국과 견줄 수 있다는 자신감이 큰 영향을 끼쳤을 것이고, 같은 해 중국의 국공 내전이 홍군의 승리로 결정되면서 중국 또한 북한을 도울 수 있는 여유가 생긴 결과일 것이다.

이처럼 첩보 활동을 통해 미국의 플루토늄 설계 도면을 복사해 만든 것이라고 알려진 소련의 핵실험 성공은, 새로운 국면으로 접어든 냉전 시대가 더욱 심화될 수 있다는 것을 의미하였다. 그것은 미소 간의 직접적인 대결은 지양되어야 하지만, 냉전 시대의 새로운 양상인 한국 전쟁과 베트남 전쟁 등 국지전 성격을 띤 냉전의 대리전은 얼마든지 가능할 수 있다는 냉전의 다른 이면을 예고해 주고 있었다. 결국, 김일성은 소련으로부터 전차를 비롯한 막대한 전쟁 물자와 중공으로부터 병력 지원을 약속받으면서 본격적으로 한반도 전쟁 준비에 돌입하게 된다. 물론, 마오쩌둥 또한 처음부터 6·25 전쟁의 참전을 결정한 것은 아니었다. 다만, 그 결정의 배경에는 무엇보다 스탈린의 의견과 권유가 결정적이었겠지만, 미군의 화력에 굴복한 김일성의 군사 요청에 중공 지휘부 사이에서도 격론을 벌일 정도로 중공군의 참전은 국운이 걸린 문제로 쉽게 결정할 수 없는 사안이었고, 마오쩌둥은 전쟁 결과에 대한 책임과 함께 참전을 반대하는 참모들을 끝까지 설득해야 하는 남모를 험난한 과정이 있었을 것이다.

한편, 한반도 전쟁이 일어나기 전인 1950년 1월 12일 김일성과 스탈린의 오판을 불러오게 하는 일이 미국에 의해 벌어진다. 미 국무장관인 애치슨이 한국과 타이완, 인도차이나반도를 제외한 극동 방어선, 즉 소련과 중국의 공산화를 저지하기 위한 최전선에서 한반도 등이 제외된 것을 공표한 것이다. 이를 '애치슨 선언'이라고 하는데, 이 선언은 마치 한국과 타이완, 인도차이나반도를 공산화하려는 어떤 군사적 공격에도 미국은 대응하지 않겠다는 입장을 표명한 것으로 비치게 된다. 이후 이 선언은 철회되지만, 의도와 다르게 애치슨 선언은 북한과 이를 지원하는 소련의 오판을 불러오기에 충분하였다. 여기에는 1947년 9월 미 합동참모본부가 제출한 보고서의 영향을 무시할 수 없는데, 그 보고서는 동아시아의 대외적인 군사 안보 측면에서 한국의 전략적 가치가 크지 않다고 판단하면서, 향후 미국은 품위 있게(gracefully), 그러나 지체 없이(promptly as possible) 한반도로부터 철수해야 함을 강조하기에 이른다. 어쩌면 '애치슨 선언'은 그 보고서의 내용을 그대로 실행한 것이라고 봐도 무방하겠다. 대내외적인 한반도의 위기가 도래하기 시작한 것이다. 더구나 북한 지역은 과거 일제에 의해 의도적으로 중화학 공업 시설이 많이 들어서 있었던 것과 비교해 남한에는 경공업과 농업 위주의 산업이 형성되었기 때문에, 북한이 이를 이용하여 단기간 내에 군사력을 강화할 수 있는 여건이 남한에 비해서 월등했던 것은 사실이었다. 그 외에 중공과 소련의 지원과 38선 이남에 주둔했던 주한 미군이 1949년 5월 28일 자로 완전히 철수하면서 북한군은 어느 때보다 휴전선에서 산발적인 도발을 통해 전쟁 분위기를 조금씩 돋우고 있던 때였다. 그렇게 남한의 혼란한 틈을 이용한 김일성의 오판과 미국의 방관, 스탈린의 묵인 그리고 마오쩌둥의 동조에 의해 일어난 6·25 전쟁은 우리 민족에게 씻을 수 없는 고통과 전쟁이 불러온 비극의 짙은 그림자를 우리의 근현대사에 아물지 않는 생채기처럼 남겨 놓았다.

사실, 6·25 전쟁 때 우리나라로 밀고 내려왔던 중공군은 대만 상륙을 위한 군대였으나 뒤늦게 미 해군이 대만의 중요성을 깨닫고 대만 방어를 위해 급파되자, 마오쩌둥은 대만 점령을 통한 통일을 포기하거나 미룰 수밖에 없었다고 한다. 그렇게 남은 중공군을 마오쩌둥은 미군이 38선에서 멈출 것이라는 기대와 다르게 한반도를 통해 중국 국경선까지 밀고 들어오자, 자본주의와 국경선을 맞대고 있을 수 없다는 생각에 참전을 결정하게 되는데, 중국 입장에서는 항미원조(抗美援朝) 전쟁이라고 명명하는 6·25 전쟁은 김일성에 의한 남북한의 통일이 목적이 아니라, 애초부터 최대한 자본주의 국가를 중국의 국경선에서 멀리하려는 목적이 다분했던 전쟁이었던 것이다. 이를 증명하듯 중공군의 개입으로 서울을 수복하는 등 선전하던 중공군은 더 이상 미군을 압박하여 남북의 경계선을 남쪽으로 밀어내는 것을 주저하게 되는데, 중공군 이 남하를 주저하게 되는 원인 중 첫 번째로 꼽히는 것은 더욱더 맹렬해지는 미군의 막강한 화력 앞에 더 이상 남진하는 것은 무리라고 생각한 중공군 지휘부의 생각도 있었지만, 한번 승기를 잡았을 때 더 밀고 내려가 한반도의 통일을 원했던 김일성과 전쟁 전의 국경선으로 마무리 지으려는 중공군 지휘부의 생각이 달라 중공군에게 일방적으로 막대한 희생을 요구하는 대대적인 작전은 더 이상 수행하지 않았다고 한다.

이후 중공군은 이미 참전의 목적을 달성했다고 판단하여 현 전선을 유지하는 전략을 고수하게 되었고, 미국과의 휴전 협상은 더 이상 전선을 확대하는 것은 무리라고 본 양국의 입장이 반영되어 생각보다 빠르게 진행되었다. 하지만 이게 원인이 되어 중공군을 등에 업고 한반도의 통일을 원했던 김일성은 남하를 주저하던 중공군 책임자 펑더화이와 주먹다짐까지 했다고 하는데, 이를 통해 마오쩌둥을 비롯한 중공군 지휘부가 6·25 참전을 선뜻 결정할 정도로 김일성과 끈끈한 관계를 유지했다는 사실뿐만 아니라, 그 이면에는 서로에게 서운한 면을 애써 감추지 못하는 서먹한 면도 있다는 것을 짐작할 수 있다. 어쩌면 소련이라는 공산주의의 대부가 존재하고 있는 이상 중공과 북한은 스탈린의 결정을 거부하지 못하고 따라야 하는 입장이었기 때문에, 김일성 또한 굳이 중공이라고 해서 굽신거릴 필요가 없었던 것이다. 그리고 마오쩌둥 역시 공산주의 국가 수립에 김일성이 많은 도움을 준 것은 인정하지만, 6·25 전쟁에서 중공군의 참전과 엄청난 희생을 담보로 절체절명의 북한이 기사회생의 기회를 맞이한 것을 감사하기는커녕, 기회가 있을 때마다 스탈린의 의견만 경청하면서 중공 지도자들의 의견은 귀담아듣지 않는 김일성의 태도에 적지 않게 섭섭한 마음을 가졌던 것으로 보인다.

이런 모습은 마치 명나라 입장에서는 항왜원조(抗倭援朝)라고 했던 1592년 임진왜란의 전쟁 양상과 거의 비슷한데, 일본군이 앞에서 언급했던 '대동강-원산' 라인까지 치고 올라오자 명나라 땅으로 전쟁이 번질지 모른다는 우려로 그제야 조선에 군대를 파견하고 한강 이남까지 일본군을 밀어내게 된다. 이때 명나라는 하삼도(경상도, 충청도, 전라도)를 원했던 일본과 협상을 명목으로 전쟁을 멈추며 시간을 끌 수 있었다. 하지만 명나라가 의도적으로 시간만 끌 뿐, 협상을 통해 일본이 원하는 것은 아무것도 주지 않을 것이란 걸 감지한 일본에 의해 협상은 결렬되고 정유재란이 발생하게 된다. 명나라는 말이 협상일 뿐 일본군을 명나라의 국경선에서 멀리 보낸 만큼 더 이상 전쟁은 무의미하다는 분명한 태도를 보인 것이다. 명나라의 의도는 일본을 물리치는 것이 아니라 최대한 자신의 국경선에서 멀리 밀어내는 것뿐이었다. 전쟁의 승패와 조선의 처한 어려움은 처음부터 명나라에겐 중요한 것이 아니었다는 말이다. 그리고 300년이 훨씬 지난 1950년 6·25 전쟁 당시에도 중국의 입장은 분명했다. 미국을 비롯한 자본주의와 국경선을 맞대고 있다는 것은 중국 입장에서는 인민들이 자유 민주주의 사상에 물들 염려가 있어, 정치적인 안정을 위해서는 그에 대한 심리적인 경계선이 필요했던 것이다. 그런 의미에서 지금 전 세계에서 외면받는 북한 체제를 받아주고 옹호까지 하는 중국은 북한에게 같은 사회주의 국가라는 동지로서의 연대감보다는, 미국과 한국의 자본주의 세력을 막아주는 완충재 역할 정도만 기대하고 있는지도 모른다.

또한 우리가 6·25 전쟁에서 아쉬운 점이 있다면, 중공군이 우리나라로 물밀 듯 내려올 때 장제스의 대만 군대가 미국의 도움을 받아 중국에 상륙해서 중국 남부에서 제2 전선을 만들어 줬더라면 어땠을까 하는 생각을 가지게 되는 것이 그것이다. 미국의 협조에 의해 대만군만 움직였더라면 우리나라에 집중된 중공군을 분산할 수도 있었을 것이고, 어쩌면 우리나라가 미군과 남한 주도로 통일도 가능하지 않았을까 하는 희망을 감추기는 힘들다. 하지만 한반도 내에서 벌어진 전쟁이 제3차 세계대전이라는 더 큰 전쟁으로 확산되는 것을 우려했던 미국에 의해 그런 시도는 검토조차 하기 어려웠던 것으로 보인다. 그리고 한 가지 더 이야기한다면 맥아더조차 중공군의 전력을 과소평가했고 그 영향력에 대해서 무시해도 좋다고 생각했던 것이 보기 좋게 빗나가면서 다시 처음으로 전선이 고착되는 현상을 보이자, 맥아더는 핵무기 사용을 재가해 달라고 트루먼 대통령에게 부탁하게 된다. 하지만 트루먼이 내놓은 대답은 맥아더의 해임이었다. 이미 맥아더는 6·25 전쟁 초기에도 중공군의 참전이 예상되는 상황에서 평양-원산에 새로운 전선을 구축하라는 상관(트루먼)의 명령을 거부하고 압록강까지 진출함으로써 중공군의 이른 참전을 유발했다는 비판을 받아야 했는데, 이는 항명에 가까운 일로서 이로 인해 괘씸죄를 받던 맥아더에게 더 이상의 관용은 필요하지 않았다. 만약 맥아더의 제안대로 미국이 핵을 사용했더라면 소련도 자신이 보유하고 있는 핵을 사용했을 터, 그렇게 되었다면 한반도는 그야말로 핵폭탄으로 폐허가 되었을 것이고 그로 인한 후유증은 당시의 우리 국민과 후손들을 끝없이 괴롭혔을 것이다. 사실상 영국을 비롯한 세계의 여론은 더 이상 인류를 상대로 핵을 사용하는 것은 없어야 하고, 상대방도 핵을 가진 만큼 핵전쟁으로 인류의 마지막 터전인 지구를 위협하는 어리석은 짓은 하지 말아야 한다는 것이 그 당시 대다수의 의견이었다. 그렇게 6·25 전쟁은 우리 민족의 아쉬움 속에서 불안정한 분단이라는 비극으로 마무리될 수밖에 없는, 처음부터 미완성의 전쟁일 수밖에 없었다.

사진(좌): 거제도 반공 포로수용소를 시찰하고 있는 이승만(1952년).

사진(우): 1953년 7월 27일을 기점으로 효력을 발한 휴전 협정에는 조선인민군의 김일성, 중국인민군의 펑더화이, UN군의 미군 대장 마크 클라크가 서명했다.[29]

우리나라 사람이라면 당연히 당시 국군 통수권자인 이승만 대통령의 서명이 휴전 협정문에 없다는 것에 의구심을 가질 것이다. 결론을 먼저 이야기하면, 이것은 이승만이 서명을 거부하거나 서명에서 제외된 것이 아니라 당시 국제 연합군 사령관이 한국으로부터 군 지휘권을 위임받은 상태에서 16개 참전국 사령관들과 한국군 사령관까지 대표하여 서명했기 때문으로 알려졌다. 이런 사실은 이 상황을 공유하고 있던 공산 진영 역시 이에 대해 아무런 이의를 제기하지 않았던 것을 통해 알 수 있다.

하지만 이승만의 서명이 없는 것을 두고 여러 가지 의견이 분분한 것이 사실인데, 그 이견들을 정리해 보면 다음과 같다. 이승만의 서명이 없었던 것은 두 가지로 해석될 수 있다.

---

29) 사진 출처: 국가기록원.

휴전은 애초부터 당사자들의(남과 북) 희망이 아니라 강대국의 이해관계에 의해, 즉 미국과 소련의 일방적인 요구에 의한 협정이라는 것이 그중 하나다. 그리고 당시 한국 정부와 남한 국민 상당수가 '통일 없는 휴전'에 반대해 북진 통일을 외치는 상황이었고 이승만 또한 휴전에 강경한 입장으로 반공 포로 석방(1953년 6월 18일, 당시 포로 교환 문제를 포함한 휴전 협정에 관한 의견이 한국의 의사와 관계없이 교환되고 있었다)을 하는 등 초강수를 두자, 미국이 이승만을 배제할 수밖에 없었다는 것이 두 번째 이유라고 할 수 있다.

그 속내를 들여다보면 이승만의 결정(반공 포로 석방)은 휴전을 반대한 것이 아니고, 여러 가지 이유로 쉽게 받아들이지 않는 미국의 한미 상호 방위 조약을 압박하기 위한 벼랑 끝 전술이라고 평가받고 있다. 그 당시 미국 또한 철저하게 한국을 배제한 상태에서 중국 측과 포로 교환을 약속하는 등 휴전을 마무리 짓기 위해 분주할 때였다. 그 와중에 일어난 이승만의 반공 포로 석방은 미국으로서는 전혀 예상하지 못한 일로 미국을 비롯한 세계에 엄청난 충격을 주게 되는데, 미국은 비로소 이승만의 승인 없이는 휴전 협상이 제대로 될 수 없다는 것을 뒤늦게 깨닫게 되었다고 한다. 이승만은 한발 더 나아가 한국군 단독이라도 북진 통일을 이루겠다는 각오였고 대한민국 국회는 이미 북진 통일을 하겠다는 이승만의 의견을 지지한다는 결의안을 통과시킨 후였다. 결국 이승만의 돌발 행동은 처음에는 미국을 당혹스럽게 만들었지만, 방위 조약 체결에 대한 이승만의 일관된 주장은 결국 미국의 허락을 받아내게 되고 휴전 협상은 이승만의 요구대로 마무리된다. 하지만 그렇다고 해서 이승만의 반공 포로 석방이 한국에 이득만 준 것은 아니었다. 중국과 UN 중심의 휴전 협상을 방해한 이승만의 돌발 행동에 격분한 마오쩌둥은 북진 통일을 외치는 한국군에 대한 보복을 준비하는데, 그즈음에 중공군 24만여 명이 투입된 금성 전투에서 한국군은 엄청난 피해를 입어야 했고 휴전선은 할 수 없이 4㎞를 후퇴하며 약 192㎢의 영토를 북쪽에 넘겨줘야 하는 참담한 결과로 이어졌다. 6월과 7월 두 달에 걸쳐 치러진 금성 전투에 투입된 중공군의 규모는 1951년 춘계 공세 이후 최대의 병력이라고 평가받을 만큼 대단했고, 대부분의 중공군 병력이 UN군보다는 한국군에 집중되면서 중공군의 공세 이유 또한 분명하게 드러났다고 한다.

아무튼, 이승만은 전쟁이 UN군 측의 주장대로 마무리되어 남한 입장에서는 아무런 소득 없이 전쟁 전의 대치 상황으로 끝나 버리고 미군 또한 더 이상 한반도에 머물 이유가 없어 한반도를 떠나게 되면, 정작 미국의 도움 없이는 더욱 강력해진 공산국들과 국경선을 맞대고 있는 남한의 안전을 보장받을 수 없다고 생각했다. 미국의 허락 없이 밀어붙인 이승만의 도박(반공 포로 석방)은 대체로 성공을 거둔 것으로 확인되고 있다. 한편, 냉전이 현실화된 상황에서 미국 또한 한반도에서 전쟁이 일어난다면 소련과 무력 충돌을 재발할 수 있는 조약을 맺음으로써, 또 하나의 정치적인 부담을 가지게 된 것은 극복할 수 없는 현실이 되고 말았다. 하지만 이 조약이 일방적으로 한국에게만 이득이 되는 것이 아니어서, 이후 중공을 비롯한 공산권이 무력을 동반한 도발을 넘어선 확전을 두려워했던 것은 이 조약이 심리적인 저지선으로 작용하여, 공산권의 팽창이 동아시아에서 더 이상 이뤄질 수 없었던 이유가 되어 주었다. 또한, 얼마 전의 중국 정부의 조직적인 '사드 무역 보복'에서 보듯 이 방위 조약은 한미 간의 문제가 아니라 국제적인 연대의 성격을 띠고 있는 조약이라고 할 수 있다.

1953년 8월 8일 이승만 대통령이 한미 상호 방위 조약 가조인식에 참석하여 델레스 미국 국무장관과 악수하고 있다(정식 조인은 같은 해 10월 1일이고 1954년 11월 18일에 발효되었다).[30]

1953년 10월 1일 이승만의 요구에 따라 미국과 한국은 한미 상호 방위 조약(이 조약에 따라 한반도에 무력 충돌이 발생할 경우 미국은 국제연합의 토의와 결정을 거치지 않고도 즉각 개입할 수 있으며 모든 작전권은 미국이 갖는다)을 체결하게 된다. 이로써 6·25 전쟁 초기인 1950년 7월 14일 이승만 대통령이 작전 지휘의 일원화와 효율적인 전쟁 지도를 위해 UN군 사령관에게 국군의 전시 작전 지휘권(작전 통제권)을 이양했던 것이 지금까지도 그대로 이어지게 된다. 그리고 아직 전시 작전권을 환수하지 못한 우리 정부는 미국과

---

30) 사진 출처: 국가기록원.

의 원만한 조율을 통해 이를 한국군에게 귀속시키기 위한 노력을 계속하는 상황이다. 한편, 1994년 12월 1일 전시 작전권과 구분되는 평시 작전권은 한국 합동참모의장에게 이미 귀속되었다. 이 대목에서 주목해야 할 것은 과연 미국이 냉전이 유효한 상태에서와 다른 냉전이 종료된 상태에서도 한국의 전략적 위치에 따른 효용가치를 어떻게 평가할 것인지는, 우리에게 두고두고 연구해야할 판단 과제를 남겨두었다고 할 수 있다.

사실, 우리나라 역사를 단순하게 들여야 봐도 한반도 분할의 역사는 한두 번이 아니라고 할 수 있다. 멀리는 김춘추가 고구려를 두고 당나라와 담판을 나눈 결과, 대동강을 사이에 두고 한반도 북부와 고구려를 당나라에게 통째로 넘겨주면서 자연스럽게 한반도는 분할이 되었고, 임진왜란 때도 왜의 고니시가 명나라의 심유경과 역시 대동강을 사이에 둔 조선 분할을 언급하기도 하였다. 다행히 이 당시 왜의 제안대로 한반도가 분할되지는 않았지만, 여기에서 명나라는 최소한의 랴오둥(요동) 방어를 위한 최소한의 완충 지대(한반도 북부)를 설정하면서 자신의 속마음(조선에 침략한 왜군을 바다 밖으로 밀어내는 것이 명군 참전의 명분이 아니었음)을 내비쳤고, 왜나라는 '정명가도(征明假道)', 즉 명나라 정벌이라는 소기의 목적은 달성하지 못했지만 참전한 가신들에게 조선 땅을 영지로 물려줄 기회를 가질 수 있었다. 비록 이 교섭은 명나라의 의도적인 지연 외교로 무산되었지만, 왜적은 빈손으로 돌아갈 수 없었고 전선이 상당히 남쪽으로 물러난 정유재란 당시에도, 다시 조선의 하삼도(충청, 전라, 경상도) 할양을 요구하며 왜성을 견고하게 쌓는 등 쉽게 조선에서 물러나지 않을 것을 밝히기도 했다.[31] 이것 또한 가신들에게 나눠줄 영지 확보가 목적이었을 것이다. 다만, 일본 백성을 이주하여 조선을 일본 땅으로 삼겠다는 왜의 생각은 갑작스러운 도요토미 히데요시의 사망으로 현실로 실현되지는 않았다.

또한 연이은 병자호란의 패배로 조선이라는 나라는 역사 속으로 사라질 뻔한

---

31) 이민웅 저, 『이순신 평전: 420년 만에 다시 본 임진왜란과 이순신』, 책문, 2012. p. 326.

위기에 처하기도 했는데, 이 시기는 인조와 명분에 사로잡힌 지도층들의 판단 착오가 어느 때보다 더욱 심각해 청나라가 마음만 먹었다면 통째로 한반도를 가져간다고 해도 어쩔 수 없는 상황이었다. 실제로 청나라의 일부 신하들은 조선의 노골적인 청나라 업신여김을 응징하고 출병으로 인해 잃은 비용을 충당하기 위해, 조선반도의 북부를 청나라에 복속시켜야 한다고 주장하기도 했다.[32] 만약 당시 조선이 사대와 조공의 예를 충실히 이행하지 않았다면 우리들이 오랑캐라고 업신여겼던 이들로부터 망극한 꼴을 볼 수도 있었던 건국 이후의 최대 위기였다. 하지만 천만다행하게도 청나라는 명나라와의 전쟁을 아직 마무리하지 못했던 점과 땅은 충분했던 반면에 인구가 적었다는 이유로 땅 대신 조선 백성들(50~60만 명, 당시 조선 인구는 1,000만여 명이었다)을 대거 데려감으로써 우선 급한 대로 자신의 부족한 부분을 먼저 채울 수 있었다. 그리고 근대로 넘어오면, 러일 전쟁이 일어나기 전 일본과 러시아에 의해 한반도는 두 나라의 세력 범위를 한반도를 경계선으로 두게 되면서 분할될 수도 있었는데, 시시각각 변하는 두 나라의 세력 우위에 따라 서로의 제안이 무시됨으로써 결국 한반도의 분할은 무산되게 된다. 그렇게 아슬아슬하게 명맥을 이어왔던 한반도는 결국 제2차 세계대전의 막바지에 미소의 요구와 이해관계에 의해 기어이 허리가 생뚱맞게 잘리게 된다.

---

32) 『인조실록』 43권. 인조 20년 10월 12일 기유 첫 번째 기사. "정축년 전쟁 때, 제왕(諸王)이 모두 '조선 팔도 중에 세 도는 국왕이 다스리도록 하고 여섯 도는 여기서 장수를 정하여 관장하자.' 하니, 황제께서 '언어가 통하지 않고 사리에 맞지 않는다.' 하였는데, 이제 그대 나라의 일이 이와 같으니 황제께서도 매우 후회하고 있다고 하였습니다."

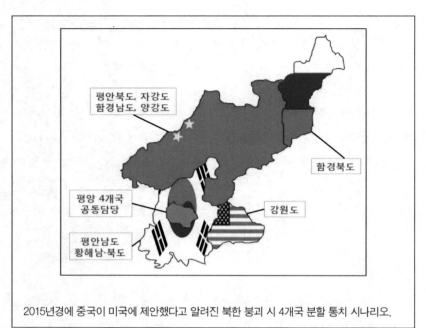

2015년경에 중국이 미국에 제안했다고 알려진 북한 붕괴 시 4개국 분할 통치 시나리오.

더 나아가 최근 계속되는 북한의 불안한 정치 사정으로 인해 북한 붕괴 시 중국이 미국에 제안한 것으로 보이는 비밀 자료에 의하면(일부 해커에 의해 2015년에 밝혀진 자료이므로 그 근거를 대는 것조차 불명확하다는 점은 감안해야 한다), 북한을 4개국(한국, 미국, 중국, 러시아)이 분할 통치하자고 했다고 하는데, 그 내용에서 중국이 자신의 국경선과 맞닿은 지역인 평안북도, 자강도와 양강도의 대부분을 자신들이 점거해야 한다는 논리는 한반도를 온전한 상태로 두지 않고, 과거 역사 속의 사실들과 다름없이 어떻게든 최소한의 완충 지대라는 심리적 저지선을 한반도에 두려고 하는 것을 엿볼 수 있게 된다. 중국이 유독 이런 문제에 집착하는 일은 어제오늘의 일도 아니지만, 한국과 국경선을 맞대지 않으려는 의도를 분석해 보면 연변 조선족 자치구에 대한 문제를 거론할 수 있다. 만약 중국이 한국과 국경을 맞대고 있다고 보면 조선족 자치구에 대한 중국의 영향력이 약화되면서 독립 또는 한국과의 병합을 요구하는 목소리가 커질지도 모른다는 우려를 사전에 차단해야 하는 정치적 의도가 숨어있다고 할 수 있다. 이것은 단순하게 조선족 자치구만의 문제가 아니라 중국 내 여러 자치구의 독립 움직임에 영향을 줄 수 있는 문제이기 때문에 중국은 이 문제에 대해서만큼은 양보할 수 없는 더욱 분명한 입장을 보이는 것이다. 또한 동해로 통하는 항구 확보를 위해 함경남도를 자기 관할에 두어야 한다는 논리(지금은 중국이 동해로 바로 갈 수 있는 경로는 북한과 러시아를 통과하는 방법밖에는 없다)는 중국 측의 억지로 보이기는 하지만, 이 또한 중국이 구상하는 북한 시나리오에 들어가 있다는 것에 전율할 따름이다. 굳이 이 자료에서 예전과 다른 점이 있다면, 역사적으로 중국이 생각하는 한반도에서의 최후 방어선을 '대동강-원산(중국은 임진왜란 때나 6·25 전쟁에서 보듯 이 라인을 중국에 대한 실제적인 위협으로 인정하여 단순히 우군을 도와준다기보다 군사력을 동원하여 자국의 위협을 한반도에서 사전에 막고자 하는 의도가 다분하였다)'에서 '청천강-함흥' 라인으로 조금 올렸다는 정도일 것이다. 이것은 우연하게도 고려 시대의 영토와 비슷한 점이 많은데, 신뢰할 수 있을 만한 자료인가를 따지기 전에 이 또한 한반도 분할의 역사하고도 무관하지 않다고 할 수 있겠다.

어쩌면 우리가 바라는 통일(남한 주도의 한반도의 완전한 회복)은 진정 우리들만의 착각일 뿐, 주변 강대국들은 북한 붕괴 시 위와 같이 자국에 유리한 '한반도 통일' 시나리오를 이미 완성하고 있을지도 모를 일이다. 그것 또한 우리의 의사와는 관계없는 강대국들의 논리에 의해 나눠진 한반도의 모습으로 응당 우리는 이를 받아들일 수 없을 것이나, 한반도가 과거 강대국들에 의해 강제로 분할이 되었듯이 또다시 우리는 다시 한번 경악스러운 한반도 통일의 모습에 분노해야 할지도 모를 일이다. 또한 중국이 어떻게든 북한이라는 완충 지대를 확보하려는 모습은 만약 북한에 중차대한 위기가 도래한다면, 중국은 즉각 인민군을 중국과 인접한 북한 지역에 투입하여 자국 접경 지역의 안정을 우선적으로 도모하겠다는 강력한 의지를 표명한 것으로 보인다. 이래저래 소름 돋는 북한 분할 시나리오라고 말하지 않을 수 없다. 우리는 여기에서 다시 한번 주변 강대국들의 입김이 작용할 수 있는 갑작스러운 한반도의 변화는 진정 우리들의 생각과는 다른 통일의 그림이 그려질 수 있다는 의견들에 경각심을 가지고, 남북한의 평화로운 합의에 의한 완전무결한 통일을 건설해야 한다는 절박함으로 통일의 시나리오를 완성하여, 이를 성취하는 것만이 진정 우리가 한반도의 주인이 되는 유일한 길이 됨을 명심해야 할 것이다.

　이처럼 한반도의 지정학적 위치에 따라 중국, 러시아를 비롯한 대륙 세력과 일본, 미국과 같은 해양 세력이 충돌하는 곳에 우리의 근거지가 존재하는 것이 사실이다. 그 때문에, 우리의 생존을 주장하기 전에 그들에게 있어 한반도는 자신의 세력 확장과 함께 상대방 세력을 저지해야 하는, 사활이 걸린 절대 포기할 수 없는 마지노선과 같은 것이었다. 지금까지 유독 부침이 심했던 한반도 역사에서 일어난 모든 불상사가 위와 같은 논리를 우리에게 강요했기 때문에, 우리의 주장과 허약함만으로는 그들을 충분히 설득시킬 수 없다는 데 큰 불행이 감춰져 있었다. 다만, 우리는 같은 반도 국가인 이탈리아가 로마 시대 대륙과 지중해를 통한 세계 제국을 건설했다는 사실에서 큰 교훈을 얻을 수 있다. 그런 의미로 꼭 우리가 가진 지리적 위치가 반드시 불리한 것만은 아니어서 오히려 마음만 먹었다면 어느 방향이든 진출할 수 있다는 여러 이점을 갖고 있다고 할 수 있다. 이는 우리가 항상 불리하다고 생각했던 것들이 이를 잘 역이용할 수 있다면 반대로 큰 강점이 될 수 있다는 것이다. 결국, 역량과 의지의 문제일 뿐 우리 근현대사에 나타난 불운들은 유독 한반도가 위치한 곳에 집중된 강대국들의 탓으로만 돌릴 수 없는 우리들 스스로의 문제로 귀속된다고 할 수 있다.

　지금까지 위에서 열거한 사실 중에서 김춘추의 경우에만 우리 스스로 한반도의 분할을 주장한 반면, 그 외의 경우는 다른 강대국들의 논리에 의해 우리 의사와는 상관없이 분할이 거론되었다. 이처럼 오랜 한반도의 분할 역사는 정작 우리만 몰랐지, 열강들은 한반도에 교차하는 자신들의 이익을 최대화하기 위해 오래 전부터 한반도 분할을 기정사실로 받아들이고 있었다고 할 수 있다. 그만큼 한반도가 열강들의 이익을 극대화하기 위한 진출로인 동시에 자국의 안전을 보장할 수 있는 완충 역할을 충분히 할 수 있다는 것인데, 그 말은 열강들도 자칫 방심하여 경쟁국에게 한반도를 내준다면 동아시아의 세력 균형이 한쪽으로 쏠리면서 한반도에서 잃어버린 우위는 그대로 자신들의 몰락을 의미하기 때문에 한반도 점유는 그야말로 경쟁 이상의 생존과도 직접 관련된 것이라고 할 수 있다. 하지만 강대국들의 경쟁이야 충분히 일어날 수 있는 일이고 이해할 수 있다고 생각되지만, 경쟁의 그늘 속에서 오랫동안 숨죽이며 살아왔을 한반도의 주인인 우리들은 정작 한 번도 제대로 된 주인 행세를 해 보지도 못하고, 강대국들이 마음대로 분할해도 된다는 쉬운 생각들이 한반도 분할이라는 오랜 논리 속에 쉽게 자리 잡고 있다는 것을 엿볼 수 있게 된다. 어디에도 하소연할 길 없는 약소국의 비애와 울분은 결국 한반도 분할이라는 비극적인 결말로 일단락되고 말았다.

우리나라 또한 강대국들에 둘러싸인 약소국인 대한제국이 나아가야 할 방향을 정하고, 과거 고종 황제의 외교 정책에서 보듯 강대국들의 경쟁 구도를 통해 중립국으로 존속할 수 기회가 있다고 생각했지만, 그것은 어디까지나 강대국 간의 세력 균형이 깨지지 않을 때나 가능한 일이었다. 중국이 그나마 우리를 조공과 책봉이라는 형식으로 속국으로 붙잡아 둘지언정 식민지로 만들지는 않았는데, 그동안 우리의 역사 속에 불멸의 존재였던 중국의 힘이 청일전쟁 이후 서서히 사라지자, 우리는 과거 어느 시대를 막론하고 한 번도 경험해 본 적이 없는 역사에 발을 들여놓아야 했다. 결과적으로 중국이 삭제된 상태에서 서투른 자립을 서두르다 고립만 자처한 정책은 결국 실패만 거듭 경험해야 했다. 당연한 결과로 우리는 균형이 깨진 동아시아 판도의 새로운 강자에 의해 자연스럽게 식민지로 전락하고 말았다. 이제 우리는 한반도 분할의 주체를 논하기 전에 열강들의 요구에 의해 분단은 어쩔 수 없는 우리의 역사이자 현실로 받아들여야겠지만, 앞으로 이를 봉합하고 해소하는 것은 순전히 우리의 몫으로 남겨졌다는 사실을 명심해야 한다. 더 나아가 그야말로 오래되고 이유도 각각인 한반도 분할의 역사를 최종적으로 종식할 수 있는 통합의 주체만큼은, 한반도의 진정한 주인인 우리가 되어야 한다고 결심하듯 다짐해야 할 것이다.

다. 냉전 시대 그리고 한반도

제1차 세계대전으로 제일 혜택을 입은 나라를 꼽으라고 하면, 전쟁에 직접 관여하지 않아 국력 손실을 최소화하고 상대적인 경제적 성장을 이룰 수 있었던 일본과 다른 나라의 군사적 충돌을 통해 반사 이익을 챙긴 미국을 꼽을 수 있다. 그리고 제2차 세계대전으로 제일 혜택을 입은 나라는 미국 외에는 누가 뭐라고 해도 소련이라고 말할 수 있다. 소련은 제2차 세계대전으로 많은 인명 피해를 본 국가이기도 했지만, 대전 중 수행했던 소련의 군사적 역할로 인해 전쟁 후에는 그 전보다 높아진 국제적인 위상을 누리게 되고 높아진 국가 위상 덕분에 전후 세계의 중심 국가가 된다. 제2차 세계대전 전만 하더라도 영토만 넓었지 유럽의 변두리 국가 중의 하나였던 소련은 유럽의 새로운 강자였던 독일 제국을 보기 좋게 패배시키면서, 새삼 자신이 가진 광활한 영토의 저력에 대해서 각성하기 시작했다. 또한 소련은 제2차 세계대전 참전국 중 자국민들의 희생이 가장 컸던 것을 유독 강조하며 그 보상 차원의 대가도 두둑이 챙기는 노련함을 보여 주었다. 즉, 대전 중과 그 후까지 이어진 정치적인 손익 계산에서 탁월한 재능을 선보이게 된다. 종전 후에 보여 준 소련의 능수능란한 정치적 행보를 통해, 그동안 소련을 어리숙한 시골 출신들로 구성된 사회주의 국가 건설의 이상만을 꿈꾸는 사람들이 만든, 허황되고 실험적인 나라 정도로 여겼던 서방의 자유 민주주의 진영의 여러 국가에, 소련은 더 이상 유럽 변방의 농업 국가가 아니라는 것을 확실하게 보여 주게 된다.

소련의 종전 후 기세가 얼마나 컸던지, 기존의 엄청난 땅덩어리에 더해 승리의 전리품처럼 주변국을 야금야금 먹어 들어가기 시작한 소비에트 연방의 욕심과 팽창을 더 이상 막을 수 있는 나라는 없을 것처럼 보였다. 거기에 도미노처럼 공산화하기 시작한 동유럽에 대한 소련의 장악력은, 소련이 제2차 세계대전 최대의 수혜자라는 것이 허투루 만들어진 말이 아니라는 것을 증명하고 있었다. 그리고 소련의 팽창한 대한 기우가 조금씩 현실화되던 1945년 2월, 괴벨스에 의해 처음 언급된 '철의 장막(Iron Curtain)'이 1946년 3월 5일 미국을 방문 중이었던 처칠의 연설에 의해 고발되고 있음에 세계는 경악하게 된다. 처칠 연설의 주요 내용은 다음과 같다.

"From Stettin in the Baltic to Trieste in the Adriatic, an iron curtain has descended across the Continent. Behind that line lie all the capitals of the ancient states of Central and Eastern Europe. Warsaw, Berlin, Prague, Vienna,

Budapest, Belgrade, Bucharest and Sofia, all these famous cities and the populations around them lie in what I must call the Soviet sphere, and all are subject in one form or another, not only to Soviet influence but to a very high and, in many cases, increasing measure of control from Moscow(발트해의 슈체친에서부터 아드리아해의 트리에스테에 이르기까지, 대륙 전체에 걸쳐 '철의 장막'이 내려져 있습니다. 장막이 쳐진 그 선 뒤에는 중부 및 동부 유럽의 고대 국가들의 모든 수도가 있습니다. 바르샤바, 베를린, 프라하, 비엔나, 부다페스트, 베오그라드, 부케레스트 및 소피아 등 이 유명한 도시와 이곳의 주민들이 이른바 소비에트 연방의 세력권에 있으며, 그들 모두는 어떤 식으로든 소련의 영향뿐만 아니라 커지는 모스크바의 통제에 묶여 있습니다).''

처칠이 이런 연설을 하던 때는 제2차 세계대전이 끝난 지 채 1년이 안 된 시점이었고, 세계는 전쟁이 없는 평화 시대에 대한 부푼 꿈에 안도하고 있을 때였다. 아직 승전의 기쁨에 취해 있던 미국에게 소련과 사회주의의 팽창을 경고하는 처칠의 이 연설은 종전 후 새로운 세계 질서를 냉전 구도로 '획정(劃定)'하는 시발점이 되었다.

이제 다급해진 것은 미국과 같은 서방의 자유 진영이었다. 어쩌면 서방측에서는 전쟁 중의 나치 독일보다 더 큰 고민 덩어리가 생기게 된 것이다. 나치 독일이 절대 악을 차지하던 제2차 세계대전 때는 여러 나라가 선의 역할을 맡게 되어 전쟁은 마치 선과 악의 전쟁처럼 승리에 대한 정당성이 있었으나, 이젠 선과 악을 단정해서 규정할 수 없는 세상이 도래한 것이다. 이제는 내가 절대 선이 되기 위해서 경쟁을 통해 악의 역할을 다른 세력에게 떠넘겨야 했다. 그러기 위해서는 자신을 지지하는 나라와 세력을 규합하는 것이 무엇보다 중요했다. 이를 구현하기 위해서는 직접 충돌도 필요하겠지만, 핵을 가진 강대국 간의 전쟁은 종말을 의미한다고 볼 때, 언제부터인가 정치 공작과 스파이를 동원한 비방, 선전 등의 여러 가지 형태의 정치적 움직임이 전쟁을 대신하기 시작했다.

제2차 세계대전은 전쟁 당사국들에게 다양한 교훈을 남겼는데, 전 국토가 폐허가 된 이런 전쟁은 더 이상은 일어나지 말아야 한다는 세계적인 경각심을 불러일으키게 된다. 그래서 세계대전 이후의 전쟁 양상은 국지전과 같은 소규모 전쟁으로 변화하게 되었는데, 이는 국지적인 충돌이 세계대전으로 확산되는 것을 극도로 경계한 각 나라의 정서와 다음의 세계 전쟁은 곧 지구의 종말을 의미한다는 경고를 사실로 받아들인 덕분일 것이다. 그리고 종전 후 고만고만하던 나라들이 서로의 군사력을 뽐내던 시대가 가고 미국과 소련이라는 초강대국이 탄생하면서, 이들의 사주를 받은 동서 냉전의 치열한 분쟁이 세계 곳곳에서 지속되게 된다. 이제 세상은 또 다른 세계대전을 우려해 초강대국 간의 직접적인 대결은 피할 수 있었지만, 6·25 전쟁과 같은 동서 냉전의 대리전은 세계 곳곳에서 우발적인 전쟁의 양상으로 지금까지도 진행되고 있는 실정이다. 또한 자유 진영과 공산 진영 간의 스파이전은 자신의 세력 확산과 그를 저지하고자 하는 정치 대결로 이어졌고, 이 와중에 벌어진 서로에 대한 비방과 첩보는 외교 전쟁을 방불케 했으며, 이런 대결 양상은 냉전 시대가 지났다고 하는 지금에도 '신냉전'이라는 새로운 시대 상황으로 지속되는 형편이다.

한 예로, 영국은 2018년 3월 4일에 발생한 러시아의 전 요원으로 영국에 망명 중인 '러시아 이중 스파이' 출신 세르게이 스크리팔 씨의 암살 시도에 대해, 러시아 당국에 의한 암살 시도일 가능성이 크다는 성명을 발표하고 영국 주재 러시아 외교관들을 추방하는 극단적인 조치까지 감행하게 된다. 이에 미국과 영국을 지지하는 유럽의 여러 나라가 러시아 외교관을 추방하는 일에 동참하게 되자, 러시아도 미국 영사관을 폐쇄하고 외교관을 추방하는 등 맞불 외교를 벌이게 된다. 이어 벌어진 2018년 러시아 월드컵에서도 양국의 심리적 대치 상황은 여전했는데, 러시아는 영국 정부의 월드컵 참관은 언제든지 환영한다는 입장이었지만 영국은 그 가능성을 일축하기도 했다. 결국, 보리스 존슨 영국 외무장관이 잉글랜드 팀의 참가 자체를 보이콧할 수 있다는 입장을 한때 밝히기도 했지만, 이후 영국 정부는 왕실 및 고위 관리만 참석하지 않는 '외교적 보이콧'으로 입장을 명확히 하게 된다. 이처럼 스파이 암살 시도로 촉발된 양국 외교관 추방 사태는 좀처럼 수그러들지 않는 분위기로 '신냉전 시대'라고 일컬을 만큼 새롭게 불붙게 된 논쟁으로 이어지게 되면서, 과거와 같은 핵전쟁까지 불사했던 직접적인 전쟁의 위협은 사라졌다고 해도 상대편 진영에 대한 스파이전과 정치 보복은 지금도 변함이 없다고 할 수 있다. 또한 체제 경쟁과 더불어 국가 간의 치열한 스파이전이 원인이 된 첩보전은 양국의 무역 전쟁으로 확산되는 등, 무역 제제로 자기 진영의 결속과 함께 세를 키우며 상대방보다 한발 앞서나가려고 하는 양 진영의 피할 수 없는 싸움은 지금도 계속된다고 할 수 있다. 이는 제2차 세계대전 후 진행된 냉전이 지금까지도 이어지고 있는 대표적인 사례다.

물론, 우리나라도 위 문제에 대해서 자유로울 수는 없었다. 전쟁을 겪으면서 적대국으로 전락한 남북한 두 나라는 폐허 위에서 일으켜야 하는 경제 개발과 함께 엄청난 체제 경쟁으로 인한 출혈을 경험하면서, 서로의 국가와 체제에 대한 끊임없는 비방과 흠집 내기를 하루가 멀다 하고 만들어 내야했다. 때론 비방은 비난 정도로만 그치지 않고 실제로 상대편을 와해시키고 무너뜨리기 위한 위협적인 모습으로 나타나기도 했다. 1987년 KAL기 폭파와 1983년 아웅산 테러 등이 대표적인 예이고 1968년 김신조 일당 남파 사건, 1996년 강릉 잠수함 침투 사건과 그에 대응하려는 남한의 북파 공작원 양성 등은 다분히 상대의 체제 전복을 기도하기 위한 시도로, 그 외 다른 여러 가지 남북 관련 사건을 대표한다고 할 수 있다. 하지만 이런 사건들이 누적될수록 남북 상호 간에 불신이 깊어지게 마련이어서, 이런 진전 없는 분위기로 인해 한동안 한반도는 평화 시에도 전쟁의 긴장감으로 오랫동안 짓눌려 있어야 했다.

또한 전쟁이 없는 시기에도 일명 '보수당'이라고 일컫는 세력들에 의한 '북풍 조작'은 자신에게 유리한 선거 전략과 여론 형성을 위해 수시로 이용되었는데, 유난히 선거철만 다가오면 많아지는 북 관련 사건과 기사들은 충분히 그것을 의심하게 만들었고 실제로 선거에 이용되었던 여러 가지 사례가 최근 들어 속속 밝혀지고 있는 실정이다. 하지만 사실과 의혹들이 선거가 끝나면 흐지부지되었다는 점에서 그 진위를 더욱 의심하게 만들기도 하였다. 멀리는 1956년 조봉암 간첩 조작 사건, 1964년의 인혁당 사건과 1986년 평화의 댐 건설 그리고 당시 집권 세력에 의해 너무 일찍 언론에 노출된 1997년 황장엽 망명 사건 등이 그에 해당한다고 할 수 있다. 이는 새로운 통일 정책으로 국민에게 희망을 주고 조국의 안정적이고 영구적인 평화를 정착시키기 위한 것이 아니라, 냉전과 반공 그리고 안보 등으로 그동안 국민을 기만하고 옥박지르면서 자신의 기득권을 놓치지 않으려는 움직임이었다고 할 수 있다. 집권 세력은 마치 '반공'이라는 것이 자신의 거스를 수 없는 신념이라도 되는 듯 이런 보수적인 가치에만 오랫동안 집착해 왔다. 그것이 가능했던 것은 지금까지 국민이 그런 가치를 믿어주고 선거에서도 그들의 의견에 귀 기울여 주었기 때문이다. 하지만 2018년 6월 13일에 치러진 지방 선거에서 일명 보수당은 새로운 비전을 제시하지 못하고 그동안 해 왔던 대로 '안보 팔이'와 '반공 보수'에 집착한 결과, 선거 참패와 몰락에 직면할 수밖에 없었는데, 이는 그들이 말하는 국가주의적인 안보 의식이 더 이상 보수의 가치가 되지 못하고 기득권만 지키려는 전근대적인 이념 몰이로 비쳤기 때문으로 보인다. 이와 같은 정책 노선은 군사 독재 시절에나 먹히는 낡은 정책이라는 것을 뒤늦게나마 지금이라도 깨달아야 할 것이다.

이처럼 냉전 시대가 가져온 우리 시대의 전쟁과 체제 경쟁을 통한 비극은 언젠가 우리 스스로가 극복해야 할 것이다. 더 이상 상대를 경쟁과 극복의 대상으로만 생각하지 말고 서로에게 쌓인 오해와 갈등은 더 많은 소통과 교류를 통해 해결하려는 적극적인 자세가 요구되는 시점이다. 이제는 국익이라는 단기간의 만족스러운 결과에 매달릴 것이 아니라, 민족의 공동 번영을 위해 상대방을 꼭 필요한 존재로 인식하는 발상의 전환이 필요한 시점이 다가오고 있다. 여기에 대한 해답은 2018년 9월 19일 문재인 대통령이 평양 방문 중 능라도 5·1 경기장에서 15만여 명의 평양 시민 앞에서 밝힌 연설에서 그 해답을 찾을 수 있다. 문재인 대통령은 집단 체조로 유명한 '아리랑 공연'을 관람하던 중 김정은의 소개에 이어 이렇게 연설하게 된다.

> "(중략) 평양 시민 여러분. 동포 여러분. 우리 민족은 우수합니다. 우리 민족은 강인합니다. 우리 민족은 평화를 사랑합니다. 그리고 우리 민족은 함께 살아야 합니다. 우리는 5천 년을 함께 살고 70년을 헤어져 살았습니다. 나는 오늘 이 자리에서 지난 70년 적대를 완전히 청산하고, 다시 하나가 되기 위한 평화의 큰 걸음을 내딛자고 제안합니다."

위 연설은 우리나라의 대통령이 평양 시민 앞에서 한 최초의 연설이라는 의미부여를 차치하더라도, 정상 간에 오가는 의전 섞인 어떤 말보다 우리 민족의 갈 방향을 제시해 준 기념비적인 연설이라고 할 수 있다.

또한 대통령의 연설 속에 등장하는 우리 민족의 우수성은 다분히 자화자찬성의 빈말은 아닐 것이다. 문화 강국을 상징하는 한류 문화의 힘과 더불어 세계 10위를 두고 꾸준히 경쟁하는 한국의 저력은 오랜 세월 우리의 실력을 묵묵히 쌓은 덕분일 것이다. 그 예로 우리가 우리의 모습조차 외국에 어떻게 비칠지 아무것도 모르던 1894년과 그 이후 1897년까지, 네 차례에 걸쳐 우리나라를 방문했던 영국 왕립학회 최초의 여성 회원이었던 이사벨라 버드 비숍 여사가 우리나라를 비롯해서 세계 곳곳을 누벼 본 후 발간한 저서인 『한국과 그 이웃 나라들』[33]에서도 볼 수 있다. 그녀는 한국과 한국인에 대한 인상에 대해서 이렇게 말한다. "한국인들은 대단히 명민하고 똑똑한 민족이다. 한국인들은 스코틀랜드식으로 말해 '말귀를 알아듣는 총명함(gleg at the uptake)'을 상당히 타고났다."(같은 책, p. 20), 또한 "한국은 근사한 기후, 풍부하지만 혹독하지 않은 강우량, 기름진 농토, 내란과 도적질이 일어나기 힘든 홀륭한 교육을 갖고 있다. 한국인은 길이 행복하고 번영할 민족임에 틀림없다."(같은 책, pp. 388~389)라고 언급하며 우리의 미래를 마치 예견한 듯한 글을 썼다. 지금보다 100년도 더 이전의 시기에 겪은 한반도와 한민족에 대해 비숍 여사는 위와 같이 간결하고 담담하게 평가해 주고 있는 것이다. 이처럼 우리가 익히 알지 못하는 우리의 장점들은 우리를 방문한 외국인들에게 고스란히 드러나기 마련인 것인데, 과연 이런 민족이라면 문재인 대통령의 말처럼 이번 기회에 우리 민족의 강인함을 믿어도 되지 않을까 하는 생각을 가져 보는 것이, 우리들만의 편향된 자부심으로만 그치지 않으리라 확신해 본다. 또한 김구가 말했듯 우리는 이제 '오직 한없이 가지고 싶은 것은 높은 문화의 힘'을 가진 문화 강국이 되어, 문화적인 혜택을 누리지 못하는 약자들을 위해 우리의 드높아진 문화의 힘으로 배려하고 설득할 수 있는, 더 이상 사대가 필요하지 않은 강한 나라가 되어야 할 것이다.

---

33) Isabella L. Bird 저, 이인화 옮김, 『한국과 그 이웃나라들』, 살림, 1994.

2
그리고 남겨진 이야기

가. 그리고 남겨진 이야기

　제2차 세계대전이 제국주의의 몰락과 함께 식민지 국가들의 각성 및 독립을 불러왔다면 6·25 전쟁은 동서 냉전 시대의 개막을 알리는 전쟁이었다. 이는 우리나라가 지금까지 제국주의 국가들의 식민지 쟁탈전의 먹잇감으로 존재했었다면, 이제는 새로운 세계의 질서를 판가름할 동서 냉전의 서막을 알리는 전쟁을 우리의 땅에서 우리의 손으로 우리를 향해 시작한다는 것을 의미했다. 약소국 대한제국이 일제에 의해 국권을 탈취당하고 백성들은 36년 동안 일본 제국주의의 침략으로 모든 것을 내어준 것도 모자라, 그 고통을 치유할 시간이 지나가기도 전에 열강들은 냉전 시대의 대리전을 우리의 땅과 우리 백성을 빌려 시작한 것이다. 정작 유럽 등 전쟁의 당사자였던 나라들은 제2차 세계대전의 후유증에서 점차 벗어날 시점에, 우리는 영문도 모른 채 누구도 원치 않은 전쟁의 한복판 속으로 끌려가게 된 것이다. 김일성과 이승만은 마치 체스판의 말처럼 미소의 의중에 따라 움직이다 잠시 멈추고 다시 명령이 나올 때까지 기다리는 모양새와 같다고 할 수 있었다.

　한반도에 전쟁이 임박했다는 분위기가 확산되자 이념 대결은 어떠한 방법으로도 피할 수 없는 것처럼, 언제부터인가 우리의 삶을 당연한 듯 지시하고 통제하기 시작하였다. 자본주의와 공산주의라는 두 개의 이념이 팽팽하게 맞닿은 곳인 38선에서 향후 동서 냉전의 판도를 예측해볼 수 있는 대리전의 불씨가 살아나고 있었던 것이다. 이제 38선이 그냥 열강들의 결정에 의해 편의상 그어진 경계선이 아니라 냉전의 팽팽한 긴장감이 오가는 배타적이고 심리적인 마지노선이 되고 있다는 것을 의미했다. 나라를 든든하게 지켜줄 지도자도 없는, 한없이 나약하기만 한 나라에 태어난 죄 밖에 없던 우리 백성들은 안팎에서 터지는 전쟁의 움직임에 갈피를 잡지 못한 채, 한 세대는 식민지 백성으로 고통 받고 한 세대는 전쟁으로 통곡하게 될 것이 뻔해 보였다.

그렇게 우린 우리의 근현대 역사가 흘러가는 대로, 정작 우리들의 전쟁 수행 의지나 능력과 상관없이 남들이 벌인 전쟁의 소용돌이 속에 오랫동안 머물러 있어야 했다. 주체적으로 우리의 운명을 결정하지 못한 채 몇 해를 이리저리 끌려다닌 결과는 너무나도 참혹했다. 내가 살기 위해 우리 민족에게 겨누어졌던 분노와 고통은 다시 고스란히 되돌아와, 전 국토를 복구조차 불가능한 비극과 폐허로 뒤덮은 뒤에야 처음과 별반 다르지 않은 분단으로 귀결되고 말았다. 냉전 초기 상대 진영의 전력조차 파악되지 않았던 시기에 벌어진 6·25 전쟁은 처음부터 누구도 승리를 장담할 수 없어 경계하는 분위기만 역력했지만, 누군가에 의해 당겨진 총구는 식을 줄 모르고 이젠 누가 적인지도 모르는 의심과 증오 속에서 밤낮으로 연신 탄환을 뱉어내야 했다. 처음부터 누구도 이길 수 없었던 전쟁이기에 쉽게 끝날 줄 몰랐고, 서로가 느꼈을 분노에 분노를 더해 돌려주는 것밖에는, 얻을 것이 없는 시간 동안 우리는 서로를 속에서부터 증오하기 시작하였다. 얼마 전까지만 해도 일제에 대항하여 한마음으로 독립을 염원했던 우리들이 이제 서로를 향해 적을 향하듯 온몸으로 밀어낸 증오조차, 오랜 전쟁으로 감당하지 못할 만큼 지칠 때가 되어도, 정작 싸움의 당사자들인 우리들에겐 전쟁을 우리의 힘으로 끝내는 것조차 허락되지 않았다. 풀 한 포기, 나무 한 그루조차 온전하게 서 있지 못하도록 한반도를 할퀴어 놓은 전쟁이, 우리에게 분노와 폐허밖에 남지 않은 전쟁이 도대체 무엇을 위한 것이었는지 남과 북은 뼈저리게 반성하고 절망하고 좌절할 수밖에 없었다.

6·25 전쟁은 우리 민족에게는 되돌릴 수 없는 고통과 분단을 아픔처럼 남겨놓았던 큰 전쟁이었다. 그러나 미국과 소련에게 전쟁의 고통은 당사자인 남북의 문제일 뿐이었고 이번 전쟁을 통해 두 나라는 냉전에 대한 새로운 전략을 수립하는 데 귀중한 자료를 수집하게 된다. 즉, 더욱 막강해진 두 강대국의 핵전쟁은 더욱 더 피해야 할 현실이라고 볼 때, 핵이 배제된 상태에서 기존 재래식 무기에 대한

중요성이 더욱 부각되기 시작하였다. 더 나아가 자신들의 체제를 지지하고 도와줄 우방국들을 최대한 많이 확보하는 것이 더욱 시급한 문제로 대두되었던 것이다. 그렇게 6·25 전쟁과 베트남 전쟁으로 이어진 국지전을 통해 상대방의 존재와 능력을 확인한 소련과 미국의 동서 대립은 1990년대 소비에트 연합이 붕괴되기까지, 어느 쪽이 유리한 고지를 확보하지 못한 채 평행선을 달리게 된다. 그런 와중에 소비에트 연방의 팽창과 공산주의의 확장에 대한 강박관념은, 미국이 그 확산을 막고자 선택했던 방식에서 매번 정당성을 확보하지 못하게 만드는 조급증을 보이기도 하였다. 체제의 사활을 건 냉전에서 좀 더 유리한 고지를 선점하기 위해 전 세계에서 사회주의 이념을 가진 국가의 확산을 막을 수만 있다면, 미국에게 있어 자신이 밀어주는 국가의 지도자가 독재자이든 능력이 부족하든 그런 것들은 하등의 문제가 되지 않았던 것이다. 냉전 시대를 빌미로 미국의 도움을 발판삼아 독재를 이어갈 수 있었던 지도자를 열거하면, 칠레의 피노체트와 박정희 그리고 그를 롤 모델로 삼았던 우즈베키스탄의 카리모프, 필리핀의 마르코스 등을 들 수 있다. 전 세계에 사회주의 국가의 확산에 대응하여 자유 민주주의를 수호한다는 미국의 명분은 몇몇 독재자의 왜곡된 정치 노선으로 인해, 미국의 지원 의도를 근본적으로 의심하게 만들었던 것이 사실로 드러나고 말았다.

그런 역사적 배경으로 미국은 한때 독재자를 밀어주는 국가가 아닌가 하는 오명을 받기도 했다. 특히 한국과 필리핀 그리고 태국은 미국이 시작한 베트남 전쟁의 장기화로 곤란을 겪고 있을 때 파병 등으로 큰 도움을 주었다는 인연으로, 미국은 그들 국가 지도자들의 독재와 탄압에 크게 관여하지 않는 등 시종일관 그 나라의 정치 상황에 개입하지 않는 정책을 유지하게 된다. 그 배경이 되어 주었던 베트남 전쟁은 그 당시 믿을 만한 서구 진영조차 자국의 사정 등을 이유로 미국에게 등을 돌린 현실에서, 날로 악화되는 국내 여론으로 베트남전쟁은 쉽게 발을 뺄 수 없는 미국 정부만의 외로움 싸움으로 변질되고 있었다. 그러나 이들 나라가 전격적으로 파병을 결정하면서 미국은 작게나마 베트남 전쟁 파병에 국제적인 명분을 보태는 데 큰 도움을 받을 수 있었다. 미국은 이에 대한 보답으로 태국과 필리핀, 한국에서 연이어 일어난 군사 쿠데타와 유신 사태 등을 눈감아주며 그들이 한동안 반공이라는 구색만 갖춘 반공 독재 국가를 유지하는 데 큰 영향을 끼치게 된다.

특히, 태국은 제국주의 팽창 시대에도 당시 프랑스와 영국의 갈등을 역이용해 서구 열강의 식민지가 되지 않았던 유일한 나라로, 제2차 세계대전 당시에도 일본과 동맹을 맺고 협력하면서 일제의 직접적인 지배를 피할 수 있었다. 하지만 태국이 일제의 침략을 역으로 벗어나고자 먼저 동맹을 제의했는지는 모르지만, 절대 악이었던 일본에 협력했다는 이유로 연합군 측과 갈등을 빚기도 했었다. 일본과의 동맹을 추진했던 태국의 군부 세력은 1930년대 초반에 군부 쿠데타에 의해 태국 정권을 장악한 이후 1990년 초반까지 군부의 쿠데타를 이용한 정권 장악 노력은 계속될 수밖에 없었다. 물론, 그 배후에 미국이 있음을 인정하지 않을 수 없고, 더구나 베트남 전쟁 이후 미국의 태국의 군부 정권 밀어주기는 거의 노골적이라고 해도 과언이 아니었다. 이처럼 근시안적으로 접근한 미국의 아시아 정책은 결과적으로 전 세계에 사회주의 국가들에 대항할 자유 민주주의 제도가 정착하기를 바랐던 미국의 아시아 국가들에 대한 바람과는 다르게 상당히 후퇴할 수밖에 없었고, 이들 국가의 독재자들은 베트남 전쟁으로 궁지에 몰린 미국에 도움을 준 것이 계기가 되어 자기가 원하는 권력을 미국의 전폭적인 지원과 비호 아래 끝까지 유지할 기회를 얻을 수 있었다.

미국의 의도적인 눈감아주기 식의 방관에 의해 독재자는 마음먹은 대로 인권 탄압과 반정부 주요 인사의 투옥 등 민주주의 발전을 저해하는 여러 가지 정치적인 탄압을 단행할 수 있었다. 그런 독재자를 꾸준하게 지원해 주고 지지해 주는 미국의 일관된 모습과는 다르게, 독재자의 민주주의에 역행하는 면에 대해서는 미국은 내정 간섭이라며 적극적으로 관여하지 않는 이중적인 태도로 일관하게 된다. 강대국 미국의 지원이라는 원천적인 힘을 보유한 독재자가 국내에서 더욱 통제 불능의 권력을 휘두르게 되는 것은 당연한 이치일 수밖에 없었다. 특히, 시작이 아름답지 못했던 박정희 정권은 집권 초기 그 어느 누구보다 미국의 지지가 절실했던 입장이었다. 그런 와중에 일어난 베트남 전쟁은 박정희에게 미국의 지지를 얻을 수 있는 절호의 기회가 되었음은 부인할 수 없는 사실이었다. 그리고 1979년 10·26 사태의 장본인인 김재규가 '유신의 심장' 박정희를 암살하면서 밝힌 명분, 즉 자유 민주주의의 회복과 부마 항쟁과 같은 대규모 시위가 서울에서 발생할 경우, 박정희의 발포 명령으로 엄청난 유혈 사태가 일어날 것에 대한 우려는, 실제로 일어나지 않았다 하더라도 독재자의 통제 불가능한 일방적인 정책 결정 과정의 부작용을 그대로 보여 준 대표적인 사례라고 할 수 있다.

결과적으로, 미국이 반공 국가 독재자의 뒤를 봐줘 그들의 권력이 공고해지도록 어떻게든 도움을 주었다는 사실은 시대가 변했다고 하더라도, 북한의 핵을 견제할 목적으로 북한 인권 개선을 위해 UN과 공조 체제를 유지하고 있는 지금의 미국의 정책과 비교해 보면 선뜻 공감하기 힘든 상황이라고 생각된다. 처음부터 잘못 진행된 동서 냉전이 불러온 현실 인식 때문이었을까, 제2차 세계대전 후 극단으로 치닫던 냉전 시대에, 미국 입장에서는 자국민을 핍박하고 회유하는 아시아 독재자조차도 공산주의와 사회주의의 확산을 막아줄 수호신 정도로 생각했던 모양이었다. 그만큼 냉전이라는 것은 최강국인 미국의 판단력마저 흐리게 만들 정도의 정치적인 절박함이 뒤따르는 엄청난 소모전이었다. 때론 냉전을 적절하게 대응하지 못하거나 극복하지 못한 미국 지도자는 그 책임을 스스로 져야 했으니, 비록 소련과 직접 전쟁은 치르지 않았더라도 이미 양국은 적대국 이상의 앙숙이 되어있었다. 냉전은 미소 간에 직접적인 전쟁만 없었을 뿐, 제3차 세계대전으로 번질지 모르는 여러 가지 분쟁(1960년 베트남 전쟁, 1962년 쿠바 사태)이 발생하였고 미국은 소련이라는 만만치 않은 상대와 대응하느라 시종일관 간절하고 절박할 수밖에 없었다.

소련 또한 미국과의 냉전이 녹록한 것은 아니었다. 냉전이 시들해지면서 소련이 '철의 장막' 너머에서 사회주의의 대부로 인정받던 시대가 서서히 저물고 있었지만, 소련은 단순히 과거의 영광을 연장하고 싶은 욕심에 기존 공산권 국가들이 이념보다 진한 민족주의에 집중하면서 조금씩 사회주의 연대가 느슨해지고 있을 때, 언제나 그랬듯이 소비에트 연방의 이탈을 막기 위해 설득과 소통보다는 무력만을 동원하기 시작하였다. 하지만 이념의 폭력 앞에서도 끄떡없는 민족이라는 힘은 더없이 강력하였고, 결국 영원할 것 같은 소비에트 연방을 해체시키고 끝내 독립을 쟁취하기에 이른다. 1968년, 일명 '프라하의 봄'이라고 일컫는 체코슬로바키아의 민주화 바람은 동유럽뿐만 아니라 소비에트 연방에서 벗어나고자 하는 여러 소비에트 연방 위성 국가의 독립 움직임을 이끌어내게 되는데, 소련은 예전처럼 탱크와 총을 동원하여 주변국들을 윽박지르고 막을 수 있다고 생각한 것은 큰 착각이라는 것을 뒤늦게 알게 되면서, 시대의 큰 변화는 소련조차 거스를 수 없는 거대한 흐름으로 냉전 시대의 최종적인 종결을 요구하기에 이르렀다.

결과적으로 동유럽의 자유화 물결과 동시에 소비에트 연방이 해체되면서 소련은 미국과의 냉전 대결에서 점차 한계를 드러내기 시작한다. 서독과 동독의 경제 규모 차이에서 보듯 미국이 중심이 된 서방 자본주의는 무역이라는 정당한 경쟁을 통해 경제가 최대의 호황으로 가고 있었던 반면에, 소련을 중심으로 한 동유럽의 폐쇄적인 사회주의 운명 공동체의 경제는 이미 자본주의 진영을 극복할 수 있는 범주를 한참이나 벗어나고 있었다. 더구나 미국과 오랜 세월 군사적으로 경쟁하고 대치하는 동안, 정작 소비에트 연방의 군사력을 뒷받침해 주지 못하는 허접한 소련 경제 구조의 과부하는 더 이상 감추는 것이 불가능한 것으로 드러나자, 사회주의와 소비에트 연방의 한계는 더 이상 미국식 자본주의의 경제력과 군사력을 감당하지 못하고 스스로 주저앉고 말았다.

사회주의와 소련의 갑작스러운 몰락은 미국과 같은 서방 자본주의 국가들조차 예상하지 못했던 일이었지만, 미국은 결국 승자가 되었고 승리의 샴페인을 맘껏 터트릴 수 있었다. 그러면서, 향후 미국은 당분간 경쟁자 없는 초강대국이자 세계 경찰국가가 되는 승자의 권리를 맘껏 누릴 수 있게 되었다. 미국이 대단한 것은 두 차례의 큰 세계대전을 자신의 힘으로 성공적으로 마무리하였고, 다시 등장한 냉전이라는 엄청난 소모전과 피로감을 자기희생과 경쟁력으로 끝까지 잘 버텨내면서, 드디어 미국이 주도하는 세계를 본격적으로 열었다는 점이다. 그리고 지금까지도 또한 이후 오랫동안 확고부동한 최강국을 유지하는 미국이 주도하는 세상은 한동안 지속될 것이라는 의견에 상당 부분 동의하면서, 이에 반대하는 또 다른 의견 또한 앞서의 의견들에 대부분 설득당하고 지배당할 것이라는 분위기에 압도당할 것이 더없이 분명해진 현실이다.

최근에는 미국이 가진 독보적인 위치를 경계하며 과거 소련이 맡았던 사회주의 국가의 대부 역할을 기꺼이 중국이 떠맡고 있는 분위기다. 중국은 미국이 중심이 되어 움직이는 세상을 공개적으로 저지하기 위해 모르는 척 앞에 나서고 있지만, 미국 또한 '미국의 세기'를 중국의 시기와 질투만으로 무너뜨릴 수 없다는 것을 알고 있고, 중국의 부상을 그냥 가만히 보고만은 있지 않을 것은 당연한 이치이다. 그렇기에 신냉전이라고 일컬어지는 미중 간의 새로운 세력 경쟁은 무역 전쟁을 시발점으로 하여 이제 막 시작하는 형국이라고 할 수 있다. 이제 세상은 직접적인 무기를 동원한 전쟁을 더 이상 허용하지 않을 만큼 국가 간의 견제가 더욱 심해지고 있다. 그런 상황에서 무역 전쟁은 체제의 안정과 발전을 가늠할 수 있는 시금석이 되고 있는데, 이제 막 두 강대국의 무역으로 촉발된 진짜 싸움이 어떻게 변화될지 꼼꼼히 지켜봐야 할 일이다. 하지만 근본적으로 독립이 아니면 해결이 어려운 티베트와 위구르 등 소수 민족 문제와 틈만 나면 불거져 나오는 중국의 자국 내 인권 문제, 그리고 2016년 남중국해 분쟁에 대한 국제 상설중재재판소의 판결을 무시하는 중국의 '내로남불'식 외교 해석은 중국이 과연 세계리더 국가로서의 자질을 충분히 갖추고 있는가에 대해서 회의적인 시선이 있는 것이 사실이다. 그렇기에 당분간, 아니, 오랫동안 미국이 중심이 된 세계 질서는 타당하고 안정적이라고 보는 의견이 다수일 것으로 생각된다. 그리고 최근 센카쿠(댜오위댜오) 열도를 중심으로 한 분쟁에서 미국이 일본에게 큰 힘을 실어주는 상황이라면, 중국이 미국의 반발을 무릅쓰고라도 이에 대한 강경한 입장을 고수할 것인지는 큰 이슈가 될 것이다. 그와 더불어 미국이 쿠릴열도에 대한 입장 표명뿐만 아니라 독도 문제에 대해서만큼은 일본의 입장을 그대로 옮겨온 듯한, 여전히 독도는 분쟁 지역이라는 입장을 고수할 것인지도 미국이 추구하는 동아시아 정책을 가늠할 수 있는 바로미터가 될 것으로 보인다.

나. 글을 끝맺으며

제1차 세계대전에 참전할 명분을 찾던 미국의 윌슨 대통령은 마침내 미국의 참전을 결정하면서, 미군 참전의 의미는 "민주주의를 위한 전쟁(The war for democracy)"이고 "모든 전쟁을 끝내기 위한 전쟁(The war to end all wars)"이라고 언급했으나, 연이어 제2차 세계대전이 일어나면서 더없이 비장한 각오로 말했을 그 말도 무색해질 수밖에 없었다. 제1차 세계대전은 모든 전쟁의 패러다임을 바꿔버린 전쟁으로만 끝나고 말았던 것이다. 이처럼 모든 이의 염원과는 상반되게 제2차 세계대전 후에도 전쟁은 멈추지 않았고, 그 양상만 바뀌었을 뿐 세계 곳곳에서의 분쟁과 또 다른 전쟁은 지금까지도 계속되고 있는 실정이다. 다만, 전쟁은 인류사에 피할 수 없는 현실이고 기본적으로는 과학의 발견과 발전을 가속화했다는 긍정적인 면이 있는 것 또한 사실이다. 그러나 필연적으로 파괴를 동반하는 전쟁은 그 속성상 또 다른 전쟁을 불러오게 마련이어서, 예전과 비슷한 양상의 전쟁은 다시 일어나지 않고 그 전의 실패를 교훈 삼아 심기일전하여, 더욱 심화되고 전술적으로도 세련되어지기 마련이라는 데 더 큰 문제가 있다고 하겠다. 더구나 시간의 흐름에 따라 상상을 초월하는 무기의 양성화를 더 이상 심정적인 호소만으로는 막을 수 없는 현실이기에, 전후방이 따로 없는 대규모의 파괴와 살상의 위험성은 늘 우리 곁에 상존한다는 게 우리의 현실이고 두려운 미래의 모습이라고 할 수 있다. 더구나 시대가 바뀌고 전쟁의 방식도 놀라울 정도로 발전하면서 예전처럼 단순하게 최전선에서 군인들만 희생되는 전쟁은 더 이상 없다고 단언할 수 있다. 그래서 오늘날의 전쟁은 어제보다 더 많은 파괴를 동반할 것이고, 인류에게 어제보다 더 많은 희생을 당연한 듯 강요할 것이다. 또한 전쟁과 다른 측면으로 일반인을 대상으로 한 무차별적인 테러와 폭력이 일상화되고 있는 현실에서, 점차 무기가 소형화·경량화되는 상황에 편승한 극단적인 테러 단체가 이런 무기를 갖고 인류를 위협하지 않도록, 이념과 종교를 넘어선 전 인류의 반테러 공조 체제가 더욱 절실한 상황이다.

그런 의미에서 테러와 폭력으로 시작된 전쟁으로 또다시 세계대전이 일어난다면 그것은 인류와 지구의 종말을 재촉하는 인류사의 비극으로 남게 될 것이다. 이런 상황에서도 다행스러운 점은, 더 다양해지고 회복 불능의 살상력을 가진 무기가 늘어날수록 주요 지도자들 사이에서 그것들을 더 신중하게 다뤄야 한다는 신중론이 고개를 들고 있다는 사실이다. 미국이 6·25 전쟁 당시 예상치 못한 중공군의 개입으로 미군의 열세와 희생을 목격하고도 끝내 '전술적 핵무기 사용'을 검토만 했을 뿐 결행하지 않은 것은, 그에 대한 보복으로 소련이 핵과 화학무기를 사용할지 모른다는 우려가 먼저 고려되었겠지만, 무엇보다 과거의 사례를 통해 인류를 향해 직접 행해지는 핵 공격에 대한 반성이 전쟁의 승패보다 더 숭고한 의미가 있다는 윤리적인 각성이 선행되었기 때문일 것이다. 일본 본토에 원자 폭탄이 사용된 이후 핵 사용에 대한 세계 여론의 계속된 우려와 더 큰 전쟁으로 이어질지 모른다는 가능성을 끝까지 염두에 두고 있었던, 미국 지도부가 전쟁 중에도 균형감과 냉철함을 시종일관 잃지 않은 결과가 그런 신중함으로 연결되었다고 보인다.

이제 주제를 다시 한반도로 좁혀 보면, 지금까지의 독립 투쟁과 6·25 전쟁 그리고 민주화 운동 등의 모든 공과를 뒤로하고, 이제 앞으로 우리 민족의 미래에 대한 중요한 선택은 후손들인 우리에게 자연스럽게 넘어왔다고 할 수 있다. 이제 우리 후손들은 조상들이 전쟁으로도 못 이룬 통일을 전쟁 없이 이루어야 한다는 어려운 과제를 받아들여야 한다. 그것이 전쟁을 겪은 시대가 우리에게 주는 마지막 지혜이자 교훈이라고 할 수 있다. 더 이상의 전쟁은 우리에게 전쟁이 가져다주는 물리적인 비극으로만 끝나지 않을 것이라는 심오한 경고를 어느 때보다 분명하게 우리에게 던져주고 있기 때문이다.

우리는 최근 청소년 정책 연구원의 설문 조사(2018년 7월)를 통해, 우리나라의 중고등학생의 답변 중 "통일은 반드시 해야 한다."고 답한 사람은 19.8%에 불과하다고 한다는 설문 결과를 접하게 된다. 다만, 이런 설문 결과를 얻을 수밖에 없었던 원인에는 미진한 통일 교육과 통일 후 국가 미래의 모습에 대한 청사진을 제시하지 못하는 기성세대들의 잘못이 대부분일 것이다. 응답에서 보듯 '북한' 하면 떠오르는 이미지로 '핵무기'가 1위를 차지했듯이, 청소년들에게 북한은 함께 가야 할 동료이자 민족이 아니라 우리를 언제든 위협할 수 있는 적으로만 보게 했던 것이다. 여기에는 여러 가지 국내외적 어려운 사정을 감안하더라도 대결과 경쟁만을 떠오르는 남북 관계 관련 언론 보도 태도 또한 문제로 지적될 수 있다. 이에 다수의 언론은 지금까지의 대결 중심의 보도 내용을 지양하고, 우리 청소년들에게 북한은 극복해야 할 대상이 아닌 같은 민족이라는 동질감을 줄 수 있는 친근한 내용을 담은 교육적인 시도와 접근이 필요해진 시점이라고 할 수 있다.

위의 설문 결과에서 보듯 젊은 세대들일수록 꼭 통일을 이뤄야 한다는 절박함이 떨어지는 것은, 오랜 분단의 후유증이자 우리의 당면한 현실적인 문제이다. 이런 현실 인식을 기반으로 앞으로는 양질의 통일 교육과 함께 통일 후의 희망 섞인 미래의 청사진을 청소년들에게 우선적으로 제공함으로써, 청소년들과 기성세대들이 통일을 위한 진정성 있는 노력을 함께하여 이런 문제를 극복해야 할 것으로 생각된다. 더 나아가 남북의 지도층과 국민 모두는 전쟁은 곧 민족의 파멸이라는 문제의식을 공유하고, 그동안 우리를 수없이 위축시켰던 전쟁의 위협과 고착된 분단의 어려움을 극복하여 평화 시대를 슬기롭게 열어야 할 시대의 과제를 해결하려는 적극적인 통일 의지가 요구된다고 할 수 있다. 여기에서 더 나아가 지금까지 강대국의 힘의 논리에 의한 강제적인 분단으로 농락당했던 한반도에 작용하는 외부의 힘을 분연히 뿌리치고, 이제 우리 민족의 문제는 우리 스스로 해결할 수 있다는 자신감을 회복해야 할 시점이라고 보인다. 다만 너무 빠른 관계 진전과 그에 따른 많은 기대는 서로의 경계심을 순식간에 허물어뜨리고 상대방에게 지나친 요구를 통해 또 다른 긴장감을 유발할 수 있다는 것을 구분할 수 있다면, 우리의 미래는 더욱 밝아질 수 있다는 것이 최근 남북 평화 회담을 보는 이들의 다 같은 의견일 것이다.

이제 우리는 지난 역사에서 힘겹게 얻었던 교훈을 잊지 않고 우리의 운명은 우리 스스로가 평화적으로 해결할 수 있다는 믿음을 보여 줘야 할 때다. 왜냐하면, 우리의 미래를 평화적으로 극복하지 못한다면 전쟁의 어두운 그림자는 운명처럼 우리를 영영 떠나지 않을 것이기 때문이다. 무엇보다 우리는 지금까지 미국을 비롯한 강대국들의 주도하에 이뤄낸 한반도 평화는 사실 우리가 만들어낸 것이 아니라 강대국들의 힘의 균형으로 강제적으로 이루어진 '힘으로 이뤄낸 평화'라는 사실을 잊지 말아야 한다. 우리나라의 오랜 역사 속에서 한반도가 격변기를 겪는 동안, 외부 세력의 개입 없이 그냥 우리들만의 힘으로 세력 균형을 찾았던 경험은 왕건이 고려를 건국하면서 후삼국을 통일했던 사례가 유일할 정도로, 우리나라의 지정학적 위치가 다른 국가들의 간섭에 취약한 것은 사실이다. 그리고 오랜 전쟁사 속에서의 교섭과 대한제국의 어설픈 중립 외교에서 볼 수 있듯이, 먹을 것이 많은 한반도에 외부 세력이 많이 관여하면 할수록 그들의 얻어갈 수 있는 이권과 국제적인 위상은 좋아지는 반면에, 우리의 자주권과 외교권은 외부에 의해 크게 침해받을 수 있다는 사실을 상기해야 할 것이다.

　이렇게 외부의 힘에 의해 보장된 한시적인 평화는 만약 지금까지의 외부 세력 균형이 깨어진다면 또다시 위기가 도래할 수 있다는 사실을 깨닫고, 이러한 사안의 위급함을 인지하여 궁극적으로는 우리 스스로가 한반도 평화를 위해서라면 언제라도 국제 사회를 설득할 수 있을 정도의 충분한 힘과 논리를 갖추고 있다는 것을 지속해서 선전하고 강조해야 할 것이다. 적어도 우리의 힘이 미치는 한반도만이라도 일관된 소통과 평화를 보장할 수 있는 군사적인 힘과 위상을 보유한 가운데, 정녕 우리 민족이 주인공이 되어 남북의 공동 번영을 이끌어낼 수 있는 평화 통일을 반드시 이뤄내야 할 것이다. 더 나아가 우리는 통일이 다른 주변국들의 국익에도 도움이 된다는 현실적인 이유를 견지한 채, 한반도에 정착된 평화는 동아시아의 화해와 경제 발전에도 일조할 수 있다는 확신과 필연성을 심어 줘야 한다. 그리고 종국에는 한반도의 통일을 주변국들이 먼저 나서서 진정으로 바라고 기원해 주는 분위기라면, 당연히 통일은 우리가 각오하고 도전하는 과제가 아니라 순리대로 풀어갈 수 있는 그리 어렵지 않은 과정이 될 것이다.

　물론, 여기에는 일명 '통일 비용'이라는 막대한 자금이 들어가야 하는 경제적인 부담이 작용하는 것이 사실이다. 지금의 남북 경제력 격차는 단순하게 수치로만 비교해 봐도 1990년 독일 통일 당시의 서·동독의 차이(통일 당시 서·동독의 국내총생산(GDP)은 대략 13배 정도 차이였다)보다 더 많은 차이를 보이는 만큼, 우리의 통일 비용은 결코 감당하기 힘든 정도일 수도 있다고 우려하는 이도 있을 것이다. 참고로, 미국 중앙정보국(CIA)이 공개한 『월드 팩트북(The Wolrd Factbook)』에 따르면, 2016년 추정치 기준으로 남한의 구매력 기준 국내총생산(GDP)은 1조 9,290억 달러(약 2,170조 원)로 400억 달러(약 45조 원)에 불과한 북한보다 48배 정도 더 많은 것으로 나타났다. 이 말은 그 격차만큼 우리 남한에서 지불해야 할 통일 비용이 서독이 동독에게 했던 것보다 더 많은 시간과 비용을 요구하는 것이다. 하지만 지금과 같은 분단에 따른 지출 비용도 그에 못지않은 만큼, 통일을 통해 얻을 수 있는 여러 가지 긍정적이고 희망적인 사실만으로도 기꺼이 우리 민족이 감당해야 할 통일 비용은 충분히 지불할 만한 값어치가 있다고 생각된다.

　사실, 우리가 통일을 이뤄나가는 과정이 꽃길처럼 평탄할 수만은 없을 것이다.

때론 그동안 우리가 겪어야 했던 그 어떤 고통보다도 더 큰 어려움에 직면할 것이고, 통일을 반대하는 거대한 담론들과 끊임없이 싸워나가며 경우에 따라서는 우리의 통일 노력을 방해하고 폄하하려는 세력들이라도 밀어내지 않고, 끝까지 안고 가야 하는 진정성을 수없이 검증받게 될 것이다. 얻는 것이 있다면 잃는 것도 있는 법이어서, 통일이라는 큰 이득을 취하려면 어쩔 수 없이 북한과도 협상과 협조를 구해야 하는 등의 여러 가지 절차가 남아 있음을 인정해야 한다. 물론 이는 이를 처음부터 탐탁지 않게 생각하는 세력들에게 끊임없이 논란거리를 제공한다는 점에서, 통일을 완성할 때까지도 이런 논란은 통일에 큰 어려움이자 걸림돌이 될 것이 분명해 보인다. 이와 같은 논란과 험난한 과정을 조금이라도 예상해 본다면, 정녕 통일은 우리에게 그 자체로 축복이 아니라 끝이 안 보이는 도전이자 시대의 고통으로 기억될 것이 분명하다. 그러기 위해서는 필수적으로 한반도 평화 분위기가 자리 잡아야 하는 선결 과제가 우선되어야 한다. 갑작스러운 정권 붕괴나 전쟁을 통해 찾아올 수 있는 위기 상황은 한반도의 긴장을 더욱 심화시킬 수 있기 때문에 이런 식의 통일 방안은 철저하게 경계해야 할 것이다. 앞에서도 언급한 것처럼 준비 없이 맞이한 광복의 결과가 분단으로 나타났듯이, 갑작스러운 북한 정권의 붕괴나 전쟁은 한편으로는 남한 중심의 흡수 통일을 할 기회가 될 수 있다는 쉬운 생각의 오류를 인식하고, 위기 상황은 우리에게 동아시아의 새로운 균형을 찾으려는 주변국들에 의해 또 다른 분단으로 나타날 수 있다는 것을 명심해야만 한다.

그리고 이제 우리는 오랜 결심을 확정하듯 지금까지 우리 민족이 겪었을 분단과 전쟁의 고통을 우리 후손들에게만큼은 그대로 물려줘서는 안 된다고 다짐해야 한다. 순진하지만 한없이 우매하기만 했던 우리 조상들은 우리 민족에게 식민지의 고통과 그에 따른 분단과 단절을 어쩔 수 없이 유산으로 물려주었지만, 이제 우리는 그 아픔을 더 이상 당연한 듯이 대물림하지 말고 반드시 우리 시대에 끝낼 수 있다는 희망을 절대 버리지 말아야 할 것이다. 다만, 통일의 과정은 우리의 결심만으로 이뤄지는 것이 아니다. 하루하루 우리 자신을 다그치고 분발을 재촉하더라도 절대 순탄치 않을 것이며, 통일의 주축인 우리들 또한 어쩌면 통일 한국이 가져다줄 달콤한 열매는커녕 더 큰 대한민국을 건설하기 위한 위대한 도전에 참여했다는 자긍심만 가져가는 것에 만족해야 할지도 모른다. 또한 그렇게 우리가 설계한 통일 시나리오 이상으로 모든 과정이 순조롭게 흘러가더라도, 통일 축제와 함께 샴페인을 터뜨릴 수 있는 주인공은 결국 우리 후손들이 될 것이다. 당연한 결과로 분단된 조국을 살아가는 현재 우리들 대부분은 막상 통일의 주역이면서도 정작 통일 한국에는 대부분 초대받지 못할 수도 있다. 이것은 안중근, 윤봉길과 같은 우리의 독립 영웅들이 독립한 조국을 보지 못했던 이유와 비슷하다고 할 수 있다.

그렇다면 이제 우리 자신은 어느 때보다 분명하고 긍정적인 선택을 해야 할 상황에 처하게 되었음을 인정해야만 한다. 무엇을 선택한다는 것은 무언가는 버려야 한다는 것을 의미하는 것으로, 어느 때보다 통일의 당사자인 남북은 더 큰 이로움을 위해 사소한 것들을 조금씩 양보할 수 있는 아량을 가져야 할 때다. 또한 북한을 과거와 같이 더 이상 극복의 대상이 아니라 통일의 파트너로서 대하는 열린 마음을 가져야 할 것이다. 지금 이 순간에도 시대를 반영하는 어느 한 장면마저도 통일을 위한 큰 걸음에 허투루 사용되지 않을 것을 알고 있는 우리의 시대에, 우리의 지향점이 어디를 향하고 있는지는 결코 알 수 없지만, 이제야 우리 민족의 각 구성원은 그동안 분단의 아쉬움을 만회하기 위해서라도 숨 가쁘게 움직이고 있는 것만은 분명해 보인다. 이런 때에 우리는 과연 무엇을 해야 하고 무엇을 이룰 수 있을까 하는 질문을 먼저 던지는 것으로, 이렇게 통일은 거창한 것이 아니라 우리의 단순한 질문부터 시작되고 있다고 봐야 할 것이다. 정녕 우리가 오랫동안 염원했던 독립 또한 민족의 자주적인 통일이라는 큰 꿈으로만 완성된다는 것을 분명히 인식해야 하겠다. 북한 또한 민족의 오랜 숙원을 더 이상 외면하지 말아야 할 것이며, 다만 겉으로는 화려한 것 같지만 실속이 없는 핵을 보유함으로써 고립과 궁핍이라는 막다른 길을 걷지 않기를 바랄 뿐이다.

이제 해묵은 통일에 대한 희망을 남기며, 오랫동안 한 방향으로만 걸어왔던 본인의 걸음은 다음 문장들을 마지막으로 멈춰야 할 때가 온 것 같다. 처음엔 무엇인지도 모르고 제2차 세계대전에 대한 단순한 흥미만 갖고 접근했던 것이 사실이었다. 그러나 이젠 그것이 부끄러울 정도로, 어느덧 이 글을 마칠 무렵이 되자 세계가 겪어야 했던 전쟁을, 그 시대에 태어났다는 죄만으로 전쟁과 삶이 공존하는 곳에서 어쩔 수 없이 생명을 연명해야 했던 사람들에 대한 안타까움과 미안함에, 한 번 쓰기 시작한 이 글을 나는 그냥 내려놓을 수는 없었다. 이것은 실로 나의 마지막 고해성사 같은 방식이어야 할 정도로 책을 엮어 가면서 나 스스로도 많은 심경의 변화를 겪었음을 밝혀야겠다. 그것은 우리나라를 비롯한 세계 여러 나라들의 독립과 전쟁 영웅들을 우리가 잊지 말고 기억해야 할 이유가 될 것이고 그와 함께 히틀러와 일본의 천황 그리고 김일성과 그 배후 스탈린을 우리가 절대 용서하지 못하는 이유 또한 거기에 있다고 할 수 있다.

참고 문헌(가나다순)

강준만 저, 『미국사 산책 6』, 인물과 사상사, 2010.

김명호 저, 『중국인 이야기 1~6』, 한길사, 2016.

김영삼 저, 『김영삼 회고록: 민주주의를 위한 나의 투쟁 1』, 백산서당, 2000.

김태유, 김대륜 공저, 『패권의 비밀』, 서울대학교출판문화원, 2017.

박완서 저, 『그 산이 정말 거기에 있었을까』, 세계사, 2012.

신봉승 저, 『(조선 정치의 꽃) 정쟁』, 청아출판사, 2009.

안진태 저, 『독일 제3제국의 비극』, 까치글방, 2010.

이기훈 외 공저, 『쟁점 한국사(근대편)』, 창비, 2017.

이대영 저, 『(알기 쉬운) 세계 제2차대전사』, 호비스트, 1999.

이민웅 저, 『이순신 평전: 420년 만에 다시 본 임진왜란과 이순신』, 책문, 2012.

임경석 저, 『모스크바 밀사: 조선공산당의 코민테른 가입 외교(1925~1926년)』, 푸른역사, 2012.

장영민 저, 『한국근현대사연구 제67집』, 「한국 전쟁 발발 직후 이승만 대통령의 라디오 특별 방송」, 2013.

전국역사교사모임 공저, 『처음 읽는 일본사: 덴노·무사·상인의 삼중주, 일본』, 휴머니스트, 2013.

최문형 저, 『(국제관계로 본) 러일전쟁과 일본의 한국 병합』, 지식산업사, 2004.

최호근 저, 『(서양 현대사의 블랙박스) 나치대학살』, 푸른역사, 2006.

홍익희 저, 『유대인 이야기: 그들은 어떻게 부의 역사를 만들었는가』, 행성비, 2013.

황태연 저, 『한국 근대화의 정치사상』, 청계, 2018.

加藤陽子 저, 윤현명, 이승혁 옮김, 『그럼에도 일본은 전쟁을 선택했다: 청일 전쟁부터 태평양 전쟁까지』, 서해문집, 2018.

半藤一利 저, 박현미 옮김, 『쇼와사: 일본이 말하는 일본 제국사 1』, 청계, 2018.

保阪正康 저, 정선태 옮김, 『쇼와 육군: 제2차 세계대전을 주도한 일본 제국주의의 몸통』, 글항아리, 2016.

市場淳子 저, 이제수 옮김, 『한국의 히로시마: 20세기 백년의 분노, 한국인원폭피해자들은 누구인가』, 역사비평사, 2003.

Adolf Galland 저, 성동현 옮김, 『갈란트: 처음과 마지막』, 길찾기, 2016.

Andrew Nagorski 저, 차병직 옮김, 『세계사 최대의 전투: 모스크바 공방전』, 까치글방, 2011.

Antony Beevor 저, 김규태, 박리라 옮김, 『제2차 세계대전: 모든 것을 빨아들인 블랙홀의 역사』, 글항아리, 2017.

Antony Beevor 저, 김병순 옮김, 『디데이: 1944년 6월 6일, 노르망디 상륙작전』, 글항아리, 2011.

Antony Beevor 저, 김원중 옮김, 『스페인 내전: 20세기 모든 이념들의 격전장』, 교양인, 2009.

Carole Cameron Shaw 저, 『The Foreign Destruction of Korean Independence(외세에 의한 한국 독립의 파괴)』, 서울대학교출판부, 2007.

David M. Glantz, Jonathan M. House 공저, 권도승, 남창우, 윤시원 옮김, 『독소 전쟁사 1941-1945: 붉은 군대는 어떻게 히틀러를 막았는가』, 열린책들, 2008.

Frank Dikötter 저, 최파일 옮김, 『마오의 대기근: 중국 참극의 역사 1958~1962』, 열린책들, 2017.

Herbert A. Werner 저, 김정배 옮김, 『강철의 관』, 일조각, 2015.

Ilan Pappé 저, 유강은 옮김, 『팔레스타인 비극사: 1948, 이스라엘의 탄생과 종족청소』, 열린책들, 2017.

Isabella L. Bird 저, 이인화 옮김, 『한국과 그 이웃나라들』, 살림, 1994.

Mark Healy 저, 이동훈 옮김, 『쿠르스크 1943: 동부전선의 일대 전환점이 된 제2차 세계대전 최대의 기갑전』, 플래닛미디어, 2007.

Matthew Hughes, Chris Mann 공저, 박수민 옮김, 『히틀러가 바꾼 세계: 나치시대 독일인들의 초상, 나치에 대한 공감·추종·비난·공포·투쟁을 증언하다』, 플래닛미디어, 2011.

Matthew Hughes, William J. Philpott 공저, 나종남, 정상협 옮김, 『제1차 세계대전』, 생각의 나무, 2008.

Michael Korda 저, 이동훈 옮김, 『영국 전투: 제2차 세계 대전 최대의 공중전』, 열린책들, 2014.

Paul Collier, Alastair Finlan, Mark J. Grove 외 공저, 강민수 옮김, 『제2차 세계대전: 탐욕의 끝, 사상 최악의 전쟁』, 플래닛미디어, 2008.

Philip M. H. Bell 저, 황의방 옮김, 『12 전환점으로 읽는 제2차 세계대전』, 까치글방, 2012.
R G Grant, Sally Regan, Susan Kennedy 공저, 이시은, 최윤희 옮김, 『우리가 지금껏 보지
　　못했던 20세기 역사』, 지식갤러리, 2013.

참고 사이트

국가기록원, 국사편찬위원회(조선왕조실록), 국방홍보원, 행정안전부 과거사관련업무지원단,
　　정보 공개(www.open.go.kr) 등.

지도 제작

Designed by 박형식